Christine Lötscher, Petra Schrackmann,
Ingrid Tomkowiak, Aleta-Amirée von Holzen (Hg.)

Übergänge und Entgrenzungen in der Fantastik

Fantastikforschung
Research in the Fantastic

Band/Volume 1

LIT

Christine Lötscher, Petra Schrackmann,
Ingrid Tomkowiak, Aleta-Amirée von Holzen (Hg.)

Übergänge und Entgrenzungen in der Fantastik

LIT

Umschlagillustration: Silvan Luzzi

Gefördert vom Schweizerischen Nationalfonds
und der Universität Zürich

Gedruckt auf alterungsbeständigem Werkdruckpapier entsprechend
ANSI Z3948 DIN ISO 9706

Bibliografische Information der Deutschen Nationalbibliothek
Die Deutsche Nationalbibliothek verzeichnet diese Publikation in der Deutschen Nationalbibliografie; detaillierte bibliografische Daten sind im Internet über http://dnb.d-nb.de abrufbar.

ISBN 978-3-643-80186-9

Klosbachstr. 107
CH-8032 Zürich
Tel. +41 (0) 44-251 75 05
Fax +41 (0) 44-251 75 06
E-Mail: zuerich@lit-verlag.ch
http://www.lit-verlag.ch

LIT VERLAG Dr. W. Hopf
Berlin 2014
Verlagskontakt:
Fresnostr. 2
D-48159 Münster
Tel. +49 (0) 2 51-62 03 20
Fax +49 (0) 2 51-23 19 72
E-Mail: lit@lit-verlag.de
http://www.lit-verlag.de

Auslieferung:
Deutschland: LIT Verlag Fresnostr. 2, D-48159 Münster
Tel. +49 (0) 2 51-620 32 22, Fax +49 (0) 2 51-922 60 99, E-Mail: vertrieb@lit-verlag.de

Österreich: Medienlogistik Pichler-ÖBZ, E-Mail: mlo@medien-logistik.at
E-Books sind erhältlich unter www.litwebshop.de

Inhalt

VERWISCHUNGEN

IDENTITÄTEN

UTOPIE / DYSTOPIE

INTERTEXTUALITÄT

Vorwort

Übergänge und Entgrenzungen sind zentrale Bestandteile der Fantastik in all ihren medialen Ausprägungen. Fantastische Erzählungen operieren unter anderem mit Weltenwechseln, Zeitreisen, Verwandlungen, Mischwesen sowie Transitorischem und Grenzübertritten aller Art. Im Gefüge der Genres kommt es zu Hybridisierungen und Neukonfigurationen, und die verschiedensten Formen von Intertextualität, wie sie in der Fantastik zu beobachten sind, basieren auf Übergängen zwischen Texten und Grenzauflösungen zwischen Stoffen und Motiven jeglicher Herkunft.

Fantastik verhandelt virulente kulturelle und gesellschaftliche Entwicklungen und hinterfragt bestehende Grenzziehungen. Dabei werden hybride Zonen der Autonomie entworfen, die als Gegenentwürfe zum herkömmlich vermittelten Verständnis zum Beispiel von Welt, Wissen oder Identität gelesen werden können. Die fantastischen Elemente dienen dabei der Sichtbarmachung gesellschaftlicher Diskurse und der Ausgestaltung komplexer physischer und psychischer Prozesse sowie abstrakter Denkfiguren.

Auf Schritt und Tritt finden sich in der Fantastik darüber hinaus Übergänge in Form von medialen Adaptionen, dem Wechsel in andere Medien oder dem Crossover in all seinen Bedeutungen, wozu insbesondere die Tendenz zur generationenübergreifenden All-Age-Literatur zählt.

Der vorliegende Band versammelt deutschsprachige Beiträge der 3. Jahrestagung der interdisziplinär ausgerichteten Gesellschaft für Fantastikforschung (GFF), die vom 13. bis 16. September 2012 an der Universität Zürich stattfand, in Kooperation mit dem Institut für Populäre Kulturen der Universität Zürich, dem Schweizerischen Institut für Kinder- und Jugendmedien SIKJM, Assoziiertes Institut der Universität Zürich, und im Rahmen des vom Schweizerischen Nationalfonds zur Förderung der wissenschaftlichen Forschung (SNF) geförderten Projekts „Übergänge und Entgrenzungen. Welt, Wissen und Identität in fantastischer (Kinder- und Jugend-)Literatur und ihren Verfilmungen". Englischsprachige Beiträge der Tagung sind im parallel erscheinenden Band *Transitions and Dissolving Boundaries in the Fantastic* (2014) veröffentlicht.

Die Aufsätze nehmen die Thematisierung von Dingen, Normen, Wissensbeständen, Deutungsangeboten und Bedeutungszuschreibungen, wie sie in der Fantastik auftreten, in den Blick und analysieren die dortige Inszenierung von Welt und Subjekt, Realität und Fiktion. Der in die Kapitel FANTASTISCH ROMANTISCH, GRENZGÄNGE(R), VERWISCHUNGEN, IDENTITÄTEN,

UTOPIE/DYSTOPIE und INTERTEXTUALITÄT gegliederte Band soll damit einen Beitrag zur Bestimmung der kulturellen Bedeutung des Fantastischen leisten – in seinen gegenwärtigen, historischen, sozialen und medialen Dimensionen.

Abschließend sei den Institutionen gedankt, welche Tagung bzw. Band finanziell unterstützt haben: der Universität Zürich, dem Schweizerischen Nationalfonds zur Förderung der wissenschaftlichen Forschung (SNF), der Hochschulstiftung Zürich, dem Kanton und der Stadt Zürich sowie dem Schweizerischen Institut für Kinder- und Jugendmedien SIKJM. Dank geht ebenfalls an Manuela Bossart, Silvan Luzzi und Beatrice Schwitter, insbesondere aber an Tamara Werner und Judith Schubiger für die vielfältigen Hilfeleistungen und das umsichtige Tagungssekretariat.

Christine Lötscher,
Petra Schrackmann,
Ingrid Tomkowiak und
Aleta-Amirée von Holzen

FANTASTISCH ROMANTISCH

Entgrenzung der Liebe: das phantastische Fremde im Werk Achim von Arnims

Ronald Perlwitz

Achim von Arnim (1781–1831) gehört zu jenen Autoren, die sich eindeutig dem Kreis der Romantiker zuzählen lassen. Seinem Ruhm in Deutschland war diese Zugehörigkeit jedoch von Beginn an nicht immer dienlich. Heute beruht er in erster Linie auf seiner Tätigkeit als Herausgeber – zusammen mit Clemens Brentano – jener berühmten Volksliedersammlung, die von 1805 bis 1808 unter dem Titel *Des Knaben Wunderhorn* bei Mohr und Zimmer erschienen ist. Durch die Sammlung wie durch Arnims publizistische Tätigkeit in Heidelberg wurden gleich mehrere intellektuelle Fehden und Debatten vom Zaun gebrochen. Eine von ihnen, mit dem Heidelberger Altphilologen und Gelehrten Johann Heinrich Voß (1751–1826), hat dazu geführt, dass man Arnim später jener Strömung der Romantik zugerechnet hat, die für ihre Rückwärtsgewandtheit als christlich-katholische Reaktion stigmatisiert wurde. Arnim und Brentano wurde vorgeworfen, in jener Tradition der romantischen Programmatik zu stehen, die sich irgendwann gegen die Vernunftpostulate des 18. Jahrhunderts und der idealistischen Philosophie gewandt hatte, um sich im Blick auf die Nachtseite des rationalen Diskurses, auf das Ungewöhnliche, Unheimliche, auf Angstzustände, Wahnsinn und Schrecken zu verlieren. Bald haftete seinem Werk das Odium des Anti-Modernen, des politisch Fragwürdigen an.

Zugegeben, viele seiner Projekte mochten auch so verstanden werden. So gibt er 1808, in jenem Jahr als Fichte an die deutsche Nation appellierte und ein wie auch immer zu bewertendes politisches Engagement zeigte, mit Brentano zweimal wöchentlich die *Zeitung für Einsiedler* heraus. Im Januar 1808 war seine *Ankündigung der allgemeinsten Zeitung. Zeitung für Einsiedler* erschienen: Ein toller Werbeprospekt, in dem Arnim zum Kauf seiner Zeitung aufrief. Einsiedler sollten sie lesen, Gelehrte, Passionierte, Landprediger und Förster, Nachtwächter und Krankenwärter, und besonders die Liebenden, denn: „wer ist einsamer als Liebende, ihr seyd die wahren Einsiedler, für die wir schreiben“.[1] Auch in der

[1] AAW 6, S. 229.

Germanistik des 20. Jahrhunderts blieb sein Ruf zweifelhaft. In den Fokus rückte neben seinem politischen Konservatismus auch der verstörende, teilweise hässliche Antisemitismus zahlreicher Texte. Zwar ist es seit einigen Jahren gelungen, den antijüdischen Aspekt durch den Verweis auf Arnims präzise Kenntnis der jüdischen Mythologie und der christlichen Rezeption der jüdischen Kabbala zu relativieren und darzulegen, wie in seinen Erzählungen (*Majoratsherren*, aber auch *Isabella von Ägypten*) dieses Interesse positiv verarbeitet wird[2], doch ist festzuhalten, dass seine Position gegenüber der sozialen und ökonomischen Stellung der Juden in der Gesellschaft dennoch weitestgehend von Ablehnung geprägt blieb. Das Interesse für die jüdischen Traditionen und Legenden, bei gleichzeitiger Formulierung des klischeehaften Vorwurfs des Materialismus und der Herzlosigkeit an die Adresse des Judentums, bleibt deswegen auch in *Isabella von Ägypten* irritierend ambivalent.

Weniger fragwürdig ist der Versuch, Arnims Erzählkunst aus der Ecke der „katholisch"-ritualisierten Romantik zu befreien und die besondere Aktualität seines von der romantischen Programmatik mitgeprägten Kunstbegriffs zu untersuchen. Denn, wurde Arnim in Deutschland auch als kunstandächtiger Kritiker seiner Gegenwart verstanden, so galt er bereits im 19. Jahrhundert in Frankreich als der Inbegriff des deutschen Künstlers, als der herausragende Vertreter nicht allein der romantischen Kunstmetaphysik, sondern auch der vermeintlichen Solidität ihres kunstreligiösen Projekts, das sich trotz seiner Vorliebe für Remythisierungen, Verwandlungen und Metamorphosen, für Maskeraden und obskure Künste dennoch nie wirklich vom soliden Boden des weltlich Profanen und vom Prinzip der Repräsentation und der Mimesis abgehoben hatte. War Richard Wagner für Thomas Mann die Verkörperung des Deutschen im Blick des Auslands, so scheint dies bei Arnim für Théophile Gautier zu gelten, der 1856 eine bemerkenswerte Einleitung zur französischen Ausgabe der *Contes bizarres par Achim d'Arnim, traduction de Théophile Gautier fils* (Paris 1856) schrieb:

„[...] rien ne diffère plus en effet du génie français que le génie d'Achim d'Arnim, si profondément allemand et romantique dans toutes les acceptions qu'on peut donner à ce mot. Ecrivain fantastique, il n'a pas cette netteté à la Callot qui dessine d'une pointe vive des silhouettes extravagantes et bizarres, mais d'un contour précis [...]; il procède plutôt à la manière de Goya, l'auteur de Caprichos; il couvre une planche de noir, et par quelques touches de lumière habilement distribuées, il ébauche au milieu de cet amas de ténèbres des groupes à peine indiqués, des figures dont le côté éclairé se détache seul, et dont l'autre se perd confusément dans l'ombre [...]. Les êtres réels semblent avoir déjà appartenu à la tombe et, en s'approchant de vous, ils vous murmurent à l'oreille avec un petit souffle froid qu'ils sont morts depuis longtemps, et vous recommandent de ne pas vous effrayer de cette particularité. [...] Achim d'Arnim excelle dans la peinture

[2] Oesterle 1992; Puschner 2008.

de la pauvreté, de la solitude, de l'abandon; il sait trouver alors des accents qui navrent, des mots qui résonnent douloureusement comme des cordes brisées [...] il a aussi une tendresse particulière pour la vie errante et l'existence étrange des bohémiens. Ce peuple au teint cuivré, aux yeux nostalgiques, Ahasverus des nations, qui, pour n'avoir point voulu laisser se reposer la sainte famille en Egypte, promène ses suites vagabondes à travers les civilisations en songeant toujours à la grande pyramide où elle rapporte ses rois morts. Les allemands reprochent au style d'Arnim de n'être point plastique; mais qui a jamais pu sculpter les nuages et modeler les ombres?"[3]

Gautiers Interpretation hat nicht nur den Vorteil, die Radikalität der magischen, imaginären und sogar auch hermetischen Schöpfung in Arnims Werk hervorzuheben und sie gleichzeitig an die Materie und an den Körper zurückzubinden. Sie öffnet den Raum, in dem Arnim nach und nach die Ordnungsparameter der Realität außer Kraft setzt, um auf diese Weise den Zugriff der Kunst auf die psychischen, sozialen und kommunikativen Vorgaben der Lebenswelt zu vollziehen. Und gerade hier liegt der eine Faktor, der uns ganz besonders beschäftigen soll: die konsequente Entgrenzung der literarischen Imagination, deren magische Funktion nicht allein auf die Herstellung heterogener Strukturen innerhalb des Werkes und zwischen bzw. innerhalb der Figuren abzielt, sondern auch auf die Herstellung eines universalisierten Raums. So lässt sich Arnims durch Gautier sehr deutlich hervorgehobenes Bestreben, fremde Menschen oder Einflüsse über das Medium der Liebe in die fiktive und teilweise sogar mit surrealen Zügen ausgestattete Erzählwelt zu integrieren, keinesfalls nur mit dem zu seiner Zeit in Mode gekommenen Hang zum Exotismus erklären.

Nun steht aber seit Edward Saids Orientalismus-Studie die literarische Verarbeitung des Verhältnisses zwischen einem Europäer und einer orientalischen Frau in dem Verdacht, für „Muster der Dominanz und den daraus resultierenden Orient-Diskurs"[4] charakteristisch zu sein. So zutreffend diese Analyse des Orientalismus als europäisches Hirngespinst auch sein mag, so wenig scheint sie jedoch dem spezifischen Kontext romantischer Produktivität und Kunstreflexion zu entsprechen. Für seine Argumentation bemüht Said bekanntlich das Beispiel Flauberts und führt damit eine Interessenlage ein, die auf Einbindung bestimmter sozioökonomischer und politischer Aspekte beruht, die jedoch bei den Vertretern der deutschen Romantik kaum gegeben war. Ohne weiter auf die Orientalismus-Debatte einzugehen, sei hier nur darauf verwiesen, dass die Analyse des romantischen Diskurses über den Orient die binnenromantischen Bedingungen dieses Diskurses nie wirklich vernachlässigen kann. Denn nur unter Einbeziehung der spezifischen Kunstästhetik der Epoche lässt sich auch die Funktion romantischer Texte als Symbole oder womöglich sogar Gegenentwürfe europäischer Macht-

---

3 Arnim 1856, S. I–IV.

4 Said 2012, S. 15.

phantasien verstehen. Foucaults Methode in *Wahnsinn und Gesellschaft* (1961), die künstlerische Produktion im 19. Jahrhundert unter Berücksichtigung des Abkippens aus der Normalität und Bespiegelns irrationaler Elemente zu untersuchen, könnte hier eine interessante Richtung vorgeben.

Auch aus diesem Grund wird angestrebt, die Permanenz interkultureller Liebesbeziehungen in Arnims Schriften mit dem entschiedenen Versuch zu verbinden, den Kunstanspruch der Romantik dadurch einzulösen, dass der Gestus des Phantastischen und Grotesken auf die Entdeckung anderer Kulturen ausgedehnt wird. In dieser Hinsicht evozieren *Isabella von Ägypten* oder *Melück Maria Blainville* nicht nur die Möglichkeit einer Vereinigung Europas mit dem arabischen Sehnsuchtsraum, sondern begründen diese Möglichkeit überhaupt erst dadurch, dass der historische Bezugsrahmen durch das In-Erscheinung-Treten übernatürlicher Elemente gesprengt wird.

Umso verfehlter wirkte deswegen schon im 19. Jahrhundert die etwas kleinliche Kritik der Brüder Grimm an Arnims dichterischen Freiheiten bei der Konstruktion von Wirklichkeit und besonders bei der Rekonstruktion von Geschichte. So schrieb Wilhelm Grimm im Brief vom 21. Juni 1812: „so glaub ich gewiß, daß ein jedes Gedicht auch in die Geschichte gehört, so gut als jeder Mensch mit seinem Leben".[5] Arnims Antwort auf die schulmeisterliche Zurechtweisung durch die Brüder Grimm – ihnen war die *Novellensammlung von 1812* auch noch gewidmet – enthält gleichsam in nuce die Bestimmung seiner Erzählstrategie und formuliert ein ästhetisches Programm, das zwar vorgibt, die Linie der frühromantischen Kunstrevolution weiterzuführen, sich aber gleichzeitig vornimmt, jene Potentialitäten entschlossen zu sondieren, die der romantische Internationalismus zur Approximation des Transzendenten offeriert hatte. Dass man hierbei auch Gefahr läuft, etablierte Repräsentationssysteme zu destruieren bzw. die literarische Vorstellung von Wirklichkeit an sich zu subvertieren, nahm von Arnim bewusst in Kauf. Leichtes Befremden über die allzu konventionelle und damit auch latent ‚unromantische' Reaktion der Brüder Grimm schwingt also auch in folgender Aussage Arnims mit:

> „Wenn ihr mir vorgeworfen habt, warum ich die Isabella gerade mit Karl V. in Berührung gesetzt, warum nicht willkürlich ein Kronprinz X. erwählt, darin liegt aber etwas Unwiderstehliches wie bei den Völkern mit den Mythen, die sie an ihre Königsstämme mit den Wurzeln annageln, dass man es nicht lassen kann, dem was der Phantasie mit einem Reiz vorschwebt, einen festen Boden in der Außenwelt zu suchen, wo das hätte möglich sein können."[6]

---

[5] Zitiert nach: AAW 3, S. 1275.

[6] Ebd., S. 1276.

Arnims Bekenntnis situiert hier die Kunst in einem Bezugssystem, das als konstitutiv für die gesamte *Novellensammlung von 1812* angesehen werden darf. Erstes Element dieses Bezugssystems ist die 1800 im dritten Band des *Athenaeums* erschienene *Rede über die Mythologie* Friedrich Schlegels. Von anderen Entwürfen zu einer neuen Mythologie unterschied sich Schlegels Mythos-Bestimmung dadurch, dass der mit der griechischen Mythologie so vertraute Autor das Universalitäts- und Diversifikationspostulat der Romantik in seine Argumentation einbezogen hatte. Auch forderte er die Integration anderer, bislang unbekannter Mythologien in die neu zu schaffende selbstreflexive romantische Mythologie. Das neue mythologische Projekt sollte also nicht nur auf theoretischer und sozialer Ebene, sondern auch auf einer weltumspannenden menschlichen Ebene seine synthetisierende Wirkung entfalten können. Dabei hob er beispielhaft die Bedeutung des Orients als neue mythologische Quelle hervor:

> „Aber auch die andern Mythologien müssen wiedererweckt werden nach dem Maß ihres Tiefsinns, ihrer Schönheit und ihrer Bildung, um die Entstehung der neuen Mythologie zu beschleunigen. Wären uns nur die Schätze des Orients so zugänglich wie die des Altertums! Welche neue Quelle von Poesie könnte uns aus Indien fließen, wenn einige deutsche Künstler mit der Universalität und Tiefe des Sinns, mit dem Genie der Übersetzung, das ihnen eigen ist, die Gelegenheit besäßen, welche eine Nation, die immer stumpfer und brutaler wird, wenig zu brauchen versteht. Im Orient müssen wir das höchste Romantische suchen, und wenn wir erst aus der Quelle schöpfen können [...].“[7]

Paradoxerweise ist gerade in diesem Zusammenhang die Wirkkraft des von Schlegel angestrebten romantischen Welterleuchtungsprojekts oft unterschätzt worden. Die ab 1803 von ihm in Paris unternommenen ‚Studien der Sanskrit-Sprache und des indischen Altherthums‘ können mit Fug und Recht als Einlösung seines mythologischen Appells verstanden werden und sind ein bedeutender Beleg dafür, dass die frühromantische Revolution keinesfalls mit dem Zerfall der Gruppe im Jahre 1801 ins Leere läuft.[8] Als weiteres Element des oben erwähnten Bezugssystems kann auch die 1808 erschienene Studie *Über die Sprache und Weisheit der Indier* gelten, in der Friedrich Schlegel die Sanskrit-Sprache zur Ursprache der Menschheit erhob. In der Vorrede zu seiner Übersetzung verschiedener Sanskrit Epen (der *Bhagavad Gītā* z.B.) wiederholte er seinen Willen zu einer sakralen Kunst-Ideologie bzw. zur Erneuerung dieser Ideologie durch das Reflektieren ihrer multiplen Fundamente. Wie durch das Studium der Antike die Renaissance entstehen konnte, sollte durch das Studium des Orients im weitesten Sinne und der altindischen Religion und Kultur im Besonderen eine neue Zeit künstlerischer Blüte anbrechen.

---

7 Schlegel 1975, S. 319–320.
8 Hierzu siehe z.B. Kremer, S. 113; Schanze, S. 47.

Einige Jahre später stand nun in Heidelberg dieses Gedankengut nicht etwa am Rande, sondern im Zentrum der intellektuellen Auseinandersetzungen. Görres, vom Schelling'schen Identitätsbild inspiriert, versprach „des Weltganzen innerste Verborgenheit auf[zu]decken" und zugleich „in der Tiefe der Leiblichkeit die Wunder der Ferne"[9] wiederzufinden. Der Philologe Friedrich Creuzer argumentierte von seinem Standpunkt aus in den *Heidelbergischen Jahrbüchern*, dass dem Philologen der religiöse Glaube alter Völker nicht fremd bleiben dürfe und er sich bei der Analyse des Christentums auch seiner orientalischen Wurzeln bewusst zu machen habe. Mit dem Christentum, so Creuzer, brach „das lang zurückgedrängte Urelement aller Religion" wieder hervor: Einerseits sammelten die christlichen Denker die bedeutsamen Symbole der hellenischen Religion, andererseits achteten sie wieder auf die Lehren des Morgenlandes und erfreuten sich der hierüber vermittelten Offenbarung. Vor diesem Hintergrund, der Arnims Denken bestimmt hat, erscheinen sowohl die vermeintliche Rückbindung der Kunst an den christlichen Kultus als auch sein Hang zum Phantastischen in einem ganz anderen Licht. Denn gerade die Verschiebungen, Verwerfungen, Brechungen und Unmöglichkeiten in seinen Erzählungen, das „Strukturprinzip der Doppelung"[10] in seinem Schreiben, sowie die Grenzüberschreitungen zwischen alltäglicher Realität, verbürgter Historie auf der einen Seite und christlichen, jüdischen, islamischen Legenden, imaginären Kunstprodukten und abstrakten Denkfiguren auf der anderen lassen sich weder mit poetischem Absolutismus, noch mit einem leicht reaktionär tingierten Hang zum Skurrilen, zum Irrationalen, zum Romantisch-Wunderbaren erklären.

Bedenkt man nun den unverkennbaren Tropismus hin zur arabischen Welt in der *Novellensammlung von 1812* und besonders in *Melück Maria Blainville*, so offenbaren sich nicht nur neue Deutungsansätze, sondern auch ein anderes Verständnis der Modernität Arnims. Denn kaum ein anderer Text des Dichters erweist sich strukturell so eng an die Frühromantik gebunden und sondiert gleichzeitig auf ganz neuartige Weise das bereits erschlossene Terrain. Mag *Melück Maria Blainville* zwar psychoanalytisch anmutende Themen (mit ödipalen Verstrickungen) intonieren, die Filiation aber, aus der die Erzählung hervorgeht, beginnt mit Novalis' *Heinrich von Ofterdingen*. Heinrichs geträumte Geliebte trägt denselben Vornamen wie die Frau des Grafen Saintree: Mathilde. Noch deutlicher wird die Parallele, wenn man den Auftritt der Morgenländerin Zulima im vierten Kapitel des Romans bedenkt: Sie erzählt Heinrich von den „romantischen Schönheiten der fruchtbaren Arabischen Gegenden"[11] und will ihm ihre Laute schenken und

---

[9] Ankündigung seiner Vorlesungen, 6/11/06, in: Görres 1955, S. 474–477.

[10] Helga Halbfass versteht die Doppelung als Grundprinzip der Arnim'schen Prosa und führt es auf die „Anwendung" der romantischen Ironie zurück: Halbfass 1994, S. 67.

[11] Novalis 1978, S. 283.

damit das Symbol ihrer dichterischen Existenz. Die solchermaßen vorbereitete Verschmelzung von Abendland und Morgenland sollte dann im unvollendet gebliebenen zweiten Teil des Romans stattfinden, wovon die fragmentarischen Berliner Papiere Zeugnis ablegen: „Die Morgenländerinn ist auch die Poesie. Dreyeiniges Mädchen“[12]. Arnim – soviel ist sicher – kennt dieses Koordinatensystem und versucht nun seinerseits auf dieser Grundlage seine Erzählungen zu entwerfen. Er nutzt dabei die fantastische Potentialität der Entgrenzung in den orientalischen Raum und weist gleichzeitig darauf hin, dass seine Kunst nicht nur das kunstmetaphysische Programm der Romantik exponiert, sondern gleichzeitig ihr Denken von der Möglichkeit eines absolut Einen reflektiert.

So kommt Saintree (Saint Rée) zu Melück, zu seinem Engel, der ihm durch ein Fenster in einem kleinen Seitenzimmer erlaubt, einen Blick ins eigentliche irdische Paradies zu werfen. Es ist, was nicht verwundern kann, ein Paradies mit orientalischen Tönen, gleichzeitig aber auch ein Paradies der irdischen Vollkommenheit, der Vereinigung von Kunst und Leben, in dem das romantische Sujet sich selbst erblickt:

„Es [das Seitenzimmer] hatte die Aussicht über die reizendsten Gärten der Stadt; aber ein näherer Garten vor dem Fenster und in den Vertiefungen des Zimmers zauberte eine morgenländische Frühlingsluft vor alle Sinnen. [...] Sanfte Glockenspiele wurden von den Vögeln in angenehmen Akkorden bewegt, wenn diese zu ihrem Futter [...] flogen; in einem Kristallbecken spielten unzählige Goldfische und ließen sich an der Oberfläche von den abgerichteten Kanarienvögeln füttern [...]. Der Graf war über diese Tierchen in Entzücken. Er glaubte noch nach ihnen zu blicken, als er schon mehrere Minuten bloß nach dem Gesichte der Melück gesehen hatte, das im Wasserspiegel so wunderherrlich erschien.“[13]

Ein ähnliches Paradies hatte Novalis bereits Zulima beschreiben lassen. Den unsteten Saintree aber vermag auch eine solche Vision nicht dauerhaft zu beglücken. „Eine Unruhe, eine Unbefriedigung“[14] ergreift den französischen Grafen trotz der unbekannten Freuden, die ihm offenbart werden, und es zieht ihn wieder zu der sanften Mathilde, „die immer mehr zu geben wußte, in dem sie alles verweigerte“.[15] Aus dieser Opposition von arabischer Geliebten und der fast jenseitigen Frau Mathilde – eine Opposition, die bei Novalis auch schon bestand, aber nur zur Vorbereitung der finalen Kunstapotheose diente – leitet Arnim die konfliktreiche Entwicklung seiner Fabel ab, die nur im gleichzeitigen Tod des Grafen und seiner morgenländischen Geliebten ihren Abschluss finden kann. Dabei ist die Konfrontation des privaten Konflikts des Grafen mit dem kontingenten Geschichtsprozess

---

12 Ebd., S. 393.
13 AAW 3, S. 754.
14 Ebd., S. 756.
15 Ebd.

der Französischen Revolution Arnims naturwissenschaftlich geschultem Realismus geschuldet, der sich mit dem frühromantischen Geschichtsdenken als Heilsgeschichte nur noch bedingt anzufreunden vermag.[16] Dem Herausgeber von *Des Knaben Wunderhorn* war die Zeit der Unschuld und Reinheit in der Dichtung ohnehin nur noch im bedrohten Paradies der Volksdichtung von Bestand. Gleichzeitig beruhte in seinen Augen die Qualität zeitgenössischer Kunst darin, sich selbst doppelt zu kodieren und so als heilig und realitätsverbunden zugleich dazustehen. Nur hierdurch ließ sich die Gültigkeit der Kunst überhaupt noch aufrechterhalten. Der Fantastik kam dementsprechend die Funktion zu, jene ambigen Zonen zu schaffen, in denen die Koexistenz des Übernatürlichen und des präzise wiedergegebenen Natürlichen inszeniert werden konnte. In *Maria Melück Blainville* wird diese extreme Hybridisierung der Darstellungsebene z.B. dann deutlich, als Melück zu Mathilde und dem Grafen zieht. So mischt sich in die originell-unoriginelle *ménage à trois* ein überaus verstörendes Element, als der Erzähler von Mathildes Kindern spricht, die, obwohl Mathilde sie geboren hat, der Melück ähneln: „Mathilde fand diese morgenländischen Augen und langen Augenwimpern ihrer Kinder so reizend, daß sie das Rätselhafte darin vergaß und dagegen ihre Freundin in ihren Kindern zärtlicher lieben lernte".[17] Das Abgleiten ins Fantastische fällt kaum auf, denn es geschieht mit wissenschaftlicher Präzision. Wahnsinns- und Selbstbetrugsphantasien tauchen auf und doch führt Arnim hier nur die von der Frühromantik geerbte magische Funktion der literarischen Imagination bis zu ihrem Extrem weiter. Der Text, der als Kunst verfasst ist, lädt, angesichts solch minimaler Brüche in der prononciert realistisch-historischen Textoberfläche, dazu ein, sein eigenes Voraussetzungsgefüge zu thematisieren.

Doch nicht um das Durchschaubarmachen der Artifizialität von Kunst geht es Arnim, sondern darum, den Kern des romantischen Projekts freizulegen. Die Kollision von Kunst und Leben wird auf diese Weise um die Spannungen und Bezüge zwischen verschiedenen Kulturkreisen erweitert. Nicht die arabische Frau im französischen Marseille wirkt befremdlich, sondern die rätselhafte, magische Fusion, die sie mit dem Grafen und seiner Gemahlin eingeht. Die Kunsttheorie der Romantik hatte die Integration des Orients gefordert und Arnim schickt sich an, sie künstlerisch einzulösen. Gleichzeitig exponiert er aber ihre philosophische und mediale Bedingtheit. Die hochliterarischen Glücksvisionen der Vereinigung mit dem Orient – also des künstlerischen Vollzugs einer absoluten menschlichen Einheit – werden auf diesem Weg sowohl errichtet als auch wieder aufgehoben. Im Spiegelbild zweier Reflexe (man denke an das Bild der Melück im Wasserspiegel und an Melücks prophetische Bilder von der französischen Revolution) wird

[16] Zur Interpretation der Französischen Revolution durch die deutsche Romantik siehe Fink 1989.
[17] AAW 3, S. 766.

die Vertrautheit zwischen Orient und Okzident, zwischen der Welt und einem ihr wie auch immer vorgelagerten, höhergelagerten Sein evoziert, im selben reflexiven Vorgang aber auch gleich wieder in Frage gestellt und dadurch letztendlich auch zunichte gemacht. Die Beziehung zum Orient lässt sich herstellen und vertiefen, die Einheit mit ihm übt sich aber weiter in jähem Entzug. Übrig bleibt bei Arnim nur die Bewegung, die zu einer gegenseitigen, selbstreflektierten Durchdringung von Orient und Abendland, literarischem Konstrukt und Wirklichkeit führt. Und nur durch die Entfaltung dieser Dynamik lässt sich das, was er als das Herzstück romantischer Poetik begreift, nämlich das Paradigma des romantischen Universalismus, doch noch irgendwie retten.

Bliebe noch jener Parameter des frühromantischen Denkens, der nur kurz erwähnt wurde: der Mythos, oder genauer gesagt, jener aus der Begegnung mit dem Orient nach der Vorgabe Schlegels erneuerte Mythos. Schwingt bei *Maria Melück* der Mythos der arabischen Magierin und Prophetin mit, ist es bei *Isabella von Ägypten* ein anderer, in Europa noch bekannterer, wirkungsvollerer Mythos: der Ahasvers.

„Da fühlten sie erst recht innerlich die Strafe, daß sie die heilige Mutter Gottes mit dem Jesuskinde und dem alten Joseph verstoßen, als sie zu ihnen nach Ägypten flüchteten, weil sie nicht die Augen des Herrn ansahen, sondern mit roher Gleichgültigkeit die Heiligen für Juden hielten, die in Ägypten auf ewige Zeit nicht beherbergt werden [...] Als sie nun später den Heiland aus seinem Tode erkannten, den sie in seinem Leben verschmäht hatten, da wollte die Hälfte des Volks durch eine Wallfahrt, so weit sie Christen finden würden, diese Hartherzigkeit büßen. Sie zogen durch Kleinasien nach Europa und nahmen ihre Schätze mit sich, und so lange diese dauerten, waren sie überall willkommen; wehe aber allen Armen in der Fremde.“[18]

Kaum einen anderen Mythos hat das 19. Jahrhundert in Deutschland – von Bonaventura über Heine bis Wagner – so geprägt wie den Mythos des ewig umherirrenden Juden, des Unbehausten, der sich nach dem Tode sehnt, die Erde aber weiter durchstreifen muss, ohne wirkliche Hoffnung auf Erlösung. Schließlich ist es der Künstlermythos schlechthin, dem seine Selbstreferentialität persistierend eingeschrieben ist. Neu bei Arnim ist (gewissermaßen als Vorgriff auf Wagners Kundry[19]), dass bei ihm eine Frau diese mythische Last trägt. Letztendlich aber wächst sie aus dem Mythos heraus und vermag es, ihr Volk, schließlich sogar sich selbst, durch ihren Tod zu erlösen. Mit ihrer Liebe, die sie mit Karl V. verband und die Orient und Okzident symbolisch zu vereinen suchte, wird sie ihr Volk befreien. Im Fluss aller Flüsse versinkt sie, „die geahndete Erfüllung“[20] vor Au-

[18] Ebd., S. 624–625.

[19] Zur Figur der Kundry als ruhelose, verdammte Herodias und damit als Wandlung Ahasvers, siehe Borchmeyer 2002, S. 129ff.

[20] AAW 3, S. 742.

gen, und für einen Augenblick scheint es so, als sei das konflikthafte Verhältnis zwischen der immer stärker autonomisierten Kunst und einem stetig weiter industrialisierten und verbürgerlichten Leben aufgehoben. So werden bei Arnim keine Entsprechungen zwischen Orient und Okzident gesucht, keine exotisch verbrämten Projektionsflächen errichtet oder Haremsdamenphantasien befeuert. Die interkulturelle Begegnung findet unter den Voraussetzungen fantastischer Entgrenzung auf mythischer Ebene statt und strebt genau auf dieser Ebene die Umsetzung der hier vorhandenen Bewirkbarkeitsillusionen an. Immer noch, immer wieder steht die weltverändernde Macht der Kunst zur Debatte, doch hat sich mittlerweile der Mehltau einer immer bedrückenderen, enttäuschenden Realität auf die romantische Kunstrevolution gelegt und droht, sie zu ersticken. Nur im Mythos wird noch menschheitserneuerndes Potential vermutet und dieses gilt es freizulegen. Nicht durch archäologische Untersuchungen oder wissenschaftliche Studien, sondern im künstlerischen Ausloten mythischer Verbindungen zwischen den Kulturen und in der künstlerischen Umsetzung der hier entfalteten Dynamik liegt die Aufgabe des Künstlers. Arnim meißelt Wolken in Stein, hatte Gautier erklärt. Besser wurde Arnims universal-romantische Ästhetik wohl nie beschrieben.

Bibliographie

Arnim, Achim von: Contes bizarres. Üb. v. Théophile Gautier fils, mit einer Einleitung von Théophile Gautier. Paris: Michel Lévy Frères 1856.

Arnim, Ludwig Achim von: Werke in sechs Bänden. Hrsg. v. Roswitha Burwick, Jürgen Knaack, Paul Michael Lützeler, u.a. Frankfurt am Main: Deutscher Klassiker Verlag 1989–1994. (AAW)

Band 3. Sämtliche Erzählungen 1802-1817. Hrsg. v. Renate Moering. Frankfurt am Main: Deutscher Klassiker Verlag 1990.

Band 6. Schriften. Hrsg. v. Roswitha Burwick, Jürgen Knaack und Hermann F. Weiss. Frankfurt am Main: Deutscher Klassiker Verlag 1992.

Borchmeyer, Dieter: Richard Wagner, Ahasvers Wandlungen. Frankfurt am Main, Leipzig: Insel 2002.

Burwick, Roswitha: Achim von Arnim: Physiker und Poet. In: Literaturwissenschaftliches Jahrbuch 26 (1985), S. 121–150.

Creuzer, Friedrich: Symbolik und Mythologie der alten Völker, besonders der Griechen. Leipzig, Darmstadt: Heyer und Leske 1820.

Dunker, Axel: ‚Diese wahrhaft morgenländische Seele', ‚Orient' in Achim von Arnims Erzählung ‚Melück Maria Blainville. Die Hausprophetin aus Arabien'. In: Charis Goer, Michael Hofmann (Hg.): Der Deutschen Morgenland: Bilder des Orients in der deutschen Kultur von 1770 bis 1850. Paderborn: Wilhelm Fink 2007.

Fink, Gonthier-Louis: Les romantiques allemands et la révolution française / die deutsche Romantik und die französische Revolution. Actes du Colloque international de Strasbourg 2.-5. novembre 1988, Collection Recherches Germaniques 3, Strasbourg 1989.

Görres, Joseph: Gesammelte Schriften. Hrsg. v. Wilhelm Schellberg u.a. Köln: Bachem 1955. Band 3: Geistesgeschichtliche und literarische Schriften I (1803-1808). Hrsg. v. Leo Just. Köln: Bachem 1955.

Halbfass, Helga: Ironie und Geschichte. Achim von Arnim und die Krise der romantischen Ästhetik. In: Michael Andermatt (Hg.): Grenzgänge. Studien zu L. Achim v. Arnim. Modern German Studies, 18. Bonn: Bouvier 1994, S. 57–77.

Kremer, Detlef: Romantik. Stuttgart: Metzler 2007.

Novalis: Werke, Tagebücher und Briefe (3 Bände). Hrsg. v. Hans-Joachim Mähl und Richard Samuel. München: Hanser 1978. Band 1: Das dichterische Werk, Tagebücher und Briefe. Hrsg. v. Richard Samuel. München: Hanser 1978.

Oesterle, Günter: ‚Illegitime Kreuzungen'. Zur Ikonität und Temporalität des Grotesken in Achim von Arnims *Die Majoratsherren*. In: Études Germaniques 43 (1988), S. 25–51.

– Juden, Philister und romantische Intellektuelle. Überlegungen zum Antisemitismus in der Romantik. In: Ernst Behler, Jochen Hörisch und Günter Oesterle (Hg.): Athenäum, Band 2. Paderborn: Schöningh 1992, S. 55–89.

Puschner, Marco: Antisemitismus im Kontext der politischen Romantik. Konstruktionen des ‚Deutschen' und des ‚Jüdischen' bei Arnim, Brentano und Saul Ascher. Tübingen: Niemeyer 2008.

Schanze, Helmut (Hg.): Romantik-Handbuch. Stuttgart: Kröner 1994.

Schlegel, Friedrich: Kritische Friedrich-Schlegel-Ausgabe in 35 Bänden. Hrsg. v. Ernst Behler u.a. München u.a.: WBG 1958. Band 8: Studien zur Philosophie und Theologie. Hrsg. v. Ernst Behler und Ursula Struc-Oppenberg. München u.a.: WBG 1975.

Said, Edward W.: Orientalismus. Frankfurt am Main: Fischer 2009.

Vom Diesseits zum Jenseits: Grenzüberschreitungen in der französischen Phantastik des 19. Jahrhunderts

Sandra Rudman

> „Das Phantastische als das Unmögliche, Gegenrationale und Irreale kann [...] nicht ohne die Welt des Realen, Möglichen, Rationalen bestehen."[1]

Die französische Phantastik aus der Mitte des 19. Jahrhunderts, so soll hier argumentiert werden, ist als subversive und alternative Realitätswahrnehmung zu betrachten. Im künstlerischen Raum dieser phantastischen Erzählungen tut sich das phantastische Ereignis in einer mimetischen Realitätsdarstellung hervor. Zunächst folgt eine Auseinandersetzung mit dem Verhältnis von Realität und Phantastik. Es wird außerdem die Idee der Phantastik als alternative und subversive Realitätswahrnehmung erläutert. Danach wird eine Auswahl an semantischen und strukturellen Mechanismen besprochen, die das Phantastische hervorrufen. Schließlich werden die gemachten Beobachtungen überprüft anhand von *Le Pied de Momie* (1840) von Théophile Gautier.

Das Phantastische und das Reale

Die phantastischen Erzählungen des 19. Jahrhunderts zeichnen sich dadurch aus, dass sie scheinbar als gängige fiktionale Erzählungen beginnen. Die dargestellten Orte und Umstände lassen zunächst keinen Zweifel daran, dass es sich um einen Bericht aus „der realen Welt" handelt. Das Geschehene wird fast immer von einem Ich-Erzähler[2] vermittelt, der sich auch häufig dem Leser zuwendet, was diesem den Eindruck einer geteilten Erfahrung vermittelt. Die mimetische Wirklichkeit

---

[1] Lachmann 2002, S. 10.

[2] Unter anderem: *Le Horla* (1886) , *Qui sait?* (1890) und *L'Endormeuse* (1889) von Maupassant, *Le pied de momie* (1840), und *La cafetière* (1831) von Gautier, *Le bracelet de cheveux* (1849) von Dumas *père, Le chant de la Tonne (1859), L'œil invisible ou l'auberge des trois-pendus (1857)* und *Le bourgmestre en bouteille (1856)*, von Erckmann-Chatrian, *La Vénus D'Ille* (1837) und *Lokis (1869)* von Mérimée usw.

wird jedoch von einem mysteriösen und sogar unerklärbaren Ereignis gestört: Es findet ein phantastisches Ereignis statt, das den Erzähler und den Leser verzweifelt zurücklässt.

Das Konzept der „Realität" spielt schon immer eine wichtige, jedoch diffuse Rolle für die Definition der Phantastik. Mit „Realität" ist oft nicht nur die reine fiktionsinterne Realität gemeint. Es zeigt sich, dass die Realität als genuines, gegenwärtiges Weltbildkonstrukt betrachtet wird, das außerdem statisch und mit der fiktionsinternen Welt identisch ist. Schon während der Blüteperiode der französischen Phantastik erklärt 1830 *Le Globe*[3] die derzeitige Beliebtheit der phantastischen Erzählungen Hoffmanns dadurch, dass sie am Rand des realen Universums stattfinden und mit menschlichen Mitteln, ohne Intervention eines höheren Prinzips, gedeutet werden können.[4] Zur gleichen Zeit schreibt Nodier in *Du fantastique en littérature*, dass die Phantastik sich positioniert zwischen der materiellen Welt, wo die Menschen leben, und der spirituellen Welt, wo Gott regiert.[5] Wie das auf der textuellen Ebene zu verstehen ist, wird daraus aber nicht deutlich. Renate Lachmann beschreibt eine ähnliche ontologische Grundannahme bei Solov'ev (1895), diejenige der realen und der mystischen Welt.[6] Solov'ev betont außerdem die „Notwendigkeit der Realität der Lebenswelt als Basis für die Erscheinung des Anderen"[7].

Auch die Definitionsansätze der 1960er Jahre verorten das Phantastische in der Realität. Castex betrachtet die Phantastik als *intrusion*[8] der Realität, Caillois sieht sie als *rupture*[9] in der Ordnung des Alltags und Franz Hellens als „l'explosion ou l'illumination du réel"[10]. Außerdem wird nun auch der Leser als aussagekräftige Instanz eingesetzt und das Empfinden des Phantastischen überhaupt zur subjektiven Erfahrung gemacht. So argumentiert u.a. Castex, der die Phantastik mit den „états morbides de la conscience"[11] verbindet. Todorov spitzt die Idee der Realität und die Rolle des Lesers weiter zu. Er sieht die Erfahrung des Phantastischen schlechthin als ein Produkt der Realität: „Dans un monde, qui est bien le nôtre, celui que nous connaissons, sans diables, sylphides, ni vampires, se produit un événement qui ne peut s'expliquer par les lois de ce même monde

3 Hoffmann. Contes Nocturnes. In: Le Globe, 07. 12. 1830.

4 Auch Ampère stellt dies fest und umschreibt es als *merveilleux naturel* (Ampère, 1829), zit. bei Breuillac 1906, S. 430.

5 Breuillac 1906, S. 438.

6 Lachmann 2002, S. 89; Deutsche Gesamtausgabe Wladimir Solowjew, Bd. 7, Freiburg 1953, S. 378–380.

7 Ebd., S. 142.

8 Castex 1962, S. 8.

9 Caillois 1964, S. 61.

10 Hellens 1967, 13.

11 Castex 1962, S. 8.

familier.“[12] Außerdem setzt Todorov voraus, dass der Leser mit einer Gattungsvorkenntnis an den Text herangeht und auf die poetische und die allegorische Wahrnehmung verzichtet. Weiterhin betrachtet er nur das wirklich „Unschlüssige“ als *fantastique pure*. Vermag der Leser das Unschlüssige zu erklären, ist der Text nicht länger phantastisch, sondern *étrange* oder *merveilleux*.[13]

Uwe Durst differenziert zwischen fiktionsexterner Wirklichkeit und fiktionsinterner Realität. Dabei betrachtet er die fiktionsexterne Realität als ungeeignet zur Bestimmung der phantastischen Literatur, da sie auf naturwissenschaftlichen Phänomenen basiert. Für viele Menschen könne, so Durst, keine Literatur des Wunderbaren existieren,[14] weil die so genannten wunderbaren Erscheinungen für sie zum eigenen Realitätskonzept gehören. Somit ist auch für Durst die persönliche Glaubenswelt des Lesers ein Kriterium, das bei der Genredefinition in Betracht gezogen werden muss.

Dass der Leser überhaupt als Kriterium für das Empfinden des Phantastischen oder sogar für die Existenz des Genres betrachtet werden sollte, ist eine Annahme, die wir grundlegend anzweifeln und zurückweisen möchten. Es sollte nicht aussagekräftig sein, ob der Leser unschlüssig über die Möglichkeit eines Ereignisses oder Phänomens ist. Vielmehr ist das Entscheidende, dass diese Erzählungen eine Figur vorführen, fast immer den Ich-Erzähler, die selbst über das mysteriöse Ereignis staunt, mit dem sie konfrontiert wird.

An dieser Stelle kommen wir auf Eckhard Höfners Theorie in *Literarität und Realität* zu sprechen. In dieser Studie zu den Aspekten des Realismusbegriffs[15] in der französischen Literatur des 19. Jahrhunderts hat Höfner hervorgehoben, „daß nicht die ‚Realität‘ den Maßstab für die künstlerische Produktion und Rezeption liefert, sondern dass es um verschiedene, historisch variable Formen der Realienklassifikation, um den *Realitätsbegriff* der jeweiligen Epochen geht, und zwar innerhalb eines oder mehrerer semiotischer Systeme“[16]. Die Realismus-Konzeption muss daher, so Höfner, auf die jeweiligen Realitätsbegriffe und Klassifikationssysteme bezogen werden[17] und bedarf einer Rekonstruktion solcher Selektionsregeln, die für Literatur versus außerliterarische Realität und für das semiotische System der Literatur vs. andere semiotische Systeme (Wissenschaften, Philosophie etc.)

---

[12] Todorov 1972, S. 29.

[13] Ebd., S. 46–51.

[14] Durst 2010, S. 78.

[15] Wobei es sich sowohl um den epochalen Begriff des Realismus handelt als auch um den nichtzeitgebundenen Begriff des Wirklichkeitsgehalts in literarischen Texten.

[16] Höfner 1980, S. 13 (Hervorhebung im Original). Vgl. ebd.: Mit dieser Herangehensweise schließt er das Problem der Mimesis nach Auerbach aus, den Realismus als überzeitliche Konstante für ein zu großes literarisches und geographisches Gebiet zu fassen.

[17] Vgl. ebd., S. 18.

gelten würden.[18] Auf derselben Ebene äußert sich Rosalba Campra in ihrer Auseinandersetzung mit dem Verhältnis von Realität und Phantastik. Die Zuordnung „realistisch" kann, so Campra, nicht getrennt von der Zuordnung „phantastisch" betrachtet werden. Realismus, und somit auch die Phantastik, müssen historisch betrachtet werden, und die kulturellen Kodes der Kultur, sowie ihre Kontextualisierung, müssen explizit dargestellt werden.[19]

Daraus folgt, dass dem Verständnis des Phantastischen ein kontextualisiertes Verständnis der Realität vorangehen muss. Dieses ist dabei als historisch variable Form zu betrachten, dessen semiotische Systeme (Wissenschaft, Philosophie usw.) zunächst rekonstruiert werden müssen.

Zur Rekonstruktion der Realität in der Phantastik

Eine Rekonstruktion der Realität und ihrer semiotischen Kontexte lässt sich im Rahmen dieses Beitrags nur sehr beschränkt durchführen.[20] Es ist die These Lachmanns, dass in der Phantastik das Unsichtbare, das Unbewusste einer Kultur sichtbar wird und dass die Phantastik dieser Epoche als Ort philosophischer (Aufklärung/Gegenaufklärung) und ästhetischer Kontroversen gilt.[21] Es ist genau dieser Rahmen der großen Kontroversen, der sich als bedeutender Kontext für die Entwicklung und die Deutung der Phantastik ergibt.

Die Literatur des 19. Jahrhunderts ist in ihren unterschiedlichsten Ausprägungen eine Antwort auf die postrevolutionäre Situation, so Jürgen Grimm,[22] und dies ist für die Phantastik nicht anders. Einer der einflussreichsten Programmpunkte der Revolution war das Durchsetzen aufklärerischer Ideen. Der vernunftgeprägte, philosophische „esprit scientifique et positif"[23] ging aber mit einem erwachenden Interesse für esoterische Traditionen und alternative Formen der Religion einher. Castex beschäftigt sich sehr ausführlich mit dem Zusammenhang zwischen dem „triomphe des philosophes" und „la faveur nouvelle vers les recherches occultes"[24]. Er beobachtet, dass diese Entwicklung auch deshalb so stark und einflussreich war, weil die Position der Kirche sehr geschwächt worden war: „Plus s'acharne l'esprit critique et plus s'affirme le besoin de croire."[25] Dies äußerte

---

18 Vgl. ebd., S. 38.

19 Vgl. Campra 2008, S. 18.

20 Dazu: Rudman 2013, S. 19–33.

21 Lachmann 2002, S. 16, 31.

22 Grimm 2006, S 262.

23 Castex 1962, S. 15.

24 Ebd.

25 Ebd.

sich in der intellektuellen und spirituellen Bewegung des Illuminismus,[26] mit der sich eine sehr heterogene Gruppe von Wissenschaftlern, Philosophen, Theosophen, Politikern und Schriftstellern beschäftigte. Ihre Anhänger setzten sich auf verschiedenste Art mit der spirituellen Dimension der Vernunft auseinander. Sie studierten u.a. die mystische Tradition der Kabbala, die Alchemie, die christliche Theosophie von Jakob Böhme, griechische und ägyptische Mythologie. Renaissanceautoren wurden wieder rezipiert, und auch die Werke rezenterer Philosophen wie Louis-Claude de Saint-Martin, Emmanuel Swedenborg und Martinez de Pasqually übten, bis tief ins 19. Jahrhundert, einen starken Einfluss aus.

Weiterhin spielen auch die wissenschaftlichen Entwicklungen eine maßgebende Rolle. Sie verdeutlichen die zeitgenössische Einstellung gegenüber „unsichtbaren Kräften". Sowohl über Newtons Idee der Schwerkraft als auch über die Elektrizität[27] herrschte bis tief in das 19. Jahrhundert hinein, selbst in wissenschaftlichen Kreisen, große Unklarheit. Beide wurden oft als magische Kräfte wahrgenommen, die von einer unsichtbaren Instanz gesteuert würden. Auch die Lehre Mesmers über den *magnétisme animal*[28] wurde mit Magie in Verbindung gebracht. Sie prägte die Gesellschaft des 19. Jahrhunderts: „These Frenchmen found that mesmerism offered a serious explanation of Nature, of her wonderful, invisible forces, and even, in some cases, of the forces governing society and politics."[29]

Diese vielfältigen heterogenen Glaubenssysteme und Denkschulen haben sich gegenseitig auf verschiedenste Arten beeinflusst. Die Dichotomien aufklärerisch/gegenaufklärerisch und wissenschaftlich/religiös können dabei nicht eindeutig aufrechterhalten werden. Materialistische Philosophie und empirische Wissenschaft vermischten sich auf synkretistische Weise mit alternativem Wissen und Illuminismus. Selbstverständlich sind diese philosophischen und wissenschaftlichen Diskussionen in den Salons ausführlich diskutiert und in die Literatur aufgenommen worden. Bei den Autoren der Phantastik lässt sich ihr Einfluss besonders stark nachweisen.[30] Lachmann beobachtet, dass Phantasmagenese und die Verarbeitung von Elementen aus Geheimtraditionen in engem Zusammenhang stehen. Auch „gibt es Tendenzen, Wissen, das aufgrund seiner Komplexität unzugänglich und damit geheimnisvoll und beunruhigend ist, zu arkanisieren"[31].

---

26 Dies beobachten Castex 1962, S. 13–118, und Viatte 1928, Bd. I, Bd. II, Kap. VIII. Vgl. Dictionary of Gnosis and Western Esotericism: Bergé 2006, S. 600–606 (Eintrag „Illuminism").

27 Gamper 2009, S. 8.

28 Vgl. Darnton 1968, S. 12.

29 Ebd., S. vii.

30 Vgl. dazu Rudman 2013, Kapitel 3.1.2.

31 Lachmann 2002, 153.

Trotz Castex' ausführlichen Einblicken in den Hintergrund der philosophisch-wissenschaftlichen Kontroversen schreibt er das Zustandekommen phantastischer Erzählungen hauptsächlich den pathologischen Seelenzuständen ihrer Verfasser zu.[32] Weitaus ausschlaggebender ist aber seine Beobachtung, dass die größte Anregung für die „curiosité en faveur des doctrines ésotériques" aus der Atmosphäre des Mangels heraus entsteht, aus der des Ungenügenden, das sich aus den „certitudes limitées de la science" ergibt.[33] Er beschreibt die Generation dieser Zeit als *génération anxieuse*,[34] die energisch auf der Suche nach Antworten war. Genau in diesem Licht kann die Entstehung der Gattung der Phantastik verdeutlicht werden. Weder die Anhänger der kritischen Vernunft, die Wissenschaft und die Philosophie, noch die zahllosen alternativen Lehren waren in der Lage, befriedigende Antworten auf philosophische und wissenschaftliche Fragen zu bieten. Dies führte zur innovativen literarischen Praxis der Phantastik: In spekulativen Imaginationen und mittels phantastischer Ereignisse wird ein alternatives Weltbild geschildert. Die Phantastik vereint, in einer Linie mit dem Analogiedenken und dem Synkretismus, alle möglichen Lehren und kreiert eine alternative, subversive Realität. Sie wirft Fragen auf über Weltverständnis, Wissenschaft, Natur und Jenseits, und sie trifft Meta-Aussagen über den Umgang mit diesem Wissen und mit der Unwissenheit an sich. Sie weist auf die beschränkte menschliche Wahrnehmung hin, ruft Unruhe, Furcht vor und Faszination für das Unbekannte hervor, und regt eine spekulative Auseinandersetzung mit dem Ausgegrenzten an.

Dieser kurze Einblick in den Realitätsrahmen der Phantastik verdeutlicht, dass gesellschaftliche Kontroversen und Phantastik direkt miteinander verbunden sind. Darüber hinaus, so wird im Folgenden gezeigt, greift die Semantik der Phantastik direkt auf diese Kontroversen und ihre Diskurse zurück: Sie werden zum semantischen Nährboden der Phantastik.

Mechanismen für Grenzübergänge

Castex beschließt seine Monographie mit der Feststellung, dass es Techniken und Mechanismen für den Aufbau von phantastischen Erzählungen gibt, ohne diese dabei zu definieren:

„... le conteur français, plus que le conteur allemand, se révèle soucieux d'un effet à produire. Volontiers, il médite sur la technique du genre qui auquel il se consacre: il

---

[32] Vgl. Castex 1962: Von Nodier sind seine Neurosen und Depressionen erkannt, Théophile Gautier war abergläubisch und erlitt Wahnvorstellungen und Träume, Nerval war geistesgestört, Maupassant hatte Psychosen usw.

[33] Castex 1962, S. 13.

[34] Ebd., S. 16.

monte et démonte en bon horloger les mécanismes de l'horreur; il contrôle ses inventions, au risque d'en compromettre la vertu jaillissante"[35]

Im Folgenden werden wir tiefer auf die textuellen Merkmale, die als Mechanismen der Phantastik betrachtet werden können, eingehen.

Phantastische Erzählungen sind von einer Semantik des „Fremden", des „Mysteriösen", und somit auch des „Ausgegrenzten" und des „Anderen" gespickt. Dass etwas Mysteriöses passieren wird, wird mit allen möglichen Synonymen des Adjektivs „fremd" angekündigt: „Hé! fit-il en levant un doigt d'un air *mystérieux*, tu l'entends, Théodore?"[36] Oder „j'ai été témoin de la plus *étrange apparition*"[37]. Noch direkter ist die Beschreibung der ausgegrabenen Statue in *La Vénus d'Ille*: „la figure de cette idole ne me revient pas. Elle a *l'air méchante* … et elle l'est aussi."[38] Die genannten Beispiele zeigen außerdem, dass die Wahrnehmung stark thematisiert wird: *Entendre, être témoin, apparition, l'air* sind alles Wörter, welche die visuelle oder auditive Wahrnehmung bezeichnen. Hierdurch wird die Funktion der Sinne hervorgehoben, es kündigt sich etwas an, das gerade noch nicht wahrnehmbar ist. Das zentrale Thema der Phantastik wird hiermit gefasst: Das Wissen, das Unwissen und das Erwerben von Wissen. Oder wie der Ich-Erzähler in *La Morte amoureuse* (1836) es beschreibt: „J'éprouvai la sensation d'un aveugle qui recouvrerait subitement la vue."[39]

Die Umstände sind häufig von den typischen Merkmalen der „schwarzen Romantik" geprägt: Das Wetter ist düster und neblig, und nächtliche Szenen sind zahlreich. Schlüsselszenen finden häufig an verlassenen Orten wie Ruinen statt oder an religiösen oder religiös konnotierten Orten wie Kirchen, Klosterkellern, Abteien, Priesterwohnungen, Friedhöfen.

Fast immer geht die Betrachtung des „Anderen" mit einer wertenden Semantik des „Schrecklichen", „Verrückten" und des „Gefürchteten" einher. Dasjenige, das als anders und als mysteriös betrachtet wird, ist dadurch oft abschreckend. Das, was skeptisch als abweichend, fremd und anormal geschildert wird, führt letztendlich auch zum phantastischen Ereignis. Im folgenden Beispiel aus *Le Chevalier Double* von Théophile Gautier[40] versammeln sich alle bisher besprochenen Elemente : „Un *étranger* est venu au château; il faisait *un terrible temps* cette nuit-là …" Der schreckliche Sturm bei seinem Eintreffen kreiert schon eine gewisse Unruhe, die nochmal auf die Spitze getrieben wird durch den Ausdruck „le vent frappait à la vitre comme un *importun* qui veut entrer." Bei der Beschreibung

---

35 Ebd., S. 398.
36 Erckmann-Chatrian, S. 70.
37 Nodier 1839.
38 Mérimée 1964, S. 283.
39 Gautier 1981a, S. 79.
40 Gautier 1981b, S. 117–130 (meine Hervorhebungen).

des Fremden heißt es: „*L'étranger* était *beau* comme un ange, mais *comme un ange tombé*; il souriait doucement et regardait doucement, et pourtant ce regard et ce sourire vous *glaçaient de terreur* et vous *inspiraient l'effroi* qu'on éprouve en *se penchant sur un abîme*. [...] Il chantait *d'étranges* poésies qui *troublaient* le cœur et donnaient des idées *furieuses*...", die die schwangere Königin Edwige *enivrée* hinterlassen. Die Beschreibung des Fremden als ein gefallener Engel, der mittels seiner Lieder wilde, berauschende Ideen hervorruft, ist eine Unheilsprophezeiung, die die ankommende Zerstörung der herrschenden Ordnung voraussagt. Diese Elemente kreieren eine mysteriöse Stimmung und Spannung, und rufen Faszination oder Furcht hervor vor dem, was sich ankündigt.

Charakteristisch für die Stimmungskreation von phantastischen Erzählungen ist, was man als illuministische Semantik beschreiben kann. Immer wieder stößt der Leser auf direkte Verweise auf Philosophen wie Swedenborg und Saint-Martin, Schriftsteller wie Cazotte und E. T. A. Hoffmann, oder notorische Persönlichkeiten wie Cagliostro und Mesmer. Die illuministische Semantik äußert sich weiterhin mittels Adjektiven (wie ‚magnetisch', ‚kabbalistisch', ‚magisch'), Personenbezeichnungen (z. B. ‚Alchemist', ‚Sylphe', ‚Beelzebub'), Verben (‚deviner', ‚surprendre', ‚paraître', ‚rêver', ‚imaginer', ‚charmer' ...) und Konzepten wie energetische Kräfte, Meditationen, Somnambulismus, Mesmerismus, Astrologie usw. Diese Elemente gehören zwar auch zur Semantik des Mysteriösen, aber sie haben zugleich einen stärkeren Realitätsbezug. Die Konzepte sind einerseits rätselhaft, werden aber auch in der Gesellschaft ernsthaft diskutiert. Aus dem gleichen Grund werden in phantastischen Erzählungen oft Wissenschaftler, Altertumsforscher, Antiquare oder Repräsentanten des Glaubens vorgeführt: Sie repräsentieren das Wissen. Dass sie in der Erzählung selbst immer in ihrer Rolle scheitern, wirft die Metafrage der Phantastik nach dem Wissen, Unwissen und Erwerben von Wissen auf.

Die Semantik ist für die Phantastik ein sehr bedeutungsvoller Mechanismus. Sie äußert sich auf allen Ebenen der Erzählung und setzt sich aus verschiedenen Schichten zusammen. Mit ihr entsteht die Stimmung der Faszination und der Furcht. Sie kreiert die Spannung und durch sie werden die Sinne auf ein Wahrnehmungspotenzial aufmerksam gemacht.

Die Erzählinstanz ist ein weiterer bedeutender Mechanismus, der das phantastische Ereignis mit herbeiführt. Die Erzählungen aus der Blütezeit der französtischen Phantastik (ca. 1800/1830–1870) werden fast ausschließlich von autodiegetischen Erzählern vermittelt. Der Ich-Erzähler verfügt immer über eine Eigenschaft, die Vertrauen in seine Geschichte weckt. So hat er eine bodenständige und skeptischen Haltung, oder eine Beschäftigung, die Wissen impliziert. Manchmal wirkt es so, als ob eine mündliche Überlieferung transkribiert wird, da er sich auch häufig dem Leser oder seinem Zuhörer zuwendet. Weiterhin berichtet er immer von einer selbst erlebten Geschichte und bewertet sie wiederholt als außerordentlich merkwürdig: „Vous me demandez, frère, si j'ai aimé; oui. C'est une histoire singulière et terrible. [...] Ce sont des événements si étranges, que je ne puis croire qu'ils me soient arrivés."[41] Das Zusammenspiel von mimetischem Realitätsbild, persönlicher Vermittlung, vertrauenerweckenden Aussagen und selbstbewertetem Mysterium wirkt nicht nur stark spannungsaufbauend, sondern auch sehr überzeugend. Da der Leser sich außerdem mit einem Ich-Erzähler durchaus mehr identifiziert als mit einem heterodiegetischen Erzähler, enthält die Instanz des Ich-Erzählers das Potential, den Zweifel des Erzählers auf den Leser zu übertragen und das Phantastische als Wahrheit zu betrachten. Sie trifft wertende Urteile über das, was möglich ist, und stellt das Unmögliche in Frage. An dieser Stelle soll betont werden, dass hier zwar vom Leser die Rede ist, jedoch nicht in dem Maße, dass wir ihn für die Wahrnehmung des Phantastischen oder die Existenz des Genres verantwortlich halten. Die Wahrnehmung des Phantastischen fängt beim Ich-Erzähler an: Dieser erfährt und bewertet das Ereignis selbst als fremd, mysteriös oder unglaublich; es wird auch genau aus diesem Grunde erzählt. Wie das Verhältnis von Phantastik und Realität sowie ihre textuellen Mechanismen im Text nachzuweisen sind, soll mit nun am Beispiel von *Le pied de momie* aufgezeigt werden.

Le pied de momie (1840) von Théophile Gautier

In dieser Erzählung besucht der Ich-Erzähler einen Antiquitätenhändler, kauft sich einen mumifizierten Fuß und bekommt nachts Besuch von der einfüßigen ägyptischen Prinzessin Hermonthis. Sie reisen zusammen ins alte Ägypten und begegnen uralten Pharaonen. Beim Erwachen ist den Fuß tatsächlich weg und es liegt die Isis-Statue der Prinzessin an der Stelle. Der Ich-Erzähler staunt; schließlich dachte er, er träume, aber der Austausch der Objekte spricht dagegen.

Die Erzählung fängt mit einer ausführlichen Beschreibung des Antiquitätenladens an, die eine Semantik des Fremden und des Mysteriösen abruft. Der Laden wird mit einem „laboratoire d'alchimiste" verglichen und ist untergebracht in dunklen „antres mystérieux",[42] wo alles mit Staub und Spinnweben bedeckt ist. Diese befremdende Atmosphäre wird weiter aufgebaut, als der Ich-Erzähler fachkundig alle auffälligen, merkwürdigen und faszinierenden Gegenstände beschreibt. Sie sind meistens sehr alt oder kommen aus weit entfernten Ländern: „une lampe étrusque", „une armure damasquinée de Milan", „un petit fétiche mexicain fort abominable, représentant, au naturel le dieu Witziliputzili" usw.[43] Wäh-

[41] Gautier 1981a, S. 77.
[42] Gautier 1981c, S. 133.
[43] Ebd., S. 133–136.

rend die Objekte schon alle sehr seltsam erscheinen, so wirkt nun der Verkäufer noch viel seltsamer:

„C'était une singulière figure [...]: un crâne immense, poli comme un genou, entouré d'une maigre auréole de cheveux blancs [...] La courbure du nez avait une silhouette aquiline qui rappelait le type oriental ou juif. Ses mains [...] onglées de griffes semblables à celles qui terminent les ailes membraneuses des chauves-souris."[44]

Der Ich-Erzähler schreibt diese befremdende Physiognomie einer fremden Herkunft zu; er müsse wohl orientalisch oder jüdisch sein. Es folgt: „Ce vieux drôle avait un air si profondément rabbinique et cabalistique qu'on l'eût brûlé sur la mine, il y a trois siècles."[45] Die ‚kabbalistische' und ‚rabbinische' Ausstrahlung scheint für den Erzähler eine Art von Synonym für ‚böse Zauberei' darzustellen, denn man hätte ihn einst alleine schon für seine Ausstrahlung auf den Scheiterhaufen geworfen. Dies führt die figurative Bedeutung von *cabalistique*, im Sinne von verschwörerisch, mit der wortwörtlichen Bedeutung, die auf die jüdisch-mystischen Lehren verweist, zusammen.

Die Semantik des Fremden wird von Anfang an aufgebaut und Schicht für Schicht vertieft: Die Umstände, die Gegenstände und der Verkäufer wurden zunächst als seltsam, und nach und nach als angsterregend betrachtet. Die illuministische Semantik taucht in den Begriffen *alchimiste, cabalistique, rabbinique* auf. Die beunruhigende Beschreibung des Verkäufers und seines Ladens bereitet das phantastische Ereignis vor.

Der Ich-Erzähler kauft sich einen mumifizierten Fuß, den er als Papierbeschwerer verwenden will. Nachts fängt der Fuß plötzlich an, auf dem Schreibtisch herumzuspringen. Die einfüßige ägyptische Prinzessin Hermonthis erscheint und redet auf Alt-Koptisch mit ihrem Fuß. Der Erzähler versteht alles und meint, er träume. Es stellt sich heraus, dass der Verkäufer einst die Prinzessin heiraten wollte und er letztendlich für das Ausrauben ihrer Grabzimmer verantwortlich war. Rückblickend wird an dieser Stelle das Spannungsfeld um den Verkäufer bekräftigt: Er ist eine phantastische (weil jahrhundertealte) Figur. Dennoch ist das Beobachten des springenden Fußes das Ereignis, das zunächst ganz von der Realität abweicht, unmittelbar gefolgt vom Eintreten der Prinzessin. Die Angst des Erzählers verfliegt beim Gespräch mit Hermonthis und verwandelt sich in Faszination. Er schenkt ihren Fuß zurück, sie gibt ihm ihre Isis-Statue als Tausch. In wenigen Minuten reisen sie ins alte ägyptische Jenseits, wo sie Hermonthis' Vater Xixoutros begegnen sowie ägyptischen mumifizierten Pharaonen, den prä-adamitischen Königen und anderen Jenseitsbewohnern.

---

[44] Ebd., S. 134–135.
[45] Ebd., S. 135.

Auch hier betont die Semantik stets das Fremde, aber diesmal im Sinne des Alten, des Ausländischen, des Mystischen und des Ausgegrenzten. Es geht mit Faszination einher statt mit Furcht. Die ägyptische Mythologie spielt eine starke Rolle, zunächst in der Form der Isis-Statue. Isis, als „conductrice des âmes" beschrieben, wird mit Zauberei und einem Totenkult verbunden. Ihr Mann ist Osiris, Gott des Jenseits. Hermonthis' Vater, König Xixoutros, verweist auf die ägyptische Mythologie, die besagt, dass Isis versucht, die Leichenteile von Osiris zu sammeln, um sie wiederzubeleben. Außerdem ist von Hieroglyphen die Rede: Die Entzifferung der Hieroglyphen lag zu dieser Zeit nicht lange zurück, 1822 erst war diese dem französischen Linguisten François Champollion gelungen. Diese Erzählung spiegelt die Faszination für das Alte Ägypten, die in Frankreich seit dem Erscheinen der *Déscription de l'Égypte*, eines Berichts über den napoleonischen Ägyptenfeldzug von 1798 bis 1801, sehr präsent war.[46] Ein weiteres interessantes Detail liegt in der Erwähnung der prä-adamitischen Könige und ihrer 72 Völker. Dies verweist auf die Auffassung des französischen Späthumanisten La Peyrère († 1676), dass es schon vor Adam Menschen auf der Erde gegeben habe. Die Auffassung brachte ihn vor die Inquisition, nur nach einer Konversion wurde er freigelassen. Während der Aufklärung wurde diese Auffassung aber wieder stark diskutiert.[47] Dass das Spannungsfeld zwischen Wissenschaften, Philosophie und Religion als semantischer Nährboden für die Phantastik dient, wird anhand des andauernden Auftauchens der gleichen Elemente deutlich: Ausländische Kultur, ägyptische Mythologie, Kabbala, Alchemie, die Prä-Adamiten u.a. Manche werden ein wenig ausgeführt, andere werden nur erwähnt.

Außerdem vermittelt die Reise in das antike Jenseits einen positiven, höchst interessanten Eindruck. Es wird über Hieroglyphen, mumifizierte ägyptische Pharaonen und die Prä-Adamiten gesprochen, als ob alles selbstverständlich sei. Die Neugier wird ausgesprochen positiv bewertet, und philosophische sowie wissenschaftliche Feststellungen werden unkompliziert, fast nebensächlich gemacht. Sowohl der Erwerb neuen Wissens als auch die metaphysische Art, worauf dies zu geschehen scheint, werden positiv bewertet. Die Erzählung nimmt keine eindeutige Position für das eine oder gegen das andere ein, sondern kombiniert das Spannungsfeld von Wissen, Religion, Mythologie, Illuminismus und transzendentalen Traumerfahrungen zu einem spannenden, faszinierenden Ereignis, das eine alternatives und subversives Weltbild kreiert.

Die Figur des Ich-Erzählers weckt Vertrauen durch seine scharfsinnigen Beobachtungen: Er benennt alle Kuriositäten im Antiquitätenladen und beschreibt auch die Prinzessin und ihr Umfeld mit Sachkenntnis. Auch ist er sich bewusst, dass er

[46] Vgl. Brockhaus Enzyklopädie Online: Napoleons Ägyptenfeldzug.

[47] Vgl. Brockhaus Enzyklopädie Online: La Peyrère.

beim Schlafengehen leicht angetrunken ist, und er ist weiterhin davon überzeugt, dass alles nur ein Traum ist. Trotz seiner lustigen und nonchalanten Art, mit den Ereignissen umzugehen, macht ihn seine Angst „menschlich“. Es wäre unglaubwürdig, keine Furcht zu zeigen, wenn nachts ein Unbekannter das Schlafzimmer betritt. Schließlich staunen daher sowohl der Ich-Erzähler als auch der Leser über die Entdeckung der Isis-Statue an der Stelle des Mumienfußes. Das Ereignis ist nun als eindeutig phantastisch zu bewerten. Dass die Erzählung an dieser Stelle abbricht, ist nicht untypisch: Es können keine erhellenden Fragen mehr gestellt werden.

Fazit

Abschließend kann gesagt werden, dass die Phantastik der Mitte des 19. Jahrhundert sich als alternative und subversive Weltdarstellung betrachten lässt. Es wurde herausgearbeitet, dass dem Verständnis des Phantastischen ein kontextualisiertes Verständnis der Realität vorangehen muss. Da die Realität historisch variabel ist, müssen ihre semiotischen Systeme (Wissenschaft, Philosophie usw.) rekonstruiert werden. Unsere Rekonstruktion verdeutlichte, dass die Spannungsfelder der realen Welt, die Kontroversen in der Wissenschaft, Religion und Philosophie, unmittelbar mit der Entstehung der Literatur des Phantastischen zusammenhangen. Außerdem gelten ihre Diskurse als semantischer Nährboden für die Erzählungen. Diese führen eine mimetische Realität vor, in der die Grenze zum Phantastischen u.a. über semantische und erzählerische Mechanismen überschritten wird. Die Semantik hat sich dabei als besonders wichtig herausgestellt, um die Stimmung des „Fremden“, des „Mysteriösen“, und somit auch des „Ausgegrenzten“ und des „Anderen“ hervorzurufen. Insbesondere die illuministische Semantik formt dabei eine fundamentale Schicht. Auch die Instanz des Ich-Erzählers ist ein Mechanismus, der das Phantastische herbeiführt. Der Ich-Erzähler weckt Vertrauen durch sein Wissen und seine Skepsis, nähert sich dem Leser an und liefert somit das Potenzial, seinen eigenen Zweifel auf den Leser zu übertragen. Nach der Textanalyse von *Le Pied de momie* lässt sich bestätigen, dass das Phantastische mittels semantischer und erzählerischer Techniken im Rahmen einer mimetischen Realität hervorgerufen wird. Die Phantastik dieser Epoche kann als literarische Spekulationsplattform gelten, auf der das Andere und das Ausgegrenzte einer Kultur sichtbar werden, und die somit ein alternatives und subversives Weltbild vermittelt.

Bibliographie

Primärliteratur

Gautier, Théophile: La Morte amoureuse. In: Ders.: La Morte amoureuse, Avatar, et autres récits fantastiques. Paris: Gallimard 1981a, S. 75–117 [EA 1836].
– Le Chevalier double. In: Ders.: La Morte amoureuse, Avatar, et autres récits fantastiques. Paris: Gallimard 1981b, S. 117–130 [EA 1840].
– Le Pied de momie. In: Ders.: La Morte amoureuse, Avatar, et autres récits fantastiques. Paris. Gallimard 1981c, S. 132–148 [EA 1840].
Erckmann-Chatrian (d. i. Emile Erckmann und Alexandre Chatrian): Le Chant de la tonne. In: Dies.: Contes des bords du Rhin. Paris: Hetzel 1878, S. 70–74 [EA 1859].
Mérimée, Prosper: La Vénus d'Ille. In: Ders.: Colomba et 10 autres nouvelles. Paris: Gallimard 1964, S. 281–313 [EA 1835].
Nodier, Charles: Ines de las Sierras. 1837. http://fr.wikisource.org/wiki/In%C3%A8s_de_Las_Sierras_%28Nodier%29 (Abruf: 25.04.2014).

Sekundärliteratur

Breuillac, Marcel: Hoffmann en France. In: Revue d'histoire littéraire de la France. Vol. 13 (1906), 427–457.
– Hoffmann en France II. In: Revue d'histoire littéraire de la France. Vol. 14 (1907), 74–105.
Brockhaus Enzyklopädie Online: www.brockhaus-enzyklopädie.de. (Der Service wurde zum 07.01.2014 eingestellt.)
Campra, Rosalba: Territorios de la Ficción, lo fantástico. Sevilla: Renacimiento 2008.
Caillois, Roger: Au cœur du fantastique. Paris: Gallimard 1964.
Castex, Pierre-Georges: Le conte fantastique en France de Nodier à Maupassant. Paris: José Corti 1962.
Darnton, Robert: Mesmerism and the End of the Enlightenment in France. Harvard: University Press 1968.
Dictionary of Gnosis and Western Esotericism. Hg. v. Hanegraaff, Wouter, Antoine Faivre, Roelof van den Broek u.a. Leiden: Brill 2009.
Durst, Uwe: Theorie der phantastischen Literatur. Berlin: Lit 2010 [2001].
Engler, Winfried: Die französische Romantik. Tübingen: Gunter Narr 2003.
Gamper, Michael: Elektropoetologie. Fiktionen der Elektrizität 1740–1870. Göttingen: Wallstein 2009.
Grimm, Jürgen: Französische Literaturgeschichte. Stuttgart/Weimar: Metzler 2006 [1996].
Hellens, Franz: Le Fantastique Réel. Bruxelles. Sodi 1967.
Hoffmann. Contes Nocturnes. [Article non signé.] In: Le Globe, 07.12.1830.
Höfner, Eckhard: Literarität und Realität. Aspekte des Realismusbegriffs in der französischen Literatur des 19. Jahrhunderts. Heidelberg: Carl Winter 1980.
Jackson, Rosemary: Fantasy, the Literature of Subversion. London: Routledge 1981.
Lachmann, Renate: Erzählte Phantastik. Frankfurt am Main: Suhrkamp 2002.

– E. T. A. Hoffmanns Phantastikbegriff. In: Gerhard Neumann (Hg.): Hoffmanneske Geschichte: Zu einer Literaturwissenschaft als Kulturwissenschaft. Würzburg: Königshausen & Neumann 2005, S. 135–152.

Rudman, Sandra: Phantastik als subversives Weltbild. Zum Verhältnis von Realität und Phantastik im Frankreich des 19. Jahrhunderts. Masterarbeit Universität Mannheim. Mannheim 2013 (Manuskript).

Todorov, Tzvetan: Introduction à la littérature fantastique. Paris: Seuil 1972.

Vax, Louis: La séduction de l'étrange. Paris: Presse Universitaire de France 1965.

Viatte, Auguste: Les sources occultes du romantisme. Bd. I, Bd. II. Paris: Librairie Ancienne Honoré Champion 1928.

Das Phantastische im *Märchen der 672. Nacht* von Hugo von Hofmannsthal

Gennady Vasilyev

Wenn wir den Begriff „phantastisch" als einen Übersetzungsfehler der *Fantasiestücke in Callots Manier* (1814) von E. T. A. Hoffmann ins Französische („Contes fantastiques" anstatt „Contes de la fantaisie") betrachten, so wirft diese Definition ein zusätzliches Licht auf die Diskussion über das Phantastische in der Literatur. Phantasie als Fähigkeit, Sinneseindrücke und Vorstellungen zu verknüpfen oder zu neuartigen Vorstellungsbildern umzugestalten, wurde von Johann Jacob Bodmer und Johann Jacob Breitinger als eine produktive Tätigkeit von Autor und Leser begründet.[1]

Um die Jahrhundertwende hat Paul Scheerbart den Begriff der Phantastik im Aufsatz „Die Phantastik im Kunstgewerbe" (1891) formuliert: „Unter Phantastik möchten wir [...] diejenige Kunstrichtung verstehen, welche hauptsächlich mit der Phantasiekraft wirken will und zugleich die Phantasie des Zuhörers oder Zuschauers in neue Bahnen zu leiten versucht. Das Wesen der Phantastik besteht in der Eröffnung neuer, weiter Perspektiven."[2] Scheerbart beruft sich auf die ideengeschichtliche Legitimation der Phantastik durch „den philosophischen *Skepticismus* eines *Berkely*", der besagt, „dass Welt und Ich eben so viel Existenzberechtigung und Daseinskraft besitzen wie eine wirre Traumerscheinung"[3]. Unser Erleben hat einen synthetischen Charakter: Wir verknüpfen das augenblicklich Gegebene mit dem Nicht-Wirklichen, mit ganzen Ketten von assoziativen Vorstellungen, woraus eine neue Welt entsteht. Die Phantastik ist der Religion nahe, weil sie die Kunst von jener Welt ist.[4]

Ein solches Verständnis des Phantastischen können wir im *Märchen der 672. Nacht* von Hugo von Hofmannsthal verfolgen. Mit der Bezeichnung „Märchen" ist die Erzählform der Umschreibung einer der äußeren Wirklichkeit fernen Rea-

1 Bodmer/Breitinger 1980, S. 156.
2 Paul Scheerbart, zit. nach Ursprung 1996, S. 132.
3 Berkely, zit. nach Brunn 2000, S. 18.
4 Brunn 2000, S. 19–20.

lität gemeint[5]. Das sogenannte Kunstmärchen hat das Formschema und den kommunikativen Anspruch des sogenannten Volksmärchens, das mündlich sowie allverständlich erzählt und vernommen werden soll. Das Kunstmärchen schafft eine persönliche Wunschwelt, die der zeitgenössischen Umwelt trotzt.[6] Das Märchen ist gekennzeichnet von erzählerischer Schlichtheit, der Aufhebung des Zusammenhangs von Ursache und Wirkung sowie durch einen Abstand der zeiträumlichen Gegenwart zwischen Erzähler und Zuhörer.[7] Hugo von Hofmannsthal schrieb die Einleitung zur deutschen Ausgabe der Geschichten aus *Tausendundeiner Nacht*, die in den Jahren 1907–1908 von Felix Paul Greve in zwölf Bänden herausgegeben wurden.[8] Diese Einleitung ist keine literaturwissenschaftliche Analyse, sondern ein Essay, in dem der Dichter vor allem sein Verhältnis als Leser zu dieser Dichtung beschreibt und durch die Schilderung dessen, was er bei der Lektüre erlebt und empfunden hat, nachfolgende Leser anregt. In diesem Sinn bleibt Hofmannsthal im Trend seiner Zeit: Er versucht die Phantasie der Leser zu entflammen mithilfe der passenden Gattung (dem Kunstmärchen), was als Phantastik in der Epoche der Moderne interpretiert werden kann.[9]

Im *Märchen der 672. Nacht* geht es um einen etwa 25-jährigen, introvertierten Kaufmannssohn, der nicht nur reich, sondern auch sehr schön ist. Frauen können seine Leidenschaft nicht erregen. Dem gesellschaftlichen Leben begegnet er mit wachsender Interesselosigkeit. Die Beziehung zur Außenwelt beschränkt sich folglich auf Schaulust, der Kaufmannssohn befindet sich immer in der distanzierten Haltung des Ästheten. Der ererbte Besitz gewährleistet ihm materielle Souveränität und soziale Unabhängigkeit.

Hofmannsthal stellt die übliche Märchenstruktur auf den Kopf: Der Kaufmannssohn erfährt kein glückliches Ende, sondern begibt sich in eine Welt urbaner Abenteuer hin zu seinem Tod.[10] Das Märchen ist in zwei Abschnitte unterteilt: Im ersten Teil verschanzt sich der Kaufmannssohn in einer falschen Traumlandschaft, im zweiten Teil dominiert die grundlegende Angst vor dem unkontrollierten Leben in der Stadt.

Die Atmosphäre, die durch das Element des nicht genau Bestimmbaren entsteht, ist der konkret fassbaren Wirklichkeit entrückt und trägt traumhafte Züge. Diese Atmosphäre wird durch den Übergang von einem Bild in ein anderes noch verstärkt. In einem Brief an seinen Vater vom August 1895 erklärte Hof-

[5] Die folgenden Ausführungen basieren auf Klotz 2002, S. 8–12.

[6] Klotz 2002, S. 8–9.

[7] Ebd., S. 10.

[8] Koehler 1972, S. 59.

[9] Auf die phantastischen Merkmale in der Poetik des *Märchens der 672. Nacht* weist auch Barry Murnane hin. Vgl. Murnane 2012, S. 52.

[10] Bosse 2009, S. 75.

mannsthal seine Absicht: Er wollte „die Märchenhaftigkeit des Alltäglichen“, das „Absichtlich-Unabsichtliche“, das Traumhafte“ ausdrücken und gleichzeitig die Lektüre von *Tausendundeiner Nacht* „auf den heutigen Tag verlegen“[11]. Man kann darauf hinweisen, dass Hofmannsthal in dem Märchen Erfahrungen während seines Freiwilligenjahres beim k.u.k. Dragonerregiment 6 in Gödingen von Oktober 1894 bis September 1895, wo er das Leben aus einer ihm unbekannten Perspektive kennenlernte, verarbeitet hat.[12] Die Gegend der Garnison vermittelte Hofmannsthal „manchmal ein Gefühl von unsäglich erstickender Einsamkeit, als ob das alles gar nicht zum Leben gehören würde“[13].

So etwas nicht Bestimmbares, Düsteres, Unheimliches ist ein fruchtbringender Boden für die Phantastik. Die Definition von der Realitätsauffassung hängt vom Leser ab, daher kann sie sehr unterschiedlich sein.[14] Dabei handelt es sich um eine implizierte Leserfunktion, d. h. dass der Leser in die Welt der Personen integriert ist, so dass wir nicht diesen oder jenen bestimmten wirklichen Leser im Auge haben[15]. Das Realitätssystem als Ersatz des außerliterarischen Begriffs der Wirklichkeit bedeutet die Organisation von Gesetzen, die innerhalb einer fiktiven Welt gelten. Die Exposition übernimmt dabei die Aufgabe, dem Leser eine grundlegende Kenntnis des geltenden Realitätssystems zu vermitteln[16].

Die Objektwelt ist ausschließlich der Perspektive des Subjekts (Kaufmannssohnes) untergeordnet. Die subjektive Wahrnehmung der Dingwelt lässt keine objektive Erfahrung der Lebensrealität zu, weshalb die Existenz der Hauptperson ‚unwirklich‘ ist[17]. Der Kaufmannssohn versucht seine Bewusstseinswelt gegenüber der Realität zu konservieren. Er berauscht sich an den imaginierten Vorstellungen von der Welt, das heißt dem Produkt vermittelter Wahrnehmung.

Voraussetzung für den ungestörten Lebensgenuss des Kaufmannssohnes ist die Bereitschaft seiner Diener, ihm zu dienen. Die Diener nehmen zwar eine Objektposition in der Kunstwelt des Kaufmannssohnes ein. Die alte Haushälterin gilt als Quelle der sehnsüchtigen „Erinnerung an die Stimme seiner eigener Mutter und an seine Kindheit“[18]. Die etwa 17-jährige Dienerin wird als eine zum Kunstgegenstand erstarrte Gestalt erblickt. Ihre Rolle als potenzielle Geschlechtspartnerin bleibt in der Schwebe. Bei der Reaktion des Kaufmannssohnes handelt es sich um Berührungsängste und um die wiederholte Flucht von der erotischen Hingabe in die Anschauung eines Objektes. Die Dienerin scheint den Platz einer Herrscherin

---

[11] Hofmannsthal 1934, S. 170.
[12] Koehler 1972, S. 84.
[13] Enole 1966, S. 80.
[14] Zimmermann 1982, S. 98.
[15] Todorov 1972, S. 31.
[16] Durst 2010, S. 93–94.
[17] Brise-Neumann 1985, S. 163–164.
[18] Hofmannsthal 1975, S. 16.

einzunehmen, was die Ignoranz des Kaufmannssohnes bezüglich eines zwischenmenschlichen Dialogs zeigt. Den Diener schätzt er, weil dieser seine Neigungen und Abneigungen schweigend errät. Die Ursache der psychologischen Wirkung der Diener auf den Kaufmannssohn ist in seiner ungesicherten Identität zu sehen. Die Diener üben eine von der sozialen Verantwortlichkeit geprägte Tätigkeit aus, was das Verstehen der eigenen ‚Unzulänglichkeit' des Kaufmannssohnes provoziert.

Der Kaufmannssohn kann die Welt nur gebrochen wahrnehmen, weil die ästhetische Perspektivierung der Realität nicht mehr intakt ist. Die Krise des Bewusstseins spiegelt sich als Krise der Realität, die nicht mehr identifiziert werden kann. Dabei ist die Wahl der Erzählform damit verbunden, welche Gültigkeit das Wunderbare in der erzählten Welt erlangen soll.[19] Es ist kein Zufall, dass in wunderbaren Geschichten selten die erste Person verwendet wird, gleich wie in den *Märchen aus Tausendundeiner Nacht*, weil kein Zweifel an ihrer Wahrhaftigkeit innerhalb des wunderbaren Universums entstehen soll.[20]

Das Realitätssystem eines Textes ergibt sich aus dem Kampf des Wunderbaren gegen das Reguläre, was eine Dynamisierung des Erzählten zur Folge hat.[21] Die Verletzung der Gesetze in einer fiktiven Welt, die im Realitätssystem gültig sind, hebt das Phantastische hervor. Dabei entsteht ein Systemsprung in Form eines Wechsels des Realitätssystems innerhalb eines literarischen Textes. Das individuelle Realitätssystem wird auf der Trennlinie der Systeme positioniert. Ein Rest realitätssystemischer Ambivalenz bleibt vorhanden: Das Ereignis lässt sich nicht aufklären, d. h. es ist keinem der oppositionellen Systeme eindeutig zuzuordnen.[22]

So eine Art von ‚Systemsprung' vollzieht sich im zweiten Teil des Märchens. Wenn im ersten Teil der Erzählung der Blick auf die Realität durch die ästhetische Wahrnehmung verstellt ist, wird im zweiten Teil die Wirklichkeit durch die Dominanz der Unbewussten in der Wahrnehmung bedingt, also verfremdet, gesehen. Der zweite Abschnitt des Märchens besteht aus einer komplexen Mischung objektiver Stadtlandschaften, fragmentarischer Erinnerungen, Bewusstseinsströmen und subjektiven Projektionen, mittels derer Hofmannsthal die Stadt in einen phantasmagorischen Raum transformiert. Dieser Raum fungiert als topographisches Korrelativ zu den psychologischen und emotionalen Unsicherheiten des Kaufmannssohns.[23] Das Eintreffen eines anonymen, den Diener betreffenden Briefes aktiviert den Kaufmannssohn. Es kommt zum Ringen um die Erhaltung des durch die ästhetizistische Lebensform entwickelten Ich-Bewusstseins. Wie es

[19] Todorov 1972, S. 51.
[20] Durst 2010, S. 187.
[21] Ebd., S. 154.
[22] Ebd., S. 164.
[23] Murnane 2012, S. 55.

für Märchengestalten typisch ist, muss sich der Held von zu Hause entfernen, um Außergewöhnliches zu erleben. Er muss den eingefahrenen Kreislauf des tagtäglichen Lebensrhythmus verlassen. Unterwegs erst begegnen ihm die Abenteuer. Die Märchen folgen in der Regel einem bestimmten Handlungsschema: Jemand löst Aufgaben, die ihm gestellt sind, und erhält dafür einen Gewinn, der ihn ein für allemal glücklich macht.[24]

Der Kaufmannssohn kann als Anti-Märchenheld klassifiziert werden. Er hat keine eigene Initiative, weder Vertrauen zu sich selbst noch in die Welt. Er erschöpft seine Kräfte in Grübeleien übers eigene Tun und Berechnungen, wie er den nächsten Schritt setzt. Er ist nicht fähig, Aufgaben zu erfüllen, andere Personen zu erlösen oder üble Gesamtverhältnisse auszuräumen. Er verhält sich reaktiv, reagiert auf etwas, was von außen über ihn hereinbricht. In diesem Sinn ist der Kaufmannssohn Kafkas Protagonisten ähnlich.[25]

Die Haltung des lebensfernen, zum Scheitern verurteilten Ästheten ist jedoch den Gestalten in den Erzählungen aus *Tausendundeiner Nacht*[26] völlig fremd: In unbefangener, unreflektierter Unmittelbarkeit sind sie dem Leben zugewandt, das sie mit all seinen freudigen und leidvollen Seiten bejahen und genießen. Bei allen Abenteuern und Gefahren, die viele Helden zu bestehen haben, walten ein gütiger Gott oder dienstbare ‚Geister', und der größte Teil der Erzählungen endet glücklich. Kennzeichnend für die religiöse Haltung der Gestalten in den Erzählungen aus *Tausendundeiner Nacht* ist ihre Ergebung in den Willen Gottes, die ständig in ihre Reden einfließt. Im *Märchen der 672. Nacht* von Hofmannsthal kann von einer ‚Unterwerfung' unter den Willen Gottes keine Rede sein.

Die Wirklichkeit wird als abstoßender und hässlicher Raum außerhalb der ästhetischen Enklave vorgestellt. Die Unfähigkeit, in eine Beziehung zur Wirklichkeit zu treten, äußert sich beim Kaufmannssohn in beklemmenden Zügen zunehmender Angst; es ist die Angst vor dem Kollaps der ästhetischen Wahrnehmungsfähigkeit. Für einige Exponenten der phantastischen Literatur (etwa Lovecraft) lag das Kriterium des Phantastischen nicht im Werk, sondern in der besonderen Erfahrung des Lesers, und diese Erfahrung soll Angst sein.[27] Tzvetan Todorov bemerkt in dieser Hinsicht ironisch, dass die Gattung des Werkes in diesem Fall von der Nervenstärke seines Lesers abhängt.[28] Man kann jedoch nicht die Schaffung eines

---

24 Klotz 2002, S. 10–11.

25 Ebd., S. 339.

26 Es handelt sich hier um deutsche Übersetzungen und Nachtragungen von *Tausendundeiner Nacht*, wie August Bohse und Antoine Galland: Leipzig 1718, Johann Heinrich Voss: Bremen 1781–1785, Karl Schall: Breslau 1825, Friedrich Heinrich von der Hagen: Breslau 1825, Albert Ludwig Grimm: Wien 1825, Christian Maximilian Habicht: Wien 1826, Julius Neidl: Wien 1870, Max Henning: Leipzig 1895, Gustav Weil: Bonn 1897.

27 Vgl. Kasprzak 1997, S. 18.

28 Todorov 1972, S. 35.

spezifischen Eindrucks, einer unheimlichen Atmosphäre, völlig ignorieren, was aber nicht als Kriterium, sondern als ein Merkmal des Phantastischen betrachtet werden kann. Die Angst des Kaufmannssohnes wird durch die in der Stadt herrschende Lebensrealität provoziert, die er mit äußerster Klarheit als ein Labyrinth von Hässlichkeit und Widerwärtigkeit erfährt. Die dargestellten Räume des Märchens werden zu phantasmatischen Projektionen der psychischen Unordnungen im Kaufmannssohn selbst. So werden „die Mechanismen des Erinnerungsvermögens, der Wahrnehmung und des Erlebens [...] selbst als Motoren phantastischer Formationen erkennbar [...]. Das, was im Kopf des Kaufmannssohns vorgeht, und das, was er erlebt, vermischen sich in einer gespenstischen Sphäre, sodass die Außenwelt verwandlungsfähig zu sein scheint und somit einen Anschein des Phantastischen annimmt."[29]

Schließlich gelangt der Kaufmannssohn in eine ganz öde, totenstille Sackgasse, die in einer fast turmhohen, steilen Treppe endet, an deren Ende sich ein dem Bereich der künstlichen Welt zuzuordnender Juwelierladen befindet. Beim Herumschauen in dem Laden fällt sein Blick auf einen kleinen silbernen, halb erblindeten Handspiegel. Dieser spiegelt jetzt nicht mehr, der Kaufmannssohn schaut nicht einmal hinein; in einem zweiten Spiegel erblickt er die schöne Dienerin. Das Angebot des Juweliers zum Kauf eines Pferdesattels lehnt der Kaufmannssohn ab. Das Pferd kann als Symbol des sexuellen Triebes verstanden werden. Mit seiner grundsätzlichen Ablehnung dokumentiert der Kaufmannssohn, dass er die triebhafte Komponente aus seinem Bewusstsein eliminiert und damit die Integration in ein spezifisches soziales Gefüge, die der Vollzug der Geschlechterrolle darstellt.[30]

In unmittelbarer Nähe des Juweliers stehen zwei Glashäuser in einem Garten, die der Kaufmannssohn nach dem Verlassen des Ladens besuchen will. Er empfindet die Fülle seltener Pflanzen und „ihm völlig unbekannte[n] Blattwerk[s]"[31] als unheimlich. Nicht nur die Stadt nimmt einen künstlichen, bedrohlichen Zug an, sondern auch die Natur: „hässliche, verstaubte Blumen; das breite trockene Bett des Flusses"[32].

In dem zweiten Glashaus trifft er auf ein „höchstens vierjähriges, kleines Mädchen",[33] das ihn in grauenerregender Weise an seine junge Dienerin erinnert. Das fremde Ich versucht ihn tatsächlich aus der „höheren" Welt zu verdrängen, „[...] was er zu unterdrücken versuchte, bricht also schließlich mit einer solchen Kraft

---

[29] Murnane 2012, S. 59.
[30] Brise-Neumann 1985, S. 183.
[31] Hofmannsthal 1975, S. 26.
[32] Ebd., S. 25.
[33] Ebd., S. 26.

hervor, dass es von ihm [...] vollkommen Besitz ergreift"[34]. Das fremde Ich bezieht sich dabei auf einen in das Unbewusste verdrängten Erinnerungsinhalt. Bei der Begegnung mit dem kleinen Mädchen im Glashaus versucht der Kaufmannssohn menschlich zu handeln, seine Angst mindert sich in der Nähe des Mädchens, aber dann will er dem Kind ein paar Münzen zu schenken. Diese Geste zeigt seine Unfähigkeit, sich mit einer Frau als der Mittlerin zwischen dem Individuum und der Gemeinschaft zu verbinden, und diese Unfähigkeit ist symptomatisch für die Isoliertheit und Lebensferne des ästhetischen Menschen. Auch sein späterer Versuch, durch ein Geldgeschenk eine Beziehung zu einem Menschen herzustellen, scheitert: Vergebens sucht er in seiner Tasche nach einigen Münzen, die er einem Soldaten geben will. Bemerkenswert ist auch, dass alle diese Begegnungen sich schweigend vollziehen, was die Unfähigkeit des Kaufmannssohnes zur Kommunikation mit anderen Menschen zeigt. Er kann nicht aus seiner Isolierung heraustreten[35].

Im zweiten Teil des Märchens wird der Kaufmannssohn als Objekt heterogener Einflusssphären fremdbestimmt. Seine Begegnungen mit dem Juwelier, mit dem Kind, mit dem Soldaten und mit dem Pferd geschehen spontan. In einer Handlungslinie fehlt eine Motivation, die Handlung findet aber dennoch statt, was das Phantastische generiert. Das Phantastische wird aber durch besondere ästhetische Wahrnehmung konstruiert. Der Kaufmannssohn konstituiert die Außenwelt in spezifischen Wahrnehmungsinhalten. Er sieht sich mit „dem Chaos als tote[m] dumpfe[m] Hinlungern der Dinge im Halblicht"[36] konfrontiert. Ihm fehlt aber die Fähigkeit, das „Chaos [...] mit Zauberblick zu ergreifen"[37], d.h. die Aufgabe der absoluten Subjektivität, in der der Kaufmannssohn selbst zum Zentrum seiner Gedankenwelt wird.

Hier kann man von einer „imaginativen Schreibart" sprechen, mittels derer die Erzählhaltung „in die imaginative [...] Welt des Protagonisten verlagert" wird.[38] Der Leser wird „mit einer Reihe von Realitätsfragmenten konfrontiert", die „mit subjektiven Komponenten aus dem Seelenleben des Kaufmannssohns" zunächst ergänzt und „schließlich von diesen verdrängt werden".[39] Das Resultat dieses Erzählverfahrens ist eine „derealisierte und phantastische Textstruktur".[40] Wie Murnane weiter ausführt, ist diese imaginative Schreibart „konstitutiv für die nichtmimetischen Erzähltechniken der literarischen Moderne", die das realisti-

34 Brise-Neumann 1985, S. 185.
35 Koehler 1972, S. 90.
36 Hofmannsthal 1979, S. 405.
37 Ebd.
38 Murnane entlehnt den Begriff „imaginative Schreibart" von Walter Höllerer. Murnane 2012, S. 56.
39 Murnane 2012, S. 56.
40 Ebd.

sche Weltbild zu dekonstruieren versuchten.[41] Im Vordergrund dieser Techniken steht die „konstruktive Tätigkeit des Subjektes in der Wahrnehmung der Realität", die als subjektive Konstruktionen der „Erinnerungs- und Gedankenfetzen, Projektionen, Bewusstseinsströme[] und irrationalen imaginierten Szenarien" enttarnt und in Frage gestellt wird.[42]

Die Konfrontation mit der Realität des Lebens ist identisch mit der Todeserfahrung: „So groß war die Ungeduld des Kaufmannssohnes, aus dem Bereich seiner Angst zu kommen, dass er sogleich einen, dann den anderen Fuß auf das Brett setzte und [...] anfing, hinüberzugehen [...] in den Sohlen und Kniebeugen fühlte er die Angst und Hilflosigkeit, schwindelnd im ganzen Leibe, die Nähe des Todes."[43] Er erreicht schließlich einen schmutzigen, öden Kasernenhof, wo Soldaten den Pferden die Hufe reinigen. Er sucht in seiner Tasche nach einer Münze, als ob er sich von seiner Angst und seiner Ohnmacht loskaufen wollte. Dabei fällt der Schmuck aus der Tasche einem Pferd unter die Füße. Als er sich bückt, um den Schmuck aufzuheben, trifft ihn der Huf des Pferdes. Mit dem Tritt „in die Lenden"[44] des Kaufmannssohnes, dem Ort der Zeugungskraft, findet das Pferd als sexuelles Symbol eine Ausgestaltung. Mit dem Huftritt erfolgt nicht nur eine ‚Abrechnung' mit einem gestörten, inaktiven gesellschaftlichen Leben, sondern speziell auch mit der inaktiven, uneingelösten Geschlechterrolle des Narziß.

Der Kreis schließt sich in der Todesstunde, in der der Kaufmannssohn die Gesichtszüge annimmt, wie sie von der jungen Dienerin, vom vierjährigen Mädchen und vom Pferd bekannt sind. „Er hasste seinen vorzeitigen Tod so sehr, dass er sein Leben hasste, weil es ihn dahin geführt hatte."[45] Der Kaufmannssohn hasst sein ästhetisches Dasein, weil es ihn am wirklichen Leben gehindert hat. Er stirbt an den Folgen eines Huftritts – die Todesursache ist so banal wie abstoßend und hässlich –, wobei ihm der Tod „einen fremden, bösen Ausdruck"[46] verleiht.

Die Angst vor dem Tod, vor dem Verlust der persönlichen Identität, ist in dieser phantastischen Novelle schockierend aktualisiert. In der Schlussphase einer phantastisch gesteigerten Ich-Auflösung entsteht das Verlangen zu sterben, im Tod die absolute Identitätslosigkeit zu erleben. Phantastische Selbstdestruktion entspringt aus einem enttäuschten, hypertrophen Glücksverlangen. Das Ich beginnt, narzisstisch gekränkt, sich selbst zu hassen, mit einem Hass, der konsequent die eigene Selbstzerstörung betreibt.

---

[41] Ebd.
[42] Ebd.
[43] Hofmannsthal 1975, S. 26.
[44] Ebd., S. 29.
[45] Ebd., S. 30.
[46] Ebd.

Hugo von Hofmannsthal sah in den orientalischen Erzählungen „Buntheit und Tiefsinn, Überschwang der Phantasie und schneidende Weltweisheit“, „unendliche Begebenheiten, Träume, Weisheitsreden“[47]. Diese Betrachtungsweise berührt sich mit Goethes Ansichten über die orientalischen Märchen, die dieser als „Spiele einer leichtfertigen Einbildungskraft, die vom Wirklichen bis zum Unmöglichen hin- und wiederschwebt und das Unwahrscheinliche als ein Wahrhaftes und Zweifelloses vorträgt“[48] bezeichnet. Mit seinem *Märchen der 672. Nacht* erzeugt Hugo von Hofmannsthal weniger eine realistische als vielmehr eine exotische Atmosphäre, einen Orient der Phantasie. Das Phantastische im „Märchen der 672. Nacht“ macht einen für die Wiener Moderne kennzeichnenden Diskurs sichtbar – die Unmöglichkeit der Selbstidentifizierung in der ästhetischen Existenz – und wird zum Medium der Kritik an einem zeitgenössischen Bewusstsein.

Bibliographie

Primärliteratur

Goethe, Johann Wolfgang: Goethes Gespräche: eine Sammlung zeitgenössischer Berichte aus seinem Umgang auf Grund der Ausgabe und des Nachlasses von Flodoard Freiherr von Biedermann in vier Bänden. Bd. 2. 1805–1817. Zürich [u.a.]: Artemis 1969.
Hofmannsthal, Hugo: Gesammelte Werke in 3 Bänden. Bd. 1. Berlin: Fischer 1934.
– Das Märchen der 672. Nacht. In: Ellen Ritter (Hg.): Hugo von Hofmansthal. Sämtliche Werke. Kritische Ausgabe. Bd. XXVIII. Erzählungen 1. Frankfurt/Main: Fischer 1975, S. 9–30.
– Reden und Aufsätze in 3 Bänden. Bd. 1. Frankfurt/Main: Fischer 1979.

Sekundärliteratur

Arnold, Heinz Ludwig und Heinrich Detering (Hg.): Grundzüge der Literaturwissenschaft. München: Deutscher Taschenbuch Verlag 2002.
Bodmer, Johann Jakob und Johann Jakob Breitinger: Schriften zur Literatur. Stuttgart: Reclam 1980.
Bosse, Heinrich: „Nachwort“. Hugo von Hofmannsthal. Reitergeschichte und andere Erzählungen. Stuttgart: Reclam 2009, S. 61–80.
Brise-Neumann, Gisa: Ästhet – Dilettant – Narziß. Frankfurt/Main, Bern: Lang 1985.
Brunn, Clemens: Der Ausweg ins Unwirkliche. Fiktion und Weltmodell bei Paul Scheerbart und Alfred Kubin. Oldenburg: Igel 2000.
Durst, Uwe: Theorie der phantastischen Literatur. Berlin: Lit 2010.
Enole, Mary Gilbert (Hg.): Hugo von Hofmannsthal – Edgar Karg von Bebenburg. Briefwechsel. Frankfurt/Main: Fischer 1966.
Freund, Winfried: Deutsche Phantastik. München: Fink 1999.
Kasprzak, Andreas (Hg.): H. P. Lovecraft: Von Monstren und Mythen. München: Tilsner 1997.

[47] Hofmannsthal, zit. nach Koehler 1972, S. 62.
[48] Goethe 1805–1817, zit. nach Goethe 1969, S. 145.

Klotz, Volker: Das europäische Kunstmärchen. München: Fink 2002.
Koehler, Wolfgang: Hugo von Hofmannsthal und Eintausendundeine Nacht. Bern, Frankfurt/Main: Lang 1972.
Murnane, Barry: Doppelte Böden: Phantastisches Erzählen und literarische Frühmoderne bei Hugo von Hofmannstahl. In: Zeitschrift für Fantastikforschung 2, 2012, S. 50–74.
Scheerbart, Paul: Gesammelte Werke in 10 Bänden. Bd. 10: Theoretische Schriften 2: 1. Autobiographisches, Rezensionen, Schriften zur Kunst, Schriften zum Theater, Essays. Bellheim: Ed. Phantasia 1995.
Todorov, Tzvetan: Einführung in die fantastische Literatur. München: Hauser 1972.
Ursprung, Philip: Kritik und Secession: Das „Atelier“ Kunstkritik in Berlin zwischen 1890 und 1897. Basel u.a.: Schwabe 1996.
Zimmermann, Hans Dieter: Trivialliteratur? Schema-Literatur! Entstehung, Formen, Bewertung. 2. Aufl. Stuttgart, Berlin, Köln, Mainz: Kohlhammer 1982.

Der Student von Prag: Wandlungen eines Filmstoffs

Thomas Köhler

Der im Jahre 1913 erstaufgeführte Film *Der Student von Prag*, entstanden aus der Zusammenarbeit des Schauspielers Paul Wegener, des Schriftstellers Hanns Heinz Ewers, des Regisseurs Stellan Rye und des Kamerapioniers Guido Seeber, ist eines der frühesten und ambitioniertesten Beispiele für das Genre des ‚phantastischen' Films in Deutschland. Zu einer Zeit, in der ein weiter Teil der künstlerischen und publizistischen Öffentlichkeit dem noch nicht einmal zwanzig Jahre alten kinematographischen Medium noch mit Skepsis gegenüberstand, eröffnete *Der Student von Prag* dem deutschen Film Anerkennung und neue Entwicklungsperspektiven. Der Filmpublizist Oskar Kalbus bezeichnete diesen „mystischen Film" bereits 1935 rückblickend als den „erste[n] Vorstoß zur Filmkunst", als Versuch „einmal ein wenig Geist und Kunst in den deutschen Film zu bringen".[1] Dies ist eine von späteren Kommentatoren weitgehend geteilte Einschätzung.[2] Angesichts seines nachhaltigen Einflusses ist es wenig verwunderlich, dass von *Der Student von Prag* zwei weitere deutsche Verfilmungen aus den Jahren 1926 (Regie: Henrik Galeen) und 1935 (Regie: Artur Robison) existieren, deren Neubearbeitungen des Stoffes nicht nur den gewandelten Publikumsgeschmack widerspiegeln, sondern auch die Entwicklung der Filmsprache und der filmtechnischen Möglichkeiten sowie die zunehmende Ausprägung des Starsystems im Kino der Weimarer Zeit reflektieren. Damit einher gehen auch Veränderungen in der Darstellung und der Funktion ‚phantastischer' Elemente des Stoffes. Unter diesen Gesichtspunkten sollen im Folgenden die drei Verfilmungen des *Studenten von Prag* genauer betrachtet und miteinander verglichen werden.

Stellan Ryes *Der Student von Prag* (D 1913)

Im Jahre 1913 konnte von einer wie auch immer gearteten filmischen Tradition allenfalls in Ansätzen die Rede sein. Das Kino hatte, gerade in Deutschland, erst

1 Kalbus 1935, S. 17.
2 Vgl. Diederichs 1985, S. 5.

wenige Jahre zuvor begonnen, sich von seinen Anfängen als Jahrmarktsattraktion zu lösen. Dezidierte Lichtspielhäuser bestanden erst seit wenigen Jahren, und als Kunstform war die Kinematographie noch keineswegs etabliert. Wie Reinhold Keiner aufzeigt,[3] war es nicht zuletzt der unermüdliche Einsatz des Verfassers des Drehbuchs zum *Studenten von Prag*, der mit Artikeln und öffentlichen Auftritten für die Anerkennung des Mediums und seiner neuartigen Möglichkeiten eintrat und dazu beitrug, der Kinematographie in diesem „Kulturkampf"[4] zum Erfolg zu verhelfen. Gesellschaftliche Akzeptanz schien nicht zuletzt durch Anschluss an etablierte literarische Traditionen erreichbar, wie sich etwa in der Strategie britischer Filmproduzenten zeigt, die in der ersten Dekade des 20. Jahrhunderts versuchten, mit Adaptionen von Texten Shakespeares oder Dickens' dem Film zu größerem gesellschaftlichem Renommee zu verhelfen. Ewers' Drehbuch zum *Studenten von Prag* knüpft daher bewusst an die literarische Tradition der Doppelgänger-Motivik und des Teufelspakts an.

Die Filmhandlung ist im Jahre 1820 angesiedelt. Der Protagonist Balduin, „Prags bester Fechter und wildester Student",[5] verkauft sein Spiegelbild gegen das Versprechen unermesslichen Reichtums an den mysteriös-unheimlichen Scapinelli. Der Anlass dafür ist der Standesunterschied, der den armen Studenten von der Comtesse Margit trennt. Balduin hat sich trotz seiner Beziehung zu der Zigeunerin Lyduschka in die Comtesse verliebt, nachdem er sie aus einem See gerettet hat, in den sie bei einer Jagdpartie von einem durchgehenden Pferd gestürzt war. Der von Balduin zunächst kaum ernst genommene Verlust des Spiegelbilds zeitigt bald ungeahnte Folgen: Der Doppelgänger tritt an entscheidenden Momenten der Handlung immer wieder auf und nimmt Balduins Stelle ein. So tötet das verselbständigte Spiegelbild etwa – entgegen dem von Balduin gegebenen Versprechen – den Verlobten der Comtesse während eines Duells. Als Höhepunkt des Films wird Balduin von seinem Pendant in den nächtlichen Gassen Prags verfolgt. Schließlich versucht Balduin, sein Ebenbild mit einer Pistole zu erschießen, tötet damit aber letztlich sich selbst.

Die Inspiration für Ewers' Drehbuch geht direkt auf die Anregung Paul Wegeners zurück, der im Film die doppelte Hauptrolle des Studenten und seines Spiegelbildes übernahm. Rückblickend schilderte Wegener seine Grundidee in dem 1916 gehaltenen Vortrag „Die künstlerischen Möglichkeiten des Films" wie folgt:

„Als ich vor drei Jahren das erste Mal zum Film ging, tat ich es, weil ich eine Idee zu haben glaubte, die mit keinem anderen Kunstmittel ausgeführt werden konnte. Ich erinnerte mich an Scherzphotographien, wo ein Mann mit sicher selber Skat spielte oder ein Bru-

---

3 Keiner 1988, S. 4–15.

4 Ebd., S. 13.

5 Diese Charakterisierung findet sich auf einem der Zwischentitel des Films.

der Studiosus mit sich selbst die Klinge kreuzte. Ich wußte, dass dies durch Teilung der Bildfläche gemacht werden konnte, und sagte mir, dass muß doch auch im Film gehen, und hier wäre doch die Möglichkeit gegeben, E. T. A. Hoffmanns Phantasien des Doppelgängers oder Spiegelbildes in Wirklichkeit zu zeigen und damit Wirkungen zu erzielen, die in keiner anderen Kunst zu erreichen wären."[6]

Natürlich ‚ging' das „auch im Film", und zwar schon seit geraumer Zeit. Diese Form einfacher, aber effektiver Trickfotografie gehörte zum Grundinventar bereits des frühesten Kinos; sie findet sich prominent etwa in George Méliès' *Un homme de têtes* (F 1898) und *L'homme orchestre* (F 1900), um nur zwei der bekanntesten Beispiele zu nennen. Neu an Wegeners Idee war allerdings, dass die Verwendung solcher Tricktechnik nicht in erster Linie dafür eingesetzt werden sollte, um ein mit den Möglichkeiten des Mediums noch wenig vertrautes Publikum in Erstaunen zu versetzen, wie es bei den frühen Filmen aus dem Kontext des Jahrmarkts- und Vaudevillekinos der Fall gewesen war. Wegeners Bezugnahme auf Hoffmann verweist vielmehr auf etwas anderes: So sollte, zumindest was das deutsche Kino anging, die Tricktechnik in den Dienst eines ‚künstlerischen' Films gestellt werden. Der filmbegeisterte Schriftsteller Ewers, der sich mit seinen deutlich von Hoffmann, Poe und der französischen Décadence inspirierten Romanen und Erzählungen ein Millionenpublikum geschaffen hatte und mit dem Wegener bereits anlässlich eines früheren Films (*Der Verführte*, D 1913) zusammengearbeitet hatte, schien dafür eine geeignete Wahl zu sein.

Das Skript für *Der Student von Prag* zeigt sich von einer enormen Literarizität ebenso geprägt wie vom Ewers-typischen Eklektizismus: Die motivischen Beziehungen reichen von Texten der deutschen Romantik wie Hoffmanns *Die Abenteuer in der Sylvesternacht* (1815) oder Chamissos *Peter Schlemihl* (1814) bis zu Anklängen an Wildes *The Picture of Dorian Gray* (1891) und Poes Erzählung *William Wilson* (1839). Letztere stellt eine zentrale Inspirationsquelle Ewers' dar: Das Auftauchen des Doppelgängers an wichtigen Wendepunkten des Lebens des Protagonisten und das Zerstören der an diese Wendepunkte geknüpften Hoffnungen ist in der Erzählung Poes ebenso markant wie in Ewers' Filmskript. Gleichfalls deutet der Schluss von *William Wilson* an, dass sich der Protagonist mit der Ermordung seines Doppelgängers, der am Ende nur noch im Spiegel erscheint, selbst getötet und damit auch die Spaltung seiner Identität beseitigt hat. Auch diese Schlusswendung findet sich ähnlich im *Studenten von Prag*, auch wenn der Film von diesem Vorbild in einem signifikanten Detail abweicht, wie ich noch darlegen werde.

---

6 Wegener 1954, S. 110.

Auf die Doppelgänger-Thematik wird allerdings nicht nur durch das Aus-dem-Spiegel-Treten der Spiegelbilds Balduins angespielt. Sie findet sich auch in zahlreichen Dopplungsvariationen an anderen Stellen. So findet die reiche Comtesse Margit ihre Entsprechung in Lyduschka, Balduins vormaliger Geliebten, die dem Studenten – allerdings in wohlmeinender Absicht – ähnlich eng auf den Fersen ist wie der unheimliche Doppelgänger. Auch die soziale Zweiteilung in die Welt der Studenten und der Aristokratie, der Gegensatz zwischen der schäbigen Studentenbude Balduins und der Schlosswelt der Hofburg oder des Anwesens von Margits Familie sind Beispiele für solche Dopplungen. Schließlich finden sich auch immer wieder Szenen, in denen Spiegel als Objekte im Film auftauchen.

Auch die filmische Einrahmung durch auf eine Schriftrolle geschriebene Auszüge aus Alfred de Mussets die Doppelgänger-Thematik behandelndem Gedicht *La nuit de Décembre* (1835) unterstreicht den ‚literarischen' Charakter des Films. Die auf dieses erste Erscheinen des Mussetschen Gedichtes folgende Einleitung des Films rekurriert dann auf das Bühnentheater: Die handelnden Personen werden einzeln mittels des Öffnens und Schließens eines Theatervorhanges vorgestellt, bevor die eigentliche Filmhandlung einsetzt. Als Regisseur wird im Filmvorspann wie in den Werbematerialien bezeichnenderweise nur „der Verfasser" angegeben, womit natürlich Ewers gemeint ist und dabei der eigentliche Regisseur, der Däne Stellan Rye,[7] unterschlagen wird.[8] Auch dies ist wohl nicht nur ein Ergebnis des enormen Egos Ewers', sondern vor allem ein Versuch, dem Film weitere Glaubwürdigkeit in literarisch interessierten Kreisen zu verleihen. Dem Anspruch eines durchgestalteten ‚Kunstwerks' wurde auch dadurch Rechnung getragen, dass der Komponist Josef Weiss eine Originalmusik für den Film schrieb, was zum damaligen Zeitpunkt noch ein Novum darstellte. Ambitioniertheit verspricht auch der im Vorspann des Films erscheinende Hinweis darauf, dass der Film „in Prag, im Palais Fürstenberg & Lobkowitz, im Hradschin, der Daliborka, im Alchemistengäßchen und anderen historischen Plätzen", also an Originalschauplätzen, gedreht wurde.

Das Ergebnis ist ein zwar inhaltlich märchenhafter, aber filmisch ausgesprochen ‚realistisch' wirkender Film, der allerdings von den sich visuell oftmals noch stark am Bühnentheater orientierenden Filmen der Zeit weit entfernt ist. Denn trotz der, von einigen Kameraschwenks abgesehen, zeitbedingt weitgehend statischen Kamera ist die „Phototechnische Leitung"[9] durch Kameramann Guido Seeber beständig um Variation der Perspektive bemüht. Das gilt nicht nur für den virtuos gefilmten Ausritt der Jagdgesellschaft mit ihren mit der räumlichen Tiefe

---

7 Zu Werk und Biographie Ryes vgl. Tybjerg 1996, S. 151–159.

8 Keiner 1988, S. 24.

9 So im Vorspann bezeichnet. Zu Seebers Bedeutung für die Entwicklung der Kinematographie in Deutschland vgl. Stiftung Deutsche Kinemathek (Hg.), 1979.

spielenden und in angedeuteter Untersicht aufgenommenen Einstellungen, sondern auch für die vielfältigen Ansichten der Stadt Prag selbst, die so zu einer ‚heimlichen Hauptdarstellerin' des Films wird.

Auf Seiten der Regie zeigt sich Sorgfalt nicht zuletzt durch die anfangs stringent durchgehaltene Platzierung Balduins und seines Doppelgängers im Bildkader: Der ‚echte' Balduin erscheint anfänglich stets in der linken Bildhälfte, sein Spiegelbild in der rechten. Daran ist der Zuschauer nach einiger Zeit derart gewöhnt, dass es überraschend, fast wie ein Fehler wirkt, wenn der Doppelgänger den Studenten in einer der zentralen Szenen zu einem Kartenspiel auffordert und dabei der ‚echte' Balduin in der rechten Bildhälfte platziert ist, sein Spiegelbild aber auf der linken. Dies geschieht jedoch nicht zufällig, denn die Positionsvertauschung ereignet sich kurz nachdem der Doppelgänger auch nach außen hin Balduins Rolle eingenommen und im Duell dessen Widersacher getötet hat, was Balduins gesellschaftliche Ächtung zur Folge hat. Die visuelle Umkehrung wird somit interpretierbar als Austauschbarkeit der beiden Balduins. Am Ende des Films hat das Spiegelbild die Rolle Balduins vollständig übernommen. Anders nämlich als im Vorbild *William Wilson* – und auch im Gegensatz zu Ewers' Manuskript – steht am Ende des *Studenten von Prag* eben *nicht* die Wiedererlangung des Spiegelbilds durch Balduin. In Ewers' Originalexposé heißt es zwar, dass Balduin sich am Ende des Films „zum ersten Mal wieder im Spiegel [sieht]".[10] Die filmische Umsetzung zeigt dies allerdings nicht deutlich, denn dem Zuschauer wird vorenthalten, was Balduin bei seinem letzten Blick in den Taschenspiegel wirklich sieht. Nach dem Pistolenschuss, mit dem Balduin sein Spiegelbild töten will und sich dabei selbst erschießt, verschwindet zwar der Doppelgänger plötzlich, wie auch schon einige Male zuvor im Film. Anschließend erscheint der diabolische Scapinelli in Balduins Stube, zerreißt den unheilvollen Vertrag und grüßt darauf mit einer ironisch-theaterhaften Geste noch einmal mit dem Hut zum Publikum. Doch in der letzten Einstellung des Films ist der Doppelgänger lebend zu sehen, mit weit aufgerissenen Augen somnambul auf Balduins Grab sitzend.[11] Wenn also der tote Balduin in Form seines Spiegelbildes weiterhin existiert, dann ist die Wiederherstellung der Normalität nur eine scheinbare. Die erwartete ‚positive' Auflösung findet nicht statt, die erzählte Welt verbleibt trotz des Todes Balduins im beunruhigenden Zustand des Fortbestehens des Übernatürlichen.

Diese erste Version des *Studenten von Prag* war ein durchschlagender Erfolg bei Kritik und Publikum[12] und trug dazu bei, den deutschen Film auch interna-

---

[10] Ewers zitiert bei Diederichs 1985, S. 98.

[11] Vor dem Hintergrund der damaligen Debatte über den Stellenwert des Kinos interpretiert Lihi Nagler die Doppelgänger-Figur in recht spekulativer Weise als Allegorie des Kinos selbst: „Der Film schafft tote Bilder und zugleich ewiges Leben" (Nagler 2007, 154).

[12] Vgl. Keiner 1988, S. 26.

tional zu etablieren. Wie Kristin Thompson darlegt,[13] kann *Der Student von Prag* auch als ein Ausgangspunkt für die bald populär werdenden Genres des phantastischen Films und des Märchenfilms der späten Kaiserzeit gelten, zu denen Wegener als Regisseur mit dem bis auf ein kurzes Fragment heute verschollenen ersten *Golem*-Film (D 1914) oder mit *Rübezahls Hochzeit* (D 1916) bedeutende Beiträge beisteuern sollte.

Henrik Galeens *Der Student von Prag* (D 1926)

Wegener war ursprünglich auch als Regisseur für die erste Neuverfilmung des *Studenten von Prag* im Jahre 1926 vorgesehen,[14] doch nachdem sich dieser Plan zerschlagen hatte, fiel die Wahl auf Henrik Galeen, der schon bei der Version von 1913 als Regieassistent mitgewirkt hatte.[15] Galeen hatte als Drehbuchautor für bedeutende Werke des deutschen phantastischen Films wie Friedrich Wilhelm Murnaus *Nosferatu* (D 1922) oder Paul Lenis *Das Wachsfigurenkabinett* (D 1924) verantwortlich gezeichnet, was ihn für die Übernahme des *Student von Prag*-Remakes und das Schreiben des Drehbuchs prädestiniert erscheinen ließ.

Auch in der Besetzungsliste erweist der Film dem phantastischen Film der frühen Weimarer Epoche Reverenz: Mit Conrad Veidt als Balduin und Werner Krauss als Scapinelli führt der Film die beiden Hauptdarsteller aus Robert Wienes *Das Kabinett des Dr. Caligari* (D 1920) in einer nicht ganz unähnlichen Figurenkonstellation wieder zusammen. Solche Casting-Entscheidungen wurden damals sicherlich bewusst getroffen: Wie Joseph Garncarz nachgewiesen hat, konnte ein Starsystem im deutschen Kino bereits Mitte der 1920er Jahre als umfassend etabliert gelten.[16] Insbesondere der sehr beliebte Veidt muss als potenzieller Publikumsmagnet für die Neuverfilmung gegolten haben, zumal die Rolle des Balduin im Einklang mit zahlreichen anderen Filmfiguren Veidts stand. Richard Dyer etwa benennt neben *Der Student von Prag* unter anderem auch Friedrich Wilhelm Murnaus heute verschollene Jekyll-und-Hyde-Adaption *Der Januskopf* (D 1920) sowie Robert Wienes *Orlacs Hände* (D 1923) als weitere Beispiele für Filme, in denen Veidt ‚gespaltene', doppelgesichtige Persönlichkeiten verkörperte.[17] Außerhalb des Genres des Phantastischen sei zudem Veidts Doppelrolle in Karl Grunes *Die Brüder Schellenberg* (D 1926) genannt. In diesem wenige Monate vor *Der Student von Prag* uraufgeführten Film erschien Veidt als sein eigener Bruder ebenfalls gemeinsam mit sich selbst auf der Leinwand. Bezeichnend für Veidts

[13] Thompson 2002, S. 137f.
[14] Keiner 1988, S. 47f.
[15] Vgl. Stratenwerth 2004, S. 140f.
[16] Garncarz 2010, S. 116–133.
[17] Dyer 1990, S. 16.

screen persona ist, dass auch dieser Film dem egozentrischen, skrupellosen Bruder weitaus mehr filmische Zeit gewährt als seinem philanthropischen Gegenpart. Allgemein kann mit Dyer daher von Veidts „vampiric qualities and the repetition in his films of the duality motif"[18] gesprochen werden. Trotz oder vielleicht auch wegen dieser Rollenfestlegung wurde Veidt „frequently cast as the love interest in films and was a popular pin-up in the magazines of the time"[19].

In der Tat ist Veidts Verkörperung des Studenten als getriebener, romantischer Held ‚byronesker', in mancher Hinsicht ‚moderner' als Wegeners im Vergleich fast ruhig erscheinende Rollenauslegung. Veidts Darstellung greift dabei gerade in den dramatischen Sequenzen im letzten Drittel des Films mit seinen dem Wahnsinn nahen, oftmals weit aufgerissenen Augen stark auf seine aus früheren Filmen bekannten schauspielerischen Techniken zurück. Dies steht durchaus im Einklang mit der allgemein stärker an dramatischer Effektivität orientierten Anlage der Neuverfilmung. Galeens Fassung spitzt die Ereignisse in stärkerem Maße zu: Balduins sozialer Aufstieg wird durch größeren Reichtum der Ausstattung in den abendlichen Tanzszenen im Palais ebenso deutlicher herausgestellt wie sein sozialer Fall nach der Tötung des Barons Waldis durch den Doppelgänger, indem die Universität über Balduin die Relegation ausspricht.

Obgleich Galeens Drehbuch durchaus, von einigen Szenenumstellungen abgesehen, eng an Ewers' Version angelehnt ist,[20] weist das Remake nicht zuletzt filmästhetisch deutliche Veränderungen gegenüber dem Original auf. Insbesondere die Anfangssequenzen aus dem Studentenleben sind weitaus ausgedehnter als in der Fassung von 1913. Zwischentitel mit musikalischer Notation als Cues für die Instrumentalbegleitung zeigen die von den Studenten gesungenen Lieder an, und den Fechtspielen und Kneipenbesuchen der Studenten wird weitaus mehr Aufmerksamkeit geschenkt. Es zeigen sich die nunmehr umfangreicheren filmtechnischen Möglichkeiten der 1920er Jahre. Schon die Eingangssequenz besitzt eine für die damalige Zeit ungewöhnlich hohe Schnittfrequenz bei unterschiedlichen Einstellungsgrößen und Kamerapositionen. Der neue *Student von Prag* behält zwar grundsätzlich den ‚realistischen' Stil der ersten Version bei, verbindet ihn jedoch mit stellenweise recht deutlichen Einflüssen des filmischen Expressionismus, der im Jahre 1926 eigentlich schon als *passé* gelten konnte. An die *Caligari*-Architektur erinnernde Straßenzüge erscheinen ebenso wie eine durch

---

[18] Dyer 1990, S. 16.

[19] Ebd., S. 14.

[20] Mit dem Ergebnis der zweiten Verfilmung des *Studenten von Prag* zeigte sich Ewers allerdings nicht einverstanden. Vgl. Keiner 1988, 48. Ewers bemängelte bei der Neuverfilmung unter anderem das Fehlen der „prächtigen Ausschnitte des alten Prag, die in dem ersten Film so wundervoll waren" (Ewers, zitiert bei Keiner 1988, 50). In der Tat ist die Neufassung bis auf einige Außenaufnahmen zu Anfang weitgehend im Studio entstanden.

Doppelbelichtung erzeugte halluzinatorische Einstellung, in der der Bogen eines Streichinstruments Balduin den Kopf anzusägen scheint. Am deutlichsten zeigt sich Galeens Rückgriff auf das expressionistische Kino allerdings in einigen Sequenzen mit Werner Krauss' Scapinelli. In einer nächtlichen Szene, in der die Comtesse einen Brief Balduins liest, erscheint Scapinellis Schatten dämonisch überlebensgroß an der Hauswand. An anderer Stelle wird Scapinelli mit weit aufgerissenen Augen und in Untersicht gezeigt, wie er auf einem nur mit einem bizarren, verfallenen Baumstumpf dekorierten Hügel stehend den Ausritt der Jagdgesellschaft gleichsam ‚dirigiert'.

Solche Momente deuten die Wandlung an, welche die Scapinelli-Gestalt in der neuen Version erfährt. War Scapinelli in der 1913er-Fassung vor allem eine Verführerfigur, ein Katalysator für die verborgenen Wünsche des Studenten nach Reichtum, Liebe und gesellschaftlichem Aufstieg, so ist er in Galeens Version eine satanische Gestalt, die wie durch telepathischen Befehl erst die Reitergruppe in die Nähe der Studentenkneipe lenkt und dann den Sturz der Comtesse vom Pferd veranlasst. Es ist somit Scapinelli, der in voller und böswilliger Absicht die Begegnung zwischen Margit und Balduin bewirkt. Nicht zuletzt an dieser Umdeutung Scapinellis zur unstreitig teuflischen Figur zeigt sich, was Heide Schlüpmann für den Film als Ganzes negativ feststellt: „Das Unheimliche ist zur Schauerromantik herabgesunken, die Spannung zwischen realistisch und phantastisch nivelliert."[21] In der Tat: Legt man dieser Einschätzung den minimalistischen Phantastikbegriff Uwe Dursts zugrunde, der das Phantastische als ein „Verfremdungsverfahren, das ein reguläres Realitätssystem durch ein zweites, wunderbares Realitätssystem in Frage stellt" definiert und das Phantastische auf der „Spektrumsmitte" zwischen den beiden Systemen positioniert, in der „ein gültiges Realitätssystem nicht formuliert werden [kann]",[22] so ist diese zweite Verfilmung des *Studenten von Prag* eindeutig im Bereich des ‚Wunderbaren' zu verorten. Dies gilt allerdings ebenso für die ursprüngliche Fassung von 1913 (nicht aber für die dritte Verfilmung von 1935, wie noch aufzuzeigen sein wird). In dieser Hinsicht kann also im Vergleich zur ersten Version nicht von einer ‚Nivellierung' gesprochen werden, wie Schlüpmann es tut. Der Unterschied liegt vielmehr darin, dass Galeens Version traditionelle Topoi wie den Teufelspakt und die Verführung durch die satanische Figur Scapinelli stärker und dramatisierter herausstellt, was offenbar Schlüpmanns Missfallen erregt hat.

Die deutlichste Änderung gegenüber der Version von 1913 betrifft den Schluss. In seiner Stube richtet Balduin wie schon in Ryes Fassung die Waffe auf den Doppelgänger, der vor dem leeren Spiegel steht. Auch hier verschwin-

---

[21] Schlüpmann, zit. bei Keiner 1988, S. 51.

[22] Durst 2001, S. 101.

det der Doppelgänger und Balduin erschießt sich selbst, wobei die Kugel den Spiegel zertrümmert. Aber in den Scherben des Spiegels erscheint nun das Spiegelbild Balduins, das nunmehr – wenn auch um den Preis des eigenen Lebens – zurückgewonnen ist. Balduins Spiegelbild muss in die ‚natürliche' Ordnung der Dinge zurücktreten.[23] Auf diese Weise wird am Ende des Films auch der Einbruch des Übernatürlichen in die fiktionale Normrealität wieder aufgehoben, auch wenn das Vorhandensein des Übernatürlichen fiktionsimmanent unstrittig bleibt. Doch anders als in der Fassung von 1913 ist die Trennung der Ebenen des ‚Normalen' und des Wunderbaren auch für die Zuschauer wieder hergestellt, und diese konnten nach stattgehabtem Grusel aus dem Kino in die nunmehr fast beruhigend wirkende Realität der Weimarer Republik entlassen werden. Das entspricht auf nur scheinbar paradoxe Weise durchaus einer zunehmend eskapistischen Tendenz des nicht unbedingt auf nachhaltige Beunruhigung durch Filmkunst ausgelegten Kino-Mainstreams der zweiten Hälfte der Weimarer Republik.

Artur Robisons *Der Student von Prag* (D 1935)

Zeigt schon die Fassung Galeens eine stärkere Hinwendung zum effektvollen Star- und Unterhaltungskino, so gilt dies um so mehr noch für die dritte Filmversion des *Studenten von Prag* aus dem Jahre 1935. Die weibliche Hauptrolle wird von der damals sehr populären Dorothea Wieck gespielt, Adolf Wohlbrück übernimmt die Rolle des Balduin. Die Produzenten setzten hier wohl ähnlich wie bei der Version Galeens auf die Beliebtheit der Stars, obgleich Wohlbrück, verglichen mit Conrad Veidt, zu diesem Zeitpunkt ein weniger bekannter Filmschauspieler war. Die Besetzung mit Wohlbrück wirkt zunächst überraschend, da dieser Schauspieler nicht erst seit seinem internationalen Erfolg in Willi Forsts *Maskerade* (A 1934) im Jahr zuvor eigentlich auf die Rolle des wohlhabenden, leicht arrogant-distanzierten und stets makellos elegant gekleideten Dandys und Liebhabers festgelegt war. Anfänglich strahlt Wohlbrück auch in diesem Film so viel Weltmännisches aus, dass es einer gewissen ‚suspension of disbelief' bedarf, um die *Armut* dieses Studenten glaubhaft zu finden. Dennoch erweist sich Wohlbrücks Spiel, nicht zuletzt wegen der noch zu erläuternden Änderung der Ausdeutung der Balduin-Figur, im weiteren Verlauf des Films an Differenziertheit und Vielschichtigkeit den Interpretationen von Wegener und Veidt in einiger Hinsicht als überlegen.

Die Regie dieser dritten Fassung des *Studenten von Prag* führte Artur Robison. Robison ist heute zwar vor allem noch für den expressionistischen Stummfilm *Schatten – Eine nächtliche Halluzination* von 1923 bekannt, war aber ein Regis-

[23] Anders als in der ursprünglichen Version taucht hier auch Scapinelli am Schluss nicht mehr triumphierend auf, sondern verschwindet im Laufe der Zeit einfach aus dem sich allein auf Balduin konzentrierenden Film.

seur, der in einer Vielzahl von Genres von der Historienromanze bis zur musikalischen Komödie zuhause war. Die noch stärkere Hinwendung dieses *Studenten von Prag* zum ‚populären' Kino hat allerdings wohl weniger mit Robisons Versatilität als mit generellen Tendenzen des frühen deutschen Tonfilms zu tun. Hier ist insbesondere die Bedeutung der Musik bzw. der musikalischen Einlagen in der Filmhandlung zu nennen. Nicht allein, dass das wohl populärste und kommerziell erfolgreichste Genre der frühen 1930er Jahre in Deutschland die ganz auf das Musikalische hin konzipierte Tonfilmoperette war; auch im Allgemeinen waren musikalische Nummern, welche die Fähigkeiten des neuen Mediums besonders herausstellten, so populär, dass sie genreübergreifend in kaum einem deutschen Tonfilm der Zeit fehlten. Obwohl der Tonfilm im Jahre 1935 schon fest etabliert war, kommt auch Robisons Fassung des *Studenten von Prag* diesem Publikumsgeschmack entgegen. Dies schlug sich in bedeutenden Änderungen der Personenkonstellation und der Handlung nieder, weswegen Ewers gegen das von Hans Kyser und Artur Robison geschriebene „geradezu scheußliche [...] und gegen meinen Willen angefertigt[e]"[24] Drehbuch protestierte. Dies änderte jedoch nichts daran, dass der Film noch immer mit dem Namen Ewers' beworben wurde.

In der Tat weicht diese dritte Verfilmung stark von Ewers' Originaldrehbuch von 1913 ab. Die Rolle der Comtesse Margit wurde durch die der Opernsängerin Julia ersetzt, die nicht nur eines der Studentenlieder vorträgt, sondern auch während einer Aufführung von *Figaros Hochzeit* gezeigt wird, wobei solche Passagen allerdings nicht als bloße Einschübe behandelt werden, sondern auch zur Verdeutlichung von Balduins zunehmender Verliebtheit dienen. Auch die Rolle des Scapinelli wurde umgedeutet: Die einstige satanische Figur ist in dieser Fassung ein vormaliger Liebhaber der Sängerin, der unter der Trennung von Julia leidet und nun mit allen Mitteln verhindern will, dass sie eine Beziehung mit Balduin eingeht. Im Gegensatz zu den früheren Versionen wird also auf ‚realistische' Weise begründet, warum Balduin von Dr. Carpis (wie die Scapinelli-Figur hier heißt) ins Verderben geführt wird. Dementsprechend wird im Film lange in der Schwebe gehalten, ob bei dem Verlust des Spiegelbildes überhaupt ‚Übernatürliches' im Spiel ist. Carpis lässt in dieser Fassung nämlich nicht den Doppelgänger aus dem Spiegel treten, sondern *verhängt* den Spiegel, so dass der sich nach Reichtum und nach Julias Liebe sehnende Balduin seine ‚wahre' Persönlichkeit vergessen kann. Balduin müsse sein ‚Glück' nur wollen und den leitmotivisch im Dialog auftauchenden „sentimentalen Träumer", den der Spiegel ihm zeigt, vergessen.

Und genau diese dezidiert *psychologische* Verwandlung Balduins ereignet sich im Film: Balduin gewinnt im Spiel, wird reich und erobert auch die Gunst der Sängerin. Doch was ist mit dem „sentimentalen Träumer", dem verdrängten

[24] Ewers, zit. nach Keiner 1988, S. 76f.

,wahren Ich' im Spiegel? Robisons Inszenierung vermeidet geschickt, dem Zuschauer Klarheit zu verschaffen, ob Balduin sein Spiegelbild wirklich verloren hat oder nicht. Als Balduin an einem an einem offenen Fenster stehenden Spiegel vorübergeht, verhindern wehende Gardinen zwischen ihm und dem Spiegel entsprechende Erkenntnis. In einer späteren Szene verlässt der Doppelgänger zwar den Spiegel, doch lässt die Inszenierung weitere Zweifel zu, denn womöglich handelt es sich dabei nur um einen Traum Balduins. Beim anschließenden Erwachen ist der Spiegel wieder – oder noch immer – verhängt. Erst spät scheint es, dass Balduin wie in den früheren Versionen wohl tatsächlich sein Spiegelbild verloren haben könnte. Doch insgesamt hält der Film eine gewisse Ambivalenz aufrecht. Denn Balduin spricht deutlich aus: „Ich werde wahnsinnig", so dass es auch möglich ist, die Selbständigkeit des Spiegelbilds als eine aus der subjektiven Perspektive Balduins gefilmte Wahnvorstellung zu interpretieren. Erst bei der nächtlichen Verfolgung durch die Gassen Prags – die in ihrer schattenhaften Beleuchtung und dem aufs Minimale reduzierten Dialog durchaus noch Anklänge an das expressionistische Stummfilmkino zeigt und deren Dramatik nicht zuletzt durch den äußerst effektvollen Musikeinsatz gesteigert wird – erscheint die selbständige Existenz des Doppelgängers deutlich. In der stark an Galeens Fassung angelehnten Schlusssequenz erweist sich schließlich, dass der Spiegel tatsächlich leer ist. Auch hier gewinnt Balduin nur über den eigenen Tod sein Selbst zurück: „Da ist er wieder, der sentimentale Träumer" sind die letzten Worte des Sterbenden.

Wie keine andere der drei Versionen deutet Robisons Fassung die Geschichte des Studenten Balduin also ins Psychologische um und aktualisiert traditionell mit dem Doppelgänger-Motiv verknüpfte Topoi wie Selbstverlust und Ich-Spaltung stärker als die früheren Verfilmungen. Bezeichnend ist, dass es in dieser Version Balduin *selbst* ist, der seinen Widersacher tötet, nachdem Carpis ihn aufgefordert hatte: „Beim Duell lassen wir ihn zu Haus, den sentimentalen Träumer!" Der Doppelgänger agiert in dieser Sequenz nur als hilflos wirkender Zuschauer. Das ab diesem Zeitpunkt häufige Auftreten des Doppelgängers wirkt wie eine Mahnung der ,eigentlichen' Persönlichkeit Balduins an ihn selbst. Während Balduin auch äußerlich immer mehr verfällt, erscheint der Doppelgänger – gleichsam in einer Umkehrung der Situation in Wildes *Dorian Gray* – stets als sein ,ursprüngliches Ich'.

Die Konzentration auf das Psychologische führt im Gegenzug zu einer Reduzierung des ,Wunderbaren' auf ein Minimum. Geradezu programmatisch erklärt Carpis an zentraler Stelle des Films: „Früher kaufte der Teufel bei solchen Gelegenheiten dem armen Studenten seine sündige Seele ab. Das gibt es heute nicht mehr." Und da selbst das Erscheinen des Doppelgängers sich auch aus der subjektiven Wahrnehmungsperspektive Balduins erklären lässt, ist diese scheinbar konventionellste der drei *Student von Prag*-Verfilmungen diejenige, bei der sich im Sinne von Dursts minimalistischem Phantastikbegriff einzig von einem ‚phantastischen' Film sprechen lässt: Das Erzählte lässt sich im Gegensatz zu den beiden früheren Versionen nicht mehr eindeutig im Sinne eines ‚regulären' oder ‚wunderbaren' Systems auflösen.

Eine solche Reduzierung des Übernatürlichen ist symptomatisch: Dieser *Student von Prag* steht fast am zeitlichen Ende der Beschäftigung mit dem ‚Phantastischen' (im maximalistischen Sinne) im frühen deutschen Film. Dass, wie Reinhold Keiner bemerkt, es „den ‚Phantastischen Film' [...] im Dritten Reich eigentlich so gut wie gar nicht [gab]"[25] ist eine Entwicklung, die mit dem Hinweis auf „offizielle[s] Mißfalle[n]",[26] welches die Alternativwelt des Wunderbaren bei den neuen Machthabern vielleicht erregen konnte, allerdings nur unzureichend erklärt ist. Eine solche These ist im Übrigen auch angesichts zwar zahlenmäßig geringer, aber bedeutsamer Genrebeiträge wie Frank Wysbars *Fährmann Maria* (D 1936) oder Heinz Hilperts Stevenson-Verfilmung *Liebe, Tod und Teufel* (D 1934) in dieser Ausschließlichkeit nicht haltbar. Vielmehr kam auch bereits in den frühen Tonfilmjahren der Weimarer Republik der ‚phantastische' Film trotz gelegentlicher Ausnahmen wie Richard Oswalds *Alraune* (D 1930) und *Unheimliche Geschichten* (D 1932) kaum noch vor. Wie Kalbus bereits 1935 meinte: „In der Geisterwelt ist es recht still geworden."[27] Die Gründe dafür laden zur Spekulation ein: Zum einen könnte die anfangs noch sehr unhandliche Tonfilmkamera und die Notwendigkeit, das Auftauchen der Mikrophone im Bild zu vermeiden, dazu beigetragen haben, dass das stark von visuellen Effekten und kinematographischer Mobilität geprägte Genre zumindest in den frühen Tonfilmjahren tendenziell eher gemieden wurde. Zum anderen mag das Publikum der frühen 1930er Jahre beunruhigenden kinematographischen Alpträumen weitgehend das Eskapieren in den Traumwelten der Tonfilmoperette vorgezogen haben. In dieser Hinsicht ist Robisons Version des *Studenten von Prag* dann nicht zuletzt als eine erfolgreiche Angleichung des Stoffes an eine veränderte Filmwelt mit neuen Interessen und Prioritäten zu sehen.

---

[25] Keiner 1988, S. 79.

[26] Wetzel 1977, S. 7.

[27] Kalbus 1935, S. 94.

Bibliographie

Filmographie

Der Student von Prag. Deutschland 1913. Stellan Rye.
Der Student von Prag. Deutschland 1926. Henrik Galeen.
Der Student von Prag. Deutschland 1935. Artur Robison.

Sekundärliteratur

Diederichs, Helmut H.: Der Student von Prag. Einführung und Protokoll. Stuttgart: Fischer-Kress-Wiedleroither 1985.

Durst, Uwe: Theorie der phantastischen Literatur. Tübingen und Basel: Francke 2001.

Dyer, Richard: Less and More than Women and Men: Lesbian and Gay Cinema in Weimar Germany. In: New German Critique No. 51 (1990), S. 5–60.

Garncarz, Joseph: The Star System in Weimar Cinema. In: Christian Rogowski (Hg.): The Many Faces of Weimar Cinema. Rediscovering Germany's Filmic Legacy. Rochester, New York: Camden House 2010, S. 116–33.

Kalbus, Oskar: Vom Werden deutscher Filmkunst. 1. Teil: Der stumme Film. Altona-Bahrenfeld: Cigaretten-Bilderdienst 1935.

Keiner, Reinhold: Hanns Heinz Ewers und der Phantastische Film. Hildesheim: Olms 1988.

Nagler, Lihi: Allegorien der Kulturkämpfe. Die Doppelgänger-Figuren in *Der Andere* (1913) und *Der Student* (1913) und ihre Remakes von 1930 und 1926. In: montage/AV 16,1 (2007), 140–166.

Stiftung Deutsche Kinemathek (Hg.): Das wandernde Bild. Der Filmpionier Guido Seeber. Berlin: Elefanten Press 1979.

Stratenwerth, Irene: Henrik Galeen und John Gottowt: Wiesenberg und Gesang. In: Dies. und Hermann Simon (Hg.): Pioniere in Celluloid. Juden in der frühen Filmwelt. Berlin: Henschel 2004, S. 139–145.

Thompson, Kristin: ‚Im Anfang war …'. Über einige Verbindungen zwischen deutschen fantastischen Filmen der 10er und 20er Jahre. In: Thomas Elsaesser und Michael Wedel (Hg.): Kino der Kaiserzeit. Tradition und Moderne. München: edition text + kritik 2002, S. 134–154.

Tybjerg, Caspar. The Faces of Stellan Rye. In: Thomas Elsaesser und Michael Wedel (Hg.): A Second Life. German Cinema's First Decades. Amsterdam: Amsterdam UP 1996, S. 151–159.

Wegener, Paul: Die künstlerischen Möglichkeiten des Films. In: Kai Möller (Hg.): Paul Wegener. Sein Leben und seine Rollen. Hamburg: Rowohlt 1954, S. 102–113.

Wetzel, Kraft: Liebe, Tod und Technik. Utopie und NS-Ideologie im Phantastischen Kino des Dritten Reiches. In: Ders. und Peter A. Hagemann (Hg.): Liebe, Tod und Technik. Kino des Phantastischen 1933–1945. Berlin: Spiess 1977, S. 7–41.

GRENZGÄNGE(R)

Jenseitsreisen

Der Traum und Alptraum vom Leben nach dem Tod

Hans Richard Brittnacher

Jenseitsreisen zählen zum Urgestein der literarischen und bildkünstlerischen Phantastik, aus denen sie das Erz ihrer Poetik schürft. Vom *Gilgamesch*-Opus über Homers *Odyssee* bis zu Dantes *Divina Commedia* und weit darüber hinaus wurde mit dem Topos der Jenseitsreise ein Terrain abgesteckt, auf dem sich die Produktivkräfte des Phantastischen entwickeln und bewähren konnten: in einer exzessiven Imagination, die es sich erlauben durfte, die üblichen Einsprüche der Empirie abzustreifen; in einem ungenierten Sprechen über Tabus, auch die letzten; und schließlich im Entschluss, einen Blick ins Herz der Finsternis zu werfen und die Schreckstarre erzählend zu verflüssigen. Im Thema der Jenseitsreise hat die Phantastik, die ich hier verstehe als eine anthropologisch und affekttheoretisch fundierte Poetik der Transgression, eines ihrer exemplarischen Paradigmen gefunden.[1]

Aber nicht nur als Stimulation einer phantastischen *poiesis*, auch im Hinblick auf Themen und Motive zählt die Jenseitsreise zu den primären und ergiebigsten Stofflieferanten der Phantastik. Eine kurze Zusammenfassung der Vision Tundals von Albers von Windbergs, der wohl bestüberlieferten Vision aus dem 12. Jahrhundert, kann dies mühelos belegen (Abb. 1).

[1] Vgl. dazu Brittnacher 2013 sowie Brittnacher/May 2013.

Abb. 1: Illustration der Vision des Tundal, um 1415

Abb. 2: Michelangelo, Sixtinische Kapelle (Detail: Der Heilige Bartolomäus)

In Begleitung eines Engels gelangt der in einer Vision entrückte Ritter Tundal zum

„kohleglühenden Tal der Mörder, bedeckt mit einem dicken Eisendeckel, auf dem die Seelen wie Wachs zerschmolzen werden. Hinterlistige [Sünder] werden mit glühenden Gabeln zwischen Feuerschlund und Eissturm hin- und hergeworfen, ein Riesenungeheuer verschlingt die Habsüchtigen [...]. Ein Sumpf [...] mit turmgroßen, feuerspeienden Bestien erwartet Diebe und Räuber. Eine zwei Meilen lange, aber nur handbreite Brücke, besetzt mit den spitzesten Eisennägeln, führt darüber. [...] Nach einem Flammenhaus für Schlemmer und Hurer gelangt er [Tundal, H.R.B] zu einem geflügelten, eisenschnäbeligen, feuerspeienden Monstrum, das die Seelen verschlingt und, nachdem sie unendliche Qualen in seinem Bauch erlitten, in einem Eissumpf wiedergebiert. Dort werden sie von innen durch Schlangen zerfetzt, die sich mit glühenden Köpfen und Hakenschwänzen aus ihnen herausfressen. [...] Abgestiegen zu den tiefsten Tiefen der Unterwelt erblicken sie einen feuerlohenden, dämonengefüllten Brunnen, dann Luzifer, den Fürsten der Finsternis: mit glühenden Ketten an einem Rost über Feuer gefesselt, zerquetscht er mit tausend Riesenpranken die Seelen, um sie mit Flammenhauch ein- und auszuatmen“.[2]

Die für diese und hundert andere Beschreibungen einer Entrückung ins Jenseits oder eines Abstiegs in den Höllenkrater typische Mischung aus Sadismus und Pedanterie, die Art und Weise, wie mit buchhalterischer Gründlichkeit für jede Sünde, für jedes Vergehen exquisite Schindereien ersonnen werden, hat sich auch nach dem Geltungsverlust der Religionen in der Literatur und Kunst von der *go-*

---

2 Zitiert nach Dinzelbacher 1984, S. 69.

thic novel des ausgehenden 18. und des beginnenden 19. Jahrhunderts bis zum *torture porn* neuerer Filme wie *Hostel* (2005, R.: Eli Roth) oder *Saw* (2004, R.: James Wan) und ihrer zahlreichen *sequels* und *prequels* erhalten.[3] Aber auch eines der zentralen Probleme der phantastischen Literatur, nämlich vom Übernatürlichen zu sprechen in einem Vokabular, das den natürlichen Sprachen entlehnt sein muss,[4] findet in den Jenseitsreisen und ihren metaphernreichen Visionen göttlichen Glanzes, im Gestammel des Entzückten oder in ihrer Ermächtigung zu erhabenem Schweigen eine Präfiguration.

Seine Dringlichkeit erhält das Thema der Jenseitsreisen vom Tod, denn „[w]eniges ist so unvorstellbar wie der eigene Tod, nichts übertrifft an Pathos das Verlöschen des Lebens, weil es im Gemenge der Zufälle und Relativitäten eine absolute Grenze setzt, ausgestattet mit der [...] Autorität des Unabwendbaren und Unausweichlichen.“[5] Der Tod ist so gewiss wie unbekannt, folglich Anlass zu beständiger Phantasieproduktion, die nach dem Zeitpunkt seines Eintritts und seiner Beschaffenheit fragt und nach dem Raum, in welchen die Gestorbenen eintreten sowie nach der Gestalt, die sie dabei haben: Handelt es sich um eine veritable Auferstehung des Fleisches? D.h. nehmen die Toten, wie auf vielen Zeugnissen der bildenden Kunst, wieder die Gestalt an, die sie als Lebende hatten, wenn sie aus ihren Gräbern entsteigen? Wird beispielsweise dem Märtyrer Bartholomäus die Haut, die ihm die Schinder vom Leibe schälten, wieder zurückerstattet, wie Michaelangelo zu glauben scheint, der sie im Deckengemälde der Sixtinischen Kapelle dem Heiligen als abgezogenen Balg in die Hand gibt? Dass Michaelangelo in dieses geschundene Körperkleid wie auf eine Leinwand das eigene Porträt zeichnete, deutet auf ein bemerkenswertes Selbstverständnis des Künstlers als Dulder und Schmerzensmann *vis à vis* von Tod und Jenseits: Jenseits und Auferstehungsvisionen sind immer auch Anlässe zu existenzieller Selbstvergewisserung (Abb. 2).

Oder ist die Auferstehung keine des Fleisches, sondern nur eine der Seelen, d.h. gehen sie als spektrale Gebilde, eher Aura als Körper, in die Ewigkeit ein, so flüchtig wie der Dunst einer Kerze? Wie schließlich hat man sich diesen Ort vorzustellen, in den die Seelen der Toten streben? Als ein Territorium oder als ein ausdehnungsloses Nichts, unter der Erde oder über uns? Schenkt man den bildkünstlerischen Vergegenwärtigungen des Themas Glauben, bildet der Himmel eine schön geordnete Welt über uns und die Hölle das barbarische Chaos unter unseren Füßen. Im Kreise der Seeligen herrscht Disziplin und Eintracht, in der Hölle ist buchstäblich der Teufel los, nur mühsam in Schach gehalten vom wehrhaften Erzengel Michael. Dante Alighieri, der unter allen Jenseitsreisenden die besten In-

---

3 Zu dieser neueren Tendenz des Horror- und Splatterfilms vgl. Kawin 2012.

4 Vgl. dazu meine Ausführungen in Brittnacher 1994.

5 Koebner 2012, S. 84.

formationen zu besitzen schien, hat die Hölle in einem tiefen Krater vermutet: Es ist die Einschlagstelle, die Luzifer bei seinem Sturz aus dem Himmel hinterlassen hat, ein in neun Terrassen absteigender Trichter, der bis zum Erdmittelpunkt führt, dem spiegelbildlich der Läuterungsberg gegenübersteht. Oder haben wir uns das Jenseits entsprechend der zögerlichen Korrekturen des Christentums im frühen und dann im späten Mittelalter als drei-, vier- oder sogar fünfgeteilte Föderation vorzustellen, mit einem Platz für die Gerichtsstätte, sodann einem Territorium für den Himmel und einem für die Hölle, sowie einer zusätzlichen Region für das Fegefeuer,[6] in dem die halbherzigen Sünder auf bessere Zeiten warten, und schließlich auch noch mit dem Limbus am Rande für die gerechten Heiden, die vor der Zeit Christi lebten, und für die Kinder, die ungetauft starben? Handelt es sich um eine Welt, wie sie die nordische Mythologie der Alten Welt entwarf, ein Walhall üppig tafelnder Recken, oder um ewige Jagdgründe, mit Büffeln, so weit das Auge reicht, wie es sich die Ureinwohner der Neuen Welt vorstellten? Oder doch bloß um ein Schattenreich, in dem blutleere Wesen kraftlos vergehen, wie es die antike Mythologie der Griechen nahezulegen scheint?

Welche Vorstellungen auch unterschiedliche Zeiten sich vom Jenseits gebildet und in ihren Religionen, ihrer Folklore, ihren literarischen und bildkünstlerischen Zeugnissen ausgestaltet haben – nahezu immer ist der leibliche Tod die Voraussetzung für den Eintritt ins Jenseits. Hinter dem Eintretenden fällt die Tür jedoch ins Schloss. Sie lässt sich nur in einer Richtung passieren – umso kostbarer also sind die Berichte derer, die das Jenseits kennen, also der Geister oder Dämonen, die gelegentlich die Sterblichen aufsuchen. Auf die Frage „What's a ghost?“ hat Salman Rushdie die Antwort gegeben: „Unfinished business“.[7] Gespenster haben noch etwas zu erledigen, eine Botschaft zu überbringen, an ungesühnte Verbrechen zu erinnern, Drohungen auszustoßen oder zu seufzen – im Übrigen aber sind sie auffallend einsilbig. Mitteilungen über ihre Herkunft gehören offenbar nicht zu ihrem Aufgabenbereich. Das verweist uns als einzige Quelle für Informationen aus erster Hand auf die Berichte der Jenseitsreisenden, denen – sei's aus paränetischen Gründen, also zur Mahnung und Besserung, sei's als Preis für vorbildlichen Lebenswandel oder besondere poetische Leistungen – ein Blick ins Jenseits gewährt wurde.

In der Regel fallen im christlichen Kulturkreis die Beschreibungen oder Darstellungen der Hölle weitaus eindringlicher und ästhetisch überzeugender aus als die des Himmels: Dort wird gerädert und gesotten, gepiesackt und gezwackt, hier sitzen tugendhaft-anämische Gestalten für ein Gruppenbild Porträt, dessen Glück eigentümlich ratlos wirkt. Ob die erfolgreichere Idolatrie der Hölle mit der Domi-

6 Zur vergleichsweise späten theologischen ‚Erfindung‘ des Fegefeuers vgl. LeGoff 1984.

7 Rushdie 1988, S. 129, vgl. dazu Arnold-de Simine 2013.

nanz einer lustfeindlichen Religion zu tun hat oder den Rückschluss auf die fürs Morbide besonders anfällige Phantasie der *condition humaine* erlaubt, sei fürs erste dahingestellt – sicher ist, dass eine von Tod und Angst imprägnierte Ästhetik des Schreckens bis zum 18. Jahrhundert das Bild des Jenseits bestimmt und auch das des Todes als des Sensenmanns, der seine Ernte in der Fülle des Lebens hält: ein grimmer Schnitter Tod, der seine Gewalt, wie das Volkslied weiß, vom lieben Gott hat.[8]

Mit der Aufklärung nun setzt eine Neubewertung des Todes ein. Lessings Abhandlung *Wie die Alten den Tod gebildet* (1769) wird, wie Thomas Koebner eindringlich gezeigt hat, „vom Impuls getrieben, dem Tod seinen Schrecken zu nehmen."[9] Daher erscheint bei ihm der Tod nicht länger als Knochenmann, sondern als des Schlafes Bruder:

> „Hier zeiget sich [...] ein geflügelter Jüngling, der in einet tiefsinnigen Stellung, den linken Fuß über den rechten geschlagen, neben einem Leichname stehet, mit seiner Rechten und dem Haupte auf einer umgekehrten Fackel ruhet, die auf die Brust des Leichnams gestützet ist, und in der Linken, die um die Fackel herabgreift, einen Kranz mit einem Schmetterlinge hält."[10]

An die Stelle des Skelettes mit der Hippe tritt der Jüngling mit der Fackel, den Gedanken des Verfalls ersetzt der des Schlafes, das Bedrohliche weicht dem Besinnlichen (Abb. 3).

Es handelt sich also um einen „Paradigmenwechsel der Allegorien, der auf eine zugrundeliegende Umdeutung der Lebensprozesse schließen lässt, sozusagen auf eine Profanierung [...], die dem Sterben das radikal Destruktive austreiben will."[11] Der Preis für diese laizistische Intervention jedoch ist hoch: er besteht in der Entzauberung des Jenseits. Zuvor war das Jenseits, ob als Reich des Schreckens oder der ewigen Gnade – gewiss: häufiger des Schreckens, selten nur der Gnade – doch immer ein Raum voller Zeichen, und deshalb Anlass zu unausgesetzten hermeneutischen Interpolationen, und damit implizit immer auch eine tröstliche Bekräftigung der Vermutung von einem Leben und Tod umspannenden Kontinuum. Jetzt, nach Lessings sachlicher Richtigstellung, sieht sich der vom Schrecken des Todes Kurierte einer schwarzen Wand gegenüber, an deren opaker Oberfläche keine Zeichen mehr hervortreten, hinter der nicht länger mehr die flüsternden Stimmen verdammter oder geretteter Seelen zu vernehmen sind.

---

8 Das anonyme *Schnitterlied* aus dem 17. Jahrhundert beginnt in der von Arnim und Brentano in *Des Knaben Wunderhorn* aufgezeichneten Version mit den Zeilen: „ist ein Schnitter, der heißt Tod, Hat Gewalt vom höchsten Gott." Des Knaben Wunderhorn 1975, S. 51f.

9 Koebner 2012, S. 84.

10 Lessing 1974, S. 414f.

11 Koebner 2012, S. 84.

Abb. 3: Tod, des Schlafes Bruder

Von einer kurzen, aber heftigen Liebesaffäre zwischen Metaphysik und Romantik abgesehen, die den Tod als eine Art ästhetische Produktivkraft entdeckte – man denke an Novalis' *Hymnen an die Nacht* –, hat sich der von Lessing empfohlene neutrale oder besser: neutralisierende Umgang mit Tod und Jenseits bis ins 20. Jahrhundert durchgesetzt. Allerdings entwickelte sich der von Lessing erwünschte entspannte Umgang mit dem Tod zu einer Strategie, ihn zu missachten, zu verdrängen oder zu medikalisieren. In den 70er Jahren des 20. Jahrhunderts führte der französische Historiker Philippe Ariès in seiner *Geschichte des Todes* Klage darüber, dass der Tod aus unserem Leben verschwunden sei.[12] Ariès nimmt damit eine Entwicklung in den Blick, die schon am Beginn des letzten Jahrhunderts auch in der Literatur viele Reflexe fand, etwa in Rilkes Verlangen nach einem eigenen Tod[13] oder im Entsetzen Maltes in Rilkes einzigem Roman, der verstört auf das anonyme Massensterben in Paris reagiert: In der Salpêtrière

„wird jetzt in 559 Betten gestorben. Natürlich fabrikmäßig. Bei so enormer Produktivität ist der einzelne Tod nicht so gut ausgearbeitet, aber darauf kommt es auch nicht an. Die Masse macht es. Wer gibt heute noch etwas für einen gut ausgearbeiteten Tod? Niemand."[14]

---

[12] Vgl. Ariès 1976; Ariès 1984.

[13] Am bekanntesten sind wohl die Verse aus Rilkes *Stundenbuch*: „O Herr, gieb jedem seinen eignen Tod. / Das Sterben, das aus jenem Leben geht, /darin er Liebe hatte, Sinn und Not." In: Rilke 1996a, S. 236.

[14] Rilke 1996b, S. 458f.

Nur in der Vergangenheit, so die elegische Reflexion des Romans, wurde noch authentisch gestorben, etwa vom Kammerherrn Christoph Detlev Brigge, dessen Todeskampf sechs Wochen dauerte, in denen der wassersüchtige und tobsüchtige Hausherr sich von seinen Dienern durch Haus tragen ließ und mit den Hunden um die Wette heulte, dass es noch im nächsten Dorf zu hören war. Von den beiden Möglichkeiten eines entfremdeten und eines authentischen Sterbens erzählt auch Leo Tolstoi in der *Tod des Iwan Iljitsch*. Da der Held den Tod nicht wahrhaben will, palavert er an ihm vorbei und über ihn hinweg.[15] Erst als er sich seiner Todesangst stellt, befreit er sich auch aus der Todesvergessenheit des Man – so hat Ernst Tugendhat mit Heideggers Kategorien die Emanzipation des Iwan Iljitsch gedeutet.[16]

Das Schweigen der Literatur über den Tod gerade im 20. Jahrhundert mag mit der unerträglichen Präsenz eines massenhaften Sterbens in den beiden Weltkriegen, mit Epidemien und Genoziden zu tun haben: ein grausiger Abgrund, in den zu schauen unerträglich wurde. Wenn aber schon der Tod nicht mehr in den Blick gerät, um wie viel weniger noch die Zeit und der Raum, in denen nach ihm die Seele verweilt? Das Thema der Jenseitsreise, das ich anfangs vielleicht etwas vorlaut als phantastisches Urgestein bezeichnete, findet gerade im 20. Jahrhundert, in dem doch gemordet und gestorben wurde wie noch nie zuvor, in der Literatur, in der bildenden Kunst, selbst im neuen phantastischen Leitmedium des Films nur eine eher nachrangige Bedeutung. Es ist vielleicht kein Zufall, dass zu Beginn der 20. Jahrhunderts der Spiritismus seinen ersten Höhepunkt erlebt – mit immerhin einigen hundert spiritistischen Gesellschaften im Deutschland der 20er Jahre. Der Boom des Spiritismus ist wohl zu verstehen vor dem Hintergrund, mit den vielen Toten, den im Krieg Gefallenen ins Gespräch zu kommen.[17] Die Seelen der Toten, die sich in den spiritistischen Sitzungen etwa des Barons Schrenck-Notzing, die von prominenten Zeitgenossen wie Thomas Mann und anderen protokolliert wurden,[18] materialisierten, indem die den Medien entstiegenen oder geburtsähnlich aus ihnen herausgepressten Seelen als eine Art feuchtes Ektoplasma flüchtig Gestalt annahmen, deren Schleierexistenz fotographisch beglaubigt wurde,[19] sind nach eigener Auskunft heimatlos, buchstäblich ins Transzendente entrück-

---

[15] Vgl. Spahr 2011, S. 32. Diesem Aufsatz verdanke ich wesentliche Einsichten.

[16] Tugendhat 2006, S. 45f.; vgl. auch dazu Spahr 2011, S. 32.

[17] Zum Spiritismus grundsätzlich Marco Frenschkowski; zum Spiritismus zu Beginn des 20. Jahrhunderts vgl. Linse 1996; Baßler 1993; Porombka 2002; Braungart 1998.

[18] Vgl. Mann 1983. Manns Erlebnisse haben Eingang gefunden in das Spiritismus-Kapitel seines *Zauberberg*, vgl. dazu Brittnacher 2002.

[19] Die vielen, mittlerweile in Ausstellungskatalogen zugänglichen Fotografien sind eindrucksvolle, in ihrem unfreiwilligen Dilettantismus zuweilen rührende, aber zugleich aufschlussreiche Dokumente für die Sehnsucht, mit den Toten ein Gespräch zu führen. Vgl. die Abbildungen in Loers 1995; Fischer/Loers 1997.

te Abbilder jener ‚transzendentalen Obdachlosigkeit', die Georg Lukács in seiner berühmten *Theorie des Romans* (1916/1920) als Signatur der Moderne charakterisiert hat, Schemen des Menschen, die nicht länger im Paradies oder der Hölle zuhause sind, sondern in einem substanzlosen Zwischenreich, wo auch sie die kriegsbedingte Erfahrung der Deterritorialisierung reproduzieren.

Immerhin zwei charakteristische Ausnahmen möchte ich namhaft machen, deren Autoren einen Blick ins Jenseits geworfen haben, Alfred Kubins Roman *Die andere Seite* von 1909 und Jean Cocteaus Film *Orphée* von 1950 – beide Werke sind Solitäre, unvergleichlich mit anderen zeitgenössischen Werken der Literatur oder des Kinos, und beide gelten als Schlüsselwerke der Phantastik. Alfred Kubins Traumreich auf der notorischen „anderen Seite" darf als das Jenseits eines um all seine metaphysische Zuversicht gebrachten Visionärs gedeutet werden: ein verstaubter Trödelmarkt, in dem die Zeit angehalten ist, ein „second Hand-Mitteleuropa",[20] wie Clemens Ruthner es genant hat, bevölkert von müden Seelen und „Dämmerungswesen",[21] möbliert mit dem *bric à brac* einer vergangenen Zeit, in Häusern, die Schauplätze von Verbrechen waren, die sich nun wieder und wieder ereignen; die Zeit ist angehalten und kennt kein Vergehen in dieser Welt der fahlen Farben und des trüben Wetters, in einem Himmel, der keinen Himmel mehr über sich hat: „*nie* schien die Sonne, *nie* waren bei Nacht der Mond oder die Sterne sichtbar [...] das blaue Firmament war allen verschlossen"[22]; das Leben auf der anderen Seite erinnert an einen trostlosen und entkräfteten Hades voller ermatteter Schattenwesen, nicht an das turbulente Inferno, das uns die Wimmelbilder der niederländischen Meister nahegebracht haben. Hier, in Perle, sind die Farben „matt und stumpf"[23], die Stadt „tot, leer, träge"[24], das Wetter „anhaltend trüb und schlecht"[25] und es wird, wie schon Ernst Jünger, einer der ersten Rezensenten des Romans angemerkt hat, „eher geflüstert als gesprochen".[26] Die düstere Phantasie der Doppelbegabung Kubins, des Zeichners und des Schriftstellers, schwelgt in „dumpfigen Höfen, verborgenen Dachkammern, schattigen Hinterzimmern, staubigen Wendeltreppen, verwilderten, nesselbestandenen Gärten."[27] Der visuellen Trübung entspricht auch eine olfaktorische Wahrnehmung des Abgelebten, ein Geruch, der an eine „leichte Mischung von Mehl und getrocknetem Stockfisch"[28] erinnert. Es ist der Moderduft des einst Gewesenen, das sich in trostloser Monoto-

[20] Ruthner 2004, S. 184.
[21] Jünger 1978, S. 25.
[22] Kubin 1974, S. 49. Hervorhebung i.O.
[23] Ebd., S. 70.
[24] Ebd., S. 90.
[25] Ebd., S. 50.
[26] Jünger 1978, S. 32.
[27] Kubin 1974, S. 140.
[28] Ebd., S. 70.

nie wiederholt, aufgehellt nur von geisterhaften Schrecksekunden, wenn eine vor Entsetzen wahnsinnige Schindmähre durch die Kanalisation galoppiert.

Weil das Jenseits des Alfred Kubin nicht anders ist als das Diesseits der k.u.k.-Monarchie, eine längst schon tote Welt, die vergessen hat, dass sie gestorben ist, kann es hier schließlich auch im Jenseits zur Apokalypse kommen, die im Diesseits bekanntlich am Ende aller Tage steht. Das Jenseits Kubins – in dem Patera und Herkules Bell herrschen, ein Gott und ein Teufel, deren Ähnlichkeit größer ist als ihre Unterschiede, denn, so der vielsagende letzte Satz des Romans: „*Der Demiurg ist ein Zwitter*"[29] – wird von all jenen Erosionserscheinungen heimgesucht, die auch das sieche Mitteleuropa des Fin de Siècle plagten: Narkolepsie, Zerbröckelung, Vermorschung. Die Sintflut, die am Ende alles unter sich begräbt, bildet nur den Morast, in dem ein neues, agonales Leben keimt, das wieder seinem Verfall entgegen siechen wird. Es gibt kein Ende, sagt uns Kubins Roman, wir ermüden nur. Mehr Geheimnisse kennt das Jenseits nicht.[30]

Das zweite Beispiel entnehme ich dem Bereich des Films: Jean Cocteau, der „poète de l'au-delà", der Dichter des Jenseits, wie ihn die Monographie von Clément Borgal nennt[31], hat sich in *Orphée* des aus Ovids *Metamorphosen* bekannten Stoffes von Orpheus und Eurydike angenommen: Es ist eine der ersten literarisch tradierten Jenseitsreisen, vielleicht sogar die bekannteste, aber Cocteau hat sie radikal modernisiert – bei ihm führt der Tod, der, den romanischen Grammatiken entsprechend, weiblich ist, als Prinzessin Lamort, den Dichter mit sich ins Jenseits. Der Eintritt erfolgt durch einen Spiegel (Abb. 4) – diese Phantasie, so vermutet Thomas Koebner, mag durch Lewis Carroll angeregt sein (*Through the Looking Glass and What Alice Found There*, 1872) oder auch durch die berühmte Formulierung aus dem Korintherbrief des Apostel Paulus: „jetzt aber sehen wir durch den Spiegel in einem unbekannten Wort." (1 Kor. 13, 12).[32] Entscheidend ist die poetische Umsetzung dieser Idee, die Jean Cocteau gefunden hat, um seinen Orpheus – es ist der bildschöne Jean Marais – das Totenreich betreten zu lassen:

> „Der Schauspieler geht mit vorgestreckten Händen auf einen Spiegel zu, nach einem Schnitt ist die Kameraposition um 90 Grad verändert, der Schauspieler taucht seine Hände in eine mit Quecksilber gefüllte Wanne. Der ruhige Spiegel des Quecksilbers spiegelt die Hände; tauchen sie in das flüssige Metall ein, so werden sie für die Kamera unsichtbar, man ist in eine andere Welt eingetreten."[33]

Diese andere Welt ist eine groteske Trümmerlandschaft, nicht auszuschließen, dass die nach dem 2. Weltkrieg zerbombten Städte Kontinentaleuropas Cocteaus

[29] Ebd., S. 277. Hervorgehoben i.O.
[30] Ausführlicher zu Kubins Roman Brittnacher 2008.
[31] Borgal 1977.
[32] Vgl. Koebner 2012, S. 99.
[33] Messias 2006, S. 121.

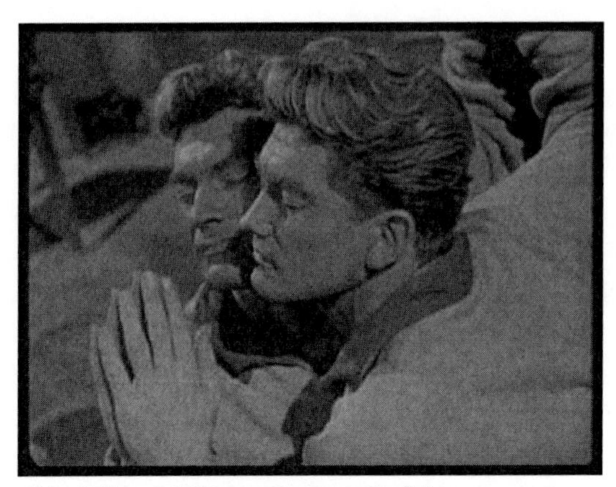

Abb. 4: Szenenbild aus Cocteau, Orphée

Idee vom Jenseits als einer monströsen Nekropolis geprägt haben. Es ist eine Welt zertrümmerter Träume, in der die Personen durch den Raum zu schweben scheinen und doch kaum von der Stelle kommen, wo Jenseitsrichter wie die Bürokraten im Werk Kafkas gelangweilt ihre Urteile fällen. Mme Lamort, die Angestellte des Jenseits, nimmt hier,

> „mit Tränen in den Augen, offenen Haaren und von einem schwarzen weiten Gewand umhüllt, [...] wie eine Tragödin auf der Opernbühne, einen scheinbar ewig gültigen Liebesabschied von Orpheus, bevor sie, wahrscheinlich wegen Ungehorsam aus Leidenschaft, von Polizisten in schwarzer Montur abgeholt wird."[34]

Währenddessen geben die eher desinteressierten als gnädigen Totenrichter Eurydice unter der Auflage frei, dass die beiden Liebenden einander fortan nicht mehr anschauen dürfen. Die kleine Abänderung des mythischen Vorbildes, nicht Orpheus allein das Blickverbot aufzuerlegen, sondern es beiden abzuverlangen, bewirkt eine nachhaltige Veränderung der Fabel. Die ergreifendste Metapher dieses Films ist der weinende Tod, der sich für das Weiterleben des Dichters opfert. Nicht Orpheus und Eurydike lieben sich, wie uns der Mythos erzählt, auch gilt nicht die Liebe des Poeten dem Tod, wie die Literaturgeschichtsschreibung der Romantik gerne insinuiert, sondern es ist der Tod, der die Poesie zu lieben scheint – was angesichts der trostlosen Verfassung des Jenseits, wie der Film es darstellt, eine schal gewordene surrealistische Kulisse, der rücksichtslos aller onirischer Zauber ausgetrieben wurde, nicht weiter wundern muss. Die Rolle Orphées, der nach seinem Tod in die Welt zurückkehrt, wird kaum der erotischen Apologie der Poesie, wohl aber der impotenten Trostlosigkeit dieses Jenseits gerecht: Den Auflagen der Totenrichter folgend, wird Orphées Versuch, den Blicken seiner Frau auszuweichen, zu einer lächerlichen Farce, die das Liebespathos des mythischen

[34] Koebner 2012, S. 100.

Stoffes und des Films konterkariert. Dass der Aufenthalt im Jenseits dem poetischen Genié Orphées eher abträglich war, zeigen seine deplorablen Versuche, merkwürdige Rundfunknachrichten als eine neue Form der Poesie zu notieren – sicher, eine ironische Replik Cocteaus auf neuere experimentelle Dichtungsweisen (wie es wenig später im Oulipo[35] zeitweilig Konjunktur haben sollte), aber auch eine Anspielung auf die *écriture automatique* und andere spiritistische Techniken eines Gesprächs mit den Toten, die jedoch statt poetischen Schweigens nur Banalitäten produzieren.

Gemeinsam ist Cocteaus und Kubins exzeptionellen Werken – exzeptionell sowohl hinsichtlich ihres ästhetischen Rangs wie ihres Themas – eine eingestandene metaphysische Ratlosigkeit, die sich auf Himmel und Hölle, auf das Jenseits und seine Absichten, keinen Reim mehr zu machen versteht. Dass sie es dennoch versuchen, bedingt ihre Phantastik – und spricht sie frei von Philippe Ariès' Urteil über eine Kultur, die den Tod ausgrenzt, verschweigt, sediert oder medikalisiert.

So richtig die Einsichten zum ausgegrenzten Tod, zu einem einst prächtigen, stattlichen Tod, der nun in Hospizen und unter der Überwachung von Palliativmedizinern verkümmern muss, in der zweiten Hälfte des 20. Jahrhunderts auch waren – mittlerweile hat der Tod, so eine These von Thomas Macho, wieder seine Sichtbarkeit zurück gewonnen: so sehr, dass Armin Nassehi sogar von einer neuen „Geschwätzigkeit des Todes"[36] sprechen kann. Mit dem Auftauchen von Aids zu einer Zeit, als die großen Seuchen endgültig besiegt schienen, mit den Gewalteinbrüchen in die Sekuritätszonen der Zivilisation – etwa im Attentat auf das World Trade Center – und mit den Apokalypsen, die uns mittlerweile nicht mehr von der Religion, sondern der Ökologie geliefert werden: Tierseuchen, Umwelt- und Klimakatastrophen. Mit all dem ist der Tod wieder von der Peripherie ins Zentrum zurückgekehrt. Würde er jetzt seine Arbeit einstellen, wie es die rasanten Fortschritte der Biotechnologie in Aussicht stellen, könnte geschehen, was José Saramagos Roman *Eine Zeit ohne Tod* beschreibt. Frau Tod – auch im Portugiesischen liegt es an den Frauen, sterben zu machen –, ihrer eintönigen, seit Jahrtausenden unveränderten Arbeit überdrüssig, lässt von den Menschen ab. Das Ergebnis: Seniorenheime sind so überfüllt, dass die Familien ihre Nicht-Sterbenden zurücknehmen müssen; schnell etabliert sich eine Mafia, die den Transport der Todkranken in Nachbarländer anbietet, um sich mit dem Anblick der Moribunden nicht zu belasten. Das Paradies, darin stimmen die meisten literarischen und künstlerischen Zeugnisse überein, gibt es nicht – nicht mit dem Tod, nicht ohne ihn, und schon gar nicht in diesem Leben. Und wenn doch, so das Ergebnis der popkulturellen Erkundigungen ins Jenseits, wie sie seit einigen Jahren *en vogue*

---

[35] Oulipo ist das Akronym für *Ouvroir de Littérature Potentielle* und bezeichnet einen Autorenkreis, dem u.a. Raymond Queneau und Georges Perec angehörten.

[36] Nassehi 2004. Vgl. dazu auch Spahr 2011, S. 30f.

sind, handelt es sich um einen eher trostlosen, unansehnlichen und unübersichtlichen Zustand. Lässt man den von Nahtoderlebnissen inspirierten Kitsch in Filmen wie *Flatliners* (1990, R.: Joel Schumacher) oder *Poltergeist II: The Other Side* (1986, R.: Brian Gibson) außer Acht, wo ein warmes, goldenes Licht am Ende des Tunnels die Seelen der Gestorbenen in sich aufnimmt, dann reproduzieren die Jenseitsbilder der modernen Phantastik eher Ratlosigkeit und Angst – in japanischen und finnischen Horrorfilmen, also etwas abseits des amerikanischen *mainstreams*, wird das Jenseits häufig als Sumpflandschaft in Szene gesetzt, in der alle binäre Codierungen, nicht nur von feucht und fest, sondern auch von Leben und Tod, subvertiert werden. Ein diesbezüglich besonders eindringlicher Film, der in der Ästhetik landschaftlicher Trostlosigkeit neue Maßstäbe setzt, ist der finnische Film *Sauna* (2008; R.: AJ Annila), in dem die von Reue geplagten Helden, die den schrecklichen Tod eines unschuldigen Mädchens zu verantworten haben, durch eine sumpfigen Grenzlandschaft ohne Vergebung und Hoffnung irren.

Das neue Jenseits der Phantastik kennt nicht länger die klare kartographische Ordnung der mittelalterlichen Jenseitsreisen, sondern erscheint eher als ein unübersichtliches Chaos, in dem desorientierte Schatten heimatlos umherirren – das etwa legt auch Clint Eastwood in *Hereafter* (2010) nahe. Statt weiter die Seelen Verstorbener aufzunehmen, schickt uns das Jenseits von heute seine Abgesandten, Zombies und Vampire, zurück: „Wenn in der Hölle kein Platz mehr ist, kommen die Toten auf die Erde zurück", lautete der Aufmacher von George Romeros zweitem Zombiefilm *Dawn of the Dead* (1978), der illustrierte, wie gut sich auch das kapitalistische Paradies der Warenwelt als Kulisse der Hülle eignet.

Kurz: Der Tod ist wieder da und das Jenseits ferner denn je – gute Zeiten also für die Phantastik, die ihre Evidenz immer schon dem Zweifel verdankt und nicht falschen Gewissheiten.

Bibliographie

Primärliteratur

Des Knaben Wunderhorn. Alte deutsche Lieder, gesammelt von L.A. v. Arnim und Clemens Brentano, Teil I. Hg. v. Heinz Rölleke. Stuttgart u.a.: Kohlhammer 1975 (Frankfurter Brentano-Ausgabe, Bd. 6).

Kubin, Alfred: Die andere Seite. Ein phantastischer Roman. München: G. Müller 1974.

Lessing, Gotthold Ephraim: Wie die Alten den Tod gebildet. In: Ders.: Werke. Bd. 6: Kunsttheoretische und kunsthistorische Schriften. Hg. von Herbert G. Göpfert, Darmstadt: Wissenschaftliche Buchgesellschaft 1996, S. 405–462.

Mann, Thomas: Okkulte Erlebnisse. In: Ders.: Über mich selbst. Autobiographische Schriften. Frankfurter Ausgabe. Frankfurt am Main: Fischer 1983, S. 218–254.

Rilke, Rainer Maria: Das Stundenbuch. In: Ders.: Werke in vier Bänden. Hg. von Manfred Engel, Ulrich Fülleborn, Horst Nalewski u.a. Bd. 1: Gedichte 1895–1910. Frankfurt am Main und Leipzig: Insel-Verlag 1996a.

– Die Aufzeichnungen des Malte Laurids Brigge. In: Ders.: Werke in vier Bänden. Hg. von Manfred Engel, Ulrich Fülleborn, Horst Nalewski u.a. Bd. 3. Frankfurt am Main und Leipzig: Insel-Verlag 1996b, S. 453–635.
Rushdie, Salman: The Satanic Verses. London: Viking 1988.

Sekundärliteratur

Ariès, Philippe: Bilder zur Geschichte des Todes. München, Wien: Deutscher Taschenbuch Verlag 1984.
– Studien zur Geschichte des Todes im Abendland. München, Wien: Deutscher Taschenbuch Verlag 1976.
Arnold-de Simine, Silke: Geister und Dämonen. In: Phantastik. Ein interdisziplinäres Handbuch. Hg. von Hans Richard Brittnacher und Markus May. Stuttgart, Weimar: Metzler 2013, S. 376–384.
Baßler, Moritz: „Lehnstühle werden verrückt“: Spiritismus und emphatische Moderne. Zu einer Fußnote bei Wassily Kandinsky. In: Hofmannsthal Jahrbuch zur europäischen Moderne 1 (1993), S. 287–307.
Borgal, Clément: Cocteau poète de l'au-delà. Paris: Pierre Tequi (Editions) 1977.
Braungart, Georg: Spiritismus und Literatur um 1900. In: Ästhetische und religiöse Erfahrungen der Jahrhundertwenden II: um 1900. Hg. von Wolfgang Braungart, Gotthard Fuchs, Manfred Koch. Paderborn, München, Wien: Schöningh 1998, S. 85–92.
Brittnacher, Hans Richard. Affekte. In: Phantastik. Ein interdisziplinäres Handbuch. Hg. von Hans Richard Brittnacher und Markus May. Stuttgart, Weimar: Metzler 2013, S. 514–512.
Brittnacher, Hans Richard / May, Markus: Phantastik-Theorien. In: Phantastik. Ein interdisziplinäres Handbuch. Hg. von Hans Richard Brittnacher und Markus May. Stuttgart, Weimar: Metzler 2013, S. 189–197.
Brittnacher, Hans Richard: Ästhetik des Horrors. Gespenster, Vampire, Monster, Teufel und künstliche Menschen in der phantastischen Literatur. Frankfurt am Main: Suhrkamp 1994.
– Gespenstertreiben im Rotlicht. Zum Spiritismus in Thomas Manns „Der Zauberberg“. In: Profane Mystik? Andacht und Ekstase in der Literatur und Philosophie des 20. Jahrhunderts. Hg. von Wiebke Amthor, Hans Richard Brittnacher und Anja Hallacker. Berlin: Weidler 2002, S. 385–412.
– Zeit der Apathie. Vergangenheit und Untergang in Alfred Kubins „Die andere Seite“. In: Faszination des Okkulten. Diskurse zum Übersinnlichen. Hg. von Wolfgang Müller-Funk und Christa Tuczay. Tübingen 2008, S. 201–217.
Dinzelbacher, Peter: Jenseitsvisionen – Jenseitsreisen. In: Epische Stoffe des Mittelalters. Hg. von Volker Mertens und Ulrich Müller. Stuttgart: Kröner 1984, S. 61–79.
Fischer, Andrea; Loers, Veit: Im Reich der Phantome. Fotographie des Unsichtbaren. Ostfildern-Ruit: Hatje Cantz Verlag 1997.
Frenschkowski, Marco: Okkultismus, Spiritismus, Seelenwanderung. In: Phantastik. Ein interdisziplinäres Handbuch. Hg. von Hans Richard Brittnacher und Markus May. Stuttgart, Weimar: Metzler 2013, S. 435–440.
Jünger, Ernst: Nachwort zum Briefwechsel mit Alfred Kubin. In: E. Jünger. Sämtliche Werke Bd. 14: Essays VIII, Stuttgart: Klett Cotta 1978, S. 20–32.

Kawin, Bruce F.: Horror and the Horror Film. London: Anthem Press 2012.
Koebner, Thomas: Wie die Neuen den Tod gebildet. Filmische Allegorien der Boten aus dem Jenseits. In: Wilde Lektüren. Literatur und Leidenschaft. Festschrift für Hans Richard Brittnacher. Hg. von Wiebke Amthor, Almut Hille und Susanne Scharnowski. Bielefeld: Aisthesis 2012, S. 83–108.
LeGoff, Jacques: Die Geburt des Fegefeuers. Stuttgart: Klett Cotta 1984.
Linse, Ulrich: Geisterseher und Wunderwirker. Heilssuche im Industriezeitalter. Frankfurt am Main: Fischer Taschenbuch Verlag 1996.
Loers, Veit (Hg.): Okkultismus und Avantgarde: von Munch bis Mondrian 1900–1915. Schirn Kunsthalle Frankfurt am Main: Edition Tertium 1995.
Messias, Hans: Orphée. In: Filmklassiker. Beschreibungen und Kommentare. 5 Bände. Hg. von Thomas Koebner, Bd. 2: 1946–1962. Stuttgart: Reclam 2006, S. 116–122.
Nassehi, Armin: „Worüber man nicht sprechen kann, darüber muss man schweigen." Über die Geschwätzigkeit des Todes in unserer Zeit. In: Ruhm, Tod und Unsterblichkeit. Philosophicum Lech 7. Hg. von Konrad Paul Liessmann. Wien: Paul Zsolnay Verlag 2004.
Porombka, Stephan: „Aus der Finsternis zum Licht!" Die Photographie und ihre Gespenster. In: Profane Mystik? Andacht und Ekstase in Literatur und Philosophie des 20. Jahrhunderts. Hg. von Wiebke Amthor, Hans Richard Brittnacher und Anja Hallacker. Berlin: Weidler Buchverlag 2002, S. 317–344.
Ruthner, Clemens: Traumreich. Die fantastische Allegorie der Habsburger Monarchie in Alfred Kubins Roman *Die andere Seite*. In: Leitha und Lethe. Symbolische Räume und Zeiten in der Kultur Österreich-Ungarns. Hg. von Amália Kerekes, Alexandra Millner, Peter Plener u.a. Tübingen, Basel: Francke 2004, S. 179–198.
Spahr, Angela: Inselhin. Geschichten vom Tod. In: Zeitschrift für Ideengeschichte 2/Heft V: Abgrund (2011), hg. von W. v. Rahden u. A.U. Sommer, S. 30–38.
Tugendhat, Ernst: Über den Tod. Frankfurt am Main: Suhrkamp 2006.

Abbildungsverzeichnis

Abb. 1: Illustration der Vision des Tundal. Brüder von Limburg, Die Hölle. Aus: Das Stundenbuch des Herzogs von Berry. Musée Condé, Chantilly. Abdr. nach Arturo Graf: Satan, Beelzebub, Luzifer. Der Teufel in der Kunst. New York 2009, S. 215.

Abb. 2: Michelangelo, Sixtinische Kapelle: Das jüngste Gericht (Detail: Der Heilige Bartolomäus). Abdr. nach Arturo Graf: Satan, Beelzebub, Luzifer. Der Teufel in der Kunst. New York 2009, S. 195.

Abb. 3: Tod, des Schlafes Bruder (Hypnos und Thanatos). http://www.skulpturhalle.ch/sammlung/highlights/2003/06/ildefonso.html.

Abb. 4: Szenenbild aus Jean Cocteau, *Orphée* (1949). Jean Marais. Snapshot.

Goldmachen in der Frühen Moderne (1890–1930)

Künstliche Transformation des Metalls bei Meyrink (Fantastik) und Eichacker (Science Fiction)

Ingold Zeisberger

Ab 1900 wird die Alchemie, bestärkt durch den zeitgenössischen Okkultismus, wieder Teil des öffentlichen Diskurses, aus dem sie durch die Chemie nach dem Ende der Goethezeit verdrängt worden war. Zum einen gab es okkultistisch-esoterische ‚Adepten', die sich als Nachfolger der praktisch tätigen operativen Alchemisten verstanden und Teil der okkulten Strömungen dieser Zeit waren.[1] Zum anderen beschäftigten sich prägende Tiefenpsychologen/Psychoanalytiker wie Herbert Silberer (1882–1922) – in seinem Hauptwerk *Probleme der Mystik und ihrer Symbolik* (1914) – und Carl Gustav Jung (1875–1961) – in mehreren Veröffentlichungen – mit der Thematik. Sie sahen in den Transformationsprozessen zur Gewinnung des ‚Steins der Weisen' eine Abbildung innerpsychischer Prozesse im Unterbewusstsein des Menschen. Christine Maillard beschreibt deren Herangehensweise so:

„Die Elemente des alchemistischen Prozesses werden somit zu Chiffren für einen inneren Wandlungsprozess, das Treiben der Alchemisten zur Projektion psychischer Inhalte in die Materie. Der „Stein der Weisen" versinnbildlicht seinerseits einen Vollkommenheitszustand, die Phasen des opus beschreiben innere Wandlungs- und Vollendungsprozesse und wechselnde Zustände der Libido."[2]

Vor diesem denkgeschichtlichen Hintergrund produzieren auch die Literaten vermehrt Texte, die sich mit dem Thema auseinandersetzen, besonders im Genre der Fantastik. In diesen Werken können Alchemisten als Personifikationen von Aberglauben, Irrlehren oder sinnlosem Forschen erscheinen, die alchemistischen Prozesse selbst werden hingegen oft als Metaphern für textuelle Aussagen funktionalisiert. Während die Alchemisten selbst nicht positiv konnotiert sein müssen,

---

1 Eine umfangreiche Darstellung des Okkultismus in der Frühen Moderne findet sich z.B. bei Wünsch 1991.

2 Maillard 2002, S. 173f.

wird die Alchemie selbst als zumindest potenzieller Weg zur höheren Erkenntnis inszeniert. Wie weit dieses Wohlwollen geht, hängt von der Ideologie des Textes ab. Maillard befasst sich ausführlich mit diesen Phänomenen und fasst zusammen:

> „Die Skala geht vom Alchemisten als grotesker Figur bis zur Metaphorisierung alchemistischer Praxis zur Darstellung eines Modells vom Unbewussten. Je nach den Texten erfolgt die Verwendung in verschiedenen Identitätsgraden, die vom oberflächlichen Gebrauch alchemistischer Vorstellungen bis zu deren Vorhandensein als Säule eines dem Text zugrunde liegenden inhärenten Weltbildes gehen."[3]

Die Alchemie beschäftigte sich schon immer mit einem breiten Feld von Themengebieten; fast immer ging es dabei um die Veredelung von etwas noch nicht Vollkommenem.[4] Dies schloss schon immer auch die Weiterentwicklung des Menschen ein. Im Literatursystem[5] der Frühen Moderne sind zudem ‚Person' und ‚Identität' als zu Suchendes gesetzt,[6] stehen also nicht fest und befinden sich in einem dauerhaften Wandel. Kennzeichnend für Texte, die sich mit der Entwicklung von Figuren auseinandersetzen, ist das von Marianne Wünsch konzipierte „Weg-Ziel-Modell".[7] Bei diesem erkennt der Protagonist seine Situation als defizitär und beginnt, sein Leben auf ein neues Ziel hin auszurichten. Dieses nun angestrebte Ziel erweist sich jedoch im Laufe der Handlung als Umweg. Das eigentliche Ziel offenbart sich ihm erst im Rahmen seiner fortschreitenden Entwicklung. Erkennt er seine wahre Bestimmung, kann er Selbstfindung und „emphatisches Leben"[8] – ein im Literatursystem der Frühen Moderne besonders hoch bewertetes Lebenskonzept, das den Alltag übersteigt – erreichen. Verharrt er jedoch in seinem Irrtum, ist der Selbstverlust – oft durch Tod oder Wahnsinn – die Folge.

Basierend auf diesem Ansatz entstehen in der fantastischen Literatur alchemistische, psycho-esoterische Initiationsgeschichten, in denen etwa der Prozess, der in der Alchemie zum ‚Stein der Weisen' führen soll, als Abfolge von Phase der menschlichen Selbstfindung interpretiert wird. Zu dieser Zeit, nach dem Ersten Weltkrieg, durchläuft Deutschland eine Phase, in der die nationalen Identität in der Krise steckt: Nach dem Ende des Kaiserreiches muss sich das Land in der Weimarer Republik als Nation redefinieren und sich selbst neu finden.

Obgleich als Wissenschaft vielschichtiger, wird Alchemie in der gesellschaftlichen Wahrnehmung oft auf die Herstellung von Gold reduziert. Die große Mehr-

---

[3] Ebd., S. 177.

[4] Zur Alchemie, zu ihrer Geschichte und Ideologie vgl. besonders Doberer 2003; Lembert/Schenkel 2002; Schenkel 2003; Schütt 2000.

[5] Zum Literatursystem Frühe Moderne vgl. Titzmann 1989, 1999 und 2009; Wünsch 1983, 1989, 1990, 1991 und 2007.

[6] Vgl. Titzmann 1989, S. 49.

[7] Vgl. Wünsch 1989, S. 168–179; Wünsch 1991, S. 227–252.

[8] Vgl. Wünsch 1991, S. 229f.

heit verbindet mit der „güldin Kunst" die materielle Grenzüberschreitung, die ein unedleres Metall wie Blei oder Silber bei der Verwandlung zu Gold vollzieht. Wie aber wird Goldmachen in der deutschen Literatur der Frühen Moderne inszeniert?

Drei Möglichkeiten lassen sich herausarbeiten[9]: Erstens ein psychologischer Ansatz, diese Texte widmen sich z.B. der Frage, welche Folgen die erfolgreiche Goldherstellung für eine Gesellschaft haben kann (z.B. Paul Ernsts *Das Gold* von 1906). Zweitens kommt es zu fantastischen Entwürfen und drittens entstehen Texte im Bereich der Science Fiction[10]. Mit zwei Werken von Gustav Meyrink und einem Roman von Reinhold Eichacker stehen die letzten beiden Bereiche im Fokus dieses Beitrags.

Fantastik: Gustav Meyrinks *Der Engel vom westlichen Fenster* (1927) und *Goldmachergeschichten* (1925)

Die Fantastik der Frühen Moderne greift in unterschiedlichen Formen auf alchemistisches Gedankengut zurück. Meyrink setzt sich in der Mehrheit seiner Texte mit solchen Vorstellungen auseinander, steht ihnen jedoch meist eher skeptisch gegenüber.[11] Nur in zwei Werken geht es um die Produktion von Gold: im *Engel* und in den *Goldmachergeschichten.* In diesen steht die Haltung der Figuren zu dem Edelmetall im Zentrum; es werden sowohl unterschiedliche Alchemisten-Konzeptionen als auch verschiedene Wege zur angestrebten Erkenntnis vorgeführt.

Im *Engel* geht es einerseits um den historischen Alchemisten John Dee[12], der während der elisabethanischen Zeit in England gelebt hat, und andererseits um dessen Nachfahren, Baron Müller, in der Textgegenwart. Als Ich-Erzähler der Rahmenhandlung erbt dieser von einem Verwandten Schriftstücke und empfindet beim Lesen dieses Nachlasses Dees Leben nach. Die Lektüre setzt beim Erzähler einen Bewusstwerdungsprozess in Gang: Er kommt zu der Erkenntnis, dass die Unterlagen für ihn als Wiedergeburt Dees verfasst wurden. Sein Schicksal ist es, Dees Weg zu vollenden oder erneut zu scheitern.

Der Text semantisiert Gold selbst weder als gut noch als böse, denn sowohl Gegenspieler als auch Helferfiguren werden damit korreliert. Wichtiger scheint hingegen die Haltung der Figuren zum Edelmetall zu sein. John Dee betreibt die Alchemie primär, um die Unsterblichkeit des Leibes und der Seele zu erreichen.

---

[9] Vgl. zum Thema auch Zeisberger 2013, S. 273–299; in diesem Aufsatz lege ich die Ergebnisse meiner Dissertation zum Thema in erweiterter und überarbeiteter Form vor.

[10] Zur Abgrenzung von Fantastik und Science Fiction in der Frühen Moderne vgl. z.B Wünsch 1991, S. 28–33.

[11] Zur Bedeutung der Alchemie im Werk Meyrinks vgl. Frank 1957, S. 44f.

[12] Zu den historischen Bezügen im Text vgl. Rheinthal 1999.

Im Laufe des Textes offenbart sich ihm jedoch auch ein anderer Weg zum ewigen Leben. Es kann ebenso über das Verfassen von Büchern, über das Schreiben für ein späteres Selbst, erlangt werden. Für Dee selbst erweist sich dieser Zugang schließlich als erfolgreich. Insgesamt ist Unsterblichkeit bzw. ewiges Leben der zentrale Wert, nach dem die positiven Figuren streben[13] und an dessen Erlangen ihr Erfolg oder Scheitern gemessen werden kann.

Im Text gelingt die Erzeugung von Gold mit Hilfe eines geheimnisvollen Pulvers. Während dem zwielichtigen Kelley, der Dee das Hilfsmittel gebracht hat und als Gehilfe bei ihm bleibt, die Fähigkeit des Goldmachens genügt, ist dieses für seinen Meister nie das Ziel. Dee hat andere Wünsche an den Engel vom westlichen Fenster, den er mit Kelleys Hilfe herbeiruft:

> „Il, Allmächtiger, du weißt, wonach meine Seele sich sehnt! Gib mir das Geheimnis des Steins! Und koste es mein Herz, koste es mein Blut – die Verwandlung aus dem Menschentier in einen König, in einen Auferstandenen hier und drüben ... will ich. Ich will das Buch des Heiligen Dunstar verstehen und seine Geheimnisse! Mach mich zu Dem, der ich ... sein soll!“[14]

Dee greift mit seinem eigentlichen Wunsch auf ältere literarische Modelle von Gold zurück. In der Goethezeit hatte sich ein nicht-materielles Gold-Konzept entwickelt,[15] das ein elitäres Subjekt und dessen Selbstfindung in den Mittelpunkt stellte. Bekanntestes Beispiel dafür ist *Der goldne Topf* von E. T. A. Hoffmann (1814). Wer in diesen Texten seinen Platz in der Welt findet, wird mit dem ‚Goldenen‘, oft einem symbolischen Gegenstand, belohnt. Mit dem Rückgang der Verwirklichungsmöglichkeiten von Autonomie für den Einzelnen in den folgenden Literatursystemen verschwindet dieser Ansatz immer mehr aus der Literatur bzw. die in den Texten vorgeführten Bestrebungen sind zum Scheitern verurteilt.

Auch im *Engel* geht es nicht um materielles Gold. Weisheit ist für Dee mehr als der Stein der Weisen.[16] Sein eigentliches Ziel, so muss er zuletzt erkennen, kann aber nicht über die Goldmacherkunst erreicht werden, sie erweist sich als Irrweg: „Deus est spiritus – Deus est spiritus – Gott ist Geist – Ja, Geist ist er und nicht Gold – Gold will Kelley, Gold will der Kaiser, Gott will ... will ich auch nur Gold?!“[17] Nur der Weg zu sich selbst ist der richtige. Dieses wahre Ziel ist jedoch wiederum eine Form von ‚Gold‘. Nachdem er die feindlichen Kräfte überwunden hat, wird der Erzähler/Dee[18] aufgeklärt: „Du warst immer kundig der

---

13 Vgl. u.a. Meyrink 1975, S. 187, 216, 225.

14 Ebd., S. 236.

15 Zur nicht-materiellen Semantik von Gold siehe auch Zeisberger 2013, S. 30–150.

16 Vgl. Meyrink 1975, S. 306.

17 Ebd., S. 316f.

18 Beide werden am Ende des Textes als eine Person, die zu verschiedenen Zeiten gelebt hat, inszeniert.

goldmachenden Kunst."[19] Aber von „Gold – das die Sonne ist"[20]. Dieses ‚Gold' entspricht dem höheren Wissen und hat keinerlei materiellen Wert. Die Verwandlung von Stoffen ist in der dargestellten Welt ohne Bedeutung. Als die wahren Alchemisten erweisen sich die, welche sich selbst transformieren können.[21] Nur wer sich selbst verwandelt hat, kann dem Bund der goldenen Rose[22] angehören: „Ich fühle: vor mir dehnt sich die güldene Kette von Wesen des Lichts, und ein Glied wird gelöst, um mich, das neue Glied, einzufügen."[23] Ein echter Adept ist im *Engel* derjenige, der das richtige ‚Gold' erkannt und einen erfolgreichen Selbstfindungsprozess durchlaufen hat. Durch die Einbindung in eine höhere, elitäre, überindividuelle Gemeinschaft wird diese Entwicklung, so auch beim Erzähler, abgeschlossen.

Die *Goldmachergeschichten* können nur insoweit als fantastisch bezeichnet werden, als dass in ihnen die erfolgreiche Goldproduktion als grundsätzlich möglich gesetzt und auch vorgeführt wird. Inhaltlich orientieren sich die Texte an allgemein verbreiteten Darstellungen zur Geschichte der Alchemie und deren Vertretern aus dem 19. Jahrhundert wie Karl Christop Schmieders *Geschichte der Alchemie* (1832). Diese Vorlagen stellt Meyrink in einem eigenen Quellenverzeichnis vor. Schmieder führt in seinem damaligen Standardwerk fünf erfolgreiche Alchemisten an. In den drei Geschichten in Meyrinks Sammelband geht es um jeweils einen davon: Laskaris[24], Setonius und Seefeld.

Den Erzählungen liegt eine gemeinsame Konzeption zugrunde. Obwohl die historischen Handlungszeiten differieren (17./18.Jahrhundert), ist ihnen gemeinsam, dass sie Phasen der besonderen Belastung für das Staatswesen darstellen. Alle vorgeführten Potentaten befinden sich in einer prekären finanziellen Situation – wie auch Deutschland in den 1920er Jahren durch die Folgen des Ersten Weltkrieges –, die den Wunsch nach einem Alchemisten, der Gold erzeugen kann, verstärkt. Die Geschichten variieren jeweils zwei inhaltliche Themen. Einerseits führen sie die Auseinandersetzung zwischen einem freien Adepten und einem Herrscher vor. Dieser strebt danach, seinen Untergebenen für seine Zwecke in seine Gewalt zu bekommen und versucht deshalb, ihn in ein geistiges Gefängnis oder in einen wirklichen Kerker zu sperren, um dessen Fähigkeiten dauerhaft und ausschließlich zu nutzen. Andererseits stellt der Text unterschiedliche Konzeptio-

---

19 Ebd., S. 513.

20 Ebd.

21 Vgl. ebd., S. 518.

22 Zu den Bezügen dieses Bundes auf die historischen Rosenkreuzer vgl. Rheinthal 1999, S. 221–240.

23 Meyrink 1975, S. 510.

24 Die erste und längste Erzählung, *Der Mönch Laskaris*, widmet sich ausführlich dem Leben Johann Friedrich Böttgers (1682–1719), hier Bötticher geschrieben, der das Meissner Porzellan erfand.

nen von Alchemisten vor. Vorgeführt werden wirkliche Goldmacher, solche, die ein Mittel zur Goldherstellung besitzen, weil es ihnen von den wahren Adepten überlassen wurde, aber es nicht selbst produzieren können, sowie erfolglose Alchemisten, die nun die ganze ‚Kunst' verdammen, oder Betrüger.

Als immer wiederkehrender Handlungsbaustein tritt der Umstand auf, dass erfolgreiche Adepten an der Alchemie Interessierten, aber Nicht-Eingeweihten, Proben eines Gold erzeugenden Pulvers anvertrauen. Die Eitelkeit der Beschenkten bringt sie dazu, das Teil-Wissen als ihre Fähigkeiten darzustellen. Daraufhin geraten sie in die Gewalt der Herrscher und gehen zugrunde wie Bötticher als Gefangener des sächsischen Kurfürsten in *Der Mönch Laskaris*. Nur die wenigsten Figuren, die von sich aus oder durch fremde Hilfe Gold herstellen können, erleben ein für sie gutes Ende. Notwendige Voraussetzungen sind auch hier ein Erkenntnisprozess und die Abkehr vom Streben nach weltlichem Ruhm, wie bei Bötticher:

„Was soll mir der Schatz, dessen rechtmäßiger Besitzer ich doch niemals sein werde? Ich halte ein Geheimnis in meiner Hand, dessen Wesen mir darum nicht weniger verschlossen bleibt. Ich habe keine Freude mehr an dem Spiel mit dem Wissen anderer. Ich habe gefehlt, als ich meine Bewunderung für die erhabenen Geheimnisse der Natur mit meiner eigenen Natur und ihrer Eitelkeit vermengte. Mein Schicksal hat mich belehrt und mich zu der Weisheit erzogen, deren diese reine Natur allein fähig ist: den Wert wahrhafter Bescheidenheit zu erkaufen."[25]

Erst als er den Wunsch, Gold zu machen, überwunden hat und eine weitere Probe des Pulvers ablehnt, gelingt ihm die Herstellung von Porzellan.

Einen anderen, jedoch ähnlichen Weg bestreitet der Pole Sendivogius, der ebenfalls ein solches Geschenk erhalten hat. Er zieht sich schliesslich aus der Öffentlichkeit zurück und sucht anstelle der Formel für Gold nach dem ‚Stein der Weisen', „der dem, der ihn besitzt, den Frieden der Seele in diesem Leben und die Seligkeit der Engel in der anderen Welt verbürgt."[26]

Dieser Text greift genauso auf goethezeitliche Ansätze zurück wie der *Engel vom westlichen Fenster*. Im Zentrum stehen auch in diesen Erzählungen Meyrinks elitäre Charaktere[27], denen es nicht wirklich um die Transmutation zu Gold, sondern um die des Menschen geht. Bei Meyrink ist Goldmachen für die positiven Figuren nie der Endzweck, es geht ihnen primär um das Erlangen von Wissen und Autonomie. Diese Ziele können zwar nicht mit Hilfe des ‚Steins der Weisen' gewonnen werden und die Texte inszenieren diese ‚wahren', ‚echten' Werte als höherwertig als Gold – die Figuren und die Erzählinstanz bezeichnen diese

---

[25] Meyrink 1989, S. 106.

[26] Ebd., S. 261.

[27] Alexandra Lembert betont die Transmutation des elitären männlichen Subjekts im *Engel* als fundamentales Ereignis des Textes. Vgl. Lembert 2002, S. 109–111.

aber wiederum als ‚golden'. Der Weg führt also vom materiellen Gold zu einem immateriellen ‚Gold' bzw. wie im Falle von Sendivogius weg von einer Gold erzeugenden Tinktur zum eigentlichen ‚Stein der Weisen'. Demgegenüber stehen Pseudo-Werte,[28] wie Ehre und Ruhm, Vergnügen, Reichtum etc., deren Anhänger sich nicht von der Goldherstellung lösen können. Auf sie wartet der Verlust der Freiheit durch Tod oder Kerker oder der psychische Selbstverlust.

Science Fiction: Reinhold Eichackers *Der Kampf ums Gold. Ein deutscher Roman* (1922)

Neben der alchemistischen Herangehensweise kam es vor dem Hintergrund des Technikdiskurses in der Frühen Moderne auch zu völlig neuen Ansätzen. Da die okkulten Bestrebungen bisher wenig erfolgreich gewesen waren, stellte man sich die Frage, ob es möglich sei, Gold auf technisch-naturwissenschaftlichem Weg zu erzeugen.[29] Vor dem Hintergrund der hohen Reparationsforderungen an Deutschland blieb es nicht bei Gedankenspielen, sondern es wurden ernsthafte Bestrebungen dazu unternommen. Der Wunsch nach künstlicher Goldproduktion beschränkte sich dabei nicht auf obskure Wissenschaftler. So schloss der Chemiker Franz Tausend 1925 einen Vertrag über die synthetische Produktion von Gold mit General Erich von Ludendorff; dieser wurde jedoch von Hindenburg abgelehnt.[30]

Der Problemstellung, Gold zu gewinnen, um Deutschlands Schulden aus dem Versailler Vertrag zu tilgen, widmet sich auch Eichackers „deutscher" Roman. Der Untertitel macht bereits die Programmatik des Textes deutlich, der im nicht näher bestimmten Jahr 192... spielt. Der zentrale Konflikt des Romans wird zwischen dem hochbewerteten Deutschland („Aus weinenden Kehlen und bebenden Lippen ... Ein einziges Denken, ein jauchzendes Beten ... Deutschland, Deutschland über alles ... über alles in der Welt ...!"[31]) und seinem Gegner Frankreich („Sie sind ja Franzosen und hassen das Deutsche aus innerstem Herzen. Als Erben des Blutes."[32]), dessen Ziel die Vernichtung Deutschlands ist, ausgetragen. Die Länder selbst werden nicht als Ganzes charakterisiert – sei es durch die Gesamtheit ihrer Bevölkerung oder übergreifende Merkmale –, sondern durch bestimmte Protagonisten. Das Figureninventar beschränkt sich dabei primär auf Politiker und Wissenschaftler. Während die erste Gruppe in beiden Nationen anzutreffen ist, scheinen Wissenschaftler eine deutsche Besonderheit zu sein.

---

[28] Zur Unterteilung in echte und Pseudo-Werte im *Engel* vgl. auch Wünsch 1975, S. 537. Wünschs Nachwort stellt insgesamt den Text als Selbstfindungsgeschichte der Frühen Moderne vor.

[29] Vgl. Doberer 2003, S. 367f.

[30] Vgl. ebd., S. 355–366.

[31] Eichacker 1924, S. 78.

[32] Ebd., S. 84.

Der wichtigste Staatsmann auf französischer Seite ist der kleine und eitle Ministerpräsident Grandmaîres, einer der Hauptverantwortlichen der Versailler Verträge, der Deutschland zerstören möchte.[33] Auf der deutschen Seite wirkt das Bild differenzierter. Der Kanzler Elsässer, „eine hilflose Mumie"[34], erscheint als Paragraphenreiter ohne Entscheidungskompetenz, ängstlich und kompromisssuchend. Positiv hingegen werden die aktiven tatkräftigen Protagonisten wie Graf Zieten, der Führer der Deutschnationalen Partei und Kriegsminister, sowie der junge aufstrebende Diplomat Freiherr von Saldern, der deutsche Gesandte in Paris, vom Text eingeordnet. Den negativsten Politiker stellt der Kommunist und Demagoge Breitner, ein begnadeter Redner, dar. Er hasst seine Heimat und argumentiert für Frankreich: „Wir kennen kein Vaterland, das Deutschland heißt."[35] Gerade diese Figur verfällt den Reizen der französischen Spionin mit dem Tarnnamen Lulu. Der Name, durch Frank Wedekinds gleichnamiges Theaterstück (1913) in seiner Bedeutung geprägt, impliziert bereits das bedrohliche Potenzial dieser Frau für die Männerwelt. Breitner erliegt der schönen Frau körperlich und geistig:

„Wie ein Verdurstender trank er den Hauch dieses bebenden Körpers.
‚Zu mir Hans.'
Also nahm dieser selige Traum noch kein Ende. Er presste sie an sich, daß sie leise aufschrie. Dann glaubte er an ihren Küssen zu sterben ..."[36]

Über solche Regungen sind die aufrechten Deutschen erhaben, sie haben keinen Blick für weibliche Schönheit. Stattdessen werden junge Männer wie von Saldern oder die beiden Wissenschaftler als attraktiv inszeniert und mit Formulierungen wie: „schöne[s] männliche[s] Gesicht"[37] bedacht. Den Helden des Romans, den Ingenieur Walter Werndt – Nobelpreisträger, Erfinder der Elektronenstrahlen und Heiler von Krebs –,[38] führt der Text mit diesen Worten ein: „[A]uf der offenen Schwelle des Saales stand ein Mensch, wie ein Spuk ... sehnig und schlank, mit gebräuntem Gesicht. Über der gebogenen Nase flammten zwei stahlblaue Augen. Augen eines Adlerjägers aus den nordischen Bergen. Das leuchtende Blondhaar lag wellig zurück."[39] Ihm zur Seite steht sein Assistent, der Rekordflieger Dr. Nagel. Werndt wird im Text als Messiasfigur inszeniert,[40] die religiös verklärt als einzigen Lebenszweck die Rettung Deutschlands verfolgt.

---

33 Vgl. ebd. 1924, S. 81ff.
34 Ebd. 1924, S. 13.
35 Ebd., S. 15.
36 Ebd., S. 113.
37 Ebd., S. 69.
38 Vgl. ebd., S. 18.
39 Ebd., S. 16.
40 Vgl. ebd., S. 36.

Der Roman beginnt mit einem neuen Ultimatum Frankreichs an Deutschland. Man fordert die Kontrolle über die gesamte deutsche chemische Industrie und Forschung. Zudem sollen alle strategisch relevanten Eisenbahnlinien und Fußgängerbrücken über den Rhein abgebrochen sowie alle Sensen, Äxte und Beile etc. in einem Korridor von hundert Kilometern östlich des Stroms ausgeliefert werden, um einen Aufstand der Zivilbevölkerung gegen die Besatzer unmöglich zu machen. Die Regierung steht nun vor der Frage, ob sie diese übertriebenen Forderungen annimmt bzw. annehmen muss. In dieser scheinbar ausweglosen Lage erscheint Werndt als *deus ex machina*. Durch ihn gewinnt Deutschland sowohl sein Selbstbewusstsein als auch seine Freiheit zurück. Denn Werndt kann Gold erzeugen. Damit ist das Land in der Lage, seine Schulden bei den Siegermächten zu begleichen. Mit Hilfe einer weiteren Erfindung des Ingenieurs wird ein französischer Angriff über den Rhein abgewehrt und auch ein Bombenattentat auf den Reichstag kann verhindert werden. Am Ende ist Deutschland schuldenfrei und eine neue Währungsdeckung durch Platin tritt in Kraft. Nun sind die Voraussetzungen gegeben, dass eine neue, echte Friedenskonferenz in Berlin möglich ist. Sogar die negativ semantisierten Deutschen wie Breitner können, sofern sie einsichtig sind, in das neue System integriert werden.

Gold kommt im Text eine negative Bedeutung zu, wie sie wenige Jahre später für die NS-Texte[41] typisch werden wird[42]. Positiv gesetzt wird die politische und finanzielle Befreiung von den Nachwirkungen des Ersten Weltkrieges, die Vermeidung eines weiteren Krieges zwischen den Nachbarländern und der Triumph deutschen Erfindergeistes. Auch hier geht es also nicht wirklich um materielle Werte, sondern um diesen überlegene, nicht-materielle Ideale: „Ungreifbar, und doch immer stärker erbrausend ... Ein neues, Unfassbares, märchenhaft Kühnes, von allen Ersehntes, gespenstisch Geahntes.“[43] Das eigentliche Ziel ist das Wiedererstarken der deutschen Nation und die Findung eines neuen Selbstbewusstseins.

Materielles Gold hingegen hat dieselben negativen Konsequenzen wie in den Goldsuchergeschichten[44]: Gewalt, Verlust von sozialen Normen und Werten. Neu ist, dass sich diese Phänomene nicht auf ein lokales Territorium beschränken, sondern durch die massenhafte Verfügbarkeit des Metalls weltweit auftreten. Dies wird sogar von Werndt bezweckt; der titelgebende Kampf ums Gold erweist sich als Kampf gegen das Gold. Das Ziel ist die globale Vernichtung desselben. Dies

---

[41] Beispielsweise Karl Alois Schenzingers *Metall* (1939), Florian Seidls *Das verfluchte Gold* (1940) oder Rudolf Utschs *Das Gold im Urwald* (1941).

[42] Vgl. Zeisberger 2013, S. 208–228

[43] Eichacker 1924, S. 74.

[44] Vgl. Zeisberger 2013, S. 153–228

gelingt durch die massenhafte Menge des vorhandenen Goldes, als ein letztes Mal die Selbstkontrolle der Masse fällt:

„Ein Goldtaumel hatte die Menschen erfasst, wie drüben in Frankreich. Jeder wollte als erstes die Goldstücke haben. Man bebte vor Furcht, daß der Goldstrom versiege, bevor man ihn auffing. Daß man für den Umtausch zu spät kommen könne. [...] Wie ein Ungeheuer fraß das Land alles Papiergeld mit tausenden Mäulern und spie rotes Gold aus in endlosen Mengen in hundert Milliarden. Wie glühende Lava, die alles bedeckte. Zwei Wochen hindurch schon. Dann floß der Stromträger. Das Land war gesättigt, das Volk war befriedigt. Es schwamm in der Goldflut, noch trunken vom Goldrausch."[45]

Die Gefahr, die in manchen alchemistischen Texten thematisiert wird, dass die Produktion von Gold dessen Wert zerstören könnte, wird hier gezielt eingesetzt. Die mögliche Konsequenz bedeutet für die deutschen Helden keine Bedrohung, sondern das erklärte Ziel.

Das letzte Aufflackern des Goldes führt die Gesellschaft an den Rand des Zusammenbruchs. Besonders moralische Werte werden dadurch erodiert; dies ermöglicht z.B. den kurzfristigen Erfolg der Kommunistischen Partei. Deren Anführer verfällt dem Glücksspiel und den sexuellen Verführungskünsten der ausländischen Spionin.

Im übertragenen Sinne ließe sich dieser Kampf gegen das Prinzip Gold auch als ein Vorgehen gegen die Konzeption ‚Autonomie', wie sie historisch damit verbunden war, deuten. Die dekadenten 20er Jahre, wie sie z.B. Erich Kästner in seinem *Fabian* (1931) beschreibt, können in diesem Zusammenhang als letzter Rausch vor der Überwindung dieser Phase gesehen werden. Die vom Text gewünschte neue Gesellschaft erfüllte sich außertextuell im Dritten Reich. Bezeichnenderweise gehörte Eichacker jedoch zu den Autoren, deren Werke in der NS-Zeit verboten waren.[46]

Im Text wird Goldmachen nur betrieben, um das System Gold an sich zerstören zu können. Dieser Kampf kann aufgrund der eigenen geistigen Fähigkeiten und des deutschen Mutes mit Erfolg beendet werden. Das Land geht als finanzieller und moralischer Sieger aus der Krise hervor. Als etwas Neues tritt im Text das Phänomen auf, dass dem ‚Kulturzerstörer' Gold eine elitäre Führungsschicht entgegengesetzt wird, die immun gegen alle Verlockungen, seien sie finanzieller oder erotischer Art, ist. Genau diesem neuen Männertypus gelingt die Überwindung des Goldes.

---

[45] Eichacker 1924, S. 97.

[46] http://www.berlin.de/rubrik/hauptstadt/verbannte_buecher/detail.php?id=70936&page=0&s_autor_nachname=Eichacker&s_autor_vorname=Reinhold& (15.03.2013).

Gold als notwendiges Übel

Bei einer kontrastiven Gegenüberstellung der beiden Herangehensweisen der Texte an die Materie fallen Unterschiede und Gemeinsamkeiten auf. In den zwei Konzepten geht es jeweils um eine Elite, die ein ‚falsches' Gold überwinden muss, um ein ‚wahres' Gold zu finden. Die Lösungsmöglichkeiten differieren hingegen. Bei Meyrink steht die individuelle Heils- und Selbstfindung im Vordergrund; das exzeptionelle Individuum kann sie nur über den Rückzug aus der eigentlichen Welt und die ausschließliche Konzentration auf das Geistig-Seelische erlangen. Im *Kampf* hingegen gibt es ein nicht näher differenziertes Kollektiv und eine Führernatur, die – anders als im „Weg-Ziel-Modell" – keine Entwicklung nötig hat. In diesem Aspekt nimmt Eichacker bereits die NS-Texte vorweg, in denen Gold grundsätzlich abgewertet werden wird.

Sowohl die *Goldmachergeschichten* als auch *Kampf ums Gold* situieren ihre Handlung vor einem ähnlichen gesellschaftlichen Hintergrund, der durchaus mit der Situation Deutschlands zur Entstehungszeit der Texte (1922–27) kohärent ist. Der Staat befindet sich jeweils in finanziellen und politischen Krisensituationen, für welche die Texte unterschiedliche Lösungskonzepte propagieren: Einerseits die Möglichkeit für das Individuum, sich zurückzuziehen und sich auf sich selbst zu konzentrieren, andererseits die Rettung der Gesamtheit durch ein geführtes Kollektiv.

Obgleich die Autoren völlig unterschiedliche Wertesysteme propagieren, ist den Texten zudem gemeinsam, dass der direkte Weg zur Selbstfindung – sowohl eines Individuums als auch einer Nation – über die Herstellung von Gold nicht möglich ist. Dem bei beiden Autoren gelingenden Versuch kommt aber als notwendigem Umweg eine katalysatorische Funktion für die angestrebte Entwicklung zu.

Bibliographie

Primärliteratur

Eichacker, Reinhold: Der Kampf ums Gold. München: Universal 1924 [EA Schwerdt an der Oder: Hermann Beccards Buchhandlung 1922].

Meyrink, Gustav: Der Engel vom westlichen Fenster. 3. Aufl. München: Langen-Müller 1975 [EA Leipzig: Grethlein & Co 1927].

– Goldmachergeschichten. Langen: Wolfgang Roller 1989 [EA Berlin: August Scherl 1925].

Sekundärliteratur

Doberer, Kurt K.: Die Goldmacher. Zehntausend Jahre Alchemie. 2. Auflage. München: Universitas 2003 (1987).

Frank, Eduard: Gustav Meyrink. Werk und Wirkung, Büdingen-Gettenbach: Avalun 1957.

Lembert, Alexandra: The Eternal Return of the Same? A Comparison between Peter Ackroyd's The House of Doctor Dee and Gustav Meyrink's Der Golem and Der Engel vom westlichen Fenster. In: Dies. und Schenkel, Elmar (Hg.): The Golden Egg. Alchemy in Art and Literature. Berlin, Cambridge: Galda + Wilch 2002, S. 101–114.

Lembert Alexandra / Schenkel, Elmar (Hg.): The Golden Egg. Alchemy in Art and Literature. Berlin, Cambridge: Galda + Wilch 2002.

Maillard, Christine: Die mythologisch apperzipierende Wissenschaft. Alchemie in Theorie und Literatur (1890–1935). Das sonderbar anhaltende Fortleben einer „unzeitgemäßen" Wissensform. In: Dies. (Hg.): Literatur und Wissen(schaften) 1890–1930. Stuttgart: Metzler 2002, S. 165–192.

Meister, Jan Christoph: Hypostasierung. Die Logik mythischen Denkens im Werk Gustav Meyrinks nach 1907. Eine Studie zur erkenntnistheoretischen Problematik eines phantastischen Oeuvres. Frankfurt a.M.: Peter Lang 1987 (Hamburger Beiträge zur Germanistik, 3).

Reinthal, Angela: Alchemie des Poeten. John Dee (1527–1608) in Gustav Meyrinks Roman „Der Engel vom westlichen Fenster" (1927). In: Wilhelm Kühlmann (Hg.): Iliaster. Literatur und Naturkunde in der frühen Neuzeit. Heidelberg: Manutius 1999, S. 221–240.

Schenkel, Elmar: Die Elixiere der Schrift. Alchemie und Literatur. Eggingen: Isele 2003.

Schmieder, Karl Christoph: Geschichte der Alchemie. Wiesbaden: Marix 2005 (1832).

Schütt, Hans-Werner: Auf der Suche nach dem Stein der Weisen. Die Geschichte der Alchemie. München: C. H. Beck 2000.

Theweleit, Klaus: Männerphantasien. Band 1. Rheinbek bei Hamburg: Rowohlt 1987 (1977).

Titzmann, Michael: Das Konzept der „Person" und ihrer „Identität" in der deutschen Literatur um 1900. In: Markus Pfister (Hg.): Die Modernisierung des Ich. Studien zur Subjektkonstitution in der Vor- und Frühmoderne. Passau: Rothe 1989, S. 36–56.

– Psychoanalytisches Wissen und literarische Darstellungsformen des Unbewussten in der Frühen Moderne. In: Thomas Anz (Hg.): Psychoanalyse in der modernen Literatur. Kooperation und Konkurrenz. Würzburg: Königshausen und Neumann 1999, S. 217–271.

– Realismus und Frühe Moderne. Interpretationen und Systematisierungsversuche. München: Belleville 2009.

Wünsch, Marianne: Auf der Suche nach der verlorenen Wirklichkeit. Zur Logik einer fantastischen Welt. In: Gustav Meyrink: Der Engel vom westlichen Fenster. 3. Aufl. München: Langen-Müller 1975, S. 528–568.

– Das Modell der „Wiedergeburt" zu „neuem Leben" in erzählender Literatur 1890–1930. In: Karl Richter (Hg.): Klassik und Moderne. Die Weimarer Klassik als historisches Ereignis und Herausforderung im kulturgeschichtlichen Prozess. Stuttgart: Metzler 1983, S. 379–408.

– Wege der „Person" und ihrer „Selbstfindung" in der fantastischen Literatur nach 1900. In: Markus Pfister (Hg.): Die Modernisierung des Ich. Studien zur Subjektkonstitution in der Vor-und Frühmoderne. Passau: Rothe 1989, S. 168–179.

– Regeln erotischer Beziehungen in Erzähltexten der Frühen Moderne und ihr theoretischer Status. In: SPIEL 9 (1990), S. 131–172.

– Die Fantastische Literatur der Frühen Moderne (1899-1930). Definition – denkgeschichtlicher Kontext – Strukturen. München: Fink 1991.

– Vom späten „Realismus" zur „Frühen Moderne". In: Marianne Wünsch: Realismus (1850-1890). Zugänge zu einer literarischen Epoche, Kiel: Ludwig 2007 (LIMES-Literatur und Medienwissenschaftliche Studien, 7), S. 337–359.

Zeisberger, Ingold: „Am Golde hängt, zum Golde drängt doch alles". Ein Metall als Gradmesser kultureller Normen und Werte. Zur nicht-materiellen Semantik von Gold ab der Goethezeit. Diss. Passau 2012. Kiel: Ludwig (LIMES- Literatur und Medienwissenschaftliche Studien, 10), 2013.

Internetquellen

Verbannte Bücher. Online-Veröffentlichung der Liste der von den Nationalsozialisten verbotenen Schriften: http://www.berlin.de/rubrik/hauptstadt/verbannte_buecher/detail.php?id=70936&page=0&s_autor_nachname=Eichacker&s_autor_vorname=Reinhold&, (Abruf: 15.03.2013).

Der alchemistische Innenraum oder: Die mehrdimensionale Topographie in Gustav Meyrinks Romanen

Eva Markvartová

Die Nachwelt kennt Gustav Meyrink sowohl als ausgezeichneten phantastischen Schriftsteller als auch großen ‚Eingeweihten'. Meyrinks erstes Interesse für esoterische Lehren zeigte sich bereits 1890 oder 1891. Damals war er entschlossen, Selbstmord zu begehen. Vierundzwanzig Jahre später schreibt berichtet er in seiner kurzen autobiographischen Schrift Folgendes darüber:

„[...] ich saß in Prag [...] vor meinem Schreibtisch, steckte den Abschiedsbrief, den ich an meine Mutter geschrieben hatte, in das Kuvert und griff nach dem Revolver, der vor mir lag; denn ich wollte die Fahrt über den Styx antreten, wollte ein Leben, das mir schal und wertlos und trostarm für alle Zukunft zu sein schien, von mir werfen. In diesem Augenblick betrat „der Lotse mit der Tarnkappe vor dem Gesicht", wie ich ihn seitdem nenne, den Bord meines Lebensschiffes und riss das Steuer herum. Ich hörte ein Rascheln an der Stubentüre, [...] und als ich mich umdrehte, sah ich, dass sich etwas Weißes unter den Türrand über die Schwelle ins Zimmer schob. Es war ein gedrucktes Heft. Dass ich den Revolver weglegte, es aufhob und den Titel las, entsprang weder der Regung einer Neugier, noch auch irgendeinem heimlichen Wunsch, den Tod hinauszuschieben – mein Herz war leer. [...] Es [das Heft, E. M.] war rein spiritistischen Inhalts und schilderte vor allem die Erfahrungen der großen Forscher auf diesem Gebiete [...]."[1]

Meyrink verspürte in diesem Moment die Sehnsucht, diesen Geheimnissen auf die Spur zu kommen, und schloss den Revolver wieder weg. Das Heft wurde zum Anstoß für sein Studium des Okkultismus, in dem er sich allen erdenklichen okkultistischen Systemen ‚hingegeben' hat.

1891 fand in Prag die Jubiläumslandesausstellung statt, an der auch die Stellvertreter der Wiener theosophischen Loge teilnahmen: Friedrich Eckstein[2] und Graf von Leiningen-Billigheim. In Meyrinks Wohnung gründeten sie in diesem Jahr die Loge *Zum blauen Stern*. Über die Aktivitäten des Prager Zirkels bzw. die

---

1 Meyrink 1973, S. 286–287.

2 Friedrich Eckstein war eine Art Universalgenie, bei dem sich Roda Roda, Paul Busson, Peter Altenberg oder Egon Friedell trafen; er spielte in Meyrinks Leben eine große Rolle.

damaligen Interessen Meyrinks berichtet z.B. der tschechische Theosoph Karel Weinfurter, der zu Meyrinks Prager Freunden gehörte:

„Nach der Gründung der Prager theosophischen Loge – ‚Loge zum blauen Stern' genannt, [...], kamen wir regelmäßig einmal wöchentlich in der Wohnung des Schriftstellers Gustav Meyrink zusammen und arbeiteten [...] mit aller Anstrengung daran, irgendwelche Fortschritte in den Geheimlehren zu erzielen, wobei es sich bei uns hauptsächlich darum handelte, soviel als möglich von der damals erreichbaren Literatur zu profitieren, aber auch darum, einen mystischen Führer zu bekommen."[3]

Meyrink pflegte noch viele Jahre Kontakte zu verschiedenen Geheimorden. Eine Zeitlang war er Schüler des Mystikers und Okkultisten Alois Mailänder (1844–1905) und interessierte sich auch für die Schriften von Annie Besant (1847–1933), der Präsidentin der Theosophischen Gesellschaft in Adyar.

Auch an der Alchemie war Meyrink sehr interessiert. Dabei beschränkte er sich nicht nur auf den mystischen Weg ins Innere; seine praktischen Erfahrungen mit der Alchemie beschreibt er ausführlich vor allem in der *Einleitung* zu *Thomas von Aquino, Abhandlung über den Stein der Weisen* (1925) und in der Erzählung *Wie ich in Prag Gold machen wollte* (1928). Meyrink erklärt hier u.a. den Unterschied zwischen der spirituellen Alchemie und der chemischen Alchemie. Er verwendet natürlich nicht den Begriff „spirituelle Alchemie", sondern spricht von einer Art Alchemie, die reine Magie sei. Sie befasse sich damit, „Tiermenschen" in „Goldmenschen" zu verwandeln.[4] Er sieht in ihr einen magischen Prozess, der in das Gebiet des Yoga oder der mystischen Freimaurerei hineingehört. Ziel der alchemistischen Experimente ist nicht die Produktion von chemischen Elementen, sondern vielmehr die Transformation des Gröberen und Primitiveren in Feineres und Edleres sowie die Vereinigung des Menschen mit der ursprünglichen und höheren Energie.[5] Das alchemistische Werk, das den Makrokosmos nachahmt, ist also zugleich ein meditativer Prozess des Alchemisten, der seine innere Wandlung betreibt.

Aus seinen Überlegungen über Chemie und Metalle, seiner Lektüre (u.a. von van Helmont, Albertus Magnus und Clavicula) sowie seinen Erzählungen und Beschreibungen erfolgreicher Transmutationen lässt sich schließen, dass Meyrink über die hermetische Kunst viel gewusst hat. Die meyrinksche Welt, so möchte ich im Folgenden zeigen, entspricht dem alchemistischen Weltinnenraum, der hier als *mundus imaginalis* (nach Henry Corbin) aufgefasst wird. Vor diesem Hintergrund behandle ich die mehrdimensionale Topographie in Meyrinks Werk am Beispiel der drei Romane *Der Golem* (1915), *Der weiße Dominikaner* (1921) und

---

3 Weinfurter 1949, S. 50.
4 Meyrink 1973, S. 306.
5 Runggaldier 1996, S. 46.

Der Engel vom westlichen Fenster (1927), in denen dem Zeitraum vor allem aus der hermetischen Sicht eine besondere Bedeutung zukommt. Meyrink stellt den alchemistischen Prozess in seinen Romanen als eine fortschreitende Einweihung dar, als Initiation mittels des Großen Werkes.[6] Gerade das *Opus Magnum* bildet den roten Faden, der sich durch die ganze Arbeit Meyrinks zieht. Die Transmutation wird von Meyrink als geistige Wandlung des unwissenden, sittlich noch nicht gereiften Individuums zum veredelten, geläuterten Menschen verstanden.[7]

Der *mundus imaginalis*

Der alchemistische Innenraum[8] erinnert an den *mundus imaginalis*[9], die imaginale Welt, wie sie sich in der arabischen Mystik findet. Diese lehrt, so Corbin, dass es zwischen der rein geistigen Welt der göttlichen Ideen einerseits und der sinnlichen Welt andererseits ein Zwischenreich gibt, das genauso real und objektiv

---

[6] Das „Große Werk" (*Opus Magnum*) zu vollbringen, war das höchste Ziel aller Alchemisten. Es sollte dazu führen, den Stein der Weisen zu erschaffen, mit dessen Hilfe die Umwandlung von unedlem zu edlem Metall, die Transmutation, am einfachsten durchgeführt werden konnte. Der ideale alchemistische Arbeitsprozess bestand aus einer festen Abfolge von Arbeitsschritten, denen eine bestimmte Bedeutung zugeschrieben wurde. Im Zuge dieser Verwandlung geht der Adept als ein höheres Wesen aus einem ursprünglich tierähnlichen Geschöpf hervor und tritt hinein in ein unsterbliches Dasein.

[7] Deshalb können die Protagonisten in allen Romanen Meyrinks im Hinblick auf ihre verwandelte Gestalt identifiziert werden: Der ‚osirische Körper' der Unsterblichkeit, den Pernath im *Golem* erlangt, repräsentiert eine Variante des ‚verklärten Körpers', den wir bei Christopher im *Weißen Dominikaner* oder bei John Dee/Baron Müller im *Engel vom westlichen Fenster* finden.

[8] Diese Welt existiert im Inneren des Menschen. Auf dem Pfad zur Vollbringung des Großen Werkes, auf dem der Alchemist den Regeln des geistigen Kampfes folgt, durchschreitet er nacheinander alle Stufen dieses *Opus Magnum*. Als Weg, der den Menschen zur Erkenntnis seines eigenen zeitlosen Wesens führt, ist die Alchemie mit der Mystik vergleichbar. Die Mystik erklärt sich geradezu als die übersinnliche Welt der Alchemie. Ziel der Mystik ist die Einung mit Gott. Die Alchemie spricht davon zwar nicht direkt, aber sie setzt den Glauben an Gott voraus, sodass sich hier gewisse Berührungspunkte finden: Zum Weg der Mystik gehört v.a. die Wiederherstellung der ursprünglichen Reinheit der menschlichen Natur. Die Verwandlung von Blei in Gold – geistig verstanden – ist nichts anderes als die Wiederherstellung dieses ursprünglichen Zustandes. Die Alchemie behandelt die Seele als einen ‚Stoff', den es zu läutern, aufzulösen und neu zu kristallisieren gilt; insofern kann man kann sie eine Kunst der seelischen Verwandlung nennen. Da dies zum Weg der Mystik gehört, kann man auch die Alchemie als einen Zweig der Mystik betrachten. Alchemisten stützen sich dabei ähnlich wie Mystiker auf bildliche Symbole, die oft mehr sagen als Worte. „Jedes Ding auf Erden ist nichts als ein ewiges Symbol, in Staub gekleidet", heißt es auch im *Golem* (S. 80).

[9] Das Wort imaginal ist eine französische Wortbildung von Henry Corbin, der die von Sohravardi, einem persischen Mystiker des 12. Jahrhunderts, geprägte Wendung „die Welt der bildhaften Ähnlichkeit" mit *mundus imaginalis* ins Lateinische übersetzt hat. Er meint damit u.a. die subtile Welt der Seele. Zum Unterschied zwischen *imaginal* und *imaginär* (imaginaire) vgl. Corbin 1979, S. 8, und Shin 2011, S. 276–295.

existiert wie die beiden anderen Welten. In ihm siedeln die Bilder der göttlichen Ideen, Figuren der Archetypen, die die Welt aufbauen, subtile Körper aus immaterieller Materie. In ihnen nimmt der Geist einen Körper an, und das Körperliche wird vergeistigt.[10] Die alchemistischen Operationen bringen die Fähigkeit zur visionären Wahrnehmung der übersinnlichen Welt hervor.[11] Aufnehmendes ‚Organ' dieses Zwischenuniversums der Bilder ist die Imagination. Sie ist der Ort der bildlichen Erscheinungen und der Ereignisse aus mythologischer Zeit. Sie hat eine psycho-kosmische Funktion, indem sie zum einen das Universum im bildlichen Gleichnis hervorbringt, zum anderen den menschlichen Geist erleuchtet.[12] Der alchemistische Bildraum ist auch als ein imaginativ gespiegelter Innenraum der Welt aufzufassen. Die Sinneseindrücke der sinnlich wahrnehmbaren Welt werden im Innenraum des Geistes verarbeitet.

Die Romane Meyrinks sind räumlich und zeitlich nie nur auf eine Figur und deren Leben beschränkt. Eine personale Identität wird oft mittels des Aktes des Schreibens oder des Schlafens aufgebrochen und ein unmittelbarer Zugang zum Leben der anderen Identität geschaffen: So wählt John Dee den „magischen Weg der Schrift"[13] und entscheidet sich, seine Schicksale niederzuschreiben. Er schildert Schritt für Schritt alles, was er erlebt hat, und die Art und Weise, wie er selbst in die Mysterien eingeführt worden ist. Es ist ein Vorgang, der sich bei anderen Mystikern immer wieder findet und so typisch ist, dass sich ihm eine uns wohl bekannte Schematisierung (Reinigung, Erleuchtung und Vereinigung) des mystischen Weges entnehmen lässt. Das Schreiben selbst ist im *Engel* kein bloß natürlicher Vorgang, es geschieht auf magische Art, ohne Rücksicht auf ein Lesepublikum: „Lies oder lies nicht! Verbrenne oder bewahre! Tu Moder zu Moder. Wir vom Geschlechte der Hoël Dhats, Fürsten von Wales, sind tot. – – Mascee."[14] Das Schreiben und Lesen hat im Roman denselben Rang wie die Erfahrung. Man darf vermuten, dass das Bild vom Lesen und Schreiben für Meyrink geradezu die alchemistische Allegorie für die Vereinigungserfahrung darstellt. Baron Müller, im Buch seines Ichs lesend und es gleichzeitig als Dee vor Jahrhunderten schreibend, hält die Dimension der mystischen Erfahrung offen, macht sie somit sichtbar und lässt sie in sich wiederholt ereignen.

Bei Meyrink kann man daher von Literatur im Dienst mystischer Erfahrung sprechen. Auch im *Weißen Dominikaner* wird diese Problematik thematisiert:

---

[10] Corbin beruft sich oft auf den Mystiker Nadschmaddin Kubra (gest. 1221), der eine psychologisch subtile Interpretation des Sufi-Pfades gab und behauptete: „Unsere Methode ist die der Alchemie." Corbin 1989, S. 136.

[11] Ebd., S. 170.

[12] Das Material zu dieser Problematik ist zusammengestellt in Bachmann/Hofmeier 1999, S. 85–88, und in Corbin 1979.

[13] Meyrink 1975, S. 209.

[14] Ebd., S. 9.

Gleich am Anfang wird das Außergewöhnliche der Erzählsituation, in der der Verfasser schreibt, signalisiert. Der Autor besteht auf der Authentizität seiner Erfahrung – er erklärt sich geradezu „zum Werkzeug, das die Lebensgeschichte seiner Hauptfigur diktiert bekommen hat“[15]: „Sätze, die ich mir vorgenommen hatte, zu Papier zu bringen, änderten sich unter der Feder und drückten etwas ganz anderes aus, als ich sagen wollte; es entspann sich ein Kampf zwischen mir und dem unsichtbaren ‚Christopher Taubenschlag‘, in dem dieser schließlich die Oberhand behielt.“[16] Auch in diesem Fall leitet der Autor seine Botschaft aus einem Buch ab, das er schreibt und das er selber ist. Dieser Vorgang ermöglicht einen Einblick in den imaginativen Informationsfluss und die Befreiung des Bewusstseins von seiner Bedingtheit durch Zeit und Raum. Solche Erkenntnisse standen seit jeher im Fokus der alchemistischen Bemühungen.[17]

Der Ich-Erzähler im *Engel vom westlichen Fenster* (1926) stellt mit Überraschung fest: „Ich wusste früher kaum, dass es etwas gibt, was jenseits liegt von Wachen, Träumen oder Tiefschlaf oder Besessenheit: etwas Fünftes, Unerklärliches: ein Sehen von bildhaften Vorgängen, die mit der Erde nichts zu schaffen haben.“[18] Der Innenraum der meyrinkschen Welt baut sich aus einem festen Satz hermetischer Symbole auf, die einen immer neuen Zugang zu dieser Welt ermöglichen. Alle meyrinkschen Helden werden in diesem ‚Zwischenreich‘ erleuchtet, die Weisheit wird ihnen dort bildlich eingegeben.

Indem Meyrinks Helden schrittweise geläutert werden, nähern sie sich graduell immer mehr der göttlichen Existenz. Sie durchlaufen also einen geistig-seelischen Wandlungsprozess. Der Sprung in die überirdische Welt, wie ihn Meyrink skizziert, ist demzufolge einer in die überindividuelle Welt der aktiven Imagination. Ich werde in den Romanen diesen Wandlungsprozess untersuchen, ohne dabei zwischen dem Physischen und dem Psychischen strikt zu unterscheiden, denn beides ist aufeinander bezogen und die Helden wechseln problemlos von den menschlichen Sinnes-Welten in die übersinnlichen Sphären.

Der Golem (1915)

Der Titel-Kupferstich des Werkes *Mutus liber* (17. Jahrhundert) zeigt einen Alchemisten, der in mondbeleuchteter Landschaft am felsigen Meeresufer in Schlaf fällt (Abb. 1). Plötzlich strömt das Meer ins Land und überflutet alles. Dieses gewaltige Bild zeigt den Einbruch des Traumes und des Unbewussten. Auch im Roman *Der Golem* fällt der traumhafte Charakter der Geschichte auf. Die ersten

[15] Meyrink 2007, S. 197.
[16] Ebd., S. 8.
[17] Belege dafür bieten alchemistische Embleme wie die von Michael Meier, Valentin Andreae etc.
[18] Meyrink 1975, S. 206.

Abb. 1: Titelblatt des Mutus liber *von Isaac Baulot aus dem 17. Jahrhundert*

Zeilen des Romans schildern eine ähnliche Situation: Der Ich-Erzähler liegt im Bett und schläft langsam ein, wobei das Mondlicht auf das Fußende seines Bettes fällt und dort liegt „wie ein großer, heller, flacher Stein“[19]. Mit dieser äußeren Situation korrespondiert ein ununterbrochenes inneres Sprechen des Ich-Erzählers. Meyrink arbeitet in diesem Buch vornehmlich mit dem unbewussten Bereich des Menschen und mit seinen Emotionen. Die Alchemie stellt dabei mit ihren Bildern und ihrer Bildersprache eine unendliche Quelle der Inspiration dar. Raum und Zeit sind für Meyrink relativ, sie sind nur Relationen, zwischen Ereignisse gestellt, die an sich weder räumlich noch zeitlich sind.

Im Buch gibt es fast keine Grenzen zwischen einem ‚Hier‘ und einem ‚Dort‘. Zeiten und Orte verschmelzen ineinander im Labyrinth des jüdischen Ghettos, dessen krumme Gassen die Vergangenheit und Zukunft umschließen. Meyrink spricht damit den alchemistischen Topos des Labyrinths an, der die Schwierigkeiten des begonnenen „Großen Werkes“ versinnbildlicht. Der Ich-Erzähler befindet sich sowohl räumlich als auch zeitlich in einer besonderen Situation, die sich als Schwellenphase bezeichnen ließe: „Und dann? Dann bin ich heimatlos hier und drüben, diesseits und jenseits des Flusses“[20], konstatiert Pernath. Er schwebt zwischen zwei Welten, die am Ende miteinander verbunden werden. Die alten Alchemisten, meint Butor, hätten eine ungeheure Mühe aufgewendet, um sich

[19] Meyrink 2000, S. 9.
[20] Ebd., S. 184.

aus ihrer Zeit loszureißen und so eine Bewusstseinsform wiederzuerlangen, die in Übereinstimmung mit den charakteristischen Wesenszügen des „Großen Werkes“ gestanden habe.[21] Der Ich-Erzähler erlangt diese andere Bewusstseinsform und es gelingt ihm schliesslich, in diese imaginierte Welt einzutauchen. Im alchemistischen Weltbild lassen Träume einen Teil der Wahrheit erkennen und stellen so eine wichtige Stufe der Einweihung in die „königliche“ Kunst dar.

Der Protagonist schläft ein und sofort kommt es zu einem sich sonderbar vollziehenden Ortswechsel: Der Ich-Erzähler, jetzt in der Gestalt Pernaths, steht plötzlich im Tor eines düsteren Hofes des jüdischen Ghettos. Die Pforte ist ein weit verbreitetes Symbol bei Mystikern und in vielen Mythen. Sie bietet eine Möglichkeit, die gewöhnliche Welt zu verlassen und in den fremdartigen Bereich des Geistes einzutreten. Der wissbegierige Adept Pernath befindet sich also im Torbogen an der Schwelle zum Reich der hermetischen Kunst. Als „Pforte“ wird auch die einleitende Phase des alchemistischen Grossen Werkes bezeichnet, bei der die Materie geläutert und auf eine höhere Stufe gebracht wird.[22] Solch schnelle Wechsel ins Traumhafte gibt es im Roman noch mehrmals: In der Alchemistengasse erblickt Pernath in einem der kleinen Häuser einen mittelalterlichen Alchemisten, in einer anderen Szene gerät er in ein Zimmer, das keinen Zugang hat usw. Charakteristisch ist dabei, dass sich die Räume verändern oder, kurz nachdem der Protagonist sie verlassen hat, wieder verschwinden.

Im Kapitel *Spuk* findet der Leser ohne Zweifel eine gedrängte Beschreibung des Weges, den der Adept zurücklegen muss, um das „Geheimnis des Großen Werkes“ kennenzulernen. Es ist eines der wichtigsten Kapitel, in denen Pernaths Entwicklung und Lebensweg antizipiert werden. Zunächst sucht der Adept nach dem Schlüssel, der den Eingang zu dem großen Geheimnis, das tief im Inneren verborgen liegt, ermöglicht. Als er ihn endlich gefunden hat, zieht er an dem Griffring der Falltür und hebt die Platte an, steigt dann die steilen Stufen hinunter und tastet sich langsam durch die Dunkelheit. Er geht abwechselnd nach links, nach rechts, hinauf und hinab. Durch einen niedrigen Gang gelangt er schließlich in einen leeren Raum. Hier befindet sich in Kopfhöhe eine viereckige Öffnung. Ihren Abschluss bildet ein waagrechtes Kreuz. Pernath zieht sich an dem Kreuz hinauf, stellt sich darauf und findet oben acht Stufen, die wieder zu einer Falltür führen: diesmal in der Gestalt eines Sternes.

---

21 Butor 1984, S. 17.

22 Battistini 2005, S. 284.

Diese unterirdische Welt gehört zur Topographie des Subjekts[23], denn sie bezeichnet sein Unbewusstes und Traumhaftes. Nach Jung ist die Erde Ursprung des Körperhaften. Alles, was in der Erde eingebettet ist, ist starr und unwandelbar, so auch alle psychischen Inhalte, die erst, wenn sie ans Tageslicht gebracht werden, geformt und integriert werden können.[24]

Bleiben wir zunächst bei den verschiedenen Formen der Türen, welche auf die verschiedenen Grade der Einweihung hinweisen: Die erste Tür ist quadratisch. Dies ist ein deutlicher Hinweis auf das Irdische, denn das Quadrat steht vornehmlich für die materielle Wirklichkeit.[25] Am Anfang des Prozesses muss zuerst die ursprüngliche chaotische Vierheit durchdrungen werden. Pernath überwindet die elementare Welt, indem er an dem Griffring zieht und durch die viereckige, das irdische Universum darstellende Falltür hinuntersteigt. In diesem Fall umschließt das Quadrat einen Kreis: den Griffring. Das könnte auf den in der Materie gefangenen Geist hindeuten. Pernath steigt in die Erde hinab. Der Abstieg in die unterirdischen Gänge ist ein Symbol für die Reise ins Innenleben des Protagonisten, für den Anfang der Selbsterkenntnis.

Doch es bieten sich noch weitere Interpretationen an: Die Erde ist die Mutter, wie uns eine bekannte Symbolsprache lehrt.[26] Falltür, Schacht und unterirdische Räume gemahnen dabei an eine Mutterleibsphantasie: die Rückkehr in den Mutterschoß. Sie symbolisiert für den Alchemisten vor allem die Rückkehr in sein eigenes Inneres, zur Mutter Erde, zum Ursprung des Lebens, zum Ausgangspunkt für eine neue, bessere Geburt. Das berühmte Akrostichon VITRIOL des Basilius Valentinus[27] bringt auf verschlüsselte Weise die Notwendigkeit dieser Rückkehr zum Ausdruck. In der Interpretation der Alchemisten bedeutet diese Abkürzung: „*Visita Interiora Terrae, Rectificando, Inveniens Occultum Lapidem.* / Suche das tiefe Innere der Erde auf, durch Reinigung wirst du den verborgenen Stein finden."[28]

[23] Unter der Topographie des Subjekts verstehe ich „innere Räumlichkeiten", die Beschreibung des Subjekts und seiner Seele, es geht also um den Raum als eine von der Figur subjektiv erfahrene Kategorie. Näher zur Topologie siehe z.B. Lange 2007 oder Rist 1999.

[24] Vgl. dazu z. B. Jung 1990, S. 148.

[25] Die verwickelte Ideographie der Hermetiker geht von fünf Grundfiguren aus: Kreis, Dreieck, Quadrat, Kreuz und Sichel. In der hermetischen Philosophie drücken sie den Grundgedanken aus, welcher besagt, dass die vierelementische Disharmonie der Prima Materia in die vollkommene Rundheit des Lapis überführt werden soll.

[26] Silberer 1914, S. 143.

[27] Hinter dem Pseudonym Basilius Valentinus verbirgt sich ein Autor zahlreicher alchemistischer Texte (insbesondere des *Triumphwagen Antimonii* von 1624), dessen Identität ungeklärt ist; vermutet wird, dass der Herausgeber Johann Thölde zumindest die frühen unter diesem Namen publizierten Werke verfasst hat.

[28] Bachmann/Hofmeier 1999, S. 37.

Eine Zeitlang steht Pernath auf dem Podest, das die Form eines waagrechten Kreuzes aufweist, und versucht, sich zu orientieren. Im Kontext dieses Romans assoziiert das Kreuz die Lösung des Protagonisten von der Materie, sein Streben nach oben. Diese Bedeutung wird noch durch das Bild der acht Stufen unterstrichen, die Pernath überwinden muss, bevor er das Zimmer, das keinen Zugang von außen hat, betreten kann. Die Stufen-Leiter ist zugleich eine wichtige Metapher für die einzelnen Phasen des Werkes (manche Autoren, z. B. Geber, nennen gerade acht Stufen)[29] und für die Gewinnung des Steins der Weisen.

Als Pernath endlich zur anderen Tür kommt, vermag er erst nur eine Art Täfelung in Form eines Sechsecks zu sehen, die sich in horizontaler Lage vor ihm befindet. Wenn wir jeweils drei und drei Eckpunkte dieses Sechsecks verbinden, bekommen wir zwei sich durchdringende regelmäßige Dreiecke: Dies entspricht dem Siegel Salomons. Das Dreieck bedeutet in Alchemie und Religion die Einheit von Geist, Seele und Körper.[30] Das nach oben gerichtete Dreieck des Siegels soll dem Feuer entsprechen, sein nach unten gerichtetes Gegenstück dem Wasser. Auf diese Weise kommen der männliche Geist (das obere Feuer-Dreieck) und das weibliche Gefühl (das untere Wasser-Dreieck) zusammen, um eine neue, strahlende Form zu schaffen – einen Stern, der den Helden auf seiner Reise führen soll. Das Dreieck des Feuers zusammen mit dem Querbalken des entgegengesetzten Dreiecks bedeutet die Luft und die Umkehrung dieses Zeichens die Erde. Das salomonische Siegel als Ganzes bildet die Synthese aller Elemente und damit die Vereinigung aller Gegensätze. Der höchste Sinn der Alchemie ist die Erkenntnis, dass alles in allem enthalten ist: „Der ideale Mensch ist nicht nur androgyn, sondern vereinigt alle Gegensätze zu einer harmonischen Einheit in sich."[31] Wie wir sehen können, führt die unterirdische Reise den Protagonisten aus der physischen Welt in die Transzendenz.

Im Zimmer ohne Zugang begegnet Pernath einem Wesen, dem Pagat, das ihm sehr ähnelt. Dieses Ereignis kann unter anderem als Begegnung mit dem „Hüter der Schwelle" interpretiert werden. Der „Hüter der Schwelle" erscheint im Roman als Doppelgänger, der die ganze Vergangenheit des Protagonisten verkörpert (die Karten, die Pernath im Zimmer ohne Zugang findet, hat er selbst in seiner Kindheit gemalt), er weist aber zugleich auf die Zukunft hin (in den Karten lässt sich die Grundstruktur des mystischen Einweihungsweges aufgezeichnet finden).

---

29 Eine ausführliche Darstellung der einzelnen Stufen des Großen Werkes findet sich bei Gebelein 1991, bes. S. 45–54. In der *Summa perfectionis* gibt Pseudo-Geber acht Stufen an (Sublimation, Descension, Destillation, Calcination, Solution, Coagulation, Fixation, Ceration), siehe S. 49.

30 Jung 1994, S. 158. Jung verweist hier auf die vierte Parabel der *Aurora*: „[...] wie der Vater, so der Sohn und so auch der Heilige Geist, und diese Drei sind Eins, nämlich Körper, Geist und Seele; denn alle Vollendung beruht auf der Dreizahl, d. i. Maß, Zahl und Gewicht."

31 Runggaldier 1996, S. 54.

Auf Pernaths Weg durch das Unterirdische, der in Aufwärts-, Abwärts- und Kreisbewegungen vom Viereck über das Kreuz und die Leiter des Aufstiegs bis zum Sechseck führt, vollzieht sich ein entscheidendes Wandlungsmysterium, an dessen Ende der Stein der Weisen steht. Die verschiedenen Schwierigkeiten, die seinen Weg erschweren, sind dabei charakteristisch. Das Vorwärtskommen wird auch durch die Dunkelheit und das sich senkende Gestein behindert.

Der Ausdruck „unten“ evoziert die Stofflichkeit, den materiellen Bereich, der des „oben“ mehr die Geistigkeit, den übernatürlichen Bereich. Für Meyrinks Text ist diese Dualität von oben und unten konstitutiv. Diese Ortsangaben deuten Übergänge zwischen Ebenen oder Zugänge zum Transzendenten an. Die vertikale Achse organisiert auch den ethischen Raum. Dem Dunkel tritt von Anfang an das Licht gegenüber, der Hässlichkeit die Schönheit, dem Guten das Böse. Das Böse und Unreine (Wassertrum, Rosina) ist meistens unten lokalisiert. Die übersinnlichen Welten sind fixiert in ihrer Schlichtheit, Abgeschlossenheit und Unbeweglichkeit und befinden sich (symbolisch) in den höheren Stockwerken der Häuser. Hinsichtlich der räumlichen Vertikalität überragen die Dächer des Hradschins und die Alchemistengasse, die sich innerhalb des Burgareals befindet, die ganze Stadt, denn beide erstrecken sich auf einem Berg. Der Aspekt des Verborgenen und Geheimnisvollen prädestiniert diese Orte dazu, Initiationsstätten zu sein. Die Stadt unterhalb des Berges stellt die horizontale Achse dar, sie symbolisiert den äußeren irdischen Bereich. Dieser ist die Welt der Übergänge, die den Launen des Wetters und des Schicksals ausgesetzt ist. Unten ist alles Unangenehme, Bedrohliche und Böse. Die Gedanken und Vorstellungen der Ghettobewohner werden von unbewussten und irrationalen Inhalten bestimmt, fast niemand in dieser Welt ist frei von einer magischen Denkart.

In den Romanen Meyrinks bleibt die Trennung zwischen dem Sakralen und dem Profanen erhalten. Die Figuren des Bösen haben zur sakralen Welt keinen Zutritt, die Grenze stellt also eine Sicherung vor dem Draußen dar. Die Unvereinbarkeit beider Welten ist dabei so groß, dass der Übergang von der einen zur anderen nicht ohne eine Zwischenstufe erfolgen kann. Im Roman *Der Golem* findet der Held nach der traumhaft erfahrenen Initiation schließlich den rosa Garten auf dem Hradschin. Das Leitmotiv des Buches ist die Einheit von Pernath und Mirjam im Rahmen der männlich-weiblichen Gegensatzvereinigung der Alchemie, die sich im Motiv des Hermaphroditen als erstrebenswertes Ziel von Anfang an abgebildet hat.[32] Als sich das Flügeltor öffnet, erblickt der Ich-Erzähler „Mirjam

[32] Aus dem Urstoff entspringen die dualen Gegensätze wie oben – unten, gut – böse bzw. die zwei Prinzipien der Alchemie: Sulfur und Merkur, die auch mit männlich und weiblich gleichgesetzt werden. Diese Gegensätze wieder zu vereinen, ist ein Ziel der alchemistischen Arbeit. Resultat dieser Vereinigung ist der Hermaphrodit, der beide Prinzipien enthält und daher das Symbol der wiedergewonnenen Einheit der Materie, das göttliche Kind, darstellt.

an Pernath gelehnt"[33]. Die unzerstörbare Wesenheit ist nun gänzlich verwirklicht. Alchemistisch gesehen erkennt der Leser hier die Gestalt Y, *Rebis*, *res bina*, die zweiwertige Gestalt des Hermaphroditen mit den zwei Köpfen. Erst in dieser Vereinigung von Pernath und Mirjam (wenn auch nur zeichenhaft angedeutet) wird die wirkliche dynamische Einheit erreicht.

Die Morgensonne erleuchtet die Stadt und kündigt die Rubedo an. Prag wird so zur heiligen Stadt der himmlischen Hochzeit. Das Zerteilte kehrt durch die Dreiheit (Rosina – Angelina – Mirjam / Charousek – Laponder – Pernath) zur Einheit zurück. Nur in der „Vermählung" bilden Pernath und Mirjam einen vollkommenen Menschen. Diese Szene erinnert an die vierte Miniatur aus der alchemistischen Bilderhandschrift *Splendor solis* (Abb. 2). Auf dieser ist ein Königspaar abgebildet, das auf einer grasbewachsenen Anhöhe vor einem Flusstal mit befestigten Häusern steht. Zu seinen Füßen erstreckt sich die Stadt. Das Unermessliche wird auch hier von der Grenze des Horizontes aus plötzlich übersichtlich.

Abb. 2: Königspaar (Tafel 4) aus dem Manuskript Splendor Solis *(Sonnenglanz) aus dem 16. Jahrhundert*

Das Haus „Zur letzten Latern" ist im Roman *Der Golem* über einem Abgrund errichtet. Diese klaffende Öffnung und bodenlose Leere erinnert wieder an das anfängliche Chaos der Philosophen. Das Bild der „letzten Latern" evoziert das am Ende stehende, strahlendste Licht. Hier muss man sich das traditionelle Einweihungssymbol des Lichtes als ‚Leben' des Körpers vor Augen halten. Das Haus

[33] Meyrink 2000, S. 278.

steht in der Alchemistengasse[34] in Prag (Abb. 3) – in der Gasse derer, die ‚wahrhaft' wissen, denn die Alchemie stellt einen möglichen Weg dar, auf dem man, mit Hilfe des magischen Sehens oder magischer Riten, ans immer gleiche Ziel kommt. Es ist nur bei Nebel sichtbar, also nur dann, wenn sich der Initiand in einem gewissen Geisteszustand befindet, der den anderen unbekannt ist.

Abb. 3: Die Goldene Gasse in Prag, auch bekannt als Alchemistengasse (Foto von Ladislav Markvart, aufgenommen am 26. November 2006)

Die Grenzdarstellung ist ein wichtiges topologisches Merkmal des Romans. Die Grenze teilt den Raum in disjunkte Bereiche. Sie schützt das Bewusste gegen alles Fremde. Ihre wichtigste Eigenschaft ist aber ihre Unüberschreitbarkeit für Uneingeweihte. Sie teilt die Welt in Freunde und Feinde, Lebende und Tote, Initiationsfähige und -unfähige, Sehende und Blinde. Die Welt des Aaron Wassertrum ist z. B. durch eine Reihe runder, eiserner Herdplatten von der äußeren abgekapselt, sodass niemand diese Schwelle überschreiten kann. Den Weg in das Zimmer ohne Eingang oder zum Haus „Zur letzten Latern" finden nur Eingeweihte, Uneingeweihte brechen sich das Genick. Im Roman fällt vor allem die strikte Trennung der sakralen Bereiche auf. Wer z. B. das tempelartige, marmorne Haus beträte, der befände sich sofort jenseits der profanen Welt, im sakralen Bereich eines paradiesähnlichen Mikrokosmos. Auch der Zutritt zum Garten auf dem Hradschin ist den Erdgeborenen strengstens verboten. Ein greller Kontrast besteht des Weiteren zwischen dem reichen Innenleben Mirjams und der kahlen Außenwelt, markant ist hier vor allem die Korrelation von Gut und Böse. Die Grenze ist also

[34] Angeblich wohnten in den winzigen Häuschen des Goldenen Gässchens, dessen architektonische Grundlage eine Wehrmauer bildet, während der rudolfinischen Zeit die Hofalchemisten. In Wirklichkeit dürften ihre Bewohner im 15. Jahrhundert aber Goldschmiede gewesen sein, weshalb sich wohl der Name „Goldschmiedegasse" einbürgerte.

nicht nur die Sicherung vor dem Draußen, sondern ermöglicht erst das gute Leben im Innern.

Der Aufbau des Romans und seine Topographie sind identisch mit der Funktion des „Großen Werkes". Meyrink verbindet die Geometrie mit deutlichen Symbolen und geheimen Zeichen. Die Figuren bewegen sich auf einem spirituellen Grundriss. Auch die Gegenüberstellung von Licht und Finsternis ist sowohl eine Metapher für die polare Struktur des Universums als auch für das Große Werk. Das Licht symbolisiert dabei die schöpferische Kraft, der Finsternis entspricht die formlose Urmaterie. Diese kann auch mit der Beschaffenheit des Ghettos und jenen Stoffen oder Figuren gleichgesetzt werden, die noch keinem Läuterungsprozess unterzogen wurden.

Der weiße Dominikaner (1921)

Aus Meyrinks alchemistisch-hermetischer Sicht unterliegt der Raum auch in diesem Roman nicht der Beliebigkeit. Der Fluss umströmt kreisförmig die Stadt, die wie eine Insel daliegt, aus deren Mitte ein burgartiges Gebäude ragt, „zu nichts mehr gut oder schlimm, als die stechende Glut der Herbstsonne aufzufangen mit feuerglimmenden lidlosen Fenstern"[35]. So unnütz, wie Meyrink behauptet, ist das Gebäude aber nicht: Es bildet nämlich, aus der Vogelperspektive gesehen, den Mittelpunkt dieser sonderbaren Stadtinsel, die die Form eines Kreises hat. Schon der Grundriss der Stadt erinnert also an das alchemistische Symbol für Gold: ⊙. Diese Korrespondenz zwischen dem Grundriss und der symbolischen Bedeutung verweist auf den Zweck, den der Fluss und die Stadtinsel erfüllen sollen: ein geeignetes Gefäß für die bevorstehende Verwandlung zu sein. Der hermetischen Anschauung gemäß sollen die an diesen Ort gebundenen Kräfte zum Gelingen der magischen Verwandlung beitragen. Der Turm korrespondiert außerdem mit dem Weltachsengedanken[36] – im Sinne einer Verbindung von Himmel und Erde.

Das Haus derer von Jöcher, dessen Zauber in seiner Verschlossenheit liegt, steht als letztes auf einer schmalen Landzunge. Die Forderung nach Einsamkeit und Weltflucht gehört seit eh und je zum alchemistischen Lebensentwurf. So gesehen ist es kein Zufall, dass der Sitz derer von Jöcher ein abgelegenes Haus ist, eines der ältesten der Stadt. Für den erfolgreichen Reifungs-prozess des alchemistischen Werkes ist ein ruhiger Ort notwendig. Dass dieses Haus viel mehr ist als nur ein zweckmäßiger Schutzraum, zeigt die Vielschichtigkeit seiner Bedeutung: Sein Name steht hier zuerst für eine Großfamilie, die Sippe derer von Jöcher. Zugleich symbolisiert es den ganzen Lebensraum – Himmel und Erde. Halten

---

[35] Meyrink 2007, S. 19.

[36] Die *axis mundi* (lat.) ist ein grundlegender Begriff kosmogonischer Mythen und bezeichnet die Verbindung zwischen dem Zentrum von Himmel und Erde.

wir uns das Bild eines Hauses vor Augen, besteht dieses schematisch dargestellt aus einem Quadrat/Viereck, auf dem ein Dreieck steht. „Die 3, das sind die drei Prinzipien Verstand, Herz und Wille, durch die sich im Menschen die göttliche Dreieinigkeit offenbart: der Vater, der Sohn und der Heilige Geist; sie stellt daher die spirituelle Welt dar. Und die 4, das sind die vier Elemente, die vier Richtungen im Raum, also die physische Welt.“[37] Auf den drei Prinzipien (Schwefel, Quecksilber, Salz) und den vier Elementen (Erde, Wasser, Feuer, Luft) bauten die Alchemisten ihre Arbeit auf. Wenn man die 3 und die 4 addiert, erhält man die 7, welche die Einheit von Geist und Materie symbolisiert. Die Materie verdankt ihre Beständigkeit nur der Arbeit des Geistes.

Um den Begrenzungen der Materie zu entkommen, muss Christopher die 4 verlassen und in die 3, den Geist, eintreten. Solange er in der Materie verharrt, ist es unmöglich, die eigenen Schranken und Schwächen zu überwinden. Die 4 verlassen, um zur 3 aufzusteigen, das ist im Augenblick der Prüfung der einzige Ausweg. Die *Unio mystica* wird logischerweise auf dem Dach vollzogen, also an dem Ort des Hauses, der dem Himmel am nächsten ist, wo der Protagonist im Angesicht der Meduse schließlich erleuchtet wird.

Im Haus bewegen sich die Protagonisten zugleich in der Vergangenheit und Gegenwart wie auch in der Über- und Unterwelt. Es gibt dort Stockwerke sowohl für die schon Verstorbenen als auch für die noch Lebenden. Lebende und Tote bilden hier eine Gemeinschaft, aus der niemand herausfällt – auch nicht im Tod. Die hochgreifende Architektur des Hauses kann nicht nur als ein Symbol für die Nähe Gottes verstanden werden. Seine zwölf Stockwerke entsprechen vermutlich auch den zwölf Stufen des „Großen Werkes“.[38]

Die alchemistische Denkweise ist synthetisch strukturiert. Am Anfang steht das Chaos, die ordnungslose Materie, deren Symbol das Blei und auch das Wasser als Ursprung der Dinge sind. Das Haus steht direkt am Wasser. Der Keller der uralten Wasserburg, die die ganze Geschichte derer von Jöcher versinnbildlicht, ist mit einer schweren Bleitür verschlossen. Ähnlich wird auch das heilige Feuer der Alchemisten durch das Blei eingeschlossen und festgehalten.[39] Der Urahn des Protagonisten heißt auch Christopher, was andeutet, dass der reifere Zustand bereits im unreifen enthalten ist (auch im Blei ist das Gold potenziell schon vorhanden). Um diesen Einheitsgedanken deutlich zu machen, verwendet Meyrink

---

[37] Aïvanhov 2006, S. 137.

[38] Meistens als *Calcinatio* (Glühen zu Metallkalk), *Congelatio* (Kristallisation in der Retorte), *Fixatio* (Fixierung), *Solutio* (Lösung), *Digestio* (Zerteilen), *Distillatio* (Destillieren), *Sublimatio* (Reinigung durch Feuer), *Separatio* (Trennung), *Ceratio* (Erweichen), *Fermentatio* (Gärung), *Multiplicatio* (Vermehrung) und *Projectio* (Aufstreuen des Elixiers auf unedle Metalle) bezeichnet. Vgl. Gebelein 1991, S. 50.

[39] Das Grab des Osiris, welches alle Glieder des Gottes in sich birgt, ist mit Blei verschlossen. Zum Osiris-Mysterium siehe Helmond 1994, S. 120.

immer wieder das Bild vom Baum, an dem zwar viele unterschiedliche Zweige wachsen, der aber doch ein einziges Ganzes verkörpert, das aus einer einzigen Wurzel emportreibt und bis zum Himmel reicht. Christopher ist als Zwölfter und Letzter der Ahnenreihe gleichsam der Wipfel des Stammbaumes; sein gleichnamiger Ahnherr verkörpert dessen Wurzel. Die Symbolik des Baumes zieht sich durch den ganzen Roman und korrespondiert mitunter mit alchemistischer Motivwahl und Ikonographie. Durch seine im Erdreich verankerten Wurzeln (Ahnherr Christopher) wie die zum Himmel wachsenden Äste (die einzelnen Nachkommen) eignet sich der Baum unvergleichlich gut zur Darstellung einer symbolischen Brücke zwischen diesen verschiedenen Bereichen.

Die Dynamik des Lebens offenbart sich im Roman in der Entwicklung der Seele. Jeder Nachkomme wohnt ein Stockwerk höher, was auf einen den Geist läuternden Aufstieg schließen lässt: „Das Haus derer von Jöcher, in dem ich so viele Jahre leben sollte, war eines der ältesten in der Stadt; es hatte viele Stockwerke, in denen die Vorfahren des Barons gehaust – immer ein Geschlecht ein Geschoss höher als das vorhergegangene, als sei ihre Sehnsucht, dem Himmel näher zu sein, immer größer geworden."[40] Jeder Nachkomme ist das verbesserte „Produkt" seines unmittelbaren Ahnen und bereitet seinerseits wiederum die Grundlage für seinen Nachfolger. Das Geschlecht derer von Jöcher steigt also ganz langsam und schrittweise in immer höher gelegene geistige Gefilde. Die begrenzten quadratischen Räume des Hauses korrespondieren dabei mit der Körperlichkeit der Welt. Erst Christopher erreicht das Dach des Gebäudes, wo er, unter freiem Himmel, endlich ohne jede Einschränkung und Enge ist.

Auch in diesem Roman agieren die Figuren auf einem symbolischen, ja spirituellen Grundriss par excellence. Diese metaphysische Landschaft ist dabei wieder räumlich geordnet: Meyrink skizziert eine kleine Stadt, die von einem Fluss umströmt wird – das Flüssige und Wandelbare sowie dessen Mischung macht gerade das Hauptthema hermetischer Philosophie aus. Der Fluss legt sich wie eine Schlinge um die Stadt und das Haus derer von Jöcher steht in der Nähe eines Durchlasses, der „die beiden *linken* Ufer eines Flusses mit einander verbindet"[41]. Meyrink hebt den Ausdruck „*linke[s]* Ufer" hervor. Auf diese Weise betreten wir wiederholt das Reich des Unbewussten, das Reich der Alchemie. Die Kreisbewegung des Flusses endet in der Wiederauflösung im eigenen Strom. Dies versinnbildlicht sehr einleuchtend die Kreisbewegung des alchemistischen Werkes. In diesem Roman verschlingen sich alle Angehörigen des Geschlechts derer von Jöcher zur ursprünglichen Einheit, wie viele einzelne Glieder, die miteinander zu einer Kette verschmolzen sind.

---

[40] Meyrink 2007, S. 18.

[41] Ebd., S. 21.

Die graue Farbe des Flusses evoziert die Vorstellung des weichen Bleis oder des beweglichen Quecksilbers. Die brausenden Wasser der *prima materia* können sowohl erschaffen als auch zerstören. Das Wasser ist weiter ein Bild für das Jenseits sowie das Fließende der Schlafvisionen und ihr dämonisches unterweltliches Element. „Schon in der Altsteinzeit stellte man sich vor, dass das Wasser den Zugang zu der anderen Welt darstellt oder vermittelt, in die der Tote eingeht und aus der er wieder hervorgeht.“[42]

Mit dem Schema der kreisenden Zeit und ihrer geheimnisvollen Bedeutung bei den Operationen des Alchemisten korrespondiert der Ouroboros[43], der „Schwanzfresser“, als Sinnbild für das zirkulatorische Werk oder, besser gesagt, für die unendlichen Wandlungen der ewig wiederkehrenden Materie. Dem Protagonisten ist eine bestimmte Menge an Zeit zugemessen, die aber wieder an ihren Anfang zurückkehren muss. Dann wird er in die lebendige Kette des Ordens eingegliedert, die in die Unendlichkeit reicht. Meyrink suggeriert mit dem Bild des Flusses die Vorstellung des Zeitstroms, mit dem Christopher allmählich eins wird. Die Zeit im *Weißen Dominikaner* strömt und besitzt einen flüssigen Charakter. Es ist der Fluss der Zeit, der nicht Punkt für Punkt entziffert werden kann, sondern als etwas durchaus Wandelbares erfahren wird.

Schreitet man im Text weiter fort, so bricht der chronologische Strom der Geschichte plötzlich ab und die Zeit steht, wie im *Golem*, still. Auch dies stimmt mit dem Symbol des Christophorus/Hermes überein. Er ist der Führer in die Tiefen des Unbewussten, in dem es keine Zeit gibt. Das Unbewusste ist zeitlos und ewig. Den Einschnitt in Christophers Leben und sein Tor in die magische Zeitlosigkeit bildet Ophelias Tod. Danach lebt er lange Zeit in geistiger Versenkung; die langsam vergehenden Jahre seines Lebens erlebt er als einen Augenblick. Die Koordinaten von Zeit und Raum spielen nach dem Verlust der Geliebten für Christopher keine Rolle mehr. Er löst sich von seiner Umwelt und zieht sich in die innere Stille seines Ichs zurück. Zeit und Raum erfährt er nur noch im Schwellenbereich von Traum und Erinnerung.

Eine das Diesseits übersteigende Realität wird bei Meyrink im Spiegel der Landschaft abgebildet. Symbole dieser Sphäre sind z. B. der Stein und der Berg: Beide sprechen gleichermaßen von Dauer, Zeitlosigkeit und dem ewigen Sein. Auf einen Berg zu gehen, bedeutet, ins tiefste Mysterium eingeweiht zu werden. Den Berg kann man als einen Ort des mystischen Aufstiegs verstehen, seine Besteigung als Aufschwung der Seele. Das Tor, das von einem dieser Orte (oder

---

42 Meier 1990, S. 123.

43 Das Ouroboros-Symbol, die sich in den Schwanz beißende Schlange, ist in vielen archaischen Kulturen verbreitet, das Motiv findet sich z.B. in der ägyptischen, antiken oder nordischen Mythologie. In der Alchemie steht der Ouroboros für einen in sich geschlossenen, wiederholt ablaufenden chemischen Prozess. Vgl. Suhr 2006, S. 42.

Bewusstseinszustände) zu einem anderen führt, heißt Einweihungsschlaf: Christopher besteigt nachts einen Berg. Anfangs nimmt er seinen sterblichen Körper noch mit, später bringt ihm der Baron die Kunst des richtigen Gebets bei, woraufhin er imstande ist, seinen Körper zu verlassen und nur mit seinem astralen Leib zu reisen. So kann er unsichtbare und unbekannte Welten besuchen und all das wahrnehmen und kennenlernen, was er zu wissen wünscht. Der Berg ist, ähnlich dem Dach des Jöcher-Hauses, ein Ort, wo sich Himmel und Erde berühren.

Die Grenze zwischen der anderen Wirklichkeit und der diesseitigen Welt ist dabei nicht breit: „Seltsam! So winzig schmal ist die Schwelle zwischen beiden Reichen, und doch hebt keiner den Fuß, sie zu überschreiten. Dicht an die Haut grenzt die andere Wirklichkeit, aber wir fühlen sie nicht!“[44] In diesem Roman spielt Meyrink auch mit der These, dass es keinen leeren Raum gibt. Die Protagonisten werden von einer unsichtbaren Welt umgeben, die bewohnt wird von den Toten, welche dort im Besitz all ihrer Eigenschaften leben. Nur Auserwählte können diese Toten sehen, den anderen fehlt der dazu nötige Sinn. Die irdischen Orte spielen dabei eine vermittelnde Rolle, insofern sie den Kontakt zu diesen höheren Bewusstseinssphären günstig beeinflussen können. Das Sterben an sich hat also nichts Endgültiges, Finales. Es bedeutet nur eine hermetische Umwandlung in einen anderen Daseinszustand.

Der Engel vom westlichen Fenster (1927)

Auch im Roman *Der Engel vom westlichen Fenster* entwickelt Meyrink eine sehr interessante, symbolisch-reale „Jenseitsgeographie“. Sehr vereinfacht gesagt, spielt der Roman auf zwei Ebenen: im England des 16. Jahrhunderts und in der Zeit nach 1900. Vergleichbar mit dem Ich-Erzähler im Roman *Der Golem*, fällt auch Baron Müller in einen schlafähnlichen Zustand, der geprägt ist von Träumen, Visionen oder Erlebnissen, die Wirklichkeitscharakter besitzen. Während der Lektüre des Nachlasses seines Ahnen John Dee durchläuft er schrittweise dessen Lebensgeschichte. Dem Baron ist es gegönnt, durch die Öffnung „des geistigen Auges“ seine Seele vom Körper zu lösen, wodurch er dazu befähigt wird, in jenseitige Bereiche vorzudringen. In Imaginationen zeigt sich dem Protagonisten die andere Seite der Wirklichkeit: „Diese Welt hat eine Hinterwelt, eine Mehrheit von Dimensionen, die sich mit der Welt unserer Körper und unseres Raumes nicht erschöpft [. . .].“[45] Bei Meyrink sind diese jenseitigen Sphären analog zum Diesseits gestaltet, eine Ansicht, die auch durch die Lehre der Entsprechung des Unteren und Oberen vertreten wird. Das Diesseits ist ein Abbild des Jenseits, weshalb Meyrink Letzteres zutreffend mit irdischen Bildern beschreiben kann. Der Autor

---

[44] Meyrink 2007, S. 192.
[45] Meyrink 1975, S. 162.

benutzt zur Beschreibung der geistigen und seelischen Sphären sinnliche Qualitäten, z. B. Licht, Dunkelheit, Kälte, Wärme, spezifische Farben (hier besonders Grün), Stoffe (Glas, Metall u.a.), Elemente (Feuer, Wasser etc.). Deshalb kann das Wesen solcher Bereiche mit Hilfe der Symbolsprache spannend und bildhaft zum Ausdruck gebracht werden. Die Figuren können diese jenseitigen Bereiche zwar durchwandern, aber bewohnen dürfen sie sie erst, nachdem sie im Wasser oder im Feuer ihren leiblichen Tod gestorben sind. Der Läuterungsprozess ist bei Meyrink also immer an den Zeitraum gebunden, deshalb ist es nicht verwunderlich, dass die Wiedergeborenen im *Engel* auf einer mysteriösen Burg wohnen, über verschiedene Laboratorien verfügen und Experimente durchführen. Die Figuren sind nach ihrem Tod nicht mehr den traditionellen Gesetzen von Raum und Zeit unterworfen: Baron Müller darf während seiner Prüfungszeit die Wallmauer, welche die Grenze von Elsbethstein bildet, nicht durchschreiten, sonst müsste er dem ewigen Leben für alle Zeiten entsagen, für John Dee[46] ist Mortlake zugleich Grab und Ort seiner Auferstehung und schließlich ist auch Müller, als einer der Brüder vom Rosenkreuz,[47] an einen bestimmten Ort gebunden – in der alchemistischen Küche auf Burg Elsbethstein soll er verweilen und von hier aus wirken. Die andere Dimension dieses Ortes, vermögen, da sie eine Stätte der Seligkeit ist, nur die Mitglieder der Bruderschaft anzuschauen, die die Welt liebend leiten und richten.

Die Zeit wird von den Romanfiguren zwar meist nicht wahrgenommen, trotzdem müssen alle Adepten (Barlett Green, Gardener, Lipotin, Dee, Müller, der greise Gärtner) geduldig auf ihre Einweihung warten. Der Engel offenbart sich den Adepten nur zu einer bestimmten Stunde. Denn sie dringen nur scheinbar in die obere Welt ein, in Wirklichkeit aber bemächtigt sich das Transzendente ihrer Seele. Wenn es die höheren Wesen nicht wünschen, dann können Dee und Müller sie auch nicht sehen.

Die Helden müssen zuerst durch einen Eingriff an sich selbst erweckt werden (z. B. inhaliert Dee zu diesem Zweck wiederholt Gifte aus der roten Elfenbeinkugel). Ein solcher Eingriff ist nicht bei jedem erfolgreich – er setzt fast immer übernatürliche Fähigkeiten des Helden voraus, erschließt ihm dann aber immer weitere übersinnliche Kräfte und Bereiche. Je mehr es Baron Müller gelingt, die diesseitige Sphäre und die damit verbundene Kausalität des Leibes zu überwinden, desto hellsichtiger wird seine Wahrnehmung (so erkennt er z. B. die Kehrseite der „Frau

[46] John Dee (1527–1608) war als Alchemist und Berater von Elisabeth I. eine bedeutende Figur der Renaissance.

[47] Als Rosenkreuzer wurden allgemein die Mitglieder geheimer Gesellschaften des 17. und 18. Jahrhunderts mit alchemistischer Tendenz bezeichnet. Im Roman hat Theodor Gärtner – Laborant und Rosenkreuzer, der in verschiedenen Inkarnationen auftritt – unter anderem als ‚Torwächter' offensichtlich einen besonderen Rang inne, der ihn über die anderen Brüder erhebt. Seine Aufgabe ist weiter, die Richtigkeit des Handelns des Protagonisten zu beurteilen und diesen auf den richtigen Weg zu bringen; er entspricht Jungs Archetypus des alten Weisen.

Welt", durchschaut die verschiedenen Gestalten der schwarzen Isaïs usw.). Er absolviert erfolgreich den schwierigen inneren Prüfungsweg und wird somit für reif befunden, die Einweihung und Erleuchtung zu empfangen. Er wird in reinen Geist verwandelt und darf jetzt mit der Kraft, die er gewonnen hat, auf die Welt einwirken: Was immer er in seinem Laboratorium vollbringt, das geschieht auch in der äußeren Welt. Als erhabenes Wesen muss Müller den Fortschritt der Menschheit überwachen und Maßnahmen treffen, um sie vor Gefahren zu bewahren. Er und seine Brüder bringen die Menschenharmonie auf die Erde, welche die entstandenen Disharmonien beenden kann.

Bibliographie

Primärliteratur

Meyrink, Gustav: Der Golem. München: Ullstein 2000.
– Der weiße Dominikaner. München: Deutscher Taschenbuchverlag 2007.
– Der Engel vom westlichen Fenster. München: Albert Langen & Georg Müller 1975.
– Das Haus zur letzten Latern. Nachgelassenes und Verstreutes. Hg. v. Eduard Frank. München: Langen/Müller 1973.

Sekundärliteratur

Aïvanhov, Omraam Mikhaël: Der Stein der Weisen. Von den Evangelien zur Alchemie. Rottweil: Prosveta 2006. (Izvor, 21)
Bachmann, Manuel und Thomas Hofmeier: Die Geheimnisse der Alchymie. Basel: Schwabe 1999.
Battistini, Mathilde: Bildlexikon der Kunst. Bd. 8: Astrologie, Magie und Alchemie. Berlin: Parthas 2005.
Binder, Hartmut: Gustav Meyrink. Ein Leben im Bann der Magie. Prag: Vitalis 2009.
Butor, Michel: Die Alchemie und ihre Sprache. Essays zur Kunst und Literatur. Paris: Qumran 1984.
Corbin, Henry: Die smaragdene Vision. Der Licht-Mensch im persischen Sufismus. München: Eugen Diederichs 1989.
Corbin, Henry: Geistleib und Himmelserde. Präludium zur zweiten Auflage. (1979) http://www.moncelon.com/Geistleib%20und%20Himmelserde.pdf (abgerufen 15. 8. 2012).
Corbin, Henry: Mundus imaginalis (aneb) Imaginární a imaginální. Prag: Malvern 2007.
Frank, Eduard: Gustav Meyrink. Büdingen-Gettenbach: Avalun 1957.
Gebelein, Helmut: Alchemie. München: Diederichs 1991.
Haage, Bernhard Dietrich: Alchemie im Mittelalter. Ideen und Bilder – von Zosimos bis Paracelsus. Zürich, Düsseldorf: Artemis&Winkler 1996.
Helmond, Johannes: Die entschleierte Alchemie. Beitigheim; Württ.: Karl Rohm 1994.
Jung, Carl Gustav: Erlösungsvorstellungen in der Alchemie. Solothurn; Düsseldorf: Walter 1994. (Psychologie und Alchemie 2)
– Archetypus und Bewußtes. Olten; Freiburg i. Br.: Walter 1990.

Lange, Carsten: Architekturen der Psyche. Raumdarstellung in der Literatur der Romantik. Würzburg: Königshausen&Neumann 2007.

Meier, Gert: Die Wirklichkeit des Mythos. Bern, Stuttgart: Haupt 1990.

Nagai, Shin: Phänomenologie des „Imaginalen". In: Nitta, Yoshihiro und Toru Tani (Hg.): Aufnahme und Antwort. Phänomenologie in Japan I. Würzburg: Königshausen&Neumann 2011.

Rist, Katharina: Gedächtnis-Räume als literarische Phänomene in den Kurzgeschichten von Elizabeth Bowen. Würzburg: Königshausen&Neumann 1999.

Runggaldier, Edmund: Philosophie der Esoterik. Stuttgart: Kohlhammer 1996.

Silberer, Herbert: Probleme der Mystik und ihrer Symbolik. Wien, Leipzig: Heller 1914.

Suhr, Dierk: Die Alchemisten. Goldmacher, Heiler, Philosophen. Ostfildern: Thorbecke 2006.

Weinfurter, Karel: Der brennende Busch. Der entschleierte Weg der Mystik. Lorch: Renatus 1949.

Abbildungsverzeichnis

Abb. 1: Titel-Kupferstich des *Mutus liber* von Isaac Baulot. http://commons.wikimedia.org/wiki/File:Mutus_liber_1702_1.jpg, 21.4. 2014.

Abb. 2: Königspaar (Tafel 4), Illustration des Manuskripts *Splendor solis oder Sonnenglanz* (16. Jh.). http://bordel.haghn.com/Art/Illustration/Splendor%20Solis/, 21.4. 2014.

Abb. 3: Prag, Goldene Gasse, Foto von Ladislav Markvart, aufgenommen am 26. 11. 2006.

Grenzgänger – Schamanen und Schamaninnen in der Prehistoric Fiction

Meret Fehlmann

Eine Figur, die für Übergänge und Entgrenzungen steht, taucht in der Prehistoric Fiction regelmäßig auf: der Schamane oder die Schamanin. Durch sie und die ihr angedichteten Fähigkeiten kommt ein fantastisches Element in die in einer unbestimmten Vorzeit angesetzten Erzählungen. In der Gestalt des Schamanen oder der Schamanin werden Grenzen zwischen menschlich und tierisch, zwischen realistisch und fantastisch überwunden und/oder neu zusammengesetzt. Ihr Tun grenzt sie von den anderen Figuren ab, da sie in mehreren Welten zu Hause sind. Sie können ihre Gaben zum Guten wie zum Schlechten einsetzen.

Das Auftauchen von Schamanismus in der Prehistoric Fiction ist verstärkt seit den 1970er-Jahren auszumachen. Vorher gab es in diesem Genre zwar durchaus Figuren, die über fantastische und magische Fähigkeiten verfügten, aber sie wurden selten explizit als Schamanen benannt. Die Vorstellung des Schamanismus als Urreligion der Menschen wurde in der Archäologie vor allem im Zusammenhang mit der paläolithischen Höhlenmalerei propagiert. Diese Idee floss wiederum in das populäre Genre der Prehistoric Fiction ein, die soziale und kulturelle Entwicklungen ihrer Entstehungszeit aufnimmt und weiterverarbeitet.

Die folgenden Ausführungen drehen sich um die Gestalt der Schamanin und des Schamanen in der aktuellen Prehistoric Fiction. Als Untersuchungsmaterial dienen die auf vier Bände angelegte Reihe *Vo'hounâ* (ab 2002) des französischen Comicschaffenden Emmanuel Roudier und Michelle Pavers Jugendbuchserie *Chronicles of Ancient Darkness* (2004–2010). Ausgewählt habe ich sie, weil sie zeitgleich entstanden sind und große Ähnlichkeiten in der Gestaltung dieser Figuren aufweisen, aber auch Unterschiede, die den verschiedenen Mediengenres und ihren Darstellungsweisen geschuldet sind.

Informationen zum Schamanismus

Der Begriff Schamane entstammt der Sprache der Tungusen. Die Europäer bezeichneten damit pauschal die spirituellen Heiler der indigenen Ethnien Sibiriens.[1] In Europa wurde man ab der Mitte des 18. Jahrhunderts durch die russische Expansion in den sibirischen Raum auf das Phänomen Schamanismus aufmerksam. Die meisten alten Quellen entstanden im Zusammenhang mit dem russischen Kolonialismus, aus diesem Grund sind sie nicht als wertneutrale Zeugnisse zu betrachten. Es existieren keine westlichen Berichte über sibirischen Schamanismus vor dem 16. Jahrhundert. Ein frühes Beispiel ist der Reisebericht *Noord en Oost Tartarye* (1692) von Nicholas Witsen. Er erwähnt die Schamanen und vor allem ist darin eines der ersten bekannten Bilder eines Schamanen zu finden – mit Hörnerschmuck und Trommel. Dank diesen Insignien ist er heute noch als Schamane erkennbar. In der Forschungsliteratur wird oft behauptet, er sei mit Hufen anstelle von Füßen dargestellt, sei also ein Teufel oder ein Dämon. Witsen selbst spricht von den Schamanen als Teufelspriestern.[2]

Abb. 1: Schamane nach Nicolas Witsen

Bis ins 18. Jahrhundert sprechen die Quellen vor allem über heidnische Praktiken. In der Mitte dieses Jahrhunderts setzt ein Wechsel in der Bewertung ein; Schamanismus wird nicht mehr so sehr als heidnisch und nichtchristlich verstanden, sondern als Ausdruck von Unwissen und Aberglauben. Zunehmend finden sich Aussagen über die von den Schamanen angewandten Tricks und Kniffe, die diese als Trickster, Scharlatane und Betrüger ausweisen sollen. In dieser Art äußert sich auch Johann Georgi in *Beschreibung aller Nationen des russischen Reichs* (1776–1780): „Sie rühmen sich des Umgangs mit bösen Geistern, beruffen sie unter Gaukeleyen, dabey sich einige auch der Trommel bedienen, gebieten ihnen, treiben sie aus, machen Weiber und Herden fruchtbar, heilen Kranke, Weissagen u.d.g. Alle also über die Teufel Klage zu führen haben, bedürfen ihrer,

---

1 Znamenski 2007, S. 3, 5; Hutton 2007 [2001], S. 47f.

2 Stuckrad 2003, S. 43; Hutton 2007 [2001], S. 9–15, 29, 32f.

daher sich viele derselben sehr reichlich ernähren."[3] Die Schamanen werden als Scharlatane vorgeführt, die sich der Ängste der Bevölkerung bedienen, um ihren Lebensunterhalt zu bestreiten. Zu diesem Bild passt auch, dass den Schamanen nachgesagt wird, die Bevölkerung zu terrorisieren. Diese Tendenz in der Bewertung des Phänomens setzt sich im 19. und 20. Jahrhundert fort. Eine Erforschung des Schamanismus fand zur Zeit der UdSSR statt, seine Beurteilung war durchwegs negativ; während des Stalinismus wurden die Schamanen als vermeintliche Parasiten der Gesellschaft verfolgt.[4]

Abschließend lässt sich festhalten, dass kaum Eigenzeugnisse vorhanden sind, vielmehr handelt es sich um Berichte und Interpretationen von dem Phänomen gegenüber negativ eingestellten Forschenden. Hinzu kommt, dass viele Quellen aus der Zeit des russischen Kolonialismus in Sibirien stammen, als die traditionelle Lebensweise stark unter Druck war oder bereits substanzielle Veränderungen durchlaufen hatte. Diese Quellen geben kaum Auskunft über die traditionelle Ausprägung des Schamanismus.[5]

In der Forschung werden zur Erklärung des Schamanismus auch gewisse psychotische Phänomene bemüht. So wird oftmals Pibloktoq – auch als arktische Hysterie bekannt – als Ursache von schamanistischen Erfahrungen genannt. Dieses Krankheitsbild wird einerseits als eine Folge von Mangelernährung gedeutet, andererseits wird es als eine Form des Widerstands gegen den Kolonialismus interpretiert: Flucht in den Wahnsinn.[6]

Die Vorstellung vom Schamanismus als Urreligion der Menschheit

Die Überzeugung, dass hinter dem Phänomen des Schamanismus halluzinogene Pflanzen stehen, die dadurch zugleich den Ursprung der menschlichen Religion bilden, ist in der ersten Hälfte des 20. Jahrhunderts aufgekommen, doch erst in den 1960er-Jahren wurde die Verbindung der Schamanen mit Drogen mehrheitsfähig. Das ist wahrscheinlich eine Auswirkung der zeitgleichen Verbreitung psychoaktiver Drogen. Mit der zunehmenden Trennung des Schamanismus von seinem traditionellen Herkunftsgebiet wurde er als ein Vorläufer der westlichen Religion entdeckt – verbunden mit der Überzeugung, dass es sich dabei um die erste Form der Religion handle, die in gewissen Randgebieten wie Sibirien bis in die Gegenwart hinein überlebt habe.[7]

---

3 Georgi 1776, S. 223, http://books.google.ch/books?id=5nkQAAAAIAAJ&printsec=frontcover&hl=de#v=onepage&q&f=false (abgerufen am 27.03.13).

4 Kehoe 1997, S. 379.

5 Hutton 2007 [2001], S. 42–44.

6 Kehoe 1997, S. 377.

7 Ebd.

Die Vorstellung des Schamanismus als Urreligion der Menschheit geht stark auf den Religionswissenschaftler Mircea Eliade und sein Werk *Le chamanisme et les techniques archaïques de l'extase* (1951) zurück. Eliade bemüht sich darin, das universelle Vorkommen von Schamanismus nachzuzeichnen. Als charakteristisches Merkmal arbeitet er den ekstatischen Zustand heraus, nach ihm ist „le chaman [...] le grand maître de l'extase"[8].

Für ihn sind die Schamanen die Auserwählten ihrer Gesellschaft, da sie Zugang zum Reich des Sakralen haben, was den anderen Mitgliedern verwehrt ist. Eliade gelten Ekstase und Tranceerlebnisse als Grundlage des Heiligen. Dieses lässt sich seiner Ansicht nach nur phänomenologisch fassen.[9] Eliade benutzt eine Art „kreative Hermeneutik", die sich zirkulärer Argumentationsweisen bedient und Belege verschweigt, die nicht mit seiner Vorstellung des Schamanismus als ekstatischer Urreligion der Menschheit in Einklang stehen. Der Erfolg von Eliade wurde dadurch verstärkt, dass er sich selbst als Mystiker sah und eine metaphysische Deutung der Geschichte und der Welt propagierte. Viele Kreise betrachten diese Interpretation des Schamanismus als Urreligion als gesichert.[10]

Eliade war aber nicht der Erste, der diese Vorstellung propagierte. Die Idee, dass es sich beim Schamanismus um ein uraltes Phänomen handle, ist verschiedentlich aufgekommen. So erklärte der bereits erwähnte Johann Georgi in den 1770er-Jahren Schamanismus zu einer sehr alten spirituellen Praxis, die seiner Auffassung nach Einfluss auf asiatische Religionen wie Hinduismus und Buddhismus hatte. Andere Positionen gehen davon aus, dass der Schamanismus sich erst im Mittelalter als sibirische Spezialität entwickelt habe und eine Mischung aus Buddhismus und lokalen spirituellen Traditionen darstelle. Gestützt wird eine solche Deutung des Phänomens durch den Umstand, dass keine Beschreibungen von Schamanen vor dem 16. Jahrhundert vorhanden sind. Jedoch finden sich in Sibirien Petroglyphen, die schamanenähnliche Figuren zeigen, wobei ihr Alter unklar ist.[11]

Schamanismus und Archäologie

Ab den 1960er-Jahren treten in archäologischen Kreisen Deutungen der Kunst des Paläolithikums auf, die diese als Beweise für schamanistische Praktiken sehen. Eine solche Deutungsweise blieb nicht ohne Gegenstimmen, es handelt sich um eine bis heute andauernde Polemik. Hauptsächlich dies spricht gegen eine

---

8 Eliade 1951, S. 18, siehe auch S. 434.

9 Siehe ebd., S. 21; Kehoe 1997, S. 383f.; Francfort 2001, S. 34f.; Bahn 2001, S. 52, 55f.; Stuckrad 2003, S. 123–125; Znameski 2007, S. 87, 90, 122.

10 Francfort 2001, S. 34f.; Kehoe S. 383–385.

11 Hutton 2007 [2001], S. 113f.

Verbindung paläolithischer Funde mit Schamanismus: Aus den materiellen Überresten der Vergangenheiten lassen sich keine Glaubenssysteme rekonstruieren. Es gibt keinen zwingenden Zusammenhang zwischen Schamanismus und Jäger-und-Sammler-Gesellschaften.[12]

Seit ihrer Entdeckung im ausgehenden 19. Jahrhundert durchlief die Deutung der paläolithischen Wandmalerei verschiedene Ansätze. Die ersten Funde in den 1870er-Jahren hinterließen die Forscherwelt perplex, da sich diese Kunst nicht mit der vorherrschenden Vorstellung der primitiven Anfänge der Menschheit in Einklang bringen ließ. So kam die *l'art pour l'art*-Deutung auf, die die Wandmalerei als um der Schönheit willen geschaffen betrachtete. Verstärkt wurde diese Deutungsweise durch einen ausgeprägten Antiklerikalismus bei einem Teil der frühen französischen Prähistoriker. Sie waren überzeugt, dass die ersten Menschen ohne Religion auskamen, Kunst nur als Selbstzweck entstehen konnte.[13]

Damals waren ethnologische Vergleiche zur Deutung archäologischer Funde beliebt, so erklärt sich die wiederkehrende Interpretation der paläolithischen Bilder als Ausdruck von Jagdmagie. Bei der Annahme von Jagdmagie ist Schamanismus nicht sehr weit entfernt. Schamanismus war bekannt aus Sibirien, wobei von einer Ähnlichkeit im Klima und daraus resultierend von einer verwandten Lebensweise – auch im religiösen Bereich – ausgegangen wurde.[14] Die Deutung prähistorischer Wandmalerei als Jagdzauber greift auf die Vorstellung zurück, dass eine enge Beziehung zwischen Abbildung und realem Tier bestehe. Vertieft und popularisiert wurde diese Theorie in Frankreich in der ersten Hälfte des 20. Jahrhunderts von den Prähistorikern Henri Breuil und Henri Bégouën. Breuil stellte die Vermutung auf, dass die wenigen Darstellungen menschlicher Figuren diese bei magischen Tätigkeiten zeigen. Die Entdeckung der als Zauberer bekannten Figur in der Trois-Frères-Höhle[15] ist in diesem Zusammenhang wichtig. Breuils Abzeichnung der Figur zeigt ein Tier-Mensch-Mischwesen.

Neuere Fotos vermitteln ein weniger deutliches Bild. Besonders der mit einem Geweih versehene Kopfschmuck – seit Witsen charakteristisches Kennzeichen des Schamanen – ist nicht auszumachen.

---

[12] Ebd., S. 131, siehe Leroi-Gourhan 2008 (1964) zur negativ evaluierten Möglichkeit, aus materiellen Überresten ein vorgeschichtliches Glaubenssystem zu rekonstruieren.

[13] Clottes 2003: http://histoire-cnrs.revues.org/553 (abgerufen am 30.06.12).

[14] Diese Vorstellung konnte sich bis in die Mitte des 20. Jahrhunderts halten. Beaune 1998, S. 203–205.

[15] Diese Höhle trägt ihren Namen durch ihre Entdeckung durch die drei Söhne des Comte Henri Bégouën, darunter auch Max Bégouën, der später als Autor von drei prähistorischen Erzählungen in Erscheinung trat.

Abb. 2: Der Zauberer aus der Trois-Frères-Höhle (Zeichnung von Henri Breuil)

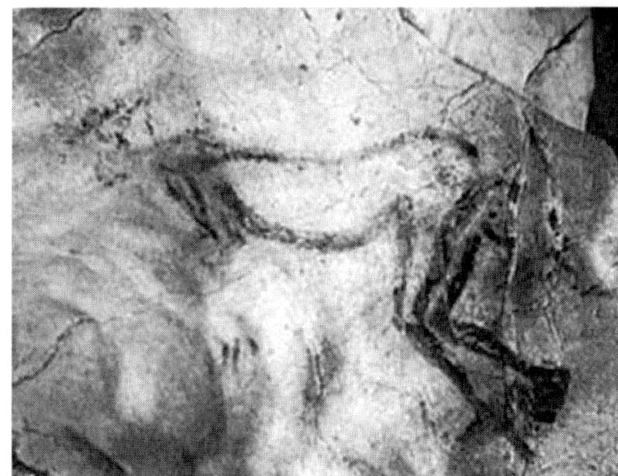

Abb. 3: Der Zauberer aus der Trois-Frères-Höhle (neuere Fotografie)

Abgelöst wurden diese Deutungsversuche in den 1940er-Jahren durch strukturalistische Interpretationen. Dieser Ansatz stützt sich auf die Anordnung der Tiere, die oftmals einem Muster von binären Oppositionen folgt, und darauf, dass die Höhlen durch ihre Form selbst die Gestaltung und Ausschmückung vorgeben. Vertieft und verbreitet wurden diese Ansätze ab den 1960er-Jahren durch die Arbeiten von André Leroi-Gourhan und Annette Laming-Emperaire. Leroi-Gourhan übte in verschiedenen Schriften (v.a. in *Préhistoire de l'art occidental*, aber auch in *Les religions de la préhistoire*) Kritik an der immer noch verbreiteten Methodik vieler Prähistoriker; ethnographische Parallelen zur Deutung der Vergangenheit seien nicht mehr zulässig, sondern Ausdruck eines als überholt zu betrachtenden wissenschaftlichen Denkens.[16]

Dennoch erhalten zeitgleich Deutungen prähistorischer Kunst als schamanistisch geprägt durch die Arbeiten Mircea Eliades sowie der Archäologen Andreas Lommel und André Glory neuen Auftrieb. Lommel hat sich innerhalb des deutschen Sprachraums für die Bedeutung der Schamanen in der Vorzeit stark gemacht. In *Die Welt der frühen Jäger* (1965) betont er die Rolle des Schamanen für seine Gruppe: „Die zentrale Figur der Jäger ist der Schamane, der Zauberpriester, Medizinmann, Arzt, der sich bis heute beinahe überall unter den noch vorhandenen Gruppen findet. Dieser interessanten Gestalt, die keineswegs nur ein

[16] Siehe Leroi-Gourhan 2008 [1964], S. 79–84.

Taschenspieler oder Scharlatan ist, wollen wir ebenfalls nachgehen."[17] Ihm ist es ein Anliegen, zu zeigen, dass sich die Rolle des Schamanen nicht auf den Bereich der Medizin beschränkt, sondern er zugleich Künstler ist. Der Schamane ist der Schöpfer der Höhlenmalerei, die Lommel als Wiedergabe von dessen Trancen deutet.[18]

Ab den 1990er-Jahren erfuhr die Vorstellung der Schamanen als Schöpfer der Höhlenmalerei nochmals Zuspruch. Besonders hervorgetan haben sich in dieser Debatte der Prähistoriker Jean Clottes und der Ethnologe David Lewis-William. Sie präsentieren die Möglichkeit der Entstehung der Höhlenmalereien im Zusammenhang mit schamanistischen Tätigkeiten als Tatsache. Auf die kritische Aufnahme ihrer Thesen in der Fachwelt reagierten die beiden Verfasser heftig. So veröffentlichten sie 2001 eine Neuauflage ihres Titels *Les chamanes de la préhistoire* (1996) ergänzt um einen Teil, in dem sie auf die beanstandeten Punkte eingingen, um ihren Kritikern Befangenheit und Festhalten an alten Ideen vorzuwerfen. Dabei muss festgehalten werden, dass auch sie nichts anderes als alte Ideen aufwärmen, weist ihre Vorstellung von der Entstehung der Höhlenmalerei durch Schamanen in Ekstase doch große Ähnlichkeiten mit Max Bégouëns entsprechender Szene im prähistorischen Roman *Les bisons d'argile* (1925) auf.[19] Der Schamane erschafft in Trance die als Zauberer bekannte Zeichnung aus der Trois-Frères-Höhle, die den Großen Geist der Jagd verkörpern soll:

> „Œil-de-Feu, le Shaman, est frappé par l'inspiration. Il monte sur une corniche de pierre et là, accroupi, il grave d'un burin aigu, au-dessus de tous les autres dessins, la représentation du Grand Esprit de la chasse, protecteur du clan. Il le figure comme un homme, mais le corps de profil, vêtu d'une peau de bête; le visage tourné de face, caché sous un masque à longue barbe et à grandes cornes; une queue de cheval lui prolonge le dos, et il lui donne l'allure prudente du chasseur qui va les jambes pliées, le dos courbé, les bras ballants."[20]

Bereits in den 1920er Jahren erscheinen hier die Bestandteile der Theorie des Schamanismus als Ursprung der Religion, denn der Schamane hat in einer drogeninduzierten Trance den Geist der Jagd geschaffen: „Sous l'influence du jeûne, de la fatigue et du breuvage enivrant, le Shaman est en proie à une sorte de délire mystique."[21] Auf der Fähigkeit des Menschen, sich in Trance zu versetzen, baut diese Vorstellung auf. Mit der zeichnerischen Wiedergabe dieser ekstatischen Zustände sei versucht worden, diese Erfahrungen festzuhalten. Diese Vorstellung

[17] Lommel 1965, S. 7.
[18] Siehe Lommel 1965, S. 12, 20; Beaune 1998, S. 214f.
[19] Siehe Clottes/Lewis-Williams 2001, S. 154–178, und kritisch dazu z.B. Bahn 2001, S. 75, 82.
[20] Begouën 1925, S. 155.
[21] Ebd., S. 55.

geht von einer unlösbaren Verbindung von Halluzination und der Erschaffung der ersten Kunst aus. Der Schamane sei der Erfinder der Kunst.[22]

Die Idee des Schamanismus als Urreligion hat bis heute Zuspruch; sie begegnet im Neoschamanismus, dabei wird auf gewisse Inhalte des sibirischen Schamanismus wie das animistische Weltbild aufgebaut. Verbreitet ist auch der Glaube an mehrere Ebenen der Welt, die untereinander verbunden sind. Solche Weltkonzeptionen sind anschlussfähig an die in esoterischen Kreisen gehegte Vorstellung, dass alles miteinander verbunden sei.[23] Ebenso tritt die Überzeugung auf, dass der Mensch mehrere, insbesondere drei Seelen aufweise. Eliade vertritt die Meinung, dass der Schamane mit Geistern von Lebewesen, Natur und Verstorbenen in Kontakt treten kann, ohne zu ihrem Instrument zu werden. Es gebe aber auch Schamanen, die von ihren Geistern beherrscht seien, führt er weiter aus.[24] Er ist zudem überzeugt, dass die Initiation in den Schamanismus sich durch ekstatische Zustände ankündige, die dem traditionellen Schema von Übergangsriten folgen: „souffrance, mort et résurrection“[25]. Dies passt wiederum zusammen mit Vorstellungen, dass als Auslöser schamanistischer Erfahrungen Krankheiten, Traumata und psychotische Schübe stehen könnten.

Eine weitere Fähigkeit, die den Schamanen nachgesagt wurde, war der Gestaltwandel.[26] Aus dem Paläolithikum sind therianthrope Abbildungen und Statuetten bekannt – Mischwesen aus Mensch und wildem Tier. Durch solche Darstellungen sehen Anhängerinnen und Anhänger des Neoschamanismus das Alter ihrer Religion bestätigt. Hier ist besonders der Löwenmensch von Hohenstein-Stadel (Deutschland) zu nennen mit einem Alter von rund 30’000 Jahren. Es handelt sich dabei um die erste bekannte Darstellung eines fantastischen Mischwesens aus Mensch und Tier. Die knapp 30 Zentimeter große Figur zeigt einen Menschen in aufrechter Haltung mit dem Kopf eines Höhlenlöwen.[27] Diese Figur ist offensichtlich als Vorbild von Roudiers bösem Schamanen Thuriaq zu betrachten. Und damit sind wir bei der Darstellung der Schamanen in den beiden Serien.

Bilder von Schamanen in der gegenwärtigen Prehistoric Fiction

Die Comicserie *Vo'hounâ* ist in der Altsteinzeit angesetzt. Ausgestorbene Tiere spielen als Schutzgeister eine wichtige Rolle. Erzählt werden die Liebesgeschich-

---

22 Beaune 1998, S. 214f.

23 Mayer 2008, S. 73f.; Faivre 2001, S. 24–32.

24 Eliade 1951, S. 19.

25 Ebd., S. 45.

26 Hutton 2007 [2001], S. 59–61, 103.

27 Die Bruchstücke der Figur wurden 1939 entdeckt, aber erst anlässlich der Restauration in den 1980er Jahren realisierte man, dass es sich dabei um ein Mischwesen handelt. Vgl. Fagan 2012, S. 139–141.

Abb. 4: Roudier: Therianthrope Statuette von Hohenstein-Stadel als Vorbild für den bösen Schamanen Thuriaq und seinen Schutzgeist Scilax

te zwischen Vo'hounâ und Cheval-Cabré sowie der Kampf gegen Thuriaq. Beide Männer sind von Vo'hounâ angetan. Thuriaq weiß, dass sie als Verkörperung der Muttergöttin Ao die mächtigste Schamanin[28] werden wird und benötigt sie für seine Racheplane. Nach der Vernichtung seines Stammes durch Ao verband sich Thuriaq mit Scilax, dem Geist der Höhlenlöwen: „Rendu fou de rage et de douleur [. . .] cet homme s'en alla trouver Scilax l'esprit vengeur [. . .].“[29] Cheval-Cabré aber liebt Vo'hounâ, nachdem sie ihn gesund gepflegt hat. Er will sie aus den Fängen Thuriaqs befreien, was wörtlich zu verstehen ist: Dank seines Höhlenlöwenschutzgeistes kann sich Thuriaq in eine reißende Bestie verwandeln. Bei der ersten Konfrontation zieht Cheval-Cabré den Kürzeren, Scilax/Thuriaq reißt ihm einen Arm ab und entflieht mit Vo'hounâ. Der Verlust des Armes und die daraus resultierende Jenseitsreise künden Cheval-Cabrés Entwicklung zu einem weisen Schamanen an: „Grâce au puissant Mordagg, passeur des morts, Cheval-Cabré a survécu et est revenu des terres des brumes. Désormais, il vivra à mi-chemin des esprits!“[30]

---

[28] Roudier 2013, S. 158/3: „Une fois tous les grands cycles vient au monde une femme nimbée de toute la magie de la déesse mère, une femme aux pouvoirs immenses [. . .] Cette femme, les légendes“ [la nomment fille d'Ao = Version 2005, S. 17].

[29] Roudier 2013, S. 148/3.

[30] Ebd., S. 39/2.

Eine Vision enthüllt, wie Thuriaq besiegt werden kann. Um gegen Thuriaq bestehen zu können, muss Cheval-Cabré Montharoumone, den Vater der Mammuts und der Menschen, als Verbündeten gewinnen.[31] Er sucht diesen Geist auf, der ihn vor der Macht und ihrer falschen, leichtfertigen, egoistischen Verwendung warnt: „Qui garantirait qu'une fois Thuriaq vaincu, Cheval-Cabré ne ferait pas appel à la puissance de cette alliance pour exaucer le moindre de ses caprices, et emporter par la force [...] la vie de tout un clan?"[32] Montharoumone zeigt sich dennoch willig, Cheval-Cabré als Schutzgeist zur Seite zu stehen, falls er drei Aufgaben meistere, die darauf hinauslaufen, ein Gleichgewicht mit der Natur zu finden. So schließt er mit den Tieren und dem größten Baum Bündnisse ab, von denen beide Seiten profitieren sollen.[33] Dank ihrer Hilfe gelingt es ihm, Vo'hounâ aus Thuriaqs Höhle zu retten. Cheval-Cabré kann Thuriaq töten, doch sein Geist verfolgt sie in der Gestalt seines Schutzgeistes. Vo'hounâ kann dank ihrer Fähigkeiten den untoten Geist besänftigen und ihn von seinen Rachegelüsten zu befreien.[34]

Michelle Pavers sechsbändige Serie *Chronicles of Ancient Darkness* ist die Geschichte des Erwachsenwerdens eines jungen Mannes – Torak – und einer jungen Frau – Renn. Torak und Renn ist es vorbestimmt, die Seelenesser – böse Schamanen – zu vernichten. Jedes Buch endet mit dem Untergang eines Seelenessers. Diese wollten einst das Gute, sind aber früh von diesem Pfad abgekommen und strebten nur noch nach Macht. Obwohl die Seelenesser vor einer Generation zerschlagen werden konnten, wächst ihre Macht erneut und sie wagen sich aus ihren Verstecken, um Unfrieden und Unheil zu stiften. Was die Seelenesser antreibt, ist das Streben nach Macht, wie die Erläuterungen eines der Seelenesser deutlich machen, als er Torak die Bedeutung von Schamanismus erklärt: „We do not learn Magecraft merely to trick fools with coloured fire! We do it to delve deeper! To know the hearts of others! [...] Think what you could do if you learned to use this! You could discover such secrets! You could know the speech of hunter and prey. You could gain such power... ".[35] Wegen der Erfahrung mit den Seelenessern werden Leute mit schamanistischer Begabung von ihrer Umwelt mit Misstrauen betrachtet, wie Toraks Gedanken über Saeunn, die Schamanin des Rabenclans, illustrieren: „Fa [Vater] had told him about Mages: people who can heal sickness, and dream where the prey is and what the weather will do. This old woman looked as if she could do far more dangerous things than that."[36] Ähnlich ergeht es auch Renn im Rabenclan: „They tolerated her because she was Fin-Kedinn's [Chef des

---

31 Ebd.

32 Ebd., S. 3/3.

33 Ebd., S. 3–10/3.

34 Siehe den vierten Band Roudier 2013, S. 1–46/4, insbesondere S. 32–35/4.

35 Paver 2011 [2005], S. 219.

36 Ebd. [2004], S. 53.

Clans] bone kin, but they were scared of her talent for Magecraft.“[37] Torak wie Renn verfügen über ihre Gaben, weil sie Kinder von Seelenessern sind. Die Serie zeigt die Gabe zum Schamanismus als erblich. Wegen ihrer problematischen Beziehung zu ihrer Mutter tut Renn sich schwer mit ihrer Begabung: „She didn't want to do Magecraft, she hated it, but she had a feeling that to help Torak, she might be forced to try.“[38] Als sie die Schlangenschamanin, ihre Mutter, bekämpfen, weiß diese, dass das Renns Schwachstelle ist: „‚You must have some small talent for Magecraft.‘ She paused. ‚But of course you do! And we both know why.‘“[39] Auch das Verhältnis zwischen Torak und Renn leidet unter ihrer nur widerwillig begonnenen Ausbildung zur Schamanin. Torak fängt an, sich vor der damit einhergehenden Macht und dem Wissen zu fürchten: „She seemed to have a Mage's skill for making things appear other than they were.“[40] Diese Entwicklung geht einher mit seiner Entdeckung ihrer Ähnlichkeit mit ihrer Mutter: „Her smooth green face looked disturbingly like her mother's. She even moved differently. Her body, her hands, seemed fraught with mysterious power. He thought if he touched her, he might burn his fingers.“[41]

In den Serien steht Schamanismus beiden Geschlechtern offen, doch es sind geschlechtsspezifische Unterschiede feststellbar. Bei Roudier wird mehrfach betont, dass Vo'hounâ einst zur mächtigsten Schamanin wird. Ihre Fähigkeiten jedoch sind in den bis anhin erschienenen drei Bänden kaum je ein Thema. Es ist der Kampf zwischen den beiden Schamanen – zwischen Gut und Böse –, auf dem das Augenmerk liegt. Bei Paver sind beide Geschlechter fähige Schamanen, aber man merkt, dass der Schamanismus eine geschlechtsspezifische Ausprägung oder Wertung hat. Das wird im Fall von Renn deutlich, die ab dem zweiten Band immer wieder mit der Erscheinungsform des Weltgeistes in Frauengestalt in Verbindung gebracht wird.[42] Ihre Magie wird mit dem Einsetzen der Menstruation stärker und muss kanalisiert werden, wie Saeunn ihr beizubringen versucht: „Your first moon bleed has brought a fearsome increase in your power – but it is raw, untried!“[43] Die Initiation in die damit verbundenen Kräfte ist bedeutsam, ansonsten droht Gefahr bei der Ausübung. Der richtige Umgang mit den schamanistischen Fähigkeiten ist im Falle Toraks ebenfalls zentral, denn er ist der letzte Seelenwanderer – er kann eins werden mit den Seelen anderer Lebewesen und Dinge. Die Entdeckung dieser Fähigkeit wird ausgelöst durch Todesangst. Als er befürchtet, in einem Fischnetz

---

37 Ebd. [2007], S. 137.

38 Ebd., S. 113.

39 Ebd., 202.

40 Ebd. [2008], S. 65.

41 Ebd., S. 66.

42 Siehe bspw. ebd. [2006], S. 231.

43 Ebd. [2007], S. 108f.

zu ertrinken, gelingt ihm die Verwandlung in einen Seehund: „But most of all, he could feel through his whiskers. His whiskers were so keen that they could pick up the rippling tracks of the smallest fish as it darted through the water."[44]

Im Laufe der Serie wird deutlich, dass das Seelenwandern nicht zum Vergnügen unternommen werden darf, denn die Eigenschaften der Tiere und Wesen, deren sich Torak bemächtigt hat, lassen einen Teil ihres Wesens in ihm zurück, wie Renn feststellt: „The rage of the ice bear, the vipers' ruthlessness ... At times, she saw traces of them in Torak."[45] Zudem muss er lernen, mit dieser Fähigkeit umzugehen und sie zu beherrschen, denn die Entdeckung gelang ihm erst durch Todesangst, in anderen Fällen muss er sich der bitteren Wurzel, die Trancen induziert, bedienen, um seelenwandern zu können.[46]

Die Darstellung der Schamanen und ihrer Fähigkeiten unterscheidet sich in den beiden Serien, weil sie von den technischen Möglichkeiten der Mediengenres geprägt sind. So fällt auf, dass das Fantastische bei Roudier durch die zeichnerische Darstellung viel breiteren Raum erhält. Es finden sich zahlreiche Szenen, die in mehr oder weniger detaillierter Weise die Verwandlung eines Schamanen in seinen Schutzgeist zeigen; dabei werden die Mischformen Mensch-Tier gerne und in unterschiedlichem Detaillierungsgrad in Szene gesetzt. Augenfällig ist, dass vor allem Thuriaq als Mischwesen dargestellt wird.

Abb. 5: Roudier: Thuriaq als fantastisches Mischwesen

Ein anderer Umgang damit findet sich in Pavers Romanen. Der Schamanismus ist weniger fantastisches Element als Teil der Lebenswelt der Figuren. Es finden sich viele bereits genannte Punkte in Pavers Schamanen-Bild: Nicht nur um seelenwandern zu können, sondern für weitere schamanistische Tätigkeiten nehmen die Figuren psychoaktive Pflanzen ein, die Visionen verursachen. Dies passt ins Bild des Schamanen, wonach dieser ekstatische Zustände durch drogeninduzierte Halluzinationen erreiche. Der Kopf jedes einzelnen Kapitels ist mit einer Zeich-

---

44 Ebd. [2006], S. 206.

45 Ebd. [2008], S. 224.

46 Siehe Pavlik 2012, http://proquest.umi.com/pqdweb?did=000002730225091&Fmt=3&cl (abgerufen am 23.12.12).

nung geschmückt. Diese sind tendenziell dem realistischen Bereich zuzuordnen, da sie vor allem Tiere, Natur, Masken und andere Utensilien des Schamanismus zeigen, aber nicht die bewusstseinsverändernden Trancen des Schamanen.

Schamanismus als Ausdruck der Naturverbundenheit

In beiden Reihen lässt sich als zentrales Thema die Frage nach der mit dem Schamanismus einhergehenden Macht und dem verantwortungsvollen Umgang damit nennen. Der Schamane selbst ist weder gut noch böse, seine Handlungen sind entscheidend. So versucht der weise Anführer Fin-Kedinn, Torak für dieses Wissen zu sensibilisieren: „Evil exists in us all, Torak. Some fight it. Some feed it. That's how it's always been.“[47]

Krankheiten und/oder psychotische Schübe werden teilweise als Ursache für das Ausüben des Schamanismus in Sibirien genannt. Davon finden sich Anklänge bei Roudier, wenn Cheval-Cabré durch den Verlust eines Armes und seine Reise ins Jenseits eine Initiation erfährt.

Ein weiteres gemeinsames Thema der Reihen ist das Leben im Einklang mit der Natur.[48] Cheval-Cabré muss Verbindungen mit Tieren und Pflanzen eingehen, um seinen Schutzgeist zu erlangen. Als er in seiner neuen Inkarnation bei der ersten Auseinandersetzung einen ganzen Stamm – zwar durchaus negativ gezeichnet, da sie Mammuts jagen und Menschenopfer darbringen[49] – vernichtet, geht er in sich, ob er nicht bei der ersten Gelegenheit seine Macht missbraucht hat: „[...] ce ne pouvait être qu'une mise à l'épreuve de Montharoumone. ‚Demain la vie de tout un clan‘, avait-il dit. Si c'est le cas, alors Cheval-Cabré vient d'échouer lourdement.“[50] Dieses Reflexionsvermögen ist es, was ihn positiv von Thuriaq abhebt, der nur für seine Rache lebt und ganz von Scilax beherrscht wird. Nur wem es gelingt, ein Gleichgewicht zwischen Natur und Mensch zu finden, ist ein guter Schamane und damit ein Vorbild. Unter anderen Vorzeichen zeigt sich die Verbindung des Schamanismus mit Naturverbundenheit bei Paver. Als Torak von den Seelenessern gekennzeichnet wird, verliert er den Kontakt zu seinen Seelen und kann sich nicht länger mit seinem tierischen Gefährten Wolf unterhalten. Er hat

---

47 Paver 2011 [2005], 2, S. 271.

48 Allgemein ist in der Kinder- und Jugendliteratur der letzten Jahre ein gesteigertes Interesse an Natur und Umwelt festzustellen, Pavlik 2012, http://proquest.umi.com/pqdweb?did=0000002730225091&Fmt=3&cl (abgerufen am 23.12.12).

49 Roudier 2013, S. 38–40/3.

50 Ebd., S. 41/3. In der Version von 2005 hieß es noch deutlicher: „Cheval-Cabré vient-il d'échouer à sa première mise à l'épreuve en tant que chaman?“ Roudier 2005, 42. Dieses Sprechen über sich in der dritten Person ist in der Prehistoric Fiction weit verbreitet, um den archaischen Aspekt und das noch nicht entwickelte Ich-Bewusstsein zu betonen.

den Halt und das Gleichgewicht verloren und damit droht sein Tod.[51] Beide Werke zeigen die Tendenz, dass der Schamanimus heute als ein Gegengewicht zur vielfach konstatierten Desakralisierung – oder der Max-Weber'schen Entzauberung – der Welt fungieren kann.[52] Damit wird deutlich, dass die gegenwärtige westliche Beschäftigung mit Schamanismus als Teil der breiten gegenkulturellen Bewegung der Suche nach einer naturgerechteren Spiritualität und Lebensweise verstanden werden muss. Die Vergangenheit dient als Modell für die Zukunft und hier ist auch eine Verbindung zum Genre der Prehistoric Fiction festzustellen, die eben nicht nur unterhaltsame Geschichten erzählen will, sondern als visionär zu bezeichnende Entwürfe der menschlichen Vorzeit enthält, die ebenso viel über ihre Schöpfer und Schöpferinnen wie ihre Entstehungszeit aussagen.

---

51 Vgl. Paver 2011 [2006], S. 102.

52 Weber 1988 [1922], S. 612.

Bibliographie

Primärliteratur

Begouën, Max: Les bisons d'argile. Paris: Fayard, 1925.
Eliade, Mircea: Le chamanisme et les techniques archaïques de l'extase. Paris: Payot, 1951.
Georgi, Johann Gottlieb: Beschreibung aller Nationen des russischen Reichs, ihrer Lebensart, Religion, Gebräuche, Wohnungen, Kleidungen und übrigen Merkwürdigkeiten. Zweite Ausgabe. St. Petersburg: Müller, 1780. http://books.google.ch/books?id=5nkQAAAAIAAJ&printsec=frontcover&hl=de{#}v=onepage&q&f=false (abgerufen am 27.03.13).
Lommel, Andreas: Die Welt der frühen Jäger. Medizinmänner, Schamanen, Künstler. München: Callwey, 1965.
Paver, Michelle: Wolf Brother. Chronicles of Ancient Darkness 1. Neuaufl. London: Orion, 2011 [2004].
– Spirit Walker. Chronicles of Ancient Darkness 2. Neuaufl. London: Orion, 2011 [2005].
– Soul Eater. Chronicles of Ancient Darkness 3. Neuaufl. London: Orion, 2011 [2006].
– Outcast. Chronicles of Ancient Darkness 4. Neuaufl. London: Orion, 2011 [2007].
– Oath Breaker. Chronicles of Ancient Darkness 5. Neuaufl. London: Orion, 2011 [2008].
– Ghost Hunter. Chronicles of Ancient Darkness 6. Neuaufl. London: Orion, 2011 [2009].
Roudier, Emmanuel: Vo'hounâ 1. La saison d'Ao. Toulon: Soleil, 2002.
– Vo'hounâ 2. La saison de Mordagg. Toulon: Soleil, 2003.
– Vo'hounâ 3. Le souffle de Montharoumone. Toulon: Soleil, 2005.
– Vo'hounâ. Une légende préhistorique. Paris: Editions errances, 2013.
– http://roudier-neandertal.blogspot.com/ (abgerufen am 23.03.13).

Sekundärliteratur

Bahn, Paul G.: Save the Last Trance for Me. An Assessment of the Misuse of Shamanism in Rock Art Studies. In: Henri-Paul Francfort und Roberte N. Hamayon (Hg.): The Concept of Shamanism. Uses and Abuses. Budapest: Akademiai Kiado, 2001 (Bibliotheca Shamanistica, 10), 51–93.
Beaune, Sophie de: Chamanisme et préhistoire. Un feuilleton à épisodes. In: L'homme 38/147 (1998), 203–219: http://www.persee.fr/web/revues/home/prescript/article/hom_0439-4216_1998_num_38_147_370514 (abgerufen am 24.05.12).
Clottes, Jean und David Lewis-William: Les chamanes de la préhistoire. Texte intégral, polémique et réponses. Paris: La maison des roches, 2001.
Clottes, Jean: De „l'art pour l'art" au chamanisme. L'interprétation de l'art préhistorique. In: La revue pour l'histoire du CNRS 8 (2003): http://histoire-cnrs.revues.org/553 (abgerufen am 30.06.12).
Fagan, Brian: Cro-Magnon. Das Ende der Eiszeit und die ersten Menschen. Stuttgart: Theiss, 2012.
Faivre, Antoine: Questions of Terminology Proper to the Study of Exoteric Currents in Modern and Contemporary Europe. In: Ders. und Wouter Hanegraaff: Western Esotericism and the Science of Religion. Leuven: Peeters 1998 (Gnostica: Texts and Interpretations, 2), 1–10.

Francfort, Henri-Paul: Prehistoric Section. An Introduction. In: Henri-Paul Francfort und Roberte N. Hamayon (Hg.): The Concept of Shamanism. Uses and Abuses. Budapest: Akademiai Kiado, 2001 (Bibliotheca Shamanistica, 10), 31–49.

Hutton, Ronald: Shamans. Siberian Spirituality and the Western Imagination. London: Hambledon Continuum, 2007 [2001].

Kehoe, Alice B.: Eliade and Hultkrantz. The European Primitivism Tradition. In: American Indian Quarterly 20/3 (1997), S. 377–392. http://www.jstor.org/stable/1185783 (abgerufen am 02.08.2012).

Leroi-Gourhan, André: Les religions de la préhistoire. Paris: Quadrige, 2008 [1964].

Mayer, Gerhard: The Figure of the Shaman as a Modern Myth. Some Reflections on the Attractiveness of Shamanism in Modern Societies. In: The Pomegranate 10.1 (2008), S. 70–103.

Pavlik, Anthony: Michelle Paver. Ancient Magic for a Modern, Greener World. In: Bookbird 50/3 (2012), S. 25–33. http://proquestpunkte{}com/pqdweb?did=0000002730225091&Fmt=3&cl (abgerufen am 23.12.2012).

Stuckrad, Kocku von: Schamanismus und Esoterik. Kultur- und wissenschaftsgeschichtliche Betrachtungen. Leuven: Peeters, 2003.

Weber, Max: Wissenschaft als Beruf. In: Ders.: Gesammelte Aufsätze zur Wissenschaftslehre. Hg. v. Johannes Winckelmann. 7. Aufl., Tübingen: Mohr Siebeck, 1988 [1922], S. 584–613.

Znamenski, Andrei A.: The Beauty of the Primitive. Shamanism and the Western Imagination. Oxford: Oxford University Press, 2007.

Abbildungsverzeichnis

Abb. 1: Schamane nach Nicolas Witsen. http://en.wikipedia.org/wiki/File:Witsen%27s_Shaman.JPG (abgerufen am 24.03.13).

Abb. 2: Der Zauberer aus der Trois-Frères-Höhle – Zeichnung von Henri Breuil. http://commons.wikimedia.org/wiki/File:Pintura_Trois_Freres.jpg (abgerufen am 07.03.13).

Abb. 3: Der Zauberer aus der Trois-Frères-Höhle – neuere Fotografie. *Encyclopædia Britannica Online:* http://www.britannica.com/EBchecked/media/7844/Painted-and-engraved-figure-of-the-Sorcerer-at-Trois-Freres (abgerufen am 26.03.13).

Abb. 4: Roudier: Thuriaq als fantastisches Mischwesen. Direkt vom Künstler erhalten (14.03.13).

Abb. 5: Roudier: Vo'hounâ 1. La saison d'Ao. Toulon: Soleil, 2002, S. 40.

Das Konzept des Grenzgängers und seine Funktionalisierung im fantastischen japanischen Zeichentrickfilm

Matthias Clemens Hänselmann

Die wissenschaftliche Auseinandersetzung mit dem Anime, dem seit den 1960er Jahren sich entwickelnden japanischen Zeichenanimationsfilm, setzte im Westen Mitte der 1990er Jahre im Anschluss an die ersten akademischen Untersuchungen zum Manga ein.[1] Es lag in der Natur der Sache, dass diese Forschungen sich der Thematik zunächst mit primär sozio-kulturellem Erkenntnisinteresse näherten – eine Richtung, die bis heute dominiert. Dabei ist es schwierig, überhaupt von einer einheitlichen Richtung zu sprechen, da die einzelnen Ansätze sich heuristisch, methodologisch und hermeneutisch bei unterschiedlichsten Disziplinen wie Japanologie, Soziologie, Kunsttheorie, Politikwissenschaft, Psychologie etc. bedienen. So fruchtbar sie für den soziologisch-kulturwissenschaftlichen Bereich sein mögen, so uneinheitlich und – aufgrund ihrer diffusen Ansätze und Blickrichtungen – oft pseudo-komplex ist das Bild, das sie vom Anime zeichnen. Erschwerend kommt hinzu, dass bisher kaum Analysen angestrengt wurden, die den Anime in einer Art und Weise betrachten, wie es ihm aufgrund seiner Anlage als Erzählmedium grundsätzlich entsprechen würde: nämlich in narratologischer Hinsicht. In der Folge ist es bis heute nicht gelungen, den Anime systematisch hinsichtlich seiner medialen Grundfunktionen, Gesetzmäßigkeiten, Möglichkeiten und Potenziale zu definieren. Eine Grundabsicht dieses Aufsatzes ist es daher, das Muster einer narrativen Struktur vorzustellen, das auf Basis ausgewählter Anime-Filmtexte[2] abstrahiert wurde und als zentrale Erzählfigur für eine Vielzahl von Animes gelten kann: die Figur des *Grenzgängers*. Dadurch soll einer weitergehenden Forschung auf erzähltheoretischer Ebene ein Mittel zur Kategorisierung einzelner Erzähltypen zur Verfügung gestellt und letztlich ein Beitrag zur generellen Klassifizierung des japanischen Zeichentricks geliefert werden.

---

1 Erste Artikel zum Manga, wie sie sich beispielsweise in Patten 2004 finden, datieren teilweise bis in die 1970/80er Jahre, sind jedoch noch nicht wissenschaftlich ausgereift.

2 Von „Text" wird hier und im Folgenden in einem allgemein semiotischen Sinne gesprochen.

Zur Systematisierung der Erzählweltstrukturen

Wiederholt wurde darauf hingewiesen, dass der Anime in seinen Erzählungen auf eine klare Gut-Böse-Einteilung seiner Welten verzichtet.[3] Obwohl diese Einschätzung ohne systematisch-analytisch fundierte Empirie subjektiv bleibt, sicher nicht uneingeschränkt gültig ist und sich eine Fülle an Gegenbeispielen finden lässt,[4] enthält sie doch insofern einen wahren Kern, als dass sich tatsächlich eine große Gruppe von Animefilmen ausmachen lässt, die sich – will man das Merkmal schematische vs. differenzierte Figurenprädikation als Richtschnur nehmen – aufgrund dieses strukturellen Kriteriums zu einer konsistenten Einheit zusammenfassen lassen. Eben jene Gruppe soll Ausgangspunkt unserer Betrachtungen werden.

Grundlage des hier vorgestellten Erzählmodells bildet die bekannte Ereignis-Theorie Lotmans[5], nach der eine durch einen narrativen Text entworfene diegetische Welt zwei oder mehr[6] oppositionäre *semantische Räume* aufweist. Semantische Räume sind im Grunde konsistente Handlungsnorm- und/oder Merkmalsmengen, die an eine bestimmte Gruppe von Figuren gebunden sind und sich durch mindestens ein Element vom semantischen Raum einer anderen Figurengruppe unterscheiden, wodurch sich die beiden Gruppen aufgrund der abweichenden Merkmale in semantischer Opposition befinden.[7] Semantische Räume sind oft, aber nicht immer, an bestimmte topographische Strukturen gekoppelt, so dass Raumgrenzen im topologischen Sinne mit solchen im semantischen Sinn zusammenfallen können. Auf Basis dieser Opposition semantischer Räume besteht eine best. Ordnung innerhalb der dargestellten Gesamtwelt eines Textes: Jede Figur ist einem, *ihrem* semantischen Raum zugeordnet. Verlässt eine Figur ihren semantischen Raum und begibt sich in den oppositionären, verstößt sie gegen diese Ordnung: Es findet eine Grenzüberschreitung, d. h. ein *Ereignis* statt, das rückgängig gemacht werden muss, damit die Konsistenz der oppositionären Räume gewahrt bleibt. Möglichkeiten sind die Rückkehr der grenzüberschreitenden Figur in ihren Ausgangsraum, ihr Tod im Gegenraum, ihre Integration im Gegenraum (sie übernimmt dessen sämtliche semantische Merkmale) oder die Tilgung aller gegensätzlichen Merkmale der oppositionären Räume. Dieses Analysemodell ist

---

3 Vgl. etwa Bichler 2004, S. 82, 234; Napier 2005, S. 194–218; Reichmann / Schulenburg 2008, S. 156f.

4 Siehe als kleine Auswahl beispielsweise Hideki Takayama: *Urotsukidōji* (1987), Daisuke Nishio u. a.: *Crying Freeman* (1988-1994), Yoshihiro Takamoto: *Tenchi in Tokyo* (1997), Satoshi Kon: *Perfect Blue* (1997), Yasuomi Umetsu: *Kite* (1998), Hirotsugu Kawasaki: *Spriggan* (1998), Ryōsuke Takahashi: *Flag – The Movie* (2006) und Mamoru Hosoda: *Summer Wars* (2009).

5 Lotman 1972, S. 300–401; ergänzend auch Renner 2004.

6 Im Weiteren wird der Einfachheit halber nur von zwei oppositionären Räumen gesprochen; das Modell bleibt dennoch auch bei topologisch komplexen Erzählwelten operativ.

7 Eine elementare topografisch-semantische Opposition wäre beispielsweise die von tugendhaften Landbewohnern und unmoralischen Städtern.

ein allgemein narratologisches, d. h. es lässt sich auf alle Texte anwenden, die eine narrative Struktur besitzen, und damit auch auf den Anime.

Grundsätzlich ist an dieser Stelle noch dreierlei festzuhalten:

1) Die Beurteilung, ob eine Figur in einem Text als „gut“ oder „böse“ zu werten ist, muss auf Grundlage des durch den Text selbst erschaffenen ethisch-moralischen Systems (*Normensystem*) erfolgen, wobei extratextuelle Handlungsnormen nicht in den Text inferiert werden dürfen.[8] Die intradiegetische Normativitätsgewalt kommt dabei im Text i. d. R. entweder einer entsprechend profilierten Figur (und sei es die Erzählerstimme), dem Habitus der breiten Masse oder einer narrativ (als Identifikationsinstanz des Rezipienten) hervorgehobenen Figur zu. Lassen sich also Figuren nicht in einen Gut-Böse-Gegensatz bringen, so liegt es daran, a) dass diese Bewertungskategorien innerhalb des Textes keine Relevanz bzw. Existenz haben, oder b) dass die Figuren sowohl gute als auch schlechte Eigenschaften besitzen und folglich ambivalent sind, oder c) dass es verschiedene, einander teilweise oder völlig widersprechende normative Systeme gibt, die aber als gleichwertig erscheinen, sodass im einen System eine bestimmte Handlung positiv, im anderen jedoch negativ bewertet wird. Der Fall c) stellt die absolute Ausnahme dar, da sich unterschiedliche intradiegetische Normensysteme gewöhnlich anhand textinterner Hinweise hierarchisieren lassen,[9] wobei ein Normensystem bzw. eine Regel eines Normensystems letztlich als dominant und damit absolut gültig anzusehen ist. Bewertungen einzelner Figuren haben sich letztlich immer am dominanten Normensystem zu orientieren.

2) Eine Figur kann (insbesondere im Zeichentrickfilm) nur aufgrund ihrer Handlung und/oder ihres Verhaltens, d. h. ihrer Einstellung gegenüber der Handlung einer anderen Figur, nach einem jeweils in einem Text etablierten Normensystem bewertet werden.[10] Handelt eine Figur *entsprechend* des dominanten Normensystems, handelt sie „gut“; tut sie es nicht, handelt sie „schlecht“, sofern durch ihr normwidriges Tun nicht ein neues Normensystem etabliert wird, das dominante Gültigkeit erlangt. Zentrale Ansatzpunkte für normensystemische Bewertungen sowie – mehr noch – für die Ausdifferenzierung unterschiedlich normensystemisch motivierter Parteien sind üblicherweise Konfliktsituationen.

---

[8] Dies ergibt sich aus dem modellbildenden Charakter künstlerischer Strukturen, d. h. daraus, dass jeder Text sein eigenes Modell von Welt mit spezifischen Gesetzmäßigkeiten entwirft; vgl. etwa Lotman/Uspenskij/Ivanov u. a. 1973/1986, bes. S. 108. Vgl. auch Wünsch 1991, S. 198: „Delikte im irdisch-moralischen Sinne hindern also nicht an positiver Bewertung der Figur.“

[9] Dies ist möglich in Analogie zur Feststellung des „Ereignisrangs“; vgl. dazu Krah 2006, S. 320–322.

[10] Explizite Bewertungen einzelner Figuren durch das Voice-over einer heterodiegetischen, auktorialen Erzählinstanz können in diesem Zusammenhang unberücksichtigt bleiben, da eine solche im Anime so gut wie nicht vorkommt.

3) Die bloße Existenz gegensätzlich semantisierter Figurengruppen führt noch nicht zu einem Konflikt; eine friedliche Koexistenz unterschiedlicher normativer Systeme ist denkbar. Ein Konflikt entsteht erst dann, wenn zwei oder mehr Figuren aus unterschiedlichen normativen Systemen in einer handlungserfordernden Entscheidungssituation zusammentreffen, infolge der die eine Figur in Übereinstimmung mit ihrem normativen Stammsystem einen Entschluss fasst, der in Opposition zum Entschluss der anderen Figur und deren normativen Stammsystem steht. Konflikte ergeben sich folglich in und im Anschluss an Situationen der Inkompatibilität, wenn zwei Parteien aufgrund ihres normativen Systems zwei miteinander unvereinbare Optionen favorisieren: Beide Parteien werden, um ihr System aufrechtzuerhalten, die Umsetzung der von ihnen gewünschten Handlung verfolgen. Der daraus resultierende Verdrängungskampf des je anderen in Bezug auf eine Wahlsituation ist als *Konflikt* zu bezeichnen.

Auf Basis dieser Überlegungen ist es möglich, jene Animes, die durch das Fehlen schematischer semantischer Dichotomien (wie eben jene von Gut–Böse) gekennzeichnet sind, exakt zu bestimmen und festzustellen, ob sie nach einem einheitlichen Muster konstruiert sind, das es erlaubt, sie von anderen, insbesondere westlichen Zeichentrickfilmen abzusetzen.

Das Konzept des Grenzgängers

Der Terminus *Grenzgänger* impliziert bereits, dass eine so bezeichnete Figur zentral gekennzeichnet ist durch die Qualität der Bewegung: Sie wechselt zwischen Grenzen, deren Aufhebung sie nicht anstrebt, da die Eliminierung der Grenzen ihren eigenen Status verändern würde. Als Grenzgänger im hier gemeinten Sinn ist jedoch nicht eine Figur bezeichnet, die lediglich von ihrem semantischen Raum in einen anderen wechselt und damit eine Grenzüberschreitung vollzieht – Derartiges ist grundsätzlich jeder Figur einer Narration möglich, vorzugsweise dem/den Protagonisten, und bedürfte keiner neuen Behandlung. Ein Grenzgänger muss vielmehr das Merkmal aufweisen, keinem der beiden semantischen Räume anzugehören, zwischen denen er sich bewegt. Die Existenz eines dritten Raums ist obligat. Zwei übergeordnete Typen lassen sich dabei unterscheiden:

1) Der Idealfall und Prototyp ist der *freie Grenzgänger*, der einem ausdifferenzierten dritten Raum C entstammt und sich aufgrund seiner irgend disparaten Semantisierung frei zwischen zwei Räumen A und B bewegt. Zwischen seinem geographischen sowie semantischen Ausgangsraum und den anderen beiden Räumen besteht Heterotopie (vgl. Abb. 1).

2) Der *inkludierte Grenzgänger* entstammt einem von zwei oppositionären Räumen, ist diesem also zunächst geographisch und semantisch zugeordnet (Isotopie), ehe er sich von diesem aufgrund der Entwicklung heterosemantischer Cha-

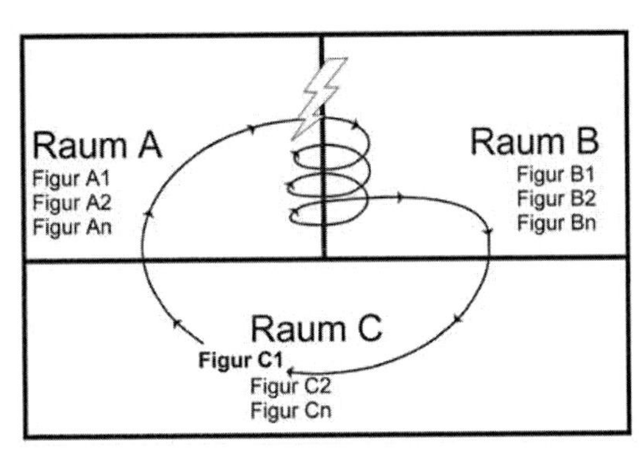

Abb. 1: Modell der Grenzgänger-Figur

rakteraspekte dissoziiert. Die Tendenz zur Dissoziation, d.h. zur Ablösung aus dem eigenen semantischen Stammsystem, kann a) entweder in Form einer Doppelbindung im Charakter der Figur verankert und immer schon latent gegeben sein, oder kann b) spontan und unvorhersehbar als Folge eines Gesinnungswandels oder aber eines erzwungenen Bruchs auftreten. Der Fall des inkludierten Grenzgängers ist eher untypisch und es lässt sich streiten, ob er systematisch überhaupt als Grenzgänger gewertet werden sollte, da das Wesen seines „Grenzgängertums" weitestgehend mit dem Begriff der normensystemischen *Isolation* zusammenfällt: Obwohl er sich (i. d. R.) im selben geographischen Raum aufhält, dem er von Anfang an zugehörte, entwickelt er auf semantischer Ebene Eigenheiten, die ihn vom Figurenverbund dieses Raumes absondern. Da er damit aber sowohl Aspekte eines Außenseiters als auch des Besonderen besitzt und somit in gewisser Konsequenz hinsichtlich seiner Handlungen über einen exklusiven Grad an Autonomie verfügt, sei der inkludierte Grenzgänger in diesem Zusammenhang als veritabler Typ gerechtfertigt. Das besondere Merkmal dieses Typs, das ihn deutlich vom freien Grenzgänger unterscheidet, bleibt in jedem Fall die Tatsache, dass er keinem autonomen dritten Raum entstammt, sondern gerade aus einem der beiden Räume, zwischen denen er sich hin- und herbewegt, und durch Dissoziation den dritten Raum erst selbst hervorbringt.

Die Funktionen der Grenzgänger-Figur

Die Verwendung von Grenzgänger-Figuren hat weitreichende Auswirkungen auf die gesamte Struktur einer Erzählung. Nicht nur ist es so, dass durch und für ihren Einsatz ganz spezifische Erzählmuster entwickelt werden müssen, sondern das Vorkommen einer Grenzgänger-Figur in einer Erzählung hat zudem vehementen Einfluss auf die Art der Fokalisierung[11], Objektivierung und vor allem

[11] Zum Begriff siehe Genette 1998, S. 134–138 und S. 241–244; vgl. auch Kuhn 2011, S. 119–167.

auf den Bereich der normativen Figurenbewertung. Tatsächlich ist die quasideterminative Interdependenz von narrativer Rolle (Grenzgänger-Protagonist), Perspektivierungszwang (Außenperspektive) und Wertungsqualität (Objektivität) in kaum einem anderen Fall so dominant wirksam wie hier. Zugleich ist es so, dass die Existenz einer Grenzgänger-Figur eine ausdifferenzierte und semantisch komplexere Welt in gewisser Weise erzwingt, da für ihre prototypische Entstehung eine grundsätzliche „Dreiräumigkeit" Voraussetzung ist, die jene leicht zu Polarisierungen führende binär-oppositionäre Weltstruktur klassischer Gut-Böse-Geschichten ausschließt. Dies gilt es zu berücksichtigen, wenn man im Weiteren nach dem narrativen Zweck von Grenzgängern fragt.

1) Die zentrale Funktion einer Grenzgänger-Figur ist die *Mediation* zwischen und die Konsolidierung von zwei konfligierenden Parteien; alle anderen Positionen in einer Erzählung können im Prinzip auch durch andere Figuren besetzt werden. Für diese Funktion, die einen Grundkonflikt voraussetzt, ist sie prädestiniert, weil sie sowohl aus einem dritten, nicht in den Konflikt involvierten Bereich stammt als auch keines der konfliktbedingenden Normensysteme vertritt. Das führt dazu, dass sie praktisch zum einen über die Voraussetzung der Über- oder Unparteilichkeit verfügt und zum anderen als Figur, die außerhalb des Konfliktes steht, eine raumübergreifende Mobilität besitzt, die den einzelnen Figuren der konfligierenden Räume i. d. R. fehlt, da diese als Feinde entweder zum Gegenraum überhaupt keinen Einlass erhalten oder dort gleich inhaftiert oder getilgt werden. Wechselt die Grenzgänger-Figur von einem der beiden Konflikträume in den anderen, so bewahrt sie sich in aller Regel ihre Ausgangsperspektive, d. h. ihr ursprüngliches Normensystem, und sammelt auf beiden Seiten Eindrücke, die sie auf dessen Grundlage miteinander vergleichen kann. Je nach dem Ergebnis des daraus resultierenden Urteils kann sie schließlich durch eigene diplomatische oder handfeste Einflussnahme die Auflösung des Konflikts bewirken oder zumindest zu dieser beitragen. Für die Lösung eines Konfliktes stehen dem Grenzgänger entsprechend des auf Inkompatibilität beruhenden Konfliktmodells drei Möglichkeiten zur Verfügung:

a) Sein Einwirken führt zur Realisierung der *rechten Option*, d. h. jener Partei, die gemäß des dominanten Normensystems rechtmäßigerweise eine Handlung hätte vollziehen dürfen, wird dies final ermöglicht – die andere Partei muss zurückstehen.

b) Der Grenzgänger eröffnet eine *alternative Option*, eine dritte Handlungsvariante, die gleichsam als Kompromiss bedingt oder unbedingt zur Realisation der Interessen der beiden oppositionären Parteien führt.

c) Der Grenzgänger suspendiert oder hebt die Wahl ganz auf, indem er beispielsweise ein Objekt, auf das die oppositionären Parteien beiderseits Anspruch erheben, entzieht oder ganz zerstört.

Die Realisation der unrechten Option, also der Negativfall zu a), stellt für den Grenzgänger keine echte Möglichkeit dar, da dies tendenziell die Auslöschung, in jedem Fall aber eine Schwächung der benachteiligten Partei bewirkt und damit über kurz oder lang zur Destabilisierung eines Raumes und zur Grenzauflösung führt, die ja gerade nicht im Interesse des Grenzgängers liegt (vgl. Konzept).

2) Neben dieser intradiegetischen Funktion leitet sich aus dem durch den Einsatz der Grenzgänger-Figur bedingten Effekt der Außenperspektive eine zweite wichtige Funktion her, die stärker ideologisch-diskursiver Natur ist. Durch die Präsentation der Ereignisse primär vom Wahrnehmungsstandpunkt der Grenzgänger-Figur aus, d. h. von einem Standpunkt außerhalb der Normensysteme der konfligierenden Parteien, erhält diese Darbietung einen Aspekt von Distanziertheit, der dem Zuschauer die Möglichkeit suggeriert, er könne sich selbst ein objektives Bild des Dargestellten machen. Zugleich ist die Position des Grenzgängers meist insofern profiliert, dass sie von einem grundsätzlichen Informationsmangel ausgeht: Die Außenperspektive des Grenzgängers besitzt in gewissem Umfang auch der Zuschauer und wie die Grenzgänger-Figur muss sich auch der Zuschauer selbst erst durch eigene Investigation Kenntnisse erwerben über die vor allem normensystemische Konstitution der zwei oppositionären Räume sowie über die Hintergründe und Ursachen für einen eventuell bestehenden Konflikt zwischen den beiden. In dieser Hinsicht teilen sich Zuschauer und Grenzgänger etwa denselben Wissenshorizont, was den Grenzgänger vergleichsweise unaufwändig zu einer intuitiven und effektiven Identifikationsfigur des Zuschauers macht. Die Funktion, die sich auf Grundlage dieser Implikationen für die Grenzgänger-Figur ergibt, entspricht ungefähr der einer Repoussoir-Figur der klassischen Malerei[12]: sie schafft bzw. wahrt – infolge ihres eigenen geographisch-normativ externen Herkunftskontexts – Distanz zum Geschehen und hat – in ihrer Bedeutung als direktive Identifikationsfigur – gleichzeitig eine grundlegend initiierende Relevanz, führt den Zuschauer also in ein Geschehen und dessen Zusammenhänge ein. Die zweite dominante Funktion der Grenzgänger-Figur ist somit die der *Orientierung* des Zuschauers. Ist diese Funktion in einem Text überproportional ausgeprägt und weitestgehend von der der Mediation entkoppelt, tendiert die Grenzgänger-Figur zur Figur des Wanderers, der nach dem Modell der Bildungsreise mit mehr oder weniger ausgeprägtem Eigeninteresse die verschiedenen oppositionären Räume nur durchstreift, deren Besonderheiten und Daseinsformen erfährt und zum Katalysator eigener psychischer Transformationen werden lassen kann.

[12] Repoussoir-Figuren sind Figuren, die mit dem Rücken zum Betrachter sozusagen an den vorderen Rand eines Bildes gemalt werden, um sowohl die Abgeschlossenheit des Bildraum zu markieren als auch den Blick des Betrachters ins Bildinnere und in die Bildtiefe zu lenken. – Vgl. dazu etwa Zirpolo 2008, S. 366.

Die Grenzgänger-Figur in der Fantastik des Anime

Eine Vielzahl an Anime-Geschichten weist eine zweifache Weltausführung dergestalt auf, dass intradiegetisch neben einer realistisch gestalteten und auch als solche inszenierten Alltagswelt eine zweite fantastische Welt existiert, in die ein Protagonist durch unterschiedliche Umstände hineingezogen wird. In diesen Geschichten hat die Figur des Grenzgängers oft eine zentrale, über ihren gewöhnlich linear-narrativen Einsatz hinausgehende Relevanz, da es oft die Hauptfigur ist, die in ihrem tagtäglichen Leben plötzlich mit einem Problem konfrontiert wird, dessen Lösung sich erst in der fantastischen Parallelwelt ergibt, sobald sie dort durch eigenes Engagement als Grenzgänger-Figur einen Konflikt zwischen zwei verfeindeten Parteien aufgelöst hat. Zugrunde liegt in diesen Fällen also eine einfache Doppelungsstruktur, indem einer Normalwelt eine fantastische Welt gegenübergestellt wird, wobei sowohl in der einen wie in der anderen eine Problematik auftaucht, die der Einflussnahme der Hauptfigur bedarf; ist das Problem in der Parallelwelt behoben, ist die Hauptfigur bereit und nun auch fähig, sich ihrem (oft persönlichen) Problem in der Normalwelt zu stellen.[13] Als Beispiel, an dem diese Doppelung sowie das inzwischen entwickelte Konzept der Grenzgänger-Figur exemplarisch vorgestellt werden soll, dient im Weiteren Hayao Miyazakis *Chihiros Reise ins Zauberland* (2001).

Dieser Anime kreist zentral um die Aspekte von Verlust und Wiedererlangung. Er beginnt mit dem Umzug der kleinen Chihiro und ihrer Eltern in eine neue Stadt, wobei Chihiro bereits während der Autofahrt über den Verlust ihrer Schulfreunde trauert. Als das Auto unterwegs zu ihrer neuen Wohnung in einem Wald stecken bleibt, verlässt die Familie es und gelangt durch einen Tunnel in eine menschenleere, jahrmarktähnliche Umgebung, wo auf einer Theke duftendes Essen Chihiros Eltern dazu verleitet, sich hemmungslos darüber herzumachen, ohne zu wissen, dass es für die Götter bestimmt war. Zur Strafe werden die Eltern in Schweine verwandelt und in dieser Gestalt für das Bankett der Götter im nahegelegenen göttlichen Badehaus gemästet, während sich Chihiro ebendort als Bedienstete verstecken kann. Sie muss schwere Arbeit leisten, entwickelt besonders im Umgang mit den unterschiedlichen Göttern ein starkes Selbstbewusstsein und freundet sich mit dem Zauberlehrling Haku an. Zudem erfährt sie von den Zwistigkeiten, die im Hintergrund zwischen Yubaba, einer Zauberin und zugleich Besitzerin des Badehauses, und deren ebenfalls magisch befähigter Zwillingsschwester Zeniba bestehen: Yubaba hat Zeniba ein Zaubersiegel gestohlen, um

[13] Wertet man, wie es naheliegt, die Konfliktbewältigung in der Parallelwelt als Vorprüfung, ist in dieser Doppelung ein klassisches Märchenmotiv zu erkennen; vgl. etwa Meletinskii/Nekljudov/Sergeevna u. a. 1969/1986, S. 204f. – Siehe zum Begriff der Vorprüfung bzw. „Vorprobe" auch Propp 1972, S. 209–212.

dessen Besitz ein handfester Konflikt entbrannt ist, in dem Haku in Gestalt eines Drachens auf der Seite Yubabas kämpft. Chihiro gelingt es, das Zaubersiegel in ihre Gewalt zu bringen und es der rechtmäßigen Besitzerin Zeniba zurückzugeben. Auf diese Weise wird der Großkonflikt zwischen Yubaba und Zeniba aufgelöst, und als Chihiro daraufhin zu Yubaba zurückkehrt, darf sie nach einer Prüfung – sie muss ihre in Schweine verwandelten Eltern in einer Horde von Schweinen erkennen – mit ihren Eltern, die ihre menschliche Gestalt zurückbekommen haben, durch den Tunnel in die Normalwelt zurückkehren. Bevor sie jedoch die fantastische Welt verlässt, versichert ihr Haku, dass sie sich wiedersehen werden.

Die Doppelungsstruktur zweier paralleler Welten ist hier unübersehbar ausgestaltet und nicht nur dadurch hervorgehoben, dass der Eintritt in die und der Austritt aus der fantastischen Welt durch das gleiche klassische, sicher von Carroll[14] inspirierte Motiv der Tunnelpassage markiert wird, sondern auch dadurch, dass bei der zweiten Passage exakt dasselbe Bildmaterial wie bei der ersten verwendet wurde, d. h. für die Animation beider Filmstellen auch formal zwei Mal die exakt gleichen Bildfolien genutzt wurden, wodurch zweierlei bewirkt wird.[15] Einerseits erscheint die Tunnelpassage als klare strukturelle Grenze, durch die die Erzählung eine Rahmen-Binnen-Aufteilung erhält, die den Bereich des Fantastischen von jenem des Realen bzw. Alltäglichen absetzt. Andererseits impliziert die Verwendung des exakt gleichen Bildmaterials beim Ein- wie beim Austritt – nicht einmal die Bewegungsrichtung wurde bei der zweiten Passage in Bezug zur ersten umgekehrt – eine Kontinuität der Bewegung sowie zugleich eine Elimination der fantastischen Episode, da die Identität der Bewegungsrichtung und -kontinuität logisch darauf hinausläuft, dass die Figuren sich nicht von der Stelle bewegt haben und letztlich entweder paradoxerweise oder infolge einer Kreisbewegung wieder dort herauskommen, wo sie eingetreten sind.[16] Welchen Zweck erfüllt dann aber die Episode in der fantastischen Welt, wenn diese durch den strukturellen Rahmen wo nicht eliminiert, da doch stark relativiert wird; und welche Funktion kommt in diesem Zusammenhang Chihiro als Grenzgänger-Figur in der fantastischen Welt zu?

Die Ausgangssituation der Geschichte bildet ein Umstand größter Alltäglichkeit:[17] Der Umzug in eine neue Stadt führt dazu, dass Chihiro, die ihre Schulkame-

---

[14] Vgl. Carroll 1939, S. 18: „The rabbit-hole went straight on like a tunnel" und mündet letztlich in die fantastische Welt des „Wonderland".

[15] Fahrlässigkeit oder auch die Wahl dieses Animationsmittels zur bloßen Reduktion der Produktionskosten sind auszuschließen im Falle Miyazakis, der für seinen hohen unbedingten Qualitätsanspruch geradezu berüchtigt ist; vgl. etwa Lamarre 2009, S. 87.

[16] Chihiros Eltern haben außerdem keinerlei Erinnerung an die fantastische Welt.

[17] Zudem sind Schulwechsel fast topisch zu nennende Aufhänger für Anime-Erzählungen; vgl. u. a. Yoshihiro Takamoto: *Tenchi in Tokyo* (1997); Akitaro Daichi: *Jubei-chan – The Ninja Girl* (1999); Naoyuki Itô: *Kanon* (2002); Toshiaki Komura: *Pretty Cure Splash Star* (2006/07);

raden zurücklassen muss, scheinbar zum ersten Mal intensiv mit der Problematik des Verlusts konfrontiert wird. Diese fast banale austauschbare Problematik wird durch das fantastische, einmalige Abenteuer in der Fantasiewelt parallelisiert und, indem es auf diese Weise aus dem Kontext des Alltäglichen herausgeführt wird, zu einem ganz besonderen Ereignis gemacht. Die kleine Agonie im Gewöhnlichen, von der die Normalwelt keine Notiz nimmt, wird in eine global relevante Begebenheit übersetzt, von deren positivem wie negativem Ausgang das Schicksal einer ganzen (fantastischen) Welt abhängt. In dieser Hinsicht dient die Doppelungsstruktur zweier formal miteinander verknüpfter Welten dazu, den Grad an emotionaler Involviertheit und Empathie des Zuschauers zu steigern und an das an und für sich belanglose Los Chihiros zu binden. Dadurch gelingt es dem Film, einen metaphorischen Einblick in die Gefühlslage der Hauptfigur zu gewähren und einen Eindruck von ihrer emotionalen Mitgenommenheit zu vermitteln. Die emotionalen Turbulenzen, die sich beim Zuschauer insbesondere infolge der Fantasiewelt-Episode einstellen, übertragen sich als Empathie auf das Geschick Chihiros insgesamt. Eine Funktion der Weltdoppelung kann damit als argumentationspsychologisch motiviert bezeichnet werden.

Die Parallelisierung der normalen mit der fantastischen Welt ist jedoch weiter ausdifferenziert, denn dem banalen, da eingeschränkten „Verlust" der Klassenkameraden in der Wirklichkeit entspricht der hochrangigere, da quasi unumkehrbare Verlust der Eltern in der fantastischen Welt, werden diese dort doch, in Schweine verwandelt, zur Speise für die Götter bestimmt und damit durch den Tod bedroht. So erhält nicht nur die reale Welt eine fantastische Doppelung, sondern zugleich werden die Strukturen dieser durch entsprechende Strukturen in jener nachgestaltet: Eine gravierende Problematik substituiert eine leichtwiegende, wobei gleichzeitig die Bewältigung der erstgenannten die Lösung der zweiten auf direktem oder indirektem Wege mitbewirkt bzw. diese Interdependenz auf jeden Fall durch den Text nahegelegt wird. Auf diese Art fungiert das Abenteuer Chihiros in der fantastischen Welt als Katalysator für die Überwindung ihres realweltlichen Problems oder – interpretiert man streng und unter Berücksichtigung der Klammerstruktur, durch die die Episode in der fantastischen Welt geradezu als etwas nicht wirklich Geschehenes ausgeschieden wird – als Metaphorisierung und komplex ausdifferenzierte Veranschaulichung der „innerseelischen" Prozesse Chihiros; und damit als Darstellung der Entwicklung, die sie als Hauptperson zumindest in der fantastischen Welt von einem furchtsamen, von Verlustängsten bestimmten Zustand zu einem des Selbstbewusstseins und der Durchsetzungsfähigkeit durchmacht. Allerdings ist es fraglich, inwieweit diese Entwicklung Chi-

Nobuhiro Takamoto: *Tokimeki Memorial Only Love* (2007); Toshiyuki Kato: *Code-E* (2008); Ei Aoki: *Wandering Son* (2011); Masahiko Ohta: *Kotoura-san* (2013) etc.

hiros in der fantastischen Welt auf die Realwelt übertragbar ist, zumal es, wie die identische Gestaltung der Tunnelpassage impliziert, keine tatsächliche, keine über den Bereich des Fantastischen hinauswirkende Entwicklung zu geben scheint, da sich Chihiro an diesen entscheidenden und formal betonten Stellen des Films nach wie vor derart ängstlich an ihre Mutter klammert, dass diese kaum zu gehen vermag.[18] Unter diesen Implikationen wäre in der Episode in der fantastischen Welt eine Präfiguration einer möglichen äquivalenten Entwicklung Chihiros in der Realwelt zu sehen, die durch das Versprechen Hakus, Chihiro bald wieder zu treffen, bereits in der fantastischen Welt initiiert wird. Der Blick, den Chihiro nach der Rückkehr durch den Tunnel und vor dem Besteigen des Autos zurückwirft, unterstützt diese These insofern, dass die zentrale Problematik der Realwelt – der Verlust der Klassenkameraden – aktualisiert wird, denn Chihiro blickt durch den Tunnel zu niemand anderem zurück als zu Haku, ihrem Freund in der fantastischen Welt, der ihr eben noch sein Treueversprechen gegeben hat, dessen Inhalt und/oder dessen Wirkung auch jetzt in der Realwelt seine Gültigkeit behält. Narrativer Hauptzweck der fantastischen Welt – und das gilt im Wesentlichen für die breite Masse vergleichbarer Anime-Filme – ist demnach die Illustration, Metaphorisierung, Präfiguration oder Katalyse einer Entwicklung der Hauptfigur über eine aktuelle realweltliche Problematik hinaus.

In diesem Zusammenhang muss auch Chihiro und ihre Funktion als Grenzgänger-Figur bewertet werden. Zweifellos kommt ihr dieser Status in der fantastischen Welt in idealtypischer Weise zu, da sie sich aus einem im Verhältnis zu den semantischen Räumen von Yubaba und Zeniba externen dritten Raum in diese beiden konfligierenden Räume begibt, zwischen ihnen hin- und herwechselt und letztlich eine Konfliktaufhebung erwirkt, da sie die in der oben aufgestellten Systematik als III, 1a klassifizierte Lösungsmöglichkeit verwirklicht, indem sie durch die Rückgabe des Zaubersiegels an die rechtmäßige Besitzerin zur Realisierung der *rechten Option* beiträgt. Auf der Ebene der fantastischen Welt erfüllt sie damit eindeutig die Aufgabe der Mediation, d. h. des Interessenausgleichs, und der Konfliktlösung, wobei dem Zuschauer ihr Handeln und ihre letztlich parteiische Entscheidung zugunsten der bestohlenen Zeniba durch ihre zusätzliche Orientierungs-Arbeit plausibel und akzeptabel gemacht werden. Diese Orientierungs-Arbeit, die aus der Tatsache erwächst, dass sich auch Chihiro, die als normative Identifikationsfigur des Zuschauers fungiert, in einer ihr völlig fremden Welt zurechtfinden muss, führt dazu, dass die oppositionären Charaktere entsprechend der oben beschriebenen Variante I, 1b differenziert wahrgenommen

[18] Gerade aufgrund dieser offensichtlichen Unreife scheint es falsch, wie Yamanaka sowohl von einer „new emotional and psychological maturity“ (2008, 238) Chihiros als auch davon zu sprechen, dass sie „by the end of the story [...] finds the power within to not only free her parents, but to free herself from her childhood dependency“ (ebd., 243).

werden: Zeniba benutzt zwar Gewalt, doch scheint dieses Mittel vom Standpunkt Chihiros aus gesehen gerechtfertigt zu sein, da ihr als Beraubter keine anderen Möglichkeiten zur Verfügung zu stehen scheinen, um ihr Interesse durchzusetzen; Yubaba hingegen wird zwar klar als selbstsüchtige, rücksichtslose Figur vorgeführt, die überaus fürsorgliche und liebevolle Art und Weise, wie sie sich um ihr „Baby" – eine überdimensionierte Säuglingsgestalt – kümmert, relativiert jedoch ein absolutes Negativurteil über sie. Interpretiert man schließlich Chihiros Wirken in der fantastischen Welt auf der Ebene ihres realweltlichen Problems, lässt sich argumentieren, dass sie mit dem Konflikt in der fantastischen Welt *in effigie* ihr eigenes Problem in der Realwelt löst. Nicht zufällig bildet den Auslöser des fantastischen Konflikts ebenfalls eine Form des Verlusts, nämlich die Beraubung Zenibas um das für sie eminent wichtige Zaubersiegel. Um diesen Verlust rückgängig zu machen, bedarf es eines extremen Selbstbewusstseins und großer Eigenständigkeit seitens Chihiros und exakt dies sind die Anforderungen, dank derer es ihr nicht nur gelingt, ihre Eltern zu retten, sondern auch sicher gelingen wird, den Verlust ihrer alten Schulfreunde durch das Schließen neuer Freundschaften in ihrer neuen Schule zu kompensieren. Als Grenzgänger-Figur in der fantastischen Welt begegnet sie demnach elementar den Zusammenhängen von Verlust und erlangt zugleich Kenntnis darüber, wie dieser überwunden bzw. wie eine Wiedererlangung erreicht werden kann – Erfahrungen, mittels derer sie die Schwierigkeiten in ihrer realen Welt zu bewältigen in der Lage sein wird.

Bibliographie

Filmographie

Chihiros Reise ins Zauberland. Japan 2001, Hayao Miyazaki (DVD: Universum Film GmbH). Code-E. Japan 2008, Toshiyuki Kato.
Crying Freeman. Japan 1988–1994, Daisuke Nishio, Johei Matsuura, Nobutaka Nishizawa, Shigeyasu Yamauchi, Takaaki Yamashita (DVD: ADV Films).
Flag – The Movie. Japan 2006, Ryōsuke Takahashi (DVD: OVA Films).
Jubei-chan – The Ninja Girl. Japan 1999, Akitaro Daichi (DVD: Media Blasters).
Kanon. Japan 2002, Naoyuki Itō (DVD: ADV Films).
Kite. Japan 1998, Yasuomi Umetsu (DVD: Media Blasters).
Kotoura-san. Japan 2013, Masahiko Ohta.
Perfect Blue. Japan 1997, Satoshi Kon (DVD: AL!VE).
Pretty Cure Splash Star. Japan 2006/07, Toshiaki Komura (DVD: Marvelous AQL).
Spriggan. Japan 1998, Hirotsugu Kawasaki (DVD: OVA Films).
Summer Wars. Japan 2009, Mamoru Hosoda (DVD: Warner Bros. Pictures).
Tenchi in Tokyo. Japan 1997, Yoshihiro Takamoto (DVD: Funimation Entertainment).
Tokimeki Memorial Only Love. Japan 2007, Nobuhiro Takamoto.
Urotsukidōji – Perfect Collection. Japan 1987, Hideki Takayama (DVD: Anime 18).
Wandering Son. Japan 2011, Ei Aoki (DVD: Aniplex).

Primärliteratur

Carroll, Lewis: Alice's Adventures in Wonderland. In: Ders.: The Complete Works of Lewis Carroll. With an Introduction by Alexander Woollcott and Illustrations by John Tenniel. New York 1939, S. 17–132. (EA 1865)

Sekundärliteratur

Bichler, Michelle: Anime sind anders. Produktanalytischer Vergleich amerikanischer und japanischer Zeichentrickserien. Marburg 2004.
Eimermacher, Karl (Hg.): Semiotica Sovietica 1. Sowjetische Arbeiten der Moskauer und Tartuer Schule zu sekundären modellbildenden Zeichensystemen (1962–1973). Hg. und eingeleitet von Karl Eimermacher. Übersetzt von Adelheid Schramm-Meindl sowie Hannelore und Holger Siegel, Grete Schulga und Wolfram Eggeling. Aachen 1986.
Krah, Hans: Einführung in die Literaturwissenschaft/Textanalyse. Kiel 2006.
Kuhn, Markus: Filmnarratologie. Ein erzähltheoretisches Analysemodell. Berlin, New York 2011.
Lamarre, Thomas: The Anime Machine. A Media Theory of Animation. Minneapolis 2009.
Lotman, Jurij M.: Die Struktur literarischer Texte. München 1972.
Lotman, Jurij M., Boris A. Uspenskij, Vjačeslav V. Uspenskij u. a.: Thesen zur semiotischen Erforschung der Kultur (in Anwendung auf slavische Texte) (1973). In: Eimermacher 1986, S. 85–118.

Meletinskii, Eleazar Moiseevich, Sergej Ju. Nekljudov, Elena Sergeevna Novik und Dimitri M. Segal, Probleme der strukturalen Beschreibung des Zaubermärchens (1969). In: Eimermacher 1986, S. 199–283.

Napier, Susan Jolliffe: Anime. From Akira to Howl's Moving Castle. Experiencing Contemporary Japanese Animation. New York, Basingstoke 2005.

Patten, Fred: Watching Anime, Reading Manga. 25 Years of Essays and Reviews. Berkeley 2004.

Propp, Vladimir: Morphologie des Märchens. Herausgegeben von Karl Eimermacher. München 1972.

Deutsches Filmmuseum, Deutsches Filminstitut, Museum für Angewandte Kunst Frankfurt (Hg.): Ga-Netchū! Das Manga Anime Syndrom. Berlin, Leipzig: Henschel 2008.

Renner, Karl Nikolaus: Grenze und Ereignis. Weiterführende Überlegungen zum Ereigniskonzept von J. M. Lotman. In: Gustav Frank und Wolfgang Lukas (Hg.): Norm – Grenze – Abweichung. Kultursemiotische Studien zu Literatur, Medien und Wirtschaft. Michael Titzmann zum 60. Geburtstag. Passau 2004, S. 357–381.

Wünsch, Marianne: Die fantastische Literatur der frühen Moderne (1890–1930). Definition, Denkgeschichtlicher Kontext, Strukturen. München 1991.

Yamanaka, Hiroshi: The Utopian „Power to Live". The Significance of the Miyazaki Phenomenon. In: Mark Wheeler Macwilliams (Hg.): Japanese Visual Culture. Explorations in the World of Manga and Anime. Armonk, London 2008, S. 237–255.

Zirpolo, Lilian H.: Historical Dictionary of Renaissance Art. Lanham, Toronto, Plymouth, 2008.

Abbildungsverzeichnis

Die fantastische Karen Blixen

Radka Slouková

Das komplizierte Schicksal von Karen Blixen ist vor allem dank des erfolgreichen amerikanischen Films *Jenseits von Afrika* (USA 1965, Regie: Sidney Pollack) bekannt. Mit ihrem literarischen Schaffen ist die breite Öffentlichkeit aber weniger vertraut. Karen Blixen war nicht nur eine starke Frau, die allein über elf Jahre hinweg eine Farm in Afrika geführt hat und ihre Erlebnisse im gleichnamigen Roman mit autobiografischen Zügen geschildert hat, sondern auch eine Frau mit einer ausgeprägten Fantasie und Vorliebe für das Erzählen. Ihr literarischer Durchbruch *Sieben fantastische Geschichten* (1934) wurde schnell zum internationalen Erfolg. Weil hier schon im Titel das Wort „fantastisch" erscheint, wird Blixen oft direkt zu den Autoren der fantastischen Literatur gezählt. Doch ist es wichtig zu erläutern, was die Autorin selbst unter diesem Begriff verstanden hat. Denn ihr geht es in erster Linie nicht um unrealistische oder übernatürliche Elemente, sondern um die Betonung der Fantasie, der Vorstellungskraft und der Träume. Für Blixens Werk ist typisch, dass Realität und Traum verschmelzen, dass Identitäten sich vermischen und dass dies in einer idealisierten romantischen Zeit geschieht, die genug Platz für Fantasie bietet. Karen Blixen überquert die Grenze zwischen Sprachen und Literaturen und zwischen verschiedenen Rezipientenkreisen. In meinem Beitrag möchte ich zeigen, dass sie auch an der schmalen Grenze der Fantastik balanciert.

Es gibt zwei Anstöße zu diesem Beitrag: Zum einen jährte sich vor ein paar Tagen Blixens Todestag zum 50. Mal, weshalb auch ich mit meinem Beitrag der bewundernswerten dänischen Baronesse Ehre bezeugen möchte.[1] Zum anderen bin ich im Internet auf eine enttäuschte Reaktion auf Blixens Buch *Sieben fantastische Geschichten* gestoßen. Der anonym bleibende Leser macht dabei auf den irreführenden Titel aufmerksam: „Die Geschichten sind nicht so *phantastisch*, wie der Titel nahe legt, sondern streifen das Übernatürliche, wenn überhaupt, nur ganz

[1] Karen Blixen starb am 7. 9. 1962, der Vortrag, der diesem Beitrag zugrunde liegt, wurde am 13. 9. 2012 gehalten.

zart".[2] Man kann die Verwirrung des Lesers gut verstehen: Für manche ist das entscheidende Merkmal der fantastischen Literatur die Anwesenheit von übernatürlichen Elementen. Wenn man nichts Näheres über Karen Blixens Werk weiß, erwartet man von einem Buch mit dem Titel *Sieben fantastische Geschichten* alles Mögliche: von Horrorgeschichten über Erzählungen mit märchenhaften verzauberten Gegenständen bis zur Science Fiction mit Figuren aus anderen Welten. Aber nichts davon wird der Leser hier finden. Im Gegenteil: Er liest manchmal kompliziert gestaltete und auf der Oberfläche oft realistisch wirkende Rahmenerzählungen über die Adeligen im 19. Jahrhundert. Übernatürliche Elemente finden wir nur in zwei dieser sieben Geschichten: *Der Affe* und *Ein Familientreffen in Helsingör*. In beiden Erzählungen erscheint etwas Unglaubliches, was den Leser innehalten lässt, wenn er es mit der realen Wirklichkeit vergleicht. Mit anderen Worten das, was der Klassiker der fantastischen Theorie Tzvetan Todorov als Merkmal der Fantastik nennt: die Unschlüssigkeit des Lesers.[3] Wie soll man aber die anderen fünf Geschichten charakterisieren, die diesem Verständnis der Fantastik nicht entsprechen? Um auf diese Frage antworten zu können, müssen wir den Blick zuerst vom Werk zurück auf die Schriftstellerin selbst richten, denn für das Entdecken fantastischer Züge in der Sammlung *Sieben fantastische Geschichten* ist Blixens persönliche Auffassung der Fantastik von großer Bedeutung.

Karen Blixen hat ihre Geschichtensammlung zuerst auf Englisch geschrieben und im Jahre 1934 unter dem Pseudonym Isak Dinesen in den USA herausgegeben. Der Titel lautete *Seven Gothic Tales*. Blixen hat ihre Geschichten dann selbst ins Dänische übersetzt und sie sind nach einem Jahr unter dem Titel *Syv fantastiske fortællinger* erschienen. Bei der Übersetzung griff die Autorin in den Text ein, sie benutzte zum Beispiel eine vielfältigere Sprache und dramatisierte die Situationen stärker. Die dänische Version wird sogar oft als Interpretationsschlüssel zum englischen Text betrachtet.[4] Hier stellt sich die Frage, warum Blixen ihr literarisches Debüt auf Englisch geschrieben hat und nicht gleich in ihrer Muttersprache Dänisch. Es gab mehrere Gründe für den Sprachwechsel: neben persönlichen (Blixen lebte elf Jahre in Afrika und sprach dort vor allem Englisch) auch ökonomische (sie sah im englischsprachigen Raum größere Chancen für den Verkauf ihres Buches).[5] Es gibt jedoch noch einen weiteren, für unser Thema sehr interessanten Grund: die Möglichkeit, an die Tradition der *Gothic novel* in der angelsächsischen Literatur anzuknüpfen.

---

2 http://www.amazon.de/Sieben-phantastische-Geschichten-Tania-Blixen/dp/3421019495, 16. 3. 2013.

3 Vgl. Todorov 1972, S. 26.

4 Zu den konkreten Unterschieden zwischen der englischen und dänischen Ausgabe von *Sieben fantastische Geschichten* siehe z. B. Bredsdorff 1985, S. 275–93.

5 Zu Blixens Zweisprachigkeit sieh z. B. Klünder 2000, S. 54–56.

Durch die Verwendung des Begriffs *gothic* im ursprünglichen Titel zeigt Blixen von Anfang an, dass ihre Geschichten in der Nachfolge der angelsächsischen *Gothic novels*, also der Schauerromane stehen sollten. In einem Interview sagte sie sogar: „When I used the word Gothic, I didn't mean the real Gothic, but the imitation of the Gothic, the Romantic Age of Byron, the age of the man – what was his name? – who built Strawberry Hill, the age of the Gothic revival".[6] Karen Blixen ist hier der Name von Horace Walpole entfallen. Dieser britische Schriftsteller, zugleich ein begeisterter Architekt, begründete den architektonischen Stil der Neugotik durch den Umbau seines Landhauses in ein bizarres gotisches Schloss mit dem Namen Strawberry Hill (das Schloss in der Geschichte *Der Affe* ist Walpoles Sitz sehr ähnlich).[7] Sein Roman *Das Schloss von Otranto* gilt als der erste Schauerroman und Walpole deshalb als Begründer der *Gothic novel.* An diese literarische Tradition wollte Karen Blixen mit ihrer Sammlung anknüpfen.

Für die *Gothic novel*, also für englische Schauerromane des 19. Jahrhunderts, gilt, dass sich die Autoren gegen die der faktischen Realität verpflichteten Werte der Aufklärung gewandt hatten und dagegen das Unheimliche und Unerklärbare betonten. Die Handlung spielt häufig im historischen oder pseudohistorischen Kolorit (in einem alten Schloss, Kloster oder einer Ruine). Es kommen unheimliche oder übernatürliche Gestalten vor, oft Sendboten einer verborgenen Macht, typisch für die Gattung sind Nacht-, Verfolgungs- und Beschwörungsszenen. Auch Spannungs- und Überraschungseffekte gehören zu den Charakteristika.[8]

In Blixens Sammlung finden wir einige dieser Züge. Ihre Geschichten spielen sich im 19. Jahrhundert in adeligen Kreisen ab, wo alte geheimnisvolle Schlösser und Kloster nicht fehlen dürfen. Übernatürliches finden wir in den beiden erwähnten Geschichten: den Geist des hingerichteten Bruders in *Ein Familientreffen in Helsingör* und die seltsame Metamorphose der Priorin in *Der Affe*. Allgemein gibt es aber bei Blixen keine auffälligen Spuren von Schauer oder Horror. Sie wollte den Leser nicht primär erschrecken, sondern ihn eher mit psychologischen Mitteln zum Nachdenken über die unsichtbaren schauerlichen, im Menschen schlummernden Kräfte veranlassen. Eine ähnliche Schlussfolgerung zieht auch Else Brundbjerg in ihrer Abhandlung über Karen Blixen:

> „Auch Karen Blixen zeigt in ihren gothischen Erzählungen diese Dualität bei den Menschen [Anspielung auf Frankenstein-Figur], aber die Mystik im gothischen Verstand mit rasselnden Skeletten und gruseligen Gespenstern finden wir bei ihr nicht. [...] sie konnte in der gothischen Erzählung alles Gebundene und Eingeschlossene in den Menschen ausdrücken und den Drang dieser Kräfte nach Freilassung."[9]

---

6 Aus dem Interview für *The Atlantic Monthly* zitiert nach Brundbjerg 2000, S. 213.

7 Vgl. Chalcraft, Viscardi 2007, S. 7.

8 Vgl. z. B. Metzler Literatur Lexikon 1990, S. 183.

9 „Også Karen Blixen viser i sine gotiske fortællinger denne dobbelthed hos mennesker, men

Zur näheren Analyse der fantastischen Züge in Blixens Sammlung habe ich die Geschichte *Der Affe* ausgewählt. Die Handlung spielt in der ersten Hälfte des 19. Jahrhunderts in Preußen. Der junge Adlige Boris kommt zu Besuch zu seiner Tante, die Äbtissin oder Priorin eines Klosters ist und einen Affen hat, den sie sehr liebt. Einmal pro Jahr verschwindet der Affe allerdings für ein paar Wochen, weil er vom freien Leben angelockt wird. Boris kommt ins Kloster gerade zu der Zeit, als der Affe nicht anwesend ist. Er bittet die Tante um Hilfe: es würden sich Verleumdungen über seine Homosexualität verbreiten, weshalb er möglichst schnell heiraten sollte. Die Priorin schlägt die Heirat mit Athene, einem Mädchen aus der Umgebung, vor und Boris reitet gleich zu ihrem Vater, der ihm die Hand seiner Tochter verspricht. Doch am nächsten Tag erreicht ihn per Brief eine Absage, weil Athene niemals und niemanden heiraten möchte. Die Priorin greift in die Handlung ein und lädt Athene zu einem Abendessen ein, bei dem sie sie unter Alkohol zu setzen versucht, um so ihre Entscheidung zu ändern. Sie verabreicht Boris sogar einen Liebestrank, worauf er – von diesem gestärkt und berauscht – in Athenes Schlafzimmer einbricht. Während des Kampfes zwischen den beiden jungen Leuten gelingt es Boris, Athene zu küssen, wonach sie in Ohnmacht fällt. Man kann annehmen, dass Blixen hier eigentlich eine Vergewaltigung beschreibt. Am nächsten Tag will Athene abreisen, die Priorin überzeugt das unerfahrene Mädchen aber, dass es nach einer solchen Nacht mit Sicherheit ein Kind erwarte und deshalb Boris heiraten müsse. Der Plan der Priorin wäre sicher aufgegangen, wäre nicht plötzlich der Affe aufgetaucht. Die alte Priorin ist zu Tode erschrocken und flieht (überraschend gelenkig) vor dem Affen. Das Tier ergreift sie jedoch, und es kommt zu einer merkwürdigen Metamorphose, denn die Priorin verwandelt sich in den Affen und der Affe in die Priorin. Das mystische Erlebnis bringt Boris und Athene einander näher. Die meisten Analysen dieser Geschichte gehen davon aus, dass die wirkliche Priorin eigentlich die ganze Zeit weg war, weil sich ihre unterdrückte wilde Natur für ein paar Wochen ausleben musste, und dass Boris die ganze Zeit mit dem Affen, verwandelt in die Gestalt der Priorin, zu tun hatte.

Die Geschichte erfüllt fast alle Forderungen an die Schauerliteratur, wie wir sie oben definiert haben. Die Handlung spielt in einer vergangenen Zeit und an zwei Orten: in dem alten Kloster und auf dem alten Schloss von Athenes Vater. Die übernatürliche Gestalt ist hier die Priorin, die eigentlich die ganze Zeit durch den Affen vertreten wird. Der Affe symbolisiert zugleich eine verborgene Macht – die unterdrückten Triebe des Menschen. In der Geschichte gibt es auch eine ganz

---

mystik i gotisk forstand med klaprende skeletter og rædselsvækkende gengangere finder vi ikke hos hende. [...] hun kunne i den gotiske fortælling give udtryk for alt det bundne og indespærrede i mennesker og disse kræfters trang til frigørelse." Brundbjerg 1995, S. 123, Übersetzung RS.

gespenstische Szene: als Boris in der Nacht Athenes' Schloss zu Pferde verlässt und sich von dem Affen verfolgt fühlt. Die unerwartete Metamorphose des Affen und der Priorin ist sehr überraschend und die sich schnell entwickelnde Handlung sorgt für die spannende Atmosphäre.

In *Der Affe* kommen aber nicht nur diese typischen Züge der *Gothic novel* zur Geltung, sondern auch verschiedene versteckte Anspielungen auf die Schauerliteratur selbst. Zur Demonstration habe ich drei Beispiele ausgewählt. Am Anfang erfahren wir, dass die Priorin den Affen von ihrem Cousin Admiral von Schreckenstein bekommen hat. Der Schrecken als Begleiteffekt der Schauerliteratur wird hier also gleich in den Namen eingearbeitet. Der zweite Teil des Namens – stein – erinnert zugleich an die bekannte Figur der Schauerliteratur, nämlich Frankenstein. Es wird weiter in der Geschichte erzählt, dass Athenes Vater früher in Paris bei der Premiere seiner eigenen Tragödie *Undine* anwesend war. Wie bekannt, ist *Undine* eine Zauberoper des Hauptvertreters der deutschen romantischen Schauerliteratur E.T.A. Hoffmann. Karen Blixen hat Hoffmanns Geschichten gern gelesen und als sie in einem Interview befragt wurde, mit welchen Schriftstellern sie sich verwandt fühle, nannte sie den deutschen Romantiker an erster Stelle. Die Figur des Affen erinnert zugleich an einen anderen von Blixen sehr geschätzten Schriftsteller: Edgar Allan Poe und seine Kurzgeschichten *Der Doppelmord in der Rue Morgue* und *Froschhüpfer*, in denen auch ein Affe vorkommt. Blixens Geschichte endet damit, dass der Affe auf eine Büste Immanuel Kants springt und von dort aus die drei Menschen im Raum beobachtet. Sie verweist hier auf den Hauptvertreter der Aufklärung und des Rationalismus. Der Affe springt auf Kants Kopf und damit endet alles Geheimnisvolle und Unglaubliche, denn die Priorin wird wieder zur Priorin und der Affe zum Affen.

Blixen äußert hier – ähnlich wie die Autoren der klassischen Schauerliteratur – eine versteckte Kritik am Rationalismus, welcher die Phantasie zu stark unterdrücke. Blixens Geschichte *Der Affe* enthält unbestreitbar viele Züge der klassischen *Gothic novel*. Das ist einer der Gründe dafür, dass *Sieben fantastische Geschichten* so erfolgreich in den USA aufgenommen wurde (als der Band erschien, wurde er sogar zum Buch des Monates gewählt).[10] Zugleich ist dies aber auch einer der Gründe, weshalb die Sammlung in Dänemark auf Unverständnis stieß. Einige Kritiker verstanden zwar die literarische Qualität des Werkes, andere aber waren sehr empört und bezeichneten Blixens Geschichten sogar als „pervers".[11] Dies nahm Karen Blixen mit Bedauern auf, sie war sich aber des Grundes bewusst: die fehlende Tradition des Schauerromans im dänischen Kulturraum. In einem Interview über die Sammlung sagte sie:

---

[10] Vgl. Klünder 2000, S. 20.

[11] Es handelt sich um die Kritik von Frederik Schylberg, die er für die Zeitung *Berlingste Tidende* schrieb. Zu Blixens Reaktion und Enttäuschung über die Kritik siehe Bjørnvig 1985, S. 9.

„In der gesamten dänischen Literatur gibt es nicht ein Buch dieser Art, auf Englisch sind es viele, und sie werden gerne gelesen. Die Engländer lieben so ein Buch voller Unsinn. [...] Mir fällt kein anderes Wort für solche Bücher ein, in denen alles mögliche Phantastische passiert. Sie kennen doch Hoffmanns Märchen? Es ist so etwas in der Art und doch nicht dasselbe. Es ist auch nicht Edgar Poe, aber trotzdem ... wenn wir so auf Dänisch schreiben, muss das eine Enttäuschung für die Leute werden, die ein Buch mit einem Sinn darin erwarten. Und das erwarten dänische Leser immer."[12]

Meiner Ansicht nach verursachte aber nicht nur die fehlende Kenntnis der Schauerliteratur die halbherzige Aufnahme des Buches in Dänemark, sondern auch der verwirrende Titel mit dem Wort „fantastisch" – genau wie dies in dem am Anfang dieses Beitrages zitierten Kundenbrief geäußert wurde. Als Karen Blixen ihre Sammlung auf Dänisch herausgeben wollte, konnte sie das Wort „Gothic" wegen der fehlenden Kenntnis der Schauerliteratur kaum verwenden. Sie entschied sich daher für das Wort „fantastisch". Dadurch verloren aber ihre Geschichten die ursprüngliche Anspielung auf die gespensterhafte Handlung mit der düsteren Atmosphäre und es tauchten stattdessen neue Konnotationen wie „unwirklich" und „merkwürdig" auf. Wie schon angedeutet wurde, erfüllen zwei Geschichten diese Ansprüche. In den anderen gewinnt der Fantastik-Begriff eine subjektive Bedeutung, die Karen Blixen teilweise in einem Interview enthüllte: Der Journalist diskutiert mit ihr über *Der Affe* und macht darauf aufmerksam, dass gerade diese Geschichte viele unnatürliche Ereignisse enthält. Blixen korrigiert ihn: „Nein, es gibt hier nichts Unnatürliches oder Merkwürdiges, das weiß ich aus persönlicher Erfahrung. Es passiert jeden Tag in unseren Klöstern, dass Priorinnen in Affen verwandelt werden."[13] Diese Antwort könnte zwar als ironisch aufgefasst werden, im Kontext von Blixens Werk zeigt sie sich jedoch eher als ernst gemeint.[14] Die übliche Verwandlung der Priorin in einen Affen spiegelt Blixens Auffassung von Fantastik. Sie bedeutet für sie nichts Unnatürliches oder Merkwürdiges, sondern bezieht sich auf natürliche Ereignisse, die die Fähigkeit haben, unsere Fantasie, Vorstellungskraft und Träume zu wecken. Blixens Werk ist voll von diesen Fantasie weckenden Situationen: Die Handlung verläuft in einer idealisierten romantischen Zeit, Identitäten vermischen sich, Realität und Traum verschmelzen und die unterdrückten Triebe beherrschen geheimnisvoll den Menschen. Deshalb kann man mit Rücksicht auf Blixens persönliche Auffassung von Fantastik schluss-

[12] Aus einem Interview für *Politiken*, 1. 5. 1934, zitiert nach Kländer 2000, S. 32–33.

[13] „Nej, det er der ikke noget unaturligt eller usædvanligt i, det ved jeg af personlig erfaring. Det hænder hver eneste dag i vore klostre, at priorinder bliver forvandlet til aber." Henriksen 2008, S. 39–40, Übersetzung RS.

[14] Ähnlich – ohne Ironie – erzählt Karen Blixen in anderen Interviews über die Verwandlung einer Frau in eine Hexe. In Blixens Geschichten tauchen oft hexenähnliche Figuren auf, die aber kein unnatürliches Phänomen darstellen, sondern meist für die emanzipierten Frauen stehen (vgl. Klünder 2000, S. 116).

folgern, dass die Sammlung *Sieben fantastische Geschichten* den Titel völlig zu Recht trägt.

Abschließend möchte ich noch auf den ursprünglichen Arbeitstitel von Blixens Sammlung zu sprechen kommen. Zunächst sah die dänische Baronesse *Tales by Nozdref's Cook* als Titel vor. Nozdref ist der Koch in Gogols Roman *Die toten Seelen*. Eine Koch-Figur finden wir auch in Blixens Werk, und zwar in der vielleicht bekanntesten und erfolgreich verfilmten Geschichte *Babettes Gastmahl* aus der Sammlung *Schicksals-Anekdoten* (1960). Die Hauptperson, Köchin Babette, sagt hier die berühmte Replik „Ich bin ein großer Künstler".[15] Umgekehrt ist die Künstlerin Karen Blixen eine große literarische Köchin. Sie mischt in ihren geheimnisvollen Speisen verschiedene Ingredienzien aus der literarischen Welt, um die Fantasie des Lesers zu wecken. Dabei ist es gleichgültig, ob sie in ihren kulinarischen Werken mehr *Gothic* oder mehr fantastisches Gewürz benutzt und ob sie ihre Gerichte richtig benennt.

Bibliographie

Primärliteratur

Blixen, Tania [= Karen Blixen]: Sieben phantastische Geschichten. Reinbek: Rowohlt 1991.

Blixen, Karen: Babettes gæstebud. In: Skæbne-Anekdoter. København: Gyldendal 1958, S. 29–75.

Sekundärliteratur

Bjørnvig, Thorkild: Pagten. Mit venskab med Karen Blixen. København: Gyldendal 1985.

Bredsdorff, Elias: Isak Dinesen v. Karen Blixen: Seven Gothic Tales (1934) and Syv fantastiske Fortællinger (1935). In: Janet Garton (Hg.): Facets of European Modernism. Norwich: University of East Anglia 1985, S. 275–293.

Brundbjerg, Else: Kvinden, kætteren, kunstneren Karen Blixen. Charlottenlund: Know-Ware 1995.

Brundbjerg, Else (Hg.): Samtaler med Karen Blixen. København: Gyldendal 2000.

Chalcraft, Anna, Judith Viscardi: Strawberry Hill: Horace Walpole's Gothic Castle. London: Francis Lincoln 2007.

Henriksen, Aage: Budbringersken: samlede essays om Karen Blixen 1952 til 2008. København: Gyldendal 2008.

Klünder, Ute: „Ich werde ein großes Kunstwerk schaffen...". Eine Untersuchung zum literarischen Grenzgängertum der zweisprachigen Dichterin Isak Dinesen / Karen Blixen. Göttingen: Vandenhoeck & Ruprecht 2000.

Metzler Literatur Lexikon. Begriffe und Definitionen. Hg. v. Günther und Irmgard Schweikle. Stuttgart: Metzler 1990.

Todorov, Tzvetan: Einführung in die fantastische Literatur. München: Hanser 1972.

[15] „Jeg er en stor Kunstner." Blixen 1958, S. 72.

„Creepy Metal“ – Über das Unheimliche im Metal

Ekkehard Knopke

„*The beast*“. Dies ist wohl einer der prominentesten Songtitel im Metal[1]. So ergibt die Suche nach diesem Titel in der Online-Datenbank *Encyclopaedia Metallum* ca. 1500 Einträge; ungefähr 2300, wenn nur nach dem Schlagwort ‚*beast*‘ gesucht wird.[2] Das Biest ist die treibende Kraft hinter dem Metal. Es ist eine Metapher für den auf Erden wandelnden Teufel, der Unheil und Verderbnis über die Menschen bringt. Die häufige Bezugnahme auf das Biest verweist deutlich auf die enge Verknüpfung von Metal und Satanismus[3]. Aus dieser Verbindung gehen die verschiedenen Zeichen und Äußerungen hervor, die auf Außenstehende seltsam und unheimlich wirken können. Pentagramme, Untote und düstere Symbole zieren die T-Shirts der Metalheads. Die Plattencover sind voll von finsteren Wesen oder Höllenszenarien und manche Musiker_innen ähneln mit ihren Bühnenoutfits eher Dämon_innen und Leichen statt Menschen. Das Unheimliche – als eine Form des Fantastischen – scheint die ganze Musikkultur zu durchziehen. Im Folgenden werde ich zeigen, dass das Unheimliche, und somit ein Teil des Fantastischen, einen bedeutenden Anteil innerhalb der Metalkultur ausmacht. Diese Kultur nährt sich aus steten Transgressionen und beinhaltet somit per se Übergänge und Entgrenzungen, die letztendlich auch im Bezug auf das Unheimliche zu

1 In den folgenden Ausführungen verzichte ich auf die Bezeichnung ‚Heavy Metal‘ und nenne diese Musik und die sich um sie gebildete Kultur lediglich ‚Metal‘. Die Begründung hierfür sehe ich in der fortgeschrittenen Ausdifferenzierung der einzelnen Subgenres. Einerseits wird ein spezifisches Genre im Metal als ‚Heavy Metal‘ bezeichnet und andererseits ist es das Wort ‚Metal‘, welches die Gemeinsamkeit zwischen den verschiedenen Subgenrebezeichnungen (Black ‚Metal‘, Death ‚Metal‘, ‚Metal‘-core etc.) ist.

2 Die *Encyclopaedia Metallum* ist eine Online-Datenbank, die von unterschiedlichen Szeneakteur_innen und Fans geführt wird. Sie umfasst einen Großteil der Metalbands weltweit, die bisher Tonträger veröffentlicht haben. Vgl. Encyclopaedia Metallum 2013.

3 Unter ‚Satanismus‘ wird im Folgenden vorwiegend der theistische Satanismus gemeint, welcher vornehmlich die Figur Satans in den Mittelpunkt eines Götterglaubens rückt. Zwar sind auch Anknüpfungspunkte an einen Satanismus als Atheismus im Metal anzufinden, bei dem Satan ein Archetyp und kein Gott ist, jedoch wird im populärkulturellen Diskurs Satanismus oftmals als Theismus gedacht.

finden sind. Metal ist hierbei schon seit geraumer Zeit ein kontinuierlich anwachsendes Feld innerhalb der Wissenschaft, welches von den entsprechenden Forscher_innen als ‚Metal Studies' bezeichnet wird.[4] Einen Gemeinplatz innerhalb dieses Forschungsfeldes stellt Robert Walsers Gedanke dar, dass im Metal eine Dialektik zwischen Freiheit und Kontrolle herrsche. Szenegänger_innen zeichnen sich dadurch aus, dass sie zwischen kontrollierender Macht und Entscheidungsfreiheit wandeln.[5] Auch Deena Weinstein geht davon aus, dass die Metalszene ihren Anhänger_innen Kraft verleiht. Herrschaft und Macht seien Schlüsselbegriffe in dieser Musikkultur.[6] Bezüglich der Vielzahl an unheimlichen Zeichen könnte an dieser Stelle gesagt werden, dass diese ein Beischmuck jener Macht seien. Dadurch, dass sich die Szenegänger_innen nicht von Dämonen, Leichen und düsteren Symbolen abschrecken und einschüchtern lassen, sondern mit ihnen Hand in Hand gehen, drücken sie ihre Kraft und Stärke aus. Aber ist dem wirklich so?

Um dies zu ergründen, werde ich zunächst die Frage stellen, was das Unheimliche genau ist. Hierfür greife ich auf die beiden für diese Thematik grundlegenden Aufsätze von Ernst Jentsch und Sigmund Freud zurück (1). Danach beleuchte ich die Metalkultur mit ihrer Vielzahl an Stilen und Ausprägungen und deren Verhältnis zum Unheimlichen näher (2). Dies führt mich direkt zu dem Phänomen des verbreiteten Einbezugs und einer damit zusammenhängenden Inflation des Unheimlichen im Metal (3). Hierbei werde ich darstellen, auf welchen Ebenen sich das Unheimliche in welcher Form äußert. Abschließend finden zwei wesentliche Betrachtungen bezüglich des Unheimlichen und der Metalszene statt. Einerseits: Wie verhält sich das Unheimliche zur Frage der Abgrenzung des Metal zur hegemonialen Kultur (4)? Andererseits: Wie wirkt das Unheimliche innerhalb der Szene (5)?

Was ist das Unheimliche?

Die diesem Aufsatz zugrunde liegende Definition des Unheimlichen geht zurück auf zwei Theoretiker: Ernst Jentsch und Sigmund Freud. Jentsch schrieb 1906 den Artikel *Zur Psychologie des Unheimlichen*, in welchem er Orientierungslosigkeit als Ausgangspunkt des Unheimlichen sieht. Aus etymologischer Sicht besitze das Wort ‚unheimlich' die Bedeutung von ‚nicht heimisch' bzw. ‚nicht zu Hause'. Demnach führen Unvertrautheit und Orientierungslosigkeit zu jenem eigenartigen Gefühl, dass uns unsere existenzielle Sicherheit nimmt.[7] Diesem Standpunkt hält Freud in seinem 1919 erschienenen Aufsatz *Das Unheimliche* entgegen. Er leitet

4 Vgl. Chaker 2013.
5 Vgl. Walser 1993b.
6 Vgl. Weinstein 2009.
7 Vgl. Jentsch 1906a und 1906b.

das Wort ‚unheimlich' ab von dem hervorgekommenen Heimlichen – im Sinne von Verborgenen. Das Unheimliche sei nichts Unvertrautes, sondern viel eher etwas allzu Bekanntes, das unterdrückt wurde. Es ist als ‚zu Hause' zu umschreiben. Demnach liegt die Wurzel des Unheimlichen nicht in der Orientierungslosigkeit vergraben, sondern vielmehr in der Wiederkehr von Verdrängtem oder Überwundenem.[8]

Aus der Ferne betrachtet scheinen diese beiden Definitionen des Unheimlichen unvereinbar. Auf der einen Seite steht das unvertraute Neue, während auf der anderen Seite das wohlbekannte Unterdrückte zu finden ist. Jedoch ist bei näherer Betrachtung zu bemerken, dass sich diese beiden Ansätze nicht gegenseitig ausschließen. Dies schreibt unter anderem auch Thomas Fuchs:

> „Jentschs und Freuds Interpretationen schließen einander nicht aus. Fassen wir sie zusammen, so liegt das Unheimliche zum einen in der Macht des Todes, die das Leben bedroht; und zum anderen in der Macht der Vergangenheit, die sich unserer Freiheit entgegenstellt und als Verhängnis die Offenheit der Zukunft aufhebt; insbesondere in der Wiederkehr des Gleichen, das die Einmaligkeit der Lebensgeschichte negiert. Unheimlich ist somit das Tote und Mechanische ebenso wie das Vergangene und Blind-Notwendige, das unvermittelt im Lebendigen, Gegenwärtigen und Spontanen zum Vorschein kommt."[9]

Das Unheimliche lässt sich also nicht zwingend an einer expliziten Ursache festmachen. Viel eher bewegt es sich in Form eines abstoßenden ‚geahnten Unheils' in einem Spannungsfeld zwischen Unvertrautem und Verdrängtem – quasi zwischen ‚zu Hause' und ‚nicht zu Hause'. Diese Spannung zwischen Unbekanntheit und Vertrautheit kann dabei zu einer Faszination am Unheimlichen führen. Es lässt sich hier also ein Zwiespalt von Faszination und Abstoßung finden. Jedoch bleibt die Faszination nur solange bestehen, wie das ‚geahnte Unheil' unerkannt bleibt. Sobald der Grund des Unheimlichen eine greifbare Form annimmt, streift es die Haut des Unheimlichen ab und transformiert sich in das Schreckliche, das Entsetzliche oder aber auch einfach in das Banale. Dieser Transformation wird aber meistens entgegengewirkt. Der Ursprung des Unheimlichen soll im Verborgenen bleiben; teils damit die Faszination an ihm weiterbesteht, teils damit der befürchtete Schrecken nicht freigelegt wird.[10]

Düstere Themen und das stilistische Kontinuum des Metal

Weinstein beschreibt in ihrer Studie *Heavy Metal: A Cultural Sociology* ausführlich die Entwicklungsgeschichte des Metal. Diese schildert sie ausgehend von

---

[8] Vgl. Freud 1986.

[9] Fuchs 2011, S. 168.

[10] Vgl. ebd., S. 168–172.

Black Sabbath, der ersten Metalband, über die Herauskristallisierung und das Goldene Zeitalter bis hin zur Expansion und Fragmentation des Metal in verschiedene Subgenres. Auffällig ist, dass die Entwicklung seit den 80er Jahren entlang von zwei Strängen verläuft: dem, der sich dem Mainstream annähert, und dem, der die Kernaussagen des Metal auf fundamentalistische Weise verstärkt.[11] Dietmar Elflein bezeichnet in seiner Studie *Schwermetallanalysen. Die musikalische Sprache des Heavy Metal* den ersten Strang als ‚Hard Rock' und den zweiten Strang – in Rückbezug auf den Soziologen Keith Kahn-Harris – als ‚Extreme Metal'. Hard Rock und Extreme Metal bilden die beiden äußeren Enden eines stilistischen Kontinuums, in dessen Mitte der traditionelle Heavy Metal steht – auch als ‚Classic Metal' bezeichnet.[12]

Weinstein stellt des Weiteren fest, dass im Metal vorwiegend zwei Themenbereiche vorhanden sind: das Dionysische und das Chaotische. Ersteres beinhaltet die Themen *‚sex, drugs and rock'n'roll'*. Auf diese *‚unholy trinity'* setzt vor allem der Hard Rock seinen Schwerpunkt. Letzteres beinhaltet Themen wie Gewalt und Hass, Todesangst, Satanismus sowie Protest. Diese Themen werden besonders vom Extreme Metal aufgegriffen. Im Classic Metal ist das Verhältnis relativ ausgewogen.[13]

Wie lassen sich nun Schnittpunkte mit dem Unheimlichen finden? Da sich das Unheimliche im Spannungsfeld zwischen Unvertrautem und Verdrängtem befindet, liegt es nahe, es in den Metalsubgenres zu untersuchen, die sich mit den Themen des Chaotischen beschäftigen. Bereits in den Aufsätzen von Freud und Jentsch tauchen Anmerkungen bezüglich Tod und Sterben, Erfahrungen mit dem Okkulten, Ahnungen einer gewalttätigen Begegnung sowie dem Teufel auf. Das Dionysische wird kaum erwähnt. Jentsch geht zwar darauf ein, dass Drogenkonsum die Erfahrung des Unheimlichen begünstigen kann, jedoch stellt der Rausch an sich nichts Unheimliches dar.[14] Aufgrund dessen werde ich im Folgenden vorwiegend Bezug auf den Classic und Extreme Metal nehmen, während der Hard Rock weitestgehend ausgeblendet wird.

---

[11] Vgl. Weinstein 2000, S. 43–52.

[12] Dieses Kontinuum übernimmt Elflein im Wesentlichen von Weinstein (2000), jedoch setzt er ‚Hard Rock' für ihren Begriff ‚Lite Metal' ein, da Letzterer oftmals von den Musikern als abwertend empfunden wird. Zudem hat sich der Bereich des ‚Speed/Thrash Metal' – so Weinsteins Begriff – dermaßen ausdifferenziert, dass diese Bezeichnung eher für eine Unterkategorie des von Kahn-Harris eingeführten Begriffs des ‚Extreme Metal' gilt. ‚Classic Metal' steht nach Elflein zwischen diesen beiden Polen und bezeichnet jene Musik, die im Allgemeinen als ‚Heavy Metal' benannt wird. Vgl. Elflein 2010, S. 45–46.

[13] Vgl. Weinstein 2000, S. 35–52.

[14] Vgl. Freud 1986; Jentsch 1906a und 1906b.

Die Inflation des Unheimlichen

Das Unheimliche war von Anfang an ein fester Bestandteil des Metal. Dies wird ersichtlich, wenn man seine stilistischen Wurzeln im Blues betrachtet. Bluesmusiker_innen wurden oft in Verbindung mit Satan gebracht. Sie galten – ähnlich den kirchlichen Prediger_innen – als ‚*men of word*'. Während jedoch die Prediger_innen die sakralen Aspekte ansprachen, bezogen sich die Bluesmusiker_innen vor allem auf die weltliche Situation des Menschen. Zudem wurden auch okkulte Praktiken, wie zum Beispiel Voodoo, thematisiert. Viele Bluesmusiker_innen akzeptierten ihre Rolle und festigten sie, indem sie sich oft dementsprechend verhielten; beispielsweise durch Referenzen auf den Teufel in ihren Songtexten oder in ihrer Lebensweise. Ein bekanntes Beispiel ist Robert Johnson. Anfangs war er nur als durchschnittlicher Gitarrist bekannt. Dann verschwand er für ein Jahr von der Bildfläche, um, ausgestattet mit virtuosen Fähigkeiten, wieder aufzutauchen. Ihm wurde ein Pakt mit dem Teufel nachgesagt, in dem er seine Seele gegen musikalische Begabung, unendlichen Ruhm und Reichtum tauschte.[15]

Die Bezüge zum Okkulten im Blues wurden vom Metal übernommen und ausgebaut. Die Band Black Sabbath – wie bereits erwähnt die Ursprungsband des Metal – übernahm nicht nur die okkulten Textbezüge aus dem Blues, sondern baute bereits mit ihrer eigenen Namensgebung auf dem Anspruch auf, ihre Zuhörer_innen zu verängstigen. So benannte sich die Band nach Mario Bavas Horrorfilm *I tre volti della paura* (1963), dessen englischer Titel *Black Sabbath* laute. Die Intention dahinter war einerseits, dass der vorherige Bandname Earth von einer anderen lokalen Band verwendet wurde und sie somit einen neuen brauchte, und andererseits, dass sie die Zuhörerschaft durch angsteinflößende Musik gewinnen wollte. William Irwin beschreibt diese Geschichte wie folgt: „Reflecting on the strange fact that people would pay good money to be scared by a movie like *Black Sabbath*, the band decided to make music that would scare people."[16] Dass die Namensgebung den Stil der Band nachhaltig prägte, verdeutlicht auch deren Gitarrist Tony Iommi: „The name sounded mysterious, it gave people something to think about, and it gave us a direction to follow."[17] Den Bezug ihres Namens zum Unheimlichen baute die Band zusätzlich visuell, unter anderem durch die Gestaltung ihrer Album-Cover, aus.[18] Beispielsweise zeigt ihr Debütalbum *Black Sabbath* auf dem Cover eine in schwarz gekleidete blasse Frau, die während des Sonnenuntergangs auf dem Gelände der Mapledurham Watermill in Birkshire steht. Auf der Rückseite findet sich, zwischen den Ästen der Bäume, der Umriss eines Raben

[15] Vgl. Farley 2009, S. 74–76.

[16] Black Sabbath and the Secret of Scary Music, 18.03.14.

[17] ttp://www.blacksabbath.com/history.html, 18.03.14.

[18] Vgl. ebd., S. 80.

wieder. Auf die Innenseite des Albumcovers wurde im Auftrag des Record Labels ein umgekehrtes Kreuz gedruckt. Zwar wusste die Band nichts davon, jedoch erhob sie auch keinen Einspruch.[19] Obwohl sie sich selbst nicht als Satanisten sahen, akzeptierten die Bandmitglieder ihre vermeintliche Rolle als finstere Musiker im Auftrag des Teufels – wie zuvor die Blues-Musiker_innen.[20] Die Akzeptanz der düsteren Rolle wird hierbei unter anderem in ihrer Selbstdarstellung auf Promobildern sichtbar. Sehen sie auf einem Foto von 1968 – damals noch als Earth bekannt – noch relativ bunt und gut gelaunt aus, so zeigen sie sich zwei Jahre später nach ihrem Wandel zu Black Sabbath vor einem düsteren Durchgang, vorwiegend in dunklem Leder gekleidet und mit ernstem Blick.

Das Okkulte – und damit auch das Unheimliche – wurde zu einem festen Bestandteil der Inhalte im Metal und schlug sich in allen kulturellen Elementen nieder. Die verbale, die visuelle und die akustische Dimension sind gefüllt mit Bezügen zum Unheimlichen. Im Verbalen äußert sich dies zum Beispiel durch Bandnamen, wie Burning Witch, Dark Angel, – und sehr bezeichnend – Uncanny, oder Albumtitel, wie *Fear of the Dark*, *Witching Hour*, *Morbid Tales*. Passend zu den Albumtiteln greifen auch die Textinhalte der Songs unheimliche Themen auf. In ihnen treffen wir häufig auf Höllenszenarien, düstere Gestalten, Dämon_innen, Hexen und Hexer usw.

In der visuellen Dimension zeigt sich das Unheimliche – wie bereits am Beispiel Black Sabbath deutlich geworden ist – in Form von Bandfotos und Albumcovern. Weitere Bestandteile sind unter anderem auch Bandlogos und Bühnenkostüme. Bandlogos dienen zur visuellen und verbalen Veräußerung des Bandimages. Normale, schlichte Schreibstile werden in der Regel abgelehnt. Laut Weinstein besteht das typische Metal Logo aus einem kantigen, dicken Schriftzug.[21] Sein Inhalt ist hierbei vor allem der Ausdruck von Macht. Ein Blick in den Bereich des Extreme Metal offenbart eine Tendenz, die das Unheimliche mehr berührt als im traditionellen Metal. Hier sind die Bandlogos oft dünn und feingliedrig. Häufig beinhalten Extreme-Metal-Logos okkulte Zeichen, Spinnweben, Knochen, verschmiertes Blut usw. Diese Verzierungen dienen zur Untermauerung und Ausschmückung der Bedeutung des Bandnamens.[22]

Das Unheimliche tritt auch in den Bühnenoutfits deutlich hervor. Neben den dunklen Kleidungsfarben tragen einige Musiker_innen ihre düstere Rolle auch durch Körperbemalungen nach außen. Diese können schlicht gehalten sein, in

---

19 Vgl. Cope 2010, S. 34.

20 Vgl. Farley 2010, S. 80f.

21 Vgl. ebd., S. 27f.

22 Einen Eindruck hiervon vermitteln die Grafiken von Christophe Szpajdel, der für eine Vielzahl von Underground-Metal-Bands das jeweilige Logo entwarf. Seine Bilder nähren sich dabei aus dunklen Wäldern, Spinnen, infernalen Wesen usw. Vgl. Szpajdel 2009.

Form von dick-aufgetragenem, schwarzem Make-Up, wie zum Beispiel bei Alice Cooper, aber auch größere Ausmaße bis hin zur völligen Kostümierung annehmen. So greift zum Beispiel im Black Metal eine Vielzahl von Musikern auf das sogenannte ‚*corpse painting*‘ zurück. Dabei wird das Gesicht weiß angemalt, während um den Mund und die Augen dicke, schwarze Verzierungen aufgetragen werden. Pentagramme und umgekehrte Kreuze sind teilweise auch Bestandteil dieser Bemalung. Manche Musiker_innen, wie zum Beispiel die Bands Gorgoroth und Behemoth, gleichen dadurch mit ihrem Aussehen Leichen oder infernalen Wesen.

Auch in der akustischen Dimension lassen sich Bestandteile des Unheimlichen wiederfinden. Der Song *Black Sabbath* der gleichnamigen Band beginnt mit einem Glockenläuten und einem Donnergrollen. Im Zusammenhang mit der düsteren Thematik scheinen Assoziationen mit unheilvollen Totenglocken oder der Geisterstunde nicht weit hergeholt. Diese beiden akustischen Motive lassen sich auch in einer Vielzahl anderer Metalsongs finden. Manche Songs beinhalten zudem auch Formteile, die aufgrund ihrer musikalischen Gestaltung einen unheimlichen Charakter aufweisen. Ebenso kann der gutturale Stimmklang als unheimlich bezeichnet werden. Typische Gesangsstile im Metal sind das sogenannte tiefe Growling und das hohe Breeding. Durch diese erscheint die Stimme bestialisch und unnatürlich verfremdet.

Dies sind nur einige Beispiele, die verdeutlichen, dass es im Metal eine Fülle an Thematisierungen des Unheimlichen gibt. All die genannten Beispiele beinhalten eine Mischung aus Vertrautem und Befremdlichen, die zu Orientierungslosigkeit führen können. Es ließe sich noch eine Vielzahl anderer Beispiele aufzählen. Deutlich wird jedoch schon jetzt, dass es in der Metalkultur einen inflationären Gebrauch des Unheimlichen gibt.

Das Unheimliche als kultureller Grenzmechanismus?

Woher kommt diese massenhafte Bezugnahme auf das Unheimliche? Wie Weinstein aufzeigt, beinhaltet die Entstehung des Metal unter anderem die Umkehr der Ideale der Woodstock-Generation. Aus der Toleranz- und gemeinschaftsbejahenden Jugendkultur entwickelte sich nach und nach eine ausgrenzende Contra-Bewegung.[23] Die Metalszene im Allgemeinen und die Extreme-Metal-Szene im Besonderen grenzen sich als Gegenkulturen von der Gesellschaft ab. Sie schaffen etwas Fremdes, Nicht-Vertrautes gegenüber der alltäglichen Welt. Aus Sicht der ausgeschlossenen Gesellschaft bildet sich die Grenze zwischen Metalszene und Nicht-Szene unter anderem durch das unscharfe Spannungsfeld von Vertrautem

---

23 Vgl. Weinstein 2000, S. 18.

und Befremdlichem.[24] Das Unheimliche ist seiner Definition nach ein wesentlicher Bestandteil dieses Bereichs. Es dient dem Metal als eine Art kultureller Abgrenzungsmechanismus gegenüber der hegemonialen Kultur, indem es eine abschreckende Barriere aufbaut.

Wie funktioniert dieser Grenzmechanismus? Anfangs verwies ich auf Fuchs, der darstellt, dass dem Unheimlichen eine Ambivalenz von Faszination und Abschreckung innewohnt. So schreibt er: „Das Unheimliche wird häufig mit einer Mischung aus Entsetzen und Neugier erlebt. Der Fluchttendenz der Angst steht eine Komponente erwartungsvoller Spannung gegenüber, die es dem Betroffenen schwer macht, sich von dem unheimlichen Eindruck loszureißen.“[25]

Diese Faszination bildet einen Teil des Spektakulären, das nach Kahn-Harris ein wesentliches Element des Extreme Metal ist.[26] Dies gilt an dieser Stelle auch für den Metal im Allgemeinen. Faszination ist die missionierende Kraft der Metalkultur, da sie die Aufmerksamkeit Außenstehender auf sich lenkt, und stellt somit jene Aura dar, die Jeffrey Jensen Arnett – so umstritten seine Studie auch in den Metal Studies ist[27] – treffend als das „allure of heavy metal“ bezeichnet. Seiner Meinung nach dient Metal unter anderem der Befriedigung der Sensationslust der Hörer_innen. Dies geschieht sowohl in Form des Konzerts als „sensory equivalent of war“ als auch – und das ist für meine Ausführungen wichtiger – als „auditory horror story“.[28]

Das Unheimliche im Metal dient auf der einen Seite als spannungsgeladener Anziehungspunkt. Auf der anderen Seite ist es gleichzeitig auch ein Abstoßungspunkt, indem es die Ahnung von etwas Entsetzlichem ausstrahlt. Die gesellschaftlichen Reaktionen auf die Metalszene verdeutlichen die Angst, die teilweise durch das Unheimliche verbreitet wird. Das wohl deutlichste Beispiel ist die aus christlichen Gruppierungen hervorgegangene und seitens einiger Wissenschaftler gestützte Unterstellung, dass in manchen rückwärts abgespielten Songs Nachrichten zu hören seien, die Satan huldigen oder zu Suizid und Mord aufrufen. Die Behauptung, dass Metal zu extremen Gewalttaten führe, setzte eine

---

[24] Kahn-Harris bezeichnet diese Grenzfläche eher als Verhältnis von Hegemonialem und Spektakulärem, dessen genaue Linienziehung sich durch das Verhältnis der Extreme-Metal-Szene zum Alltäglichen ergibt (vgl. Kahn-Harris 2004, S. 111).

[25] Fuchs 2011, S. 170f.

[26] Vgl. Kahn-Harris 2004, S. 108f.

[27] Arnett (1996) wendet sich in seiner sozialpsychologischen Studie *Metalheads. Heavy Metal Music and Adolescent Alienation*ab von der Musik und hin zu den Metalfans, denen er eine ausgeprägte Entfremdung zuschreibt und für die Metal eine kathartische Wirkung besitzen soll. Hierbei äußert er eine eindeutige Abneigung gegenüber dieser Musik. Unter anderem schreibt Arnett, dass Metal sich zu einer Jugendkultur entwickelte, da die US-Regierung daran scheiterte, ihre jugendlichen Bürger ‚ordentlich‘ zu sozialisieren. Vor allem die sozial- und geisteswissenschaftlichen ‚*metallectuals*‘ positionieren sich demgegenüber kritisch.

[28] Vgl. Arnett 1996, S. 7, 63 und 67.

Reihe von Gerichtsprozessen in Gang; unter anderem gegen die Bands Twisted Sisters und Judas Priest. Metal sei die Musik Satans, die ihre Hörer_innen dazu verleite, Dämon_innen anzubeten. Dementsprechend müsse sie aus Gründen der gesellschaftlichen Sicherheit verboten werden.[29]

Eine empirische Untersuchung der Black-Metal-Szene durch Sarah Chaker ergab zwar, dass sich knapp über die Hälfte der befragten Szenegänger_innen zumindest mit Satanismus beschäftigt haben. Dies bedeutet aber nicht, dass sie auch die dadurch vermittelten Werte übernahmen. Dass ungefähr die Hälfte der Befragten sich nicht mit okkulten und satanistischen Themen auseinandersetzt, deutet gerade in Bezug auf die Black-Metal-Szene – deren Kerninhalt der Satanismus ist – darauf hin, dass dieses Thema weniger ernst genommen wird. Als Satanist_innen bezeichneten sich lediglich vier Prozent der Befragten.[30] Verschiedene Ereignisse verstärken aber diese Unterstellungen gegenüber Metal; so zum Beispiel eine Reihe von Kirchbränden in Norwegen, bei der rund 50 Gotteshäuser niedergebrannt wurden. Diese Brände standen zusätzlich in Verbindung mit einem Morddelikt sowie einem Suizid innerhalb der dort ansässigen Black-Metal-Szene.[31]

Das Angsteinflößende der Inhalte des Metal überträgt sich zum Teil auch auf die Szenegänger_innen. Auch die Menschen, die zu dieser Musikkultur zählen, können von außen als unheimlich angesehen werden. Die Verbindung zu den Kirchbränden, Satanismus usw. überträgt sich auf die ganze Szene und somit auch auf die Träger_innen ihrer düsteren Symbole. Es ist ein ähnliches Verhältnis, wie das zwischen Tabu und Tabuisiertem. Wer das Tabu berührt und überschreitet, wird selbst tabuisiert.[32] Genauso kann gesagt werden: Wer das Unheimliche berührt und überschreitet, der wird selbst unheimlich. So schreibt Freud in seinem Aufsatz über das Unheimliche: „Wir heißen auch einen lebenden Menschen unheimlich, und zwar dann, wenn wir ihm böse Absichten zutrauen. Aber das reicht nicht hin, wir müssen noch hinzutun, daß diese seine Absichten, uns zu schaden, sich mit Hilfe besonderer Kräfte verwirklichen werden.“[33]

Das Unheimliche im Metal hat also durchaus einen ambivalenten Charakter. Menschen werden sowohl von ihm angezogen als auch abgestoßen. Inwiefern Personen diese unheimliche Barriere durchtreten, hängt wahrscheinlich von einer Vielzahl an Faktoren ab, wie zum Beispiel der Sozialisation, der kulturellen Identität, der individuellen Toleranzschwelle bezüglich den Diskursen im Metal.

---

29 Vgl. Walser 1993a; Weinstein 2000, S. 250–263.

30 Vgl. Chaker 2004, S. 180–184.

31 Vgl. Phillipov 2011.

32 Vgl. Freud 1986, S. 28f.

33 Ebd., S. 256.

Unheimliches Wirken in der Metalszene

Als Letztes bleibt nun noch die Frage offen, wie der inflationäre Gebrauch des Unheimlichen im Metal innerhalb der Szene wirkt. In der hier zugrundeliegenden Definition des Unheimlichen habe ich erwähnt, dass es verloren geht, sobald die Ursache für sein Erscheinen sichtbar wird. Kahn-Harris stellt die These auf, dass vor allem die Extreme-Metal-Szene die interne Illusion schafft, dass sie völlig von ihrer Außenwelt abgekoppelt sei.[34] Die Inszenierungen der Szene sprechen demnach auch nicht Außenstehende an, obwohl diese sie durchaus wahrnehmen, sondern richten sich konsequent nur an Szenegänger_innen: „The scene itself is a space for ‚performance', in which the practitioners are visible to each other. The Extreme Metal scene's transgressive practices remain spectacular in that they remain a focus of fascination to the scene itself as an audience. Scene members ‚perform' transgression to each other. The scene itself is the focus of the scene's practices."[35]

Die massenhafte Inszenierung des Unheimlichen gilt also in Wirklichkeit nur der Szene selbst. Sie ist eine Art repetitive Huldigung eines Phänomens, das selbst die Grenzen seines Kultes setzt. Die Frage ist nun jedoch, ob die Ursache hierfür die endgültige Überwindung des abschreckenden Aspekts des Unheimlichen ist oder ob er nicht viel eher der Motor der ganzen Sache ist.

Einen möglichen Lösungsansatz für dieses Problem liefert Christoph Türckes Buch *Vom Kainszeichen zum genetischen Code. Kritische Theorie der Schrift.* Darin wird die Geschichte der Schrift und der Zeichensetzung erzählt: Schrift hat ihren Ursprung nicht in konventionellen Übereinkünften, sondern im Opferritus. Dies wird ersichtlich an verschiedenen biblischen Texten, allen voran der Geschichte von Kain und Abel. Das Kainszeichen brandmarkt Kain als Brudermörder, dient aber gleichzeitig auch als Schutz vor kollektiver Bestrafung. Das Kainsmal – die Urform der Schrift – ist die Miniaturform von etwas, was man im Ganzen nicht haben möchte. Es ist mitfühlende Trauer um einen Toten und Schutzzauber zugleich. Es ist die Miniatur einer tödlichen Wunde. Nach und nach entwickelte sich diese Zeichnung von blutigen Einschnitten in die Haut hin zu kunstvoll geschwungenen Zeichen. Weiter führt Türcke aus, dass das Menschenopfer zur Menschheitsgeschichte dazu gehört. Es basiert auf einem traumatischen Wiederholungszwang. Dabei entsteht eine Triebumkehrung. Man macht etwas Schreckliches, um etwas Schrecklicheres zu vermeiden. Dadurch, dass immer wieder Menschen auf die gleiche Art geopfert werden, wird eine höhere Macht besänftigt. Nach und nach wurde das Menschenopfer durch geringe Opfer ersetzt. Zuerst wurde aus den Menschen Tiere. Die Tieropfer wurden irgendwann zu

[34] Vgl. Kahn-Harris 2007, S. 157.
[35] Ebd., S. 110.

Pflanzen. Aus den Pflanzen wurden schließlich kleine Artefakte usw. Was übrig blieb, waren Zeichen, die den einstmaligen realen Schrecken symbolisch verkörpern. Wiederholung bedeutet zudem, sich an das Schreckliche zu gewöhnen und ihm den Schrecken wegzunehmen. Angst hilft dabei, Schrecken zu vermeiden.[36]

Übertragen auf die massenhafte Inszenierung von unheimlichen Zeichen im Metal bedeutet dies, dass diese Musikkultur eine Art apotropäische Riten aufgebaut hat. Das hinter dem Unheimlichen erahnte Unheil wird hierbei fixiert und eingegrenzt. Es findet sich wieder in der Form von Zeichen, wie zum Beispiel dem *corpse painting*, den satanistischen und okkulten Symbolen oder den Bandlogos. Dadurch, dass diese Zeichen als Miniaturform des großen Ganzen fungieren, dienen sie als Opfer an jene Macht hinter dem Unheimlichen. Das Unheil soll demnach durch freiwillige Gaben abgewendet werden.[37] Dies bedeutet, dass die Inszenierungen im Metal das unbewusste Wesen eines allumfassenden Opferrituals haben. Die Metalszene hat sich nicht dem faszinierenden Aspekt des Unheimlichen ergeben und das Abschreckende überwunden. Das Gegenteil ist der Fall: Es entstanden apotropäische Riten, die sich zutiefst motiviert auf das Angsteinflößende beziehen und es abstoßen sollen. Dadurch, dass das Unheimliche in hohem Maße anwesend ist, soll es profanisiert und abgewehrt werden. Beispielsweise beinhaltet der Überfluss an okkulten und satanistischen Zeichen nicht die Verehrung dieser Mächte, sondern wehrt sie durch eine ständige Konfrontation mit ihnen ab. Dabei gleicht die inflationäre Aufnahme des Unheimlichen einem kulturellen Wiederholungszwang. Hierzu schreibt Türcke: „Was man selbst veranstaltet, und sei es aus Angst, schreckt weniger, als wenn es jäh zustößt. So beginnt Wiederholung den Schrecken in eigene Regie zu nehmen."[38] Psychische Schocks werden dadurch ihrer Kraft beraubt.

Berücksichtigt man Türckes Theorie, beinhaltet Metal letztendlich nicht ein Überwinden des abschreckenden Aspekts des Unheimlichen, sondern macht ihn genauer gesagt zum Ausgangspunkt seiner kulturellen Praktiken. Die anfangs erwähnte Feststellung von Walser muss also an dieser Stelle ausgebaut werden. Zwar beruht Metal auf einer Dialektik zwischen Kontrolle und Freiheit. Jedoch bildet sie nicht den endgültigen Ausgangspunkt dieser Musikkultur. Hinter ihr lauert die Angst vor dem Unheimlichen, die nicht überwunden wurde. Viel eher ist es demnach der Schrecken, der sich hinter dem Unheimlichen verbirgt, der erst das Verlangen nach Kontrolle und Freiheit hervorruft; Kontrolle über das erahnte Unheil und die gewünschte Freiheit von ihm.

---

[36] Vgl. Türcke 2005, S. 13–35.
[37] Vgl. Baudy 1998, Sp. 655f.
[38] Türcke 2005, S. 29.

Das Unheimliche ist also eine Quintessenz des Metal. Es ist eine derjenigen Kräfte, um die herum sich eine ganze Kultur ausbildete. Das Unheimliche ist hierbei doppelte Abwehr: gegenüber der Außenwelt und gegenüber der Angst, die hinter ihm lauert.

Bibliographie

Primärmedien

Black Sabbath: Black Sabbath. CD, Sanctuary Records Group Ltd. 1970.

Celtic Frost: Morbid Tales. CD, Modern Music Records 1999.

I tre volti della paura. Italien, Großbritannien und Frankreich 1963, Mario Bava (DVD: Ecchi Gori E.E. Home Video SRL, Special Edition 2011).

Iron Maiden: Fear of the Dark. CD, EMI Records Ltd. 1992.

Venom: Witching Hour. CD, Delta Music 2003.

Sekundärliteratur

Arnett, Jeffrey Jensen: Metalheads. Heavy Metal Music and Adolescent Alienation. Boulder, Oxford: Westview Press 1996.

Baudy, Gerhard: Apotropäische Riten. In: Religion in Geschichte und Gegenwart. Bd. 1. 4., völlig neu bearb. Aufl. Hg. v. Hans Dieter Betz et al. Tübingen: Mohr Siebeck 1998, Sp. 655–656.

Black Sabbath and the Secret of Scary Music: http://www.psychologytoday.com/blog/plato-pop/201210/black-sabbath-and-the-secret-scary-music (abgerufen am 18.03.14).

Chaker, Sarah: Black und Death Metal. Eine empirische Untersuchung zu Gewalt, Religion und politischer Orientierung. Überarb. Fassung der Magisterarbeit. Oldenburg: Carl von Ossietzky Universität 2004.

– Metal Goes Academia. Zum Phänomen der ‚Metal Studies'. In: Terz 1 (2013), http://www.terz.cc/magazin.php?z=294&id=305. (abgerufen am 25.03.13).

Cope, Andrew L.: Black Sabbath and the Rise of Heavy Metal. Farnham: Ashgate 2010 (Ashgate Popular and Folk Music Series).

Elflein, Dietmar: Schwermetallanalysen. Die musikalische Sprache des Heavy Metal. Bielefeld: Transcript 2010 (Texte zur populären Musik, 6).

Encyclopaedia Metallum. The Metal Archives: http://www.metal-archives.com (abgerufen am 20.03.13).

Farley, Helen: Demons, Devils and Witches: The Occult in Heavy Metal Music. In: Gerd Bayer (Hg.): Heavy Metal Music in Britain. Farnham: Ashgate 2009 (Ashgate Popular and Folk Music Series), S. 73–88.

Freud, Sigmund: Das Unheimliche. In: Freud, Anna, Edward Bibring und Willi Hoffer (Hg.): Sigmund Freud. Gesammelte Werke. Werke aus den Jahren 1917–1920. 5. Aufl. Frankfurt a.M.: Fischer 1986 (1947), S. 227–268.

– Totem und Tabu. Einige Übereinstimmungen im Seelenleben der Wilden und der Neurotiker. In: Freud, Anna, Edward Bibring und Ernst Kris (Hg.): Gesammelte Werke. Totem und Tabu. 7. Aufl. Frankfurt a.M.: Fischer 1986 (1944).

Fuchs, Thomas: Das Unheimliche als Atmosphäre. In: Kerstin Andermann und Undine Eberlein (Hg.): Gefühle als Atmosphären. Neue Phänomenologie und philosophische Emotionstheorie. Berlin: Akademie Verlag 2011 (Deutsche Zeitschrift für Philosophie – Sonderband 29), S. 167–182.

Jentsch, Ernst: Zur Psychologie des Unheimlichen. In: Psychiatrisch-Neurologische Wochenschrift 4/22 (1906a), S. 195–199.

– Zur Psychologie des Unheimlichen. In: Psychiatrisch-Neurologische Wochenschrift 4/23 (1906b), S. 203–205.

Kahn-Harris, Keith: Unspectacular Subculture? Transgression and Mundanity in the Global Extreme Metal Scene. In: Andy Bennett und Keith Kahn-Harris (Hg.): After Subculture. Critical Studies in Contemporary Youth Culture. Hampshire, New York: Palgrave Macmillan 2004, S. 107–118.

– Extreme Metal. Music and Culture on the Edge. Oxford, New York: Berg 2007.

Phillipov, Michelle: Extreme Music for Extreme People? Norwegian Black Metal and Transcendent Violence. In: Popular Music History 6.1/6.2 (2011), S. 150–163.

Szpajdel, Christopje: Lord of the Logos. Designing the Metal Underground. Berlin: Gestalten 2009.

The Official Black Sabbath Website. The History of Black Sabbath: http://www.blacksabbath.com/history.livepage.apple.com.html (abgerufen am 18.03.14).

Türcke, Christoph: Vom Kainszeichen zum genetischen Code. Kritische Theorie der Schrift. München: Beck 2005.

Walser, Robert: Professing Censorship. Academic Attacks On Heavy Metal. In: Journal of Popular Music Studies 5 (1993a), S. 68–78.

– Running with the Devil. Power, Gender, and Madness in Heavy Metal Music. Middletown, Conn.: Wesleyan Univ. Press 1993b (Music Culture).

Weinstein, Deena: Heavy Metal. The Music and Its Culture. 2. Aufl. Boulder, CO: Da Capo Press 2000 (EA Heavy Metal. A Cultural Sociology. New York: Lexington Books u. a. 1991).

– The Empowering Masculinity of British Heavy Metal. In: Gerd Bayer (Hg.): Heavy Metal Music in Britain. Farnham: Ashgate 2009 (Ashgate Popular and Folk Music Series), S. 17–31.

Kuss, Erwachen, Chrysalis: Grenzen und Grenzüberschreitungen als Inszenierung des Phantastischen im Pen-and-Paper-Rollenspiel *The World of Darkness*

Laura Flöter

Mit den Augen des Charakters: Einleitung

Die phantastische Reise ist ein klassisches Motiv des phantastischen Erzählens.[1] Entsprechend sind alle Spielarten von Entgrenzungen und Übergängen eines seiner zentralen Themen,[2] das die unterschiedlichen Medien mit ihren jeweiligen Mitteln inszenieren. Einem Minimalkonsens der Forschung entsprechend, kann man daraus ableiten, dass der Einbruch des Fremden in eine primäre, innertextuell entworfene Weltordnung die literarische Gattung der Phantastik definiert.[3] Überlegungen zur Rezipienten-Ebene, zur Text-Leser-Beziehung etc. werden zwar meist auch mit eingebracht, stellen aber mehrheitlich nicht die definitorischen Grundlagen phantastischer Literatur dar.[4]

Im phantastischen Rollenspiel ist die formale Abgrenzung von Medium und Rezipient nicht so leicht zu treffen. Denn dieses Medium ist interaktiv und partizipatorisch – die Spieler führen einen Protagonisten in der Handlung, deren Rahmen ein Spielleiter erzählerisch absteckt; so gestalten sie diese Handlung aktiv mit.[5] Daher zeichnet sich das phantastische Rollenspiel durch eine enge Verflechtung der Ebenen von Spiel und Spieler aus, was eine Analyse des Spiels, seiner Inhalte und seiner Struktur manchmal nicht ganz einfach macht. Den weiteren Ausführungen sei hier deshalb eine kurze Darstellung des Mediums und der Herangehensweise der akademischen Rollenspielforschung vorangestellt.

---

1 Vgl. Kaulen 2004, S. 14, 15.

2 Vgl. ebd.

3 Vgl. Patzelt 2001, S. 48, 53.

4 Vgl. Herbrik 2011, S. 73.

5 Vgl. z.B. Fromme/Biermann 2009, S. 118, 121.

Das phantastische Rollenspiel ist ein Medium, das sprachlich funktioniert: „Die Basis des Rollenspiels ist das gemeinsame Erzählen. [...] Die Spielhandlung entsteht im gegenseitigen interaktiven Forterzählen einer fiktiven Geschichte durch die Spieler. [...] Aus der Vervollständigung und Weiterentwicklung der Handlung, dem Wechselspiel von Aktionen und Reaktionen erwächst eine Geschichte“[6], deren konkrete Ausgestaltung nur zum Teil vorhersagbar ist.[7] Die konkreten Inhalte des Spiels sind so ein gemeinsames Produkt aller beteiligten Spieler.[8] Schmidt bestimmt dieses Produkt als eine „imaginäre Welt“, die „als kollektiver Vorstellungsraum in den Köpfen der Spieler“ existiert[9]. Insofern fungiert das Erzählen im phantastischen Rollenspiel als die wesentliche Spielmechanik, da „die Spielhandlungen beziehungsweise -züge der Spieler zu einem großen Teil aus sprachlichen Äußerungen bestehen, die dadurch, dass sie geäußert werden und indem sie geäußert werden, einen Spielzug darstellen und bewirken [...].“[10] Dies bedeutet, dass die Inhalte des phantastischen Rollenspiels „zu keinem Zeitpunkt als relativ stabile Fiktion“[11] gelten können. Seine Inhalte und deren inhärente Wirkungsweisen bestehen allein „in einem flüssigen, modifizierbaren und letztlich ‚nur‘ imaginären Zustand“[12]. Sie können nicht fixiert werden, ohne zu einem anderen Medium zu werden – wie z.B. einem Bild oder einem Text[13]. Das Rollenspiel besteht tatsächlich in einem permanenten „Zustand der Veränderbarkeit und in Bewegung“[14].

Vor diesem Hintergrund lässt sich nun, so Schmidt, das phantastische Rollenspiel „als eine fortlaufende, ko-verfasste Narration verstehen. [...] Es kann demnach nicht zu den klassischen Erzählformen gerechnet werden und ist auch nur schwer durch die etablierte Erzähltheorie beschreibbar“[15]. Schmidt belegt dieses Wesensmerkmal des Mediums mit dem Begriff der *nichtlinearen Erzählform*[16], da sich hier „eine Erzählsituation [findet], die nicht bzw. nicht ausschließlich literal ist, da die erzählte Geschichte zu einem großen Teil von den Beteiligten stegreifartig verbal improvisiert wird“[17]. Die Vorlage dieser Improvisationen bestehen in schriftlichen Spielhilfen: Es existieren Spielanleitungen in Form komplexer

---

6 Schmidt 2012, S. 51f.
7 Vgl. ebd., S. 291.
8 Vgl. ebd., S. 54.
9 Vgl. ebd., S. 90.
10 Herbrik 2011, S. 102f.
11 Ebd., S. 19.
12 Ebd.
13 Ebd.
14 Ebd.
15 Schmidt, S. 231.
16 Vgl. ebd., S. 285.
17 Vgl. ebd., S. 232.

Regelwerke, welche einzelne Spielsituationen begrifflich fassen und deuten und mögliche von unmöglichen Spielzügen unterscheiden. Daneben gibt es umfangreiche Spielhilfen mit Beschreibungen der jeweiligen fiktiven Welt, die dem Spiel als Setting dient, die Landschaften, soziale und kulturelle Strukturen oder die Vorkommen spezifischer Tier- oder Pflanzenarten definieren. In gesonderten Bänden existieren zudem Szenariovorschläge als Anregungen für konkrete Spielhandlungen. Aus diesem Fundus schöpfen Spieler und Spielleiter Ideen und Anregungen.

Vielfach sind diese schriftlichen Fixierungen mit konkret ausformulierten Regeln für die Ausgestaltung der Spielinhalte verknüpft, die sich logisch aus der Hintergrundwelt ergeben. Insofern ist das Regelwerk des phantastischen Rollenspiels als Quintessenz zu verstehen, die organisch aus ihren Inhalten erwächst. Zum Teil sind daher Weltbeschreibung und Regelwerk nicht immer trennscharf zu unterscheiden. Und vor allem: Vielfach sind die formulierten Regeln mehr als Leitlinien zu begreifen, nicht als verbindliche Anweisungen. Nur eine kleine Handvoll dieser Regeln lässt keinen Interpretationsspielraum mehr zu – der großen Gestaltungsfreiheit der Inhalte entsprechend (s.o.), müssen sie mehrheitlich flexibel genug sein, sich an den spontanen Verlauf der Fiktion anzuschmiegen.

Bei der Untersuchung des phantastischen Rollenspiels können nun also, je nach Fragestellung, diese schriftlichen Spielhilfen, deren individuelle Umsetzung im Spiel, die Wahrnehmung der Spielinhalte durch den Spieler, das Spielverhalten von Spielern oder auch wechselseitige Bezüge zwischen all dem von Interesse sein. Je nachdem bewegt sich die akademische Rollenspielforschung dann in den Grenzgebieten z.B. von Literaturwissenschaft, Erzählforschung, Kommunikationswissenschaft, Ludologie, Soziologie oder auch ästhetischer Forschung.

Die Fragestellung, die an dieser Stelle untersucht wird, bezieht sich im Wesentlichen auf die Betrachtung des grundlegenden Weltentwurfs, wie er vor allem in den Spielhilfen zur Weltbeschreibung gefasst ist, und zeigt die Konsequenzen für das konkrete Spiel auf. Diese wären dann, dem Wesen des Mediums gemäß, auch anhand bestimmter Spielinhalte nachzuvollziehen und zu veranschaulichen. Die vorgelagerte Frage ist dabei die nach den Bedingungen dieser Inhalte: Was bedeutet seine Charakteristik als *instabile Fiktion* und *nichtlineare Erzählform* nun für die Inszenierung des Phantastischen im Medium phantastisches Rollenspiel?

Um einen klaren Fokus zu schaffen, gilt es zunächst einmal, zu überlegen, auf welche Ebene sich die Erörterung von Grenzerfahrungen im phantastischen Rollenspiel hier beziehen soll: die Ebene des *Spielers* oder die seiner Spiel*figur*. Das Regelwerk selbst gibt dazu einen Fingerzeig: Das Vorzeichen eines Rollenspiels ist, dass der Spieler eben nicht *sich selbst* in einem phantastischen Weltentwurf darstellt – dies gilt unter Rollenspielern tatsächlich sogar als ‚schlechtes

Spiel'[18]. Vielmehr geht es um einen eigenständigen Protagonisten, einen fiktiven *Charakter*, der von ihm verschieden ist und deshalb auch anders handelt, denkt und fühlt[19] als der Spieler, der ihn führt. Formal gesehen zählt also vorrangig die *Figuren*perspektive, auf welche sich die Ausführungen im Folgenden daher auch beziehen sollen.

Die *World of Darkness*: Das Phantastische als Strukturmerkmal der Spielwelt – die Welt hinter der Welt

Die phantastische Welt des Rollenspiels *The World of Darkness* entsteht aus einer Doppelung im Weltentwurf. Als primäre Welt existiert zum einen die eines banalen Alltags: Sie lehnt sich an die empirische Lebenswelt unserer Gegenwart an (hinsichtlich ihrer Geographie, Geschichtsschreibung etc.), ist aber gleichsam „ein verdunkeltes Spiegelbild unseres Universums“[20], das gewisse Aspekte überzeichnet, so dass „die Straßen etwas dreckiger, die Konzerne mieser“[21] sind. Es gilt das unumschränkte Primat der Rationalität: „Die meisten Leute glauben nicht an Magie.“[22]

Tatsächlich aber existiert jenseits des banalen Alltags gewissermaßen eine sekundäre Welt, die sich mit der primären überschneidet und ihr eine zweite Lesart unterlegt. Hier existieren die Kreaturen der Mythen, Märchen und Legenden Tür an Tür mit der Menschheit, ohne jemals als das erkannt zu werden, was sie sind: Zauberer, Vampire, Feenwesen.[23]

Diese Doppelung einer banalen Primär- und einer magischen Sekundärwelt eröffnet den Spannungsraum, in dem sich das Phantastische inszeniert: die zumeist gewaltsame Konfrontation mit dem Übernatürlichen, die elementare Erschütterung der so verlässlich scheinenden Prinzipien der Rationalität. Dieser ‚Realitätsschock‘ der besonderen Art, der phantastische Konflikt, ist Kernthema des *Präludiums* vor der eigentlichen Spielhandlung und thematisiert die Verwandlung des Protagonisten, also der Spielfigur, vom gewöhnlichen Menschen in ein phantastisches Wesen[24]. Das *Ausspielen* dieses Präludiums, d.h. die konkrete Aus-

---

18 Vgl. Don-Schauen/Herz/Römer 2002, S. 58f.

19 Die skandinavische Rollenspielszene, das sog. Nordic Larp, hat progressive Rollenspielformen hervorgebracht, in denen genau dieses Vorzeichen außer Kraft gesetzt wird – m.E. bietet sich für diese Spiele mehr der Begriff der *sozialen Simulation* an als der des *phantastischen Rollenspiels,* da sie einige von dessen definitorischen Merkmalen überschreiten. Mehr dazu vgl. z.B. Andresen et al. 2011.

20 Barth/Brooks/Champers u.a. 2000, S. 28.

21 Ebd.

22 Barth/Brooks/Champers u.a. 2000, S. 37.

23 Vgl. z.B. ebd., S. 28–41; vgl. Summers 1997, S. 5.

24 Vgl. z.B. Barth/Brooks/Champers u.a., S. 99–100.

formulierung der damit verbundenen Ereignisse in einer eigenen Spielsitzung, gilt bei vielen Spielern als Grundlage für eine komplexe Figurenpsychologie, die dann im laufenden Spiel weiterentwickelt und ausgestaltet werden kann.

Kuss, Erwachen, Chrysalis: das phantastische zweite Ich

Die Verwandlung eines Sterblichen in ein übernatürliches Wesen ist ein einschneidendes Erlebnis in der Biographie des Charakters. Als Beispiel soll hier der werdende *Magier* dienen, der vor seiner Veränderung keinerlei Verbindung zu einer magischen ‚zweiten Welt' besaß. Figuren, die zum engeren Umfeld von übernatürlichen Geschöpfen gehören und daher bereits mit dem Phantastischen bekannt sind, stellen zwar eine Spielmöglichkeit in der *World of Darkness* dar, nicht aber den klassischen Spielercharakter – genau diese Erfahrung des ‚Erstkontaktes' ist ja, wie oben angeführt, einer der reizvollsten und komplexesten Spielinhalte.

Die kurz bevorstehende Verwandlung in einen Magier, das sog. *Erwachen*, ist oft an äußeren Anzeichen erkennbar, z.B. an seltsamen Träumen oder sonderbaren Begebenheiten[25], die sich im Umfeld des zukünftigen Magiewirkers ereignen. Für den ahnungslosen Betroffenen ist diese ‚Anbahnung' oftmals ein unerklärlicher Prozess[26], der mit einer Bewusstseinsveränderung einhergeht (für den Kundigen dagegen leicht erklärbar): Schritt für Schritt und oft in schmerzhaften Erfahrungen entdeckt er seine „Fähigkeit, sein eigenes Schicksal zu formen und die Welt mit etwas Willen und Übung auf den Kopf zu stellen"[27].

Die Entdeckung des Phantastischen in ihm selbst kann für die Betroffenen also eine schreckliche Erfahrung sein. Oftmals geht der Akzeptanz der eigenen Andersartigkeit eine Phase des Leugnens und der Verweigerung voran, bevor der Erwachende in der Lage ist, sich ernsthaft – sozusagen ‚vernünftig' – mit den Zweifeln auseinanderzusetzen, die seine unerklärlichen Erfahrungen an seinem Weltbild hervorrufen. Sie erodieren die Gültigkeit seiner bisherigen Erfahrungen und verlangen ihm ab, die ‚logischen' Konsequenzen zu ziehen: Er muss sich einer Welt öffnen, die nicht so wohlgeordnet ist, wie die Ratio ihn glauben machen will. Er muss sein Verständnis von ‚logisch', ‚Vernunft' und ‚Verstand' neu definieren – nicht allen gelingt es, diese Grenzen zu überschreiten, die eine technokratische Vernunft in seinem Geist gezogen hat; einige verlieren darüber tatsächlich den Verstand.[28] Aber nur der, dem es gelingt, das Phantastische mit seiner Vorstellung

---

[25] Vgl. ebd.
[26] Vgl. z.B. ebd., S. 22, 150f.
[27] Ebd., S. 22.
[28] Vgl. ebd., S. 100.

von Wirklichkeit überein zu bringen, kann lernen, die Welt und ihre Gegenstände zu beeinflussen – vulgo: zu zaubern.[29]

Dieser ersten Begegnung mit dem Phantastischen müssen sich früher oder später alle stellen, die einer übernatürlichen ‚Ethnie' angehören – und sie müssen sie bestehen. Der Prozess, der dorthin führt, verläuft stets auf ähnliche Weise: Die Verwandlung in einen *Magus*, ein Feenwesen (*Chrysalis*, dt. *Verpuppung*)[30] oder einen Werwolf *(Erste Wandlung)*[31] vollzieht sich meist in der Pubertät bis frühen Adoleszenz, denn sie artikuliert ein schicksalhaftes Erbe und setzt daher eine gewisse psychische und emotionale Reifung voraus.[32] Vampire dagegen werden *erschaffen* – jeder Sterbliche kann jederzeit den sogenannten *Kuss* empfangen, wenn ein Vampir auf ihn aufmerksam wird und ihn zu seinesgleichen machen will.[33].

Wie auch immer aber jemand zu einem Übernatürlichen wird – einmal verwandelt, gibt es keinen Weg zurück,[34] und der Protagonist ist gezwungen, sich mit seinem übernatürlichen zweiten Ich zu arrangieren. Entsprechend der ‚Zweigeteiltheit' der *World of Darkness* in einen alltäglich-banalen und einen phantastisch-übernatürlichen Bereich empfinden gewöhnliche Sterbliche auch den expliziten Spielregeln zufolge eine instinktive Scheu vor dem Übernatürlichen, so dass ihm nur die Gesellschaft von seinesgleichen bleibt[35]. Trotz allem muss er auch ein Teil der menschlichen Gesellschaft bleiben, denn er ist in dieser durch Herkunft, Erinnerungen, Familie und Beruf oft noch immer tief verwurzelt. Dieses Doppelleben bedeutet den ständigen Kampf mit sich selbst, das Ringen um die eigene Identität zwischen dem Phantastischen und dem Banalen.[36] Findet er keinen Ausgleich und stürzt sich in eines der beiden Extreme, drohen ihm Wahnsinn oder Schwermut, vielleicht sucht er sogar den Freitod[37] – anders als in vielen anderen phantastischen Rollenspielen ist die persönliche Tragödie der Charaktere daher schon aus der Spielstruktur heraus als expliziter Teil der Spielinhalte angelegt.

Diese umwälzenden Erfahrungen eröffnen nun also den Spiel- und Handlungsraum des phantastischen Rollenspiels *The World of Darkness*. Das Verschwimmen der Grenzen von Natur und Übernatur, Alltag und Okkultismus, Mensch und Nicht-Mensch bleibt ein Leitmotiv der Spielhandlung[38], denn die

---

[29] Vgl. ebd., S. 22, 23.
[30] Summers 1997, S. 61.
[31] Vgl. Hatch 1998, S. 31.
[32] Vgl. z.B. Barth/Brooks/Champers u.a. 2000, S. 150.
[33] Vgl. Summers/Chase/Cliffe 1998, S. 108.
[34] Vgl. Barth/Brooks/Champers u.a. 2000, S. 22.
[35] Vgl. Barth u.a. 2000, S. 151.
[36] Vgl. Summers 1997, S. 5.
[37] Vgl. insb. Hatch 1998, S. 32.
[38] Vgl. insb. Summers 1997, S. 5.

Spielercharaktere werden selbst Teil der okkulten Welt und so ‚Träger' des Phantastischen. So geraten sie in die Spannungen zwischen dem Phantastischen und dem Banalen und werden selbst zu Akteuren dieser Spannungen.

Sowohl strukturell, hinsichtlich des Weltentwurfs, als auch inhaltlich, hinsichtlich der Themen, die sich aus diesem Zwei-Welten-Konzept ergeben, ist das Phantastische so das prägende Spielmotiv. Wie wirkt sich dies nun auf die konkreten Spielinhalte aus?

Das phantastische Thema als Spielgegenstand: Schleier, Nebel, Maskerade – das Phantastische im Verborgenen

Alle übernatürlichen ‚Ethnien' haben Gebote[39] aufgestellt, die das Leben ihrer übernatürlichen Gesellschaft ordnen. Das wichtigste lautet sinngemäß ‚Du darfst dich den Sterblichen nicht offenbaren'[40] und soll das Überleben in einer Welt ermöglichen, die entweder nichts von den phantastischen Kreaturen weiß oder sie vernichten will, weil sie sie fürchtet[41]. Dieses Verbot heißt sinnbildlich *Schleier*[42], *Nebel*[43] oder *Maskerade*[44].

Die narrative Komposition der *World of Darkness* aber macht es ihren übernatürlichen Bewohnern eben nicht immer leicht, die Grenzen zwischen ihrer und der banalen Welt zu wahren – schon, weil es kaum noch Rückzugsmöglichkeiten von der Zivilisation gibt[45]; und andererseits, weil sie die Errungenschaften der modernen Gesellschaften in ihrem Lebenswandel zwischen den Welten oftmals für sich nutzen können und auch nutzen müssen[46]. Die Interaktion sowohl mit gewöhnlichen Sterblichen als auch mit anderen Übernatürlichen ist so unausweichlich – und immer müssen die eigenen Geheimnisse gehütet werden. Dies kann insbesondere bei Auseinandersetzungen unter Übernatürlichen[47] schwierig werden, denn oft muss ja das phantastische Erbe selbst eingesetzt werden, um im Konflikt mit anderen phantastischen Wesen zu bestehen.

Der ‚Schleier' kann so als Sinnbild der Inszenierung des Themenkreises ‚Grenzen und Grenzüberschreitungen' begriffen werden, des Wechselspiels von banalem und phantastischem Weltentwurf, profaner gegen magische Weltdeutung. Zudem ermöglicht er durch seine Existenz überhaupt erst das Erleben des Phan-

39 Vgl. z. B. Hatch 1998, S. 35; vgl. Summers/Chase/Cliffe u.a. 1998, S. 38–39.
40 Vgl. Hatch 1998, S. 34.
41 Vgl. insb. Barth/Brooks/Champers u.a. 2000, S. 11, 33.
42 Hatch 1998, S. 34.
43 Summers 1997, S. 208.
44 Achilli/Bates/Brucato u.a. 1999, S. 34.
45 Vgl. insb. Barth/Brooks/Champers u.a. 2000, S. 37f., 151.
46 Vgl. insb. ebd., S. 23.
47 Vgl. Hatch 1998, S. 49.

tastischen, denn tatsächlich sind die Übernatürlichen ja ein Teil der faktischen Realität; erst die Heimlichkeit ihrer Existenz macht – zumindest, was die innertextuelle Ebene betrifft – die *World of Darkness* zu einem phantastischen Ort.

„Ups!“ – der phantastische Schock

Wann immer sich Übernatürliche unter Menschen bewegen, müssen sie acht geben, das rationale Paradigma nicht zu verletzen. Dieses Spiel mit den fließenden Grenzen von Phantastischem und Banalem gewinnt dadurch erst seinen Reiz. Was geschieht nun, wenn das Phantastische dem Uneingeweihten offenbar wird? Ereignet sich ein solcher Bruch in Anwesenheit anderer Übernatürlicher, erfahren diese im schlimmsten Falle wohlgehütete Geheimnisse. Ist aber ein Uneingeweihter zugegen, sind die Folgen dramatisch: Er erleidet ob der Erschütterung seines Weltbildes quasi einen ‚phantastischen Schock‘. Besonders anschaulich lässt sich dies an der Begegnung mit einem Werwolf darstellen: Das Regelwerk hat hier genaue Vorgaben gemacht, um die Begegnung zwischen einfachem Menschen und Werwolf ihrem Ablauf nach zu definieren: Der Anblick eines Werwolfs in seiner tierhaften Gestalt versetzt den Menschen ins *Delirium*, ein blindes Entsetzen – denn dieses ist den Menschen angeboren: Es stammt aus einer grauen Vorzeit, als die Menschheit noch Beute dieser Übernatürlichen war.

Begegnet nun ein Sterblicher einem der vorzeitlichen Jäger, die seine Ahnen rissen, schlägt das Erbe dieser Zeiten durch: Der Mensch will fliehen, sich zusammenkauern oder verliert einfach das Bewusstsein, und sobald der Werwolf nicht mehr zugegen ist und er ihn nicht mehr sehen muss, versucht sein Verstand, eine ‚rationale‘ Erklärung für dieses Erlebnis zu finden – vielleicht, dass da ‚in Wirklichkeit‘ nur ein verkleideter Jugendlicher war, der sich in seinem Halloween-Kostüm einen Spaß erlaubt hat. Diese Vorgabe birgt viel Potenzial für das reizvolle Ausgestalten der sozialen Beziehungen von Spielerfiguren – schließlich macht das *Delirium* es für sie z.B. zwingend nötig, ihre wahre Natur selbst vor den engsten Freunden zu verbergen, wenn sie ihnen nicht schaden wollen. Allein die ‚biologische Unmöglichkeit‘ des Zusammenseins mit gewöhnlichen Menschen treibt die Übernatürlichen an den Rand der (Mehrheits-)Gesellschaft – und oftmals fort von ihren ursprünglichen Bindungen.

Das rationale Paradigma ist laut Weltbeschreibung so tief im Bewusstsein des modernen Menschen verankert, dass es selbst die ältesten Instinkte überformt, und es diktiert: Werwölfe gibt es nicht.[48] Sei die ‚Erklärung‘ noch so abwegig – es kann nicht sein, was nicht sein darf.

---

[48] Vgl. Hatch 1998, S. 202.

Dieses instinktive Verdrängen stellt quasi einen psychischen Schutzmechanismus[49] dar. Er macht es den Werwölfen besonders leicht, sich vor den Menschen zu verbergen.[50] Bei Feenwesen[51] verhält es sich ähnlich, Magier aber müssen sich bemühen, *koinzidente* Magie zu wirken – die Effekte, die sie hervorrufen, müssen für Sterbliche ‚realitätskonform' sein, d.h. erklärbar durch Gesetzmäßigkeiten, die aus der Vorstellungswelt des uneingeweihten Menschen stammen. Sie dürfen keine Irritation hervorrufen und keinesfalls nur als das Wirken übernatürlicher Mächte verständlich sein[52]. Der *Schleier* kann so quasi auch als eine ‚Manifestation' der menschlichen Rationalitätshörigkeit und ‚Phantastikangst' gedeutet werden.

Der Bruch dieses ‚Ersten Gebots', den *Schleier* zu wahren und sich den Sterblichen nicht zu offenbaren, wird streng geahndet – unter Umständen sogar mit dem Tod[53], abhängig auch von den Folgen der ungewollten Begegnung. Gerade jüngere Übernatürliche nehmen ein solches Vergehen allerdings oft nicht ganz so ernst – so nennen es z.B. junge Vampire flapsig einfach bloß ein „Ups!"[54]

Stille, Bedlam und das Tier – das Phantastische als Bedrohung für seine Träger

Die Begegnung mit dem Phantastischen ist jedoch nicht nur für Sterbliche gefährlich – auch den Übernatürlichen selbst kann sie zum Verhängnis werden. Es erhebt seine ‚Träger' nicht nur über das gewöhnlich Menschliche hinaus – es kann sie auch alles kosten. So droht den Magiern beispielsweise einerseits das *Paradox*, andererseits die *Stille*.

In der *World of Darkness* gilt die metaphysische Maxime ‚Das Bewusstsein prägt das Sein'. Da nun die Mehrheit ihrer Bewohner eben dem rationalnaturwissenschaftlichen Weltbild anhängt, widerspricht die Existenz realer Magie dem *Konsens*[55]. Ein Akt der Zauberei provoziert so einen echten *clash of realities*, der reale Auswirkungen hat: Das *Paradox* ist sozusagen die ‚Immunreaktion' der banalen Realität auf das Phantastische, das ihr ‚aufgezwungen' wird, wenn ein Magier seine Macht benutzt. Es ‚korrigiert' Ereignisse, die nicht konsenskonform sind, und diese Kräfte fallen auf den Zauberer zurück. Im schlimmsten Falle ‚löscht'[56] ihn die Wirklichkeit einfach ‚aus', um die Irritation zu beseitigen, die er provoziert hat. Auch daher besteht die Notwendigkeit *koinzidenter* Magie.

---

[49] Vgl. ebd.
[50] Vgl. ebd.
[51] Vgl. Summers 1997, S. 8.
[52] Vgl. insb. Barth/Brooks/Champers u. a. 2000, S. 150.
[53] Vgl. Hatch 1998, S. 34.
[54] Vgl. Dansky/Grabowski/Hite u.a. 1999, S. 35.
[55] Vgl. Barth/Brooks/Champers u.a. 2000, S. 326.
[56] Vgl. ebd., S. 140, 219.

Die Konzepte *Paradox*, *Konsens* und *Paradigma* veranschaulichen so vor allem, wie ‚phantastikfeindlich' die Realität ist, die die *World of Darkness* zeichnet, wie technikgläubig der als ‚aufgeklärt' geltende Weltentwurf einer modernen Zivilisation. Sie sind so zugleich die Prämissen, welche die vielfältigen Möglichkeiten zur Inszenierung des Phantastischen bedingen.

In der *World of Darkness* fordert aber auch das Phantastische selbst seinen Tribut für die Macht, die es seinen Trägern verleiht. Die *Stille* ist das ‚phantastische Gegenstück' des Paradox: „Wenn sich die Wirklichkeit den subjektiven Launen eines Magus beugt, ist es nur allzu wahrscheinlich, daß er sich in der eigenen Vision der Welt verliert."[57] Seine eigene Magie verschluckt ihn, er kann nicht mehr zwischen der ursprünglichen Realität und dem unterscheiden, was er selbst hervorgerufen hat. Die Grenzen zwischen dem Banalen und dem Phantastischen lösen sich auf und reißen den Magier ins Chaos, in Traum- oder Scheinwelten.[58]

Ganz ähnlich ergeht es Feenwesen: Verkehren sie zu viel in den Feenreichen, die außerhalb der primären Wirklichkeit liegen und eigenständig von ihnen abgegrenzt sind, dann verlieren sie, vor allem in mentaler Hinsicht, die Verbindung zur primären Realität. Sie werden Opfer des *Bedlam*, einer heimtückischen Form des Wahnsinns[59] – die Fee[60] kann nicht länger zwischen Realität und Phantasma unterscheiden und verliert sich in der Traumwelt, die nur Feenwesen wahrnehmen und betreten können. Körperlich aber befindet sie sich unter Umständen noch immer auch in der primären Realität, die sie mit Sterblichen und anderen Übernatürlichen teilt.[61] Ironischerweise kann dieser Wahnsinn geheilt werden, indem die Fee sich der *Banalität* aussetzt, dem Alltagsgrau, das die Welt der Sterblichen zu einem Ort macht, der für Feen eigentlich sehr ‚ungesund' ist[62] – sie macht ihre Steuererklärung (auch eine Fee muss den Anschein wahren, ‚normal' zu sein!) oder verbringt einfach einen Vormittag in der nächsten Schule.

Vampire letztlich fallen dem ‚Tier' anheim: Sie werden zum gewissenlosen Jäger, der alles Menschliche hinter sich gelassen hat und nur noch von seinen niedersten Instinkten getrieben wird: jagen, töten, Blut trinken[63]. Von den Übernatürlichen sind die Vampire ansonsten zwar vermutlich diejenigen, denen die Diktatur der Rationalität am wenigsten anhaben kann – dafür aber droht ihnen von ihrem phantastischen Erbe vielleicht aber auch die schrecklichste aller Gefahren: Der Verlust der *Menschlichkeit* beginnt schleichend; so wird er auch von aufmerksa-

---

[57] Vgl. ebd., S. 224.
[58] Vgl. ebd.
[59] Vgl. Summers 1997, S. 8.
[60] Der Begriff Fee wird hier als Völkerbezeichnung verwendet; Feen können selbstverständlich weiblich wie auch männlich sein.
[61] Vgl. ebd., S. 62.
[62] Vgl. ebd.
[63] Vgl. ebd., S. 25.

men Beobachtern oft erst erkannt, wenn die ‚Symptome‘ bereits deutlich sind. Dann aber ist es für den Betroffenen oftmals bereits zu spät, um umzukehren: Wenn er sich erst einmal einige Schritte von seinem früheren Selbst entfernt oder gar willentlich den ‚Pfad des Tieres‘ beschritten hat, empfindet der Vampir seine zunehmende Kälte, die immer zügellosere Blutgier und den wachsenden Einfluss seiner Triebe und Instinkte auf sein Handeln nicht mehr als ungewöhnlich – oder auch nur als problematisch.[64] Der Rat von Freunden oder Vertrauten bedeutet ihm an diesem Punkt kaum noch etwas, wenn er Gesellschaft nicht ohnehin inzwischen scheut. Für einen Vampir, der einen Großteil seiner Menschlichkeit verloren hat, gibt es nur noch ihn selbst, den Jäger – und seine Beute. Dieses Schicksal fürchten viele Vampire. So kämpfen sie jede Nacht aufs Neue um das, was noch menschlich in ihnen ist, und hüten ihre Erinnerungen und menschlichen Gefühle als ihre größten Schätze.[65]

Bei genauem Hinsehen – und mit einem kleinen Augenzwinkern – erkennt man in den tragischen Schicksalen, die den Verwandelten von ihrem phantastischen Erbe drohen, vielleicht eine gewisse Ähnlichkeit mit den ‚klassischen‘ Vorurteilen gegen das Phantastische an sich: ‚Realitätsverlust‘, Eskapismus, ‚Ich-Verlust‘. Und auch die *Banalität* kann als ein ironischer Zwischenton gelesen werden – wer erlebt die langen, öden Vormittage auf der Schulbank oder am Schreibtisch, den Zwängen der Bürokratie ausgeliefert, nicht als die erstickende Trivialität des ‚modernen‘ Lebens und die ‚Entzauberung‘ der Welt? Die *World of Darkness* spielt mit den Phänomenen der empirischen Wirklichkeit und deutet sie geschickt in ihrem Sinne um.

Zwischen *logos* und *mythos*: die *World of Darkness*

Es zeigt sich also, dass auch die Übernatürlichen das Phantastische in gewisser Hinsicht fürchten müssen, obwohl sie selbst seine Träger sind. In der Auslegung der *World of Darkness* kann das Phantastische durchaus auch als aggressives Prinzip verstanden werden. Das *Bedlam* oder die *Stille*, das bzw. die ja das Phantastische erst selbst verursacht, illustriert gewissermaßen den Verlust des Selbst: Die ehemals menschlichen Protagonisten verlieren sozusagen ‚das Gleichgewicht‘ und überschreiten die Grenze in eins der beiden Extreme. Eine der Hauptaufgaben der Protagonisten und damit ein zentrales Thema dieses Rollenspiels ist also der Ausgleich zwischen dem rationalen und dem phantastischen Prinzip, darin auch dem uralten Dualismus von *logos* und *mythos* – das Wahren der Grenzen zwischen den Extremen und deren produktive Synthese. Im Grundregelwerk zu *Vampire – Die Maskerade* heißt es so auch explizit: „Die Eigenschaft Menschlichkeit

64 Vgl. Achilli/Bates/Brucato u.a. 1999, S. 141–142.

65 Vgl. z.B. Summers/Chase/Cliffe 1998, S. 25.

ist ein Grundbestandteil des eigentlichen Themas von *Vampire: Die Maskerade.* Sie ist Maß dafür, wieviel sich Ihr Charakters (sic!) trotz des Fluchs des Vampirismus von seinem menschlichen Wesen erhalten kann"[66]. Es geht darum, mit dem Phantastischen zu leben, es zu integrieren, anstatt es zu ‚verdrängen' oder ihm ‚anheimzufallen'.

Das Phantastische mit *seinen* charakteristischen Entgrenzungen und Übergängen erweist sich so als das zentrale ästhetische Mittel und zugleich als die prägende Thematik der *World of Darkness* – ein *phantastisches Rollenspiel* im wahrsten Sinne des Wortes!

Den Schleier lüften: phantastische Erfahrungen im Rollenspiel durch Immersion?

Auf formaler Ebene durchzieht das Phantastische die *World of Darkness* als ihr markantestes Strukturmoment. Das Medium phantastisches Rollenspiel enthält aber darüber hinaus das Potential, Grenzüberschreitungen auch für den Rezipienten selbst zu inszenieren. Das Konzept der *Immersion* bietet eine Erklärung an, wie und warum es im Verlauf des Spielprozesses dazu kommen kann, dass die Grenzen von Spielerwelt und Spielwelt sich scheinbar aufheben und der Spieler das Gefühl hat, wirklich dort zu sein – der *Schleier* sich gleichsam *lüftet* und dic phantastische Erfahrung ‚unmittelbar' wird: quasi *real.*

Immersion bezeichnet, so Rittmann, eine „Aufmerksamkeitsverlagerung, von einer von uns wahrgenommenen Welt, die uns von Geburt an als real bekannt ist – hin zu einer, deren Realität wir für einen kleinen Zeitraum als unsere eigene akzeptieren"[67]. Das bedeutet: „Ein immersives Medium gewährleistet eine unmittelbare Wahrnehmung dessen, was es erzählt (im Buch oder Film) oder uns erleben lässt (in einer virtuellen Welt)."[68] Beim phantastischen Rollenspiel ist dieses ‚*Kopfkino*' nun sogar erklärtes Spielziel: „Für den Spielspaß und die wahrgenommene Qualität der jeweiligen Veranstaltung ist dabei ausschlaggebend, wie ‚real' einem das Dargebotene tatsächlich vorkommt und wie stark sich der Spieler in seiner Rolle auf diese Spielwelt bezieht."[69]

Das Erleben von Immersion ist thematisch ungebunden. So könnte ein intensives immersives Erlebnis auch einen phantastischen Konflikt direkt für den Spieler erfahrbar machen – u.a. durch ein möglichst ‚tiefes' Hineinversetzen in die Perspektive seines Charakters und eine lebendige Schilderung der Rahmenhandlung. Das Erleben von *Immersion* durch das phantastische Rollenspiel könnte so ge-

66 Achilli/Bates/Brucato u.a. 1999, S. 141.
67 Rittmann 2008, S. 47.
68 Ebd.
69 Balzer 2010, S. 18.

wissermaßen ebenfalls als Inszenierung der phantastischen Grenzüberschreitung gelesen werden – nämlich für den Spieler selbst[70]!

Bibliographie

Primärliteratur (Spielhilfen und Regelwerke)

Achilli, Justin, Andrew Bates, Phil Brucato u.a.: Vampire – Die Maskerade. Neuauflage, deutsch von Oliver Hoffmann u.a… Mannheim: Feder & Schwert 1999.
Barth, Rachel, Dierdre Brooks, John Champers u.a.: Magus – die Erleuchtung. Neuausgabe, deutsch von Björn Lippold. Mannheim: Feder & Schwert 2000.
Don-Schauen, Florian, Herz, Britta und Römer, Thomas (Hg.): Das Schwarze Auge: Mit flinken Fingern. Grundregeln, Talentsysteme, Spieltipps. Erkrath: Fantasy Productions 2002.
Dansky, Richard E., Geoffrey C. Grabowski, Kenneth Hite u.a.: Rosen, gesprossen aus Blut: Das Camarilla-Handbuch. Ein Quellenband für Vampire: Die Maskerade. Deutsch von Claudia Wittemund. Mannheim: Feder und Schwert 1999.
Hatch, Robert (Hg.): Werewolf – The Apocalypse. A Storytelling Game of Savage Horror. 2. Aufl. Atlanta/USA, White Wolf Publishing Inc. 1998 (1992).
Summers, Cynthia (Hg.): Changeling – The Dreaming. The Storytelling Game of Modern Fantasy. 2. Aufl. Atlanta/USA: White Wolf Publishing Inc. 1997.
Summers, Cynthia, Trevor Chase und Ken Cliffe (Hg.): Vampire – The Dark Ages. a Storytelling Game of Gothic Horror. Clarkston/USA: White Wolf Publishing Inc. 1998.

Sekundärliteratur

Andresen, Lars et al. (Hg.): Do LARP. Documentary Writings from Knudepunkt 2011. Kopenhagen: Rollespilsakademiet 2011.
Balzer, Myriel: Das Erzeugen von Immersion im Live-Rollenspiel. In: Karsten Dombrowski (Hg.): LARP: Einblicke. Aufsatzsammlung zum MittelPunkt 2010. Braunschweig: Zauberfeder 2010, S. 17–33.
Berger, Florian und Laura Flöter: Eintreten in imaginäre Räume. Der Avatar als Funktion der Immersion im phantastischen Rollenspiel. In: Institut für immersive Medien (Hg.): Jahrbuch immersiver Medien 2012: Bildräume – Grenzen und Übergänge. Marburg: Schüren 2012, S. 60–71.
Fromme, Johannes und Ralf Biermann: Identitätsbildung und politische Sozialisation. In: Holger Zapf und Tobias Bevc (Hg.): Wie wir spielen, was wir werden. Computerspiele in unserer Gesellschaft. Konstanz: UVK 2009.
Herbrik, Regine: Die kommunikative Konstruktion imaginärer Welten. Diss. Berlin 2009. Wiesbaden: VS 2011.
Kaulen, Heinrich: Wunder und Wirklichkeit. Zur Definition, Funktionsvielfalt und Gattungsgeschichte der phantastischen Kinder- und Jugendliteratur. In: JuLit. Arbeitskreis für Jugendliteratur 30/1 (2004), S. 12–20.

[70] Zum Erleben von Immersion im phantastischen Rollenspiel vgl. ausführlich Berger/Flöter 2012.

Patzelt, Birgit: Phantastische Kinder- und Jugendliteratur der 80er und 90er Jahre. Strukturen – Erklärungsstrategien – Funktionen. Frankfurt a. M. u.a.: Lang 2001 (Kinder- und Jugendkultur, -literatur und –medien. Theorie – Geschichte – Didaktik, 16).

Rittmann, Tim: MMORPGs als virtuelle Welten. Immersion und Repräsentation. Boizenburg: Verlag Werner Hülsbusch 2008.

Schmidt, David Nikolas: Zwischen Simulation und Narration. Theorie des Fantasy-Rollenspiels. Frankfurt a. M. u.a.: Lang 2012.

Sinnperspektiven statt Fluchtmöglichkeiten

Fantastische Parallelwelten als Orte der Entwicklung

Daniela Pfennig

Die Frage nach Raumkonzepten in der gegenwärtigen fantastischen Kinder- und Jugendliteratur schließt an einen in den vergangenen Jahren in den Kulturwissenschaften besonders wichtig gewordenen theoretischen Referenzrahmen an, denn um das Verhältnis von fiktiv-realen und fiktiv-fantastischen Räumen in der gegenwärtigen deutschsprachigen Kinder- und Jugendliteratur mitsamt ihrem Potenzial beschreiben zu können, ist es unablässig, einen Blick auf die aktuellen kulturwissenschaftlichen Diskurse zu werfen sowie auf literaturtheoretische Ansätze, die um die Problematiken „Raum“ und „Spiel“ kreisen. Die Rahmenbedingungen der Kinder- und Jugendliteratur, die Entwicklung der Gegenwartsliteratur und der sozialgeschichtliche Kontext müssen einbezogen werden, um den Wandel der Kinder- und Jugendliteratur ab 1970 mit seiner Wendung zum Fantastischen und der Etablierung neuer Raumkonzepte zu verstehen.

Es liegt mir fern, den *spatial turn* in verschiedensten Facetten hier darzustellen; dieser kann beispielsweise bei Jörg Döring und Tristan Thielmann[1] sowie bei Doris Bachmann-Medick[2] oder Jörg Dünne[3] ausführlich nachgelesen werden. Stattdessen möchte ich einige Tendenzen, die diese Entwicklung entscheidend mitprägen, kurz beleuchten: In der Auseinandersetzung mit Spieltheorien stößt man unweigerlich auf Johan Huizingas *homo ludens*.[4] In der gleichnamigen Publikation beschreibt er das Spiel als ein grundlegendes Element unserer Kultur und entwirft in der Folge die Theorie einer Kultur, in welcher der Mensch als Spieler, Denker (*homo sapiens*) und Tätiger (*homo faber*) existiert. Hinsichtlich der Literaturwissenschaften interessieren ebenso die Theorie der fiktiv-fantastischen Welt als Spiegelwelten von Stefan Neuhaus[5] oder das Konzept der zweischichtigen Ver-

[1] Vgl. Döring/Thielmann 2008.
[2] Vgl. Bachmann-Medick 2006.
[3] Vgl. Dünne o. J.
[4] Vgl. Huizinga 2004.
[5] Vgl. Neuhaus 2013. Stefan Neuhaus versteht die Parallelwelt als Spiegel der gesellschaftlichen

haltensweisen von Jurji M. Lotman.[6] Nicht unwesentlich im Kontext des Raums sind beispielsweise die Konzepte der *Ortspolygamie*[7] – das Verheiratet-Sein mit mehreren Orten – und der *Risikogesellschaft*[8] von Ulrich Beck sowie Arjun Appadurais und Zygmunt Baumans Theorie der *De-Localisation*.[9] Nicht weniger interessant ist der von Michel Foucault geprägte Begriff der *Heterotopien*[10] oder auch jener der *Nicht-Orte*[11] von Marc Augé. Durch die Zusammenführung verschiedenster Tendenzen der Postmoderne – nur einige wenige können hier angeführt werden – wurden neue Raum- und Zeitkonstruktionen auch in der gegenwärtigen Kinder- und Jugendliteratur möglich. Im Folgenden sollen Parallel- bzw. Spiegelwelten und ihr Potenzial anhand von Beispielen der jüngsten deutschsprachigen Kinder- und Jugendliteratur vor diesem theoretischen Hintergrund dargestellt werden.

Fiktiv-reale und fiktiv-fantastische Welt

In vielen fantastischen Texten der gegenwärtigen Kinder- und Jugendliteratur[12] stehen sich eine fiktiv-reale (angelehnt an die erfahrbare Realität) und eine fiktiv-fantastische Welt (übersteigert die wahrnehmbare Wirklichkeit) gegenüber,[13] die

Realität, die dem besseren Erkennen der Probleme der eigenen Realität dient und einen Spielraum des risikofreien Umgangs mit diesen Problemen eröffnet.

6 Vgl. Lotman 1989.

7 Vgl. Beck 1997.

8 Vgl. Beck 2003. Ulrich Beck führt den Begriff der Risikogesellschaft für die sich selbst gefährdende Zivilisation ein.

9 Vgl. Appadurai 1998, Bauman 1999. Arjun Appadurai und Zygmunt Bauman sprechen von einer (zunehmenden) Auflösung des Ortes in der postmodernen Gesellschaft.

10 Vgl. Foucault 2001. *Heterotopien* bedeuten für Michel Foucault die Simultaneität von Räumen, womit er Orte meint, die nebeneinander und parallel existieren. Diese Orte reflektieren andere Orte wie ein Spiegel.

11 Vgl. Augé 1992. Nicht-Orte sind nach Marc Augé zum einen Orte des Transits (z.B. Straßen, Flughäfen, Bahnhöfe, Taxis, Busse, Flugzeuge), zum anderen Orte des Konsums (z.B. Supermärkte). Stefan Neuhaus beschreibt die Nicht-Orte in Anlehnung an Augé als Orte, „an denen man sich nicht aufhält, um sich dort aufzuhalten" (vgl. Neuhaus 2008, S. 10)

12 Die hier ausgewählten Primärtexte wurden bei ihrer Erstausgabe als Angebot für Kinder- und Jugendliche gekennzeichnet. Sie erschienen – mit Ausnahme des Vorreiters *Die unendliche Geschichte* von Michael Ende sowie den Vergleichswerken *Stein und Flöte: und das ist noch nicht alles* von Hans Bemmann und *Lippels Traum* von Paul Maar nach 1990. Zum Korpus der hier ausgewählten Texte der jüngsten deutschsprachigen Kinderliteratur siehe Pfennig 2013.

13 Nicht nur inhaltlich stehen sich zwei Welten gegenüber, auch erzähltheoretisch zeigen sich oft Verschmelzungen von Erzählebenen, die mit den Raumkonstruktionen korrespondieren. Ein Beispiel dafür ist Anna in *Der durch den Spiegel kommt*, die zugleich die Erzählerin der Geschichte und ihre Hauptfigur ist. Die Verschmelzung der Erzählebenen ist jedoch kein Charakteristikum der fantastischen Kinderliteratur, sie kann das inhaltliche Konzept unterstreichen.

kontrastierende Räume (Alltagswirklichkeit vs. fantastische Parallelwelt) aufbauen,[14] jedoch nebeneinander existieren (vgl. Abb. 1):[15]

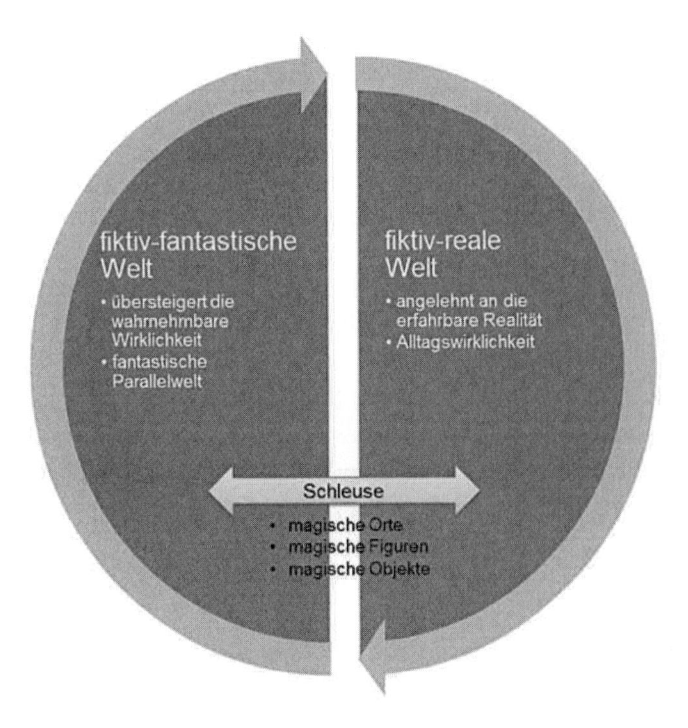

Abb. 1: Das Konzept der Parallelwelt als Charakteristikum der fantastischen Kinderliteratur

Der Übergang zwischen diesen beiden Welten ist jeweils nur über sogenannte „Schleusen“ möglich, die den Ausbruch aus der Alltagswirklichkeit in eine fantastische Parallelwelt ermöglichen. Dies geschieht an bestimmten magischen Orten, durch magische Figuren oder durch magische Objekte, durch welche die Schleusen – sei es freiwillig, sei es ohne eigenes Zutun – geöffnet werden. Sehr beliebt sind Objekte wie Zauberspiegel, (Zauber-)Bücher, Amulette oder Hexenbesen, aber auch eine Flöte kann den Zugang zu einem unbekannten Land ermöglichen. Die Reise in die Parallelwelt wird in Cornelia Funkes Text *Emma und der Blaue Dschinn* beispielsweise als Flug über das Meer beschrieben, Hexe Lilli reist anhand ihres Zauberbuchs, ebenso lassen Zauberspiegel und ein magischer Computer Blicke in andere Welten oder sogar das Übertreten der Grenze zu. Besonders interessant ist das Fenster als Schleuse in der Adventsgeschichte *Hinter verzau-*

14 Das Konzept der Parallelwelt geht auf die Romantik zurück: E.T.A. Hoffmann stellte in *Der goldne Topf* erstmals der Alltagsrealität eine fiktiv-fantastische Welt gegenüber.

15 Vgl. Konzept der *Heterotopien* von Michel Foucault. Siehe dazu Foucault 2001.

berten Fenstern von Cornelia Funke, da dadurch die Welten dergestalt verbunden sind, dass man von einer Welt direkt in die andere blicken kann.

Dem von den Protagonistinnen und Protagonisten eingegangenen Abenteuer in der Parallelwelt liegt kein zielbewusstes planmäßiges Handeln zugrunde, sondern es wird als zufällig und unberechenbar dargestellt. In Parallelwelten wird die Protagonistin/der Protagonist meist als „suchendes Subjekt" charakterisiert. Die Reise kann Auslöser für den Aufenthalt an Nicht-Orten sein oder Ausdruck von Ortspolygamie sowie innerer und äußerer Mobilität. Bemerkenswert ist darüber hinaus, dass die unbekannten fantastischen Welten historisch durch Figuren (z.B. tradiertes Hexen- und Zaubererbild), durch Motive (z.B. Ortswechsel) oder durch fantastische Merkmale (z.B. magische Requisiten) charakterisiert sind.

Die Grenze zwischen der fiktiv-realen und der fiktiv-fantastischen Welt wird in den hier ausgewählten Texten markiert und teilt den literarischen Raum der Texte in zwei Teilräume, die ohne die Schleuse disjunkt sind.[16] Strikt getrennt sind die Teilräume insofern, als dass das Magische nur in der Parallelwelt möglich ist. Andernteils wird die Grenze durch die Protagonistin bzw. den Protagonisten aufgebrochen, wodurch ein Ineinanderübergreifen beider Welten möglich ist. Besonders deutlich wird das durch die Reflexion der erfahrbaren Realität und der Bereitstellung von umsetzbaren Lösungsvorschlägen und Lebensentwürfen.

Durch Charakteristik und Darstellungsform der entworfenen Parallelwelten lässt sich darauf schließen, dass die Parallelwelt mehr als das Ausbrechen in eine traumhafte Welt ist. Wesentlich ist des Weiteren, dass die Parallelwelt größtenteils ein elternferner Raum ist, was der kindlichen Identitätsausbildung entgegenkommt. *Lippels Traum* von Paul Maar zeigt beispielsweise eindrucksvoll, wie der Protagonist ohne Eltern klarkommen muss. Seiner Flucht aus der Realität folgt der Schutz im Traum, wodurch seine Alltagsrealität einer fantastischen Ebene gegenübergestellt wird. Viele Texte der gegenwärtigen fantastischen Kinder- und

---

16 Maria Nikolajeva differenziert drei Arten von Sekundärwelten, die man nur über Magie erreicht: Sie beschreibt das Verhältnis von fiktiv-realer Welt („primärer Welt"; diese gleicht der wirklichen Gegenwart) und fiktiv-fantastischer („sekundärer Welt"; jene ist durch magische Elemente gekennzeichnet) als geschlossen (vgl. „Hobbit"), offen (vgl. „Alice im Wunderland") oder nur impliziert („Pippi Langstrumpf"). Bei der geschlossenen Welt wird nach Nikolajewa die Sekundärwelt wie durch ein Fenster, von außen betrachtet. Der Dualismus zweier Welten in der fantastischen Kinder- und Jugendliteratur ermöglicht das Aufbrechen von Systemen, das Außer-Kraft-Setzen von Regelsystemen und Naturgesetzen, die den Lesenden bekannt sind, und die Überschreitung von Grenzen, die in den Texten selbst nicht nur akzeptiert, sondern auch als natürlich angesehen werden. Vgl. Nikolajeva 1988 und 1992 und Neuhaus 2005, S. 13f. Anzumerken ist, dass diese Zweiteilung in fiktiv-reale und fiktiv-fantastische Welt nicht für alle Fantasy-Genres gilt. Beispielsweise bei der Contemporary und Urban Fantasy oder auch bei Fantastik mit Horrorelementen verschmilzt die fiktiv-reale Welt mit fantastischen, magischen Welten.

Jugendliteratur offenbaren die Botschaft, dass der Schritt aus der Ordnung[17] Teil des Weges zu einer eigenständigen und freien Entwicklung und als solcher zwingend notwendig ist – und dieser kann meist nur in einem *heterotopen* elternfernen Raum geschehen. Die Komponente des Spiels ist ferner hervorhebenswert, da sie Distanz erlaubt, neue Perspektiven eröffnet und kreative Potenziale vermittelt.

Figuren in der Parallelwelt

Die Protagonistinnen und Protagonisten, die in fantastische Parallelwelten eintauchen, sind überwiegend normale, durchschnittliche Mädchen und Jungen, die nicht ohne Makel dargestellt werden oder als vorherbestimmte Helden (wie z.B. Harry Potter) auftreten. Weil ein „reales" Kind als Protagonist in der Sekundärwelt Erfahrungen sammelt, wird der Identifikationsgrad der Leserinnen und Leser erhöht und das Geschehen auf eine realistischere Ebene gehoben. Denn: Das Auftreten normaler, durchschnittlicher Mädchen- und Jungenfiguren, die beispielsweise durch den Fund eines magischen Objekts in eine fantastische und unbekannte Welt eintreten und in dieser teilweise magische Fähigkeiten erhalten, ist das stärkste Bindeglied zur erfahrbaren Realität der Leserinnen und Leser. Sie sind jene Figuren, die anstelle der Rezipientinnen und Rezipienten das Magische, das Übernatürliche und das Fantastische in der Parallelwelt erleben und durch ihre Erfahrungen auch die Identität der Leserinnen und Leser weiterentwickeln.

Besonders kennzeichnend ist für viele der hier angeführten Texte, dass sich die Protagonistinnen und Protagonisten in einer repressiven fremden Umwelt wiederfinden, in der sie ihre Identität auszubilden versuchen. Die gegenwärtige *Brüchigkeit von Identitäten*,[18] die durch die reale und die virtuelle Identität von Menschen – bedingt durch die Nutzung des Internets – unterstützt wird und als Identitätscollage betrachtet werden kann, spiegelt sich insofern in den Texten wider, als dass die Identität in der fiktiv-realen mit der Identität in der fiktiv-fantastischen Welt miteinander verschwimmen und beide Teile – ähnlich dem Raumkonzept in der Parallelwelt – komplementär sind.

Es lässt sich daher feststellen, dass es sich bei den fantastischen Texten nicht um abgeschlossene kindliche Handlungsräume handelt, sondern um risikofreie Räume des Übergangs, der Reifung, der Weiterentwicklung, in denen sich die

[17] Zum „Schritt aus der Ordnung" siehe Kalbermatten 2011, insb. S. 93ff. und 132ff.

[18] Vgl. Neuhaus 2009, S. 248–270. In Anlehnung an Zygmunt Bauman und Ulrich Beck zeigt Stefan Neuhaus die zunehmende Brüchigkeit der Identität des Subjekts im 20. Jahrhundert – bedingt durch die beiden Weltkriege, die weltweite Globalisierung, den Fall der Berliner Mauer, den europäischen Zusammenschluss mit der gemeinsamen Währungsunion etc. – auf. Zygmunt Bauman stellt darüber hinaus fest, dass sich das durch zwischenmenschliche Beziehungen gefütterte Sicherheitsnetz der Menschen veränderte und brüchiger wurde. Vgl. Bauman 2008, S. 9f.

Protagonistinnen und Protagonisten als „suchende Subjekte“ bewegen. Risikofrei sind die Räume für die Leserinnen und Leser, die sich durch die Erfahrungen der Protagonistinnen und Protagonisten, die oft mit großen Gefahren und Entbehrungen konfrontiert werden, diese aber meist gereift überstehen, gefahrlos weiterentwickeln können. Das zeigt das humorvolle Beispiel Toms in Cornelia Funkes *Gespensterjäger*. Er kann als einziger den Spuk in historischen Frauenkleidern beenden, was für den heranwachsenden Tom eine fast unlösbare Aufgabe ist. Auch in Hans Bemmanns *Stein und Flöte: und das ist noch nicht alles* wird der Prozess der Identitätsfindung dargestellt.[19] Deutliche Parallelen zeigen sich im Selbstfindungsprozess Lauschers und jenem von Bastian in *Die unendliche Geschichte* von Michael Ende sowie im Motiv der Metamorphose in beiden Texten: Lauscher und Bastian lernen sich selbst von außen kennen und die Differenz zwischen Ich und Spiegelbild[20] erlaubt ihnen einen bedeutenden Entwicklungsschritt, denn das Spiegelstadium kann als ein ursprüngliches Abenteuer bezeichnet werden, in dem sich der Mensch zum ersten Mal selbst begreift, und zwar anders, als er ursprünglich dachte (Strukturierung des Fantasielebens) – wie es Bastian im Spiegelbild Atréjus widerfahren ist: Aus dem narzisstischen Spiegelstadium *Moi* entwickelte sich das *Je*, das in die symbolische Ordnung eingepasst ist.[21]

Rosanna und ihre Freundin Lilli in Cornelia Funkes *Zwei wilde kleine Hexen* ahmen beispielsweise ein für Hexen typisches Verhalten nach und verändern sich äußerlich so stark, dass sie sich selbst fremd werden, wodurch es ihnen gelingt, eine richtige Hexe in der Walpurgisnacht in ihren Garten zu „zaubern“. Die beiden können sich durch magische Erfahrungen und Erlebnisse sowie die spiegelnde Wirkung persönlich weiterentwickeln. Alle Protagonistinnen und Protagonisten haben in der Parallelwelt eine Mission zu erfüllen, die ihr Leben in ihrer Realität und ihren Individuationsprozess beeinflusst. Sie entwickeln sich zu autonomen und selbstverantwortlichen Individuen und entdecken neue Handlungsspielräume, die sie sich aktiv aneignen. Joschel in Oliver Dierssens *Fausto* ist ein Protagonist, der durch das Eindringen des Fantastischen in seine Realität lernt, mit seinen Problemen besser umzugehen und sein Schicksal selbst in die Hand zu nehmen.

---

[19] In diesem Text lassen sich auch deutliche Parallelen zum Entwicklungsroman festmachen (z.B. Goethes Wilhelm Meister bricht auf zu einer Reise, die sich als Suche nach sich selbst erweist).

[20] Lacan spricht von einer Dezentrierung des Subjekts und trennt das Subjekt in ein *Je* und ein *Moi*. Ersteres bezeichnet das Subjekt des Unbewussten, Letzteres ist dessen narzisstische Selbstspiegelung durch die Weiterentwicklung im Eintreten in die Sprache. Lacan zufolge macht die Sprachordnung das Subjekt und die Sprache weist Rollen zu, weshalb jedes Individuum lernen muss, seinen Platz in der Sprache einzunehmen. Darüber hinaus ist Lacan davon überzeugt, dass jedes postmoderne Individuum danach begierig ist, sich in jemand anderem widerzuspiegeln, der ihm ein möglichst perfektes Bild von sich selbst zurückwirft. Funktioniert das nicht, ist ein großes aggressives Potenzial vorhanden. Siehe dazu Lacan 1973.

[21] Vgl. Pagel 2007.

Anna in Kirsten Boies *Der durch den Spiegel kommt* eignet sich dadurch Mut, Tapferkeit und Durchhaltevermögen an. In ihr zeigt sich des Weiteren das von Reinhard Ehgartner anhand von Harry Potter beschriebene Kontrastkonzept,[22] das sich ebenfalls in der räumlichen Konzeption widerspiegelt: in der Figur von Anna die Allmacht im Sinne von Allmachtswünschen, Grandiositäts- und Omnipotenzfantasien und das Auserwähltsein sowie die Ohnmacht hinsichtlich Minderwertigkeitsgefühlen, Versagensängsten und Kapitulationswünschen. Die Repression in der Parallelwelt zeigt sich auch in *Die unendliche Geschichte* von Michael Ende, *Emma und der Blaue Dschinn* von Cornelia Funke oder *Jenseitsfalle* von Mike Maurus.

Die Parallelwelt als Ort der Veränderung und der Entwicklung

Das Eindringen der Protagonistinnen und Protagonisten in eine ihrer erfahrbaren Realität parallele fantastische Welt lässt einen deutlichen Entwicklungsschritt zu. Betrachtet man das Werk *Die unendliche Geschichte* näher, so spiegelt die Raumkonzeption der fiktiv-fantastischen Welt die Entwicklung Bastians wider. Exemplarisch werden hier das Südliche Orakel, das Änderhaus, das Bergwerk der Bilder und die Wasser des Lebens als Orte der Veränderung, der Entwicklung und der Erneuerung angeführt: Beim Südlichen Orakel mit seinen drei Toren entstehen Räume erst durch andere Räume, wodurch die Linearität von Entwicklungsstufen angedeutet wird. Besonders prägend für Bastian war das Spiegeltor, in dem er sich selbst sieht und durch das er Selbsterkenntnis erlangt.[23] Ferner verweist das sich ständig in Bewegung befindende Änderhaus auf das suchende Individuum. Nicht nur das Aussehen des Hauses verwandelt sich stetig, sondern auch seine Bewohnerinnen und Bewohner werden durch dieses verändert. Zudem verstärkt der Jahreszeitenwechsel von Winter auf Frühling den Reifungsprozess des Protagonisten. Schließlich kann er seinen eigenen Veränderungsprozess reflektieren und seinen letzten Wunsch in der *heterotopen* Parallelwelt äußern. Ebenso interessant ist das Bergwerk der Bilder: Die Einfachheit der Hütte Yors und die weiße Ebene deuten die bevorstehende Reinigung Bastians an. Die Bilder im Bergwerk spiegeln vergessene Träume der Menschen wider, so als wäre jeder Traum eine eingefrorene Erinnerung und ein verschleierter Ausdruck unbewusster Wünsche. Das Bergwerk der Bilder ist ein Sinnbild des Unbewussten Bastians und ermöglicht ihm einen Rückblick auf sein bisheriges Leben. Durch die Wasser des Lebens, in denen Bastian badet und von denen er trinkt, wird er heilsgeschichtlich neugeboren. Die Auseinandersetzung mit den eigenen Erfahrungen und Erinnerungen in der Parallelwelt lassen den Protagonisten reifen und seine individuelle

22 Vgl. Ehgartner 2002.
23 Siehe dazu die Theorie des Spiegelstadiums bei Lacan 1973.

Identitätssuche abschließen, durch die er Lösungsvorschläge für seinen Alltag erhält und fortan sein Schicksal selbst in die Hand nehmen kann.

Plurale Perspektiven

In den Parallelwelten gibt es neben den positiv konnotierten Figuren, die den Protagonistinnen und Protagonisten helfend und als Mentorinnen und Mentoren zur Seite stehen, auch deren Antagonistinnen und Antagonisten. Meist werden Gegenspielerinnen und Gegenspieler in einem repressiven Umfeld charakterisiert. Exemplarisch für totalitäre Herrschaftsfiguren in der Parallelwelt sollen der Gelbe Dschinn in Cornelia Funkes *Emma und der Blaue Dschinn* und Evil der Fürchterliche in Kirsten Boies *Der durch den Spiegel kommt* herausgegriffen werden. Eine derartige Erfahrung der Repression lässt die Rezipientinnen und Rezipienten totalitäre Regime – wie beispielsweise den Nationalsozialismus oder gegenwärtige diktatorische Strukturen –, nachempfinden sowie Unterdrückungsmechanismen erleben und durchschauen; wie bei der Separation von Zauberern und Muggels in der *Harry Potter*-Serie, die an eine ethnische Säuberung erinnert. In der Parallelwelt werden negativ konnotierte Personen, Chaos und Krieg emotionslos und ohne private Details dargestellt. Durch die positiven Helfer- und Mentorenfiguren in der Spiegelwelt lernen die Rezipientinnen und Rezipienten Mechanismen derartiger Machtstrukturen zu durchschauen und dem Fremden dennoch mit Offenheit und Toleranz gegenüberzutreten. Die Begegnung mit dem Unbekannten ist ein Motiv, das beinahe alle fantastischen Werke prägt. Exemplarisch werden hier *Lippels Traum* von Paul Maar oder Michael Endes Text *Die unendliche Geschichte* angeführt, die jeweils den Kontakt mit einer fremden Kultur und die Auseinandersetzung mit dem Anderen darstellen. In diesen beiden und vielen anderen Werken wird deutlich, dass das Eigene als fremd erscheint, Fremdes hingegen als eigen. Die Folge ist eine Relativierung des bisher Unbekannten und eine neue Sichtweise der Protagonistinnen und Protagonisten auf die eigene Realität.

Thematisch werden in fantastischen Werken der jüngsten Kinder- und Jugendliteratur Räume konstruiert, die – oft kreative – Möglichkeiten des Umgangs mit alltäglichen Problemen aufzeigen. Die Bereitstellung von alternativen, kreativen und durchaus komischen Lösungsvorschlägen, die nicht nur die Protagonistin oder der Protagonist in ihren/seinen Alltag mitnehmen kann, sondern auch die Rezipientinnen und Rezipienten, schreibt fantastischen Werken eine zusätzliche Interpretationsebene ein. Lachen kann laut Gerhard Haas, Göte Klingberg und Reinbert Tabbert[24] sowohl eine befreiende Wirkung haben als auch helfen, Probleme (aus der Alltagswelt) zu überwinden und kreative Lösungsvorschläge

---

[24] Haas, Klingberg, Tabbert 1984.

bereitzustellen. Das Komische im fantastischen Kinderbuch wird „mit Blick auf seine Wirkung als ein In-Frage-Stellen von Normen charakterisiert", wobei „bei der Komik im engeren Sinne dieses In-Frage-Stellen aus einer grundsätzlichen Überzeugung von der Ordnung der Welt heraus harmlos und vorübergehend" ist und „damit eine Tendenz zu gesellschaftlicher Integration"[25] gefördert wird. Alternative Problemlösungen und Orientierungsmuster, die befreiend wirken und die gesellschaftlichen Normen hinterfragen, werden beispielhaft mittels koexistierender fantastischer Parallelwelten in Oliver Dierssens *Fausto*, Cornelia Funkes *Gespensterjäger*-Serie oder Kirsten Boies *Der durch den Spiegel kommt* aufgezeigt. Dazu zählen auch der Umgang mit Tod und Verlust in *Yoko – mein ganz besonderer Freund*, die Auseinandersetzung mit Fremdem, Toleranz und Respekt sowie Offenheit für Veränderungen und Grenzüberschreitungen, Außenseitertum (z.B. in *Fausto*), Migration und Integration oder auch Kritik an Kapitalismus, Spaß- und Wegwerfgesellschaft (z.B. in der populären *Drachenthal*-Serie von Wolfgang und Heike Hohlbein). Ferner scheint Angst ein ständiger Begleiter der Protagonistinnen und Protagonisten in der fantastischen Spiegelwelt zu sein, der überwunden werden muss. Leider verfestigen die Kontraste zwischen Gut und Böse oft bestehende Stereotype, sodass die Raumkonstruktionen in dieser Hinsicht nicht unkonventioneller genutzt werden.

Eine weitere Funktion der Parallelwelten ist die Ent- und Verzauberung des Alltags durch die Loslösung von verbindlichen Orientierungsmustern und das Motiv der Heimkehr sowie die Gegenüberstellung von Egoismus und Altruismus. Beispielhaft lässt sich das in *Die unendliche Geschichte* zeigen. Als zentral erweisen sich außerdem die Darstellung des episodenhaften Lebens der Postmoderne sowie der Weg zum erwachsenen Menschen; beide werden in den hier angeführten Texten angedeutet.

Fantastik schafft risikofreie Übungsräume

Das Lesen fiktiver Texte macht das Eindringen in eine dem Alltag parallele, spiegelhafte Welt möglich. Diese ist keine „Ersatzbefriedigung"[26] für in der Realität nicht erfüllbare Wünsche und Sehnsüchte, sondern vielmehr werden dadurch „Gegenbilder [...] als Vergegenwärtigung des Außer-Ordentlichen"[27] zur bestehenden gesellschaftlichen Ordnung entworfen. Außerdem werden neue Raum- und Zeitverhältnisse und -erfahrungen durch die Literatur möglich, in deren Zusammenhang zudem Horizonterweiterungen und Persönlichkeitsentwicklungen in der Auseinandersetzung mit dem Fremden, mit anderen Kulturen, unbekannten

---

[25] Ebd., S. 285.
[26] Vgl. Baumgärtner 1993.
[27] Ebd., S. 43f.

Sprachen, veränderten Symboliken, anderen kulturellen Praktiken etc. einhergehen können. Die Spiegelung der Gesellschaft in einer *heterotopen* fantastischen Welt erwirkt eine Kritik am Konventionellen, präsentiert einen möglichen Gegenentwurf und erklärt die Bedeutung von Grenzüberschreitungen, indem sie außerdem ein Ausdruck von Pluralität und Handlungsmöglichkeiten sowie Stabilität und kulturellen Reproduktionen ist, aber auch einen Orientierungsrahmen und einen risikofreien Übungsraum konstruiert.

Die Funktion derartiger Parallelwelten darf nicht auf Eskapismus reduziert werden, sondern durch diese entstehen neue Imaginations- und Simulationsräume, die als risikofreie Übungsräume bezeichnet werden können und Simulationen möglicher Realitäten zulassen.[28] Durch die Nachahmung und Übersteigerung der erfahrbaren Realität werden neue Raum- und Zeitkonstellationen sowie neue Sinnperspektiven ermöglicht. Zudem kommt es zu einer Überformung realer Orte, sodass literarische Orte als Zeichen lesbar sind und neue Sinnstiftungsprozesse zulassen. Bedeutsam ist, dass die Parallelwelten fast ausschließlich elternferne Räume sind, die den Individuationsprozess ermöglichen und beschleunigen. Anhand der in der gegenwärtigen fantastischen Kinder- und Jugendliteratur dargestellten Parallelwelten lässt sich des Weiteren das Konzept der *Heterotopien*[29] von Michel Foucault zeigen, der von einer Simultaneität der Räume spricht, also dass Orte nebeneinander und parallel existieren wie es bei der fiktiv-realen und der fiktiv-fantastischen Realität auch der Fall ist. Entwicklungsschritte erfolgen auch an Nicht-Orten und das Konzept der äußeren Mobilität wird auch auf das Innere der Protagonistinnen und Protagonisten übertragen. Derartige Parallelwelten ermöglichen die Auseinandersetzung mit dem Fremden und dem Anderen auf einer kreativen Ebene und üben durch die Handlung, die Figurenkonstellation und die räumliche Konzeption Kritik an der Gesellschaft. Diese findet sich beispielsweise gegenüber totalitären Machtstrukturen, dem Kapitalismus, dem Konsum, der Globalisierung, der Spaß- und Wegwerfgesellschaft, der Wirtschaftskrise, dem technischen Fortschritt oder gegenüber Migrations- und Integrationstendenzen. Festhalten lässt sich darüber hinaus, dass sich nicht nur die Protagonistinnen und Protagonisten durch die Erlebnisse in parallelen Welten und die dadurch aufgebaute Distanz wichtige Kompetenzen wie Reflexionsfähigkeit oder Teamfähigkeit aneignen, sondern auch die kindlichen Rezipientinnen und Rezipienten. Damit geht eine Emanzipation des Subjekts einher. Das Zusammenspiel von Identität, Spiel, Raum und (Orts-) Bewegung führt zu einer äußeren und inneren Mobilität, die zu einer Horizonterweiterung sowie zur Ausbildung und Festigung der Identität führt. Nicht zu vergessen ist, dass sich in der Konstruktion von fantastischen Pa-

---

[28] Vgl. Wellershoff 1969 und Wellershoff 1982.

[29] Vgl. Foucault 2001.

rallelwelten die Sehnsucht nach Transzendenz durch die Integration des Fantastischen in die Alltagswirklichkeit ausdrückt.

Bibliographie

Primärliteratur

Bemmann, Hans: Stein und Flöte: und das ist noch nicht alles. München: Piper 2012 [EA 1983].
Boie, Kirsten: Der durch den Spiegel kommt. Hamburg: Oetinger 2010 [2001].
Dierssen, Oliver: Fausto. München: Heyne 2011.
Ende, Michael: Die unendliche Geschichte. Stuttgart: Thienemann 1979.
Funke, Cornelia: Gespensterjäger auf eisiger Spur. 1993. In: Dies.: Gespensterjäger. Bindlach: Loewe [1]2011.
– Zwei wilde kleine Hexen. Hamburg: Oetinger Taschenbuch 2001.
– Emma und der Blaue Dschinn. Hamburg: Cecilie Dressler Verlag 22009 [2002].
– Hinter verzauberten Fenstern. Eine geheimnisvolle Adventsgeschichte. Frankfurt am Main: Fischer Taschenbuch Verlag. 42011 [1995].
Goethe, Johann Wolfgang von: Wilhelm Meisters Wanderjahre. Stuttgart: Reclam 1986 [EA 1821].
Hohlbein, Wolfgang und Heike Hohlbein: Drachenthal. Das Labyrinth. Wien: Arena Taschenbuch 2008 [2003].
– Drachenthal. Das Spiegelkabinett. Wien: Arena Taschenbuch 2009 [2004].
– Drachenthal. Die Entdeckung. Wien: Arena Taschenbuch 2008 [2002].
– Drachenthal. Die Rückkehr. Wien: Ueberreuter 2007.
– Drachenthal. Die Zauberkugel. Wien: Arena Taschenbuch 2009 [2003].
Jochmann, Ludger; Stütze, Annett: Hexe Lilli. Das Geheimnis der Dinosaurier. Zwei Abenteuer in einem Band. Für Leseanfänger. Würzburg: Schwager & Steinlein 2008 [2003].
Knister: Yoko. Mein ganz besonderer Freund. Würzburg: Arena 2011.
Maar, Paul: Lippels Traum. Hamburg: Oetinger 2010 [EA 1984].
Maurus, Mike: Jenseitsfalle. Münster: Coppenrath 2010 [2006].
Rowling, Joanne K.: Harry Potter und der Stein der Weisen. Hamburg: Carlsen Verlag 1998.
– Harry Potter und die Kammer des Schreckens. Hamburg: Carlsen 1999.
– Harry Potter und der Gefangene von Askaban. Hamburg: Carlsen 1999.
– Harry Potter und der Feuerkelch. Hamburg: Carlsen 2000.
– Harry Potter und der Orden des Phönix. Hamburg: Carlsen 2003.
– Harry Potter und der Halbblutprinz. Hamburg: Carlsen 2005.
– Harry Potter und die Heiligtümer des Todes. Hamburg: Carlsen 2007.

Sekundärliteratur

Appadurai, Arjun: Globale ethnische Räume. Bemerkungen und Fragen zur Entwicklung einer transnationalen Anthropologie. In: Ulrich Beck (Hg.): Perspektiven der Weltgesellschaft. Frankfurt a.M.: Suhrkamp 1998, S. 11–40.

Augé, Marc: Nicht-Orte. München: Beck 2012 (1989).
Bachmann-Medick, Doris: Cultural Turns. Neuorientierungen in den Kulturwissenschaften. Reinbeck: Rowohlt 2006.
Bauman, Zygmunt: Das Unbehagen in der Postmoderne. Hamburg: Hamburger Edition 1999.
– Flüchtige Zeiten. Leben in der Ungewissheit. Hamburg: Hamburger Edition 2008.
Baumgärtner, Alfred Clemens: „Dem Traum folgen..." Das Abenteuer in der neuen Kinder- und Jugendliteratur. In: Abenteuer Buch. Festschrift für Alfred Clemens Baumgärtner zur Vollendung seines 65. Lebensjahres. Hg. v. Kurt Franz, Günter Lange und Franz-Josef Payrhuber. Meitingen: Corian-Verlag Heinrich Wimmer 1995, S. 1–18.
Beck, Ulrich: Risikogesellschaft. Auf dem Weg in eine andere Moderne. Frankfurt a.M.: Suhrkamp 1992 (1986).
– Was ist Globalisierung? Irrtümer des Globalismus. Antworten auf Globalisierung. Frankfurt a.M.: Suhrkamp 1997.
Döring, Jörg und Tristan Thielmann: Spatial Turn. Das Raumparadigma in den Kultur- und Sozialwissenschaften. Bielefeld: transcript 2008.
Dünne, Jörg: Geschichten im Raum und Raumgeschichte, Topologie und Topographie: Wohin geht die Wende zum Raum? http://www.uni-potsdam.de/romanistik/ette/buschmann/dynraum/pdfs/duenne.pdf (abgerufen am 04.02.12).
Ehgartner, Reinhard: J.K. Rowlings Harry Potter-Romane in literarischen Koordinaten. Zur Erzähltechnik und Motivik in Joanne K. Rowlings Bestsellern. In: „Alohomora!" Ergebnisse des ersten Wiener *Harry-Potter*-Symposions. Kinder- und Jugendliteraturforschung in Österreich 2. Hg. von Heidi Lexe. Wien: Edition Praesens 2002, S. 61–81.
Foucault, Michel: „Andere Räume". In: Michel Foucault: Short Cuts. Frankfurt a.M.: Zweitausendeins 2001, S. 20–38.
Haas, Gerhard; Göte Klingberg und Reinbert Tabbert: Phantastische Kinder- und Jugendliteratur. In: Gerhard Haas: Kinder- und Jugendliteratur. Ein Handbuch. Stuttgart: Reclam 1984 (1974).
Huizinga, Johan: Homo ludens. Vom Ursprung der Kultur im Spiel. Hamburg: Rowohlt 2004 (1939).
Kalbermatten, Manuela: „Von nun an werden wir mitspielen". Abenteuerinnen in der phantastischen Kinder- und Jugendliteratur der Gegenwart. Zürich: Chronos Verlag 2011.
Lacan, Jacques: Das Spiegelstadium als Bildner der Ichfunktion. In: Jacques Lacan: Schriften I. Ausgew. und hg. v. Norbert Haas. Olten und Freiburg i.B.: Walter 1973, S. 61–70.
Lotman, Jurij M.: Die Struktur literarischer Texte. Übersetzt von Rolf-Dietrich Keil. München: Wilhelm Fink 1989 (1972).
Neuhaus, Stefan: Orte der Zeichen. Wie über literarische Topographien Identität konstruiert wird, oder: Ein Beitrag zur literaturwissenschaftlichen Heterotopologie. In: Martin Hellström und Edgar Platen (Hg.): Zwischen Globalisierungen und Regionalisierungen. Zur Darstellung von Zeitgeschichte in deutschsprachiger Gegenwarts-

literatur (V). München: iudicium 2008 (Perspektiven. Nordeuropäische Studien zur deutschsprachigen Literatur und Kultur 4), S. 9–22.
– Literaturvermittlung. Wien: Huter & Roth KG 2009.
– Spiegelwelten. Zur Funktion und Rezeption fantastischer Mythen bei Tove Jansson, C.S. Lewis und anderen. In: Gunda Mairbäurl, Ingrid Tomkowiak, Ernst Seibert und Klaus Müller-Wille (Hg.): Kinderliterarische Mythen-Translation. Zur Konstruktion phantastischer Welten bei Tove Jansson, C.S. Lewis und J.R.R. Tolkien. Kinder- und Jugendliteraturforschung in Österreich. Band 14. Wien: Praesens 2013.
Nikolajeva, Maria: Magic Code: Use of Magical Patterns in Fantasy for Children (The Swedish Institute for Children's Books). Stockholm: Almqvist & Wiksell Internat 1988.
– (Hg.): Modern litteraturteori och metod i barnlitteraturforskningen. Skrifter från Centrum för barnkulturforskning; 19. Stockholm: Centrum för barnkulturforskning 1992.
Pagel, Gerda: Jacques Lacan zur Einführung. 5. Aufl. Hamburg: Junius 2007 (1989).
Pfennig, Daniela: Parallelwelten. Raumkonzepte in der fantastischen Kinder- und Jugendliteratur der Gegenwart. Studien zu Literatur und Film der Gegenwart. Band 5. Hg. v. Stefan Neuhaus. Marburg: Tectum 2013.
Wellershoff, Dieter: Literatur und Veränderung. Versuche zu einer Metakritik der Literatur. Köln: Kiepenheuer & Witsch 1969.
Literatur und Lustprinzip. Köln: Kiepenheuer & Witsch 1982.

Abbildungsverzeichnis

VERWISCHUNGEN

Entgrenztes Sehen

Zur Verschränkung von Einbildungskraft und Augensinn in Alfred Kubins *Die andere Seite*[1]

Anika Skotak

Problematisches Sehen und die Künste um 1900

Sowohl der naturwissenschaftliche als auch der philosophische Diskurs des beginnenden 20. Jahrhunderts ist von einem starken theoretischen wie experimentellen Interesse an der sinnlichen Wahrnehmung im Allgemeinen – und besonders am Sehsinn – geprägt.[2] Was man spätestens seit Kant wusste, was Sinnesphysiologie, Wahrnehmungspsychologie und Physik nun *empirisch* zu beweisen beanspruchen sowie neue technische Errungenschaften zu bestätigen scheinen – die Diskrepanz zwischen der Welt, wie sie den Sinnen bzw. dem Auge erscheint und wie sie ‚wirklich' ist –, gerät so einigen Künstlern, Literaten und Intellektuellen dieser Zeit zum Problem, wird jene „Inkongruenz" doch „als fundamentaler Sinnverlust, als Entfremdung erlebt".[3] Wenn der Augensinn so gesehen in der ‚Krise' ist, wird auch das Vertrauen in die Möglichkeit einer mimetisch-naturalistischen Wiedergabe des visuellen Sinneseindrucks, wie es das literarische, vor allem jedoch das bildnerische Schaffen bis dahin weitgehend bestimmt hatte, obsolet.[4] Jedoch, so stellen Christine Emig und Monika Fick fest, werde dem Künstler jene „Inkongruenz zwischen eigener Wahrnehmung und ‚Außenwelt' zur Chance des Schöpferischen".[5] Krisenhafter Sehsinn und erkenntnistheoretischer Konstruktivismus scheinen, so die Autorinnen weiter, den Künstler um 1900 zu legitimieren

1 Vorüberlegungen zu diesem Beitrag habe ich punktuell und unter einer anderen Zielsetzung in meiner Magisterarbeit getroffen (vgl. Skotak 2008).

2 Vgl. hierzu ausführlicher die Webseite des Forschungsprojekts der RWTH Aachen *Sinne und Synapsen. Erkenntniskritik und Wahrnehmungswandel 1900/heute*, von der alle im Beitrag zitierten Internetquellen stammen (Fick 2006a; Ketteler 2004).

3 Fick 2004.

4 Vgl. Fick 2006a.

5 Emig 2004.

und geradezu aufzufordern, Welten „*ohne* mimetische Bindung“[6] zu entwerfen. Daraufhin kommt es zunächst in den bildenden Künsten zu Konzeptualisierungen ‚neuer‘, ‚anderer‘ Sehweisen, die – teils im Verbund mit der *Einbildungskraft* des Künstlersubjekts – die gegebene Wirklichkeit zu überschreiten, zu verwandeln vermögen sollen. Was den Bereich der Literatur anbelangt, dient der wieder erstarkten Künstler-Fantasie die sichtbare Realität nur noch als *Ausgangspunkt* für ihre fiktionalen Weltentwürfe.[7] In die Reihe der Dichter, die das Fantasieren zur Grundlage ihres Schaffens machen, ordnen sich auch bzw. gerade Autoren der Moderne ein, deren Texte als fantastisch verhandelt werden – jedoch mit dem Zusatz, dass für sie vorwiegend das Einbilden in seinen ‚abartigen‘, exzessiven, unkontrollierten Formen interessant wird.[8] Eine deviante Einbildungskraft scheint der fantastischen Literatur zwischen 1890–1930 nicht nur als ein (mögliches) poetologisches Prinzip maßgebend (dessen Potenzial in den Texten auch reflektiert wird)[9], sondern auch das fantastische Motivrepertoire bedient sich bekanntlich gerne unkontrollierter, devianter Ausprägungen des Fantasierens (Traum; Wahn; Halluzinationen[10]). Dass für nicht wenige Literaten und Künstler der Moderne in postromantischem Nachhall eine deviante Einbildungskraft thematisch wie schöpferisch relevant wird, ist wohl auch dem Umstand zu verdanken, dass mit dem Interesse am Sehsinn eine ebenso große Neugier am menschlichen Seelenleben – insbesondere an seinen ‚Nachtseiten‘ – koinzidiert. Psychoanalyse und ein wis-

---

6 Ebd., Hvh. i. O.

7 Vgl. ebd. Paradigmatisch gilt ein solches „neues Sehen“ bekanntlich als im Werk des mittleren Rilke verwirklicht, „autoprogrammatisch“ im *Malte*-Roman (de Vos 1999, S. 145; vgl. Fick 1998, S. 82f.). Die Betonung der Einbildungskraft (auch ihrer devianten, irrationalen Ausprägungen) für das künstlerische Schaffen und die Konzeptualisierung eines von der Fantasie angeleiteten künstlerischen Sehens reicht bekanntlich bis in die Romantik zurück, wo der Künstler Friedmar Apel zufolge derjenige ist, der „so sieht wie kein anderer“, indem er die sichtbare Wirklichkeit durch seine Poesie zu verwandeln vermag (Apel 2010, S. 92). Er nennt u.a. E.T.A. Hoffmann dem „die Distanz zur allgemeinen Wahrnehmung [...] geradezu als Bedingung des Künstlertums [erscheint]“ (ebd.). Hoffmanns „romantische Poetik des Sehens“ bestehe dabei „wesentlich darin, innere Bilder zur Darstellung zu bringen“ (ebd.) – womit im Wesentlichen das poetische Programm der Spätromantik umrissen ist.

8 Vgl. zur Konzeptgeschichte und begrifflichen Differenzierung der Fantasie, insbesondere zur Unterscheidung zwischen einer gesunden, angemessenen Einbildungskraft und deren als krank verhandelten, exzessiven Formen sowie deren Bedeutung für die Entwicklung der fantastischen Literatur Lachmann 2002, S. 27–78; zum synonymen Gebrauch von Einbildungskraft und Fantasie vgl. ebd., S. 66.

9 Vgl. Lachmann 2002, S. 78, wobei die Autorin hier die Fantasie allgemein, nicht spezifisch ihre exzessiven Formen als wesentliches „Gestaltungsprinzip“ fantastischer Literatur nennt.

10 Eine begriffliche Nähe zwischen diesen Arten des Einbildens zu einer devianten Optik drängt sich auf, lässt sich doch z.B. „der Wahnsinn“ als „das gestört-unsichere Sehen, ‚Sinnestäuschung‘ mit offenen Augen“ (Karpenstein 1977, S. 59) lesen.

senschaftlich ausgerichteter Okkultismus[11] stellen die Einbildungskraft als eine für das Subjekt weitgehend unkontrollierbare, psychische Kraft heraus, die fähig ist, das Wachbewusstsein zu okkupieren und den rationalen Blick auf die Welt zu stören. Damit ist der zeitgeschichtliche Hintergrund skizziert, vor dem sich eine Verschränkung eines exzessiven künstlerischen Fantasierens und dem Sehsinn in den Künsten um 1900 vollziehen kann und die gerade Werke der fantastischen Literatur dieser Zeit besonders zu stimulieren vermag.[12]

Das Interesse an einer unkontrollierten Einbildungskraft und an einer durch selbige gestörten Wahrnehmung leitet auch die folgenden Ausführungen zu Alfred Kubins (1877–1959) einzigem Roman *Die andere Seite* (1909) an. Der Fantastikforschung ist der Text wohl bekannt und er wurde bereits unter etlichen Zugangsweisen analysiert.[13] Mein Beitrag möchte nun ein weiteres Interpretament vorschlagen, indem er sich auf die geradezu leitmotivisch angelegte, innertextuelle Verschränkung von Einbilden und Sehen in der *Anderen Seite* kapriziert. Die Kopplung von Fantasieren, Vorstellen und sinnlichem Sehen oder deren exakte begriffliche Unterscheidung ist konzeptgeschichtlich bekanntlich ein diffiziler Sachverhalt; zudem durchdringen metaphorische Verschränkungen von visueller Wahrnehmung und dem Einbilden den literarischen, philosophischen und alltäglichen Sprachgebrauch. Derartiger begrifflicher Ambi- bzw. Polyvalenzen scheint sich auch Kubin bewusst zu sein, spielt der Text doch durchwegs mit ihnen[14] und rekurriert als stark autobiografisch gefärbter Roman vermutlich auch auf Kubins Selbstverständnis als „Seher“[15], den Tzvetan Todorov treffend als denjenigen bestimmt, „der sieht und nicht sieht, höhere Stufe des Sehens und seine Negation zugleich.“[16] Dennoch soll hier – wenngleich in begrenztem Rahmen – der Versuch unternommen werden, denjenigen *Modus* des künstlerischen Sehens nachzuzeichnen, der in Kubins Roman durch die Verschränkung mit seinem zweiten großen Thema, dem Einbilden, entfaltet wird. Die These ist demnach, dass Kubin eine künstlerische Sehweise konzeptualisiert, die sich als ein entgrenztes Sehen

---

[11] Vgl. zur Naturwissenschaftlichkeit von Okkultismus und Spiritismus Linse 1998, S. 95–113.

[12] Vgl. zur Verschränkung von Sehen und einer unkontrollierten Einbildungskraft, aus der sich zentrale Themen fantastischer Literatur speisen Todorov 1972, S. 103–106, S. 108–111.

[13] Vgl. zu einer Übersicht der von der Forschung bislang erörterten Zugangsweisen zu Kubins literarischem wie zeichnerischem Werk mit weiterführenden Literaturhinweisen Ruthner 2011, S. 87–91.

[14] Auf die Relevanz der polyvalenten Semantik des Begriffs des Bildes bei Kubin als zeichnerisches Werk, aber auch als Vorstellungsbild bzw. ‚inneres' Bild oder als ein ‚von außen' empfangener, visueller Eindruck im Hinblick auf die Frage nach der Fantastik in Kubins Werk wurde bereits umfangreich aufmerksam gemacht (z.B. Assmann 1999), ebenso auf die starke Beziehung zwischen Text und Bild bzw. auf die Durchdringung seines grafisch-illustratorischen und literarischen Schaffens (vgl. hierzu z.B. Assmann 1999; Schwanberg 1999; Lippuner 1977).

[15] So Kubin 1910 in einer seiner autobiografischen Schriften (zit. bei Raabe 1957, S. 34).

[16] Todorov 1972, S. 110.

beschreiben lässt, das nur im Verbund mit einer *exzessiven* bzw. *unkontrollierbaren* Fantasie stattfinden kann.

Konsequent überlagern sich auf der Textebene Einbilden und Sehen, dem, wie es dem Leser suggeriert wird, eine sinnesphysiologisch begründete ‚Sehkrise' des Protagonisten-Künstlers, eines „Zeichner[s] und Illustrator[s]"[17] vorausgeht. Ob sich diese, auf der propositionalen Ebene des Textes exponierte Störung des physischen Sehens – um den Vergleich mit dem von einer angeblichen ‚Sprachkrise' gebeutelten Literaten Lord Chandos bei Hofmannsthal zu bemühen[18] – als eine nur scheinbare herausstellt[19], muss überprüft werden. Festzuhalten ist, dass in *Die andere Seite* spezifische Redeweisen und Praktiken verhandelt werden, die das künstlerische Sehen, die künstlerische Einbildungskraft und deren jeweilige Grenzen gleichermaßen betreffen und die in einem Diskurs über ein Anders-Sehen zusammengeführt werden.[20] Dieser soll anhand zweier zentraler Passagen aus Kubins Roman konturiert werden. Dem voraus geht eine Reflexion über die narrative Strategie des Textes, das Sehen des Protagonisten als ein ambivalentes zu verhandeln, woraus sich unter anderem dessen Fantastik speist. Zuletzt soll es um die Frage nach dem metapoetologischen Potenzial[21] der betreffenden Textstellen gehen, die sich qua literarischer Verhandlung der Einbildungskraft und des Sehens im Roman als genuin künstlerische Schaffensprinzipien geradezu aufdrängt.

„Ich habe das nie geschaut"[22] – Sehen und Einbilden in *Die andere Seite*

In Kubins Roman schildert ein namenloser Ich-Erzähler – des Autors fiktives Ego – seine Erlebnisse im so genannten Traumreich, in das er auf die Einladung seines alten Schulfreundes und Traumlandgründers Patera übersiedelt. Schon bald entpuppt sich die neue Heimat jedoch als ein Ort des Schreckens und des Wahnsinns, der Herrscher Patera als mysteriöses Wesen, welches das Traumvolk despotisch unter seiner Macht hält.

Leitmotivisch entspinnt *Die andere Seite* ein semantisches Netz um die Begriffe Sehen und Blick. Der Text verwirklicht, um es mit Renate Lachmann zu

---

17 Kubin 2005, S. 10.

18 Wie der mit den beiden Texten vertraute Leser feststellen wird, sind zwischen Hofmannsthals *Ein Brief* von 1896 und Kubins *Die andere Seite* gerade im Hinblick auf die im Folgenden behandelten Textpassagen unleugbare intertextuelle Bezüge vorhanden.

19 Vgl. zur lediglich vorgegebenen Sprachkrise von Lord Chandos z.B. Günther 2001, S. 21.

20 Vgl. Anm. 7.

21 Für den Hinweis, die im Folgenden zitierten Passagen aus *Die andere Seite*, in denen der Erzähler auf das Einbilden und das Sehen reflektiert, auf ihre Metapoetologizität hin zu befragen und den Roman auch als Text ‚über das Einbilden' zu lesen, danke ich Renate Lachmann.

22 Kubin 2005, S. 65.

formulieren, eine konstante „Ästhetik des Halbdunkels".[23] Ein klares und verlässliches Sehen ist dem Erzähler nur eingeschränkt oder überhaupt nicht möglich, sowohl noch vor seiner Übersiedelung ins Traumreich als auch während der dort verbrachten Zeit: Die Ankunft des Abgesandten Gautsch, der die Einladung ins Traumland überbringt, spielt im „Dämmerlicht" (S. 10), die Reise dorthin findet in „graue[m] Nebel" (S. 42) statt, endlich angekommen ist es zunächst „tief dunkel" (S. 47), dann trübe (S. 50), da sich hier nie die Sonne zeigt. Auch die Rhetorik des Erzählers ist auffällig stark von einer Seh- und Blickmetaphorik zum Ausdruck von kognitiven Erkenntnisprozessen gekennzeichnet: „Merkwürdige Verhältnisse" „entschleiern" oder „enthüllen sich" ihm – wenngleich „niemals gänzlich" (S. 51), Eindrücke werden als Bilder beschrieben, die sich ihm „einprägen"[24], für die Menschen im Traumreich „schärft sich sein Blick"[25], häufig wird der Vorgang des Erlebens mittels sprachlicher Bilder des Schauens ausgesagt[26].

Die Auseinandersetzung mit dem Sehen unterliegt im Textverlauf bestimmten Ambivalenzen oder anders: spezifischen Grenzverwischungen, aus denen sich auch das fantastische Moment des Textes speist. So bleibt es meist in der Schwebe, ob das Erzählte auf ein sinnliches Sehen, auf dessen Störung oder auf Einbildung zurückzuführen ist: Die Rede ist einerseits von „Sinnestäuschung" (S. 121), von „ein[em] Alptraum", aus dem der Erzähler „nicht erwachen" (S. 116) kann oder von einem sich in „einer Art Halbtraum" (S. 120) befindenden Protagonisten, andererseits davon, dass die Hoffnung des Erzählers, dass all die unerklärlichen Vorgänge im Traumreich nur Einbildung seien, nicht eintrifft.[27] Ein als sinnliches Sehen interpretierbares visuelles Wahrnehmen, ein aus unerklärlichen Gründen gestörtes Sehen und ein metaphorisch verhandelter Blick mit dem ‚inneren Auge' gehen ununterscheidbar ineinander über.

Ein fantastisches Erzählen wird weiterhin durch die ambivalente Handhabung des Sehens als narrative Beglaubigungsstrategie ins Spiel gebracht. Zu Beginn des Romans verbürgt der Sehsinn noch die Glaubwürdigkeit der „merkwürdig[en], wunderbar[en]" (S. 14) Geschichte vom Traumreich – so glaubt der Erzähler Gautschs Ausführungen erst, nachdem er von ihm ein Porträt seines alten Schulfreundes zu sehen bekommt (S. 14f.). Vor allem jedoch führt sich der Erzähler als „Augenzeuge" (S. 9) ein, dessen „wahrheitsgetreu[en]" „Bericht" (ebd.) wir nun zu lesen bekommen – was er uns erzählt, hat er folglich gesehen. Jedoch sei ihm bei der Niederschrift seiner Erlebnisse etwas „Eigentümliches passiert: [...] *Unmerklich*" sei ihm „die Schilderung einiger Szenen untergelaufen, denen" er „un-

23 Lachmann 2002, S. 155.
24 Vgl. Kubin 2005, S. 120.
25 Vgl. ebd., S. 55.
26 Ebd., mehrmals auf S. 191; S. 50.
27 Vgl. Kubin 2005, S. 118.

möglich beigewohnt und die [er, d. Verf.] von keinem Menschen erfahren haben kann." (ebd.)[28] „Seltsame Phänomene der Einbildungskraft" seien diese Szenen, „Produkte einer rätselhafte[n] Hellsichtigkeit", verursacht durch die „Nähe" einer anderen Person, d.i. „Patera" (ebd.). Dessen Einbildungskraft zeigt sich im Verlauf des Romans als treibende Kraft des Traumreichgeschehens. So weist der Text schon in den ersten Zeilen auf die Bedeutsamkeit der Einbildungskraft des Erzählers hin[29], die zudem als eine unkontrollierbare verhandelt und im weiteren Verlauf immer wieder als das den Protagonisten auszeichnende Merkmal exponiert wird. Damit vollzieht sich bereits in diesen ersten Sätzen des Romans auf der inhaltlichen Ebene die Verschränkung eines unkontrollierten Einbildens mit dem Sehen. Insofern schwankt die Lesart der folgenden Schilderungen permanent zwischen einer, die diese als den Augenzeugenbericht ‚wahrer' Begebenheiten auffasst, autorisiert von einem Erzähler, der als ein glaubwürdiger inszeniert wird und der auf seinen Hang zur Einbildung falscher Tatsachen *reflektiert*[30], und der Deutung als Produkt einer unkontrolliert waltenden Fantasie eines Erzählers, der sich wiederholt als eine unzuverlässige, orientierungslose Vermittlungsinstanz erweist[31] und dem es selbst irgendwann unmöglich wird, zwischen einer eigenen und einer fremden Einbildungskraft zu unterscheiden[32]. Lakonisch stellt der Erzähler fest: „Hier [im Traumreich, d. Verf.] waren Einbildungen einfach Realitäten." (S. 62) All dies deutet demnach eher daraufhin dass es sich bei den geschilderten Sachverhalten trotz ihrer ersten Markierung als „Bericht" weniger um Erlebnisse handelt, die weitgehend auf ein sinnliches Sehen zurückzuführen sind – „die Frage, was *wirklich* ist, bleibt als Beunruhigung bestehen"[33].

Die Verschränkung der visuellen Wahrnehmung mit dem Prozess des Einbildens im Sinne einer psychischen Schau, wie sie durch den auf die semantische Polyvalenz des Sehens abhebenden Begriff der „Hellsichtigkeit" (S. 9) angedeutet scheint, verstärkt sich im weiteren Textverlauf zunehmend und wird als ein

---

[28] Hvh. d. Verf.

[29] Vgl. zur Relevanz der Einbildungskraft des Erzählers auch Stottmeister 1999, S. 84.

[30] „Meine [des Erzählers, d. Verf.] Einbildungskraft hatte mir natürlich da wieder einen netten Streich gespielt" (Kubin 2005, S. 15 bzw. S. 118).

[31] Vgl. hierzu auch die Ausführungen Coelsch-Foisners (2011) zu den Typen fantastischen Erzählens – der *fantasy* bzw. *science-fiction* und der *gothic* – als „Veranschaulichung der fantastischen Störästhetik" (ebd., S. 123) und deren Vermischung in der *Anderen Seite*.

[32] Vgl. Kubin 2005, S. 60.

[33] Lachmann 2002, S. 155, Hvh. i.O. An diese eine ambivalente Lesart forcierende, im Text offensichtlich strategisch angelegte Verschränkung von Sehen und Einbilden, schließt sich die Beschreibung der zur Aufnahme ins Traumreich begünstigten Charaktere an – allesamt mit einer „übertrieben feine[n] Empfindlichkeit" und „eminent geschärfte[n] Sinnesorgane[n]" ausgestattet, die sie „zum Erfassen von Beziehungen der individuellen Welt, welche für Durchschnittswesen, abgesehen von einzelnen Momenten, einfach nicht vorhanden sind", befähigen (Kubin 2005, S. 54; S. 12).

Verfahren zur Depotenzierung und Diffamierung des physischen Augensinns lesbar: Dieser wird vom Roman im Hinblick auf seine Validität zur Erkenntnis von ‚Wirklichkeit' und dem ‚wahren' Sein der Dinge, oder als eine Instanz, die Orientierung zu geben fähig ist, zunehmend als untauglich eingeschätzt. Immer wieder zeigt sich der Sehsinn des Erzählers als gestört, unter anderem auch von einer hyperaktiven Einbildungskraft bzw. einer „überreizte[n] Phantasie" (S. 97), die ihm jegliche Orientierung verunmöglicht, ihn „ins Bodenlose" (ebd.) oder in „weiße Leere" (S. 106) blicken lässt und ihn so immer wieder dem Wahnsinn[34] nahebringt. In seiner defizitären Verfassung erscheint der Augensinn einer Ergänzung bedürftig – als eine solche wird die Einbildungskraft vorgeschlagen: Nachdem sich im Traumreich auf wundersame Weise Geruchs- und Gehörsinn des Erzählers geschärft haben, eröffnet sich ihm in einer im Verbund mit der eigenen Einbildungskraft stattfindenden meditativen Versenkung in die Dinge ein gänzlich ungewohnter Blick auf seine Umwelt (*Die Klärung der Erkenntnis*). Der Erzähler lernt ‚neu' bzw. anders zu sehen:

> „Ich versuchte jetzt Steine, Blumen, Tiere und Menschen stundenlang gesammelt zu betrachten. Dabei wurde mein Auge geschärft, so wie es Geruch und Gehör schon waren. – Jetzt kamen große Tage – ich entdeckte eine neue Seite der Traumwelt. Die ausgebildeten Sinne beeinflußten allmählich den Gedankenapparat und formten ihn um. Einer überraschenden Art des Staunens wurde ich fähig. Herausgerissen aus dem Zusammenhang mit den andern Dingen gewann jeder Gegenstand eine neue Bedeutung. [...] Das bloße Sein, so und nicht anders, ward mir zum Wunder. [...] Die stärksten Sensationen kamen anfangs vor dem Einschlafen oder unmittelbar nach dem Erwachen, – also wenn der Körper müde war und das Leben in mir sich in einem Dämmerzustand befand. Eine nicht immer lebendige Welt mußte nach und nach geschaffen werden, und zwar immer neu. Immer mehr fühlte ich das gemeinsame Band in allem. Farben, Düfte, Töne und Geschmacksempfindungen wurden für mich austauschbar. Und da wußte ich es: – Die Welt ist *Einbildungskraft, Einbildung – Kraft*. [...] Einmal *sah* ich die Welt als ein teppichhaftes Farbenwunder, die überraschendsten Gegensätze alle in einer Harmonie aufgehend; ein andermal *überschaute* ich ein unermessliches Filigran der Formen. [...] Ja, ganz neuartige Empfindungen erfaßte ich nachtwandlerisch." (S. 135)[35]

„In der Phantasie, durch die Einbildungskraft werden Wahrnehmungen und Beobachtungen aus der Realität aufgewertet und ‚verwandelt'"[36] – was Jaak de Vos in Bezug auf Rilkes Poetik formuliert, bringt ebenso treffend den von Kubins Erzähler geschilderten Zusammenhang von künstlerischer Einbildungskraft und sinnlicher bzw. visueller Wahrnehmung zum Ausdruck. Die hier beschriebene Schau – ein insgesamt in seinem Vermögen und Intensität gesteigertes Sehen –

---

34 Vgl. Kubin 2005, S. 112.

35 Die Hervorhebungen im ersten Teil des Satzes finden sich so im Originaltext, die nachfolgenden zwei Kursivsetzungen stammen von der Verfasserin.

36 De Vos 1999, S. 145.

kann nur im Verbund mit der künstlerischen Einbildungskraft stattfinden. Es ist ein Sehen, das sich über eine kontemplative Auseinandersetzung mit den Dingen in ihrer Wirklichkeit transformiert in einen Blick auf die Welt, der tendenziell vom Sinnlich-Körperlichen entkoppelt ist: Dieses Sehen kann dann stattfinden, wenn das Bewusstsein sich noch in einem unscharfen Grenzbereich zwischen Wachen und Schlafen bewegt, d.h. in einem Zustand, in dem vor allem innere Bilder aktiviert werden und die Einbildungskraft weitgehend unkontrolliert waltet. Nicht zuletzt ist es eine synästhetische Schau, die ein Erlebnis[37] im emphatischen Sinne darstellt, indem sie „staunen" bzw. „wundern" lässt; in ihrer Synästhetizität ist die hier geschilderte Wahrnehmung ein totales Sehen, das Gegensätze vereint, indem es alle Dinge in einem einheitlichen, harmonischen Gefüge und in ihren feinsten Unterschieden zugleich erkennt. Das visuelle wie gedankliche Erfassen von Totalität ist jedoch ein Phantasma – eines, das hier in Bezug auf das Künstlersubjekt als realisierbar verhandelt wird. Und schließlich lässt jenes – das Sichtbare überschreitende – Sehen die Welt immer wieder neu erscheinen. Daneben enthält der Roman eine zweite Schlüsselpassage, die sich ebenfalls als eine Rekonzeptualisierung des künstlerischen Blicks lesen lässt: Im vorletzten Romankapitel, das Kubin mit dem Titel „Visionen – der Tod Pateras" (S. 236) versehen hat, werden gleich mehrere Dimensionen eines künstlerischen Anders-Sehens ausgelotet; gebunden sind sie an ein schauendes Erzähler-Subjekt, das nicht entscheiden kann, ob es schläft, wach oder tot ist[38], und sie gehen metamorphotisch ineinander über: Ein in seiner mnemotechnischen Funktion verhandeltes Sehen verschränkt sich mit einer unklaren physischen Schau und vergegenwärtigt Szenen aus des Erzählers Kindheit; der Blick in eine „wirklich gewordene" (S. 236) Vergangenheit gleitet nahtlos über in ein Sehen von Nie-Gesehenem, das Kubin plastisch auszugestalten weiß:

„Wieder blendete mich die Helligkeit. [...] Die Luft stand in Weißglut. [...] Da war es, als entständen auf Sekunden prachtvoll gefärbte, sonnige Welten mit Blumen und Geschöpfen, wie ich sie nie auf Erden gesehen habe. Ein sprühendes, ungebärdiges Leben sauste durcheinander an meiner Seele vorbei. Denn nicht mehr mit dem Auge sah ich das, nein, *nein*! Ich hatte mich vergessen, ich selbst ging auf in diesen Welten, [...]. Rätsel entschleierten sich mir, fremdartig und unschilderbar." (S. 239f.)[39]

---

37 Die Lesart der in der zitierten Passage exponierten Schau als ein geradezu epiphanisches „Erlebnis" ist an Monika Ficks Interpretation des von Rilke im Prosastück *Erlebnis I/II* (1913) geschilderten Blicks auf „[d]ie ‚andere Seite'", hier jedoch im Sinne einer „‚Wahrnehmung' im Zeichen des Todes" angelehnt (Fick 2006b). Ficks Argumentation bewegt sich dabei im Kontext der Theoreme des wohl bekanntesten Vertreters des modernen Spiritismus, Carl du Prel.

38 Vgl. Kubin 2005, S. 236.

39 Hvh. i. O.

Mit Sprachbildern von unbändiger Intensität und Ästhetizität beschreibt Kubin erneut ein Sehen, das sich angesichts des durch die exorbitante Helligkeit verursachten *white outs* nicht physisch vollzieht, sondern sich als eine psychische Schau manifestiert. Jenes Sehen mit der Seele *erlebt* die Welt, es ist ein vitales Schauen, im Rahmen dessen sich die Grenzen zwischen Subjekt und Welt auflösen – ein entgrenztes, exzessives Sehen. Verhandelt wird hier ein visuelles Wahrnehmen, das sich vom Fernsinn in einen Nahsinn transformiert hat, welches das wahrnehmende Subjekt dem Gesehenen aussetzt und das epiphanische Erkenntnisse verspricht. Diese Schau referiert jedoch nicht auf bloß imaginierte Bilder, es sind keine Imaginationen, sondern das hier Erblickte geht als Vision etymologisch richtig auf Seherlebnisse zurück, die „real Existierendes und sinnlich Erfahrenes als Abwesendes mnemonisch [...] vergegenwärtigen“[40]. Eine erste Deutung wird geneigt sein, das in beiden Passagen jeweils beschriebene Sehen lediglich als eine Metapher für das Einbilden zu lesen; auf einen zweiten Blick scheinen beide Textstellen jedoch durch ihre intensive Rhetorik eine entmetaphorisierte Lesart zu forcieren, mit der ein fantastisches Moment ins Spiel kommt: Der Erzähler sieht dies alles wirklich, zweifellos empfängt er, wie er in der ersten zitierten Passage betont, „Sensationen“. Die durch die poetische Sprache verwirklichte Transformation bzw. Entgrenzung des physischen Sehens ins Psychische und *vice versa* scheint hier als poetologische Strategie zum Zwecke einer (Re-)Konzeptualisierung eines künstlerischen Blicks durch – wenngleich eine kohärente Bestimmung seiner Referenzobjekte und der Ursprung seiner Bilder nicht ohne weiteres möglich ist.

Es zeugt von Redlichkeit, dass Kubin auch die Kehrseite eines von der eigenen Fantasie angeleiteten, künstlerischen Sehens anspricht. Nach dem Untergang des Traumreichs, den der Erzähler überlebt, begibt er sich zunächst in eine Heilanstalt. Dort erkennt er, dass sein Traumvermögen – das unkontrollierte Einbilden *par excellence* – insofern gestört ist, als „[s]eine Träume [...] [s]einen Geist überwuchern“ wollen und er sich ihnen unwiderruflich ausgeliefert fühlt (S. 250). Die unkontrollierbare Einbildungskraft, die das Anders-Sehen des Protagonisten bedingte, entlarvt sich am Ende damit auch als eine zwielichtige, destruktive psychische Kraft.

Die andere Seite als metapoetologischer Text

Im Hinblick auf den Künstler Kubin sind sein bildnerisches und literarisches Schaffen untrennbar miteinander verwoben.[41] Das den Roman prägende poetologische Verfahren erscheint somit als angewandtes bildnerisches Verfahren – als das Zeichnen bzw. Erschaffen von *Bildern* – und *vice versa*, und es wird in der

[40] Lachmann 2002, S. 50.

[41] Vgl. Anm. 14.

innertextlichen bzw. vom Roman ausgesagten Verschränkung von künstlerischem Sehen und Einbilden als genuin ästhetisches Schaffensprinzip verhandelt. Das Ineinandergreifen von künstlerischer Fantasie und Blick, wie es auf der narrativen Ebene vollzogen wird, scheint nicht nur ein Anders-Sehen zu konzeptualisieren, sondern es zeigt sich auf der performativen Ebene auch als Kubins spezifisches poetologisches Prinzip. So wird der Roman einerseits als ein Text über den Verbund von künstlerischem Blick und Fantasie lesbar, andererseits wird diese Verschränkung als Kubins spezifische Schreibweise[42] ausgewiesen. *Die andere Seite* erscheint aus dieser Perspektive als performativ vollführtes, fantastisches Anders-Sehen, als ein – um einen Begriff Renate Lachmanns aufzugreifen – poetologisches „Vergegenwärtigungsverfahren"[43]: Der Roman zeigt, wie fantastische Literatur verfährt bzw. wie die Überschreitung des Sichtbaren mittels der dichterischen Fantasie – das künstlerische Sehen – funktionieren kann. Anhand der oben zitierten Textstellen lässt sich diese Überlegung erhellen: In beiden Fällen gilt der Unsagbarkeit des Erlebten – „Empfindungssachen, so fein, das die Worte versagen" (S. 69) – und der Vermittlung des angeblich Nie-Gesehenen ein immenser rhetorischer Aufwand. Aussagen und Sehen werden auf der propositionalen Ebene problematisiert, auf der performativen Ebene bersten die oben zitierten Passagen von rhetorischer Versiertheit und hochästhetischen Bildern, die von einer äußerst differenzierten Wahrnehmung des Erzählers zeugen. Insofern befindet sich Kubins Künstler-Protagonist mitnichten in einer ‚Sehkrise'; stattdessen, so könnte man formulieren, wird hier durch die poetische Verschränkung von sinnlichem Sehen und der Einbildungskraft des Erzählers ein entgrenzter Blick bzw. ein fantastisches Sehen inszeniert, das auch Nie-Geschautes schaut[44]. Im Sinne Renate Lachmanns: „Selbst das Nie-Gesehene beruht auf dem Kriterium des Sehens: im Phantasma wird es sichtbar."[45]

Problematisch an diesem fantastischen, das sinnliche Sehen überschreitenden Blick scheint jedoch, dass im Akt der Überschreitung paradoxerweise diese selbst aufgehoben wird[46] – trotz der angeblichen Unschilderbarkeit seiner Eindrücke sagt uns der Erzähler, was er sieht und macht dadurch das zunächst noch Unsagbare sagbar. Somit „[wird] [d]as Andere, das Sinnferne, dessen Unsagbarkeit der phantastische Aufwand gilt, [...] indem es gesagt wird, letztlich nicht über die

---

42 Vgl. zum Begriff der fantastischen „Schreibweise" im Sinne „eine[s] ‚Modus des Schreibens'" Lachmann 2002, S. 12.

43 Zit. n. dem Titel von Lachmanns Keynote-Vortrag „Vergegenwärtigungsverfahren in phantastischen Texten", gehalten am 13.09.2012 auf der 3. Jahrestagung der Gesellschaft für Fantastikforschung in Zürich, 13.–16.09.2012.

44 Vgl. Kubin 2005, S. 135.

45 Lachmann 2002, S. 46.

46 Ebd., S. 36.

Grenze entlassen."[47] Dennoch zeigt der Text, wie das Einbilden als poetologisches Verfahren *par excellence* funktioniert: Es macht „nie auf Erden [G]esehen[es]"[48] sichtbar, bislang Nicht-Vorstellbares vorstellbar, d.h. gegenwärtig. In diesem Sinne scheint der Roman eine metapoetologische Perspektive einzunehmen und als fantastischer Text das spezifische poetologische Verfahren einer ‚sagbaren Unsagbarkeit' und das Vergegenwärtigungspotenzial fantastischer Literatur zu reflektieren, indem er selbst nach diesem verfährt. Fantastische Literatur gehorcht jedoch, zumindest mit Bezug auf Kubins Text, einer fragilen Poetologie: Sie sagt fiktive Realitäten aus, die von Inkohärenz gekennzeichnet sind – Wirklichkeiten, deren jeweilige Ordnung und Interpretation in jedem Moment ins Gegenteil umschlagen können. Mitentworfen wird das Bild eines fragilen Künstlersubjekts, dem durch die spezifische Überschreitung der gegebenen Wirklichkeit mittels eines von der eigenen, unkontrollierten Einbildungskraft angeleiteten Sehens, welches das Sagen des Unsagbaren und Schauen des Nie-Geschauten ermöglicht, der Bezug zur Realität verloren geht. Hat der Künstler einmal ein Anders-Sehen erlernt, den Blick auf die ‚andere Seite' erhascht, scheint es kein Zurück mehr zu geben – „Erquickung" verschafft dann „nur noch der Gedanke an das Hinschwinden, an den Tod." (S. 250)

[47] Ebd.
[48] Vgl. Kubin 2005, S. 239.

Bibliographie

Primärliteratur

Kubin, Alfred [EA 1909]: Die andere Seite. Ein phantastischer Roman. 7. Aufl. Reinbek b.H.: Rowohlt 2005 (1995).

Sekundärliteratur

Apel, Friedmar: Das Auge liest mit. Zur Visualität der Literatur. München: Hanser 2010.

Assmann, Peter: „Daß sich unter ihren Augen das Moderne in ein Chaos verwandelt, ist ein Genuß." Kubin diesseits und jenseits der „Anderen Seite". In: Winfried Freund, Johann Lachinger und Clemens Ruthner (Hg.): Der Demiurg ist ein Zwitter. Alfred Kubin und die deutschsprachige Phantastik. München: Wilhelm Fink 1999, S. 87–98.

— (Hg.): Alfred Kubin und die Phantastik: ein aktueller Forschungsrundblick. Wetzlar: Phantastische Bibliothek 2011. (Schriftenreihe und Materialien der Phantastischen Bibliothek Wetzlar 104).

Coelsch-Foisner, Sabine: Die Störästhetik fantastischer Texte. In: Peter Assmann (Hg.): Alfred Kubin und die Phantastik: ein aktueller Forschungsrundblick. Wetzlar: Phantastische Bibliothek 2011. (Schriftenreihe und Materialien der Phantastischen Bibliothek 104), S. 121–137.

Emig, Christine und Monika Fick: Erfindungen von Wirklichkeit in der fiktionalen Literatur um 1900. (2004). Sinne und Synapsen: http://susy.germlit.rwth-aachen.de/literatur/fiktlit1900/index.html (abgerufen am 15.01.2013).

Fick, Monika: Sinnstiftung durch Sinnlichkeit, Monistisches Denken um 1900. In: Wolfgang Braungart, Gotthard Fuchs und Manfred Koch (Hg.): Ästhetische und religiöse Erfahrungen der Jahrhundertwende II: um 1900. Paderborn et. al.: Schöningh 1998, S. 69–85.

— Erkenntniskritik und Wahrnehmungswandel in der klassischen Moderne und der konstruktivistischen Postmoderne. Auftakt. (2006a). Sinne und Synapsen: http://susy.germlit.rwth-aachen.de/auftakt/index.html (abgerufen am 17.01.2013).

— Die ‚andere Wahrnehmung: „Erlebnis". (2006b). Sinne und Synapsen: http://susy.germlit.rwth-aachen.de/literatur/fiktlit1900/rilke/anderewahrnehmung/index.html (abgerufen am 15.01.2013).

— Gegenbilder: Welt-Anschauung um 1900. (2004). Sinne und Synapsen: http://susy.germlit.rwth-aachen.de/gegenbi/index.html (abgerufen am 01.02.2013).

Freund, Winfried, Johann Lachinger und Clemens Ruthner (Hg.): Der Demiurg ist ein Zwitter. Alfred Kubin und die deutschsprachige Phantastik. München: Wilhelm Fink 1999.

Günther, Timo: Hofmannsthal: Ein Brief. München: Fink 2004.

Karpenstein, Christa: „Bald führt der Blick das Wort ein, bald leitet das Wort den Blick". Sehen, Sprechen und der sprachlose Körper. In: Kursbuch 43/1977: Sinnlichkeiten. S. 59–76.

Ketteler, Daniel: Das Sehen – Einleitung. (2004). Sinne und Synapsen: http://susy.germlit.rwth-aachen.de/sinnesphyswiss/sehen/index.html (abgerufen am 15.01.2013).

Lachmann, Renate: Erzählte Phantastik. Zur Phantasiegeschichte und Semantik phantastischer Texte. Frankfurt/M.: Suhrkamp 2002.

Linse, Ulrich: Der Spiritismus in Deutschland um 1900. In: Moritz Baßler und Hildegard Châtellier (Hg.): Mystik, Mystizismus und Moderne in Deutschland um 1900. Presses Universitaires: Strassbourg 1998, S. 95 113.

Lippuner, Heinz: Alfred Kubins Roman „Die andere Seite". Bern et. al.: Francke 1977.

Raabe, Paul: Alfred Kubin. Leben. Werk. Wirkung. Hamburg: Rowohlt 1957.

Ruthner, Clemens: Traum(kolonial)reich. „Die andere Seite" als literarische Versuchstation des k.u.k. Weltuntergangs. In: Peter Assmann (Hg.): Alfred Kubin und die Phantastik: ein aktueller Forschungsrundblick. Wetzlar: Phantastische Bibliothek 2011. (Schriftenreihe und Materialien der Phantastischen Bibliothek 104), S. 78–103.

Schwanberg, Johanna: In zwei Welten. Das literarische und zeichnerische Werk Alfred Kubins. In: Winfried Freund, Johann Lachinger und Clemens Ruthner (Hg.): Der Demiurg ist ein Zwitter. Alfred Kubin und die deutschsprachige Phantastik. München: Wilhelm Fink 1999, S. 99–120.

Skotak, Anika: Okkultismus und Spiritismus in der fantastischen Literatur und Kunst um 1900: Die Frage nach der künstlerischen Medialität in Alfred Kubins Roman „Die andere Seite", seiner Grafik und in der futuristischen Fotokunst. Unveröffentl. Magisterarbeit. Universität Mannheim 2008.

Stottmeister, Jan: Der Erzähler in Alfred Kubins „Die andere Seite". In: Jahrbuch Stifter-Haus Linz 6/1999, S. 83–131.

Todorov, Tzvetan: Einführung in die phantastische Literatur. München: Hanser 1972.

Vos, Jaak de: Die Wirklichkeit durchstoßen. Elemente des Phantastischen in Georg Trakls Lyrik. In: Winfried Freund, Johann Lachinger und Clemens Ruthner (Hg.): Der Demiurg ist ein Zwitter. Alfred Kubin und die deutschsprachige Phantastik. München: Wilhelm Fink, 1999, S. 139–163.

Phantastische Entgrenzungen zwischen Träumen und Wachen

Pen-ek Ratanaruangs *Ploy* (Thailand 2008) und Thomas Manns *Der Kleiderschrank* (1903)

Stefanie Kreuzer

Phantastik auf der Grenze zwischen Träumen und Wachen

Für filmische ebenso wie literarische Traumdarstellungen, die sich durch unsichere Grenzen zwischen Traum- und Wacherleben auszeichnen, trifft zu, was der strukturalistische Theoretiker Tzvetan Todorov in seiner minimalistischen Genredefinition für die Phantastik konstatiert hat. Todorov zufolge ist der „Grenzcharakter"[1] stets bedroht, und das Phantastische „kann sich jeden Augenblick verflüchtigen. Es scheint sich eher an der Grenze zwischen zwei Gattungen, nämlich zwischen dem Wunderbaren und dem Unheimlichen anzusiedeln, als daß es eine selbständige Gattung wäre."[2]

Uwe Durst hat Todorovs strukturalistische Grundkonzeption des Genres in seinem „narrative[n] Spektrum" übernommen, diese jedoch thematisch allgemeiner und terminologisch neutraler gefasst. Er ersetzt das ‚Unheimliche' durch die Annahme einer „*Normrealität* (*reguläres System R*)" und geht statt vom ‚Wunderbaren' von einer „*Abweichungsrealität* (*wunderbares System W*)" aus.[3] Werden die beiden Pole von Dursts narrativem Spektrum durch ‚Träumen' und ‚Wachen' ersetzt, wird deutlich, dass die minimalistische Genre-Charakterisierung des Phantastischen auch auf sogenannte ‚unsichere Traumdarstellungen' zutrifft.

Unter Traumdarstellungen mit unsicheren Grenzen zwischen Träumen und Wachen sind fiktionale Welten zu verstehen, die nicht sicher als Traum- oder Wacherleben zu bestimmen sind.[4] Zur Veranschaulichung sei eine imaginäre Skala

1 Todorov 1992, S. 27.
2 Ebd., S. 40.
3 Durst 2010, S. 103.
4 Vgl. die dreiteilige Typologie von a) eindeutig markierten, b) unsicheren und c) unmarkiert ‚autonomen' Traumdarstellungen: Kreuzer 2014.

angenommen. Auf der einen Seite stehen fiktionale Darstellungen von Traumwelten und am gegenüberliegenden Skalenende solche von Wachwelten. Die *unsicheren Traumdarstellungen* sind schließlich – in Analogie zu phantastischen Texten – quasi auf der Grenze dazwischen zu verorten. Im Sinne der Idee des Durst'schen „*erweiterte[n] narrative[n] Spektrums*" und der „Systemkämpfe[ ] zweiter Ordnung"[5] ist es dabei fiktionsimmanent allerdings variabel, ob es sich beim Traum- oder Wacherleben um Norm- oder Abweichungsrealitäten handelt. So vermag gerade der Bewusstseinszustand des Träumens bizarre und wunderbare Geschehnisse durch den Hinweis auf dessen Imaginiertheit wieder in den Bereich des Gewöhnlichen respektive der ‚Normrealität' zu überführen. Die phantastische Genrekonzeption minimalistischer Prägung sensibilisiert somit für die Subtilität der narrativen Grenzziehung und -gestaltung zwischen fiktionalen Traum- und Wachwelten (Abb. 1).

Normrealität reguläres System R	das Phantastische Nichtsystem N	Abweichungsrealität wunderbares System W
<————	————┼————	————>
Wachen (od. Träumen)	‚unsichere Traumdarstellungen'	Träumen (od. Wachen)

Abb. 1: Grenzcharakter des Phantastischen nach Durst[6] und Grenzcharakter ‚unsicherer Traumdarstellungen'.

Um die Affinität von Film- und Textwelten mit unsicheren Grenzen zwischen Träumen und Wachen zum Genre der Phantastik exemplarisch aufzuzeigen, sollen Pen-ek Ratanaruangs Film *Ploy* und Thomas Manns relativ unbekannter und für den Autor eher untypischer Prosatext *Der Kleiderschrank* (1903)[7] vergleichend analysiert werden. Entgrenzungen zwischen Traum- und Wachwelten bieten zum einen eine Fokussierung auf den Bewusstseinszustand des Träumens, der für phantastische Sujets bedeutsam ist. Zum anderen eröffnet sich kursorisch ein intermedialer Vergleich literarischer und filmischer Darstellungsweisen vor der Hintergrundfolie eines transmedial erweiterten Erzählverständnisses.

Pen-ek Ratanaruangs Film *Ploy*

In Pen-eks Film *Ploy* (Thailand 2008) werden Müdigkeit, Schlafen und Träumen prominent thematisiert, wobei das Changieren zwischen Traum- und Wachwelt

---

5 Vgl. ebd., S. 286.

6 Vgl. ebd., S. 103.

7 Auch Terence Reed betont „die Ausnahmestellung des *Kleiderschrank* in Thomas Manns Œuvre". Reed 2004, S. 89f.

signifikant für den Film ist. *Ploy* zeichnet sich aus durch eine überwiegend sehr ruhige Kameraführung mit langen Einstellungen und einer geringen Schnittfrequenz, die tendenzielle Zurücknahme des Gesprochenen zugunsten der Dominanz der Bilder sowie den bedeutungskonstitutiven Einsatz von Umgebungsgeräuschen und Musik. Träume kommen im Film vor, ohne dass sämtliche möglichen Träume sicher zu identifizieren wären. Stattdessen sind subtile und mitunter unbestimmte Fokalisierungswechsel sowie eine multiperspektivische Konzeption charakteristisch für die erzählte Geschichte. Überraschende Korrelationen und eine ungewisse In-Beziehung-Setzung der verschiedenen Handlungsstränge erzeugen eine traumähnliche Atmosphäre.

In zeitgenössischen Rezensionen wurde der Film als „Zwischenwelt von Realität und Traum"[8] diskutiert. Neben dem Jetlag wurde auf die „sinnlich-raffinierten Bilder einer endlosen Nacht" verwiesen, der „somnambule[ ] Soundtrack" angeführt und die Unsicherheit des Zuschauers herausgestellt, „ob das, was er sieht, gerade Traum oder Realität ist".[9] Dieser Eindruck einer umfassenden diffus somnambulen Atmosphäre resultiert grundlegend aus der Ungewissheit über die Grenzen zwischen Träumen und Wacherleben.

Abb. 2: Screenshot aus Ploy*: Jetlag-Atmosphäre – Dang und Wit müde im Flugzeug sitzend, 0:01:35.*

Die Filmhandlung setzt im Anschluss an einen 20-stündigen Fernstreckenflug (Abb. 2) ein. Das in den USA lebende Ehepaar Waitayakul ist anlässlich einer Trauerfeier in sein Herkunftsland Thailand gereist. In einem Bangkoker Hotel werden schließlich mehrere Figurenschicksale und Handlungsepisoden präsentiert: a) die Ehekrise zwischen der ehemaligen Filmschauspielerin Dang (Lalita Panyopas) und ihrem Mann Wit Waitayakul (Pornwut Sarasin), b) die Zufallsbegegnung zwischen Wit und dem fast neunzehnjährigen Mädchen Ploy (Apinya Sakuljaroensuk), c) die erotischen Rollenspiele zwischen einem Zimmermädchen (Porntip Papanai) und einem Barkeeper sowie d) Dangs mysteriöses Treffen mit

[8] Selzer 2008.

[9] Rosefeldt 2008.

einem ihrer Filmfans aus früheren Zeiten, der sie – sei es von Wit, ihr selbst oder auch gar nicht geträumt – betäubt, vergewaltigt, misshandelt, entführt und umzubringen versucht hat.

Das Geschehen des Films zu referieren, ist im Hinblick auf den fiktionalen Realitätsstatus nicht unproblematisch. Denn die einzelnen Handlungsepisoden sind auf verschiedenen diegetischen Ebenen angesiedelt und gehen mit subtilen Fokalisierungswechseln einher, die jedoch nicht immer sicher bestimmt werden können. Abgesehen von den komplexen Handlungskonstellationen im Einzelnen tritt die Unbestimmtheit der Markierung von möglichen Träumen durch kinematographisch ebenso bedeutungsvolle wie implizit bleibende und nicht eindeutige Einstellungskonjunktionen hervor.

Insgesamt können mindestens drei Traumhandlungen angeführt werden. Diese sind jedoch unterschiedlich deutlich als solche herausgestellt und verschiedenen (Figuren-)Perspektiven mehr oder weniger bestimmt zuzuweisen. Es handelt sich um 1.) Dangs Traum ihres Mordes an der schlafenden Ploy (Abb. 3), dessen Traumstatus fiktionsimmanent unstrittig ist, 2.) das erotische Treffen des Zimmermädchens Tum mit dem Barkeeper, wie es von Ploy geträumt sein könnte, sowie 3.) Wits mutmaßlichen Alptraum von Dangs Vergewaltigung. Diesen Ausführungen entsprechend wären große und spektakuläre Teile der Filmhandlung von Dang, Wit und Ploy geträumt. Inwiefern bei diesen Handlungen von imaginierten Träumen oder tatsächlich Erlebtem auszugehen ist, soll exemplarisch an einer Analyse des dritten möglichen Traums aufgezeigt werden.

Abb. 3: Screenshot aus Ploy*: Schlafende Ploy in Dangs Traum, 0:59:59.*

Die Beurteilung der Bedeutung von Wits mutmaßlichem Traum von der Vergewaltigung und Misshandlung Dangs ist schwierig. Es besteht eine Unsicherheit über dessen Beginn sowie generell den diegetischen Status. Zudem wäre es möglich, diese Episode sowohl als Dangs Traum als auch als Wacherleben zu interpretieren. Nachdem Wit seiner Frau die Scheidung nahegelegt hat, verlässt Dang emotional aufgewühlt das Hotelzimmer (vgl. 0:53:20–0:56:30). Im Wechsel mit Parallelmontagen eines Gesprächs zwischen Ploy und Wit über Liebe und Beziehungen sowie dem fortgesetzten sexuellen Rollenspiel zwischen den Hotelbediensteten, wird Dang im Close Shot zuerst weinend im Fahrstuhl gezeigt (vgl. 0:56:40–0:57:00). Danach ist sie in der Hotellobby sitzend zu sehen – zuerst schlafend (vgl. 0:59:55–1:00:06), später Kaffee mit Schnaps trinkend, telefonierend und sich mit einem früheren Filmfan unterhaltend (vgl. 1:02:33–1:07:00).

Aufgrund einer Einstellung, in der Dang – durch das Fenster der Hotellobby von außen aufgenommen – schlafend gezeigt wird (Abb. 4), ist es möglich, das folgende Geschehen dieses Handlungsstrangs als ihren Traum zu interpretieren. Für diese Interpretation spräche überdies, dass Dang bereits früher geträumt hat und das Traumgeschehen annähernd unterschiedslos zur Wachwelt dargestellt worden ist. Bestärkt werden könnte diese Deutung ferner durch Dangs regelmäßige Medikamenten- und Drogeneinnahme sowie ihren – Wits Aussage zufolge – übermäßigen Alkoholkonsum.

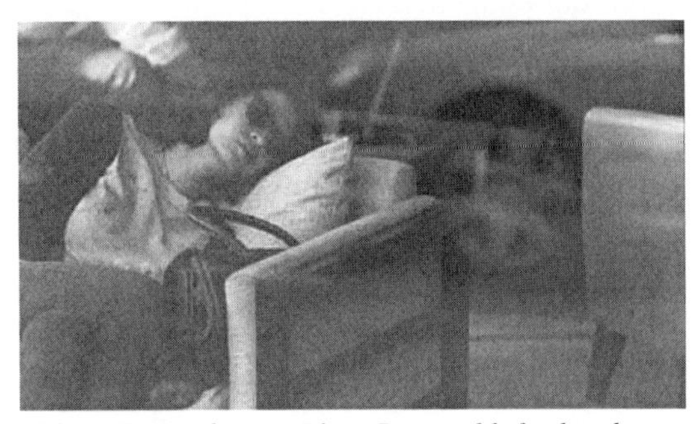

Abb. 4: Screenshot aus Ploy*: Dang schlafend in der Hotellobby, 0:59:59.*

Im Gegensatz zu den subtilen Hinweisen auf eine interne Fokalisierung des Vergewaltigungsgeschehens aus Dangs Perspektive liegen allerdings deutlichere Anhaltspunkte dafür vor, dass die Misshandlung Dangs von Wit geträumt ist. Aus seiner Sicht wäre das Geschehen als Alptraum erklärbar, da er befürchtet, Dang so stark gekränkt zu haben, dass sie ihn verlassen will (vgl. 1:27:10–20). Außerdem liegen narrativ kompositorische Hinweise auf Wit als Träumer vor. Im Verlauf der Vergewaltigungsgeschichte wird er mehrfach schlafend gezeigt: zuerst ruhig atmend (vgl. 1:15:56–1:17:42), dann heftig aus dem Schlaf auffahrend (vgl. 1:24:48–1:25:04) sowie schließlich in der Badewanne erneut einschlafend (vgl. 1:27:21–46). Seine Schlafphasen stehen dabei in einem signifikanten Verhältnis zu der parallel montierten Verbrechenshandlung. So schreckt Wit etwa kurz vor der drohenden Vergewaltigung Dangs aus dem Schlaf auf (vgl. 1:23:14–1:25:08). Sein erneutes Einschlafen in der Badewanne geht schließlich einher mit dem Zeitsprung und Ortswechsel im parallel montierten Handlungsstrang, wo

Dang von dem Unbekannten bewusstlos im Kofferraum aus dem Haus weggeschafft wird, um vermutlich in einem abgelegenen Lagerschuppen beseitigt zu werden (vgl. 1:27:47–1:32:11). Die Perspektivierung des Geschehens erscheint in dieser Sequenz idealtypisch verwirrend gestaltet. Unterschiedliche mögliche Figurenperspektiven oder auch neutrale Sichtweisen sind nicht eindeutig voneinander abzugrenzen, irritieren dadurch und erzeugen ein *mimetisch unzuverlässiges Erzählen*.

Irritierend bei der Interpretation möglicher Grenzen zwischen Träumen und Wachen ist zudem, dass das Treffen Dangs mit dem Unbekannten in der Hotellobby bereits in Parallelmontage gezeigt wird, während Wit und Ploy ihre Unterhaltung im Bett liegend fortsetzen (vgl. 1:07:01–1:07:57). Es kann jedoch angenommen werden, dass die Handlungsstränge – ebenso wie in anderen Traumdarstellungen – zeitlich nicht synchron montiert sind. Überlagerungen und Durchdringungen von Handlungssträngen wären demzufolge als Hinweise auf die weitgehende Eigenständigkeit der einzelnen Geschehen zu verstehen. Die freie Montage und collageartigen Verbindungen der Einstellungen spiegelten schließlich traumanalog *Diskontinuitäten* in der Entfaltung des Geschehens wider.

Speziell bezogen auf die Darstellung der möglichen Traumhandlung sind weitere traumtypische Qualitäten und Bizarrheiten auszumachen. So kommt Dang mit ihrem späteren Vergewaltiger in ein dunkles, mit Gerümpel, Antiquitäten und Möbel vollgestelltes Haus (vgl. 1:07:57–1:15:55). Die Mise en Scène ist – ähnlich wie bereits in Pen-eks *Invisible Waves* (Niederlande/Thailand/Hongkong/Südkorea 2006) – von Dunkelheit wie Unübersichtlichkeit geprägt und entfaltet eine beunruhigende Atmosphäre. Eine räumliche Orientierung ist durchgängig problematisch. Raumverbindungen werden nicht deutlich. Ferner ist die Sequenz durch auffällig verwackelte Einstellungen von einer Handkamera oder auch einer Steadycam geprägt. Diese erzeugen auf der Bildebene Unruhe, Desorientierung und Spannung und transportieren Dangs Angst und körperliches Unwohlsein. Ferner tragen assoziativ-sprunghafte Einstellungsverbindungen zu einer narrativ-diskontinuierlichen und irritierenden Anmutung der Sequenz bei (vgl. 1:20,06–1:24,18). Die Montage vieler Szenen wirkt unbestimmt, fragmentarisch, lückenhaft und ist kinematographisch durch den Eindruck *fehlender Kohärenz* geprägt.

Exemplarisch sei überdies eine prototypisch traumhaft-bizarre Szene im Haus des späteren Vergewaltigers angeführt (vgl. 1:10,43–1:12,23). Dang, die unerklärlicherweise ihr Handy plötzlich vermisst, hat darum gebeten, einen Telefonanruf über das Festnetz machen zu dürfen, und sieht sich einer verwirrend großen Anzahl nicht funktionsfähiger Telefonapparate gegenüber, bevor sie herausfindet, welcher funktioniert. Noch bevor Dang einen Gesprächspartner am Apparat hat, erfolgt ein harter Schnitt auf einen weitgehend blinden Spiegelschrank im Badezimmer. Dang erscheint vor diesem weinend, derweil jedoch noch ihr Telefongespräch zu hören ist (vgl. 1:10:40–1:12:50). Dieser asynchrone Wechsel von Bild und Ton ist nicht mehr als gewöhnliche sound bridge, im Sinne konventionalisierter „Überlappungen eigentlich nicht-diegetischen Tons“[10] zwischen zwei Szenen, zu verstehen. Es handelt sich vielmehr um eine irritierende Überlagerung unterschiedlicher Zeiten desselben Handlungsstranges. Dang mag zwar nachvollziehbar traurig über die Auskunft sein, dass ihr Mann vermutlich mit Ploy weggegangen ist. Indem jedoch der Moment ihres Weinens auf der Bildspur zeitsynchron mit dieser Information auf der Tonspur erfolgt, wird der Eindruck einer bizarren Relativität der Zeit evoziert. Die subtilen *räumlichen Irritationen* und Bizarrheiten wiederum erwecken den Anschein der Vermischung verschiedener Erlebenszeiten.

Neben diesen Lesarten existiert ferner eine dritte Deutungsvariante, der zufolge das Geschehen als kontinuierliches Wacherleben interpretiert werden kann. So scheint Dang nicht nur während ihrer Verschleppung und aufgrund der Misshandlungen ein blau geschlagenes Auge zu haben, sondern auch zur Zeit der nachfolgenden Beerdigungsfeier. Aufgrund einer Sonnenbrille sowie ungünstiger Lichtverhältnisse ist dies allerdings nicht sicher zu erkennen. Das Ende von *Ploy* erhält somit die Ambivalenz zwischen Traum- und Wacherleben im minimalistischen Phantastikverständnis geradezu mustergültig aufrecht.

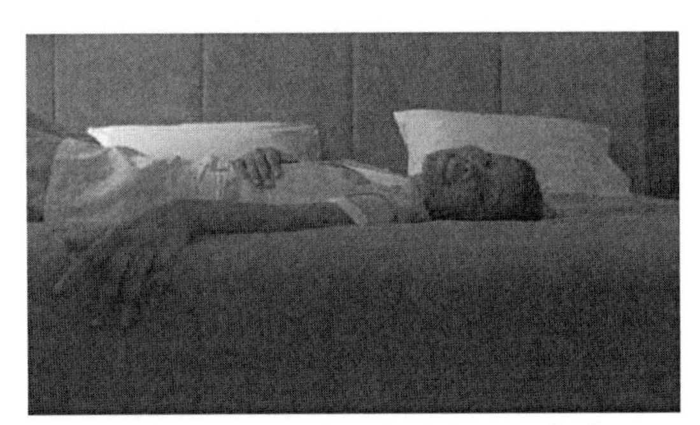

Abb. 5: Screenshot aus Ploy*: Seitliche Ansicht des direkt in die Kamera schauenden und singenden Zimmermädchens Tum, 1:34:33.*

Da definitive Aussagen über die Fokalisierung des gesamten Filmgeschehens unmöglich sind, sei abschließend auf eine zusätzliche autoreflexive Deutungsperspektive verwiesen: die illusionsdurchbrechende Gesangseinlage des Zimmermädchens Tum (vgl. 1:32:12–1:36:16). Diese dokumentiert, dass die thematischen Ambivalenzen keine zufälligen sind, sondern bewusst kalkuliert. Indem Tum in Parallelmontage zum Abschluss der Vergewaltigungssequenz, um

[10] Griem/Voigts-Virchow 2002, S. 165.

180 Grad im Bildkader gedreht, mit direktem Blick in die Kamera auf dem Bett liegend in Slowmotion gezeigt wird und in unverkennbarer Anspielung auf Bollywood-Filme sowie von extradiegetischer Musik begleitet singt, fällt sie aus ihrer schauspielerischen Rolle (Abb. 5). Ihre metanarrative Frage, ob die Liebe „nur ein Trugbild", „ein dummes Spiel oder eine Täuschung" sei, ist prägnant auf die Ambivalenzen der Filmhandlung zu übertragen. Dem Verständnis des Films als ‚dummes', im „schlafwandlerisch-gemächliche[n] Tempo" vorgetragenen Täuschungsspiel des Regisseurs steht die gelungene filmische Darstellung der „Welt zwischen Traum und Wirklichkeit bzw. de[m] Moment zwischen Schlafen und Wachen" gegenüber.[11] Tums Gesangseinlage reflektiert metanarrativ das Illusionspotenzial sowie den Zweifel an den filmischen Wirklichkeitsebenen. Das Ergebnis ist eine effektvoll inszenierte Unsicherheit über die Grenzen und Entgrenzungen zwischen Träumen und Wachen.

Thomas Manns Erzählung *Der Kleiderschrank*

In Thomas Manns früher Erzählung *Der Kleiderschrank* (1903) werden die phantastische Unsicherheit und die Ambivalenz zwischen Träumen und Wachen vordergründig schlicht und direkt evoziert.[12] Der todkranke Protagonist mit dem sprechenden Namen Albrecht van der Qualen erwacht irgendwann auf einer Bahnfahrt seines „Schnellzug[es] Berlin-Rom",[13] steigt aus, mietet sich in einer ihm unbekannten Stadt in einer Pension ein und trifft dort in seinem Kleiderschrank beinahe „allabendlich" eine scheue nackte Frau. Sie erzählt ihm „traurige Geschichten, ohne Trost", bis er sich „vergaß [...] und sie [...] ihm nicht [wehrte]". Danach erscheint sie einige Abende nicht, „und wenn sie wiederkehrte, so erzählte sie doch noch mehrere Abende nichts und begann dann langsam wieder, bis er sich abermals vergaß" (K 203). Wie oft und über welche Zeit sich dieser iterative Vorgang abspielt, bleibt offen. Abschließend wird plakativ gar eine Ungewissheit darüber erzeugt, ob van der Qualen auf der Bahnfahrt tatsächlich erwacht ist oder das Geschehene nur geträumt hat:

---

11 Selzer 2008.

12 Im Erstdruck der Neuen deutschen Rundschau vom 10. Juni 1899 verwies sogar noch der Untertitel „Eine Geschichte voller Räthsel" auf den Unbestimmtheitscharakter des Textes. Vgl. Reed 2004, S. 92. Im Rahmen dieser Interpretation wird der überarbeiteten Buchfassung von 1903 gefolgt.

13 Mann 2002, S. 193. Im Folgenden wird die Erzählung mit der Sigle „K" und Seitenzahl im Fließtext zitiert.

„Wie lange dauerte das … wer weiß es? Wer weiß auch nur, ob überhaupt Albrecht van der Qualen an jenem Nachmittage wirklich erwachte und sich in die unbekannte Stadt begab; ob er nicht vielmehr schlafend in seinem Coupé erster Klasse verblieb […]. Das ist ganz ungewiß. ‚Alles muß in der Luft stehen …‘“ (K 203).

Die nicht eindeutig mögliche Bestimmung des Geschehens als Traum- oder Wachwelt resultiert somit anscheinend maßgeblich aus der expliziten Infragestellung der binnenfiktionalen „Faktizität von van der Qualens Erlebnissen“[14] und seines Bewusstseinszustands durch die heterodiegetische null-fokalisierte Erzählinstanz. Da diese Erzählinstanz sowohl über eine souveräne Übersicht des Geschehens als auch eine objektive Distanz zu verfügen scheint, kann eine Ambivalenz der erzählten Welt wohl kaum deutlicher und effizienter erzeugt werden.[15]

Der Text ist jedoch komplexer angelegt, als es die klare Konfrontation der beiden Erklärungsweisen am Erzählungsschluss vermuten lässt. Die Frage, ob es sich bei dem Geschehen um ein Wacherleben oder um einen Traum des Protagonisten handelt, wird im Forschungsdiskurs kontrovers erörtert. Michael Maar versteht Manns Erzählung als „Totentraummärchen“.[16] Für Leonie Marx veranschaulicht *Der Kleiderschrank* allgemein „die Macht von Erinnerung, Phantasie und Traumerleben“.[17] Claudia Lieb und Arno Meteling betonen die „drastische[ ] Verschleierungsprozedur“ der Erzählung und das „Verwirrspiel von Fakt und Täuschung“.[18] Monika Dimpf schließlich versteht die Pensionswirtin van der Qualens, die ihm „wie ein Alp, wie eine Figur von Hoffmann“ (K 203) erscheint, als ein „Textsignal“ für „den Eintritt“ in „das Bezugssystem ‚Literatur/Kunst‘, korreliert mit subjektiver Zeit, die Vergangenheit und Gegenwart, Wirklichkeit und Traum (Vision) nicht trennt“.[19] Helmut Weidhase vertritt hingegen eine diametrale Ansicht: „[D]er Rezipient wird auf eine falsche Fährte gelockt, auf die E. T. A. Hoffmanns.“[20]

Den Traumbeginn im „‚Hôtel zum braven Manne‘“ (K 196) anzunehmen, mag durch die überraschende Erscheinung der nackten Kindfrau im Kleiderschrank zu begründen sein (vgl. K 201). Dieses Ereignis stellt fiktionsimmanent jedoch kein eigentlich wunderbares Geschehen dar. Dass sich ein unbekleidetes Mädchen im Kleiderschrank eines fremden Pensionszimmers aufhält, bedeutet zwar eine soziale Verhaltensauffälligkeit. Durch die Leinen bespannte Rückwand des in die

14 Marx 2004, S. 192.
15 Die Unbestimmtheit der Mann'schen Erzählung ist in der Rezeptionsgeschichte des Textes immer wieder herausgestellt worden. Vgl. Mendelssohn 1975, S. 513, und Heidecker 1999, S. 33.
16 Maar 1995, S. 25.
17 Marx 2004, S. 192.
18 Lieb/Meteling 2003, S. 34, 58.
19 Dimpfl 1985, S. 103.
20 Weidhase 1973, S. 88.

„Thürnische" zum Nebenzimmer eingepassten Möbelstücks ist das Vorkommnis jedoch nicht nur einfach erklärbar, sondern der Schrank scheint gar, „als wäre er dafür gemacht ...". (K 199) Des Weiteren liegt der Fokus – zumindest umfänglich – nicht auf der seltsamen Erscheinung des nackten Mädchens. Den ausführlichen Reflexionen über das Träumen und die Schlaftrunkenheit sowie den detaillierten Weg- und Stadtbeschreibungen auf etwa achteinhalb Seiten steht lediglich eine zweieinhalbseitige Thematisierung der Beziehung van der Qualens zu der Kindfrau gegenüber.

Zu irritieren vermag ferner der lapidare Duktus der Erzählung, wenn es um die angedeutete wiederholte Vergewaltigung geht. Auffällig ist, dass die sexuellen Übergriffe narrativ ausgespart bleiben und der Fokus stattdessen auf dem Verschwinden des Mädchens und dem dadurch bewirkten Abbruch ihrer Erzählungen liegt. Van der Qualens erotisch-sexuelle Annäherungen an das Mädchen könnten jedoch ebenfalls bereits Teil des von ihm imaginierten Traumgeschehens sein. Die sexuellen Übergriffe in der Auslassung des „Oftmals vergaß er sich ..." (K 203) und den lediglich andeutenden Beschreibungen seines aufwallenden Blutes (vgl. K 202), seiner ausgestreckten Arme und ihres fehlenden Widerstands würden als Traumerleben verstehbar. – Ferner erhält das ‚Sich-Vergessen' van der Qualens, welches stets die mehrtägige Abwesenheit des Mädchens und ihrer Geschichten nach sich zieht, in diesem Traumkontext eine zweite Konnotation als ein Vergessen oder auch ‚Zerplatzen' des Traumgebildes: Das nackte Mädchen stellt sich als Trugbild, als erträumte Wunschvorstellung und bloße Illusion des Protagonisten heraus.

Gegen einen Traumbeginn mit Erscheinen der Kindfrau spricht allerdings, dass bereits früher Irritationen und Widersprüche vorliegen und auch später Anhaltspunkte für Traumerleben gegeben sind. Viele Hinweise auf die Schläfrigkeit, Todesverfallenheit, Fiebrigkeit und den Alkoholgenuss van der Qualens bewirken eine ‚klassische' Destabilisierung seiner Figurenperspektive. Ferner ist eine Serie von Widersprüchen auszumachen. Vor dem Hintergrund seines schlechten Gesundheitszustands irritiert es, dass van der Qualen, ohne seinen mitgeführten „Regenschirm mit silberner Krücke" (K 195) zu nutzen, in die fremde Stadt aufbricht und sich ohne diese Stütze dennoch im positiven Sinne „[h]altloser, freier und unbetheiligter" (K 197) fühlt als alle anderen. Sein Gehen ohne Stock vermag den Verdacht auf die Irrealität respektive den Traumstatus des Geschehens zu evozieren. Weiterhin mutet van der Qualens Wegverlauf – „Er ging andauernd nach links" (K 197) – wie eine seltsame Kreisbewegung oder wie ein zielloses Sich-Drehen um die eigene Achse an, welche eine Affinität zu räumlichen Irritationen des Traumerlebens aufweist.

Außerdem verweisen bizarre Bilder auf die Traumhaftigkeit des Geschehens. So wird der Zug metaphorisch anschaulich mit einem stillstehenden Pferd verglichen, „das bebend die Hufe hebt, die Ohren bewegt und gierig auf das Zeichen zum Anziehen wartet." (K 193) Ferner wird van der Qualens visuelle Wahrnehmung nach seinem Erwachen im Zug ungewöhnlich bis unglaubwürdig detailliert beschrieben. So heißt es:

„Er blickte am Zug entlang. [...] Eine große und dicke Dame in langem Regenmantel schleppte mit unendlich besorgtem Gesicht eine centnerschwere Reisetasche, die sie mit einem Knie ruckweise vor sich her stieß, beständig an den Waggons hin und her: stumm, gehetzt und mit angstvollen Augen. Besonders ihre Oberlippe, die sie weit hervorschob und auf der ganz kleine Schweißtropfen standen, hatte etwas namenlos Rührendes ... Du Liebe, Arme! dachte van der Qualen. Wenn ich dir helfen könnte, dich unterbringen, dich beruhigen, nur deiner Oberlippe zu Gefallen! Aber jeder für sich, so ist es eingerichtet, und ich, der ich in diesem Augenblick ganz ohne Angst bin, stehe hier und sehe dir zu, wie einem Käfer, der auf den Rücken gefallen ist ..." (K 193f.)

Mindestens zweierlei muss an van der Qualens Beobachtung irritieren. Einerseits ist es überraschend, dass er, der Todkranke, seinem eigenen Empfinden zufolge „ganz ohne Angst" ist, derweil er die auf dem Bahnsteig umherirrende und sich abmühende Frau beobachtet. Von dieser wiederum ist vordergründig nicht ersichtlich, warum sie „gehetzt" und „angstvoll" wirkt. Andererseits und in Anbetracht der kurz darauf folgenden Beschreibung der „vom Schlafe" „noch blöde[n]" (K 195) Augen van der Qualens erscheint seine Sehkraft, mit der er nicht nur ihre weit vorgeschobene Oberlippe, sondern auch die „ganz kleine[n] Schweißtropfen" darauf noch erkennen will, von einer übergenauen und dadurch unglaubwürdigen Wahrnehmungsschärfe. Weidhase spricht in diesem Zusammenhang von einer „Verengung der Perspektive".[21] Im Rahmen von Traummechanismen wären diese Irritationen durch den Mechanismus der Verschiebung als externalisierte Todesangst plausibel zu erklären. Van der Qualen, der vermutlich reisend versucht, seinem Schicksal zu entfliehen, projizierte dann seine Furcht vor dem Sterben auf die Erscheinung der Frau, die wiederum als sein Alter Ego fungierte.

Dementsprechend wäre der Traumbeginn bereits nach van der Qualens Erwachen und Blick aus dem Zugfenster noch im Zugabteil anzusiedeln. Die kollernd einschläfernden Geräusche der stehenden Lokomotive, die van der Qualen mit dem unruhigen Zugpferd in Verbindung bringt, markierten dieser Lesart zufolge als Halbschlafbild eine sinnfällige Überleitung in den erneuten Schlafzustand. Die überscharf beobachteten „ganz kleine[n] Schweißtropfen" auf der Oberlippe der ängstlichen Dame stellten schließlich den eigentlichen Traumbeginn dar. Auf diese Weise würden sämtliche folgenden Widersprüche des Textes durch die Pa-

21 Weidhase 1973, S. 80.

ralogik des Traums erklärbar. – Da allerdings keine eindeutige und verlässliche Markierung des Traumbeginns oder -endes vorliegt, muss auch diese Interpretation nur eine von mehreren bleiben.

Neben diesen Anhaltspunkten, die alle vorwiegend auf der Ebene der *histoire* angesiedelt sind, bietet auch der *discours*, also die narrative Konzeption des Textes, Hinweise auf ein Traumgeschehen. Zu Beginn der Erzählung führt eine souverän wirkende, klassisch auktorial anmutende Erzählinstanz mit vielen *Epitheta ornantia* scheinbar zuverlässig in die Geschichte ein: „Es war trübe, dämmerig und kühl, als der Schnellzug Berlin-Rom in eine mittelgroße Bahnhofshalle einfuhr. In einem Coupé erster Klasse mit Spitzendecken über den breiten Plüschsesseln richtete sich ein Alleinreisender empor: Albrecht van der Qualen“ (K 193).

Mit dem Erwachen des Protagonisten erfolgt ein Wechsel von der nullfokalisierten Erzählweise zur intern fokalisierten Wahrnehmungsperspektive van der Qualens: „Er erwachte. Er verspürte einen faden Geschmack im Munde, und sein Körper war voll von dem nicht sehr angenehmen Gefühl, das durch das Stillstehen nach längerer Fahrt [...] hervorgebracht wird [...]“ (K 193). Darüberhinaus werden dem Leser eindeutige Angebote zur Identifikation und Immersion gemacht. So heißt es etwa: „*Unseren* Nerven ist plötzlich der Halt, der Rhythmus genommen, [...] wenn *wir* gleichzeitig aus dem dumpfen Reiseschlaf erwachen“ (K 193, Hervorhebung S. K.).

Im Anschluss folgen verschiedene Formen der Bewusstseinsdarstellung vom Bewusstseinsbericht über erlebte Rede und Gedankenzitat bis hin zum inneren Monolog. Aufgrund des raschen Wechsels der Innensicht mit einer berichtenden, nicht fokalisierten Erzählweise werden die Übergänge und Grenzen zwischen der subjektiven Wahrnehmungsperspektive des Protagonisten und der Perspektivierung des Dargestellten durch die abstrakte Erzählinstanz mitunter verwischt. Gleichzeitig ist aber auch ein Kontrast zwischen der gefühlsbetont-träumerischen Innensicht van der Qualens und der akribisch detailgenau beschreibenden Erzählinstanz offensichtlich. Wenn unvermittelt nach den Informationen zu van der Qualens tödlicher Erkrankung berichtet wird: „... Übrigens war sein dunkles Haar seitwärts glatt gescheitelt“ (K 194), dann wird durch die Unangemessenheit der nebeneinander gestellten Charakterisierungsaspekte – ‚Todesverfallenheit‘ versus ‚Frisurdetail‘ – nicht nur ein grotesker unverhältnismäßiger Eindruck in der Informationsvergabe erweckt. Darüberhinaus diskreditiert sich die Erzählfigur auch als souveräne und den Kriterien der Angemessenheit entsprechende Instanz. Die Fokalisierung – so könnte an vielen weiteren Stellen gezeigt werden – ist oftmals kalkuliert ungewiss gehalten. Auf diese Weise wird einerseits der Eindruck dissoziativer Assoziationen, wie sie aus dem Traumerleben bekannt sind, geschürt. Andererseits tritt damit aber auch das Erzählen selbst hervor.

Vor diesem Hintergrund sei das bereits eingangs zitierte Erzählungsende nochmals in den Fokus genommen. Metanarrativ wird hinterfragt, ob van der Qualen tatsächlich aufgewacht und aus dem Zug ausgestiegen ist, oder

> „ob er nicht vielmehr schlafend in seinem Coupé erster Klasse verblieb und von dem Schnellzug Berlin-Rom mit ungeheurer Geschwindigkeit über alle Berge getragen ward? Wer von *uns* möchte sich unterfangen, eine Antwort auf diese Frage mit Bestimmtheit und auf seine Verantwortung hin zu vertreten? Das ist ganz ungewiß. *„Alles muß in der Luft stehen...*" (K 203, Hervorhebung S. K.)

Die Erzählung schließt mit dem binnenfiktionalen Zitat des Protagonisten: „Alles muß in der Luft stehen ...", das eingangs bereits als „eine etwas dunkle Redewendung" (K 195) charakterisiert worden ist. Indem der Protagonist somit quasi das ‚Schlusswort' erhält und mit diesem alles offen gelassen wird – auch ob van der Qualen noch lebt oder nicht –, ist das traumhafte Grundgefühl schließlich treffend beschrieben.Die mottoähnliche Formulierung: „Alles muß in der Luft stehen ...", scheint zudem als Darstellungsprinzip für das Erzählen des Mädchens ebenso wie für die Wiedergabe ihrer Erzählungen zu gelten. Lieb und Meteling verstehen das in *Der Kleiderschrank* präsentierte Geschichten-Erzählen des Mädchens gar als „Mythisierung von Verführung" im Rückgriff „auf das orientalische Motiv der Scheherezade [...], die mit den Märchen aus *Tausendundeiner Nacht*, wie ihr modernes Pendant, ‚allabendlich' um ihr Leben redet".[22] Dabei sind allerdings weniger die Inhalte der Geschichten von Bedeutung, sondern vielmehr das Erzählen selbst. Dieses vermittelt ein traumhaftes Grundgefühl des Verschwimmens und den Ausblick auf ein ungutes Ende der „traurige[n] Geschichten, ohne Trost" (K 203).

Im Hinblick auf den todkranken Protagonisten erscheint das Prinzip der ‚Halslösegeschichten' indes verkehrt, sofern er als Zuhörender verstanden wird. Wird der Ursprung der Geschichten jedoch in seiner Phantasie, seinen Fieberträumen verortet, erweist sich das Prinzip des ‚Um-das-Leben-Erzählens' wiederum als konsistent. Sein Traumerleben erhielte ihn dann am Leben – solange er nur träumte. Die am Ende stehenden und in einer auffälligen Häufigkeit den gesamten Text durchziehenden Auslassungspunkte würden schließlich als signifikante Hinweise auf van der Qualens Dämmer- respektive Traumzustand gerade keinen ‚Schlusspunkt' bilden, sondern nochmals die Ambivalenz und Unbestimmtheit des Geschehens unterstreichen.

---

[22] Lieb/Meteling 2003, S. 57.

Resümee: Phantastik – Immersion – Traum

Thomas Manns kurzer Prosatext *Der Kleiderschrank* (1903) und Pen-ek Ratanaruangs abendfüllender Spielfilm *Ploy* (Thailand 2008) repräsentieren medial künstlerische Traumdarstellungen unterschiedlicher Kulturkreise mit einem gut hundertjährigen entstehungszeitlichen Abstand. Dessen ungeachtet entfalten *Der Kleiderschrank* und *Ploy* eine überraschend ähnliche Wirkungsästhetik. Manns Erzählung und Pen-eks Film changieren zwischen mehreren ambivalenten Erklärungsweisen im Sinne des Prinzips der minimalistischen Phantastik. Die Frage nach dem Bewusstseinszustand wird in beiden Diegesen sogar metanarrativ kommentiert. Gleichzeitig sind beide erzählte Welten durch eine somnambule Atmosphäre geprägt, obwohl auf der Handlungsebene lediglich subtile Bizarrheiten vorliegen. Für *Ploy* sind räumliche und zeitliche Irritationen zu nennen. Für Manns Erzählung sind logische Brüche und Irritationen signifikant. Die Grenzen zwischen Träumen und Wachen verwischen schließlich insbesondere aufgrund subtiler narrativer Verfahren, die eine Ambivalenz erzeugen. So sind Diskontinuitäten und fehlende Kohärenz in *Ploy* herausgestellt worden, die auf assoziativen Montagen und Einstellungskonjunktionen beruhen. Für *Der Kleiderschrank* konnten mimetisch teilweise unentscheidbare sowie multiperspektivische Erzählweisen nachgewiesen werden. Diffuse Wechsel zwischen Bewusstseinsdarstellungen und Erzählerkommentaren evozieren Unsicherheiten über die Fokalisierung. Im Film ebenso wie in der Erzählung entstehen traumhafte Übergänge und Entgrenzungen zwischen Träumen und Wachen somit durch Ungewissheiten über Erzähl- und Wahrnehmungsperspektiven.

Die Verunsicherung über den diegetischen Status der erzählten Traum- und Wachwelten, die sich zum Verwechseln ähneln, sensibilisiert schließlich gleichermaßen für das immersive Potenzial, die Illusionskraft und vorgetäuschte ‚Wirklichkeitsechtheit' des Traumerlebens als auch der Fiktion. In der Terminologie der Possible Worlds Theory ist die Rezentrierung der Traumwelt als *actual world* als entscheidendes rezeptionsästhetisches Prinzip der literarischen und filmischen Erzählung herauszustellen.[23] Durch das ‚Eintauchen' in die Fiktion werden die erfundenen Diegesen als ‚wirkliche' Welten rezipiert. Oder anders ausgedrückt mit den provokativen Worten Pen-ek Ratanaruangs:

> „Meiner Meinung nach passiert alles, was Sie in dem Film [*Ploy*] sehen, wirklich. Auch wenn Ploy zum Beispiel vom Sex zwischen dem Barmann und dem Zimmermädchen träumt, glaube ich, dass das wirklich passiert. Aber das ist lediglich meine Meinung. Wenn Sie einen französischen Filmkritiker fragen, dann hat er sicher eine längere und bessere Erklärung."[24]

---

[23] Vgl. Ryan 1991, S. 22.

[24] Das Zitat stammt aus dem Booklet zur Arthaus-Collection-DVD *Ploy* (Thailand 2008), S. 10.

Bibliographie

Filmographie

Ploy. Thailand 2008, Pen-ek Ratanaruang (DVD: Arthaus Collection – Asiatisches Kino).

Primärliteratur

Mann, Thomas: Der Kleiderschrank [1903]. In: Ders.: Große kommentierte Frankfurter Ausgabe. Werke – Briefe – Tagebücher. Hg. v. Heinrich Detering u.a. Bd. 2.1: Frühe Erzählungen. 1893–1912. Hg. u. textkritisch durchgesehen von Terence J. Reed unter Mitarbeit von Malte Herwig. Frankfurt a.M.: S. Fischer 2002, S. 193–203.

Sekundärliteratur

Dimpfl, Monika: Wirklichkeitsmodelle als Bezugssysteme literarischer Verständigung in Josef Ruederers *Das Gansjung* und Thomas Manns *Der Kleiderschrank*. In: Günter Häntzschel (Hg.): Zur Sozialgeschichte der deutschen Literatur von der Aufklärung bis zur Jahrhundertwende. Tübingen: Niemeyer 1985 (Studien und Texte zur Sozialgeschichte der Literatur, 13), S. 97–121.

Durst, Uwe: Theorie der phantastischen Literatur. 2. Aufl. der akt., korr. u. erw. Neuausg. Berlin: Lit 2010 (2001).

Griem, Julika und Eckart Voigts-Virchow: Filmnarratologie: Grundlagen, Tendenzen und Beispielanalysen. In: Vera Nünning und Ansgar Nünning (Hg.): Erzähltheorie transgenerisch, intermedial, interdisziplinär. Trier: WVT 2002 (WVT-Handbücher zum literaturwissenschaftlichen Studium, 5), S. 155–183.

Heidecker, Helga: Aus dem Kleiderschrank auf die Straße. Der rätselhafte Weg eines nackten Mädchens (H. C. Andersen – Th. Mann – F. R. Fries). In: Orbis Litterarum 54 (1999), S. 24–44.

Kreuzer, Stefanie: Traum und Erzählung in Literatur, Film und Kunst. München: Fink 2014.

Lieb, Claudia und Arno Meteling: E. T. A. Hoffmann und Thomas Mann. Das Vermächtnis des *Don Juan*. In: E. T. A. Hoffmann-Jahrbuch 11 (2003), S. 34–59.

Maar, Michael: Geister und Kunst. Neuigkeiten aus dem Zauberberg. Frankfurt/M.: 1995.

Marx, Leonie: Thomas Mann und die skandinavischen Literaturen. In: Thomas-Mann-Handbuch. Hg. v. Helmut Koopmann. Ungek. Ausg. der 3., akt. Aufl. Frankfurt/M.: Fischer 2004 (1990), S. 164–199.

de Mendelssohn, Peter: Der Zauberer. Das Leben des deutschen Schriftstellers Thomas Mann. Bd. 1: Erster Teil 1875–1905. Frankfurt/M.: S. Fischer 1975.

Reed, Terence J.: Thomas Mann: Der Kleiderschrank. Kommentar. In: Thomas Mann: Große kommentierte Frankfurter Ausgabe. Werke – Briefe – Tagebücher. Hg. v. Heinrich Detering, Eckhard Heftrich, Hermann Kurzke u.a. Bd. 2.2: Thomas Mann: Frühe

Einerseits steht Pen-eks ironische Antwort der Komplexität und Ambivalenz seines Films nach, der mit Grenzverwischungen zwischen Traum- und Wachwelten spielt. Andererseits ist es indes bezeichnend, dass Pen-ek den ‚Realitätsstatus' seiner Filmerzählung im Ganzen verteidigt. Auf diese Weise stützt er nämlich den fingierten Wirklichkeitscharakter des Traumerlebens innerhalb der Fiktion und damit einhergehend die immersive Qualität der (filmischen) Rezeption.

Erzählungen. 1893–1912. Kommentar. Unter Mitarb. v. Malte Herwig. Frankfurt/M.: Fischer 2004, S. 89–95.

Rosefeldt, Martin: Ploy. Einn [sic] Film von Pen-ek Ratanaruang (11.09.2008). In: arte.tv. http://www.arte.tv/de/film/DVD-News/Diesen-Monat/1584906.html, 27.03.2013.

Ryan, Marie-Laure: Possible Worlds, Artificial Intelligence, and Narrative Theory. Bloomington: Indiana Univ. Press 1991.

Selzer, Manfred: Ploy (2008). In: Asian Movie Web. http://www.asianmovieweb.com/de/reviews/ploy.htm, 27.03.2013.

Todorov, Tzvetan: Einführung in die fantastische Literatur [1972; franz.: Introduction à la littérature fantastique (1970)]. Ungek. Ausg. Übers. v. Karin Kersten, Senta Metz und Caroline Neubaur. Frankfurt/M.: Fischer 1992.

Weidhase, Helmut: Die literarische Beglaubigung. Das Wunderbare und seine Rezeptionsplanung in Werken von Morungen, Goethe und Thomas Mann. Bebenhausen: Lothar Rotsch 1973 (Thesen und Analysen, 4).

Abbildungsverzeichnis

Abb. 1: Grenzcharakter des Phantastischen nach Durst 2010 und Grenzcharakter ‚unsicherer Traumdarstellungen'.

Abb. 2: Screenshot aus *Ploy*: Jetlag-Atmosphäre – Dang und Wit müde im Flugzeug sitzend, 0:01:35. Thailand 2008, Pen-ek Ratanaruang. PAL/DVD: Arthaus Collection – Asiatisches Kino.

Abb. 3: Screenshot aus *Ploy*: Schlafende Ploy in Dangs Traum, 0:59:59. Thailand 2008, Pen-ek Ratanaruang. Ebd.

Abb. 4: Screenshot aus *Ploy*: Dang schlafend in Hotellobby, 0:59:59. Ebd.

„War of the Worlds"?

Die fantastische Durchdringung von Erzählwelten in der englischsprachigen Literatur

Klaudia Seibel

Inwiefern Orson Welles' Hörspielfassung von H. G. Welles' Roman *The War of the Worlds* (1898) bei ihrer Ausstrahlung 1938 tatsächlich panische Reaktionen bei den Zuhörern auslöste, da sie annahmen, es handle sich um die Live-Berichterstattung einer Invasion von Marsbewohnern oder sogar deutscher Truppen, ist umstritten. Dennoch besteht Grund zu der Annahme, dass zumindest eine gewisse Anzahl von Radiozuhörern, die die Anmoderation verpasst hatten, für eine Weile daran glaubten, ihre Welt habe sich von einer friedlichen in eine im doppelten Sinne martialische verwandelt. Ein solches Vordringen einer Welt in eine andere, fremde, soll, metaphorisch betrachtet, Gegenstand dieser Untersuchung sein. Schwerpunkt der Überlegungen wird die Frage sein, wie das Phantastische innertextuell in an und für sich realistisch erzählte Welten vordringt und welche Konsequenzen das für die Rezipienten haben kann.

Den Ausführungen zum innertextuellen ‚War of the Worlds' liegt die Annahme zugrunde, dass jeder literarische Text – ganz gleich ob verbal oder audiovisuell – in irgendeiner Form eine Welt entwirft, immer unvollständig, nie deckungsgleich mit der ‚realen' Welt; der Text ist, um mit Wolfgang Iser zu sprechen, „als Produkt eines Autors eine bestimmte Form der Weltzuwendung".[1] Ebenso wie der Autor als Teil einer bestimmten Welt im Produktionsprozess eine fiktionale Welt erzeugt, nimmt auch der Leser im Rezeptionsprozess eine Welt ‚hinter' dem Text an.[2] Die Annahmen, die der Leser über die Beschaffenheit dieser Welt trifft, unterliegen in der Regel dem „principle of minimal departure"[3], d.h. solange der Text keine anderen Hinweise gibt, nimmt der Leser an, die Welt ‚hinter' dem Text unterscheide sich im Wesentlichen nicht von seiner empirischen Realität. Dieses Prinzip der minimalen Abweichung gestattet es Lesern in der Regel, eine Vorstel-

1 Iser 1991, S. 24.
2 Vgl. Semino 1997, S. 1.
3 Ryan 1991, S. 51.

lung der Textwelt, der *textual actual world*, zu generieren und diese in Relation zur empirischen Realität, der *actual world* zu setzen, auch wenn die verbale (oder audiovisuelle) Beschreibung dieser Welt Leerstellen aufweist.[4]

Allerdings gilt vor allem für literarische Texte, dass diese nicht nur auf die extratextuelle ,reale' Welt verweisen, sondern auch durch Intertextualität einen Bezugsrahmen herstellen können, der dem Leser gestattet, die unvollständig dargestellte Textwelt weiter auszuschmücken. Dabei spielen Gattungssignale eine zentrale Rolle. Sie ermöglichen es in verkürzter Form, auch umfangreichere Abweichungen von der empirischen Realität vergleichsweise kurz und formelhaft zu signalisieren. Da aufgrund der westlichen nachaufklärerischen Literaturtradition unmarkierte Texte als realistisch gelesen werden, greifen viele phantastische Genres auf eine sehr deutliche Markierung der Gattungszugehörigkeit zurück, die bereits zu Beginn des Textes erfolgt, um keinen Zweifel über die Beschaffenheit der Textwelt aufkommen zu lassen. Dazu zählen vor allem paratextuelle Signale wie etwa Untertitel, Umschlaggestaltung oder Reihenzugehörigkeit. Daneben fordern aber auch Eingangsformeln (etwa im Märchen) oder das Erwähnen eines phantastischen Elements bereits in den ersten Zeilen zu einem kognitiven Grenzübertritt auf.

Textwelten sind allerdings längst nicht so stabil und monolithisch, wie es der Begriff ,Welt' vermuten lässt. Zwar lässt sich für die überwiegende Anzahl der Texte eine mehr oder minder stabile Welt annehmen, im Zuge der Hybridisierungstendenzen der Postmoderne entstehen aber auch Texte, die durch ihre intertextuellen Referenzen auf unterschiedliche mögliche Welten verweisen, unter Umständen sogar auf Welten, die so unterschiedlichen Zugangsrelationen[5] unterliegen, dass sie nicht als eine homogene Welt gelesen werden können. Solche Texte zwingen den Leser dazu, im Rezeptionsprozess beständig zwischen den von ihm projizierten Welten hin- und herzuwechseln, ohne sich jemals auf ein Weltmodell festlegen zu können, das für den gesamten Text seine Gültigkeit hätte. Diese textuellen metakognitiven Strategien sind laut Stella Butter nicht nur Kennzeichen von transversaler Literatur (im Sinne von Welschs Konzept der transversalen Vernunft[6]), sondern „zielen auf die Ausbildung einer erhöhten Selbstreflexivität der Rezipientin hinsichtlich ihrer eigenen Kognitionsprozesse bzw. Wahrnehmungs-, Deutungs- und Beurteilungsschemata"[7] und beeinflussen letztendlich auch deren Weltbild.

---

4 Vgl. ebd., S. 48–60.
5 Zum Konzept der Zugangsrelationen vgl. ebd., S. 31–47.
6 Vgl. Welsch 1996.
7 Butter 2007, S. 67.

Im Folgenden sollen zwei Beispiele näher betrachtet werden, in denen eine solche Destabilisierung einer *textual actual world* durch kontaminierende Elemente erzielt wird, die eklatant abweichenden Zugangsrelationen unterliegen und die Ontologie der *textual actual world* infrage stellen. In beiden Fällen wird eine durch ein realistisch geprägtes Genre formierte Textwelt durch phantastische Elemente durchdrungen, die sich nicht mit empirisch-realistischen Annahmen über diese Welt in Einklang bringen lassen. Während im ersten Beispiel der historische Roman als Basistext dient, beruht das zweite Beispiel auf der stark rationalistisch geprägten Kriminalerzählung. Beide Texte können zu einem gewissen Grade als Schlüsseltexte für die jeweilige Dekade, in der sie erschienen sind, gelten; zumindest für den englischsprachigen Raum. Mit einem Beispiel des Magischen Realismus und einem Beispiel des sogenannten ‚Mystery'-Genres sollen hier zwei Hybridformen näher betrachtet werden, in denen fantastische Elemente realistische Texte kontaminieren.

Salman Rushdies *Midnight's Children*

Für den englischen Literaturraum mag Salman Rushdies Roman *Midnight's Children* (1981) als Schlüsseltext des Magischen Realismus gelten. Während sich die magischen Realisten lateinamerikanischer Provenienz bereits in den 1970er Jahren einen Namen gemacht haben und durch den Nobelpreis für Gabriel García Márquez 1982 erneut ins internationale literarische Bewusstsein rückten, tritt mit Rushdies Roman das Genre als bedeutender Faktor ins englische Literatursystem ein: Nicht nur erhielt *Midnight's Children* 1981 den renommierten *Booker Prize* (noch bevor Rushdies *Satanic Verses* 1988 für Furore sorgte), sondern wurde auch 1993 als ‚Booker of Bookers', als bester Roman der 25-jährigen Geschichte des *Booker Prize*, und 2008 zum 40-jährigen Jubiläum als ‚The Best of Booker' ausgezeichnet. Damit wird ein Roman ins Zentrum des britischen literarischen Interesses gerückt, der nach dem Motto „The Empire Writes Back“[8] der postkolonialen Literatur zuzurechnen ist und sich selbst auch als historischer Roman gibt, der sich mit der jüngsten Geschichte Indiens auseinandersetzt, sowohl dreißig Jahre vor als auch dreißig Jahre nach Beendigung der britischen Kolonialherrschaft. Daneben greift er auf Gattungsschemata sowohl der westlichen als auch der indischen Tradition zurück und reiht in der Manier des Magischen Realismus Phantastisches und Realistisches unvermittelt aneinander.[9]

---

8 So Rushdie 1982 in einem Artikel für die *Times*.

9 Oder, um es mit Uwe Durst zu sagen: „Das *Magisch-Realistische* ist als eine Struktur zu definieren, in der ein realitätssystemisch nicht ambivalentisiertes wunderbares Ereignis ohne intratextuelle Klassifikation seiner Realitätsinkompabilität in einer realistischen Realität auftritt.“ (2008, S. 248f.)

Wie viele Texte des Magischen Realismus geriert sich auch Rushdies *Midnight's Children* auf den ersten Blick als historischer Roman. Durch seine Bindung an historische Fakten „befördert der historische Roman durch seine Art [...] weitgehend die ‚Technik' realistischen Erzählens".[10] So nimmt auch *Midnight's Children* immer wieder Bezug auf historisch verbürgte Ereignisse aus der Geschichte Indiens und mit dem Einsetzen der Handlung ungefähr sechzig Jahre in der Vergangenheit[11] geschieht sogar eine kleine Verneigung gegenüber Walter Scotts „'tis sixty years since" als prototypisch vorgegebener Zeitabstand.[12] Durch den Rückbezug auf außerfiktionale Fakten entsteht der Eindruck, die *textual actual world* entspreche im Wesentlichen der aktuellen Erfahrungswelt der Leser bzw. dem historischen Wissen über diese Welt. Allerdings gilt insbesondere für historische Romane aus dem postkolonialem Umfeld, die sich, so wie *Midnight's Children*, an Leser richten, die den vormaligen Kolonialmächten oder zumindest der westlichen Welt angehören, dass die Vorstellungen der Leser von den historischen Fakten durch interessengeleitete Geschichtsschreibung der Kolonialmächte geprägt sind. Rushdie stellt dem seine Darstellung entgegen „from a perspective which differs from that of the very Western ‚Gandhi-mania' perceptible in film and literary presentations stigmatized by the author of *Midnight's Children.*"[13] Zugleich müssen sich die Rezipienten mit dem durch *orientalism* geprägten Bild der östlichen Hemisphäre auseinandersetzen, das zum Teil ebenfalls für Faktenwissen über die reale Welt gehalten wird. Dies gilt sowohl für historische Zusammenhänge als auch für Sicht- und Denkweisen der indigenen Bevölkerung, der unter anderem „eine Disposition zur [...] Irrationalität [...] unterstellt"[14] wird – eben zu jenem, was durch die Aufklärung als Phantastisch ausgegrenzt wurde.

Bereits der erste Satz des Romans zeigt das Spannungsfeld zwischen realistischem und phantastischem Schreiben auf: Während der erste Halbsatz „I was born in the City of Bombay ..."[15] einen konkreten Ort benennt und auf die autobiographische Tradition und ihre Erzählweise *ab ovo* verweist, wird in der zweiten Hälfte des Satzes „... once upon a time."[16] der märchenhaft-zeitlose Charakter der Erzählung betont. Der Rezipient wird dazu angehalten, zugleich sowohl ein realistisch-biographisches als auch ein märchenhaft-phantastisches Deutungsschema anzuwenden. Dies wird noch dadurch unterstrichen, dass sich der Ich-

---

[10] Aust 2006, S. 141; McHale geht sogar noch weiter: „a fantastic historical fiction is an anomaly" (1987, S. 88).

[11] „There have been thirty-two years, in this story, during which I remained unborn; soon, I may complete thirty-one years of my own" (Rushdie 1982a, S. 404).

[12] Vgl. Borgmeier und Reitz 1984, S. 34.

[13] Durix 1998, S. 130.

[14] Kreutzer 2008, S. 551.

[15] Rushdie 1982a, S. 9.

[16] Ebd.

Erzähler Saleem Sinai bereits auf der ersten Seite des Romans mit Scheherazade, der Erzählerin des Märchenzyklus *Märchen aus 1001 Nacht*, vergleicht. Diese Doppelung wird im Laufe des Romans immer wieder aufgegriffen und ironisch gebrochen. Während der Ich-Erzähler seine und die Geschichte seiner angeblichen Vorfahren chronologisch erzählt und mehr oder weniger genau mit historischen Ereignissen verknüpft, wird an entscheidenden Stellen der Handlung die Märchen-Markierung wieder aufgegriffen, häufig um eine illegitime Liebesbeziehung zu erzählen: Die Beziehung von Saleems (Stief-)Mutter zu ihrem geschiedenen ersten Ehemann[17], in der summarischen Beschreibung der Mutter ebenso wie in der Beschreibung ihres Liebhabers[18]; in der Erzählung der Affäre des Filmmagnaten Homi Catrack mit der Frau eines hohen Militärs: „Once upon a time, there were Radha and Krishna, and Rama und Sita, and Laila and – Majnu; also (because we are not unaffected by the West) Romeo and Juliet, and Spencer Tracy and Katherine Hepburn“[19], in der diese Affäre in die großen Liebesgeschichten der indischen, persischen, englischen Literatur und des zeitgenössischen amerikanischen Kinos eingereiht wird. Mit „Once upon a time, in the far northern princedom of Kif, there lived a prince who had two beautiful daughters, a son of equally remarkable good looks, a brand-new Rolls-Royce motor car, and excellent political contacts“[20] werden Märchenklischees nicht nur aufgegriffen, sondern ironisch gebrochen durch die Erwähnung des Rolls-Royce und der politischen Verbindungen. Auch handelt die folgende Liebesgeschichte nicht von den schönen Töchtern des Nawab, sondern vom Versuch von dessen Sohn, die Liebe der schönen verschleierten Sängerin Jamila Singer, der Stiefschwester des Erzählers, mit Hilfe eines magischen Pergaments zu gewinnen. Der Prinz übergibt aufgrund seiner Unkenntnis der magischen Tradition – „though expert in the geography of European Cities, [...] innocent in things magical“[21] – das Pergament mit dem Zauberspruch Saleem Sinai, um es in seinem Namen der Angebeteten auf die Hand zu drücken. Dieser will das Pergament aber nur benutzen, um seiner Stiefschwester seine eigene Liebe zu gestehen. An dieser Stelle bleibt offen, welche Rolle das magische Pergament spielt[22] und ob ihre Ablehnung der aus ihrer Sicht inzestuösen Beziehung daran liegt, dass der Zauber versagt. Die auf Märchenhaftes

---

[17] „Once upon a time there was a mother who, in order to become a mother, had agreed to change her name; who set herself the task of falling in love with her husband bit-by-bit“ (ebd., S. 213).

[18] „Once upon a time there was an underground husband who fled, leaving a loving message of divorce“ (ebd., S. 216).

[19] Ebd., S. 259.

[20] Ebd., S. 320.

[21] Ebd., S. 323.

[22] „[...] the magic of the parchment was doing battle with the strength of her hatred of love“ (ebd., S. 325).

bezogenen intertextuellen Anspielungen bringen den Leser jedenfalls dazu, eine phantastische Deutungsweise des Geschehens zumindest in Betracht zu ziehen.

Neben den direkten Märchenverweisen werden alternative Sichtweisen der Ereignisse innerhalb ein und derselben Erzählpassage, oft sogar innerhalb eines Satzes in asyndetischer Reihung nebeneinander gestellt: Perspektiveträger des ersten Teils ist Saleem Sinais angeblicher Großvater Aadam Aziz, selbst ein Grenzgänger – „a half-and-halfer“[23] – zwischen den Welten, der durch sein Medizinstudium in Heidelberg sowohl das naturwissenschaftliche Deutungsmuster verinnerlicht als auch das eurozentrische Weltbild seiner Kommilitonen kennengelernt hat: „but now Heidelberg invaded his head [...] Heidelberg, in which along with medicine and politics, he learned that India – like radium – had been ‚discovered‘ by the Europeans“.[24] Zeit seines Lebens versucht Azit, die kontrastierenden Weltsichten miteinander in Einklang zu bringen, „to fuse the skills of Western and hakimi medicine“[25], was ihm aber nie ganz gelingt, „convincing him that the hegemony of superstition, mumbo-jumbo and all things magical would never be broken in India“.[26]

Selbst in der Beschreibung der topographischen Gegebenheiten werden koloniale und indigene Elemente gegenübergestellt und mit dem ‚Magischen‘ verknüpft: Kennzeichnend für Bombay sind: „a cathedral and an equestrian statue of the Mahratta warrior-king Sivaji which (we used to think) came to life and galloped awesomely through the city streets – right along Marine Drive!“[27] Während die Kathedrale für das Wertesystem der ehemaligen Kolonialmacht – in diesem Fall Portugal – steht, repräsentiert das Reiterstandbild des Marathenanführers Shivaji die indische Geschichte, die sich im magischen Moment der erwachenden Statue mit der Gegenwart der populären Strandpromenade vermischt.

Die Anwesenheit des Magischen geht über bloße alternative Erklärungsmodelle hinaus: Einzelne Handlungselemente des Romans erfordern Magie, um überhaupt möglich zu sein: Zum Beispiel Saleem Sinais Fähigkeit, Gedanken zu lesen und mit den anderen ‚Mitternachtskindern‘, die ebenfalls zum Zeitpunkt der indischen Unabhängigkeit geboren wurden, auf telepathischem Wege zu kommunizieren, die der Ich-Erzähler selbst als „fantastic heart of my own story“[28] bezeichnet. Auch Saleems Reise als pakistanischer Deserteur aus dem soeben unabhängig gewordenen Bangladesch zurück in seine Heimat Indien in einem magischen Korb, der ihn unsichtbar macht, wird als eindeutig phantastischer Moment

[23] Ebd., S. 18.
[24] Ebd., S. 11.
[25] Ebd., S. 67.
[26] Ebd., S. 67.
[27] Ebd., S. 93.
[28] Ebd., S. 195.

gekennzeichnet mit der lapidaren Bemerkung: „Yes, magic spells can occasionally succeed.“[29] Dennoch wird auch dieses schwerlich anders als übernatürlich zu erklärende Ereignis ironisch gebrochen: Parvati-the-witch, Besitzerin des Korbes und ebenfalls Mitternachtskind, hat in Delhis Magier-Ghetto Unterschlupf gefunden, dessen Bewohner „disbelieved, with the absolute certainty of illusionists-by-trade, in the possibility of magic“[30] und können daher die wahre Begabung Parvatis nicht erkennen; dem Rezipienten hingegen bleibt bei diesem Ereignis nichts anderes übrig, als das magische Weltmodell für das plausibelste zu halten.

Doch nicht nur auf der Ebene der erzählten Geschichte wird der Leser im Rezeptionsvorgang mit konkurrierenden Weltdeutungsmustern konfrontiert: In metafiktionalen Kommentaren und Bemerkungen gegenüber seiner fiktionalen Zuhörerin Padma setzt sich der Erzähler mit den Möglichkeiten der Wahrnehmung von Realität auseinander: Die intradiegetische Adressatin Padma, der Saleem seine Lebensgeschichte erzählt, steht hier für die ‚indische‘ Sicht der Dinge und bietet dem westlichen intendierten Adressaten eine Projektionsfigur, um seine eigene Rezeptionshaltung zu überdenken. Als Saleem z.B. davon berichtet, dass seine angebliche Großmutter im Traum die Träume ihrer Töchter belauscht, nimmt Padma das einfach so hin, was kein Zeichen von grundsätzlicher Leichtgläubigkeit sei, sondern nur Teil ihrer spezifischen Weltsicht. Durch den Kommentar „No audience is without its idiosyncrasies of belief“[31] wird die aus westlicher Perspektive vermeintlich minderwertige Weltsicht aufgewertet und als ebenso mit idiosynkratischen Grundannahmen ausgestattet wie die der indischen Zuhörerin dargestellt. Desgleichen stellt auch der Erzähler Überlegungen über die Beschaffenheit der Realität an, deren Wahrnehmung durch äußere Faktoren verändert werden kann: „Reality is a question of perspective“.[32]

Alle diese Faktoren – die Märchenallusionen, die Pluralität der Deutungsmuster, die Unerklärlichkeit magischer Ereignisse und die doppelte Adressierung sowohl an die intradiegetische indigene Adressatin als auch an einen intendierten westlichen Rezipienten – tragen dazu bei, dass der Leser im Rezeptionsprozess beständig verschiedene Weltdeutungsmuster anwenden muss bzw. kann und eine stetige Verunsicherung darüber eintritt, wie die *textual actual world* eigentlich beschaffen ist. Durch den steten Rekurs auf tatsächliche historische Ereignisse reicht diese Verunsicherung aber noch über die innertextuelle Welt hinaus. Für reale Ereignisse werden hier alternative Deutungsmuster angeboten und der Zweifel über die Beschaffenheit der Welt unter Umständen auf die ‚reale‘ Welt übertragen. Durch diese kognitiven Spannungen können in Texten wie dem hier vorgestell-

---

[29] Ebd., S. 381.

[30] Ebd., S. 386.

[31] Ebd., S. 55.

[32] Ebd., S. 165.

ten „die blinden Flecken und Verstrickungen herrschender Rationalitätsnormen aufgedeckt werden“.[33] Metakognitive Strategien wie die „Gegenüberstellung sich ausschließender Weltbilder bzw. Schemata“[34] als Teil literarischer Transversalität können im Sinne der Herausbildung einer transversalen Vernunft wirken, die mehrere, sich unter Umständen ausschließende Rationalitäten nebeneinander stehen lassen kann.

The X-Files

Während im postkolonialen Diskurs der 1980er Jahre diese unterschiedlichen Weltdeutungsmuster noch in kulturellen Perspektiven begründet lagen und das Andere der Vernunft bzw. das Phantastische noch mit kultureller Alterität gleichgesetzt und somit auf Distanz gehalten werden konnte, tritt in den 1990er Jahren eine Form der transversalen Literatur auf, in der die alternativen Weltentwürfe nicht als die Stimme eines Angehörigen einer ‚anderen‘ Welt, sondern als Stimme eines an der Begrenztheit des empirisch-rationalistischen Weltentwurf Verzweifelnden dargestellt wird: Mit *The X-Files* drängt sich ab September 1993 eine Fernsehserie in den Mittelpunkt der internationalen Fernsehlandschaft, die einerseits große strukturelle Ähnlichkeiten mit herkömmlichen Krimis aufweist, andererseits aber durch ihre Machart beständig deren Grundannahmen subversiv unterläuft und die Gattung ‚Mystery‘ begründet, die „Elemente der Gothic novel mit Fantasy, Science-fiction, den Verschwörungstheorien des Politthrillers und der Dramatik des Katastrophenfilms“[35] miteinander vereint. Insgesamt gehen 201 Folgen über den Äther, dazu zwei Kinofilme, fast jede Folge angekündigt mit „The Truth is Out There“[36], einem Slogan, der dem postmodernen skeptischen Zeitgeist diametral entgegen zu stehen scheint. Dennoch sind Kritiker sich einig: „it reflects the mindset of its era“.[37] Kurzgefasst geht es um zwei FBI-Agenten, die ungelöste Fälle des FBI bearbeiten, auf der Suche nach einer Wahrheit ‚irgendwo da draußen‘. Auf den ersten Blick geriert sich die Serie durchaus realistisch, ist sie

[33] Butter 2007, S. 54.

[34] Ebd., S. 76.

[35] Gaschke 1997.

[36] Dies gilt für die englischsprachige Fassung, in Deutschland erscheint an gleicher Stelle der Serientitel; Ausnahmen finden sich bei 19 Folgen und im Pilotfilm (1X79), der noch ohne den Vorspann gesendet wurde: Teilweise wird eine andere Sprache verwendet (Navajo in „Anasazi“ [2X25], Deutsch in „Triangle“ [6X03], spiegelverkehrt in „4-D“ [9X05]), teilweise wird die epistemologische Problematik des Mottos angedeutet: „Trust No One“ in „The Erlenmeyer Flask“ [1X23], „Deny Everything“ in „Ascension“ [2X06], „Believe the Lie“ in „Gethsemane“ [4X24], „All Lies Lead to the Truth“ in „Redux“ [5X02], „Believe to Understand“ in „Closure“ [7X11].

[37] Lavery/Hague/Cartwright 1996, S. 3.

doch im damaligen Hier und Jetzt angesiedelt und handelt von Institutionen und Vorgängen, die es auch real ‚da draußen‘ gibt. Sie umfasst also eine *textual actual world*, die das Prinzip der minimalen Abweichung nicht allzu sehr strapaziert. Die erste Folge wird sogar im vorgeschalteten Zwischentitel als „inspired by actually documented accounts“[38] angekündigt.

Die Fälle in *The X-Files* scheinen zunächst angelegt zu sein wie konventionelle Kriminalfälle: Im Teaser wird normalerweise ein Verbrechen gezeigt, an dessen Aufklärung sich die beiden Protagonisten machen. Auch die Kriminalerzählung, insbesondere in der Form des Rätselkrimis, ist ein der Rationalität verpflichtetes Genre. Hier kommt laut Aust die „‚analytische[]‘ Neugier für verdeckte Sachverhalte und lesbare Zeichen, für ihre Aufklärung, Herleitung und Folgenanalyse“[39] des Realismus zum Tragen. Der Detektiv fungiert als „Personifikation der ratio“[40], der den zu Beginn präsentierten Fall mit Mitteln der Vernunft zu lösen versucht. Das „setz[t] eine Welt voraus[...], in der es letztlich keinen Zufall gibt und jedes Rätsel rational und total gelöst werden kann“[41]. Obgleich phantastische Texte im Moment des Zweifelns ob der Beschaffenheit der gegebenen Welt und der Erklärbarkeit der darin stattgefundenen Ereignisse die gleiche Ausgangssituation haben, also strukturell ähnlich sind, stehen sich laut Todorov Krimi und Phantastik in der Auflösung diametral gegenüber[42]: Während in Letzterer meistens die Tendenz besteht, die Ereignisse entweder im Moment des Zweifelns zu belassen oder durch Wunderbares zu erklären, ist in Ersterem laut Todorovs Krimitheorie „das Phantastische [...] nicht zugelassen.“[43]

In *The X-Files* laufen diese beiden Erklärungsmodelle, das realistische und das wunderbare, jedoch parallel nebeneinander her: Die Detektivrolle ist hier gedoppelt, verkörpert durch „two FBI agents exploring the paranormal from two different biases: one a skeptic, one a believer“[44]: Dem vom Paranormalen geradezu besessenen Psychologen Fox Mulder steht in Umkehrung der Geschlechterklischees als Partnerin die Medizinerin Dana Scully gegenüber, die als Naturwissenschaftlerin für die wissenschaftliche Betrachtungsweise der Untersuchungsgegenstände steht. Bereits in der Pilotfolge formuliert Agent Fox Mulder seine epistemologische Leitfrage: „Now, when convention and science offer us no answers, might we

---

38 *The X-Files: Pilot* (1X79). USA 1993, Robert Mandel (VHS-Kassette: Twentieth Century Fox Home Entertainment, 1996).

39 Aust 2006, S. 189.

40 Kracauer 1979, S. 86.

41 Broich 1998, S. 99.

42 Vgl. Todorov 1970, S. 55.

43 Todorov 1998, S. 213.

44 So der Produzent Chris Carter in einem Interview: *Inside* The X-Files. USA 1998, Regie Glen Kasper (VHS-Kassette: Twentieth Century Fox Home Entertainment, 1998).

not finally turn to the fantastic as a plausibility?“[45] Mit dieser Frage wird eine dialogische Struktur geschaffen, in der Woche für Woche die konventionelle Lösung des Falles, vertreten durch Scully, der Lösung unter Zuhilfenahme der Annahme des Übernatürlichen dialogisch gegenübergestellt wird. Scully argumentiert dabei immer ontologisch, indem sie auf die Beschaffenheit der Welt verweist, die das Phantastische ausschließe, während Mulder epistemologisch argumentiert, dass unsere Kenntnis der Welt eventuell auf falschen Annahmen beruhe.

Während sich in den Dialogen der Protagonisten die rationale und die phantastische Weltsicht die Waage halten, wird visuell die phantastische Sichtweise favorisiert. Die Kamera als scheinbar objektive Instanz zeigt auch das Übernatürliche, häufig in der Schlussszene, als Triumph des Phantastischen über die investigativen Bemühungen der Protagonisten. Allerdings ist es häufig Mulder, der als Einziger anwesend ist, wenn das Phantastische in Erscheinung tritt, und es bleibt unklar, ob die Bilder nur seine Sicht der Dinge oder das objektive Geschehen wiedergeben. Dies wird gleich zu Beginn der zweiten Staffel explizit thematisiert: In der ersten Folge „Little Green Man“[46] macht sich Mulder wieder einmal auf die Suche nach Beweisen für die Existenz von Außerirdischen, doch noch während er auf diese wartet, sinniert er über die Subjektivität seiner Wahrnehmung: „Even if I could see them, would they really be there?“ Auch als die Kamera kurz darauf eine schemenhafte Gestalt zeigt, von der Mulder glaubt, es sei ein Außerirdischer, wird dessen Wahrnehmung kurz darauf durch seine Partnerin Scully wieder in Zweifel gezogen, indem sie ihn darauf hinweist, er könne sich da alles auch nur eingebildet haben. Auch wenn im Verlauf der Serie immer mehr phantastische fiktionale Fakten in der *textual actual world* etabliert werden, wird deren Aktualitätsstatus immer wieder durch solche oder ähnliche erzählerische Techniken infrage gestellt: Neben der Augenzeugenschaft nur einer ‚gläubigen‘ Figur werden auch Techniken wie Rahmungen durch Schlafszenen, Einnahme von Halluzinogenen oder metafiktionale Rahmenerzählungen angewandt, um den Status der visuellen Darstellung immer wieder in Zweifel zu ziehen.

Die Serie *The X-Files* perpetuiert durch ihre Struktur den Todorov'schen Zweifel. Durch das grundsätzliche Hinterfragen sowohl der Ontologie als auch der Epistemologie der *textual actual world* wird ein transversaler Text geschaffen, der für den Konstruktcharakter der erfahrenen Welt sensiblisiert. Durch sein Format als Fernsehserie dürfte *The X-Files* noch deutlichere Spuren in den Weltdeutungsmustern seiner Rezipienten hinterlassen als ein einmalig rezipierter Ro-

---

[45] *The X-Files: Pilot (1X79)*. USA 1993, Regie Robert Mandel (VHS-Kassette: Twentieth Century Fox Home Entertainment, 1996).

[46] USA 1994, Regie David Nutter (VHS-Kassette: Twentieth Century Fox Home Entertainment, 1997).

man.[47] Nicht nur ist der Text umfangreicher als der eines (oder mehrerer Romane), sondern die intendierte Rezeption erstreckt sich über einen Zeitraum von neun Jahren, in denen Woche für Woche der Konflikt der unterschiedlichen Welten kognitiv ausgetragen werden muss.

Fazit

Betrachtet man die beiden vorgestellten Hybridformen, in denen phantastische Elemente realistische Gattungen kontaminieren, kann man beobachten, dass die sehr nahe an der ‚realen Welt' liegende *textual actual world* durch das Eindringen phantastischer Elemente ontologisch und epistemologisch destabilisiert wird. Sowohl im Beispiel des Magischen Realismus als auch in dem des ‚Mystery' werden konkurrierende Weltmodelle nebeneinander gestellt, was im Rezeptionsprozess zu einem kognitiven ‚War of the Worlds' führt. Dieser Konflikt zwischen unterschiedlich konfigurierten Welten – der rationalistischen und der phantastischen, die das „*Andere* der Vernunft"[48] repräsentiert – ermöglicht, „die blinden Flecken und Verstrickungen herrschender Rationalitätsnormen" aufzudecken und kann „das Vermögen der transversalen Vernunft bei den RezipientInnen im Lesevorgang" aktivieren.[49] Inwieweit dies von einem Paradigmenwechsel weg vom dominant rationalistisch-empirischen Weltbild hin zu pluralistischeren Weltsichten zeugt, kann noch nicht abschließend beurteilt werden, es deutet aber einiges darauf hin, dass sich die vorherrschenden Rationalitätsnormen des 21. Jahrhunderts hin zu einer transversalen – und eben auch phantastischeren – Vernunft verschieben, durch die sich der ‚War of the Worlds' sozusagen durch friedliche Koexistenz auflöst.

[47] Psychologische Studien belegen sogar, dass die ständige Beschäftigung mit paranoiden Theorien diese glaubwürdiger erscheinen lässt, vgl. Douglas und Sutton 2008.

[48] Ruthner 2006, S. 7.

[49] Butter 2007, S. 54.

Bibliographie

Primärquellen

Little Green Men. USA 1994, Regie: David Nutter (VHS-Kassette: Twentieth Century Fox Home Entertainment, 1997).

Rushdie, Salman: Midnight's Children. London: Picador 1982a [EA London: Jonathan Cape, 1981].

The X-Files: Pilot (1X79). USA 1993, Regie: Robert Mandel (VHS-Kassette: Twentieth Century Fox Home Entertainment, 1996).

Sekundärquellen

Aust, Hugo: Realismus. Lehrbuch Germanistik. Stuttgart und Weimar: Metzler 2006.

Borgmeier, Raimund und Bernhard Reitz: Einleitung. In: Der historische Roman I. 19, Jahrhudert. Hg. von Raimund Borgmeier und Bernhard Reitz. Heidelberg: Winter 1984, 7–37 (anglistik & englischunterricht, Bd. 22).

Broich, Ulrich: Der entfesselte Detektivroman [1978]. In: Der Kriminalroman. Poetik Theorie Geschichte. Hg. von Jochen Vogt. München: Fink 1998, S. 97–110.

Butter, Stella: Literatur als Medium kultureller Selbstreflexion. Literarische Transversalität und Vernunftkritik in englischen und amerikanischen Gegenwartsromanen aus funktionsgeschichtlicher Perspektive. Diss. Gießen 2007. Trier: Wissenschaftlicher Verlag Trier 2007 (ELCH – Studies in English and Literary Cultural History, Bd. 25).

Douglas, Karen M. und Robbie Sutton: The Hidden Impact of Conspiracy Theories. Perceived and Actual Influence of Theories Surrounding the Death of Princess Diana. In: The Journal of Social Psychology 148/2 (2008), S. 210–221.

Durst, Uwe: Das begrenzte Wunderbare. Zur Theorie wunderbarer Episoden in realistischen Erzähltexten und in Texten des „Magischen Realismus". Münster: LIT 2008.

Durix, Jean-Pierre: Mimesis, Genres and Post-Colonial Discourse. Deconstructing Magic Realism. Basingstoke: Macmillan 1998.

Gaschke, Susanne: Die neue mystisch-übersinnliche Unterhaltung am Beispiel von „Akte X". In: Zeit Online, 22. August 1997, http://www.zeit.de/1997/35/titel.txt.19970822.xml (29.03.2013).

Inside The X-Files. USA 1998, Regie Glen Kasper (VHS-Kassette: Twentieth Century Fox Home Entertainment, 1998).

Kracauer, Siegfried. Der Detektiv-Roman. Ein philosophischer Traktat. Frankfurt a. M.: Suhrkamp. 1979 (1925).

Kreutzer, Eberhard: Orientalism. In: Metzler Lexikon Literatur- und Kulturtheorie. Ansätze – Personen – Grundbegriffe. Hg. von Ansgar Nünning. 4. Auflage. Stuttgart und Weimar: Metzler 2008 (1998), S. 551–552.

Lavery, David, Angela Hague und Marla Cartwright: Introduction. Generation X – The X-Files and the Cultural Moment. In: „Deny All Knowledge". Reading The X-Files. The Television Series. Hg. von David Lavery, Angela Hague und Marla Cartwright. London: faber & faber 1996, S. 1–21.

McHale, Brian: Postmodernist Fiction. New York und London: Methuen 1987.

Iser, Wolfgang: Das Fiktive und das Imaginäre. Perspektiven literarischer Anthropologie. Frankfurt a. M.: Suhrkamp 1991.

Rushdie, Salman: The Empire Writes Back With a Vengeance. In: The Times, 3. Juli 1982b, S. 8.
Ruthner, Clemens: Im Schlagschatten der ‚Vernunft'. Eine präliminare Sondierung des Phantastischen. In: Nach Todorov. Beiträge zu einer Definition des Phantastischen in der Literatur. Hg. von Clemens Ruthner, Ursula Reber und Markus May. Tübingen: Francke 2006, S. 7-13.
Ryan, Marie-Laure: Possible Worlds, Artificial Intelligence, and Narrative Theory. Bloomington und Indianapolis: Indiana University Press 1991.
Semino, Elena: Language and World Creation in Poems and Other Texts. London und New York: Longman 1997.
Todorov, Tzvetan: Introduction à la littérature fantastique. Paris: Éditions du Seuil, 1970.
— Typologie des Kriminalromans [1966]. In: Der Kriminalroman. Poetik Theorie Geschichte. Hg. von Jochen Vogt. München: Fink 1998, S. 208–215.
Welsch, Wolfgang: Vernunft. Die zeitgenössische Vernunftkritik und das Konzept der transversalen Vernunft. Frankfurt a. M.: Suhrkamp 1996.

Zwischen Skeptizismus und Fantastik

Übergänge und Entgrenzungen im zeitgenössischen Kino

Philipp Schmerheim

Filmische Varianten des Skeptizismus

Eine Reihe von auch bei Jugendlichen populären Filmen variiert skeptizistische Gedankenexperimente, denen zufolge die Welt um uns herum anders beschaffen ist, als wir sie uns vorstellen. So entdeckt der Protagonist von *The Matrix* (Wachowski 1999), dass er in einer computergenerierten Simulation lebt; in *The Truman Show* (Weir 1998) hat der Protagonist Truman Burbank zum Beginn der Filmhandlung sein gesamtes Leben in einem kleinstadtgroßen Fernsehstudio als Star einer Daily Reality Show verbracht, ohne dies zu wissen. In *Never Let Me Go* (Romanek 2010), *The Village* (Shyamalan 2004), *THX 1138* (Lucas 1971) und *The Island* (Bay 2005) leben die Hauptfiguren in von einer externen Instanz erschaffenen Umgebungen, die durch technische und ideologische Hilfsmittel systematisch von der Außenwelt isoliert sind. Die Grenzen zwischen Wirklichkeit und Traum bzw. Einbildung verschwimmen in *Vanilla Sky* (Crowe 2001), *Inception* (Nolan 2010) und *Waking Life* (Linklater 2001).

Ich schlage in diesem Aufsatz vor, derlei Filme, die grundlegend die Beschaffenheit der Wirklichkeit infrage stellen, als Skeptizismus-Filme zu bezeichnen: Konfigurationen philosophischer Gedankenexperimente, denen zufolge die Welt nicht so beschaffen ist, wie wir Menschen gemeinhin glauben.[1]

Skeptizismus-Filme stehen in einer engen Wechselbeziehung mit Motiven und Erzähltraditionen der Fantastik, konfigurieren diese jedoch auf eigenständige Weise. Exemplarisch hierfür steht das Motiv des Übergangs bzw. der Entgrenzung zwischen verschiedenen Welten – in diesem Fall zwischen einer bloß vorgestellten, aber nicht wirklichen, und einer wirklichen, aber (noch) nicht erkannten bzw.

---

[1] Das philosophische Spiel, das Skeptizismus-Filme betreiben, steht im Mittelpunkt meiner Dissertation *Skepticism Films – Knowing and Doubting the World in Contemporary Cinema* an der *Amsterdam School for Cultural Analysis* der Universität Amsterdam. Der vorliegende Beitrag baut auf den Ergebnissen dieser Arbeit auf.

nicht erkennbaren Welt. Während fantastische Texte wie *Alice's Adventures in Wonderland* die Frage, wie wirklich die erlebten Ereignisse bzw. Welten sind, individualisieren, weil die Möglichkeit im Raum steht, dass die Hauptfiguren ja nur träumen bzw. halluzinieren, legen Skeptizismus-Filme einen ontologischen Schwerpunkt im Rahmen der epistemologischen Frage nach der Erkennbarkeit der Welt: Die Frage ist, ob ganz normale Menschen in normalen Wahrnehmungssituationen imstande sind, die Wirklichkeit von ihrer Simulation bzw. Nachahmung zu unterscheiden.

Spiel mit den Grenzen zwischen Wirklichkeit und Illusion

Aus filmhistorischer Perspektive führen Skeptizismus-Filme eine filmische Tradition fort, die seit den Anfangszeiten des Kinos die fragilen Grenzbereiche zwischen Wirklichkeit und Illusion, Wachzustand und Traum, wirklichem Leben und Einbildung erkundet.[2] Es ist kein Zufall, dass einer der wichtigsten Pioniere des Kinos, George Méliès, ein Bühnenmagier war, der früh das Potenzial des Kinos bzw. der Filmkamera erkannte, mit filmisch erzeugten Wirklichkeitseindrücken zu spielen bzw. diese zu manipulieren. In Méliès' zahlreichen Kurzfilmen verwandelt sich ein auf dem Stuhl sitzendes Skelett von einem Moment auf den anderen in eine adrette Dame, hat ein zeitweise kopfloser Bühnenmagier manchen Ärger mit seinen vier auf dem Tisch herumliegenden Köpfen, und der Mann im Mond erwacht zum Leben, als ihn eine Forschungsrakete mitten ins Auge trifft.[3]

Auch andere Spielfilme des frühen Kinos und des Kinos der Stummfilmzeit erkunden die Grenzbereiche zwischen (Tag-)Träumen, Fantasien oder Halluzinationen und dem, was gemeinhin „die Wirklichkeit" genannt wird. Bekannte frühe Beispiele sind *Das Cabinet des Dr. Caligari* (Wiene 1920), *Sherlock Jr.* (Keaton 1924) oder *Der Mandarin* (Freisler 1918). So projiziert *Das Cabinet des Dr. Caligari* die Wahnvorstellungen seines Hauptcharakters auf die Kinoleinwand; *Sherlock Jr.* sich um einen armen Projektionisten, der während einer Filmvorführung einschläft und träumt, dass er buchstäblich durch die Kinoleinwand steigt und dort aufregende Abenteuer erlebt.

Auch im klassischen Hollywood-Kino und im Arthouse-Kino finden sich immer wieder Beispiele, etwa *The Wizard of Oz* (Fleming et al. 1939), *It's a Wonderful Life* (Capra 1946), *Rashomon* (Kurosawa 1950), *Otto e mezzo* (Fellini 1963) oder *Smultronstället* (Bergman 1957). Zeitgenössische Filme wie *Fight Club* (Fin-

---

2 Diese Erzähltradition hat ihrerseits ihre Wurzeln in der fantastischen Literatur sowie im schon immer um das Erzielen von Illusionseffekten bemühten Wanderzirkus- und Vaudeville-Milieu. Vgl. Kreimeier 2011.

3 Filmbeispiele: *Escamotage d'une dame au théâtre Robert Houdin* (Méliès 1896), *Un homme de têtes* (Méliès 1898), *Le voyage dans la lune* (Méliès 1902).

cher 1999), *Mulholland Drive* (Lynch 2001), *Identity* (Mangold 2003) oder *Shutter Island* (Scorsese 2010) greifen das im Kino vor allem durch *Das Cabinet des Dr. Caligari* geprägte Motiv der Verknüpfung von Wahn- und Wirklichkeitswahrnehmung prominent auf.

All diesen Filmen ist gemein, dass sie auf vergleichsweise komplexe Formen des Erzählens zurückgreifen, die vom Filmzuschauer ein hohes Maß an kognitiver Kompetenz und Wissen um die Erzählkonventionen des Kinos verlangen: Es ist nicht immer unmittelbar klar, auf welcher Wirklichkeitsebene sich die Figuren bewegen, auch ist nicht immer unmittelbar ersichtlich, wie die einzelnen Handlungsstränge miteinander zusammenhängen. Die filmwissenschaftliche Forschung hat für die aktuellen Spielarten des komplexen Erzählens eine Reihe verschiedener Termini geprägt, etwa „mind-game film"[4] bzw. „Gedankenspielfilm"[5], „multiple-draft narratives"[6], „forking-path plots"[7] oder „puzzle films"[8]. Vor allem der „mind-game film" ist in diesem Kontext interessant. Elsaesser unterscheidet verschiedene Varianten von Gedankenspielfilmen: Zum einen solche, die wie *The Game* (Fincher 1997) oder *The Sixth Sense* (Shyamalan 1999) mit ihren Figuren ebenso Spiele spielen wie mit dem Publikum, „because certain crucial information is withheld or ambiguously presented"[9], zum anderen solche, „[which] put the emphasis on ‚mind': they feature central characters whose mental condition is extreme, unstable, or pathological".[10] Letztere Spielart des „mind-game film", wie *Fight Club*, *Shutter Island* oder *A Beautiful Mind* (Howard 2001), stellen vor allem die Zuverlässigkeit der Weltwahrnehmung der Protagonisten (sowie der Rezipienten) in Frage, während die Beschaffenheit der Welt bzw. die Existenz dieser jedoch generell unhinterfragt bleibt.[11] Kurz: In den bisher vorgestellten Filmen entpuppt sich die Welt in der Regel deshalb als anders, weil mit den kognitiven

---

[4] Elsaesser 2009b.

[5] Ders. 2009a.

[6] Bordwell 2002.

[7] Branigan 2002.

[8] Buckland 2009.

[9] Elsaesser 2009b, 14.

[10] Ebd.

[11] Im Deutschen wählt Elsaesser den Begriff des „Gedankenspielfilms" (vgl. Elsaesser 2009a). Der englischsprachige Terminus des „mind-game film" ist jedoch treffender, da er eher dazu geeignet ist, die eigentlich psychologische Dimension der darunter fallenden Filme zu bezeichnen: Die Filme spielen nicht lediglich mit den Gedanken der Figuren und Zuschauer: Eigentlich geht es um das Spiel mit Geisteszuständen, oder sogar Seelenzuständen. Im Unterschied zu *puzzle films* wie etwa *Memento* (Nolan 2000) sind Gedankenspielfilme eben nicht reine Gehirnakrobatik, sondern Filme, die den zumeist gequälten oder gestörten Geisteszustand ihrer Hauptfiguren erkunden – *Mulholland Drive*, *Inland Empire* (Lynch 2006), *Shutter Island* sind Prototypen für derlei „mind-games".

Fähigkeiten der Hauptfiguren etwas nicht stimmt oder ihr Geisteszustand abnormal ist.

Von der Traumwelt zur simulierten Welt: Skeptizismus-Filme

Genau auf diesen Gedanken legen Skeptizismus-Filme den Schwerpunkt: dass die Welt anders beschaffen sein könnte, als Menschen (in einem normalen geistigen Zustand) gemeinhin denken. Während die genannten Gedankenspielfilme eher punktuell epistemologische Probleme wie die Zuverlässigkeit unserer Wahrnehmung oder die Einheitlichkeit der Welt, in der wir uns (wahrnehmend) bewegen, ansprechen, stellen Skeptizismus-Filme systematisch die Grundlagen tradierter Wirklichkeitsbilder in Frage: In *The Matrix* wird die materielle Existenz der Welt, in der die Protagonisten leben, zugunsten einer digitalen Wirklichkeitssimulation angezweifelt oder bestritten. In *The Thirteenth Floor* (Rusnak 1999) und *Welt am Draht* (Fassbinder 1973), Adaptionen des Romans *Simulacron-3* von Daniel F. Galouye[12], stellt ein Computerprogrammierer fest, dass er – ebenso wie die von ihm in eine virtuelle Umgebung programmierten Künstlichen Intelligenzen – lediglich eine Bewusstseinseinheit in einer Computersimulation ist, die ihm eine wirkliche Welt vorgaukelt. In *Dark City* (Proyas 1998) führen Außerirdische in einer auf einem Asteroiden erbauten künstlichen Stadt Persönlichkeitsexperimente mit deren nichtsahnenden menschlichen Einwohnern durch. Ebenso wie *The Truman Show* suggeriert *Dark City*, dass die Welt der Hauptfiguren eine künstlich erschaffene bzw. lediglich ein hermetisch isolierter Ausschnitt der ‚wirklichen' Welt ist.

Mit Einschränkungen spielen auch *The Sixth Sense* oder die Philip-K.-Dick-Adaptionen *Total Recall* (Verhoeven 1990; Remake: Wiseman 2012) mit der Frage nach der Wirklichkeit: In Ersterem findet die Hauptfigur Malcolm Crowe auf schmerzhafte Weise heraus, dass er tot ist und nur von einem Jungen mit außergewöhnlichen Fähigkeiten wahrgenommen werden kann; in *Total Recall* will die Hauptfigur Douglas Quaid herausfinden, welche seiner Erinnerungen er wirklich erlebt hat und welche ihm von der Firma Rekall lediglich implantiert worden sind.[13]

All diese auf ein breites Publikum zugeschnittenen Filme drehen sich um die Frage, was eigentlich ‚Wirklichkeit' ist und wie diese erkannt werden kann. Sie projizieren Erzählungen, in denen sich die Hauptfiguren wissenderweise oder unwissenderweise auf verschiedenen Wirklichkeitsebenen bewegen oder sogar her-

---

[12] Galouye 1964.

[13] Auffallend ist gerade bei Skeptizismus-Filmen ihre Übernahme von Motiven bzw. Werken der Cyberpunk-Literatur. Insbesondere die Werke von Philip K. Dick, aber auch die *Neuromancer*-Trilogie von William Gibson (Gibson 1984) sind beliebte Anknüpfungspunkte.

ausfinden, dass die Welt, in der sie leben, nicht so beschaffen ist, wie sie denken, und machen damit derlei skeptizistische Szenarien für die Zuschauer erlebbar.[14] Hier wird das inoffizielle, psychoanalytisch inspirierte Credo des frühen Kinos, „Das Leben ist ein Traum oder eine Fantasie", abgeändert in „Das Leben ist eine Simulation oder Täuschung".[15] Dazu trägt auch der rasante Siegeszug digitaler Technologie mit ihren unzähligen Möglichkeiten, künstliche Umgebungen im Computerspiel, im Film, aber auch im Rahmen einer sogenannten „Augmented Reality" zu simulieren, bei.

Skeptizismus-Filme als filmische skeptizistische Gedankenexperimente

Skeptizismus-Filme lassen sich nun formal als filmische Gedankenexperimente auffassen, die anhand extremer, aus Alltagssicht kontrafaktischer Täuschungsszenarien die philosophische Vermutung illustrieren, dass Wissen über die Welt nicht möglich ist bzw. dass Menschen nicht in der Lage sind, zweifelsfrei Wirklichkeit von Nicht-Wirklichkeit zu unterscheiden.

Der Skeptizismus als philosophische Position wirft zunächst einmal die Frage auf, ob das, was wir gemeinhin als Wissen über die Welt bezeichnen, auch wirklich den Bedingungen für Wissen entspricht. Im Rahmen philosophischer Untersuchungen sind skeptizistische Positionen oder Szenarien zuerst einmal Teil der begrifflichen Arbeit (denn Philosophie besteht aus der Arbeit an Begriffen). Skeptizistische Szenarien entwerfen darüber hinaus Situationen, in denen sich vorgebliches Wissen als nicht-zutreffende Meinung (und sei sie noch so gut begründet) herausstellt; sie sollen somit auch einen Beitrag zur Plausibilisierung oder zumindest Verdeutlichung skeptizistischer Annahmen leisten. Die extremsten skeptizistischen Gedankenexperimente sind Täuschungsszenarien, von denen sich in der philosophischen Literatur ein regelrechter Kanon herausgebildet hat: von Platons Höhlengleichnis (*Der Staat*, Buch VII) bis hin zum Täuschungsszenario mit allmächtigem Täuschergott in Descartes' *Meditationes de Prima Philosophia*, ein Szenario, dessen aktuelles Äquivalent in Hilary Putnams „Gehirnen im Tank" zu finden ist: Körperlose Gehirne, die seit dem Urknall in einem Tank mit flüssiger Nährlösung vor sich hin schweben und über ihre neuronalen Endungen an einen Supercomputer angeschlossen sind, der jedem von ihnen ununterbrochen eine phänomenal von der Wirklichkeit (also der Wirklichkeit, wie wir sie zu kennen vermeinen) ununterscheidbare Computersimulation der Welt streamt.[16] Das

[14] Zum Begriff „screening philosophy" vgl. Wartenberg 2005 und ders. 2007, Kap. 4.

[15] Natürlich gibt es weiterhin Filme, die im Rahmen dieser älteren Tradition stehen, etwa *The Illusionist* (Burger 2008) oder *The Prestige* (Nolan 2008). Vgl. Pisters 2012, Kap. 2.

[16] Platon 1998; Descartes 1905; Putnam 1981, Kap. 1.

narrative Potenzial solcher Szenarien für den Film (und andere Kunstformen des Erzählens wie die Literatur) ist offensichtlich. Es liegt somit nahe, nach den Verbindungen zwischen diesen im genuinen Sinne philosophischen Gedankenexperimenten und ihrer filmischen Projektion zu fragen.[17]

Das paradigmatische Beispiel eines Skeptizismus-Films ist *The Matrix*, eine filmische Variante von Hilary Putnams Gedankenexperiment über eingetankte Gehirne – ein Film, der sogar explizit auf Jean Baudrillards postmodernistisches Traktat *Simulacra and Simulation* verweist, Letzterer ein Vertreter einer Philosophie der Irrealität, oder besser: des Hyperrealen. Der Plot des Films ist wohlbekannt: Der Computerprogrammierer Thomas Anderson entdeckt, dass sein gesamtes bisheriges Leben ihm von einer Computer-Simulation, nun: simuliert wurde, während sein Körper bewusstlos in einem mit flüssiger Nährlösung gefüllten Tank lag und liegt.

So wie es *The Matrix* exemplifiziert, dramatisieren Skeptizismus-Filme die hypothetischen, oft nur in Grundzügen ausbuchstabierten skeptizistischen Gedankenexperimente des traditionellen philosophischen Diskurses und sind insofern narrative Konfigurationen skeptizistischer Gedankenexperimente.[18] Konfigurationen sind sie, weil sie eng an den philosophischen Diskurs anknüpfen, ohne jedoch zwingend auf diesen Bezug zu nehmen. Ihnen geht es primär darum, das erzählerische wie ästhetische Potenzial des verwendeten Szenarios auszuloten. So greifen Skeptizismus-Filme wie Putnams Gedankenexperiment aktuelle gesellschaftliche Einflüsse auf, sie entwerfen Utopien von den Möglichkeiten aktueller Technologien (*The Matrix*, *The Thirteenth Floor*) und vermischen dies auch mit dystopischen Vorstellungen (*The Truman Show*).

Wenngleich sie skeptizistische Gedankenexperimente projizieren, sind Skeptizismus-Filme nicht notwendigerweise skeptizistische Filme. Die Inszenierung eines skeptizistischen Szenarios impliziert nicht automatisch, dass der Film gleichsam ‚annimmt', dass der skeptizistische Zweifel wohlbegründet ist, genau-

---

[17] Genuin philosophisch sind die skizzierten Gedankenexperimente auch deshalb, weil sie jeweils – oft über rein skeptizistische Vermutungen hinausgehend – eine spezifische Funktion im Rahmen eines klar formulierten philosophischen Vorhabens spielen: Bei Platon steht das Höhlengleichnis im Kontext seiner Staats- und Bildungslehre (und wird oft auch verwendet, um die im *Phaidon* entwickelte Ideenlehre zu veranschaulichen), Descartes will in seinen *Meditationes* wie auch in anderen Schriften ein logisch-philosophisch wasserdichtes Fundament der (Natur-)Wissenschaften errichten, und Putnam kämpft in *Reason, Truth, and History* eigentlich gegen seiner Ansicht nach unhaltbare „magische" Theorien der Bezugnahme. Skeptizismus-Filme stehen nicht in einem derartigen Funktions- oder Begründungszusammenhang.

[18] Die Differenzierung von Filmen als Dramatisierungen von Gedankenexperimenten, die in der Philosophie lediglich hypothetisch verhandelt werden, wird von Murray Smith in Anschluss an Richard Eldridge entwickelt, vgl. Smith 2006.

so wenig, wie dies bedeutet, dass der Film für eine bestimmte philosophische Position oder Lösung dem Skeptizismus gegenüber ‚argumentiert'.[19]

Wirklichkeitsebenen und Enthüllungsmomente im Skeptizismus-Film

Die Erzählstränge von Skeptizismus-Filmen basieren typischerweise auf einer Diegese, die über mindestens zwei unterschiedliche Wirklichkeitsebenen verfügt: Die eine wird als „wirklich" markiert, während die andere(n) unterschiedliche Formen einer anderen (Nicht-)Wirklichkeit konstituieren. Der Unterschied zwischen einer ‚wirklichen' und einer ‚nicht-wirklichen' Welt wird somit zu einem strukturierenden Bestandteil der Erzählung. Diese Konstellation kann unterschiedlich ausgestaltet werden: Während der erste *Matrix*-Film narrativ-ästhetisch eindeutig zwischen Simulation und Wirklichkeit unterscheidet, führen etwa *The Truman Show* oder *The Island* einen Unterschied zwischen Ebenen bzw. Bereichen einer ansonsten intakten Wirklichkeit ein, in diesem Fall: einen Unterschied zwischen einem von der restlichen Welt isolierten Fernsehstudio bzw. unterirdischen Internierungslager und der Welt ‚da draußen'.

Die unterschiedlichen Welten bzw. Wirklichkeitsebenen werden nicht nur ästhetisch unterschiedlich codiert – der Übergang zwischen ihnen fungiert in der Regel als zentraler *plot point* bzw. Wendepunkt der Handlung: So entdecken Figuren von Skeptizismus-Filmen in der Regel zu einem bestimmten Zeitpunkt der Handlung, in was für einer ontologisch unhaltbaren Situation sie sich befinden, woraus die Filme einen nicht unwesentlichen Teil ihrer dramaturgischen Spannung beziehen. Exemplarisch hierfür steht *The Truman Show*: Während die Kinozuschauer bereits von Anfang an über Truman Burbanks missliche Lage Bescheid wissen, benötigt dieser selbst fast die gesamte Spieldauer des Films, um vollum-

[19] In diesem Kontext sei darauf hingewiesen, dass nicht nur einzelne Filme von philosophischem Interesse sein können. Insbesondere für die klassische Filmtheorie, die latent von skeptizistischen Sorgen um die von der Welt isolierte Position des Menschen geplagt war, eröffnete das damals neue *Medium* des Kinos ungeahnte Möglichkeiten, dem Menschen Zugriff auf die Welt, wie sie ‚wirklich' ist, zu verschaffen (vorbildlich hat diese Tendenzen der frühen Filmtheorie Malcolm Turvey herausgearbeitet, vgl. Turvey 2008). André Bazin beschreibt die Hoffnung, dass die Foto- und Filmkamera den epistemischen Abgrund, die Lücke zwischen der Welt und den Menschen überbrücken kann; auch und gerade weil deren mechanischer, automatisierter Aufnahmemodus noch unkontaminiert sei von der unausweichlichen Subjektivität der menschlichen Hand (vgl. Bazin 1967); Stanley Cavell greift diesen Bazin'schen Impetus in den 70er Jahren in seinem filmphilosophischen Essay *The World Viewed* wieder auf, wo er auch den Gedanken einführt, dass das Medium des Films ein „moving image of skepticism" sei (Cavell 1979, S. 188). Diese Diskurse werden unabhängig von Gilles Deleuze weitergeführt und modifiziert: Die ontologischen Eigenheiten des Mediums, so die Hoffnung, sollten mithelfen, das „Band zwischen Mensch und Welt" (Deleuze 1999, S. 223) wiederherzustellen bzw. „[u]ns den Glauben an die Welt zurückzugeben" (Deleuze 1999, S. 224). Vgl. hierzu auch Früchtl 2013.

fänglich zu realisieren, was mit ihm und um ihn herum eigentlich vor sich geht. *The Matrix* hingegen nutzt die skeptizistische Enthüllung als frühen Wendepunkt der Filmerzählung: Während der ersten 22 Minuten sind die Filmzuschauer noch epistemisch auf dem gleichen Wissensstand wie der Protagonist Thomas Anderson, da die gesamte Exposition des Films innerhalb der simulierten Umgebung der Matrix stattfindet. Dadurch wird das Publikum emotional gleichsam darauf verpflichtet, mit Anderson das Erstaunen darüber zu teilen, dass er bislang lediglich ein wahrnehmender Bestandteil einer simulierten Welt war.[20] Erst als Anderson sich dazu entscheidet, sich ‚auszuklinken', wird ihm „the world as it exists today" (Morpheus) offenbar.[21]

Die Präsenz verschiedener Wirklichkeitsebenen muss im Rahmen der narrativen wie ästhetischen Gestaltung des betreffenden Films berücksichtigt werden. Sie lässt sich durch Unterschiede in der audiovisuellen Darstellung verdeutlichen, etwa mithilfe von sich von Wirklichkeitsebene zu Wirklichkeitsebene unterscheidenden Ausstattungsmerkmalen, Kameraarbeit, schauspielerischen Darstellungsstrategien, Montagemustern und auch Handlungsverläufen. Auch die Farbgestaltung in *The Matrix* und *The Thirteenth Floor* spiegelt die unterschiedlichen Wirklichkeitsebenen, denen ein jeweils anderes Farbschema zugeordnet ist (Abb. 1-6):

[20] Für das Publikum kommt noch ein weiterer Gedanke hinzu: Dass es, qua Rezipientensituation, bisher lediglich der Projektion der Projektion einer erfundenen Welt beigewohnt hat. Lediglich der anekdotische „idiot" aus Slavoj Zizeks bekannten Aufsatz „The Matrix: Or, the Two Sides of Perversion" wird zum gegenteiligen Schluss kommen und von der Enthüllung der computersimulierten Filmwelt auf die Simuliertheit der „wirklichen" Welt des Kinosaals schließen: „My God, wow, so there is no reality!" (Zizek 2002, S. 240). Warum *The Matrix* ein besonders geeignetes Beispiel ist, um mithilfe der Projektion zumindest die Denkbarkeit der skeptizistischen Vermutung zu untermauern, beschreibt sehr schön Wartenberg 2007, Kap. 4. In meiner Doktorarbeit *Skepticism Films. Knowing and Doubting the World in Contemporary Cinema* analysiere ich die philosophische Verwertbarkeit des Films ebenfalls ausführlich.

[21] Die religiöse Konnotation ist ebenso beabsichtigt wie die kulturkritische Anspielung darauf, dass die zunehmende Bedeutung elektronischer bzw. digitaler Massenmedien einer zunehmenden Realitätsflucht entspricht, der man nur entkommen kann, wenn man sich buchstäblich ausklinkt und das Gerät ausstellt. Zu den religiösen Anspielungen der *Matrix*-Filme vgl. Bassham 2002.

Abb. 1-6: The Matrix *und* The Thirteenth Floor *stimmen in der filmästhetischen Gestaltung von Wirklichkeitsebenen erstaunlich überein.*

In *The Matrix* wird die simulierte Welt der Matrix grünstichig, an ältere monochrome Monitore erinnernd dargestellt, die Wirklichkeit in kalten, metallischen Blautönen, und das sogenannte Konstrukt, ein Trainingsprogramm, wird in neutraler Farbgebung mit minimalistischem weißen Hintergrund wiedergegeben. Auch in *The Thirteenth Floor* gibt es drei Wirklichkeitsebenen: Das in Sepia gehaltene, simulierte Los Angeles des Jahres 1937, das in kalten bläulichen Farben wiedergegebene Los Angeles des Jahres 1999 (das sich retrospektiv als ebenfalls simuliert entpuppt) sowie ein futuristisches, in Goldtönen repräsentiertes Los Angeles im Jahre 2024. Hierdurch treffen die Filmemacher bereits vorgehend Entscheidungen bezüglich der Ebenen der Diegese und erleichtern zugleich den Zuschauern den Rezeptionsprozess.

Kombiniert werden diese Enthüllungsmomente in der Regel mit einer bestimmten Art und Weise der Publikumsansprache. Ebenso wie die Filmfiguren wird das Filmpublikum nicht notwendigerweise von Anfang an über die ‚tatsächlichen' Wirklichkeitsverhältnisse der Diegese informiert. So greift *The Truman Show* noch auf eine uneingeschränkte Erzählweise zurück und bietet dem Kinopublikum einen uneingeschränkten Zugriff auf die filmischen Ereignisse. Aus dieser epistemischen Asymmetrie gewinnt der Film eine wesentliche Triebfeder seines Spannungsbogens, da sich die Zuschauer fragen können, ob und wenn ja, wann der Protagonist die Täuschungssituation aufdeckt, in der er sich befindet. In *The Thirteenth Floor* hingegen verfügen die Zuschauer über den gleichen Wissensstand wie der Protagonist Douglas Hall und werden somit für zwei Drittel des

Films im Unklaren darüber gelassen, dass dieser sich ebenso wie die von ihm programmierten Bewusstseinseinheiten in einer Täuschungssituation befindet.

Grenzüberschreitungen im Skeptizismus-Film

In den meisten dieser Filme stellen die Übergänge zwischen den verschiedenen Ebenen der Diegese wie beschrieben einen zentralen Wendepunkt der filmischen Erzählung dar, und sie markieren den Zeitpunkt, zu dem die Filmfiguren ebenso wie die Zuschauer direkt (und nicht nur andeutungsweise) mit Übergängen und Entgrenzungen (zwischen Filmwelten) konfrontiert werden. Um Übergänge handelt es sich dabei in zweierlei Hinsicht: Zum einen vollziehen die Filmfiguren buchstäblich Übergänge von einer (filmischen) Wirklichkeitsebene zu einer anderen, zum anderen durchleben sie auch in psychologisch-philosophischer Hinsicht einen Übergang: Gehen sie anfänglich noch irrigerweise davon aus, dass ihrem alltäglichen Weltbild eine ‚wirkliche' Welt entspricht, müssen sie jenes nach der Aufdeckung der Täuschungssituation gleichsam entgrenzen: Das alte Weltbild wird ersetzt durch ein neues, in dem die eindeutige Korrespondenz zwischen einer Vorstellung der Welt und der Beschaffenheit dieser Welt nicht mehr (in gleichem Maße) gilt. Die Welt, die mir erscheint, gibt es nicht notwendigerweise auch in Wirklichkeit (d. h. unabhängig von meiner Vorstellung).

Der Übergang zwischen den Welt(eben)en ist für die Hauptfiguren der Skeptizismus-Filme zuerst einmal eine audiovisuelle wie haptische Grenzerfahrung. Für Truman Burbank in *The Truman Show* entspricht diese Entdeckung einer Reise an das Ende seiner Welt. Mit einem Segelboot versucht er, aus seiner Heimatstadt zu fliehen und nach Fidschi zu reisen, wo er die Frau, die er liebt, vermutet. Doch schließlich gelangt er buchstäblich an den Horizont seiner Welt: Die Innenwand des Fernsehstudios, in dem er sein bisheriges Leben verbracht hat, ist mit blauem Himmel und Wolken angemalt. Befürchten die Helden der Antike noch, vom Rand der Erdscheibe zu fallen, wenn sie zu weit an den Rand der Meere segeln, so gleitet Truman Burbank, dieser telemoderne Jedermann, in eine Wand, die die Grenzen seiner Welt einzäunt (Abb. 7). Die Einstellung, in der Truman Burbank mit seiner Hand die nackte Wand des Himmels berührt (vgl. Abb. 8), verweist zweifellos auf Michelangelos berühmtes Deckenfresko in der *Capella Sistina*, nur wird hier Adam nicht von einem gütigen Gott zum Leben erweckt. Vielmehr entdeckt Truman, dass er von seinem „Schöpfergott" – einem megalomanischen Fernsehregisseur namens Cristof, der die Daily Reality Show um Truman herum erschaffen hat – getäuscht wurde und nun gleichsam verlassen ist. Trumans Finger berühren nicht den Finger Gottes, sondern nur eine kalte Wand.

Abb. 7: In The Truman Show *ist der Himmel tatsächlich die Grenze.*

Abb. 8: Nach der Hand Gottes sucht Truman Burbank vergeblich.

Begegnet Truman an den Grenzen seiner Welt noch einem harten, materiellen Widerstand, löst sich die Welt von Douglas Hall in *The Thirteenth Floor* an ihren Grenzen auf: Hall entfernt sich auf einer Landstraße mit seinem Auto so lange von seiner Heimatstadt Los Angeles, bis er in einer Wüstengegend landet, deren Details sich schließlich in eine Anordnung grüner Vektoren auflösen (Abb. 9). Diese Begegnung mit dem Ende der Welt ist eine, in der die (computationale) Struktur, die ihr zugrunde liegt, offen gelegt wird. *The Matrix* kombiniert beide Weisen, die Weltgrenzen kennenzulernen: Zuerst stürzt Thomas Anderson ähnlich wie Alice, nur in entgegengesetzter Richtung, aus dem Kaninchenloch der Matrix in die Wirklichkeit, in der er zuvor im eingetankten Zustand vor sich hin vegetierte. Später erkennt er als Neo den Matrix-Code, aus dem die simulierte Wirklichkeit programmiert ist – und ist nach dieser Einsicht, so will es jedenfalls die Dramaturgie des Films, in der Lage, die Gesetzmäßigkeiten der Matrix-Welt nach seinem Belieben zu beeinflussen und gleichsam zu entgrenzen (vgl. Abb. 10).

Entgrenzungen sind ein integrativer Bestandteil von Skeptizismus-Filmen insofern, als hier in ambivalenter Weise Querverbindungen zwischen eigentlich isomorphen Wirklichkeitsebenen stattfinden: So beeinflussen die Ereignisse auf der

Abb. 9: An ihren Grenzen verwandelt sich die Welt von The Thirteenth Floor *in Vektorgrafik.*

Abb. 10: Neo erkennt den Matrix-Code.

Wirklichkeitsebene der Matrix auch das Geschehen innerhalb dieser und umgekehrt: Jemand, der in der Matrix stirbt, stirbt auch im wirklichen Leben (denn „the body cannot live without the mind", wie Morpheus plakativ verkündet). Eindringlich wird die Entgrenzung zwischen Wirklichkeitsebenen auch in Christopher Nolans *Inception* ausbuchstabiert: Dieser Thriller entgrenzt das Verhältnis von Traum und Wachzustand und hebelt die Vorstellung aus, dass ein Träumer sein Traumerleben nicht mit anderen teilen kann (so wie man die Welt, in der man lebt, mit anderen teilt): Ein Team von Spezialisten dringt routiniert in die Träume ihrer Opfer ein, um diesen wichtige Geheimnisse zu entlocken bzw. ihnen bestimmte Ideen gleichsam einzupflanzen. Die Eindringlinge können sich dabei auch auf mehreren Traumebenen bewegen, die jeweils immer tiefer im Unbewussten ihrer Opfer liegen. Wer auf einer der Traumebenen stirbt, wacht in der Wirklichkeit auf; Musik, die in der Wirklichkeit gehört wird, wird auf den hierarchisch untergeordneten Traumebenen im Zeitlupentempo wahrgenommen (weil die Zeit im Traum in einem für jede Traumebene festgelegten Faktor schneller vergeht als im Wachzustand). Die Wirklichkeitsebenen beeinflussen einander also, sie sind miteinander verbunden.

Doch dieses scheinbar elegante Navigieren zwischen Traum und Wirklichkeit hat auf Dauer Nebeneffekte: Der Protagonist des Films, Dom Cobb, verliert zunehmend die Fähigkeit, eindeutig zu bestimmen, ob er noch träumt oder bereits zurück in der Wirklichkeit ist – auch deshalb, weil er einen sehr langen Zeitraum zusammen mit seiner Frau im sogenannten Limbo, der tiefsten Ebene der von ihnen erkundeten Traumwelten, verbracht hat. Lediglich mithilfe eines Tokens, in seinem Fall eines Kreisels, ist Cobb noch in der Lage, diese Unterscheidung sicher zu treffen. Letztendlich kinematisiert *Inception* hiermit das Traumargument René Descartes': „Wie oft doch kommt es vor, daß ich mir all diese gewöhnlichen Umstände während der Nachtruhe einbilde, etwa daß ich hier bin, daß ich, mit meinem Rocke bekleidet, am Kamin sitze, während ich doch entkleidet im Bett liege!"[22]

Coda: Zwischen Skeptizismus und Fantastik

Diese in *Inception* zelebrierte Nähe zum Traum verweist auch auf die fließenden Grenzen zwischen dem Skeptizismus-Film und Erzählungen der Fantastik und Fantasy. Beide Kulturphänomene konstituieren sich aus dem Zusammenspiel bzw. dem Kontrast zwischen verschiedenen Welten, Wirklichkeitsebenen, Wirklichkeitsbereichen bzw. der Wahrnehmung dieser. Skeptizismus-Filme jedoch hinterfragen die ontologische Verfasstheit der Welt: Während etwa in den *Harry Potter*- und *Narnia*-Erzählungen jeweils verschiedene Welten gleichberechtigt (auf der gleichen ontologischen Ebene) koexistieren, deren ‚Wirklichkeit' (im Rahmen der Erzählung) nicht infrage steht, und in fantastischen Erzählungen wie E.T.A. Hoffmanns *Der Sandmann* übernatürliche Phänomene gleichsam überraschend zum Bestandteil der Wirklichkeit werden, stellt die Entdeckung der skeptizistischen Täuschung in *The Matrix* oder *The Truman Show* den Wirklichkeitscharakter der simulierten bzw. artifiziellen Welt in Frage. Sie ist eben entweder nur simuliert und in diesem Sinne ein Nach-Bild der Wirklichkeit, oder – wenn man anerkennt, dass sich auch in einer simulierten Welt, die von Bewusstseinseinheiten bevölkert wird, eine Art sozialer Wirklichkeit herausbildet – zumindest ontologisch nachrangig gegenüber dem, was als wirklich ‚wirklich' angesehen wird.[23]

In der fantastischen Literatur oder in fantastischen Filmen ist der Weltenwechsel bezeichnenderweise oft temporär und dient vor allem dem Lernprozess der Figuren im Anschluss an die Rückkehr in die ursprüngliche Welt: So interpretiert

---

[22] Descartes 2009, I.5.

[23] Cornelia Funkes *Tintenwelt*-Trilogie zeigt jedoch, dass die tendenziellen Unterschiede, die hier skizziert werden, nicht verabsolutiert werden sollten: Die Existenz der vom Romanautor Fenoglio geschriebenen und damit erschaffenen mittelalterlichen Tintenwelt ist hierarchisch der ‚wirklichen' Welt untergeordnet, wenngleich sie über eine eigene Form von Wirklichkeit verfügt. Die *Tintenwelt* ähnelt insofern den Welten in *The Matrix* und *The Thirteenth Floor*: Alle sind von Instanzen auf einer nächsthöheren Wirklichkeitsebene erschaffen worden und sind als virtuelle Welten nicht physisch manifestiert.

Tim Burtons frei nach Carroll adaptierte Version von *Alice in Wonderland* (Burton 2010) die Abenteuer der Titelheldin als eine Geschichte vom Erwachsenwerden, an deren Ende, nach der Rückkehr aus dem Kaninchenloch, ihre für die Zeit des viktorianischen Englands unerhört selbst-bewusste Zurückweisung des Heiratsantrags durch den vermögenden, aber durch und durch langweiligen Hamish steht. Zwar gibt es auch in Skeptizismus-Filmen derlei Lernprozesse, aber es gibt in der Regel kein Zurück in die ursprüngliche Welt: Der Entdeckung der Wirklichkeit entspricht eine Vertreibung aus dem Zustand der Unwissenheit; die eigene Welt entpuppt sich als fremd.

Dieses Fremdheitsgefühl wird in Skeptizismus-Filmen erstaunlich häufig im Rahmen technoider Szenarien entfaltet: Bewegt sich Fantasy wie *Harry Potter*, *Die Chroniken von Narnia* oder die *Tintenwelt*-Trilogie noch im Rahmen einer tendenziell zeitlosen, enttechnologisierten Welt, sind es in Skeptizismus-Filmen gerade Welten, die von der Technik dominiert oder sogar von ihr erschaffen worden sind. Über derlei Konfigurationen werden nicht nur inhaltliche Versatzstücke aus der philosophischen Literatur aufgegriffen, sondern auch Themen, Motive und ästhetische Strategien der Fantasy und Fantastik anhand der zunehmenden Möglichkeiten und Entfremdungsmechanismen der technologischen Manipulation von Wirklichkeit fortgeschrieben.

Bibliographie

Filmographie

A Beautiful Mind. USA 2001, Ron Howard (DVD: Universal).

Alice in Wonderland. USA 2010, Tim Burton (Blu-ray: Warner Home Video).

Never Let Me Go – Alles, was wir geben mussten. Großbritannien, USA 2010, Mark Romanek (DVD: 20th Century Fox).

Dark City. USA 1998, Alex Proyas (DVD: Kinowelt).

Das Cabinet des Dr. Caligari. Deutschland 1920, Robert Wiene (DVD: Eureka).

Der Mandarin. Österreich 1918, Fritz Freisler (35mm, George Eastman House / Österreichisches Filmmuseum).

Escamotage d'une Dame au Théâtre Robert Houdin. Frankreich 1896, George Méliès (DVD: Arthaus).

Fight Club. Deutschland, USA 1999, David Fincher (DVD: 20th Century Fox).

Identity – Identität. USA 2003, James Mangold (DVD: Sony).

Inception. Großbritannien, USA. 2010, Christopher Nolan (Blu-ray: Warner Home Video).

Inland Empire. Frankreich, Polen, USA. 2006, David Lynch (DVD: Concorde).

It's a Wonderful Life – Ist das Leben nicht schön? USA 1946, Frank Capra (DVD: Kinowelt).

Le Voyage dans la Lune. Frankreich 1902, George Méliès (DVD: Arthaus).

Memento. USA 2000, Christopher Nolan (DVD: Ascot Elite / Planet Media).

Mulholland Drive – Straße der Finsternis. Frankreich, USA 2001, David Lynch (DVD: Concorde).
Otto e mezzo – Achteinhalb. Frankreich, Italien 1963, Federico Fellini (DVD: Arthaus / Kinowelt).
Rashomon – Das Lustwäldchen. Japan 1950, Akira Kurosawa (DVD: Concorde).
Sherlock Jr. USA 1924, Buster Keaton (Video: Atlas / BMG).
Shutter Island. USA 2010. Martin Scorsese (DVD: Concorde).
Smultronstället – Wilde Erdbeeren. Schweden 1957, Ingmar Bergman (DVD: Arthaus).
The Game. USA 1997, David Fincher (DVD: Universal).
The Illusionist. Tschechische Republik, USA 2008, Neil Burger (DVD: Ascot Elite).
The Island. USA 2005, Michael Bay (Blu-ray: Warner Home Video).
The Matrix. USA 1999, Andy und Lana Wachowski (Blu-ray: Warner Home Video).
The Prestige. Großbritannien, USA 2008, Christopher Nolan (Blu-ray: Warner).
The Sixth Sense. USA 1999, M. Night Shyamalan (DVD: Warner).
The Thirteenth Floor. Deutschland, USA 1999, Josef Rusnak (DVD: Universum).
The Truman Show. USA 1998, Peter Weir (Blu-ray: Paramount Pictures Home Entertainment).
The Village – Das Dorf. USA 2004, M. Night Shyamalan (DVD: Touchstone / Buena Vista).
The Wizard of Oz – Der Zauberer von Oz. USA 1939, Victor Fleming et al. (DVD: Warner).
THX 1138. USA 1971, George Lucas (Blu-ray: Warner Bros.).
Total Recall. Kanada, USA 2012, Len Wiseman (Blu-ray: Sony Pictures).
Total Recall – Totale Erinnerung. USA 1990, Paul Verhoeven (DVD: Kinowelt).
Un Homme de Têtes. Frankreich 1898, George Méliès (DVD: Arthaus).
Vanilla Sky. USA 2001, Cameron Crowe (DVD: Paramount).
Waking Life. USA 2001, Robert Linklater (Blu-ray: Capelight).
Welt am Draht. Deutschland 1973, Rainer W. Fassbinder (Blu-ray: Arthaus).

Primärliteratur

Carroll, Lewis: Alice's Adventures in Wonderland. London: Bloomsbury 2001 [1865].
Funke, Cornelia: Tintenwelt-Trilogie. Hamburg: Cecilie Dressler Verlag 2003–2007 (Titel der Einzelbände: Tintenherz (Band 1), Tintenblut (Band 2), Tintentod (Band 3)).
Galouye, Daniel F.: Simulacron-3. New York: Bantam Books, 1964 (Alternativer Titel (UK): Counterfeit World).
Gibson, William: Neuromancer. New York: Ace Books 1984.
Hoffmann, E.T.A: Der Sandmann. Historisch-kritische Edition. Hrsg. v. Kaltërina Latifi. Frankfurt a.M., Basel: Stroemfeld 2011 (edition TEXT 9).
Lewis, C. S.: Die Chroniken von Narnia, 7 Bände. Übersetzt von Wolfgang Hohlbein und Christian Rendel. Berlin: Ueberreuter 2010 [1950–1956].
Rowling, Joanne K.: Harry Potter and the Philosopher's Stone. London: Bloomsbury 1997.
— Harry Potter and the Chamber of Secrets. London: Bloomsbury 1998.
— Harry Potter and the Prisoner of Azkaban. London: Bloomsbury 1999.
— Harry Potter and the Goblet of Fire. London: Bloomsbury 2000.

— Harry Potter and the Order of the Phoenix. London: Bloomsbury 2003.
— Harry Potter and the Half-Blood Prince. London: Bloomsbury 2005.
— Harry Potter and the Deathly Hallows. London: Bloomsbury 2007.

Sekundärliteratur

Bassham, Gregory: The Religion of *The Matrix* and the Problems of Pluralism. In: William Irwin (Hg.): *The Matrix* and Philosophy. Welcome to the Desert of the Real. Chicago and La Salle, Ill.: Open Court 2002, S. 111–125.

Baudrillard, Jean: Simulacra and Simulation. The Body, in Theory. Ann Arbor, Michigan: University of Michigan Press 1994.

Bazin, André: The Ontology of the Photographic Image. In: André Bazin: What Is Cinema? Vol. 1. Berkeley und Los Angeles: University of California Press 1967 [1945], S. 9–15.

Bordwell, David: Film Futures. In: SubStance 97 31 (1) 2002, S. 88–104.

Branigan, Edward: Nearly True: Forking Plots, Forking Interpretations. A Response to David Bordwell's ‚Film Futures'. In: SubStance 97 31 (1) 2002, S. 105–114.

Buckland, Warren (Hg.): Puzzle Films: Complex Storytelling in Contemporary Cinema. Oxford: Wiley-Blackwell 2009.

Cavell, Stanley: *The World Viewed: Reflections on the Ontology of Film*. Enlarged edition. Cambridge, Mass.: Harvard University Press 1979 [1971].

Deleuze, Gilles: Kino 2. Das Zeit-Bild. Übersetzt von Klaus Englert. Frankfurt a. M.: Suhrkamp 1999 [frz. Original 1985].

Descartes, René: Meditationen mit sämtlichen Einwänden und Erwiderungen. Hamburg: Meiner 2009 [1641].

Elsaesser, Thomas: Film als Möglichkeitsform. Vom „post-mortem"-Kino zu *mindgame movies*. In: Thomas Elsaesser: Hollywood Heute. Geschichte, Gender und Nation im postklassischen Kino. Berlin: Bertz + Fischer 2009a (Deep Focus 1), S. 237–263.

— The Mind-Game Film. In: Warren Buckland (Hg.): Puzzle Films: Complex Storytelling in Contemporary Cinema. Oxford: Wiley-Blackwell 2009b, S. 13–41.

Früchtl, Josef: Vertrauen in die Welt. Eine Philosophie des Films. Paderborn: Wilhelm Fink, 2013.

Kreimeier, Klaus: Traum und Exzess. Die Kulturgeschichte des frühen Kinos. Wien: Paul Zsolnay 2011.

Pisters, Patricia: The Neuro-Image. A Deleuzian Film-Philosophy of Digital Screen Culture. Stanford, CA: Stanford University Press 2012.

Platon: Der Staat. Platon. Sämtliche Dialoge, Band V. In Verbindung mit Kurt Hildebrandt, Constantin Ritter und Gustav Schneider herausgegeben und mit Einleitungen, Literaturübersichten, Anmerkungen und Registern versehen von Otto Apelt. Hamburg: Felix Meiner 1998 [1923].

Putnam, Hilary: Reason, Truth, and History. Cambridge, Mass.: Cambridge University Press, 1981.

Smith, Murray: Film Art, Argument, and Ambiguity. In: Murray Smith und Thomas Wartenberg (Hg.): Thinking Through Cinema. Oxford: Blackwell 2006, S. 33–42.

Turvey, Malcolm: Doubting Vision. Film and the Revelationist Tradition. New York: Oxford University Press 2008.

Wartenberg, Thomas E.: Philosophy Screened. Experiencing *The Matrix*. In: The Philosophy of Film: Introductory Text and Readings. Hrsg. von Thomas E. Wartenberg und Angela Curran. Malden, MA: Blackwell 2005, S. 270–283.

Wartenberg, Thomas E.: Thinking on Screen: Film as Philosophy. New York: Routledge 2007.

Zizek, Slavoj: The Matrix: Or, the Two Sides of Perversion. In: William Irwin (Hg.): *The Matrix* and Philosophy. Welcome to the Desert of the Real. Chicago and La Salle, Ill.: Open Court 2002 (Popular Culture and Philosophy 3), S. 240–266.

Abbildungsverzeichnis

Abb. 1–3, Abb. 10: The Matrix. USA 1999, Andy und Lana Wachowski (Blu-ray: Warner Home Video).

Abb. 4–6; Abb. 9: The Thirteenth Floor. Deutschland, USA 1999, Josef Rusnak (DVD: Universum).

Abb. 7–8: The Truman Show. USA 1998, Peter Weir (Blu-ray: Paramount Pictures Home Entertainment).

Freddy Kruegers Verbindung inszenierter Realitäten und Imaginationen

Tamara Werner

Die mordende Schreckgestalt Freddy Krueger gab ihr Debüt auf der Kinoleinwand im Jahre 1984 in *A Nightmare on Elm Street* und machte den Film zum Überraschungshit.[1] Wes Craven – Drehbuchautor und Regisseur des Films – diente seine Figur Krueger als Sprungbrett, um sich im Genre und in Hollywood einen Namen zu machen. Durch den enormen Erfolg des ersten Filmes entwickelte sich der Stoff zu einer erfolgreichen und kultigen Reihe, welche bisher sieben reguläre *Nightmare on Elm Street*-Filme sowie das Spin-off *Freddy vs. Jason* (2003) und das Remake *A New Nightmare on Elm Street* aus dem Jahre 2010 umfasst. Im Folgenden soll der Figur Krueger nachgespürt werden – mit Blick auf ihr gesellschaftskritisches Potenzial und ihre Eigenschaften als Wandler zwischen den Ebenen.

Blutige Unterhaltung

Slasher-Filme kamen Ende der 70er- und Anfang der 80er-Jahre auf, als junge, blutige Stilblüte des Horrorfilms und verlagerten diesen von dunklen Schlössern, Laboratorien oder finsteren englischen Nebenstraßen in die amerikanische Suburb.[2] Die vermeintliche Sicherheit der ruhigen, funktionalen und ordentlichen Lebenswelt und ihrer Bewohner mutierte zum neuen Ort der Heimsuchung.[3] Die künstliche, vorstädtische Fassade wurde angezweifelt, ihre Banalität und Konformität kritisiert und als Quell des Bösen aufgefasst.[4] Die Angepassten und die Heranwachsenden dieser oberflächlichen Idylle wurden und werden im Slasher-Film zu Opfern; sie werden belauert, verfolgt und brutal niedergestreckt bzw. ‚aufgeschlitzt'. Dieses Aufschlitzen, Schneiden oder Zerfetzen – *to slash* – ist denn

[1] Conrich 1997, S. 118; Rockoff 2002, S. 151–157.
[2] Vgl. Brittnacher 2009, S. 330.
[3] Braudy 2003, S. 248–255.
[4] Vgl. Edmundson 1999, S. 32–57.

auch die namensgebende Charakteristik, denn gewalttätige Akte wurden nicht länger der Imagination des Zuschauers überlassen, sondern in einem schonungslosen Spektakel aus *gore-special-effects* zelebriert. Brutalität und Originalität vermengten sich und brachten bis dahin Ungesehenes – durchgeschnittene Kehlen, abgetrennte Köpfe und spritzende Fontänen von Blut – auf die Leinwand.[5] Die dargestellte Penetrierung des Fleisches und die plastischen, anatomischen Details machten die Filme zu visuellen Schockern, zu Ereignissen oder auch zum „Archetypen des ästhetischen Schreckens“[6].

Mit dem Wechsel der Szenerie und der Darstellung wandelten sich auch die Schreckensbringer selbst. Keine durch besessene Wissenschaftler oder die rächende Natur hervorgebrachten Monster bedrohten nunmehr die heimelige Idylle, sondern menschliche, traumatisierte und verkommene Wesen – Bedrohungen also, die aus der Gesellschaft selbst hervorkeimen und nicht das alleinige Resultat äußerer Mächte sind.[7] Diese neuen Monster sind männliche, stumme und irre Mörder, die emotionslos und distanziert ans Werk gehen und ihre rächenden Aggressionen an den Bewohnern der Suburb oder an urlaubenden Jugendlichen ausleben. Die Slasher werden hierbei psychologisiert und ihre wahnsinnigen Mordgelüste und Taten sind durch eine variable Mischung aus traumatischen Erlebnissen der Kindheit und eine angeborene Veranlagung *mit*begründet. Der Mörder dringt ins Setting der Suburb ein, isoliert die oft naiven Jugendlichen und streckt sie nieder, bis er auf Widerstand stößt und zum Ende eines jeden Films scheinbar besiegt wird, nur um durch die Verneinung des Happy-Ends die Rückkehr im angestrebten Sequel zu gewährleisten.

---

[5] Der Trend zur Darstellung von Blut und Innereien ist eng an die Entwicklung des (Farb-)Films geknüpft und war schon Mitte der 1960er-Jahre zu beobachten (vgl. Salpolsky und Molitor 2002, S. 52–54).

[6] Brittnacher 2006, S. 532.

[7] Es handelt sich um komplexe Figuren und verworrene Menschenbilder. Ihre Boshaftigkeit lässt sich nicht eindeutig begründen; so sind sie weder von Geburt an dem Bösen verfallen noch durch die Sozialisation zu ihrem mörderischen Verhalten geführt worden. In den Reihen schlägt das Pendel der Begründung unterschiedlich aus.

„The Bastard Son of a Hundred Maniacs"[8]

Die drei bekanntesten Slasher sind Michael Myers[9], Jason Voorhees[10] und Freddy Krueger. Myers und Voorhees weisen im Gegensatz zu Krueger keine offenkundig übernatürlichen Fähigkeiten auf. Ihre Mordgelüste werden mit einer Kombination aus Veranlagung und traumatischen Erlebnissen begründet. Fantastische Anteile der Figuren sollen undurchsichtig bleiben und verbergen sich in ihrer überragenden Stärke und Zähigkeit und ihrer subversiven Unsterblichkeit. Äußerlich gleichen sich Voorhees und Myers – beide sind groß, kräftig, durch eine abnehmbare Maske verhüllt und präferieren Machete und Messer, obwohl auch gerne andere Instrumente oder die reine Muskelkraft bei der Verrichtung ihres Handwerks eingesetzt werden.[11] Voorhees und Myers bewegen sich langsam, lauern ihren Opfern auf, verfolgen diese und strecken sie rasch nieder. Egal wie schnell das Opfer zu fliehen versucht, der ruhig marschierende Slasher holt das Opfer paradoxerweise immer ein und lässt Taten – nicht Worte – sprechen. Maske, Trauma, physische Stärke, Mordlust und Stummheit formen das Slasher-Stereotyp.

Auch Krueger sucht vorstädtische Jugendliche heim, ist männlich, traumatisiert[12] und hat seine charakteristische Waffe – eine selbstgefertigte Klingenhand. Beim Morden selbst ist er alles andere als stumm und auch äußerlich weicht Krueger stark vom Stereotyp ab und deutet es um. Krueger ist klein, zierlich, androgyn und bewegt sich geschmeidig. Als Slasher-Maske dienen ihm seine Verbrennungen. Sie sind Zeugen von Schmerz und Vergangenheit, er kann diese natürliche

---

[8] So wird Krueger im dritten Teil der Reihe, *Dream Warriors* (1987), genannt aufgrund der Umstände seiner Empfängnis.

[9] Myers ist der Mörder der *Halloween*-Reihe. Schon als Kind zeigt er eigentümliches Verhalten und wird zum Killer seiner Babysitterin. Seine Jugend verbringt er nach der Tat in einer Psychiatrie – er wird klar psychologisiert, jedoch als untherapierbar dargestellt. Diese Reihe umfasst bisher imposante zehn Teile.

[10] Der große, stämmige Voorhees mit Hockeymaske und Machete ist der Protagonist der *Friday the 13th*-Reihe. Er agiert nicht in der Suburb, sondern treibt sein Unwesen in einem idyllischen Ferienort am See. Als Junge ertrinkt er unverschuldet beinahe und wird später Zeuge des Todes seiner Mutter (die Mörderin des ersten Teils der Reihe!) und tritt fortan in ihre blutigen Fußstapfen. Unter dieser Franchise versammeln sich bisher zwölf Filme, das Spin-off mit Krueger *Freddy vs. Jason* (2003) nicht eingerechnet.

[11] Interessanterweise benutzen die Slasher trotz breitem Waffenarsenal keine Schusswaffen. Diese sind – wie auch Kettensägen – ihren Antagonisten vorbehalten. Der Slasher muss scheinbar eine Waffe führen, welche ihre Gefährlichkeit durch seine Körperkraft erhält und nicht durch technische oder mechanische Mittel.

[12] Kruegers Trauma ist deutlich komplexer als die Traumata seiner Genre-Brüder. Zu Lebzeiten war er ein vordergründig angepasster Familienvater, welcher sich jedoch als Kindermörder entpuppte und in einem Akt der Selbstjustiz gerichtet wurde. Jeder Film der Reihe bereichert diese Anfangsgeschichte, dieses Trauma, und entlarvt weitere Facetten, wie beispielsweise Kruegers wahnsinnige Empfängnis in einer Irrenanstalt als Sohn einer vergewaltigten Nonne. Geheimnis um Geheimnis wird freigelegt und kreiert ein Netz der Unheimlichkeit um die Figur.

Maske nicht abnehmen. Dargestellte Emotionen werden durch die Verbrennungen verzerrt und nicht schlicht verborgen, wie dies bei der Hockeymaske von Voorhees oder der weißen, schmucklosen Gummi-Maske von Myers der Fall ist.

Den abnehmbaren Slasher-Masken kommt neben der Verhüllung der Mimik eine weitere Funktion zu. In ‚klassischen' Slasher-Filmen wird v.a. bei der Beobachtung, der Verfolgung und der Niederstreckung des Opfers die Perspektive des Killers eingenommen. Der Rezipient sieht das Opfer und seine Furcht, während das Äußere sowie Emotionen und Körpersprache des Mörders verborgen bleiben.[13] Bei Krueger wird diese Strategie nicht angewandt, er soll nicht im Verborgenen bleiben, sondern seine hämische Hässlichkeit und die grotesken Gesten dem Opfer wie auch dem Publikum präsentieren. Krueger genießt seinen Auftritt und drängt sich tänzelnd und scherzend in das Rampenlicht, was die Wirkung des Slashers selbst sowie die seiner verängstigten Opfer wandelt. Auch seine Kleidung entspricht keinem männlichen, finsteren Standard. Im Gegenteil wirkt er durch den rot-grün gestreiften und versifften Strickpullover und den dazugehörigen verwaschenen Vagabundenhut deplatziert und irritierend.[14]

Irritation und Verwirrung sind Teil seiner Folter. Mit parodistischen Sprüchen und sarkastischen Belehrungen will er seine Opfer verwirren, verletzen und schockieren – um nebenbei die Zuschauer damit zu unterhalten, nicht nur durch Furcht, sondern auch durch Freude. Wo Voorhees und Myers durch die Schatten schleichen und lauern, bespringt der extrovertierte Krueger seine Opfer regelrecht und de- und rekonstruiert das Bild des Slashers in bunter, lauter und spaßiger Manier, ohne Zweifel an seinem Wahnsinn und seiner Brutalität aufkommen zu lassen.

---

[13] Gegner des Genres argumentieren, dass durch diese Perspektive eine Identifikation mit dem Killer hergestellt wird, was sich auf ein vornehmlich jugendliches Publikum schädlich auswirken könnte, sie abstumpfen oder auch zu Gewalttaten animieren könnte. Diese Vorwürfe sind jedoch in keiner Weise belegt (vgl. Rockoff,. 15; Sapolsky und Molitor 2002, S. 52–60; Brittnacher 2009, S. 323–325). Im Gegenteil erfüllt diese Perspektive den Zweck, den Killer, seine Emotionen und beabsichtigten Handlungen im Verborgenen zu halten und somit die Spannung zu steigern. Rockoff argumentiert sogar, dass es sich um ein Instrument handelt, um den Horror intimer zu machen. Durch die mehr als deutlich sichtbare Angst der Opfer finden Identifikation und Empathie Platz und machen somit die Gewalt in Slasher-Filmen persönlicher.

[14] Diese rot-grüne Farbkombination erinnert einerseits an Weihnachten, andererseits an einen OP-Saal, wo zur Kontrastierung des roten Blutes oft grüne Tücher eingesetzt werden, um den Nachbild-Effekt zu vermeiden. Weihnachten trifft auf Hospital, Lebensfreude auf Schmerz und Tod. Das karnevaleske Spiel mit Gegensätzen und das Brechen von Erwartungshaltungen sind offensichtlich und werden genutzt, um den unberechenbaren Schrecken der Figur zu steigern.

„Might be your dream, but it's my RULES!"[15]

Um sein furchterregendes Potenzial noch zu erhöhen, wird Krueger nicht in der filmischen Realität verankert, sondern ist in der Welt der Träume, in der Ebene der unkontrollierbaren Imaginationen und des unbekannten Unbewussten beheimatet. Er wird inszeniert als der schwarze Mann, das Monster unter dem Bett, das hervorkommt, sobald das Licht aus ist und die letzten Schutzmechanismen abgelegt wurden. Es findet eine kontextualisierende Kontrastierung des Slashers statt durch die vermeintlich unschuldige, kindliche Welt der Imagination, welche durch die animistischen Anteile der kindlichen Fantasie das unheimliche Potenzial noch verstärkt. Die vermeintlich friedliche, unschuldige und freudige Zeit der Kindheit wird zum Quell des Unbehaglichen. So ist eine Konstante der Reihe das Motiv spielender Kinder, die folgenden Kinderreim rezitieren:

„One, two, Freddy's coming for you.
Three, four, better lock your door.
Five, six, grab your crucifix.
Seven, eight, gonna stay up late.
Nine, ten, never sleep again!"[16]

Erklingt dieser warnende und ermahnende Singsang, ist Krueger und somit die Gefahr nicht weit. Den Opfern bleibt nur die Hoffnung in wohlgesinnte höhere Mächte und in ihre eigene Stärke, die es ihnen erlauben möge, wach zu bleiben. Fremde Mächte sind Krueger ein Dorn im Auge, egal ob sterbliche Autoritäten, individuelle Stärke, Götter oder die Gesetze der Natur. In der Traumwelt ist er die alles beherrschende Macht und kontrolliert seine Erscheinung (die Palette reicht vom züngelnden Telefon bis zur Krankenschwester) und die Beschaffenheit der traumwandlerischen Umgebung in virtuoser Manier. In der Ebene der unbegrenzten Möglichkeiten sucht er seine schlafenden und (alp)träumenden Opfer heim und münzt so den intimen Raum in eine Hochburg des verdreht-grotesken Schreckens um, in eine Folterkammer mit Todesfolge, denn „[it] might be your dream, but it's my rules!"[17]

Doch seine Traum-Macht überträgt sich auch in die wache Realwelt. Sein Geist triumphiert über die körperliche Welt, denn wer im Traum zu Tode kommt,

[15] Freddy Krueger zu einem Opfer in *Freddy's Dead: The Final Nightmare* (1991). Die Großbuchstaben stehen für erhöhte Lautstärke.

[16] Gesungen wird er von spielenden Mädchen in weißen Sonntagskleidern und von den Protagonisten, welche den geträumten Vers unbewusst im Wachzustand wiederholen. Somit wirkt der Reim innerhalb der Filme auch als Erkennungsmerkmal der Betroffenen. Das Spiel mit dem Reim verdeutlicht Kruegers Diffundieren zwischen den Ebenen und dient zusätzlich der Verunsicherung, da der Reim auch im Wachzustand erklingen kann, also selbst von Traum zu Realität reist.

[17] *Freddy's Dead: The Final Nightmare* (1991).

erwacht nie mehr und nur die malträtierten Leichen bleiben als Beweise seines Tuns. Aufgrund dieser unangreifbaren Übermacht hat er es nicht nötig, sich anzuschleichen, sondern kann den chancenlosen Opfern selbstbewusst entgegenspringen. Wie eine räudige Straßenkatze spielt er mit seiner Beute, nähert sich langsam und treibt die Gequälten in Angst, Verzweiflung, Isolation und an den Rand des Wahnsinns. Die Steigerung dieser Qual bis zur individuellen Grenze des Ertragbaren ist seine Erfüllung und befriedigt seine Lust. Der Mord an sich wird zur Erlösung und beendet das leidvolle Schauspiel in einem spektakulären, bluttriefenden Finale.[18] Der virtuose Wandler verübt sein spektakuläres Handwerk – das Quälen und Töten – so gekonnt, dass ein jeder Mord zu einem Kunstwerk wird.

Krueger bildet den hell erleuchteten Mittelpunkt seiner Zirkus-Show und präsentiert seine neuesten Spektakel. In der Rolle eines irren, mordenden Clowns liefert er humoristische Einlagen und populärkulturelle Referenzen am Band und vollführt majestätisch einen Tanz zwischen Antipathie und Sympathie. Diese Vermittlung gelingt wegen seines humoristischen Potenzials, welches vor Gesellschafts- und Autoritätskritik trieft. Gezielt karikiert Krueger Autoritätspersonen – Eltern, Ärzte, Lehrer, Polizei usw. – durch vor Sarkasmus strotzende kulturpessimistische Erziehungsratschläge und Ermahnungen. Hierdurch beweist er Verständnis für die Jugendlichen und zeigt, dass deren Bezugspersonen sie weder ernst nehmen noch schützen, sondern lediglich nach Kontrolle trachten.[19] Die Erwachsenen sind ignorant und egoistisch, werden sogar unabsichtlich zu Kruegers Gehilfen und schaufeln fleißig die Gräber ihrer Schützlinge mit. Vermeintlich Sicheres, Schützendes, Vertrautes oder Heimeliges entpuppt sich als Gefahr und das Misstrauen der Jugendlichen in Autoritäten wird bestätigt. Krueger erkennt und versteht durch seinen Einblick in die traumhafte Psyche die Befürchtungen und Probleme seiner Opfer, vor allem mit Blick auf deren Rolle als Heranwachsende im Spannungsfeld der eigenen freien Entwicklung und den Ansprüchen von Erwachsenen.[20] Die Sinnhaftigkeit der an sie gestellten – und teilweise widersprüch-

[18] Jeder Mord ist ein individuell angepasstes Event, dessen Ausgestaltung in der fantastischen Traumwelt keine Grenzen gesetzt werden. So kann Krueger beispielsweise die Sehnen des Opfers an die Oberfläche ziehen, um es wie eine Marionette in den Tod zu steuern oder es in Insekten verwandeln, nur um es dann zerquetschen zu können.

[19] Den Jugendlichen, die befürchten, im Schlaf zu sterben, und folglich wach bleiben wollen, werden durch die Erwachsenen heimlich Schlafmittel verabreicht oder es wird zum Konsum von warmer Milch geraten. Das vermeintlich gesunde, reine und bekömmliche Lebensmittel Milch wird zur Bedrohung, genau wie warme kuschlige Betten und vordergründig besorgte Eltern. Das angenehm Heimelige ebnet den Weg ins Verderben.

[20] Dies wird vor allem erkennbar in Szenen, in welchen er sich durch seine Fähigkeiten als Shapeshifter als autoritäre Bezugspersonen der Jugendlichen tarnt, wie beispielsweise als Korridoraufsicht in der Schule, als Schulkrankenschwester oder Elternteil. In diesen Rollen ermahnt er die Jugendlichen im Angesicht ihres Todes an Nichtigkeiten und entlarvt so die Sinnlosigkeit gewisser Regeln und die darin zum Ausdruck kommende Einfältigkeit.

lichen – Forderungen wird offen in Frage gestellt. Krueger solidarisiert sich mit den Jugendlichen, die sich wie er in einer liminalen Lebensphase befinden – und stellt die Absurdität und die schizophrene Moral der Erwachsenenwelt dar, indem er zum Klingenmörder wird, der vor Klingen warnt.

Das Humoristische wird zum Instrument der Rebellion und des Wandels: „Der Witz stellt dann eine Auflehnung gegen solche Autorität, eine Befreiung von dem Drucke derselben dar. In diesem Moment liegt ja auch der Reiz der Karikatur, über welche wir selbst dann lachen, wenn sie schlecht geraten ist, bloß weil wir ihr die Auflehnung gegen die Autorität als Verdienst anrechnen."[21] Durch diese Ironisierungen wird Krueger zum Hofnarren, der subversiv Partei für die Opfer ergreift und somit eine kranke Form von Verständnis zeigt. Er wird zur karnevalesken Flut, die von der „allvernichtenden und allerneuernden Zeit"[22] durch Humor ein Ventil für Zwänge und Druck schafft und schließlich neue Perspektiven und Entwicklungsmöglichkeiten eröffnen will. So wird selbst der hässliche, abstoßende, anzügliche, verkommene und irre Mörder zum sympathischen Verbündeten, weil er eine temporäre Befreiung und ein Hinterfragen von Zwängen und repressiven Erwartungen ermöglicht.

Damit diese befreiende Kritik funktioniert und nicht ins Lächerliche oder rein Parodistische abrutscht, muss ein gewisses Maß an Bedrohung erhalten bleiben.[23] Dies geschieht in der *Nightmare on Elm Street*-Reihe durch das Spiel mit dem symbiotischen Gegensatzpaar ‚heimelig' und ‚unheimlich'. Nach Freud lernt der Mensch während des Heranwachsens reale Bedrohungen von fiktionalen zu unterscheiden und somit fiktionale Ängste, subversive Ausläufer des Animismus und des Narzissmus selbst als lächerlich und irrelevant abzutun und durch rationale Kategorisierung zu verdrängen.[24] Eine Begründung dieses Mechanismus liefert die Filmreihe gleich selbst, so meint ein Pathologe zur Protagonistin im siebten Teil der Reihe: „Sometimes it's what we don't see, that gets us through the night."[25] Kategorisierung und Verdrängung gehen Hand in Hand und formen eine kraftvolle – jedoch hinterfragbare – Überlebensstrategie der Ignoranz.

Diese animistischen Anteile oder auch die Zweifel an der rationalen, geschlossenen Welt sind aber eben nur verdrängt und nicht bewältigt. Die geheimen Anteile des Selbst sind sich in schizophrener Manier entfremdet, latent aber doch noch vorhanden, blicken hin und wieder hinter dem rationalen Gedankenschleier hervor und äußern sich in Unheimlichkeit. Geheimnisse bilden die Wurzel nicht nur

---

21 Freud 2009, S. 119

22 Bachtin 1985, S. 50.

23 Vgl. Carroll 1999.

24 Nach Freud 1919.

25 *Wes Craven's New Nightmare* (1994).

der Unheimlichkeit, sondern auch des Horrors[26] und so ist es keineswegs erstaunlich, dass Geheimnisse und Traumata eine zentrale Rolle in Slasher-Filmen spielen, sich die Handlungen meist in der durchstrukturierten und konformistischen Suburb zutragen, wo jenseits von gepflegten Gärten und gehäkelten Vorhängen dämonische Abgründe lauern. Die äußere, sozial erwünschte Regelhaftigkeit und Gleichförmigkeit der Suburb verbirgt das abgründige, verhüllte Innere.[27]

Diese widerstrebende Verbindung wird in der Reihe *Nightmare on Elm Street* auf die Spitze getrieben und das Heimelig-Unheimliche schon im Titel der Reihe aufgegriffen. Eine Straße und ihre Bewohner können noch so unschuldig und freundlich wirken, Gruseliges und Unheimliches lauern überall. So stellt sich auch heraus, dass die Eltern der *Elm Street*-Kinder für die Übermacht Kruegers verantwortlich sind, verbrannten sie doch den sterblichen Kinderschänder in Selbstjustiz und ermöglichten ihm so den Zugang zur Traumwelt; sie machten ihn unsterblich und übermächtig, was er nun nutzt, um sich zu rächen. Die Eltern verdrängen jedoch standhaft Kruegers metaphysische Existenz, sogar im Angesicht seiner einschneidenden und überlegenen Präsenz. Sie beweisen grenzenlose Borniertheit und werfen ihre Kinder so dem Wolfe zum Fraß vor. Alte und neue Geheimnisse vermengen sich so zu einem tödlichen Lügen-Cocktail. Das gruselige Potenzial der Suburb bzw. ihrer Bewohner blüht im Angesicht Kruegers facettenreich auf.

„No pain, no gain"[28]

Freddys Opfer sind Jugendliche mit Problemen, Wünschen, Stärken und Schwächen. Sie sind komplex, mitten im Prozess der Selbstfindung, und bieten hierdurch eine Projektionsfläche für Sympathie und Identifikation. Beinahe väterlich nimmt sich der ‚Vertraute' Krueger der Suchenden an und unterstützt sie, was die Autoritäten nicht tun. Damit wird er zu einem grotesken Hybrid von Feind und Freund. Paradoxerweise werden also die Jugendlichen wie auch deren Mörder zu Sympathieträgern. So stellt sich augenfällig die Frage, wer denn der eigentliche ‚Feind' ist, der sich hinter dem Vorhang der Reihe verbirgt. Es zeigt sich, dass die Rolle des verabscheuungswürdigen Täters den Eltern zukommt, welche das Monster erschufen und die Leiden der Kinder bewerkstelligen; sie sind die Quelle und die Voraussetzung des Übels. Krueger wird somit zum Katalysator, der die Spannungen zwischen Heranwachsenden und konformistischen Erwachsenen und damit auch „das der Vorstadt als mittelständische Selbstverwirklichung im Sinne des American Dream immanente Spannungsfeld von Konsum und Freiheit, Gleich-

26 Vgl. Edmundson.

27 Vgl. Tomkowiak 2012, S. 7–12 und Murphy 2012, S. 1–14.

28 Freddy Krueger in *The Dream Master* (1988).

heit und Individualität, Gemeinschaft und Zwang, Integration und Ausschluss"[29] darstellt und hinterfragt. Die Geschichtslosigkeit der Suburb schützt sie nicht vor Heimsuchungen.[30]

Diese Bezüge zum Unterbewussten, zu Träumen und somit zu Freud sind so deutlich, dass es sich die Filmemacher nicht verkneifen konnten, die Freud'sche Theorie vor allem mit Fokus auf unterdrückte Sexualität aufzugreifen und sogar zu parodieren.[31] Dies zeigt sich beispielsweise in der Szene einer Therapiesitzung aus *Dream Warriors* (1987). Phillip und Kincaide sind Patienten in einer Psychiatrie und leiden unter Krueger-Alpträumen. Sie sollen in der Psychotherapie von Dr. Simms die ihnen zugeschriebenen Freud'schen Komplexe überwinden und so geheilt werden, was für sie eine lachhafte Fehleinschätzung der Situation ist:

Phillip: „Well according to our kind hosts, our dreams are a group psychosis. Sort of a mellow mass hysteria. The fact that we all dreamt about this guy before we ever met doesn't seem to impress anybody. So we go in circles, making minimum progress with maximum effort."

Dr. Simms: „You won't make any progress until you accept your dreams for what they are. [. . .] The by-products of guilt, psychological scars, stemming from moral conflicts and overt sexuality."

Kincaide: „Oh great, now it's my dick that's killing me."[32]

Die popularisierten Theorien Freuds werden zu Waffen, welche sinnentleert auf jedes Ziel gerichtet werden können, was durch die filmische Thematisierung als einfältig entlarvt wird. Es werden oberflächliche Diagnosen gestellt, ohne dass die Patienten und ihre Sorgen und Wünsche angehört oder respektiert werden. Obwohl die Jugendlichen die Gefahr erkennen und ihr mutig entgegentreten wollen, können sie nicht siegen, da ihnen von Autoritäten Therapien und andere Maßnahmen aufgezwungen werden, welche am Problem vorbeischießen, jedoch Kraft und Zeit der Protagonisten auffressen und somit das Krueger'sche Katz- und Maus-Spiel unterstützen.

Krueger vermengt nicht nur Schrecken und Humor, sondern auch Verständnis und Missachtung, denn die Traum-Folter kann auch als Probe oder als sadistischer Erziehungsversuch verstanden werden. Er konfrontiert die Jugendlichen in der Traumwelt mit ihren tiefschürfenden Problemen, so beispielsweise mit ihrer Drogensucht, ihrer Angst vor Übergewicht oder vor Kakerlaken. Diese Ängste sind

---

[29] Tomkowiak 2012, S. 9.

[30] Murphy 2009, S. 1–14.

[31] Mit Freud'schen Referenzen wird in der gesamten Filmreihe nicht gespart, was sich in mannigfachen Äußerungen zum Penisneid, Kruegers sexuellen Anspielungen und Formwandlungen und dem Spiel mit Phallussymbolen ausdrückt. Das Trieb-Spiel wird zur Lustquelle für Krueger und Publikum.

[32] *Dream Warriors* (1987).

den Jugendlichen selbst auch im Alltag meist bekannt, sie werden jedoch nicht angegangen. Krueger konfrontiert und trainiert sie und mutiert so zum Horrortherapeuten. Meist jedoch scheitert diese rabiate Therapieform, die Jugendlichen können Krueger – wie auch ihre Ängste – selten überwinden und sterben.

Nur wahre, zähe und entschlossene Kämpferinnen wie das *final girl* haben eine Chance, die Konfrontation mit Krueger zu überleben. Sie ist die Antagonistin des Slashers und zeichnet sich durch Zähigkeit, Schlauheit, Improvisationstalent und natürliche Schönheit aus.[33] Meist gehört sie zu Beginn zu den stillen, zurückhaltenden Charakteren, erfährt aber im Verlauf der Handlung eine Wandlung. Durch die selbstbewusste Entfaltung ihrer Talente überlebt sie bis zum Schluss und kann den Slasher – bis zur nächsten Fortsetzung – ausschalten. Die *final girls* der *Nightmare on Elm Street*-Reihe fallen besonders durch die starke Ausprägung und Masse dieser Attribute auf. Sie erkennen die gefährliche Situation und die reale Bedrohung durch ihre praktische Intelligenz sehr schnell, sind äußerst sozial und sind sich der strategischen Vorteile von sozialen Netzwerken, Wissen und Fallen bewusst.

„Welcome to Prime Time, Bitch!“[34]

Die Macher der *Nightmare on Elmstreet*-Reihe zeigen sich bezüglich Figurendesign, Effekten und Humor, aber auch im Umgang mit Medien sehr experimentierfreudig und progressiv, um das Spiel mit dargestellten Wirklichkeiten spannend und die damit verbundenen Grenzüberschreitungen innovativ zu gestalten. Und so erkundet und wandelt Krueger in der Reihe zwischen Traum und Realität, oft vermittelt durch die im Film porträtierten Medien wie Fernsehen, Film oder Computergames. Bewusst wird auf die eigene mediale Künstlichkeit verwiesen und mit dieser experimentiert. Gerne verhüllt Krueger seine Präsenz in medialen Träumen der Opfer, um den Anschein von Realität zu erwecken und eine größere Schockwirkung zu erzielen. Gleichzeitig beeinflusst er so die Position des realen Publikums, da bewusst mit der filmischen Illusion gebrochen wird, mit dem Ziel den Illusionscharakter der Realität zur Diskussion zu stellen.

So zieht Krueger im vierten Teil der Filmreihe ein *final girl*, das krampfhaft versucht, im Kino wach zu bleiben, durch einen Luftstrudel in die Leinwand und somit in die schwarz-weiße 2D-Realität der filmischen Repräsentation. Das *final girl* realisiert ab diesem fantastischen Geschehen ihr Schlafen und versucht angestrengt, ihr im Sessel schlafendes Ich durch lautes Poltern an die Leinwand zu wecken.[35] Im sechsten Teil der Reihe wurde sogar eine 3D-Sequenz eingebaut,

---

[33] Vgl. Rockoff 2002, S. 13–15 und Sapolsky und Molitor 2002, S. 58–60.

[34] Freddy Krueger in *Dream Warriors* (1987).

[35] *Dream Master* (1988).

in welcher das Publikum aktiv am Erleben des *final girl* teilhaben sollte und zu diesem Zweck zur Partizipation animiert wurde.[36] Die Zuschauer sollten auf Anweisung ihre 3D-Brille aufsetzen, interessanterweise genau zu dem Zeitpunkt, in welchem das *final girl* ebenfalls eine magische Brille aufsetzt, die ihre Sicht auf die Umwelt verändert. Die Szene zeigt dem Zuschauer die Sicht aus ihren Augen, es wird eine parallele Erfahrung von Protagonistin und Zuschauer inszeniert. Nach diesen technischen Spielereien kam es im siebten Teil der Reihe zu einem wahren Intertextualitäts-Fest.[37] Die ‚realen' Schauspieler des ersten Teils der Reihen spielten sich selbst.[38] Die vermeintlich echte Welt – im Guten wie im Schlechten – der Schauspieler des ersten Teils wird eröffnet und der Zuschauer erhält einen vermeintlich intimen Einblick ins Leben der Schauspieler, ihren Ruhm und Umgang mit der populären Wirkung von *Nightmare on Elm Street.* Neben diesem Wiedersehen entfaltet sich die Handlung um ein uraltes, böses Wesen, das die Filme und die Figur Krueger kennt und sich damit identifiziert, sich in dieser Figur sogar neu inkarniert. Dieser neue und ‚echte' Krueger will wieder ernst genommen und gefürchtet werden, will kein Clown sein und greift seine Feinde des ersten Filmes an. Die spielenden Schauspieler müssen in ihre alten Rollen gleiten, um siegreich zu sein, geraten aber durch die fantastische Spirale in ein verwirrendes Ringen um Identitäten.

Durch dieses multiple Verweben von Imagination und Realität soll die Illusion der Figur umfassender und realistischer und damit bedrohlicher gestaltet werden, und je näher Krueger an der Realität des Publikums ist, desto ‚echter' wird die von ihm ausgehende Bedrohung. Künstlichkeit, Intertextualität und Medialität wirbeln wild durcheinander, und was bleibt, ist die Erkenntnis, dass Furcht – auch wenn sie durch eine künstliche Quelle generiert wird – echt ist. Im verwirrenden Strudel der Ebenen bieten die Emotionen eine sichere Rettungsboje. Fiktion wirkt auf Realität, kontaminiert diese teilweise und wandelt sie so zur neuen Fiktion, die als Gegenpol theoretisch eine Form der Realität haben müsste, aber doch nur eine weitere Form der Fiktion sein kann – ein *loop* entsteht. Die angenommene Realität wird dekonstruiert und im Anschluss wird gefragt, wer oder was überhaupt real ist. Die Antwort: das Erlebte und Empfundene, Furcht und Freude.

Dieses Realitätsspiel wird nicht nur durch die Filme selbst gewährleistet. Krueger diffundiert in die Realität auch mittels abgekoppelter Medienauftritte – wie beispielsweise Pressekonferenzen oder Ausflüge in die Musikwelt – und

---

36 *Freddy's Dead: The Final Nightmare* (1991).

37 *Wes Craven's New Nightmare* (1994).

38 Dies bedeutet natürlich einen immensen Mehrwert für Fans, da sie die geliebten Figuren und bekannten Schauspieler und Macher erleben können. Besonders reizvoll war sicherlich die Rolle von Wes Craven sowie die Möglichkeit, Robert Englund, also Freddy Krueger, ohne Maske zu sehen.

Merchandise-Artikeln. Krueger wird vom fiktionalen Kinderschänder zum geliebten Prominenten und wird durch Spielzeug-Krallen, Freddy-Kostüme oder den nützlichen Freddy-Krueger-Wecker für den Zuschauer tatsächlich haptisch greifbar und besitzbar. Krueger verselbstständigt sich in unheimlicher Manier und lässt wiederum an Freud denken, der klarstellt „dass es nämlich oft und leicht unheimlich wirkt, wenn die Grenze zwischen Phantasie und Wirklichkeit verwischt wird, wenn etwas real vor uns hintritt, was wir bisher für phantastisch gehalten haben, wenn ein Symbol die volle Leistung und Bedeutung des Symbolisierten übernimmt und dergleichen mehr.“[39] Krueger wird zum Virtuosen im Spielfeld des Unheimlichen und verleiht der Theorie anschaulich Gestalt.

Subversive Konflikte, Ängste und Bedrohungen werden durch Kruegers auf brutale Art amüsierendes Vorgehen sichtbar gemacht. Er schürt Zweifel am geschlossenen und entzauberten Weltbild, will die unterdrückten Anteile der Menschlichkeit freisetzen und zur Selbstverwirklichung animieren. Hierdurch wird er zum Sympathieträger, der gern in seiner medialen und intertextuellen Reise unterstützt und auch in die Realität des Zuschauers eingeladen wird. Der Narziss will vom Publikum nicht nur gefürchtet, sondern auch geliebt werden – anders als die stummen, emotionslosen und etwas gemächlichen Myers und Voorhees. Krueger wird vom imaginierten Kinderschänder zur realen Bedrohung, die in gewisser Weise bewiesen hat, dass sie aus dem Fernseher in die heimelige Stube eindringen kann. Die Zweifel sind geweckt und immerhin kann nicht behauptet werden, Freddy Krueger habe uns nicht gewarnt:

„You see my name is Freddy, and I'm here to stay.
I'll wrap you up and take you away.
And if you feel like you're tired and ready for bed,
don't fall asleep or you'll wake up dead!“[40]

Bibliographie

Internetquellen

Youtube: Are You Ready For Freddy music video by the Fat Boys (1988): http://www.youtube.com/watch?v=f2XKsTbuUOo (abgerufen am 15.09.12).

Audiovisuelle Quellen

A Nightmare on Elm Street. USA 2010, Samuel Bayer (DVD: New Line Cinema).
A Nightmare on Elm Street. USA 1984, Wes Craven (DVD: New Line Cinema).
Dream Warriors. USA 1987, Chuck Russell (DVD: New Line Cinema).

---

[39] Freud 1919, S. 317.

[40] Auszug aus *Are you ready for Freddy* der Fat Boys und Freddy Krueger (http://www.youtube.com/watch?v=f2XKsTbuUOo, abgerufen am 30.10.12).

Freddy's Dead: The Final Nightmare. USA 1991, Rachel Talalay (DVD: New Line Cinema).
Freddy's Revenge. USA 1985, Jack Sholder (DVD: New Line Cinema).
The Dream Child. USA 1989, Stephen Hopkins (DVD: New Line Cinema).
The Dream Master. USA 1988, Renny Harlin (DVD: New Line Cinema).
Freddy vs. Jason. USA 2003, Ronny Yu (DVD: New Line Cinema und Fox Warner).
Wes Craven's New Nightmare. USA 1994, Wes Craven (DVD: New Line Cinema).

Sekundärliteratur

Braudy, Leo: Horror. In: Hans-Otto Hügel (Hg.): Handbuch Populäre Kultur. Stuttgart: Metzler 2003, S. 284–255.

Brittnacher, Hans Richard: Ästhetik des Horrors. Gespenster, Vampire, Monster, Teufel und künstliche Menschen in der phantastischen Literatur. Frankfurt a.M.: Suhrkamp 1994.

— Bilder, die unter die Haut gehen: Zur Inszenierung von Schock und Schrecken im Horrorfilm. In: Thomas Koebner und Thomas Meder (Hg.): Bildtheorie und Film. München: Edition Text + Kritik 2006, S. 526–543.

— Der Horrorfilm – Katharsis der Subkultur? In: Martin Vöhler und Dirck Linck (Hg.): Grenzen der Katharsis in den modernen Künsten. Transformationen des aristotelischen Modells seit Bernays, Nietzsche und Freud. Berlin: Walter de Gruyter 2009, S. 323–337.

Carroll, Noël: Horror and Humor. In: The Journal of Aesthetics and Art Criticsm, Vol 57, No. 2, Aesthetics and Popular Culture 1999, S. 145–160.

Conrich, Ian: Seducing the Subject: Freddy Krueger, Popular Culture and the Nightmare on Elm Street Films. In: Deborah Cartmell (Hg.): Trash Aesthetics: Popular Culture and its Audience. London: Pluto Press 1997, S. 118–131.

Cherry, Brigid: Horror. London: Routledge 2009.

Edmundson, Mark: Nightmare on Main Street. Angels, Sadomasochism, and the Culture of Gothic. Cambridge, London: Harvard University Press 1999.

Freud, Sigmund: Das Unheimliche. In: Imago. Zeitschrift für Anwendung der Psychoanalyse auf die Geisteswissenschaften V 1919, S. 297–324 (http://www.gutenberg.org/files/34222/34222-h/34222-h.htm, (abgerufen am 15.09.12)).

— Der Witz und seine Beziehung zum Unbewussten. Der Humor. Frankfurt a.M.: Fischer 2009.

Murphy, Bernice: The Suburban Gothic in American Popular Culture. Basingstoke: Palgrave Macmillan 2009.

Rockoff, Adam: Going to Pieces. The Rise and Fall of the Slasher Film, 1978–1986. Jefferson: McFarland 2002.

Sapolsky, Barry und Fred Molitor: Slasher Films and Violence against Women. In: James D. Torr (Hg.): Violence in Film and Television. San Diego: Greenhaven 2002, S. 52–60.

Tomkowiak, Ingrid: „Anywhere, USA": All American Suburbia. In: Dies. (Hg.): Little Boxes All the Same? Suburbia gelebt – gedacht – inszeniert. Zürich: Institut für Populäre Kulturen 2012, S. 7–12.

Phantastik als spekulatives „moralisches Labor"?

Der literarisch-axiologische Aspekt der Suche nach Identitätsmustern in der postmodernen Welt

Bogdan Trocha und Paweł Wałowski

Außerliterarische Kontexte der gegenwärtigen Phantastik

Der junge Leser von heute greift in der Regel zur phantastischen Literatur, weil er ihre ästhetische Attraktivität schätzt und – was damit oft zusammenhängt – in ihr Bezüge zu Computerspielen und Filmen zu erkennen hofft. Dies heißt jedoch keineswegs, dass die Rezeption derartiger Literatur nur auf ihre ästhetische Attraktivität reduziert werden kann. Die phantastische Literatur unterliegt Wandlungen sowohl in stilistischer als auch in inhaltlicher Hinsicht. Ähnliches gilt auch für ihre Leser(erwartungen). Diese Art Literatur scheint jedoch frei von mimetischen Bedingungen zu sein und schöpft ihre Kraft immer mehr aus den Problemen der gegenwärtigen Welt. Dabei hört sie auf, nur *Unterhaltungs*literatur zu sein. Die Texte der populären Literatur werden zu einem immer wesentlicheren Element der heutigen Kultur. Ihre besondere Wirkung auf Jugendliche ist nicht zu unterschätzen. Hinzu kommen noch andere globale Kulturerscheinungen der gegenwärtigen Welt, um nur zwei zu erwähnen: die „McDonaldisierung" und der „Tod der großen Erzählungen". Der junge Mensch von heute wird mit Fragen konfrontiert, mit denen auch Menschen früherer Generationen konfrontiert wurden. Es sind Fragen nach der eigenen Identität, nach der Zweckmäßigkeit der menschlichen Existenz, nach der Beständigkeit der unsere Kultur konstituierenden Werte und nach dem Wesen der Wirklichkeit, die uns umgibt – in kultureller wie in materieller Hinsicht. Das Milieu, in dem der junge Durchschnittsmensch lebt, ist jedoch ein *Milieu der reduzierten Sinngehalte.* Dies kann sowohl den Arbeiten von Kultursoziologen und Literaturwissenschaftlern als auch denen von Philosophen und Religionswissenschaftlern entnommen werden.[1] Die gegenwärtige Kultur des Abendlandes hat ihre langjährige, identitätsstiftende Verbindung zur Tradition, Religion und Geschichte in gewissem Maße außer Kraft gesetzt.

[1] Vgl. Hervieu-Légere 1999, Kłoskowska 2005, Kowalski 2004, Strinati 1998.

Unsere Zivilisation wurde – so Benjamin R. Barber[2] – zum globalen Markt, der darauf ausgerichtet ist, Konsum- und infantile Haltungen zu kreieren. Indem „Gottes Tod" und das „Ende der Geschichte" ausgerufen wurden, wurde auch der eigene Horizont um die fundamentalen Sinne reduziert. Einerseits haben Kommerz und Globalisierung in der heutigen Gegenwart einen immer größeren Einfluss auf den Lebensstil des Einzelnen, wobei die postmoderne Vorstellung von Mensch und Welt weiterhin präsent bleibt. Andererseits unterliegt die Welt in den Augen des Menschen diversen Desäkularisierungs- und Dekompositionsprozessen.

An diesem Punkt stellt sich die Frage, ob der Mensch von heute überhaupt das Bedürfnis verspürt, fundamentale Fragen nach seinem eigenen Wesen und nach dem Wesen der Welt zu stellen. Wo wären diesbezüglich Antworten zu suchen? Es gibt – wie erwartet – weder einfache noch für alle zu akzeptierende Antworten. Weil das Problem an sich komplexer Natur ist, erscheint es hier legitim, den Versuch zu unternehmen, einige liminale Punkte zu markieren, mit denen das Bedeutungsfeld des Problems abgesteckt werden kann.

Den ersten Punkt bildet mit Sicherheit die Tatsache, dass die gegenwärtige Kultur nicht homogen ist. Es handelt sich hier sowohl um die Massenkultur und die Hochkultur als auch um den Underground. Jede Art *Kultur* generiert Bedeutungen, die in ihrem Umfang das Bild der Welt ausmachen. So müssten hier etwa die Ängste, die von Ortega y Gasset in *La rebelión de las masas*[3] ausgedrückt werden, aber auch diejenigen in Arbeiten von Roland Barthes bedacht werden. Obwohl Kulturtexte nicht mehr (wie noch am Anfang des 20. Jahrhunderts) isoliert existieren und immer häufiger Texte entstehen, die einen gemeinsamen (Bedeutungs-)Raum skizzieren, fällt es dennoch schwer, von der Vereinheitlichung des Erwartungshorizonts bei den Empfängern der sogenannten Massen- und der Hochkultur zu sprechen. Des Weiteren verbindet sich diese Inhomogenität mit den Folgen der Globalisierung und mit der aus ihnen resultierenden Fusion von allen möglichen menschlichen Kulturen – der modernen und der traditionellen, der gegenwärtigen und der vergangenen. Solch eine Erscheinung bereichert nicht nur den Raum des potenziellen, sozialen Imaginariums des heutigen Menschen. Sie bewirkt auch, dass der Raum, der Thesaurus von Haltungen, die von den Menschen in verschiedenen Epochen, Milieus und Kulturen gegenüber verschiedenen fundamentalen Fragen eingenommen werden, kaum zu erfassen ist.

Der zweite Punkt, mit dem der Umfang des hier zur Debatte stehenden Problems bestimmt wird, ist mit der postmodernen Literatur gegeben. Ein wesentliches Merkmal der postmodernen Prosa besteht in ihrer Abkehr vom Muster des realistischen Romans[4] (z. B. des „Balzac'schen Romans"). Die hier relevanten

---

2 Vgl. Barber 2007, passim.

3 Vgl. Ortega y Gasset 1930, passim.

4 Vgl. Markiewicz 1995, S. 120, 133.

literarischen Fakten und ihre poetischen Konsequenzen wurden von John Barth in seinem berühmten Essay *The Literature of Exhaustion*[5] beschrieben. Nicht zu übersehen sind auch an dieser Stelle die Folgen der von Nietzsche propagierten Parole. „Der Tod Gottes" brachte einen Bezugshorizont mit sich, von dem aus es niemand vermag, die ganze Handlung zu durchschauen und der es unmöglich macht, die Authentizität des Vorliegenden zu bestätigen. Das Wissen, das angesichts von „Gottes Tod" vom Menschen bezogen werden kann, ist – so Ryszard Nycz – determiniert durch das Unmenschliche, das Andere oder das Monströse.[6] Wenn die Literatur keine authentischen Wirklichkeitsbilder herstellen kann, macht sich die Tendenz sichtbar, die Endoskopie zu verwerfen und sich etwa der *Schule des Blicks* hinzuwenden. Es ist hier die Rede vom französischen *Nouveau Roman*. Hierzu liefert das literarische Werk keine Informationen über seine Außen-Welt, es beschreibt nur sich selbst, seine Innen-Welt, also die Fiktion. Das in derartigen Texten Dargestellte schafft – aus der Perspektive vieler Literaturwissenschaftler[7] – eine Welt ohne Sinn, ohne Bedeutung und ohne Wissen. Diese Welt ist alogisch und wird häufig nur im Kontext des Ludischen betrachtet. Es fehlt hier das „Erzählen von Abenteuern", vielmehr handelt es sich um das „Abenteuer des Erzählens" an sich.[8] Die innertextuelle Dominante hört auf, epistemologischer Art zu sein und wird zur ontologischen Dominante. Für Jacques Derrida gibt es in unserer Welt keine andere Wirklichkeit außer der textuellen[9], Vladimir Nabokov stellte in einem Interview fest, dass der Roman nichts außer dem ästhetischen Genuss liefern solle. Es gibt hier keinen Platz für irgendeine Art Erkenntnisfunktion.[10]

Resümierend gilt es festzuhalten, dass der postmoderne Roman durch den „Tod des Erzählers" gekennzeichnet ist, der nicht mehr imstande ist, irgendetwas über die Welt und den Menschen zu sagen. Die Autoren leiden also unter der Unerzählbarkeit der Welt. Der Schaffensprozess konzentriert sich in diesem Fall eher auf das Beschreiben des Inneren der Figuren, was u.a. an der Technik des Bewusstseinsstroms[11] erkennbar wird. Beim Fehlen der belehrenden, erkenntnisbringenden Auslegungsfunktion des Textes sichert er einerseits den ästhetischen Genuss, andererseits eröffnet er notwendigerweise eine intertextuelle Perspektive.

---

5 Vgl. Barth 1984, S. 62–76.

6 Vgl. Nycz 1995, S. 15.

7 Nycz 1995, S. 41–70. (R. Nycz beruft sich bei seinen Ausführungen auf die Erkenntnisse von J. Derrida und P. de Man.)

8 Ebd., S. 17–23.

9 Ebd., S. 55–60.

10 Ebd., S. 15.

11 Vgl. McHale 2012, S. 3–35. (Der Bewusstseinsstrom gehört im Falle des modernen Romans zur epistemologischen Dominante. Was die postmoderne Prosa angeht, so kommt dem Bewusstseinsstrom in diesem Fall keine Erkenntnis-Funktion zu.)

Den dritten Punkt markiert die Natur, das Wesen des Menschen, der sich zwar – wie dies Religionssoziologen betonen – von der institutionalisierten Religiosität abwendet, dabei aber weiterhin auf der Suche nach dem Bereich des Sacrums ist. Indem der Mensch auf eine religiöse Haltung verzichtet, begibt er sich in den Bereich des gegenwärtigen, gesellschaftlichen Imaginariums, das – so Charles Taylor – zum Charakteristikum der postsäkularen Welt wird.[12] Hinzu kommen auch Erkenntnisse von Soziologen, die betonen, dass die Attraktivität des Paradigmas der christlichen Symbolik schwindet, was als eine der Ursachen dafür betrachtet wird, dass die Symbolik der (fremden) Religionen außerhalb des abendländischen Kulturkreises immer größere Beachtung findet.

Die Frage der gegenwärtigen phantastischen Prosa ist folglich nicht nur eine Leser- oder Marktfrage. Sie umfasst auch anthropologische Kontexte, die philosophisch, kulturell und soziologisch bedingt sind. Die heutige Welt erscheint als eine Welt, in der die Verbindung zur Tradition – so unsere Diagnose – gekappt wurde, was die Folge des „Todes der großen Erzählungen" ist. Das Diktat der rationalen Vernunft und das Wahrnehmen der Wirklichkeit aus rationaler Perspektive lassen keine Antworten finden auf für den Menschen fundamentale Fragen. Auch die Rolle der Literatur wurde auf die des ästhetischen, sublimierten Spiels reduziert. Diese Welt ist jedoch immer noch eine Welt, in der der Mensch fragt: „Warum?"

Wenn man bedenkt, wie stark die populäre Literatur – darunter auch die phantastische – in der außerliterarischen Welt verankert ist, kann durchaus von außerliterarischen Bezügen phantastischer Spekulationen gesprochen werden. Sie sind eine Folge und Resultate der postmodernen Welt und ergeben sich aus dem Bedürfnis nach Gewissheit und Identität.[13] Diese Spekulationen werden sowohl in vergangenen als auch in zukünftigen Welten angestellt. Indem sich die Autoren der zeitlichen Retention und Protention bedienen, verorten sie den Gegenwartsmenschen und seine Fragen im mythischen (Fantasy) und im technologischen (Science-Fiction) Spiegel. Die Tatsache, dass literarische Spekulationen im imaginierten Raum angestellt werden, lässt gewisse Parallelen zur philosophischen Suche nach einer Utopie und zur religiösen Suche nach rationalen Sinngehalten im Bereich religiöser Erfahrungen erkennen.[14] Da in der phantastischen Literatur keine mimetischen Welten erzeugt werden, wird ein Mensch in ihr platziert, der mit Gegenwartsdilemmata konfrontiert wird, die in der außerliterarischen, realen Wirklichkeit nicht gelöst werden können. Wenn man sich phänomenologische Deskriptionsweisen der menschlichen Natur als Sinnsubjekt vergegenwärtigt, kann

---

[12] Vgl. Taylor 2004, passim.

[13] Die Suche nach Gewissheit und Identität erfolgt allerdings heutzutage unter geänderten Bedingungen, d. h. der „Tod der großen Erzählungen" und seine kulturellen Konsequenzen bilden hier einen neuen Bezugspunkt.

[14] Vgl. James 1960; Trocha 2009.

man behaupten, dass ein Teil der in phantastischen Fabeln vorhandenen Deskriptionen den Bedeutungsraum der Welt des heutigen Menschen um Inhalte bereichert, die auf dem empirischen Wege nicht zu ermitteln sind.

Große Fragen

Es sei auf Texte der phantastischen Literatur hingewiesen, die in ihren Fabeln Fragen enthalten, die den jungen Menschen von heute beschäftigen. Im Großen und Ganzen kann hier von einem Paradigma die Rede sein, das drei grundsätzliche Fragen umfasst. Es handelt sich um Gott, um die Welt aus der Perspektive der Natur und Kultur, und um den Menschen. Selbstverständlich werden diese Fragen in Texten der phantastischen Literatur verschiedenartig thematisiert, was an sich schon ein sehr interessantes Forschungsfeld bietet.

Die Problematik, die Gott umgibt, bildet in dieser Literaturart eine ganz wichtige, separate Erscheinung. Genannt werden können hier die Texte der Inklings, in denen die Inhalte der christlichen Theologie in einer spannenderen Bildgestaltung vermittelt werden, was schon von Diana Waggoner in *The Hills of Faraway*[15] beschrieben wurde. Diese Texte handeln von vielen wesentlichen Fragen aus dem Bereich der dogmatischen Theologie, Christologie oder Moraltheologie und werden als erklärende Narrationen gelesen, wie dies etwa bei *The Chronicles of Narnia*[16], *The Lord of the Rings*[17] oder im *Silmarillion*[18] der Fall ist. In diesem Zusammenhang ist es wichtig zu betonen, dass die in theologischen Abhandlungen dogmatisch beschriebenen Fragen der Offenbarung, Vorsehung, Erlösung, Freiheit etc. in den erwähnten Romanen in lesbare Bilder gekleidet werden, die in der Fabel oder in ihren Elementen enthalten sind. Die Problematik, die mit Gott einhergeht, beschränkt sich jedoch nicht nur auf den Bereich der konfessionellen Ästhetisierung. Es gibt auch Texte, die auf der Ebene der literarischen Narration gegen Auffassungen in traditionellen religiösen Überlieferungen polemisieren (es geht vor allem um Polemiken gegen die jüdisch-christliche Tradition). Es reicht, an dieser Stelle auf *His Dark Materials*[19] von Philip Pullman oder auf *Behold the Man*[20] von Michael Moorcock hinzuweisen. Zwischen diesen zwei polaren Dominanten erscheinen oft literarische Bearbeitungen des Problems, das in einer berühmten Sentenz von Blaise Pascal enthalten ist, die von der Furcht des Menschen vor dem ewigen Schweigen der unendlichen Räume (des Kosmos) zeugt.[21]

[15] Vgl. Waggoner 1978, S. 3–64.
[16] Vgl. Lewis 1950–1956.
[17] Vgl. Tolkien 1954–1955.
[18] Vgl. Tolkien 1977.
[19] Vgl. Pullman 1995–2000.
[20] Vgl. Moorcock 1969.
[21] Vgl. Pascal 1989, S. 63, passim.

Diese philosophische Impression hat bis heute ihren festen Platz in der Literatur. Dies trifft besonders auf Texte zu, die darauf aus sind, rationale oder empirische Gewissheit für Inhalte der religiösen Erfahrung zu suchen. Als Beispiel können die letzten Romane von Philip K. Dick dienen. Es erscheinen auch immer häufiger Texte, in denen über Theologeme von der Latenz Gottes in der Transzendenz spekuliert wird, was etwa im Roman *Siewca wiatru*[22] von Maja Kossakowska zu sehen ist. Es gibt auch Texte, in denen die Natur des Konflikts zwischen dem Guten und dem Bösen und die Rolle, die der Mensch dabei spielt, thematisiert werden. Hierzu ist die Dilogie *The Book of All Hours*[23] von Hal Duncan zu nennen. Interessant erscheint in diesem Zusammenhang eine ganze Reihe von Texten, die mit dem Schema des imaginären Polytheismus arbeiten, wie zum Beispiel *Kraken*[24] von China Miéville. Das Schema des traditionellen Polytheismus ist etwa in *American Gods*[25] von Neil Gaiman, in *The Age of Misrule*[26] von Mark Chadbourn oder auch in *Lord of Light*[27] von Roger Zelazny zu finden. Noch anders wird die Frage nach Gott (oder nach einer Gottheit) in den neueren Romanen wie etwa *River of Gods*[28] von Ian McDonald oder in *Caine's Law*[29] von Matthew Woodring Stover erörtert. Die Problematik Gottes in der Phantastik umfasst nicht nur die Frage danach, ob Gott existiert, sondern vielmehr danach, wie sich seine Existenz zur Welt und zum Menschen verhält. An dieser Stelle eröffnet sich ein Riesenhorizont an Fragen, die schon von Platon, Aristoteles, Plotinus, Voltaire, Kant, Feuerbach oder Heidegger gestellt wurden. Diese Fragen bleiben offen und besonders für diejenigen aktuell, die diese existenzielle Dimension für wesentlich halten.

Die Natur der den Menschen umgebenden Welt bildet ein fruchtbares Feld für literarische Spekulationen. Der metaphysische Aspekt des Kosmos, in dem eine personale, einwirkende Kraft tätig ist, wird im Roman *The Abyss of Hungry Eyes*[30] von Henry Lion Oldi thematisiert. Etwas anders wird das Problem der Struktur des Universums im Zyklus *Dune*[31] von Frank Herbert dargestellt. Die Schemata des mythischen lebendigen Kosmos finden sich etwa in *The Eye of the Heron*[32] von Ursula K. Le Guin, die Welt als Gebilde, das ex nihilo entsteht,

---

22 Vgl. Kossakowska 2004.
23 Vgl. Duncan 2005.
24 Vgl. Miéville 2010.
25 Vgl. Gaiman 2001.
26 Vgl. Chadbourn 1999.
27 Vgl. Zelazny 1967.
28 Vgl. McDonald 2004.
29 Vgl. Stover 2012.
30 Vgl. Oldie 2001.
31 Vgl. Herbert 1965.
32 Vgl. Le Guin 1978.

wird dagegen im *Silmarillion* von J. R. R. Tolkien beschrieben. In der Trilogie *His Dark Materials* stößt man auf das alte Mythologem des ursprünglichen Chaos, aus dem einzelne göttliche Wesen hervorgehen. Die Inhalte, die sich auf die Überlegungen zu Prinzipien des Universums beziehen, hängen häufig mit den Deskriptionen zusammen, die die Fragen der Kultur betreffen. Die beiden unter dem Pseudonym Henry Lion Oldi schreibenden ukrainischen Autoren kreieren in ihren Romanen oft Welten, die eine literarische Widerspiegelung der kosmischen Symbolik darstellen, die in traditionellen Deskriptionen des antiken Griechenland oder der jüdischen Mystik enthalten sind. Dabei bereichern sie diese Welten um Motive, mit denen gegenwärtige Ängste und Fragen bedient werden. Sie tun dies etwa, indem sie das Daseinsmodell des Menschen angesichts des Numinosen zerschlagen.[33] Die Kultur wird in diesem Fall nicht dadurch fundiert, dass man aus der Manifestation des Sacrums schöpft, sondern dadurch, dass man sich ihr gegenüber die menschliche Autonomie erkämpft. Ähnlichen Motiven begegnet man in der Phantastik relativ oft, um an dieser Stelle nur noch den bereits erwähnten Hal Duncan oder auch Matthew Woodring Stover anzuführen. Somit stellen sich zwei grundsätzliche Fragen: Hat das Übernatürliche einen Einfluss auf die Welt des Menschen (das heisst auf die typisch menschliche, also kulturelle, Wirklichkeit)? Wenn nicht, welcher Art ist die Quelle für Werte, Normen und Gesetze, die diese Wirklichkeit determinieren? Besonders in Hinblick auf die zweite Frage lassen sich in der Phantastik viele interessante Texte ausmachen. So gibt es zum Beispiel eine Faszination für das wissenschaftliche Paradigma postaufklärerischer und positivistischer Prägung, wie dies etwa in der Prosa von Jules Verne der Fall ist. Zu nennen sind in diesem Kontext auch die Erzählwerke von Philip K. Dick aus den Zeiten des Kalten Krieges, in denen das Thema der permanenten Überwachung der Gesellschaft behandelt wird. Ganz anders geht man mit derartigen Fragen um, wenn die Funktion der Tradition im Vordergrund steht. Zu nennen ist hierzu der Textzyklus *Majipoor Series*[34] von Robert Silverberg oder *Viriconium*[35] von M. John Harrison. Andere Bilder werden in der Prosa aus der Richtung Cyberpunk oder Post-Cyberpunk transportiert. Hier wird die Kultur als ein Gebilde gezeigt, das auf die Ebene der korporatistischen Interessen reduziert wird.

Die wichtigsten Fragen beziehen sich – wie erwartet – auf den Menschen selbst. Es handelt sich hier nicht nur um den metaphysischen oder ontologischen Horizont der menschlichen Existenz und auch nicht nur um das kulturelle Milieu des Daseins. Vielmehr geht es um das Wesen bzw. die Natur des Menschen. Die Fragen nach der menschlichen Natur münden in Fragen nach menschlichen Grenzen und nach der Möglichkeit ihrer Überschreitung. Dies ist etwa in *Dune* von

---

[33] Vgl. Otto 1968, passim.

[34] Vgl. Silverberg 1983.

[35] Vgl. Harrison 2005.

Herbert, *The Lord of the Rings* von Tolkien, *Earthsea*[36] von Le Guin oder auch in Cyberpunk-Werken sichtbar. Es sind auch Fragen nach der Position des Menschen angesichts der neuen Technologie (*Neuromancer*[37], *Do Androids Dream of Electric Sheep?*[38], *I, Robot*[39]), angesichts der zivilisatorischen Katastrophen (*Greybeard*[40], *Wilcza gwiazda*[41] von Maria Galina), angesichts der Allwissenheit (*The Stochastic Man*[42], *God Emperor of Dune*[43]), angesichts der Allmacht (*Magom wszystko wolno*[44], *A Wizard of Earthsea*[45], *Caine's Law*) und schließlich nach den Grenzen, hinter denen die Menschlichkeit verloren geht (*Ciemne lustra*[46], *Kaźń*[47], *Heros powinien być jeden*[48]).

An diesem Punkt stellt sich folgende Frage: Ob und auf welche Weise kommt es zu semantischen Beziehungen zwischen dem nicht mimetischen, phantastischen Text und zwischen dem Erkenntnisproblem, das innerhalb des möglichen Theologems, Philosophems oder des rationalisierten Mythologems erörtert werden kann?

Literarische Fiktion als Spekulationsraum

Die Tatsache, dass der Phantastik spekulative Elemente inhärent sind, scheint keinem aufmerksamen Leser dieser Literatur zu entgehen. Es lassen sich unterschiedliche Schattierungen feststellen, wenn man etwa die Prosa von Dick, Asimov oder Lem mit mythopoetischen Spekulationen[49] vergleicht. Ganz innovative Töne bringt die Schule der polnischen soziologischen Phantastik, ein Novum anderer Art liefern Texte, die in der Poetik des Cyber- und Post-Cyberpunks verfasst werden. Die Frage, die sich dabei stellt, beschäftigte auch in einem etwas breiteren Bezugshorizont Roman Ingarden: Kann die Literatur eine Erkenntnisfunktion erfüllen?[50] Vor einigen Jahren war Brian Attebery bei einer Tagung an der Universität Wroclaw in Polen zu Gast. Dort behauptete er, dass die mythopoetische

---

[36] Vgl. Le Guin 2001.
[37] Vgl. Gibson 1984.
[38] Vgl. Dick 1968.
[39] Vgl. Asimov 1950.
[40] Vgl. Aldiss 1964.
[41] Vgl. Galina 2006.
[42] Vgl. Silverberg 1976.
[43] Vgl. Herbert 1981.
[44] Vgl. Diaczenko 2005.
[45] Vgl. Le Guin 1968.
[46] Vgl. Cyran 2006.
[47] Vgl. Diaczenko 2006 a.
[48] Vgl. Oldie 2009.
[49] Vgl. Trocha 2009, S. 206–265.
[50] Vgl. Ingarden 1988, S. 26–46.

Fantasy es dem jungen Gegenwartsmenschen erlaube, seine eigene Wirklichkeitsperspektive um Inhalte zu bereichern, die in derartiger Literatur vorhanden sind. Somit sollte der Fantasy nicht nur die Rolle zukommen, anhand der literarischen Narrationen Bezüge zu vergangenen Mythen aufzubewahren. Dies steht übrigens im Einklang mit den betreffenden Erkenntnissen solcher Mythenforscher wie Mircea Eliade, Joseph Campbell oder Eleazar Mieletinski oder Semiologen wie Umberto Eco oder Jurij Lotman. Vielmehr wird die Fantasy auch zum Medium, das es den gegenwärtigen Generationen ermöglicht, mit der in den mythischen Erzählungen enthaltenen Weisheit konfrontiert zu werden.

Der literarische Text bildet für Paul Ricoeur eine sekundäre Transkription der Wirklichkeit, und seine Auslegung soll den Rezipienten dazu befähigen, dem eigenen Erwartungshorizont die dem Text entnommenen Qualitäten beizufügen.[51] Wenn man die hier bereits besprochenen außerliterarischen Kontexte der Phantastik zusammen mit dem Ricoeur'schen Konzept der drei mimetischen Komponenten bedenkt, so lässt dies folgende Annahmen zu: Im Rahmen der Mimesis I geht es um diese außerliterarischen Kontexte der Phantastik, die im Bewusstseinsfeld des Autors verankert sind und die sich folglich am Wesen der projektierten Welt zeigen. Was die Mimesis II angeht, so beschreibt sie etwas Spezifisches, denn in der nicht mimetischen Literatur bezieht sie sich nicht auf das Bild der dargestellten Wirklichkeit, sondern vielmehr auf moralische oder metaphysische Gesetze, die diese Wirklichkeit organisieren. Eben dadurch entsteht ein Laborraum, in dem Erkenntnisse, Entscheidungen und ihre Konsequenzen in reiner Form – ganz sicher ohne Belastung der realen Bedingungen – präsentiert werden. Wenn man die Erkenntnisse von Ricoeur befolgt, kann angenommen werden, dass unter den phantastischen Texten Fabeln erscheinen können, innerhalb derer Symbole sowohl natürlicher als auch kosmologischer und sakraler Art narrativ entfaltet werden. Überdies erlaubt es der spekulative Umgang mit diesen Fabeln/Motiven, mögliche Haltungen zu ihnen sowie ihren Konsequenzen zu erproben. Wenn man den von Ricoeur auf zweierlei Arten verstandenen Identitätsbegriff beachtet[52], erscheint die Möglichkeit im Bereich der Mimesis III, die im Vorstellungsfeld des Bildes des Rezipienten funktioniert[53], sich mit dem moralischen Tests ausgesetzten Protagonisten zu identifizieren, sowohl auf der Erlebnis-, als auch auf der Spekulationsebene. In beiden Fällen werden die Inhalte der moralischen Erfahrung dem Rezipienten zur Verfügung gestellt. Im ersten Fall geschieht dies auf der Ebene der einfachen Identifizierung bzw. indem man sich von den anderen literarischen Subjekten abhebt. Im zweiten Fall kann es zur Rationalisierung von Gesetzen und Mechanismen, die in der fiktionalen Welt herrschen, kommen. Für die beiden Fäl-

---

[51] Vgl. Ricoeur 1989, S. 65, passim.

[52] Ebd. S. 16, passim.

[53] Ebd., S. 83–127.

le ist es symptomatisch, dass der Rezipient seinen eigenen Handlungshorizont erweitert, indem er erlebend und erkennend im Feld des Auslegungsprozesses des literarischen Textes agiert. Es spielt hier keine Rolle, ob die dargestellten Welten fiktional sind; es ist nur wichtig, ob die moralischen Entscheidungen der Protagonisten in diesen Welten aus der Perspektive der Anthropologie und Philosophie möglich sind. Während das Konzept von Ricoeur es möglich macht, die literarischen Erzählungen spekulativ nach dem Motto „Was wäre, wenn?" zu rationalisieren, verhält es sich mit der Idee von J. R. R. Tolkien anders. Im Tolkien'schen Ansatz wird die Phantastik so konstruiert, dass ihre sekundäre Welt nicht dazu da ist, in ihrem Raum moralische Tests durchzuführen. Vielmehr handelt es sich hier um eine Konstruktion der Welt nach klaren, beinahe idealisierten Gesetzen, denen die Existenz des Universums und die zwischenmenschlichen Beziehungen unterliegen.[54] In diesem Falle funktioniert die narrative Identität des Rezipienten eher nach dem Muster *idem* und ermöglicht es, das Erleben des Daseins nach transparenten Regeln und nach radikal klaren Konsequenzen zu erfahren. Dies ist insofern relevant, als dass die erlebende Lektüre – hier um die funktionierende narrative Identität erweitert – bewirkt, dass der konkrete Typus der dargestellten Welt zum idealisierten Bezugspunkt in der außerliterarischen Wirklichkeit des Lesers wird, was die Erkenntnis und das Moralische angeht.

Wenn man den pragmatischen Aspekt der Arbeit mit dem Schema „Morallabor"[55] bezüglich der Phantastik in Erwägung zieht, so können vorerst ganz allgemein folgende Funktionen unterschieden werden: Erstens würde es sich hier um ein Muster handeln, das konkrete Figuren wie Heros, Ritter oder Trickster betrifft, aber auch solche wie Opfer, Fremder, Anderer, Außenseiter oder etwa Mensch im Versteck. Zweitens würde es um das Erkennen und Verstehen des Problems gehen, mit dem man konfrontiert wird. Gemeint sind hier die Mechanismen der Intrige – falls eine solche vorliegt – und die richtige Bestimmung der Regeln und Gesetze, nach denen die Handlung und die Figuren konzipiert werden. Drittens sollte es möglich sein, die Haltung der Protagonisten zu den Prinzipien zu erkennen, nach denen die Existenz der dargestellten Welt organisiert wird. Am häufigsten wird hierzu von polemischen (Pullman) oder von spekulativen (Dick, Miéville oder MacDonald) Strategien gesprochen.[56] Viertens könnte es um die Funktion gehen, nach möglichen Wegen der Rettung zu suchen, sowohl in biologischer Hinsicht, als auch oft bezüglich der eigenen Menschlichkeit. So etwa lässt sich die (nur vereinfacht und knapp skizzierte) funktionale Dimension des Morallabors im Feld der phantastischen Literatur markieren.

[54] Tolkien 1994, S. 146–214.

[55] Diesen Begriff benutzt Paul Ricoeur sehr oft in seinen philosophischen Analysen, die der Frage der Narration gewidmet sind.

[56] Vgl. Trocha 2009, S. 206–213.

Grenzsituationen

Es scheint offensichtlich, dass die Phantastik in ihrem Wesen spekulativ ist. Dies ergibt sich unter anderem daraus, dass sie keine mimetischen Welten generiert. Was hier zur Debatte steht, ist jedoch etwas anderes, und zwar handelt es sich um Spekulationen auf dem Feld der moralischen Werte und zugleich im Bereich dessen, was mit dem gegenwärtigen Paradigma *conditio humana* bezeichnet werden kann. Der Begriff *Grenzsituation* – in den Reflexionen von Karl Jaspers präsent[57] – erweist sich als auf jeden Fall als brauchbar, um in den narrativen Strukturen diejenigen Elemente zu bestimmen, die hier von Interesse sind. Da für Jaspers – anders als für den durchschnittlichen Gegenwartsleser – die „großen Narrationen“ nicht tot sind, muss an dieser Stelle der Begriff *Grenzsituation* weiter gefasst werden. Somit ist das Feld der Fremdheit – mit welchem die Grenzsituation in der gegenwärtigen Phantastik abgesteckt wird – zu unterscheiden von dem Feld, das in den Schriften des Autors von *Der philosophische Glauben* vorhanden ist. Die Tatsache, dass – wie die französischen Religionssoziologen behaupten – die Attraktivität des Paradigmas der christlichen Symbolik am Ende ist, bedeutet nur so viel, dass sowohl die christliche als auch die jede andere Religion betreffende Symbolik den Grenzraum markiert.[58] Daher lassen sich dieser Situation mit dem Schema der sekundären Ketten Bedeutungen[59] zuschreiben – mit der Einschränkung jedoch, dass hier die Bewegung in gegensätzlicher Richtung verläuft. In diesem Fall verhält es sich so, dass die in philosophischen oder religiösen Codes gespeicherten Informationen/Botschaften in ästhetische Informationen/Botschaften umcodiert werden, die sich – falls sie die in ihnen enthaltenen Theologeme oder Philosopheme entwickeln können – potenziell in sekundärer Weise verständlich machen. Hierzu lässt sich die These aufstellen, dass zumindest einige gegenwärtige phantastische Narrationen zum Medium werden können, anhand dessen verworfene oder vergessene Bedeutungen wieder zugänglich gemacht werden und die zugleich in der Praxis der Auslegung zu Elementen des individuellen Bezugshorizonts des Gegenwartsmenschen werden. An dieser Stelle ist hervorzuheben: Der starke Zusammenhang der populären Literatur mit dem Alltagsleben der potenziellen Rezipienten bewirkt, dass im Feld der literarischen Spekulationen nicht nur Grenzelemente verortet werden, sondern auch solche Elemente, mit denen die aktuelle existenzielle Haltung – mit ihren Ängsten und Prioritäten – bestimmt wird.

Der erste Grenztypus erscheint an Stellen, an denen das rationale Bild der Welt zerstört wird und man an den Punkt kommt, an dem der Versuch der Ra-

---

[57] Vgl. Jaspers 1999, S. 407–478.

[58] Vgl. Hervieu-Léger 1999, S. 46–97, passim.

[59] Vgl. Lotman 1977, S. 7–22.

tionalisierung sehr problematisch oder nicht mehr möglich ist. Diesen Aspekt der Phantastik findet man im Essay *The Heart of Fantastic*[60] von Roger Caillois. Die Grenzsituation ist hier im Rahmen der Projekte des Verstandes gegeben, die im Scheitern begriffen sind. Es kann sich dabei um das anthropomorphe Bild des Universums handeln – wie dies etwa im Roman *The Sparrow*[61] von Mary D. Russell der Fall ist. Es kann dabei auch um das Motiv von „Gottes Tod" gehen, welches mit dem Bild der Wirklichkeit vergleichbar ist, das nach der thomistischen Architektur des Daseins funktioniert, zu verweisen ist hier auf die Romane *Towing Jehovah*[62] und *Blameless in Abaddon*[63] von James K. Morrow. Andere Aspekte dieses Grenztypus liefern Bilder, in denen das Sacrum solchen Figuren offenbart wird, deren Haltung zur übernatürlichen Wirklichkeit als atheistisch bezeichnet wird (z. B. *The Chronicles of Thomas Covenant the Unbeliever*[64] von Stephen R. Donaldson). Ein etwas anderer Umgang mit dieser Variante findet sich in der Trilogie *The Age of Misrule* von Mark Chadbourn. Die keltischen Götter kehren ins gegenwärtige England zurück, und diese Invasion bleibt für die Inselbewohner komplett unverständlich. Einen nochmals anderen Grenztypus markieren Texte, in denen die hochentwickelte Technologie und ihr Einfluss auf den Menschen thematisiert werden. Derartige Motive finden sich sowohl in der Prosa von Dick oder Asimov, wie auch immer häufiger bei den Autoren der Gegenwart. Für sie bildet die technologische, kybernetische oder genetische Bearbeitung des menschlichen Körpers nicht nur einen literarischen Vorwand, neue Aspekte der phantastischen Welten zu schaffen, sondern auch Fragen zu stellen nach der Grenze der Menschlichkeit und nach moralischen Aspekten derartiger Eingriffe.

Die Kategorie *Horror metaphysicus,*[65] die teilweise mit dem bereits erwähnten Motiv von „Gottes Tod" zusammenhängt, markiert einen anderen Typus der Grenzsituation. Einerseits zeigt sie sich etwa in der Suche, die in den letzten Romanen von P. K. Dick leitmotivisch ist. Andererseits werden in *Abyss of Hungry Eyes* von Henry Lion Oldi Fragen nach dem Verstehen des metaphysischen und äußersten Aspektes des Sinns gestellt, der das den Menschen umgebende Universum fundiert. Dieses Motiv wird noch anders in *The Book of All Hours* von Hal Duncan und in *Siewcy wiatru* von Maja Kossakowska aufgegriffen. Duncan zweifelt den moralischen Aspekt des Kampfes des Guten gegen das Böse (präziser gesagt: seine Methode und den Preis des Kampfes) an. Dem Kampf liegt die

---

[60] Vgl. Caillois 2005, S. 26, passim.

[61] Vgl. Russell 1996.

[62] Vgl. Morrow 1994.

[63] Vgl. Morrow 1996.

[64] Vgl. Donaldson 1978.

[65] Dies ist ein Begriff, der von L. Kołakowski in seinem Werk mit demselben Titel beschrieben wurde (vgl. Kołakowski 1990, passim).

alttestamentarische Symbolik zugrunde. Dies hat zur Folge, dass das auf dieser Symbolik fußende metaphysische Modell falsifiziert wird. Kossakowska konzentriert sich dagegen auf das Motiv der Latenz Gottes in der Transzendenz, worin sie sich zuweilen mit den Konstatierungen Emmanuel Levinas' hierzu deckt.[66]

Der nächste Aspekt der Grenzsituation umfasst das Identitätsproblem des Protagonisten. Das Spektrum an Ideen ist in diesem Falle recht breit. So kann man an dieser Stelle etwa die Figur des Gollum aus *The Lord of the Rings* nennen als ein Beispiel für eine gespaltene Identität. Auch in diesem Tolkien'schen Werk gibt es besessene Figuren, die für immer ihre Identität verlieren (die neun schwarzen Reiter). Es ist auch möglich, dass die Figuren ihre Identität nur situativ aufgeben (*Brown Girl in the Ring*[67] von Nalo Hopkinson). Es können auch die Fragen der Protagonisten aus *Do Androids Dream of Electric Sheep?* sein, mit denen die eigene menschliche Identität bestätigt werden soll. Ebenfalls symptomatisch sind in diesem Zusammenhang die Fragen von Duncan Idaho (*Dune*), dessen Körper technologisch wiederbelebt wird und der jetzt wissen will: Wer war ich? Wie lebte ich? Wen liebte ich? Wem war ich treu? Es sind auch Bilder von Menschen, die dazu gezwungen sind, in der dauerhaften Beziehung mit einem Symbionten zu funktionieren, der sich etwa als Parasit des Gemüts erweist, wie dies in *Empire V*[68] bei Viktor Pelewin der Fall ist. Aufschlussreich sind in diesem Kontext die funktionellen Aspekte, mit denen dieses Modell der Grenzsituation gehandhabt wird, besonders dann, wenn man Haltungen wie etwa Versuchung, Verwicklung in das Böse oder Befreiung berücksichtigt. Derartige Motive sind nicht nur in der Phantastik anzutreffen (*Harry Potter*, *The Lord of the Rings, Earthsea*), sondern auch im klassischen Kanon (Dostojewski). Thematisiert werden sie auch in philosophischen Abhandlungen (z. B. in *Filozofia dramatu*[69] von Józef Tischner).

Einen weiteren Aspekt der Grenzsituationen bestimmen literarische Situationen, in denen die im Rahmen großer Narrationen beschriebene Welt falsifiziert wird, was damit verbunden ist, dass der Tod der gegebenen Narration in der konkreten dargestellten Welt literarisch hingenommen wird. *The Hero Must Be Alone*, *His Dark Materials* oder die Prosa von Dick seien hier als Beispiele angeführt. So ein Umgang mit dem Motiv des Todes der großen Narrationen ist nicht frei von Problemen. Diese polemische Haltung zu traditionellen Überlieferungen bricht in ihrer zugespitzten Form alle Verbindungen zur Tradition ab, indem die von ihr fundierte Ordnung gänzlich verworfen wird. Die Frage, die sich dabei stellt, lautet: Zieht diese Ablehnung der alten Ordnung Chaos oder eine neue Ordnung nach sich? Sollte es sich dabei um eine neue Ordnung handeln, stellt sich eine weitere

---

66 Vgl. Lévinas 1994, passim.
67 Vgl. Hopkinson 1998.
68 Vgl. Pelewin 2006.
69 Vgl. Tischner 1998.

Frage: Sind die Normen und Werte, nach denen das Neue konstruiert wird, mit Sicherheit besser als das Alte?

Bei dem Umgang mit dem holistischen Bild der dargestellten Welt gibt es auch eine andere Weise, die Grenzsituationen einzuführen. Der Protagonist wird somit mit einer konkreten Situation konfrontiert, der an sich alle Kennzeichen der Grenzsituation anhaften. Somit handelt es sich hier am häufigsten um die Konfrontation mit dem Fremden, die Konfrontation mit dem System und die Konfrontation mit verschiedenen Werten. Was die Konfrontation mit dem Fremden angeht, so gibt es in der Phantastik eine breite Palette möglicher Begegnungen. Es sind Begegnungen mit den neuen Typen von Welten (*Downward to the Earth*[70]), mit den Bewusstseinszuständen (*Sekrety Mocy*[71]), mit dem Anderen (*Dune*), mit der Bestie (*Wiedźmin*[72]), mit den Dämonen (*Lord Demon*[73]), mit den vergessenen Gottheiten (*The Age of Misrule*), mit den Monstern (*The Orphan's Tales*[74]) etc. Einen anderen Typus markiert die Konfrontation mit dem System, das sich als unlesbar und unverständlich (*Riverworld*[75]), als illusorisch (*Ubik*[76]) oder auch als absichtlich gefälscht (*Cała prawda o planecie Ksi*[77]) erweist. Als innovativ lassen sich in dieser Gruppe Romane bezeichnen, die sich des Motivs der Alternativwelten bedienen (*Wieczny Grunwald*[78] von Szczepan Twardoch und *Lód*[79] von Jacek Dukaj). Das letzte und möglicherweise wichtigste Modell hierzu bildet die Konfrontation des Protagonisten mit den Werten, für die oder gegen die er sich entscheiden muss. Solche Grenzsituationen zeigen sich etwa an den Entscheidungen von Frodo in *The Lord of the Rings,* sie sind auch oft in *Harry Potter* oder in den Romanen von Dick präsent. Interessante Varianten finden sich in der Prosa von Andrzej Sapkowski.

All diese Strategien, die bewirken, dass der Protagonist mit der Grenzsituation konfrontiert wird, führen zur literarischen Umsetzung der grundsätzlichen Fragen, die vor vielen Jahren von Immanuel Kant artikuliert wurden: Wer bin ich? Was kann ich machen? Was kann ich erwarten?[80]

---

70 Vgl. Silverberg 1970.
71 Vgl. Charette 1997.
72 Vgl. Sapkowski 1990.
73 Vgl. Zelazny 1999.
74 Vgl. Valente 2006–2007.
75 Vgl. Farmer 1971–1983.
76 Vgl. Dick 1969.
77 Vgl. Zajdel 1991.
78 Vgl. Twardoch 2010.
79 Vgl. Dukaj 2007.
80 Kant 1986, passim.

Das Formulieren der Frage

Das Problem der Geschichten, innerhalb derer Situationen konstruiert werden, die die hier zur Debatte stehende Frage entstehen lassen, ist eher kompliziert. In der Regel ist es mit der Poetik der Suspension verbunden, die auf verschiedenen Ebenen mit dem Geheimnis arbeitet. Es kann sich hier zum Beispiel um das Geheimnis Gottes, der initialen Bedeutungen, des Protagonisten, des Anderen, oder der Natur handeln. Selbstverständlich beschränkt sich der Umgang mit dem Geheimnis nicht nur auf die Retardierungseffekte, er muss jedoch im Kontext der Frage funktionieren und er muss das spezifische Paradigma der Situationen umfassen, das die Natur der Frage differenziert. Es betrifft erstens die Natur der Frage an sich. Die Frage kann in ihrem Wesen Aspekte umfassen, die es erlauben, sie zu rationalisieren und somit eine Antwort auf sie zu erhalten. Solch eine Art von Fragen können als Geheimnis oder Rätsel behandelt und somit möglicherweise gelöst werden. Es gibt aber auch offene Fragen, bei deren Inhalten der menschliche Verstand an Grenzen seines Erkenntnisvermögens stößt, was bewirkt, dass sie ungelöst bleiben. Einen anderen Aspekt des Problems bildet die Tatsache, dass Fragen koexistieren. Sie können dabei gleichzeitig den Sinnraum, in dem der Protagonist agiert beziehungsweise dic Handlung verortet ist, ergänzen.

Da hier die moralische Vorherrschaft am Werk sein soll, muss der Raum, in dem die Fragen gestellt werden, auf die axiologische Perspektive reduziert werden. Beim Geheimnis und Rätsel sind es die Vernunft und die Rationalität, mit denen die endgültige Grenze der Verifizierbarkeit der Frage festgelegt wird (Lem, Dukaj, Asimov). Bei der offenen Frage handelt es sich entweder um die Frage nach den objektiven Störungen des gegebenen Fakts oder der Sachlage (*The Chronicles of Thomas Covenant the Unbeliever*) oder um die Übernahme der Kategorie der „heroischen Vernunft“, die den Primat vom Glauben über die Vernunft ausdrückt[81] (*The Fionavar Tapestry*[82], *American Gods*).

Die Fragen, die in den Grenzsituationen erscheinen, beziehen sich auf solche Kategorien, wie: Die *Begegnung*, im Rahmen derer nicht nur die Subjektivität des Anderen entdeckt wird (*The Left Hand of Darkness*[83]), sondern auch das Wesen des Ereignisses, der Begegnung an sich (*The Orphan's Tales*) und die Rolle, die das Phänomen der Begegnung für seine Teilnehmer spielt (*Zabójca czarownic*[84]). Es ist auch die *Versuchung,* bei der der Mensch mit der Illusion und dem Wunsch nach Allmacht konfrontiert wird, wenn sich seine Natur ändert (*The Lord of the Rings*). Wichtig sind hier auch die Konsequenzen, die derartige Entscheidungen

---

81 Vgl. Tischner 1989, S. 196–218.

82 Vgl. Kay 1995.

83 Vgl. Le Guin 1969.

84 Vgl. Kochański 1986.

mit sich bringen (*Dune*). Es ist auch die *Flucht*, auf der man den physischen Bedrohungen zu entgehen versucht (wie in der Dilogie *Granica*[85]). Es kann aber auch die Flucht vor der eigenen Freiheit und vor dem Gebot des Gewissens sein oder vor der Rolle, die dem Protagonisten von der Gesellschaft zugeteilt wird und deren moralische Dimension er nicht akzeptiert (*The Witcher*). Es kann sich auch um *Heroismus* handeln, der entweder daraus resultiert, dass der Protagonist sich von der Verwicklung in das Böse befreit (*The Hero Must Be Alone*) oder aber, dass er standhaft bei seinem Trachten nach dem Guten bleibt, das in seinen Augen ein übergeordnetes Ziel bildet (*Miedziany Król*[86]). Mit dem *Wesen der Gerechtigkeit* ist die nächste Kategorie gegeben. Es ist zum Beispiel möglich, dass die Gerechtigkeit nicht aus dem Geist der römischen Gesetzgebung schöpft (*Roma aeterna*[87]), sondern einen übernatürlichen Charakter hat, indem sie etwa nach den Prinzipien aus dem *Codex Hammurapi funktioniert (Strefa sprawiedliwości*[88]*). Die Gerechtigkeit kann an Dilemmata ihres subjektiven Aspekts orientiert sein (Kaźń*). Hinzu kommen natürlich noch Fragen, deren Intentionalität nicht darin besteht, die Wege und Regeln des Handelns zu entdecken, sondern eher darin, fundamentale Regeln, die die axiologische Wirklichkeitsdimension bestimmen, zu verstehen. Es spielt dabei keine Rolle, ob diese Wirklichkeitsdimension mit einem mythischen (*The Secret History of Moscow*[89]), metaphysischen (*The Lord of the Rings*) oder nur anthropologischen (*Ciemne lustra*) Konzept zusammenhängt.

Die übrigen Inhalte, die die Fragen ermöglichen, sind häufig damit verknüpft, dass der Protagonist das Illusionäre an der gegebenen Sachlage entdeckt. Es kann sich hier um die Tradition handeln, die aus der Perspektive der Funktion von Religion und Kult, als ein die Zivilisation und Kultur kreierendes Element wahrgenommen wird. Das Entdecken des Illusionären bringt nicht nur die Frage „Warum?“ mit sich, sondern auch die Frage „Wie soll man weiter leben?“ (*His Dark Materials, The Book of All Hours*). Möglich sind auch die Fragen nach dem Wesen der Vernunft und nach der Rationalität der menschlichen Welt. In der Regel erscheinen hierzu auch Probleme mit der Kategorie der Wahrheit, was in der Prosa von Dick zu beobachten ist. In einer etwas modifizierten Variante findet sich dieses Problem auch in der Cyberpunk-Prosa. Hier stellt sich die besorgniserregende Frage danach, an welchem Punkt der technologischen Eingriffe in den menschlichen Körper der Mensch seine Menschlichkeit aufgeben muss. Die Problematik der Menschlichkeit an sich wird besonders dann zum Raum des Fragens,

---

[85] Vgl. Diaczenko; Oldi; Walentinow 2004.
[86] Vgl. Diaczenko 2009.
[87] Vgl. Silverberg; Chambon 2004.
[88] Vgl. Łukin 2004.
[89] Vgl. Sedia 2007.

wenn das Bild der Wirklichkeit im anthropomorphischen und anthropozentrischen Kontext dargestellt wird (*The Sparrow, Downward to the Earth*).

Alle oben skizzierten Aspekte der im Rahmen der phantastischen Fabeln entstehenden Fragen haben eines gemeinsam: Es ist der literarische Protagonist, der in ihren Raum aktiv eingeführt wird und in ihm agiert. Das Handeln des Protagonisten beschränkt sich nicht nur auf das Identifizieren des Problems. Er soll es auch korrekt lösen und auf subjektive, gesellschaftliche und kognitive Konsequenzen seines Handelns hinweisen. Es wäre an dieser Stelle womöglich am einfachsten, den hier relevanten Aspekt des Agierens des Protagonisten in Hinblick auf eine einfache moralische Tat zu beschreiben. Das Spezifische der Problematik, mit dem die phantastischen Fabeln arbeiten, um Grenzsituationen zu schaffen, ist jedoch komplizierter. Aus diesem Grunde erscheint es sinnvoll, zu versuchen, dieses Problem aus der Perspektive der Vernunft und des Willens zu erfassen. Mit diesen beiden Attributen der menschlichen Erkenntnis wird es möglich sein, sowohl die Mechanismen der Wahl und der Präferenz von Werten (Wille), als auch die Wege, die zu ihrer Realisierung führen (Vernunft), zu erkennen.

Der Raum der Sinnsuche

Die Grundfrage hier ist diejenige nach dem Wesen der Menschlichkeit. Die Suche nach Antworten impliziert vor allem das Zeigen von relevanten Aspekten in verschiedenen narrativen Handlungsentwicklungen. So kann man an dieser Stelle etwa die bereits erwähnten Grenz-Fragen nach der Gewissheit der Selbsterkenntnis und der rationalen bzw. empirischen Erkenntnis anführen (*Blade Runner* und *Ubik* von Dick). Doch typische künstlerische Strategien, die darin bestehen, dass die literarische Fiktion als Morallabor benutzt wird, in dem allgemeinmenschliche Fragen verhandelt werden, finden sich etwa bei Wit Szostak, Marina und Siergiej Diaczenko und auch bei Henry Lion Oldi. Szostak, der auch Doktor der Philosophie und Hochschullehrer ist, verfasst spezifische Texte, in denen die Figuren mit ihren Entscheidungen und Haltungen häufig zu Objekten der tiefgründigen Analyse der menschlichen Wünsche und der Methoden ihrer Realisierung werden (*Ględźby Ropucha*[90]). Seine Protagonisten agieren immer im Feld der moralischen Entscheidungen. Das Bewusstsein dessen bildet eine wichtige Ebene der konstruierten Welten. Moralische Entscheidungen werden hier sowohl bewusst getroffen als auch durch Emotionen geblendet oder falsche Erkenntnisse verursacht. Sie werden jedoch immer angemessen in der Schlussfolgerung beurteilt. Etwas anders wird das Problem in der Prosa von Marina und Siergiej Diaczenko thematisiert. Hier handelt es sich eher um das Motiv des *homo viator,* des Menschen, der

[90] Vgl. Szostak 2005.

immer in Bewegung begriffen ist, sowohl im körperlichen als auch im geistigen Sinne. Diese Bewegung markiert einerseits den Wunsch nach dem Erreichen eines konkreten Gutes – in der Regel immaterieller Art. Andererseits ergibt sie sich aus der ständigen Skepsis gegenüber den angetroffenen Werten. Hier liegt also ein interessantes Modell der bewussten Beurteilung der axiologischen Weltperspektive vor, in dem die Hierarchie der Werte so gehandhabt wird, dass materielle Dinge nicht als vorrangig betrachtet werden, sondern dem Protagonisten vielmehr oft im Wege stehen, wenn er nach viel wertvolleren Gütern trachtet. Ein typisches Beispiel hierfür liefern die beiden Romane (die Dilogie) *Waran*[91] und *Miedziany król.* Das Schaffen von Diaczenko kreist auch um das Problem des Gewissens und der unterschiedlichen Bedingungen, die die in ihm (im Gewissen) getroffenen Entscheidungen beeinflussen. Es drängt sich der Eindruck auf, dass dieses Autorenpaar darum bemüht ist, die Grenzwerte der Rationalität derartiger Entscheidungen zu erkunden und ihren Zusammenhang mit der Konstitution des Menschen zu befragen. Das Motiv der Konfrontation des Protagonisten mit den Grenzsituationen, in denen seine eigene Rationalität und Moral die einzigen Bezugspunkte der Entscheidungen bilden, ist sowohl in *Kaźń* wie auch in *Dolina sumienia* zu finden. Einen anderen Aspekt der Bestimmung des Menschen – und zwar als der Quelle der Erlösung – präsentieren die Romane von Henry Lion Oldi, in denen die großen Mythologeme des antiken Griechenland (verkörpert in den Figuren des Herakles und *Odysseus*) neu erzählt werden. Der Mensch – in der Gestalt des Heros – wird in diesem Falle zum schöpferischen und in seinem Handeln tragischen Wesen. Indem er nicht nur die Gebote der Götter übertritt, sondern auch die Beschränkungen der Natur überschreitet, wird er zum Schöpfer der Kultur, die ihm durch das kulturelle Gedächtnis die Unsterblichkeit und Beständigkeit sichert. Es liegt hier somit ein Fall der literarischen Rückkehr zum antiken Memento „Erkenne dich selbst" vor. Es darf jedoch nicht außer Acht gelassen werden, dass die hier angeführten Fabeln nicht nur Positives, sondern auch Negatives bestimmen, und zwar insofern, als hier auch ein Prinzip am Werk ist, welches besagt: „Wenn der Verstand schläft, erwachen die Dämonen." Der Wille und der Verstand – die innerhalb des Gewissens und der richtig erkannten Hierarchie der Werte tätig sind – lassen den Menschen ungeachtet der gegebenen Situation optimale Entscheidungen treffen – oder aber sie lassen ihn in die Irre führen, wenn seine Erkenntnisse oder axiologische Präferenzen gestört oder falsch sind. Solche Bilder vermitteln in der phantastischen Prosa das Spektrum der möglichen Haltungen.

Der andere Aspekt der Suche nach dem axiologischen Modus – verankert im Raum der Bezüge zur Tradition – bildet nur eine spezifische Variante des Obigen. Der Mensch kann die Tradition gestalten, entstellen, verwerfen, zerstören oder

[91] Vgl. Diaczenko 2006b.

technologisch ändern. In jedem Fall wirkt dieser gemeinsame, zwischenmenschliche Bedeutungsraum jedoch auf ihn zurück – auch wenn er sich dessen nicht immer bewusst ist. In den Romanen vom Typus *The Hero Must Be Alone* und *The King Must Die*[92] handelt es sich um dem Versuch, den Protagonisten als Kultur-Menschen in der menschlichen Perspektive zu zeigen, deren Heroismus durch alltägliche Taten und den Preis, der für sie bezahlt werden muss, bestimmt wird. Die Tradition der Antike erscheint hier nicht mehr als ein idealer, makelloser Monolith. Sie ist vielmehr ein Produkt der Zeiten, in denen die für den Menschen fundamentalen Werke entstanden. Vor allem wurde damals der Stellenwert der moralischen Haltungen entdeckt, die dann in den Kodexen gespeichert wurden, um die Kontinuität der Gemeinschaft zu gewährleisten. Das Entstellen und das Verwerfen der Überlieferungen der Tradition finden sich etwa in der Saga über den Hexer (*The Witcher)* von Andrzej Sapkowski. Hier führen Pragmatismus, Machtgier und das Verlangen nach materiellen Gütern nicht nur zu Ressentiments, sondern auch zum Rassismus (und gar zum Holocaust). Ähnliche Szenarien entwerfen Tolkien in *The Lord of the Rings* und Nik Perumov in *Kroniki Hjörwardu.*[93] Das Bild des der kulturellen Güter beraubten Menschen ist etwa bei Brian Aldiss in den Romanen *Non-Stop*[94] und *Hothouse*[95] zu sehen. Dagegen wird im Roman *River of Gods* die Kultur im Prozess der technologischen Verwandlung gezeigt. Wichtig sind hier die Konsequenzen, die dieser Prozess nach sich zieht.

Einen weiteren Aspekt der Suche nach dem Weg der Erlösung thematisieren Romane, in denen religiöse oder mythische Motive aufgegriffen werden. Was religiöse Motive angeht, so sind die Romane von Tolkien und Lewis das kaum zu überbietende Muster. So behandelt Szczepan Twardoch in *Epifania Wikarego Trzaski*[96] das Problem der Illusion der Pseudo-Offenbarungen, die sich aus dem Bedürfnis nach dem Mystischen ergeben. Doch wichtiger in diesem Zusammenhang scheint die Frage zu sein, die von einem Eremiten gestellt wird: „[...] und wer bist du, dass Gott sich dir offenbaren sollte?“[97] In diesem Text gibt es sowohl Bilder von der für den modernen Menschen symptomatischen Flucht vor institutionalisierten Formen des religiösen Lebens, als auch Bilder von der Suche nach der individuellen Berührung mit dem Sacrum. Vor allem aber enthält der Text das grundsätzliche Repetitorium, das schon bei Rudolf Otto (*Das Heilige*) zu finden ist und das die totale Abhängigkeit des Menschen vom Numinosen meint. Wenn man den Mythos als Raum für die Suche nach den Mustern des menschlichen

92 Vgl. Renault 1958.
93 Vgl. Pierumow 2007.
94 Vgl. Aldiss 1958.
95 Vgl. Aldiss 1976.
96 Vgl. Twardoch 2007.
97 Twardoch 2007, S. 128.

Handelns betrachtet, so lassen sich hier zwei Typen von literarischen Strategien ausmachen. Dies ist einerseits auf das Dichotomische der geistigen Natur des mythischen (prähistorischen) Menschen und andererseits auf den Gegenwartsmenschen, der unter der Herrschaft der Rationalität lebt, zurückzuführen. Die erste, alethische Strategie beruht darauf, dass man in die Welt der gegenwärtigen Sinngehalte archaische Mythologeme[98] wieder einführt (Saga *Asgard*[99]) – mit ihren typischen Helden (*American Gods*) und mit Elementen der Geistigkeit der Schamanen (*Shadowrun*, *Cat's Eye*[100]). Die zweite Strategie bildet die mythopoetische Spekulation. Sie besteht darin, dass man verschiedene Haltungen, Aufgaben, Fragen, Lösungen und deren Konsequenzen aus der Perspektive des Gegenwartsmenschen in der Welt prüft, die aber in der Wirklichkeit durch Realien des mythischen lebendigen Kosmos bestimmt wird. An dieser Stelle müsste man die Grundtexte der mythopoetischen Fantasy[101] unter die Lupe nehmen. Sehr oft handelt es sich derzeit um Verfahren, mit denen die Bilder des Sacrums geändert oder verfälscht werden. Dies wird erreicht, indem zum Beispiel literarische Welten geschaffen werden, in denen neue Pantheons der Götter errichtet und aktiv werden (*Kraken*). Es geschieht aber auch, indem man die göttliche Allmacht pragmatisch manipuliert (*The Changing Land*[102]). Es kommt hier also darauf an, neue Haltungen angesichts des Bedeutungsraums zu prüfen, der traditionell dem Sacrum zugeschrieben wird.

Märchen entfalten einen etwas anderen Raum der Suche. Als Beispiel könnte hier der Zweiteiler *The Orphan's Tales* dienen, in dem die Figur des Fremden und die mit ihr zusammenhängenden Haltungen, Ängste und Aberglauben dekonstruiert werden. Ähnliche Strategien verwenden auch die russischen Schriftsteller/innen jüngerer Generation, wie etwa Ekaterina Sedia (*The Secret History of Moscow*) oder Anna Starobiniec (*Schron 7/7*[103]) und in einer veränderten Perspektive Wladimir Sorokin (*Ice*[104], *BRO*[105], *23000*[106]) und Viktor Pelewin (*Empire V*). Auch Patricia A. McKillip (*The Riddlemaster of Hed*[107]) ist in diesem Kontext zu nennen. Der gemeinsame Nenner derartiger literarischer Projekte wird darin

---

98 Das Archaische an einem Mythologem wird in Anlehnung an die Erkenntnisse des Religionswissenschaftlers M. Eliade und anhand der funktionalen Merkmale von E. Mieletyński angenommen. (Vgl. Eliade 1993, Mieletyński 1981.)

99 Vgl. Hohlbein 2011.

100 Vgl. Atwood 1988.

101 Gemeint sind hier etwa Werke wie *The Lord of the Rings* und *Silmarillion* von J.R.R. Tolkien oder *Earthsee* von Ursula LeGuin.

102 Vgl. Zelazny 1981.

103 Vgl. Starobiniec 2009.

104 Vgl. Sorokin 2007.

105 Vgl. Sorokin 2008.

106 Vgl. Sorokin 2010.

107 Vgl. McKlipp 1976.

deutlich, dass hier funktionale Hierarchien von Werten entworfen werden, die in den übernatürlichen Welten märchenhafter Typen verortet sind. Es handelt sich hier teilweise um entfernte Reminiszenzen an das kosmische Sacrum und teilweise an das funktionale Wunderbare sowie an die Volkserzählung. Das Sacrum ist in diesen Texten nie monistischer Art und das Moralische scheint interessanterweise nicht darunter zu leiden.

Die Matrize (Matrix) des Spiels

Das Formulieren der moralisch orientierten Frage und die Bestimmung des Sinnhorizonts, im Rahmen dessen nach eventuellen Antworten gesucht werden kann, bilden nur ein strukturelles Element, um die hier zur Debatte stehende Frage narrativ zu entfalten. Durch diese narrative Entfaltung wird dem Leser nicht nur das Wesentliche veranschaulicht, vielmehr wird es durch sie möglich, sowohl den Handlungsverlauf zu verfolgen, als auch die Prinzipien, nach denen die Ereignisse organisiert werden, zu rationalisieren. Es liegt hier eine Art literarisches Spiel vor, welches (gemäß den Erkenntnissen von Johan Huizinga) dazu führt, dass man die ihm eingeschriebenen Regeln kennen lernt. Da in diesem Falle die Mehrheit der Regeln den Strukturen des religiösen, mythischen und philosophischen Denkens entnommen wird, kann sich der Rezipient die Prinzipien (Regeln) aus diesen außerliterarischen Paradigmen aneignen, dazu noch in einer Form, die ihm ästhetisch attraktiv erscheint.[108]

Was die Regeln angeht, so ist hier eine von ihnen besonders relevant: die schematische Darstellung von Hierarchien der moralischen Werte. Diese Hierarchien können zum Beispiel auf den Überlieferungen aus der religiösen Tradition (*The Lord of the Rings, The Chronicles of Narnia*) oder auf solchen, die ihnen gegenüber polemisch sind (*His Dark Materials*), fußen. Sie können sich auf postsäkulare (*The Ice*) oder mythopoetische (*The Hero Must Be Alone, The King Must Die*) Modelle beziehen. Folglich arbeiten die Konstruktionen der axiologischen Schemata mit der skeptischen Vernunft und verwerfen das den offenen Fragen inhärente Geheimnis (die offenen Fragen werden hier nicht als offen behandelt). Die Wirklichkeit wird dabei auf die physikalisch-mathematische Dimension reduziert (Asimov, Lem). Möglich sind auch Haltungen, die sich einer heroischen Vernunft religiöser (Tolkien) oder quasi-mythischer (Le Guin) Prägung bedienen, wobei die Wirklichkeit in diesem Fall eine deutliche metaphysische Perspektive besitzt. Überdies gibt es auch Modelle der moralischen Entscheidungen, die in einer märchenhaften Übernatürlichkeit verortet sind und die weder aus der säku-

[108] Vgl. Huizinga 1998, passim.

laren, noch aus der post-säkularen Tradition schöpfen, da aus ihr [der Tradition] kein relevanter Bezugspunkt gemacht wird.

Die pragmatische Dimension bildet einen weiteren Aspekt des hier beschriebenen Spiels. Sie beruht darauf, dass konkrete Haltungen anhand der Subjekte narrativ entwickelt werden. Die vielleicht am häufigsten literarisch vermittelte Haltung ist in der Figur des Heros anzutreffen. Dieses Paradigma umfasst etwa den klassischen, mythischen Heros (*The Hero Must Be Alone*), den Anti-Heros (*Conan*[109]), den Greis-Heros (*Waylander*[110]), den Rächer (*Damned*[111]), den Jungen (*Harry Potter*), den Magier (*A Wizard of Earthsea*) und den Heros ohne Gedächtnis (*Pages of Pain*[112]). Der Heros funktioniert jedoch immer als eine liminale Figur. Als Kämpfer betritt er das Jenseits, er bekämpft und tötet Bestien, wobei diese Taten nicht folgenlos für seine Persönlichkeit bleiben, was wohl am besten in den Romanen von Henry Lion Oldi zu sehen ist. Der Heros kämpft nicht nur darum, die Harmonie der Welt aufrechtzuerhalten, er erfährt auch ihre chaotische und destruktive Dimension. Diese Dimension manifestiert sich nicht immer am Handeln der Bestie, sondern resultiert genauso oft aus den menschlichen Haltungen. Der Heros entscheidet sich nicht nur für gewisse Werte, sondern ist auch darum bemüht, sie in die zwischenmenschliche Wirklichkeit zu integrieren. Das wesentlichste Merkmal dieser Haltung zeigt sich an ihrer Liminalität. Der Heros kämpft und tötet, er tut dies zwar, um andere (und sich) zu schützen, aber er tut es dennoch. Somit handelt es sich darum, die moralischen Aspekte der Realisierung der Güter, die für wichtig erachtet werden, literarisch zu schildern. Genauso wichtig ist in diesem Kontext auch der Preis, der in diesem Prozess bezahlt werden muss. Dies können Wahnsinn (*The Hero Must Be Alone*), Einsamkeit (*A Wizard of Earthsea*), Unverständnis (*Pages of Pain*), Ausgestoßensein (*The Witcher*) oder auch Hochmut und die Verwicklung in das Böse sein.

Eine andere Variante, in der Welt der Werte zu agieren, bietet der Trickster. Diese ambivalente Figur markiert in den Mythologien das sogenannte „andere Geschöpf". Die einfachste Realisierung bildet die mythopoetische Neu-Narration, wie dies etwa bei Loki in *American Gods* der Fall ist. Der Trickster handelt in der Regel aktiv, sowohl in der Welt der Werte, als auch in der Welt der Anti-Werte – um die Nomenklatur von Max Scheler zu benutzen. Bei den Figuren, die mehr oder weniger auf mythischen Bezügen basieren, wird das Handeln des Tricksters durch den axiologischen Aspekt der den Menschen umgebenden Natur bestimmt und birgt im mythischen Handlungshorizont Antworten auf Fragen, die für Voltaire nicht zugänglich waren. Bei den Figuren dagegen, deren Handeln kei-

---

109 Vgl. Howard; De Camp; Carter 1967.
110 Vgl. Gemmel 1986.
111 Vgl. Palahniuk 2011.
112 Vgl. Denning 1996.

ne mythischen Haltungen beinhaltet, geht es um moralisch verwerfliche Taten – um hier nur auf *Kaźń* hinzuweisen. Damit eignet sich die Figur des Tricksters dazu, positive und negative Handlungen des Menschen, wie auch deren Folgen und Konsequenzen präzise zu schildern.

Den anderen Typus markiert die Figur des Beobachters, der an dynamischen Handlungen, die die konkreten Werte realisieren sollen, nicht teilnimmt. Dieses Muster wird eher selten verwendet, denn es ist nicht attraktiv und ertragreich für die phantastischen Fabeln mit moralischen Fragen.

Der letzte, besonders interessante und philosophisch komplizierte Typus wird in der Figur des Bösen verkörpert. Das Paradigma hierzu ist sehr ausgearbeitet. Es gibt etwa das dämonische Böse (*Call of Cthulhu*[113]), die biblische Symbolik des Bösen (*Silmarillion*), das Böse kosmischer Prägung (*The Secret History of Moscow*) und das Böse persönlicher Natur (*The Lord of the Rings*) mit einer breiten Palette von Figuren des Besessenen, des Verwandelten und des Entarteten. Interessant erscheint in diesem Zusammenhang die Tatsache, dass die Symbolik an individuellen Beispielen literarisch entfaltet wird, die für die Philosophen das Skandalon der Vernunft ist. Es scheint in diesem konkreten Fall, dass die Literatur manchmal imstande ist, dieses Problem in einer Weise zu behandeln, die für die Philosophen immer noch unzugänglich bleibt.

Das Agieren der verschiedenen Protagonisten nach den oben skizzierten Regeln zieht normalerweise ganz bestimmte – mit den früheren Handlungen und Entscheidungen kohärente – Effekte nach sich. An dieser Stelle ist vor allem die Verwicklung mit dem Bösen zu nennen. Ein klassisches Beispiel liefert die Figur des Gollum aus *The Lord of the Rings*, wobei hier die Tatsache unterstrichen werden muss, dass es eben dank Gollum möglich wird, den Ring zu vernichten. Somit ändern (im menschlichen Verständnis) das Gute und das Böse angesichts des Absoluten ganz ihren Status, was übrigens den früher angeführten Erkenntnissen von Rudolf Otto entspricht. Häufiger verhält es sich jedoch so, dass die Figur, die der Intrige des Bösen zum Opfer fällt, für die Integration der Anti-Werte in die zwischenmenschliche Wirklichkeit verantwortlich ist. Hierzu sind zwei Haltungen zu nennen: die von Saruman aus *The Lord of the Rings,* also ohne menschliche Komponente und ohne Gewissensbisse, und eine zweite, in der das Bewusstsein des Verfalls und des Leidens bewahrt wird. Was die letztgenannte Haltung angeht, so ist noch hinzuzufügen: Es kommt vor, dass die Figur keine Möglichkeit mehr hat, erlöst zu werden, somit wird mit ihr die tragische Dimension des Verfalls veranschaulicht (*Caliban's Hour*[114], *Child of Ancient City*[115]). Es kommt aber auch vor, dass der gefallene Protagonist die Möglichkeit bekommt, sich von der Wirkung

---

[113] Vgl. Lovecraft 2004.

[114] Vgl. Williams 1994.

[115] Vgl. Williams 1992.

des Bösen zu befreien, wie dies etwa in der Figur des Herrschers von Rohan (*The Lord of the Rings*) der Fall ist.

Was die Verwicklung mit dem Bösen anbelangt – sei es durch Versuchung, Einschüchterung, Täuschung oder Lüge – so seien an dieser Stelle noch zwei ergänzende Aspekte hervorgehoben: Erstens kommt es zu einer inneren – und oft auch äußeren – Verwandlung des Protagonisten, die in der Regel zur Dehumanisierung und Bestialisierung führt. Zweitens macht sich die Verlorenheit bemerkbar, d. h. das Agieren nach dem illusorischen axiologischen Modell, das auf einer Lüge basiert. Ein Paradebeispiel liefert hier die Figur des Gollum, der gegen sich selbst kämpft. Die Verlorenheit ist auch für liminale Figuren – die heutzutage in der phantastischen Literatur so oft anzutreffenden einsamen Rächer und Mörder[116] – charakteristisch. Sie resultiert daraus, dass die Protagonisten sowohl das Gute als auch das Böse nutzen, um an ein bestimmtes Gut zu kommen, das an sich in moralischer Hinsicht begründet sein mag.

Phantastik als Morallabor

Resümierend kann festgehalten werden: Die grundsätzliche Funktion der Spekulationen, die im Rahmen der als Morallabor behandelten literarischen Narrationen angestellt werden, besteht darin, die Grundlage zu finden, auf der das konkrete axiologische Modell gebaut wird, mit dem das Handeln und Verhalten der Figuren in dieser konkreten Perspektive bestimmt wird.

Diese Grundlage kann gesucht und gefunden werden in der durch die Narration entfalteten Symbolik (*Stowarzyszenie braci, The Night Watch, The Day Watch*), in dem literarischen adaptierten und zu erprobenden metaphysischen Schema (*Abyss of Hungry Eyes, The Hero Must Be Alone*), in der Auseinandersetzung mit der Tradition (*Name of the Wind*[117]), in neuen Technologien (*Neuromancer*) – und last, but not least in tiefgründigen anthropologischen Analysen (*Earthsea, The Riddlemaster of Hed, Kaźń*).

Abschließend kann von zwei Modellen der Spekulation gesprochen werden, die am häufigsten repräsentiert werden. Einerseits ist es die mythopoetische Spekulation, die nicht nur die spekulativ behandelten Neu-Narrationen von Mythen und Mythologemen umfasst, sondern auch die Bilder des lebendigen Kosmos, des Magiers, des Schamanen, des Heros und des Tricksters liefert. Andererseits ist es die futurologisch-technologische Spekulation, die mit den Zuständen/Situationen arbeitet, in denen der Mensch seine biologischen Einschränkungen überschreitet. In beiden Fällen wird die Natur der individuell realisierten Menschlichkeit durch

[116] Um an dieser Stelle einige Beispiele anzuführen: *Farlander* und *Stands a Shadow* von C. Buchanan oder *The Heroes* von J. Abercrombie.

[117] Vgl. Rothfuss 2007.

die Werte determiniert, für die sich der Mensch entscheidet und nach denen er lebt.

Bibliographie

Primärliteratur

Aldiss, Bryan: Greybeard. London: Faber & Faber 1964.
— Hothouse. Boston: Gregg Press 1976.
— Non-stop. London: Faber & Faber 1958.
Asimov, Issac: I, Robot. New York: Gnome Press 1950.
Atwood, Margaret: Cat's Eye. New York: Doubleday 1988.
Chadbourn, Mark: The Age of Misrule. London: Orion Publishing Group 1999.
Charette, Robert, M.: Sekrety Mocy. (Bd. 1–3) Warszawa: ISA 1997.
Cyran, Janusz: Ciemne lustra. Lublin: Fabryka Słów 2006.
Denning, Troy: Pages of Pain. Lake Geneva: TSR 1996.
Diaczenko, M./S.; Oldi, H. L.; Walentinow, A.: Granica. Olsztyn: Solaris 2004.
Diaczenko, Marina/Siergiej: Miedziany król. Olsztyn: Solaris 2009.
— Kaźń. Olsztyn: Solaris 2006 a.
— Waran. Olsztyn: Solaris 2006 b.
— Magom wszystko wolno. Olsztyn: Solaris 2005.
Dick, Philip, K.: Do Androids Dream of Electric Sheep? New York: Doubleday 1968.
— Ubik. New York: Doubleday 1969.
Donaldson, Stephen, R.: The Chronicles of Thomas Covenant the Unbeliever. Lord Foul's Bane. London: Fontana 1978.
Duncan, Hal: Vellum: The Book of All Hours. London: Pan Macmillan 2005.
Farmer, Philip, J.: Riverworld. New York: Putman 1971–1983.
Gaiman, Neil: American Gods. New York: William Morrow 2001.
Galina, Maria: Wilcza gwiazda. Stawdiguda: Solaris 2006.
Gemmel, David: Waylander. London: Century 1986.
Gibson, William: Neuromancer. New York: Ace 1984.
Harrison, John M.: Viriconium. New York: Bantam Books 2005.
Herbert, Frank: Dune. Philadelphia: Chilton Books 1965.
— God Emperor of Dune. London: Gollancz 1981.
Hohlbein, Wolfgang: Thor. Saga Asgard. Warszawa: Wydawn. Telbit 2011.
Hopkinson, Nalo: Brown Girl in the Ring. New York: Warner Books 1998.
Howard, Robert N.; De Camp, Sprague L.; Carter, Lin: Conan. New York: Ace Books 1967.
Kay, Guy G.: The Fionavar Tapestry. Toronto: Harper Perennial 1995.
Kochański, Krzysztof: Zabójca czarownic. Warszawa: Alma-Press 1986.
Kossakowska, Maja L.: Siewca Wiatru. Lublin: Fabryka Słów 2004.
Le Guin, Ursula K.: A Wizard of Earthsea. Berkeley: Parnassus Press 1968.
— Earthsea. San Diego: Harcourt 2001.
— The Eye of the Heron. New York: Dell Publishing 1978.
— The Left Hand of Darkness. New York: Walker 1969.
Lewis, Clive S.: The Chronicles of Narnia. London: HarperCollins (1950–1956, Bd. 1–7).

Lovecraft, Howard P.: Zew Cthulhu. Toruń: Wydawmictwo C&T 2004.
Łukin, Jewgienij: Strefa sprawiedliwości. Olsztyn: Solaris 2004.
McDonald, Ian: River of Gods. New York: Simon & Schuster 2004.
McKlipp, Patricia A.: The Riddle-master of Hed. New York: Atheneum 1976.
Miéville, China: Kraken. London: Pan Macmillan 2010.
Moorcock, Michael: Behold the Man. London: Allison & Busby 1969.
Morrow, James, K.: Towing Jehovah. New York: Harcourt Brace 1994.
— Blameless in Abaddon. New York: Harcourt Brace 1996.
Oldie, Henry, L.: Heros powinien być jeden. Warszawa: Fabryka Słów 2009.
— Oldie, Henry L.: The Abyss of Hungry Eyes. Moscow: Ėksmo 2001.
Palahniuk, Chuck: Damned. New York: Doubleday 2011.
Pelewin, Victor O.: Empire V. Moscow: Ėksmo 2006.
Pierumow, Nik: Hjörwardu. (Bd. 1–3.) Warszawa: Proszyński i S-ka 2007.
Pullman, Philip: His Dark Materials. London: Scholastic 1995–2000.
Renault, Mary: The King Must Die. New York: Pantheon, 1958.
Rothfuss, Patrick: Name of the Wind. New York: DAW Books 2007.
Russell, Mary D.: The Sparrow. New York: Villard Books 1996.
Sapkowski, Andrzej: Wiedźmin. Warszawa: Reporter 1990.
Sedia, Ekaterina: The Secret History of Moscow. London: Diamond 2007.
Silverberg, Robert: Majipoor Series. London: Pan 1983.
— Downward to the Earth. New York: Doubleday 1970.
— und Jean Marc Chambon: Roma aeterna. Paris: Robert Laffont 2004.
— The Stochastic Man. London: Gollancz 1976.
Sorokin, Vladimir: 23000. Berlin: Berlin-Verl. 2010.
— Bro. New York: NYRB Classics 2008.
— Ice. Trans. Gambrell, Jamey. New York: New York Review Books 2007.
Starobiniec, Anna: Schron 7/7. Warszawa: Pro'szyn'ski i S-ka 2009.
Stover, Matthew W.: Caine's Law. New York: Del Rey 2012.
Szostak, Wit: Gledźby Ropucha. Czyli Podania i bajędy Międzygórza z klechd rozklecone z pleciug wyplecione i na nowo w ględźby przesupłane, przez Ropucha Eremitę w świętym i starożytnym monastyrze boga Los. Warszawa: Agencja Wydawnicza Runa 2005.
Tolkien, J. R. R.:. London: George Allen & Unwin 1977.
— The Lord of the Rings. London: George Allen & Unwin (1954–1955, Bd. 1–3).
Twardoch, Szczepan: Epifania wikarego Trzaski. Wrocław: Wydawnictwo Dolnośląskie 2007.
— Wieczny Grunwald. Warszawa: Narodowe Centrum Kultury 2010.
Valente, Catherynne, M.: The Orphan's Tales. New York: Bantam Dell 2006–2007.
Williams, Tad: Caliban's Hour. New York: HarperPrism 1994.
— und Nina K. Hoffman: Child of Ancient City. New York: Atheneum 1992.
Zajdel, Janusz A.: Cała prawda o planecie Ksi. Kraków: Wydawnictwo Literackie 1991.
Zelazny, Roger: The Changing Land. New York: Ballantine Books 1981.
— Lord Demon. New York: Avon Eos 1999.
— Lord of Light. New York: Doubleday 1967.

Sekundärliteratur

Barber, Benjamin R.: Consumed. How Markets Corrupt Children, Infantilize Adults, and Swallow Citizens Whole. New York: Norton 2007.

Barth, John: The Literature of Exhaustion. In: John Barth: The Friday Book: Essays and Other

Non-Fiction. London: The John Hopkins University Press 1984, S. 62–76.

Caillois, Roger: W sercu fantastyki. Gdańsk: Słowo/Obraz Terytoria 2005.

Dukaj, Jacek: Lód. Kraków: Wydawnictwo Literackie 2007.

Eliade, Mircea: Traktat o historii religii. Warszawa: Opus 1993.

Ingarden, Roman: O dziele literackim. Badania z pogranicza ontologii, teorii języka i filozofii literatury. Warszawa: PWN 1988.

Hervieu-Léger, Daniéle: Religia jako pamięć. Kraków: Dom Wydawniczy „Nomos" 1999.

Huizinga, Johan: Homo ludens. Zabawa jako źródło kultury. Warszawa: Czytelnik 1998.

James, Edwin O.: The Ancient Gods. The History and Diffusion of Religion in the Ancient Near East and the Eastern Mediterranean. New York: G. P. Putnam's Sons 1960.

Jaspers, Karl: Wiara filozoficzna wobec objawienia. Kraków: Znak 1999.

Kant, Immanuel: Krytyka czystego rozumu. (Bd. 1.) Warszawa: Państwowe Wydawnictwo Naukowe 1986.

Kłoskowska, Antonina: Kultura masowa. Warszawa: Wydawnictwo Naukowe PWN 2005.

Kołakowski, Leszek: Horror metaphysicus. Warszawa: Respublika 1990.

Kowalski, Piotr: Popkultura i humaniści. Daleki od kompletności remanent spraw, poglądów i mistyfikacji. Kraków: Wydawnictwo Uniwersytetu Jagiellońskiego 2004.

Lévinas, Emmanuel: O Bogu, który nawiedza myśl. Kraków: Znak 1994, passim.

Lotman, Jurij, M.: O cznaczeniach we wtórnych systemach modelujących. In: Michał Głowiński und Henryk Markiewicz (Hg.): Studia z teorii literatury. Archiwum przekładów ‚Pamiętnika literackiego'. (Bd. 11.) Warszawa: Zakład narodowy im. Ossolin'skich 1977, S. 7–22.

Markiewicz, Henryk: Teorie powieści za granicą. Warszawa: Wydawnictwo Naukowe PWN 1995.

McHale, Brian: Powieść postmodernistyczna. Kraków: Wydawnictwo Uniwersytetu Jagiellońskiego 2012.

Mieletyński, Eleazar: Poetyka mitu. Warszawa: Państwowy Instytut Wydawniczy 1981.

Nycz, Ryszard: Tekstowy świat. Poststrukturalizm a wiedza o literaturze. Warszawa: Instytut Badań Literackich 1995.

Ortega y Gasset, José: La rebelión de las masas. Madrid: Revista de occidente 1930.

Otto, Rudolf: Świętość. Warszawa: Książka i Wiedza 1968.

Pascal, Blaise: Myśli. Warszawa: Instytut Wydawniczy PAX 1989.

Ricoeur, Paul: Intryga i historyczna opowieść. Kraków: Wydawnictwo Uniwersytetu Jagiellońskiego 2008.

— Język, tekst, interpretacja: wybór pism. Warszawa: Państwowy Instytut Wydawniczy 1989.

— O sobie samym jako innym. Warszawa: Wydawnictwo Naukowe PWN 2003.

Strinati, Dominic: Wprowadzenie do kultury popularnej. Poznań: Zysk i S-ka 1998.

Taylor, Charles: Modern Social Imaginaries. Durham and London: Duke University Press 2004.
Tischner, Józef: Filozofia dramatu. Wprowadzenie. Kraków: Znak 1998.
— Filozofia współczesna. Kraków: Instytut Teologiczny Ksie?zÿy Misjonarzy 1989.
Tolkien, J. R. R.: Potwory i krytycy i inne eseje. Poznań: Wydawnictwo Zysk i S-ka 1994.
Trocha, Bogdan: Degradacja mitu w literaturze fantasy. Zielona Góra: Oficyna Wydawnicza Uniwersytetu Zielonogórskiego 2009.
Waggoner, Diana: The Hills of Faraway. A Guide to Fantasy. New York: Atheneum 1978.

IDENTITÄTEN

„Hook was not his true name"

Identitätsspiele in James M. Barries *Peter Pan*

Julia Hoffmann

Literatur als Spielplatz

Die freie Auseinandersetzung mit der Welt im Spiel wird oftmals mit der Transformation einer subjektiven Welt in Fiktion verglichen.[1] Im Spiel wie in der Fiktion können tabuisierte Wahrheiten ausgesprochen werden. Zudem bieten Spiel und Fiktion Möglichkeiten, in eine andere Welt zu fliehen, und vermögen so das Alltagsleben zu entlasten. Die enge Verwandtschaft von Spiel und Fiktion ist auch in der Textreihe *Peter Pan*[2] auf mehreren Ebenen bedeutsam. *Peter Pan* spielt in mehrerer Hinsicht mit Fiktion, z. B. indem Literatur zitiert und parodiert wird. Auch überlagern sich die fiktionale und die reale Ebene, beispielsweise wenn Peter das Publikum fragt, ob es an Elfen (Fairies) glaubt, oder wenn sich die Kurzgeschichte *The Blot on Peter Pan* selbstreferenziell kommentiert. Außerdem macht Barrie in der dem Schauspiel vorangestellten Danksagung darauf aufmerksam, dass *Peter Pan* durch seine Spiele mit den Brüdern Davies[3] entstanden ist und er deshalb eigentlich nicht als Autor gelten könne. Barrie versucht so die Illusion eines Textes, der aus sich selbst heraus entstanden ist und keinen Autor hat, zu evozieren. Ungefähr ein halbes Jahrhundert vor Theoretikern wie Wolfgang Kayser, Wayne C. Booth, Julia Kristeva und Roland Barthes, die in unterschiedlicher Gewichtung die Relevanz des Autors für den Text in Abrede stellen, spielt Barrie mit seiner eigenen Entmachtung als Autor. Zudem posiert der Autor auf einigen Fotos

---

1 So sieht zum Beispiel Hans-Georg Gadamer in der Literatur die Vervollkommnung des Spiels. Leider kann ich hierauf nicht näher eingehen. Vgl. Gadamer 1972.

2 Peter Pan-Motive kommen in zahlreichen Texten von J. M. Barrie vor. Zur Interpretation ziehe ich v.a. das Schauspiel *Peter Pan* (1930; im Folgenden mit *PP* abgekürzt) und die Erzählung *Peter and Wendy* (1995; im Folgenden *PW*) heran. Beide Primärtexte werden im Fließtext zitiert.

3 Gemeint sind die Llewelyn-Davies Geschwister George, John ‚Jack', Peter, Michael und Nicholas ‚Nico'. Barrie war ihr Spielfreund und Ziehvater und wurde nach dem frühen Tod ihrer Eltern zu ihrem Vormund ernannt.

als Hook und Peter Davies als Peter Pan,[4] wodurch suggeriert wird, dass es sich bei Hook um ein Selbstbild des Autors handelt. Dies wird durch den Vornamen Hooks, James, unterstrichen. Barrie und *Peter Pan* kokettieren folglich mit dem Spiel mit Realität und Fiktion und dem kreativen Schaffensprozess des Spielens.

Im Folgenden versuche ich zu zeigen, dass man auch das Geschehen in J. M. Barries Textreihe als Spiel lesen kann. Da den Figuren Captain Hook und Mr. Darling in dieser Hinsicht eine Schlüsselfunktion zukommt, werden sie nunmehr in den Fokus genommen.

Mr. Darling oder Captain Hook

„Hook was not his true name.
To reveal who he really was would even at this date
set the country in a blaze."
(*PW*: 141f.)

Dafür, dass man die Geschehnisse in den *Peter Pan*-Texten als Spiel lesen kann, gibt es mehrere Hinweise. Ein Indiz ist der kindliche Ton, welcher nicht nur in Neverland, sondern auch in der realitätskonformen Primärwelt (Bloomsbury, London) herrscht. So wirkt es z.B. seltsam, dass die Familie eine Hündin als Kindermädchen beschäftigt, was damit erklärt werden kann, dass die Kinder ihrem Haustier im Spiel diese Rolle zuweisen. Auch das kindische Verhalten Mr. Darlings kann als spielerisch gedeutet werden. Das Spiel nimmt also bereits in Bloomsbury seinen Anfang und klingt dort gleichsam aus, weshalb sich der Übergang zwischen Sekundär- und der Primärwelt gleitend gestaltet. Im Elternhaus, wo die Macht des Rationalen und Erwachsenen größer ist, kann sich das Spiel nicht vollständig entfalten. Das kindliche Spiel wird durch den erwachsenen Mr. Darling torpediert, indem er z.B. seine Medizin nicht nimmt und den Hund zur Strafe in den Garten verbannt, um damit seine Herrschaftsposition in der Familie zu untermauern. Die Geschwister sind über dieses Verhalten ihres Vaters sehr erbost. Als Konsequenz ziehen sie sich in eine imaginäre Welt, Neverland, zurück, in der sie das Spiel bestimmen. Folglich kann Neverland als Raum aufgefasst werden kann, in dem ein grenzenloses Spiel möglich ist, da in der Imagination Erwachsene keine Autorität ausüben können.

Allerdings will Mr. Darling auch weiterhin nicht vom Spiel der Kinder ausgeschlossen werden und versucht sich daher – in der Rolle des Captain Hook – in das

[4] Ein 1901 im privaten Rahmen veröffentlichtes Fotoalbum mit dem Titel *The Boy Castaways of Black Lake Island* kann als Beginn einer Textreihe aufgefasst werden, in der Motive vorkommen, die sich schließlich auch in dem Schauspiel und der Erzählung *Peter Pan* finden. Es handelt sich hierbei um ein fotografiertes Abenteuerspiel der drei älteren Llewelyn-Davies-Jungen, welches von Barrie mit fiktionalen Kommentaren im Stile Marryats versehen wurde.

Spiel hineinzudrängen, was durch eine Reihe auffälliger Parallelen zwischen dem Piratenkapitän Jas. Hook und Mr. Darling deutlich wird. Hook erfüllt in Neverland dieselbe Funktion wie Mr. Darling in seinem Haus in London: Er ist der Gegenspieler der Kinder und will alle Macht für sich beanspruchen. Mr. Darling und Hook verkörpern in ihrer Welt das Männliche und Erwachsene und haben dabei dennoch auch kindlich konnotierte Züge, die ihre Autorität unterwandern. Beide Männer neigen ferner zu maßlosen Übertreibungen und sind sehr auf ihr Äußeres bedacht. Mr. Darling meint beispielsweise, dass sein weiteres Leben einen negativen Verlauf nehmen würde, sollte es ihm nicht gelingen, seine Krawatte ordentlich zu binden (*PP*: S. 32f.). Captain Hook legt ebenfalls gesteigerten Wert auf seine Garderobe und ist zwanghaft damit beschäftigt, eine ‚gute Form' abzugeben bzw. ‚gut in Form zu sein'. Sogar in den letzten Sekunden seines Lebens denkt er darüber nach, ob seine Kleidung perfekt ist (vgl. *PW*: S. 159). Die beiden Männer haben außerdem eine klassische Schulbildung genossen und einen ausgeprägten Hang zum Sarkasmus. Die Herrschaft Captain Hooks über die Piraten des Schiffes Jolly Roger beruht zudem, wie Mr. Darlings Position als *pater familias*, auf Autorität und Angst. Nachdem Hook die Lost Boys und die Darlings gefangen genommen hat, stellt er sie z.B. vor die Wahl, entweder über die Planke zu laufen oder selbst Piraten zu werden. Er versucht sich seine Sehnsucht, von Kindern geliebt zu werden, also dadurch zu erfüllen, dass er ihre Zuneigung erzwingt. Hierin tritt erneut ein Wesenszug Mr. Darlings hervor, denn dieser unternimmt ebenfalls den Versuch, ihre Liebe zu erlangen, indem er auf seinen Anspruch als Familienvater beharrt. In ihrer Position sind Hook und Mr. Darling also gefürchtet, doch sie sehnen sich nicht nur nach dem Respekt, sondern auch nach der Liebe der Kinder. So beklagt sich Hook „No little children to love me“ (*PW:* S. 143) und bedauert in seiner Einsamkeit sein eigenes Schicksal (vgl. *PW*: S. 141). Das tyrannische und eifersüchtige Verhalten der beiden Männer ist also das Resultat ihrer Gefangenschaft zwischen Liebessehnsucht und Machtwillen. Es gelingt ihnen nicht, ihre gesellschaftlichen und familiären Bedürfnisse in Einklang zu bringen.

Zusammenfassend kann festgestellt werden, dass beinahe jede Charakterisierung Mr. Darlings ihre Entsprechung in der Beschreibung Captain Hooks findet, und so ist davon auszugehen, dass Hook eine Verwandlung oder Spiegelung von Mr. Darling ist. Der heimliche Name Captain Jas. Hooks, auf den der Erzähler mit der Anmerkung „Hook was not his true name“ (*PW*: S. 141) anspielt, ist folglich Mr. Darling. Dieser hat sich bereits in der Primärwelt als unfairer Spieler erwiesen, und auch als Hook hält er sich nicht an die Regeln. Beispielsweise ignoriert er die Konventionen der Indianer bezüglich eines Angriffs und versucht Peter heimtückisch zu vergiften, wobei letztere Szene stark an einen Täuschungsversuch Mr. Darlings erinnert, bei dem er seine Medizin in dem Hundenapf Nanas verschwinden lässt. Auf diese Weise wiederholen sich die Spiele der Primärwelt in der Sekundärwelt in intensiverer Form. Die Kinder wollen ihren Vater jedoch in seiner Spielidentität Hook aus ihrer Welt vertreiben und imaginieren dazu ein Kind, das in dieser Welt herrscht, die Regeln ihrer Spiele festlegt und als ‚Gott' in Neverland nicht verlieren kann.

Als-Ob-Spiel oder Gespieltes Neverland

In Neverland wird das Wirklichkeit, was man sich als real vorstellt, wodurch hervorgehoben wird, dass es sich hier um eine Spielwelt handelt. Für Peter Pan ist beispielsweise jedes Als-Ob-Spiel real. Stellte sich Peter also vor, dass er einen Obstsalat zu sich nähme, so könnte er die Früchte darin schmecken und würde davon satt, was zeigt, dass Peter eine eigene Auffassung von Realität hat. Indem er die anderen Kinder zum Als-Ob-Spiel anhält, versucht er ihnen seine Realität aufzuzwingen. Darüber hinaus kann Wendy ihr Haus erbauen, indem sie es sich ‚ersingt'. Diese beiden Figuren haben also besonders viel Einfluss in Neverland, weil ihre starke Imaginationsfähigkeit ihnen Macht verleiht. *Peter Pan* fordert auf diese Weise die dominante Realitätssicht der Erwachsenen heraus und setzt ihr eine Kinderwelt entgegen, in der die Machtverhältnisse zur realitätskompatiblen Welt umgekehrt sind. Der alltägliche Kampf zwischen den Geschwistern Wendy, John, Michael und Mr. Darling verwandelt sich in Neverland in ein abenteuerliches Kriegsspiel. Die Kinder werden durch die Figur Peter Pans repräsentiert, der Vater durch die Captain Hooks. Letzterer will die Mutter, deren Rolle Wendy übernimmt, rauben, was parallel zu der Szene in London gelesen werden kann, in der Mr. Darling seine Frau am Abend ausführt. Aus ‚aus'führen wird in Neverland ‚ent'führen und aus Mrs. Darling Wendy.

Versteht man die Erlebnisse in Neverland als Spiel, so ist Hook dementsprechend eine Rolle, die von Mr. Darling verkörpert wird. Dies wird dadurch untermauert, dass Captain Hook und Mr. Darling, seitdem Gerald du Maurier sie beide verkörperte, traditionell in einer Doppelrolle gespielt werden.

Überdies lassen sich mehrere schlüssige Interpretationen in dieser Auslegung der Texte als Spiel subsumieren. So wird einer psychologischen Interpretation nicht widersprochen, da sich im Spiel symbolische Handlungen ausdrücken, die das aktuelle Leben des Kindes reflektieren, wie der Entwicklungspsychologe Jean Piaget beschreibt.[5] Ferner wird nicht ausgeschlossen, dass es sich hier um einen kinderliterarischen, märchenhaft-phantastischen Text handelt.[6] Gerhard Haas, der einen Definitionsversuch kinderliterarischer Phantastik unternimmt, weist sogar

5 Piaget 1969.

6 Die skurrile Welt der Darlings in Bloomsbury lässt sich dadurch erklären, dass Neverland langsam mit der Primärwelt zusammenfällt. Ferner kann der Übergang zwischen den Welten dadurch einfacher vonstatten gehen.

dezidiert auf das Erschaffen von Spielwelten in der kinderliterarischen Phantastik hin:

„Ebenso erweist sich phantastische Literatur immer wieder auch als Möglichkeit bunter Spielentwürfe. Funktional gesehen heißt das, dass Phantastik den Leser einlädt, aus den logischen und rationalen Formen des Denkens heraus und in manchen Fällen in die völlige Freiheit des offenen, nicht ziel- bzw. aussagegerichteten Spiels einzutreten.“[7]

Neverland ist also ein Spiel, das die Primärwelt Bloomsbury symbolisch spiegelt, wobei diese Interpretation zwischen der psychologischen und der kinderliterarisch-phantastischen Weltdeutung steht. Das Spielland wird aus den Gedanken der Kinder geformt (vgl. *PW*: S. 6f.) und ist so in der Primärwelt verwurzelt. Die Darlings begeben sich im Als-Ob-Spiel in eine fiktive Welt, in der alles möglich ist. Die Eltern spielen das Spiel mit und tun so, als wären die Kinder tatsächlich fort gewesen.

Vater-Mutter-Kind-Spiel oder Enttäuschte Erwartungen

Im Spiel können die Kinder die ihnen zugedachten Rollen erproben. Zugleich werden auf diese Weise die Rollenbilder der Familie Darling verdeutlicht. Kelley-Lainé ist der Meinung, dass die Kinder im Spiel versuchen würden, ihre Familie selbst besser zu organisieren, da der Vater in der Organisation der Familie scheitere.[8] Dies zeigt sich bereits im Mutter-Vater-Kindspiel in Bloomsbury. Hier nimmt John die Vaterrolle ein und imitiert dabei Mr. Darling: „JOHN (*historionically*). We are doing an act; we are playing at being you and father. *(He imitates the only father who has come under his special notice.)* A little less noise there“ (*PP:* S. 30). Die Beschwerde über den Lärm der Kinder wird von John als typischer Ausruf seines Vaters empfunden, was zeigt, dass die Kinder das Gefühl haben, ihm lästig zu sein. Für die Geschwister ist er der fremde, meist abwesende Vater, der ihre familiäre Eintracht stört. Wendy, die die Mutterrolle übernimmt, bemüht sich in Bloomsbury wie in Neverland, Mrs. Darling perfekt nachzuahmen, und mimt die Rolle der devoten Hausfrau: „[...] she was far to loyal a housewife to listen to any complaints against father. ‚Father knows best‘, she always said, whatever her private opinion must be“ (*PW:* S. 106). Wendy glaubt, dem Vater in ihrer Mutterrolle uneingeschränkte Loyalität entgegenbringen zu müssen, doch innerlich ist sie von seinem unredlichen Benehmen entsetzt und kann es nicht gutheißen.

Das Verhältnis zu ihrem Vater kennzeichnet wiederum auch jene ambivalente Faszination, die Hook auf Wendy ausübt. Diese Enttäuschung Wendys und ih-

[7] Haas 2006, S. 32.
[8] Vgl. Kelly-Lainé 1997.

rer Brüder über das unfaire Verhalten ihres Vaters manifestiert sich in Neverland in Peter Pans konsequenter Ablehnung gegenüber unfairem Spiel: „unfairness is what he never can get used to" (*PP:* S. 91). In dem freien Raum,[9] den Neverland ihnen bietet, führen die Geschwister ihr Rollenspiel fort und setzen sich mit dem ungerechten Verhalten des Vaters auseinander, indem sie ihn in seiner Spielgestalt Hook bekämpfen. Außerdem suchen sie nach einem Ersatz für ihren Vater. Da sie als väterliches Vorbild nur den eigenen Vater kennen, wie aus den oben zitierten Regieanweisungen hervorgeht, erfinden sie einen Vater, der kein Erwachsener, sondern wie sie ein Kind ist. Dadurch wird der Kindgott Peter Pan zu ihrem Vaterersatz, wobei Peters Indianername „Great White Father" (*PW:* S. 105) den Wunsch der Geschwister, in Neverland in Peter einen Vater zu haben, untermauert. Sie sehen in ihm den bestmöglichen Beschützer und wollen sich auf ihn verlassen können. Allerdings gewährt Peter einem jeden nur so lange Aufmerksamkeit, wie er Gefallen daran findet, da er in seinem Wesen ein verantwortungsloses Kind ist. Er ist sogar so sehr Kind, dass er sich selbst in der gespielten Vaterrolle unwohl fühlt.

Ähnlich wie Peter Pan ein erwünschter Kind-Vater ist, repräsentiert Wendy die Kind-Mutter. Allerdings will Wendy nicht in alle Ewigkeit Mutter spielen, sondern eine reale Mutter werden. Als Erwachsene, die das kindliche Spiel nicht mehr imaginieren kann, hat Wendy jedoch keinen Nutzen mehr für Peter. Während Neverland für das Mädchen einen endlichen Rahmen hat, ist es für ihn ein ewiges Spiel, denn er ist eine imaginierte Figur, die das Spiel nicht beenden kann, weil er nur in ihm besteht. Wendy sieht die Vater-Mutter-Kind-Spiele in Neverland nur als Übergang zum erwachsenen Familienleben, welches sie in ihrer realen Welt bald erwartet; Peter bleibt hingegen für immer Kind. Das Spiel und die Vorstellungen der beiden Figuren von ihrer Identität klaffen also auseinander bzw. geraten miteinander in Konflikt.

Schlussendlich erfüllt das Vater-Mutter-Kind-Spiel mehrere Funktionen in der Textreihe: Es verdeutlicht die Rollenbilder, die Machtverhältnisse und die problematische Beziehung zwischen Mr. Darling und seinen Kindern. Auch der Konflikt zwischen dem Wunsch, Kind zu sein, und dem Drang, erwachsen zu werden, wird hier deutlich. In der Phantasiewelt des Spiels ersetzt Peter Pan John als Spielvater, um dem unfairen erwachsenen Vater, Mr. Darling, der ihnen hier als Captain Hook entgegentritt, einen mächtigen, furchtlosen Kind-Vater entgegenstellen zu können. In der Primärwelt herrscht der Vater, und seine Autorität darf von den Kindern nicht infrage gestellt werden. Das Spiel in Neverland ermöglicht es den

[9] Für Huizinga drückt sich im „überlogischen" Spiel vor allem „freies Handeln" aus. Vgl. Huizinga 1956, S. 12.

Kindern aber, sich mit ihrem Vater auf gleicher Ebene zu messen. Dabei behält die Kindheit, repräsentiert durch Peter Pan, stets die Oberhand.

Piratenspiele oder Parodie eines Schurken

Erwachsene wie Mr. Darling können sich nur als Piraten in Neverland aufhalten und müssen folglich in eine andere Rolle schlüpfen, um an dem Spiel teilnehmen zu können. Die Verkleidung als Pirat dient ihnen als Vehikel zur Imaginationsfähigkeit. Ferner braucht Mr. Darling literarische Werke wie *Treasure Island*, die ihm bei der Ausgestaltung seines Charakters behilflich sind. So muss er seine Rolle nicht vollständig selbst imaginieren, sondern kann sich vorhandener Figuren aus anderen literarischen Kinderwelten bedienen. Nur mit Hilfe von Fiktion kann Mr. Darling sich seiner Phantasie hingeben, und somit ermöglichen Literatur und Verkleidung eine Teilnahme der Erwachsenen am kindlichen Spiel und Literatur wird zum Mittler zwischen der kindlichen und der erwachsenen Weltsicht und Realität.

Da Mr. Darling seine übergeordnete Position auch im Spiel nicht ablegen kann, fühlt er sich in seiner Autorität oftmals angegriffen, was dazu führt, dass er sich unfair verhält und deshalb die Rolle des Schurken übernehmen muss. Ferner sind Erwachsene, also Nicht-Kinder, in einer Welt, die den Kindern gehört, die ‚Anderen', und müssen daher die Gegner der Kinder sein. Sie werden wiederum zu Piraten, weil sie diese Antagonisten aus der Literatur kennen, wobei die Bukanier *Treasure Island*s ihnen eine gute Identifikationsvorlage bieten, da sie in einen Abenteuerroman und damit in eine Abenteuerwelt gehören.[10] Die Piraten sind Figuren, welche zwischen den Kindern und den Erwachsenen der realen Welt stehen. Daher bevölkern sie nicht die Insel Neverland selbst, sondern das Meer, wodurch ihr ‚Dazwischen-Status' auch auf einer topographischen Ebene ausgedrückt wird. Sie sind kindliche Erwachsene und bemitleidenswerte Bösewichte, die sich nach der Kindheit sehnen und sich bemühen, wie Peter Pan ihre kindliche Freiheit zu bewahren. Allerdings wirken die Erwachsenen im Spiel komisch, weil ihnen das Imaginieren schwer fällt. Daher erscheint Hook in seiner Verkleidung als Kapitän genauso lächerlich wie Mr. Darling in seiner Rolle als Vater. Mr. Darling kann einen ruchlosen Piratenkapitän nicht in der Vollständigkeit imaginieren, wie dies Peter Pan könnte, weshalb sich komische Elemente in den Charakter Captain Hooks mischen und dieser zur Parodie wird. Folglich sind Kinder aufgrund ihrer größeren Phantasie und Imaginationsfähigkeit den Erwachsenen in der Spielwelt überlegen.

[10] Hierfür gibt es in den Texten mehrere Hinweise, worauf ich in Hinblick auf die Kürze des Textes jedoch leider nicht eingehen kann.

Das schwere Herz oder Die verlorene Kindheit

In Neverland herrscht ein Kampf zwischen dem „[p]roud and insolent youth [...]“, Peter Pan, und dem „[d]ark and sinister man“ (*PW:* S. 157), Captain Hook, wobei vor allem die narzisstische, aufmüpfige und kecke Seite Peters einen unbändigen Zorn in Captain Hook hervorruft. Dieser kann es nicht ertragen, dass ein Junge ihn lächerlich macht und seine Autorität nachhaltig untergräbt:

„The truth is that there was a something about Peter which goaded the pirate captain to frenzy. It was not his courage, it was not his engaging appearance, it was not–. There is no beating about the bush, for we know quite well what it was, and have got to tell. It was Peter's cockiness.
This had got on Hook's nerves; it made his iron claw twitch, and at night it disturbed him like an insect. While Peter lived, the tortured man felt that he was a lion in a cage into which a sparrow had come.“ (*PW:* S. 127)

In der gleichen Weise, wie Mr. Darling dem Hund eine Lektion erteilen will, sieht sich Hook gezwungen, Pan zu töten. Allerdings spürt er, dass er am Ende der Verlierer sein wird. Der Pirat weiß instinktiv, dass Peter derjenige ist, „who could beat him“ (*PW:* S. 113). Zu dem Zeitpunkt seines vermeintlichen Sieges über die Kinder äußert er in einem seiner düsteren Monologe eine mystische Vorahnung seines Todes: „And yet some disky spirit compels me now to make my dying speech“ (*PP:* S. 118). Das Ticken der Uhr, die ein ihn verfolgendes Krokodil mitsamt seinem Arm verschluckt hat, erinnert ihn stetig daran, dass er ein alter Mann ist und seine Zeit im wahrsten Sinne des Wortes bald abgelaufen sein wird; denn hört die Uhr auf zu schlagen, so ist auch seine Lebenszeit verronnen. Die Zeit, welche durch das Krokodil repräsentiert wird, entpuppt sich somit als Hooks eigentlicher Gegner.

Hook ist eine Gestalt der Vergangenheit, was sich auch in seiner Sprache und seiner altertümlichen Kleidung ausdrückt, und muss von der jüngeren Generation abgelöst werden. Die Piraten in *Peter Pan* repräsentieren somit die Abenteurer der älteren Generation und ihre Spiele gehören eigentlich bereits der Geschichte an. Das Schicksal Hooks steht also von vornherein unwiderrufbar fest; das Geschehen in *Peter Pan* mythisch oder von hinten[11] motiviert. In der Welt, die den Kindern gehört, ist es Gesetz, dass die Jungen die Alten besiegen, weshalb sich Hook nur halbherzig gegen Peter wehrt. Dieser braucht am Ende keine Mühe auf die Tötung des Piraten zu verwenden. Er zieht sich einfach aus dem Geschehen zurück und wartet, bis die Zeit für Hook gekommen ist. Wie R. D. S. Jack darlegt, verwandelt sich Peter vom Kind zum Gott, wenn er seine Flöte spielt.[12] Jack fol-

[11] Clemens Lugowskis Begriff. Vgl. Lugowski 1932.
[12] Jack 1991, S. 221.

gert daraus: „Hook is destroyed by Pan's lost interest“[13], was besonders plausibel ist, wenn man davon ausgeht, dass sich in der Welt des Kinderspiels ein Erwachsener nur dann aufhalten kann, wenn die Kinder mit ihm spielen. Mr. Darlings Visum für Neverland ist begrenzt. Der Erwachsene braucht also Kinder, wie auch Verkleidung und Phantasieanregungen durch Literatur, um in der kindlichen Welt mitspielen zu können. Die Leichtlebigkeit und Unbeschwertheit, welche Pan angesichts dieses Kampfes an den Tag legt, verdeutlichen dem Kapitän zudem, wie alt, erwachsen und phantasielos er bereits ist. Er kann den Kampf um die Macht nicht auf die leichte Schulter nehmen, da er im Gegensatz zu den Kindern nicht mehr „gay and innocent and heartless“ (*PW:* S. 185), sondern verbittert, besorgt und schuldbeladen ist. Er hat ein Herz, welches brechen und ihn in den Selbstmord treiben kann und wird. Somit stellt sich Hook als emotionaler Mann heraus, der in Anbindung an die Empfindsamkeit an einem gebrochenen Herzen stirbt.

Neverland ist folglich keine zweigeteilte Welt, in der sich ‚Gut‘ und ‚Böse‘ problemlos zuordnen lassen. Während sich hinter dem grausamen Schurken ein feinfühliger Mann verbirgt, der von Kindern geliebt werden will, gerne musiziert und die formschöne Sprache liebt, stellt sich Peter Pan als kaltblütiger, verantwortungsloser Egoist heraus. In den *Peter Pan*-Texten sind Erwachsene also nicht als starre Gegensätze zu den Kindern konzipiert, sondern als ehemalige Kinder, die mit Wehmut und Neid auf das Spiel zurückblicken. Durch Erzähler und Figurenrede wird versucht, Sympathie und Verständnis für sie zu wecken, weshalb Hook und Mr. Darling genauso grausam wie einsam sind. Und auch der unbekannte homodiegetische Erzähler von *Peter and Wendy* erzählt aus der Perspektive eines Erwachsenen heraus, der mit Trauer auf seine verlorene Kindheit und das Unverständnis der Kinder gegenüber seiner Situation blickt, sich aber gleichzeitig an die Spiele seiner Kindheit erinnern kann.

Die Kinder, denen die zauberhafte Welt gehört, zeigen jedoch kein Mitleid gegenüber den Erwachsenen und beanspruchen Neverland allein für sich selbst. Kinder werden hier nicht idealisiert und keineswegs als unschuldig und rein dargestellt, sondern mehrfach als herzlos beschrieben. So töten sie beispielsweise die Piraten, ohne dabei ein schlechtes Gewissen zu haben, wobei ihre Herzlosigkeit obendrein ein notwendiges Attribut ist, um nach Neverland fliegen zu können. Als Erwachsener hat man hingegen ein Herz und kann daher nicht mehr fliegen, was durch die Darstellung der älter werdenden Wendy veranschaulicht wird: Peter nimmt Wendy immer wieder zum Frühjahrsputz mit nach Neverland. Mit der Zeit schwindet jedoch ihre Flugfähigkeit, sodass sie gezwungen ist, einen Besen zu benutzen. Mit ihrer Mutterschaft verliert sie endgültig auch diese Befähigung, da ihr die Leichtigkeit, mit der man sich dem imaginativen Spiel hingeben muss, fehlt.

[13] Ebd., S. 188.

Als Mutter hat sie ein mit Verantwortung beschwertes Herz, das sie am Boden hält und ihr den Weg nach Neverland versperrt. Im Gegensatz dazu übernimmt Peter für niemanden Verantwortung und hat daher kein Herz und nicht das geringste Gewicht. Erwachsene, insbesondere Eltern, kommen jedoch nicht umhin, sich um die Kinder zu sorgen. In diesem Sinne hat man als Erwachsener ein Herz, als Kind jedoch nicht.

Hook wünscht sich für immer in der Kinderwelt verharren zu können, doch er ist zu alt und zu erwachsen. Er blickt wie der Erzähler neiderfüllten Auges auf die Kinderwelt, in der er keinen Platz mehr hat. Sein Herz bricht, da niemand mit ihm spielen will und aus Verzweiflung darüber stürzt er sich in den Rachen des Krokodils.

Verkleidungsspiel oder Generationenwechsel auf der Jolly Roger

Nach dem Tod Hooks übernehmen Peter Pan und die Lost Boys das Piratenschiff Jolly Roger:

„It need not be said who was the captain. Nibs and John were first and second mate. The rest were tars before the mast, and lived in the fo'c'sle. Peter had already lashed himself to the wheel; but he piped all hands and delivered a short address to them; said he hoped they would do their duty like gallant hearties, but that he knew they were the scum of Rio and the Gold Coast, and if they snapped at him he would tear them." (*PW:* S. 161)

Aus dem Zitat geht deutlich hervor, dass Peters Status als Kapitän und Führer von den anderen Kindern als selbstverständlich aufgefasst wird. Indem Peter die Kleidung Hooks, inklusive des Hakens, an sich nimmt und dessen Zigarren zu rauchen beginnt, verkleidet er sich als Hook und nimmt im Spiel dessen Rolle an: „he sat long in the cabin with Hook's cigar holder in his mouth and one hand clenched, all but the forefinger, which he bent and held threateningly aloft like a hook" (*PW:* S. 162). Da in Neverland das Spiel zur Realität wird, transformiert sich Pan durch die Verkleidung in Hook. [14] Verkleiden führt folglich zur Übernahme einer anderen Identität, und so wird Mr. Darling in seinem Piratenkostüm zu Captain Hook. Auch ersetzt Wendy Mrs. Darling als Mutter, und so löst die jüngere Generation die ältere Generation ab. *Peter Pan* erzählt somit vom Machtwechsel zwischen den Generationen.

Wie Hook regiert Peter das Schiff jedoch mit eiserner Hand, duldet keine Widerworte und behandelt seine Mannschaft schlecht (vgl. *PW:* S. 162). Hook und Pan sind sich demnach in ihrem totalitären Führungsstil und ihrem Egoismus sehr

---

[14] Der ‚offizielle' Nachfolger von *Peter Pan*, Geraldine McCaughreans *Peter Pan in Scarlet* (2006), greift diese Tatsache auf, indem Peter hier durch das Anziehen von Hooks Kleidung langsam dessen Identität annimmt.

ähnlich. Sie beanspruchen die unangefochtene Oberbefehlsgewalt über ihre Untertanen und stellen die geltenden Spielregeln in ihrem Herrschaftsbereich auf. Da Peter genauso grausam, egoistisch und unnachgiebig ist wie Hook, ergibt sich aus diesem Machtwechsel keine Verbesserung.

Am Ende sind die Kinder Gewinner und Verlierer zugleich: Sie finden in die mütterliche Geborgenheit zurück, müssen dafür aber erwachsen werden und verlieren damit ihre Fähigkeit zu fliegen. Auf diese Weise wird demonstriert, dass auch sie – wie Mr. Darling – erwachsen werden und nicht bis an ihr Lebensende in der unbeschwerten Spielwelt verharren können, da die Zeit des unbegrenzten Spiels mit der Kindheit endet. Wendy wird erwachsen und verlernt im Zuge dessen das Fliegen. Wie ein imaginärer Freund verschwindet Peter Pan mit zunehmendem Alter immer mehr aus ihrem Leben. Die Geschichte findet jedoch mit dem Erwachsenwerden Wendys kein Ende, sondern beginnt mit jedem Kind von Neuem.

Im Spiel konnten die Kinder ungehindert ihrer Wut freien Lauf lassen; somit hatte die imaginative Reise dorthin eine Ventilfunktion. Die Machtverhältnisse innerhalb der Familie ändern sich dadurch allerdings nicht: Nur im Als-Ob-Spiel konnten die Kinder erfahren, wie es wäre, den Vater zu stürzen. Trotz seines Sieges über Hook ist auch Peter am Ende kein strahlender Sieger, da es ihm letztendlich nicht möglich ist, sich gegen Mrs. Darling durchzusetzen, die als Vorbild Wendys ihre Macht auch in Neverland ausübt und bewirkt, dass die Kinder wieder nach Hause zurückkehren. Peter verliert so seine kindliche Mutter an die Primärwelt. Allerdings weist der Erzähler darauf hin, dass Mrs. Darling nach ihrem Tod bald vergessen ist. Folglich gibt es am Ende in dem Spiel *Peter Pan* weder Gewinner noch Verlierer, sondern nur ein selbstbezogenes, ‚fremdes Kind‘ und Figuren, die sehnsüchtig auf eine verlorene Kindheit zurückblicken.

Fazit

Es hat sich herausgestellt, dass die Beziehung zwischen George Darling und seinen Kindern von zentraler Bedeutung für *Peter Pan* ist. Das unfaire Spiel Mr. Darlings löst einen Konflikt zwischen den Geschwistern und ihrem Vater aus, welcher ausschlaggebend dafür ist, dass sie in die Spielwelt flüchten, wo er weniger Macht hat. In der ‚verkehrten Welt‘ Neverland treffen Wendy, John und Michael Mr. Darling in seiner Verkleidung als Piratenkapitän Hook an. Verschiedene Einflüsse, darunter vor allem aus der Kinderliteratur und der Alltagswelt der Darlings, konstituieren den Charakter Captain Hooks und die Welt des Spiels. Hier können die Darlings ihre Gefühle und Gedanken in verkleideter Form ausleben, ohne sich vor Strafen fürchten zu müssen. Neverland dient folglich als Ventil,

Fluchtmöglichkeit und freies Spaßland, in dem Peter Pan und Captain Hook einen Stellvertreterkrieg für die Darling-Kinder und ihren Vater führen.

Mr. Darlings Aufnahme einer Piraten-Identität liegt darin begründet, dass er eine fiktive Rolle braucht, um am Spiel der Kinder teilnehmen zu können. Er ist ein Mann, der sich nicht damit abfinden will, erwachsen zu sein und nicht mitspielen zu dürfen. Durch sein unfaires Spiel wird der Vater in Neverland zum Piraten und damit zum gesellschaftlichen Außenseiter, der den Werten der Kinder und ihrer Weltsicht entgegensteht. Der Vater in der Doppelrolle als Mr. Darling und Captain Hook gibt darüber hinaus einen wichtigen Hinweis auf den ontologischen Status der Welt Neverland. So wird der Pirat als Vater zur Schlüsselfigur zum Verständnis der Textreihe. Davon ausgehend, dass es sich bei dem Geschehen in den Texten in essenzieller Weise um ein Spiel handelt, an dem Mr. Darling teilnimmt, ergibt sich ferner ein zwiegespaltenes Vaterbild, da Mr. Darling zugleich der autoritäre, edwardianische Ernährer und der Spielkamerad seiner Kinder ist, der sich Abenteuergeschichten mit ihnen ausdenkt. Obwohl er sich in Bloomsbury wie in Neverland nach außen hin als autoritärer, unnachgiebiger Schurke präsentiert, ist er im Inneren ein sentimentaler Mann, der sich wünscht, von seinen Kindern geliebt zu werden. *Peter Pan* zeigt so die Verwirrung über die Rolle des Vaters in der Familie. In den Texten sind Erwachsene folglich nicht als starre Gegensätze zu den Kindern konzipiert, sondern als ehemalige Kinder, die mit Wehmut und Neid auf das Spiel zurückblicken, an dem sie nun – wenn überhaupt – nur als Schurke teilnehmen können, wobei durch Erzähler- und Figurenrede versucht wird, Verständnis für sie zu wecken. *Peter Pan* handelt von den Spannungen zwischen Jugend und Alter bzw. Kindern und Eltern, vermittelt verschiedene Auffassungen von Wirklichkeit und stellt dominante Auffassungen von Realität in Frage.

Auch hat sich gezeigt, dass Autorität und Herrschaft in *Peter Pan* eine zentrale Rolle spielen. Es werden unterschiedliche Arten von Macht präsentiert und Hegemonien auf verschiedenen Ebenen des Textes auf den Kopf gestellt. Die patriarchale Macht Mr. Darlings wird der Lächerlichkeit preisgegeben und stellt sich gegenüber der Macht der Mutter, welche die eigentliche dominante Rolle in der Familie spielt, als wesentlich schwächer heraus. Die Macht der Kinder ist vor allem in ihrer Unbeschwertheit, Herzlosigkeit und ihrer Fähigkeit zur Imagination begründet, weshalb sie in Neverland den Erwachsenen überlegen sind.

Ferner spricht sich der Autor im Prätext nicht nur seine Deutungsmacht, sondern seine eigene Autorschaft ab und konstatiert damit seinen eigenen Tod als Autor. Es werden also gleich zwei Väter entmachtet: der Autor als Vater des Buches und Mr. Darling als Vater der Kinder, wobei beide in gewisser Weise durch Hook repräsentiert werden. Diese Entmachtung von Autoritäten und ihr bunter und phantasievoller Charakter macht die Textreihe für Kinder und Jugendliche besonders interessant.

Peter Pan ist eine Satire, die mit subjektiven Realitäten spielt und von der Kreation der Fiktion durch Spiel erzählt. Die Texte zeigen die Essenz der Kindheit durch die Augen eines Erwachsenen und fordern den Dialog zwischen der kindlichen und der erwachsenen Welt sowie Verständnis für die jeweilige Realität und Machtposition. Abschließend stellt sich *Peter Pan* als eine Textreihe dar, die sich durch eine komplexe und vielfältige Sinnzuschreibung auszeichnet, da die Texte in vieler Hinsicht mehrdeutig sind und diverse Ebenen der Sinngebung eröffnen. *Peter Pan* ist folglich ein poetisches, kreatives Spiel und für Kinder, wie auch für Erwachsene, ein besonderes Leseerlebnis.

Bibliographie

Primärliteratur

Barrie, James Matthew: The Greenwood Hat? The Blot on Peter Pan – Little Mary. New York: Charles Scribners & Sons 1931.
— The Little White Bird. O.O.: Dodo Press 2005 [EA 1902].
— Peter Pan. London: Penguin Popular Classics 1995 [EA 1911].
— Peter Pan and Other Plays. In. Ders.: The Works. Teil 10. New York: Charles Scribner's Sons 1930 [Erstaufführung 1904].
— und Arthur Rackham (Illustration): Peter Pan in Kensington Gardens. London: Hodder and Stoughton [1906].

Sekundärliteratur

Gadamer, Hans-Georg: Wahrheit und Methode. Grundzüge einer philosophischen Hermeneutik. Tübingen: Mohr 1972.
Haas, Gerhard Haas: Funktionen der Phantastik. In: Jörg Knobloch und Gudrun Stenzel (Hg.): Zauberland und Tintenwelt. Fantastik in der Kinder- und Jugendliteratur. Weinheim: Juventa 2006, S. 26–30 (Beiträge Jugendliteratur und Medien 17).
Huizinga, Johan: Homo ludens. Vom Ursprung der Kultur im Spiel. Hamburg: Rowohlt 1956.
Jack, R.D.S.: The Road To The Neverland. A Reassessment of J. M. Barrie's Dramatic Art. Aberdeen: Aberdeen University Press 1991.
Kelley-Lainé, Kathleen: Peter Pan. The Story of Lost Childhood. Shaftesbury: Element Books 1997.
Lugowski, Clemens: Die Form der Individualität im Roman. Studien zur inneren Struktur der frühen deutschen Prosaerzählung. Berlin: Junker und Dünnhaupt 1932.
Piaget, Jean: Nachahmung, Spiel und Traum. Die Entwicklung der Symbolfunktion beim Kinde. Stuttgart: Klett 1969.

„‚Three up … two across‘ […] The brick he had touched quivered“

Zur Metapher der Schwelle in Joanne K. Rowlings *Harry Potter*

Tobias Kurwinkel

In Joanne K. Rowlings erstem *Harry-Potter*-Roman informiert der heterogene, allwissende – mit Franz K. Stanzel gesprochen: auktoriale – Erzähler gleich am Anfang, dass „on the dull, grey Tuesday“, „[w]hen Mr and Mrs Dursley woke up […] there was nothing about the cloudy sky outside to suggest that strange and mysterious things would soon be happening“[1]. Der Erzähler versetzt den Leser in einen Status des Übergangs, auf eine Schwelle zwischen der stereotyp präsentierten Normalität der englischen Klein- und Vorstadtwelt der nichtsahnenden Familie Dursley und den merkwürdigen und mysteriösen Ereignissen, die kommen sollen – und werden. Der metaphorische Begriff der Schwelle, um den es im Folgenden gehen soll, zeugt, so Nicholaus Saul und Frank Möbus, „auf eigentümliche Weise vom Übergangsstatus und daher von jenen den jeweiligen Erkenntnisgegenständen eingeschriebenen Zweideutigkeiten. Auf der Schwelle stimmt der Satz vom Widerspruch nicht, denn sie ist janusköpfig und nach beiden Seiten hin offen, trennt und vereinigt, je nach Betonung.“[2]

„Wer *vor* einer Schwelle steht“, so Saul und Möbus weiter, „ahnt schon die kommende Verwandlung, die Öffnung zum Neuen.“ „Wer *auf* der Schwelle steht“ – und dies gilt für den Leser der ersten beiden Seiten von *Harry Potter and the Philosopher's Stone*, „kann zurück, befindet sich aber doch gleichzeitig im Zustand einer sowohl nach vorn wie nach hinten hin offenen Bestimmbarkeit. Wer *über* eine Schwelle gegangen ist, bleibt der Gleiche, ist aber doch auch ein Anderer geworden.“[3]

Befindet sich der Leser als Rezipient zu Beginn des Romans in einem *textexternen* Status des Übergangs, gilt für den Protagonisten *textintern* Ähnliches:

---

1 Rowling 1997, S. 8.

2 Saul und Möbus 1999, S. 9.

3 Ebd., S. 9.

Nachdem Harry Potter den Angriff Lord Voldemorts auf seine Familie als einziger überlebt hat, wird er als kleiner Junge zu seiner Tante und seinem Onkel gebracht. Hier wird er aufwachsen, „until he's ready to take it“[4] – denn es wird eine Zeit brauchen, um zu begreifen, dass sein Überleben die Macht des personifizierten Bösen in sich zusammenfallen ließ, dass sein Überleben den Fortbestand der Welt der Hexen und Zauberer sicherte.

Doch nicht nur das Unwissen über seine Geschichte offenbart den Schwellenstatus, in dem sich der Protagonist befindet. In den folgenden zehn Jahren lassen ihn die Dursleys heranwachsen, ohne ihn über die parallel existierende Sekundärwelt[5] der Hexen und Zauberer und über seine magische Herkunft in Kenntnis zu setzen. Sein Übergangsstatus manifestiert sich durch „seltsame Dinge“, die er geschehen lässt, wenn er Angst hat oder wütend ist:

> „[...] chased by Dudley's gang, he had somehow found himself out of their reach [...] dreading going to school with that ridiculous haircut, he'd managed to make it grow back [...] and the very last time Dudley had hit him, hadn't he got his revenge, without even realizing he was doing it? Hadn't he set a boa constrictor on him?[6]

Die Bedeutung der Schwellenmetapher für *Harry Potter* – und zwar sowohl für den ersten Roman als auch für die folgenden sechs Bände – konzentriert Rowling auf den ersten Seiten von *Harry Potter and the Philosopher's Stone* schließlich im Bild des kleinen Protagonisten als „bundle of blankets“[7]. Das Bündel legt Albus Dumbledore, seines Zeichens Schulleiter und zukünftig väterlicher Freund des Zauberhelden, auf die Türschwelle des Hauses von Petunia und Vernon Dursley. Diese Art der Schwelle, die Victor Turner in Anlehnung an Arnold van Gennep exemplarisch zur räumlichen Verdeutlichung von Übergangsriten verwendet, bezeichnet Turner als Niemandsland, als „betwixt and between“[8]. Kontextualisiert wird diese Bildmetapher über den Verweis auf die Moses-Erzählung des Alten Testaments – wie auch über unzählige mythologische Findelkind-Prätexte, die sie in ihrer Aussagekraft verstärken.[9] Aus thematologischer Perspektive ist die Metapher von der Schwelle Ausgangspunkt einer intertextuellen Motivkonstellation, zu der typische Motive der Kinder- und Jugendliteratur gehören. So finden sich Motive wie Außenseiter- und Auserwähltentum, Elternferne und unbekannte Her-

---

[4] Rowling 1997, S. 20.

[5] Zur Konzeption der fantastischen Welt(en) in den Harry-Potter-Romanen von Joanne K. Rowling vgl. z. B. Gerstner 2008, S. 52–54.

[6] Rowling 1997, S. 67f.

[7] Ebd., S. 22.

[8] Turner 1964

[9] In der deutschen Ausgabe von *Harry Potter and the Philosopher's Stone* übersetzt Klaus Fritz mit „Bündel aus Leintüchern“ (Rowling, 1998b) und verstärkt die Allusion damit.

kunft wie auch die Motivkette der Âventiure, der Bewährung des Protagonisten in fremder Umgebung.

Dieser Text möchte zur Terminologie und Typologie des metaphorischen Schwellenbegriffs beitragen; exemplarisch werden hierzu einzelne *fantastische Schwellen* aus der Erzählwelt der Harry-Potter-Romane untersucht. Unter Zuhilfenahme von kulturanthropologischen Theoremen Vladimir Propps und Arnold van Genneps wird die Metapher der Schwelle schließlich im zentralen Topos der Heptalogie aufgelöst, der Adoleszenz. Nimmt die Thematisierung dieses Topos auch von Band zu Band an Intensität zu, reflektieren bereits die ersten vier Bände, auf die der Beitrag im Besonderen eingeht, die Adoleszenzproblematik über verschiedene Schwellenmetaphern.[10]

Fantastische Schwellen und ihre Motive

Nachdem Harry Potter im ersten Band von seiner Zauberherkunft erfahren hat, befindet er sich erneut in einer Situation des Übergangs, die sich in ähnlicher Konfiguration zu Beginn jedes weiteren Romans wiederholen wird: Mit diversen Zauberutensilien wie Büchern, einem Zinnkessel der Normgröße zwei und einem Zauberstab ausgestattet, wartet er auf den Beginn des Schuljahrs in der „HOGWARTS SCHOOL OF WITCHCRAFT AND WIZARDRY“[11]. Er steht zwischen Primär- und Sekundärwelt, wartet auf die fantastische Passage, die zirkulär angelegt ist: Nach dem Schuljahr und den jeweils bestandenen Abenteuern kehrt der Protagonist zu seiner Tante und seinem Onkel zurück.

Zugang zur Passage und damit zur Sekundärwelt ermöglichen Artefakte, die ich als fantastische Schwellenmotive bezeichne.[12] Diese „Schleuse[n], als Umsteigepunkt[e] zwischen Primär- und Sekundärwelt“[13] können differenziert werden in materielle Schwellenmotive wie Höhlen, Bilder, Spiegel, magische Ringe oder fliegende Pferde[14] und immaterielle Schwellenmotive wie Träume, Zeitsprünge und der Tod, der komplexe Jenseitskonzeptionen wie in Astrid Lindgrens *Die Brüder Löwenherz* oder Cornelia Funkes *Tintentod* ermöglicht. Auch in der *Harry-Potter*-Heptalogie spielt der Tod als ein derartiges Schwellenmotiv eine Rolle: Nachdem Harry Potter im vorletzten Kapitel von *Harry Potter and the Deathly Hallows* von einem Todesfluch Voldemorts getroffen wurde, findet er sich in einer *Tertiärwelt* zwischen Diesseits und Jenseits wieder, aus der er nach einer Unter-

[10] Vgl. hierzu u.a. Damour 2009, S. 1.

[11] Rowling 1997, S. 76.

[12] Maria Nikolajeva bezeichnet diese Artefakte als Passagen-Fantaseme und subsumiert hierunter z.B. „doors“ und „magical objects“ (vgl. Nikolajeva 1988, S. 87).

[13] O’Sullivan 2009, S. 12.

[14] Nikolajeva 1988, S. 75.

redung mit dem verstorbenen Dumbledore zurückkehrt. Der Wirklichkeitsstatus dieser Tertiärwelt verbleibt dabei im Unklaren: „Of course it is happening inside your head, Harry, but why on earth should that mean that it is not real?“[15]

Als materielle Schwellenmotive dienen in *Harry Potter and the Philosopher's Stone* zum einen der Hinterhof des *Leaky Cauldron* mit den magischen Mauersteinen, zum anderen die „barrier between platforms nine and ten“[16], über welche die Zauberschüler zum Hogwarts-Express gelangen. Diese *permanenten Schwellenmotive* gehören zu den Türschwellen, zu den „most important passage fantaseme in fantasy since it is the principal device for combining the primary and the secondary world“, wie Maria Nikolajeva schreibt.[17] Harry Potter kann diese Schwellen nur mit externer Hilfe, mit externem Wissen überschreiten:[18] So zählt Hagrid im Hinterhof des Pubs Backsteine ab, um denjenigen zu finden, den er dreimal klopfen muss, damit sich ein Durchgang zur Winkelgasse öffnet, so erklärt Molly Weasly Harry, „[a]ll you have to do is walk straight at the barrier [...] Don't stop and don't be scared you'll crash into it“[19].

Derartige Hilfe anderer erfordert auch das immaterielle Schwellenmotiv der Side-Along Apparation in *Harry Potter and the Half-Blood Prince*. Unter Apparieren wird ein „sekundenschnelle[s] [...] Mittel der Ortsveränderung“ verstanden, das, so Michael Maar, bequemer ist „als der Besenflug, weniger holprig als der Drachenritt und zuverlässiger als der Floo Powder-Transport“.[20] Da Zauberern das Apparieren erst mit der Volljährigkeit von siebzehn Jahren gestattet ist, hält sich Harry Potter gut am Arm von Albus Dumbledore fest, als er im sechsten Band der Heptalogie zum ersten Mal dieses Transportmittel verwendet.

Floo Powder oder Flohpulver in der deutschen Übersetzung – die etymologische Herkunft stammt nicht vom Namen des parasitären Insekts, sondern vom englischen Begriff „flue“ für Kamin oder Kaminschacht – ermöglicht hingegen die Reise von Kamin zu Kamin „by fire“[21], wie Harry Potter dieses immaterielle Schwellenmotiv den Dursleys im vierten Band erklärt. Ist Flohpulver in seiner Handhabung auch einfach und unkompliziert, landet Harry Potter in *Harry Potter and the Chamber of Secrets* in einem Geschäft in der Knockturn statt in der Diagon Alley, weil er den Namen des eigentlichen Zielortes nicht deutlich genug ausgesprochen hat.

---

15 Rowling 2007, S. 579

16 Rowling 1997, S. 104.

17 Nikolajeva 1988, S. 76.

18 Vgl. hierzu auch Gerstner 2008, S. 62–64.

19 Rowling 1997, S. 104.

20 Maar 2008, S. 19.

21 Rowling 2000, S. 42.

Wohlbekannte „Muggel-Technik", die in den Romanen verzaubert als materielle Schwellenmotive Transportfunktion in die Sekundärwelt übernimmt, sind – dem Hogwarts-Express nicht unähnlich – der fliegende Ford Anglia, in dem sich Harry und Ron im gleichen Band auf den Weg in die Zauberschule machen wie auch der „Knight Bus" in *Harry Potter and the Prisoner of Azkaban*. Der violette Bus ist ein „emergency transport for the stranded witch or wizard"[22] und bringt Harry Potter zum *Leaky Cauldron*. Zu dieser Kategorie gehört auch das fliegende Motorrad, mit dem Hagrid den kleinen Harry nach dem Tod seiner Eltern zu Dumbledore bringt und das Rowling im siebten Band erneut zum Einsatz kommen lässt: Mit dem von Arthur Weasley umgebauten Motorrad reisen Harry und Hagrid von den Dursleys aus in die fantastische Sekundärwelt. Ein weiteres Motiv ist der obligatorische Hexenbesen, mit dem sich der Übergang in *Harry Potter and the Order of the Phoenix* vollzieht.

Initiation und Adoleszenz

Die fantastischen Schwellenmotive konfigurieren die Passagen in die Sekundärwelt. Viele dieser Übergänge sind metaphorisch kodierte Reflexe archaischer Initiationsriten, wie sie bereits Vladimir Propp für das Märchen nachgewiesen hat. In seinem Buch zu den historischen Wurzeln des Zaubermärchens bestimmt er den Begriff der Initiation wie folgt:

> „Dieser Ritus wurde bei Eintritt der Geschlechtsreife vollzogen. Mit diesem Ritus wurde der Jüngling in den Stammesverband eingeführt, wurde dessen vollberechtigtes Mitglied und erlangte das Recht, in die Ehe zu treten. [...] Es wurde angenommen, daß der Knabe während des Ritus starb und hernach als nunmehr neuer Mensch wieder auferstand. Dies ist der sogenannte zeitweilige Tod. Tod und Auferstehung wurden durch Handlungen hervorgerufen, die das Verschlucktwerden, das Verschlungenwerden des Knaben [...] darstellten."[23]

Dieser „zeitweilige Tod" wird von Joanne K. Rowling nicht nur am Ende von *Harry Potter and the Deathly Hallows* konkretisiert, sondern sowohl beim Apparieren als auch beim Übergang mit dem Flohpulver beschrieben. Als Harry Potter das erste Mal appariert, wird ihm schwarz vor Augen: „[...] he was being pressed very hard from all directions; he could not breathe, there were iron bands tightening around his chest; his eyeballs were being forced back into his head; his eardrums were being pushed deeper into his skull [...] He felt as though he had just been forced through a very tight rubber tube."[24]

---

22 Rowling 1999, S. 41.
23 Propp 1987, S. 64f.
24 Rowling 2005, S. 60.

Der Flohpulver-Übergang stellt sich ähnlich dar und zeichnet gleichfalls das Verschluckt- und Verschlungen-Werden nach: „It felt as though he was being sucked down a giant plug hole. He seemed to be spinning very fast ... the roaring in his ears was deafening ... he tried to keep his eyes open but the whirl of green flames made him feel sick ... [...]. He closed his eyes again wishing it would stop."[25]

Die Initiation reguliert die Adoleszenz und steht gleichsam im Zentrum jener maßgeblichen soziokulturellen Phase, die den langwierigen Prozess der Integration in die Welt der Erwachsenen meint. Die besondere Komplexität dieses Prozesses liegt sowohl im „Mit- und Gegeneinander"[26] von physischen, psychischen und sozialen Abläufen als auch darin begründet, dass er unter postmodernen Bedingungen zu einer „Lebensphase eigener Form und eigener selbsterlebbarer Qualität"[27] wird. Adoleszenz ist insofern weder „eine simple Verlängerung der Kindheitsphase" noch eine „einfache Durchgangsphase zum Erwachsenenalter".[28] Eine altersgemäße Festlegung ist schwierig: So umreißt Günter Lange diese Lebensphase vom 12. bis fast zum 30. Lebensjahr, Carsten Gansel lässt sie mit elf, die WHO bereits mit zehn Jahren beginnen.[29] Auch wenn diese Angaben nur Näherungswerte darstellen, sind sie im Kern mit den Lebensjahren kongruent, in denen Harry Potter seine Abenteuer erlebt. Diese fallen in die Zeit, in der er die Hogwarts-Schule für Hexerei und Zauberei besucht; sie beginnt mit Harrys elftem Lebensjahr und endet mit seiner Volljährigkeit. Die Jahre davor und danach werden durch Analepsen und Prolepsen (wie zum Beispiel das letzte Kapitel des 7. Bandes) erzählt.

Zur Auflösung der Schwellenmetaphern können die sich in der Adoleszenz stellenden Entwicklungsaufgaben Robert J. Havighursts herangezogen werden. Der Psychologe Georg-Wilhelm Rothgang nennt in diesem Zusammenhang unter anderem das Erreichen neuerer und reiferer Beziehungen zu Altersgenossen beiderlei Geschlechts, das Erreichen einer weiblichen bzw. männlichen Geschlechterrolle sowie das Erreichen emotionaler Unabhängigkeit von den Eltern und anderen Erwachsenen.[30]

Als Harry Potter in *Harry Potter and the Chamber of Secrets* von Onkel Vernon in seinem Zimmer eingeschlossen, sein Essen ihm durch eine Katzenklappe zugeschoben und das Fenster seines Zimmers mit einem Gitter verschlossen wird,

---

25 Rowling 1998a, S. 57.

26 Gansel 2005, S. 360.

27 Hurrelmann 1995, S. 50.

28 Gansel 2005, S. 361.

29 Lange 2011, S. 153; Gansel 2005, S. 360; http://www.who.int/maternal_child_adolescent/topics/adolescence/dev/en/, 01.05.2014.

30 Rothgang 2009, S. 100; zur verwandten klassischen Motivkonstellation der Elternferne vgl. z.B. Lexe 2000.

befreien ihn Ron, George und Fred aus dieser Situation. Hierzu binden sie das eine Ende eines Seils um die Gitterstäbe, während das andere Ende am bereits erwähnten Ford Anglia befestigt wird. Nachdem der Wagen das Gitter aus dem Fenster gerissen hat, suchen die Freunde die magischen sieben Sachen von Harry zusammen und verstauen diese im türkisblauen Auto. Bevor sie sich auf den Weg in die Zaubererwelt machen wollen, wacht Onkel Vernon auf und versucht, Harrys Flucht zu vereiteln:

„For a split second, Uncle Vernon stood framed in the doorway; then he let out a bellow like an angry bull and dived at Harry, grabbing him by the ankle.

Ron, Fred and George seized Harry's arms and pulled as hard as they could.

‚Petunia!‘, roared Uncle Vernon. ‚He's getting away! HE'S GETTING AWAY!‘

But the Weasleys gave a gigantic tug and Harry's legs slid out of Uncle Vernon's grasp. As soon as Harry was in the car and had slammed the door shut, Ron yelled, ‚Put your foot down, Fred!‘ and the car shot suddenly towards the moon.

Harry couldn't believe it – he was free.“[31]

Das fantastische Schwellenmotiv in Form des Ford Anglia gestaltet die Passage in die Sekundärwelt; die Schwelle steht als Metapher für die zentrale Entwicklungsaufgabe der – in diesem Falle – endgültigen Ablösung vom Verwandtenhaus und dem Erreichen emotionaler Unabhängigkeit. So reflektiert die Flucht in und mit dem Schwellenmotiv, van Gennep folgend, einen Trennungsritus (rite de separation), welcher auf der Ebene der Diegese eindrucksvoll über den Ablösungs-Kampf von Harry und seinem Onkel inszeniert wird.[32] Die Passage, der Übergang von der Primär- in die sekundäre Zauberwelt, stellt den eigentlichen Schwellenritus (rite de marge) dar. Das den Zyklus abschließende Angliederungsritual (rite d'agrégation) realisiert sich in Gestalt des Ankommens und des Aufgenommen-Werdens im Hause der Weasleys. An diesem Beispiel wird deutlich, wie die in der Romanwelt der Heptalogie omnipräsente Metapher der Schwelle das Topos der Adoleszenz erschließt.

Was hier am Beispiel der fantastischen Schwelle zu zeigen versucht wurde, könnte in folgenden Arbeiten auf weitere und andere Schwellen übertragen werden, so zum Beispiel auf vorausdeutende Schwellen auf der Ebene des *discours*, wie sie zu Beginn dieses Texts beschrieben wurden, wie auch auf Schwellen auf der Ebene der *histoire*.

Wenn Nicholas Saul und Frank Möbus die Schwelle zur „Metapher der Transzendenz und Identitätsstiftung schlechthin“ erklären, wenn sie die Schwelle als „Zentraltropus der Postmoderne“ bezeichnen, das „im Namen des Pluralismus so

[31] Rowling 1998a, 34f.

[32] Vgl. van Gennep 2005.

viele überkommene Konstrukte der Identität [...] gerne in Zweifel zieht"[33], werden nicht zuletzt die Bedeutung und die Leistung der Metapher für die Adoleszenzproblematik in *Harry Potter* – und *in abstracto* – deutlich.

Bibliographie

Primärliteratur

J. K. Rowling: Harry Potter and the Philosopher's Stone. London: Bloomsbury 1997.
— Harry Potter and the Chamber of Secrets. London: Bloomsbury 1998a.
— Harry Potter und der Stein der Weisen. Übersetzt von Klaus Fritz. Hamburg: Carlsen 1998b.
— Harry Potter and the Prisoner of Azkaban. London: Bloomsbury 1999.
— Harry Potter and the Goblet of Fire. London: Bloomsbury 2000.
— Harry Potter and the Order of the Phoenix. London: Bloomsbury 2003.
— Harry Potter and the Half-Blood Prince. London: Bloomsbury 2005.
— Harry Potter and the Deathly Hallows. London: Bloomsbury 2007.

Sekundärliteratur

Adolescent development. http://www.who.int/maternal_child_adolescent/topics/adolescence/dev/en/, 01.05.2014.
Damour, Lisa: Harry the Teenager: Muggle Themes in a Magical Adolescence. In: Giselle Liza Anatol (Hg.): Reading Harry Potter Again. New Critical Essays. Santa Barbara, Denver, Oxford: Praeger 2009, S. 1–10.
Gansel, Carsten: Der Adoleszenzroman. In: Günter Lange (Hg.): Taschenbuch der Kinder- und Jugendliteratur. Band 1: Grundlagen – Gattungen. Baltmannsweiler: Schneider Verlag Hohengehren 2005, S. 359–398.
Gerstner, Ulrike: Einfach phantastisch! Übernatürliche Welten in der Kinder- und Jugendliteratur. Marburg: tectum 2008.
Hurrelmann, Klaus: Lebensphase Jugend. Eine Einführung in die sozialwissenschaftliche Jugendforschung. Weinheim: Juventa 1995.
Lange, Günter: Adoleszenzroman. In: Günter Lange (Hg.): Kinder- und Jugendliteratur der Gegenwart. Ein Handbuch. Baltmannsweiler: Schneider Verlag Hohengehren 2011, S. 147–167.
Lexe, Heidi: Pippi, Pan und Potter. Zur Motivkonstellation in den Klassikern der Kinderliteratur. Wien: Praesens 2000.
Maar, Michael: Hilfe für die Hufflepuffs. Kleines Handbuch zu Harry Potter. München: Hanser 2008.
Nikolajeva, Maria: The Magic Code. The Use of Magical Patterns in Fantasy for Children. Stockholm: Almqvist & Wiksell 1988.
Rothgang, Georg-Wilhelm: Entwicklungspsychologie. 2. Aufl. Stuttgart: W. Kohlhammer 2009.

[33] Saul und Möbus 1999, S. 10.

Saul, Nicholas und Frank Möbus: Zur Einführung: Schwelle – Metapher und Denkfigur. In: Nicholas Saul et al. (Hg.): Schwellen. Germanistische Erkundungen einer Metapher. Würzburg: Königshausen und Neumann 1999, S. 9–15.

O'Sullivan, Emer: Phantastische Kinder- und Jugendliteratur. Wien: Stube, 2009.

Propp, Vladimir: Die historischen Wurzeln des Zaubermärchens. Aus dem Russischen von Martin Pfeiffer. München: Hanser 1987.

Turner, Victor W.: Betwixt and Between: The liminal Period in Rites de Passage. In: June Helm (Hg.): Proceedings of the 1964 Annual Spring Meeting of the American Ethnological Society. Washington: University of Washington Press 1964. S. 4–20.

Van Gennep, Arnold: Übergangsriten. Les rites de passage. 3., erweiterte Auflage. Frankfurt: Campus Verlag 2005.

Der kleine Nerd

Empathische Bindungen an strebsame Charaktere im fantastischen Kinder- und Jugendfilm

Meike Uhrig

Nerd Alert im Fantasy-Film

‚Nerds' erleben im Kino des neuen Jahrtausends einen Boom und erfahren in der aktuellen Medienlandschaft einen Wandel im Stellenwert, auf den ihr Auftauchen gewissermaßen als Symptom hindeutet: Sie stellen zentrale Charaktere in Fernsehserien, Spiel- und Animationsfilmen dar. Der einstige Außenseiter erlebt hier nicht nur einen dramaturgischen Wandel – weg von der Nebenfigur, hin zum zentralen Charakter der Handlung –, seine Promotion impliziert ebenso emotionale Attributionen. Wurde die Figur bisher allenfalls mit dem mitleidigen Bedauern des Zuschauers bedacht, dient sie nun als Empathieträger und Identifikationsfigur.

Was Hollywood mit der Jahrtausendwende scheinbar neu entdeckt hat, ist tatsächlich ein altbewährtes Phänomen, das sich bis in die Anfänge der Literatur- und Filmgeschichte zurückverfolgen lässt. Besonders das Fantastik-Genre – und hier speziell die Fantasy – zeichnet sich seit jeher durch seine Verbindung zum sogenannten Nerd aus. Gerade der Fantasy-Film galt von Beginn an nicht nur als Genre für ebendiese ‚Randzielgruppe', auch seine Handlungsträger sind Außenseiter, die im Verlauf ihrer Abenteuer den Status des Sonderlings stets behaupten. Dabei wird der scheinbare Makel der Figuren zu ihrer stärksten Waffe. Als affirmierend erweist sich dabei die ‚wissensfreundliche' Umgebung der imaginären Welten der Fantasy: Das Erlernen von Sprachen, Zaubersprüchen, Geschichten oder Liedern ist Aufgabe nahezu jedes Fantasy-Helden, der Erwerb von Wissen übergeordnetes Resultat der Heldenreise nach Joseph Campbell. Das Ergebnis ist eine Welt, in der der Wissbegierige – im Gegensatz zur Alltagswelt, in der nach Lori Kendall[1], lange Zeit ein ‚beharrliches Unbehagen' gegenüber ebendiesen Charakteren existierte – als zentrale Figur innerhalb der sozialen Gruppe fungieren kann.

---

1 Vgl. Kendall 2011, S. 505.

Die Fantasy, deren Figurenkonzeptionen als potentielle Rollenvorbilder besonders für ihre adoleszenten Zuschauer eine enorme Bedeutung besitzen, nimmt somit gewissermaßen eine Vorreiterrolle in einem aktuellen Phänomen ein und soll in dieser Funktion im Folgenden genauer betrachtet werden. Ziel ist es, die Figur des Nerds durch ihre Funktion innerhalb der dargestellten sozialen Gruppe sowie anhand ihrer semiotischen Bedeutung im Fantasy-Film zu untersuchen.

Wissenserwerb und Empathie im fantastischen Kinder- und Jugendfilm

Der Nerd stellt im Fantasy-Film gewissermaßen den Vorreiter eines aktuellen Trends dar, der sich auch auf das nicht-fantastische Kino- und Fernsehprogramm erstreckt; nicht mehr als bloße Außenseiter, als Loser oder Antihelden stigmatisiert, üben die wissbegierigen Figuren mithilfe ihrer charakteristischen Begabungen und Fähigkeiten weltweit eine enorme Faszination auf ihr Publikum aus; die Figur des Nerds – Wissen aufsaugend, begierig, neue Fertigkeiten zu erlernen – ist heute medial omnipräsent.

Angeblich zuerst 1950 in einem Kinderbuch von Dr. Seuss aufgetaucht, verzeichnet der Oxford English Dictionary (OED) den Begriff erstmals 1951 in einem Artikel des Magazins *Newsweek* als „insignificant, foolish, or socially inept person; a person who is boringly conventional or studious".[2] In den 1980ern wandelte sich der Begriff und bezeichnet seither „a person who pursues an unfashionable [...] interest with obsessive or exclusive dedication".[3] Im Fantasy-Genre transformieren sich die soziale Rolle des Nerds sowie sein ‚unmodisches' Interesse und dienen nunmehr einem größeren, höheren Ziel. Der Nerd wird – wie viele Antihelden vor ihm – nicht zur zentralen Figur ‚trotz' oder ‚unabhängig' davon, sondern er wird es ‚*aufgrund*'. Im Fantasy-Genre sind die Nerd-Figuren daher schon lange elementare Bestandteile der Geschichten und werden – im Gegensatz zu ihrem Erscheinen in der tatsächlichen Lebenswelt der Zuschauer – weniger als Außenseiter, sondern als elementare Mitglieder der sozialen Gemeinschaft wahrgenommen.

Bereits in frühesten fantastischen Geschichten erscheinen Leseratten und Bücherwürmer, sie halten sich über Jahrzehnte, überdauern Trends und Moden.[4] Wissen erlangt in den fantastischen Welten eine besondere Bedeutung und ist Voraussetzung für den Erfolg eines jeden Fantasy-Helden. Dabei kehren sich die Regeln der Alltagswelt gewissermaßen um und der geschundene Streber wird zur

---

[2] OED 2012.

[3] Ebd.

[4] Vgl. zum Lesen im Fantasy-Genre auch die Arbeiten von Christine Lötscher, z.B. Lötscher 2011.

zentralen Figur, der Loser und Außenseiter zum ‚primus inter pares'. Neben der Handlungsebene, auf der es gilt, mithilfe spezifischer (intellektueller) Fertigkeiten eine Aufgabe zu bewältigen, ist Wissen auch auf symbolischer Ebene in Form des Buches omnipräsent. Denn das Wissen stellt in den Geschichten der Fantasy gewissermaßen eine Binarität von Wissen im Sinne einer Horizonterweiterung einerseits und Wissen durch das Lernen und Lesen, illustriert durch das Verwenden von Symbolen wie Büchern oder Briefen, andererseits dar, die sowohl der Etablierung der fremden Welt dienen, als auch den anachronistischen Charakter der Fantasy illustrieren.

Zudem etabliert das Fantasy-Genre den Wissenserwerb auch durch sein zentrales Charakteristikum, das Übernatürliche darzustellen: Um die fantastische, höchst imaginative Welt der Fantasy verstehen zu können, bedarf es – sowohl auf Seiten des Helden als auch auf Seiten des Zuschauers – des Wissenserwerbs in Bezug auf diese fremde Welt und ihre Bewohner. Die häufig unbedarften Helden werden in den Geschichten der Fantasy meist unverhofft mit dem Bösen – oder gar dem Übernatürlichen selbst – konfrontiert, das unvermittelt über ihr Leben hereinbricht.[5] Die Vertrautheit mit den Charakteren und ihrer Situation wiederum ermöglicht den Zuschauern den Zugang zur übernatürlichen Welt und prägt die Grenzerfahrung; es beeinträchtigt sozusagen die ‚Verisimilitude' des Genres und dessen immersiven Charakter. Die Fantasy-Helden bieten sich ihren Zuschauern dabei als Identifikationsfläche an, als Rollenvorbilder, sozusagen als Fährmänner in die fantastische Welt. Dabei wird die Vertrautheit mit dem Charakter nicht allein durch den zu Beginn der Handlung identisch geringen Wissensstand in Bezug auf die imaginäre Fantasy-Welt erreicht, sondern zudem dadurch, dass die Helden der Fantasy-Welt gewissermaßen Vertreter der alltäglichen Lebenswelt ihrer Rezipienten darstellen. Bereits Todorov erklärte in Bezug auf die Fantastik: „Der Begriff des Fantastischen definiert sich [. . .] aus seinem Verhältnis zu den Begriffen des Realen und des Imaginären."[6] Es gilt entsprechend als grundlegendes Prinzip des Fantasy-Genres[7], nicht nur eine fremde Welt darzustellen, sondern die Zuschauer gleichzeitig mit Themenkomplexen zu konfrontieren, die diese in ihrer alltäglichen Lebenswelt beschäftigen.[8]

Tatsächlich wird gerade das Fantasy-Genre grundsätzlich mit Unzufriedenheiten und dem Wunsch nach Veränderung assoziiert oder analog zu bestehenden politischen Konflikten interpretiert und mit zentralen Ängsten und Problemen des

---

5 Vgl. z.B. Stresau 1984.

6 Todorov 1972, S. 26.

7 Fantasy wird im Folgenden als Unterkategorie des Fantastischen verstanden. Zur Definition von Fantasy als Genre vgl. z.B. Butler 2009, Mikos et al. 2007. Zur engeren Definition des Begriffs anhand der Motive Held, imaginäre Welt und Magie vgl. z.B. Weinreich 2007.

8 Vgl. Uhrig 2014.

Zuschauers in Verbindung gebracht. Dieses umstürzlerische Potenzial zeigt sich auch im Fantasy-Film, den David Butler in Anlehnung an Rosemary Jackson entsprechend als „cinema of subversion“[9] bezeichnet, dessen Ziel es sei, eine als unterdrückend und ungenügend wahrgenommene Ordnung aufzulösen[10], und dies auf allen filmischen Ebenen – von der innovativen Kameraführung bis hin zu den behandelten gesellschaftskritischen Themen.

Im Mainstream-Fantasy-Film hingegen findet sich diese Form der Subversion wenn nicht in verringerter, so doch in abgewandelter Form: Der kreativ-emanzipierte Umgang mit formal-technischen Mitteln weicht dem Einsatz einer Filmtechnik, die den Reglementierungen des ‚Continuity Systems‘ folgt und sich der natürlichen Wahrnehmung des Zuschauers anpasst, anstatt diese im Zuge eines inhärent rebellischen Auftrags bewusst zu untergraben. Diese Konventionalisierung des Filmstils geht einher mit der charakteristischen Emotionalisierung dieser Mainstreamformate, die sich nicht nur in der vermehrten Verwendung von Nah- und Großaufnahmen niederschlägt, sondern auch in den erzählten Geschichten und behandelten Themenkomplexen: Während die rebellische, umstürzlerische Funktion im aktuellen Kinder- und Jugend-Fantasy-Film eine verschwindend geringe Rolle zu spielen scheint – man vergleiche beispielsweise die deutlich antiklerikale Haltung in Philip Pullmans *His Dark Materials*-Trilogie mit der Verfilmung des ersten Bandes, *Der goldene Kompass*, in dem Pullmans Kritik an der Kirche kaum noch als solche zu vernehmen ist –, besitzt der Fantasy-Film deutliche Referenzen zum Alltagsleben seiner Zuschauer.[11] Man könnte hier von einem Wandel weg von einer umstürzlerischen Gesellschaftskritik hin zu emotionalen Bedürfnissen sprechen. Denn die Parallelen, die der aktuelle Fantasy-Film zum Alltagsleben seiner jungen Zuschauergruppe zieht, betreffen vor allem das Emotionserleben und damit einhergehende Themen wie Trennung, Liebe und Freundschaft: Ihre Familiengeschichten zeigen die Protagonisten häufig als Waisen, Scheidungskinder oder Verlassene. Besonders die charakteristische Abwesenheit des Vaters – sei es als Soldat im Krieg in *Die Chroniken von Narnia*, als Forscher in *Der goldene Kompass* oder Gott in *Percy Jackson* – sowie die vermeintliche Schwäche der emotionalen, opferbereiten und in der magischen Welt meist hilflos unterlegenen Mutter sind omnipräsente Motive, die eine Brücke zum Alltagsleben der adoleszenten Zuschauer schlagen.[12] Folgt man den Ausführungen John Fiskes zu populären Medienformaten, liegt gerade in diesem charakteristischen Alltagsbezug der Inhalte das subversive Potenzial der Filme.[13] Denn

---

9 Butler 2009.

10 Vgl. Jackson 2003.

11 Vgl. hierzu bspw. Reinfandt 2005 zur *His Dark Materials*-Trilogie.

12 Eine Ausnahme bildet hier Lyras Mutter in *Der goldene Kompass*.

13 Vgl. Fiske 2003.

hier werde, so Fiske, eine Rebellion auf Basis der gesellschaftlichen Mikroebene ausgelöst.

Neben der Funktion, das Bekannte und Alltägliche zu repräsentieren – und damit als potenziell rebellionsauslösendes Moment auf gesellschaftlicher Mikroebene zu fungieren –, prägt die charakteristische Abwesenheit der Elternteile zudem die Handlung nachhaltig, indem sie den kindlichen Protagonisten die erforderliche Freiheit und Macht zuteilwerden lässt, die diese auf ihrer Heldenreise benötigen – wo sie stets wahre Freunde, enge Verbündete und treue Gefährten finden. Die Dramaturgie des Fantasy-Films ähnelt so gewissermaßen auf symbolischer Ebene dem Akt des Erwachsenwerdens an sich. Durch seine, ihn verändernde Heldenreise findet beim Protagonisten ein „Reifeprozess“[14] statt, eine „Initiation ins Erwachsenen-Dasein“[15], die der Zuschauer zunächst durch sein empathisches Mitvollziehen stellvertretend durchlebt. Zudem bietet der Film dem Zuschauer durch die nahezu schrankenlosen fantastischen Möglichkeiten der Filme, in denen die Gefahren stets durch das Auftauchen ungeahnter Verbündeter in brenzligen Situationen abgemildert werden, gewissermaßen ein ‚filmisch inszeniertes Urvertrauen‘, dank dem der Protagonist – sowie der empathisch beteiligte Zuschauer – risikofrei ausprobieren und erleben kann. Die Funktion des Films, Grundbedürfnisse des Menschen zu erfüllen, wie „Freude an der Nutzung eigener Sinne, Ausprobieren körperlicher Fähigkeit, Erleben motorischer und sensorischer Aktivierung, Freude am Erlernen selbstbezogener Emotionen im Sinne des Hervorrufens und Erlebens von Emotionen und Stimmungsmomenten, Freude an persönlichem Humor und Wissen, Freude an sozialen Emotionen“[16] wird im Fantasy-Film – wie in wohl keinem anderen Mainstream-Genre – durch das Inszenieren übernatürlicher Fähigkeiten und höchst imaginativer Handlungen auf die Spitze getrieben und dabei gleichzeitig weitgehend gefahrlos in ein Umfeld aus Freunden, Verbündeten und Wohlgesonnenen eingebettet.[17]

Dabei folgen die Zuschauer den Helden des Films durch eine ‚Bindung‘ im Sinne Murray Smiths. Smith, der zur Erklärung der Anteilnahme ein System mit unterschiedlichen ‚Levels of Engagement‘ vorschlägt, die schließlich zur sogenannten „Structure of Sympathy“[18] führen, nennt als grundlegende Bindungsebene die drei Elemente ‚Recognition‘, ‚Alignment‘ und ‚Allegiance‘, wobei unter Recognition das Erkennen von Figuren als narrative Vermittler durch den Zu-

[14] Stresau 1984, S. 12.

[15] Ebd., S. 12.

[16] Bartsch/Hübner 2004, S. 230f. nach Bosshart/Macconi 1998.

[17] Auf einer weiteren Ebene erlebt der Zuschauer im kognitionspsychologischen Sinne relativ unmittelbar eine Form des Erwachsenwerdens mit, indem er eine ihm weitgehend unbekannte, zunächst undurchschaubar wirkende Welt kognitiv gestaltet und sich mit dieser bekannt macht.

[18] Vgl. Smith 1995.

schauer zu verstehen ist. Alignment hingegen betrifft den Standpunkt des Zuschauers – also sowohl das Verfolgen einer Figur durch die Handlung als auch das Einnehmen von deren subjektivem Standpunkt. Allegiance meint das Führen der moralischen Orientierung des Zuschauers durch die Narration.[19] Nach Jens Eder sind neben der moralischen Bewertung der Figur auch ihre sonstige Bewertung, die Art ihrer Darstellung sowie ihre Position in bestimmten Figurenkonstellationen von Bedeutung für die Steuerung von Sympathie.[20] Die Inszenierung der Figur beeinflusst somit die Anteilnahme der Zuschauer und damit deren Immersion in die fantastische Welt und ihr Erfahrungserleben.

Zur Rolle und semiotischen Markierung des Nerds am Beispiel von Die *Geheimnisse der Spiderwicks* und *Harry Potter*

Gerade bei Zuschauern, die sich in einer Phase der Identitätsbildung – nach Erik Erikson gar in einer Phase der ‚psychosozialen Krise'[21] – befinden, ist der Einfluss der Figurenkonzeption ein besonders spannendes und überaus relevantes Phänomen. Erikson, der die Identitätsbildung des Menschen in Beziehung zu seinen Lebensphasen setzt, nimmt eine solche prägende Phase für Menschen im Alter von sechs Jahren bis zum Eintritt der Pubertät an.[22] Gerade für diese Altersgruppe bietet der aktuelle Kinder- und Jugend-Fantasy-Film zahlreiche Figuren mit unterschiedlichen Persönlichkeiten, Stärken und Besonderheiten als Identitätsvorlage, sozusagen als Grundlage der Interaktion zur Bildung der sogenannten sozialen Identität. Denn diese wird dem Philosophen und Psychologen George Herbert Mead zufolge besonders durch das ‚Rollenspiel' geprägt, durch das Hineinversetzen in unterschiedliche Positionen.

Neben dem Spiel sind nach Mead zwei weitere Faktoren prägend: Der Wettkampf – also gewissermaßen das Sich-Positionieren (im Spiel) gegenüber anderen Vertretern der sozialen Gruppe – und die Sprache.[23] In diesem Zusammenhang ist die Rolle des Nerds im Fantasy-Film von Bedeutung. Denn auch wenn das Wissen – sei es das Erlernen der Kommunikation mit einem Drachen wie in *Eragon*, eine geistige Horizonterweiterung wie in *Der goldene Kompass* oder das Lesen und Schreiben von Büchern in *Tintenherz* – einen zentralen Komplex des Fantasy-Films darstellt, seine Personifikation in Form des Nerds bleibt meist dem engen Umkreis des eigentlichen Helden vorbehalten und semiotisch markiert.

19 Vgl. ebd.
20 Vgl. Eder 2002.
21 Vgl. Erikson 1973.
22 Vgl. ebd.
23 Vgl. Mead 1968.

Betrachtet man aktuell[24] erfolgreiche[25] Fantasy-Filme, die Kinder bzw. jugendliche Protagonisten zeigen sowie ebendiese Zielgruppen anstreben, ergeben sich insgesamt sieben Realfilme[26]: *Die Chroniken von Narnia* (Adamson/Apted 2005–2010), die *Harry Potter*-Reihe (Columbus u.a. 2001–2010), *Die Geheimnisse der Spiderwicks* (Waters 2008), *Percy Jackson. Diebe im Olymp* (Columbus 2010), *Der Goldene Kompass* (Weitz 2007), *Tintenherz* (Softley 2008) und *Eragon. Das Vermächtnis der Drachenreiter* (Fangmeier 2006).[27] Die meisten der ausgewählten Filme – und jeder dieser Filme mit einer Altersfreigabe ab sechs Jahren – entsenden entsprechend Gruppen von drei oder vier Heranwachsenden gemeinsam in das bevorstehende Abenteuer.[28] Besonders die Dreierkonstellation – wie in *Harry Potter*, *Percy Jackson* und *Die Geheimnisse der Spiderwicks* – erscheint charakteristisch, spielt die Zahl Drei doch – gerade in der Mythologie, der sich das Fantasy-Gerne bedient – seit jeher eine zentrale Rolle. Zudem bietet die Dreierkonstellation ein kompositorisches Gleichgewicht, das sich um den Fantasy-Helden rankt. Dabei bilden die drei Figuren stets eine Konstellation, die sich aus dem – männlichen – Helden und zwei mehr oder minder begabten Begleitern zusammensetzt, von denen einer der beiden einen freundschaftlichen Beschützer darstellt, während der andere besondere (intellektuelle) Fertigkeiten besitzt. Diese Triangulation aus ‚Held', ‚Kumpel' und ‚Nerd' erscheint in jedem der drei Filme in mehr oder minder deutlicher Ausprägung.[29] Besonders der Held des Films ist dabei geprägt durch seine Funktion als potenzielle Projektionsfläche und bietet zahlreiche Leerstellen im Sinne Isers, die den Zuschauern eine Identifikation mit dem Rollenvorbild erlauben.[30]

Als zentrales Element unterstützt der Nerd hier den Übergang des Helden – und somit der Zuschauer – aus ihrer Alltagswelt in diese fremde, imaginäre

24 Als ‚aktuell' bezeichne ich Filme, die nach 2001 und vor 2011 in den Kinos erschienen sind.

25 Als ‚erfolgreich' definiere ich Filme, die nach Zuschauerzahlen in Deutschland zwischen 2001 und 2011 mindestens die Top 50 der BoxOffice Erfolge erreichten, vgl. für Deutschland z.B. insidekino.com.

26 Außerdem *Alice im Wunderland* (Burton 2010) als Fortführung des bekannten Fantasy-Klassikers in Form eines Animationsfilms. Im Folgenden werde ich mich jedoch aufgrund der besseren Vergleichbarkeit v.a. auf die Realfilme konzentrieren.

27 Drei der sieben Realfilme *(Harry Potter, Die Chroniken von Narnia* und *Die Geheimnisse der Spiderwicks)* waren ab sechs Jahren freigegeben, die übrigen Filme wurden für eine Altersfreigabe ab 12 Jahren eingestuft. Ausgeschlossen habe ich Fantasy-Filme, deren Protagonisten ein zentrales romantisches Interesse verfolgen wie *Der Sternwanderer* (Vaughn 2007).

28 *Der goldene Kompass* und *Tintenherz* bieten sozusagen einen Kompromiss, indem die Protagonistinnen von verwandten Seelen – einem Daemon bzw. dem Vater – begleitet werden; dies sind zudem die einzigen Filme, in denen weibliche Heldinnen als Hauptfiguren auftauchen.

29 Im Falle der Figur Annabeth aus *Percy Jackson* erfolgt die Verknüpfung zum Element des Wissens lediglich durch deren Verbindung zu ihrer Mutter Athene, der Göttin der Weisheit und Strategie.

30 Vgl. hierzu die Ausführungen zu Frodo als Leerstelle in Mikos et al. 2007, S. 169-172.

Welt der Fantasy: Der Figur des Nerds kommt im Fantasy-Film auf dramaturgischer Ebene zumeist eine erklärende Funktion zu, die es den Zuschauern ermöglicht, tiefer in die nach Weinreich „reichhaltigen Hintergründe“[31] der imaginären Fantasy-Welt [...] einzutauchen, die „schon durch das Element des Übernatürlichen unmissverständlich geschieden ist [...] von jener Welt unserer eigenen alltäglichen Lebenserfahrung.“[32] Neben dieser Erzählfunktion erlebt der Nerd im Fantasy-Film – entgegen seiner eindimensionalen Rolle in anderen Genres – zudem eine Promotion zur zentralen Figur. Seine Position (im Spiel) im Vergleich zu anderen Vertretern der sozialen Gruppe scheint im Fantasy-Film im Sinne Meads vergleichbar prominent.

Die teils stereotypen ‚Cues‘, die den Nerd im Film semiotisch markieren, werden besonders deutlich im Film *Die Geheimnisse der Spiderwicks*, in dem Freddie Highmore sowohl den Jared, den Helden des Fantasy-Films, als auch dessen Zwillingsbruder Simon darstellt – den brav gescheitelten, in gedeckten Farbtönen gekleideten Gegenpart des abenteuerlustigen Wildfangs, der gekonnt Hilfskonstruktionen baut und Zaubertränke zusammenstellt, während seine Geschwister in den Kampf ziehen. Besonders spannend erscheint an diesem Beispiel die identische Physiognomie, die den Figuren zugrunde liegt, die sich folglich nur in ihrer semiotischen Markierung unterscheiden. Bereits in der ersten Sequenz werden die Figuren – nach einer kurzen Szene, die Jared als rebellischen Störenfried und seinen Bruder Simon als konfliktscheuen Pazifisten etabliert – mittels spezifischer, visueller Gestaltung entsprechend ihrer Charaktere eingeführt: Beide befinden sich in einem verlassenen alten Haus, das den Geschwistern nach der Trennung der Eltern als neues Zuhause dienen soll. Während Jared seinem Unmut Luft macht und abfällig die Absonderlichkeiten der neuen Umgebung kommentiert, sortiert sein Bruder gewissenhaft die wenigen Habseligkeiten im neuen Zimmer des Geschwisterpaars. Auf semiotischer Ebene wird der Unterschied der beiden ansonsten völlig identischen Figuren vor allem durch Mimik und Kostümierung gestaltet. Der mit finsterer Miene – zusammengezogenen Augenbrauen, angewidert gerümpfter Nase oder nach unten gezogenen Mundwinkeln – düster wirkende Jared zeigt hier besonders Emotionen von Wut, Aggression, Ekel und Abscheu.[33]

Im Gegensatz dazu steht sein Bruder, der mit weit geöffneten Augen sowie hochgezogenen Augenbrauen, hastiger Sprechweise und beschleunigter Atmung die Geschichte der Vorfahren erläutert, die das Haus vor den Geschwistern be-

---

[31] Weinreich 2007, S. 24.

[32] Ebd.

[33] Vgl. zur Analyse der Mimik das Emotional Facial Action Coding System (EMFACS) zur Codierung des emotionalen Gesichtsausdrucks, basierend auf dem Facial Action Coding System (FACS) von Paul Ekman und Wallace V. Friesen (Ekman/Friesen 1987).

wohnten, und in Anbetracht der Umgebung vor allem Ängstlichkeit und Trauer verrät.[34] Während der wilde Jared zudem in typischer Fantasy-Film-Helden-Manier im weinroten Kapuzen-Sweater zu sehen ist[35], der ihn komplementär von den natürlichen Grüntönen der Umgebung abhebt und durch die Signalwirkung zudem als Zentrum der Handlung etabliert, trägt Simon unmodische, in Grau-, Beige- und hellen Brauntönen gehaltene Kleidung, deren Hosen meist ein wenig zu groß wirken. Auch die karierten Hemden entsprechen dem stereotypischen Kostüm des Nerds, das Kendall als ‚Uniform'[36] bezeichnet. Es sind hier besonders diese Marker, die über Gesichtsausdruck und Outfit transportiert werden, die Simon sozial und emotional dem passiven Aktiviertheitsspektrum zuordnen und ihn als Nerd im Sinne Kendals etablieren: Sein charakteristisches Fernbleiben von körperbetonten Außenaktivtäten sowie das geringe Maß an Maskulinität bilden nach Kendall gewissermaßen die Antithese der ‚Coolness' seines Umfelds.[37] Dennoch ist der Nerd hier – im Gegensatz zu Kendalls Annahmen – Teil der sozialen Gruppe und nicht zuletzt aufgrund seiner besonderen (intellektuellen) Fähigkeiten elementarer Bestandteil der Handlung. Denn, wenngleich er als sozial und in emotional geprägten Lebensbereichen unsicher gilt, wird der Nerd gleichzeitig als besonders intelligenter, smarter Spezialist verstanden.[38] Dieses Attribut kommt der Figur in der besonderen Welt der Fantasy zugute und lässt sie zum unverzichtbaren Teil der Figurenkonstellation werden, in der sie seine Fähigkeiten zum Wohl ihrer Freunde – wenn nicht der gesamten Menschheit – einsetzt.

Das einschlägigste Beispiel der Personifikation des Wissenskomplexes im aktuellen Fantasy-Film ist jedoch die Figur der Hermine aus der *Harry Potter*-Reihe, die gewissermaßen mit der herkömmlichen Codierung des Stereotyps bricht und sich als Identifikationsfigur anbietet.[39] Ihre semiotische Inszenierung steht auf perzeptueller sowie symbolischer Ebene dem originären Verständnis des Nerds entgegen. Neben ihrer oben genannten dramaturgischen Erzählfunktion kommt Hermine jedoch nicht nur aufgrund ihres Wissens, sondern auch durch ihre Weiblichkeit in der Dreierkonstellation eine Rolle als zentrale Figur zu, und sie verliert bereits im Laufe des ersten Teils der Reihe den für den Nerd charakteristischen Stellenwert als in sich gekehrte Einzelgängerin: Die rationale, logisch denkende Figur ist in der Lage, Gefühle zu zeigen, und diese ‚weichen', emotional gepräg-

---

[34] Vgl. ebd.

[35] Vgl. beispielsweise die „Freizeitoutfits" aktueller Fantasy-Helden wie Harry Potter oder Percy Jackson.

[36] Vgl. Kendall 2011.

[37] Ebd.

[38] Vgl. etwa Goto 1997, Kendall 1999.

[39] Vgl. zur Figur Hermine z.B. Kalbermatten 2010.

ten Eigenschaften dienen dem Nerd-Charakter als Gegenpol zum Intellektuellen und Rationalen.

Diese Seite Hermines zeigt sich in der Namensgebung des Charakters, ist Hermine doch in der griechischen Mythologie die Tochter Helenas, der Tochter des Zeus, Schönster aller Frauen. Angelehnt ist die Namensgebung nach J. K. Rowling zudem an Shakespeares Wintermärchen, in dem die gleichnamige Königin durch ihre Schönheit und Mütterlichkeit besticht.[40] Auch in ihrer Kostümierung wird diese Doppelcodierung Hermines deutlich, denn neben der für den Nerd charakteristischen, wilden Haarpracht tauchen durch die gesamte Filmreihe hinweg wiederkehrende Farbakzente in Hermines Kleidung auf: Rot-, Lila- und leichte Rosétöne prägen ihr sonst dezentes, für Fantasy-Filme charakteristisch in Naturtönen gehaltenes Kostüm, wenn es nicht gerade von ihrer Schuluniform bestimmt wird, und betonen ihre Weiblichkeit und Stärke.[41] Diese Eigenschaften wiederum ermöglichen einen Ausgleich zu ihrem intellektuellen, rationalen, mit sozialer Unbeholfenheit einhergehenden Charakter und erlauben ihr eine zentrale Position in der sozialen Gruppe.

Hinweise auf die ‚zweite Identität' Hermines existieren von Beginn an, verstärken sich jedoch im Laufe der Filmreihe und kulminieren im vierten Teil *Harry Potter und der Feuerkelch* sozusagen im ‚Coming-out' Hermines, als das vermeintlich hässliche Entlein im rosafarbenen Ballkleid auf dem Schulball erscheint; die Haare in einer verspielten Hochsteckfrisur, mit Ohrringen geschmückt und im Rüschenkleid mit dezentem Dekolleté gekleidet wird der Auftritt Hermines, wie das zahlreicher Vorgängerinnen in ‚Makeover'-Filmen, inszeniert: Plötzlich ansteigende Violinmusik kündigt ihr Erscheinen an, als das ‚Aschenputtel' schüchtern hinter einer Säule am oberen Absatz der ausladenden Treppe im Foyer des Ballsaals hervorlugt. „Sie sieht umwerfend aus"[42], muss selbst die sonst so herablassende Schulkameradin neidlos anerkennen und lenkt den Blick – sowohl der Kamera als auch der Protagonisten – zum Auftritt Hermines. Im Bildmittelpunkt einer halbtotalen Kameraeinstellung eingefangen, schwebt die Figur nun – weiterhin begleitet von feierlicher Orchestermusik – lächelnd die Treppe hinab. Die Kamera scheint ebenso gebannt wie die Protagonisten des Films, als das Bild in einem konventionsbrechenden Jump-Cut ohne Um- oder Zwischenschnitt unmittelbar in eine Nahaufnahme springt und den schiefen, leicht lasziven Seitenblick der nun souverän Lächelnden einfängt, bevor diese, gemeinsam mit dem Quidditch-Star Victor Krumm an ihrer Seite, den Ballsaal betritt und ihre –

40 Vgl. National Press Club.

41 Vgl. zur Farbe im Kino Marschall 2005.

42 *Harry Potter und der Feuerkelch* (Mike Newell 2005: Warner Bros.).

bisher lediglich latent angedeutete – Weiblichkeit vor der versammelten Lehrer- und Schülerschar zur Schau stellt.[43]

Fazit: Der Nerd als Held im Fantasy-Film?

Der Figur des Nerds kommt in der ‚wissensfreundlichen Umgebung' des Fantasy-Genres eine zentrale dramaturgische Erzählfunktion zu, die durch das ausgeprägte Wissen der Figur selbst begründet ist – und nicht etwa eingeschränkt wird. Durch seinen Wissensvorsprung in bestimmten, zunächst scheinbar ‚unmodernen' Bereichen[44], die in den imaginativen Welten der Fantasy jedoch zentrale Bedeutung erlangen, kommt dem Nerd hier eine tragende Rolle zu. Zudem ist der Nerd durch sein Wissen ausschlaggebend für die mögliche Immersion der Zuschauer in die imaginäre Fantasy-Welt. Nicht zuletzt durch seine Erzählfunktion und durch die auf Wissenserwerb ausgelegte Fantasy-Welt erlebt die Figur hier eine Promotion zum zentralen Charakter. Dennoch ist der Nerd meist eindeutig semiotisch markiert, die Rolle des Helden bleibt ihm bisher vorenthalten.

Erst gewisse Modifikationen des ‚Prototyps', die auf den unterschiedlichen Wirkungsebenen des Films zu finden sind, ermöglichen es, den strebsamen Charakter als potenzielle Identifikationsfigur zu etablieren. Gerade das Aufbrechen stereotyper semiotischer Codierungen stellt eine solche Variation dar. Folgt man den Annahmen Meads, dient gerade Hermine aufgrund ihrer Codierung sowie der daraus folgenden ‚Positionierung im Spiel' durchaus als Rollenvorbild.[45] Auch Smiths Anforderungen an den sympathischen Charakter, festgehalten in seiner „Structure of Sympathy", scheint die Figur – nicht zuletzt auch durch den seriellen Charakter der Geschichte, ihre cross-mediale Verbreitung und das transmediale Storytelling – zu erfüllen.

Besonders zentral scheint hierbei die Möglichkeit, die gerade weibliche Nerds bieten. Wie Susanne Marschall in Rückgriff auf den Kunsthistoriker Ernst H. Gombrich betont, spielen gerade in Bezug auf die weibliche Identifikationsbildung im Film die – im Vergleich zu männlichen Charakteren – verstärkten gestal-

---

43 Verstärkt werden diese, durch das – sowohl im räumlichen als auch im symbolischen Sinne grenzüberschreitende – Debüt manifest gewordenen *Cues* durch einen von Jens Eder (2002) als ‚kommunikativ' bezeichneten Effekt, der durch die Schauspielerin Emma Watson bedingt ist: Vom britischen „Glamour"-Magazin 2011 als „Best Dressed Woman" ausgezeichnet, inspirierte der häufig als Stil-Ikone bezeichnete ehemalige Kinderstar plötzlich als Covergirl, Model und Werbeträgerin Modeschöpfer Karl Lagerfeld und hängte – welch ‚kommunikative' Ironie – ihr Studium vorübergehend zugunsten der Karriere an den Nagel.

44 Vgl. OED 2012.

45 Vorschläge zur Imitation des oben beschriebenen Kostüms Hermines etwa werden – inklusive Preisangabe der Kaufvorschläge für Kleid, Accessoires und passendes Makeup – auf diversen Internet-Fanseiten zusammengetragen.

terischen Möglichkeiten einer fast schon karikaturesken, auf Wiedererkennbarkeit ausgelegten und schnell erfassbaren Inszenierung eine Rolle.[46] Die Bedeutung der Physiognomie tritt daher m. E. bei weiblichen Figuren in Anbetracht der vielfältigen Möglichkeiten der semiotischen Gestaltung der Figur in den Hintergrund und ermöglicht eine diffizilere, stärker variierende Codierung. In Bezug auf den Nerd gehen die karikierenden Darstellungskonventionen im vorliegenden Beispiel gerade aufgrund der Weiblichkeit der Figur und den damit einhergehenden Möglichkeiten der semiotischen Markierung über die häufig eindimensionalen Stereotypisierungen hinaus und ermöglichen eine vielschichtige Codierung, die den Prototyp des Nerds ebenso zulässt wie dessen Aufbrechen zugunsten einer Offenheit der Typologie, die Béla Balázs bereits 1924 in Bezug auf die Physiognomie des idealen Filmcharakters beschrieb und die bisher zumeist den Helden des Films vorenthalten blieb.[47]

Doch auch wenn die Figur eine Promotion vom Außenseiter zur zentralen Figur ihrer sozialen Gruppe – und somit zum potenziellen Rollenvorbild und sympathischen Charakter – erfährt, bleibt der ‚Wissenden' die Position des Campbell'schen Helden vorbehalten. Denn, wie Deborah Kaplan bedauert, läuft der smarte und talentierte Charakter noch immer Gefahr, lediglich als Sidekick des Helden zu dienen[48]: Die emotionalen Eigenschaften Hermines, die zwischen den Polen der Mutterfigur und des ‚Romantic Interests' angesiedelt seien, stellten wiederum für den weiblichen Charakter einschränkende Stereotypen dar.[49] Und so berauben ebendiese Attribute, die dem weiblichen Nerd hier seine ‚Promotion' erlauben, ihn noch immer der Fähigkeit zum Heldentum.

Auch wenn Wissen im Fantasy-Film ein zentrales Element darstellt und hier somit eine wissensfreundliche Umgebung geschaffen wird, die dem Nerd-Charakter eine Rolle als zentrale Figur einräumt, und auch wenn Nerds hier sogar durchaus als ‚Engaging Characters' im Sinne Smiths dienen und somit Prototypen des ‚sympathischen' Nerds darzustellen vermögen, die als Empathieträger fungieren – die Rolle des Helden bleibt nach wie vor demjenigen Protagonisten vorbe-

---

46 Marschall 2000.

47 Balázs 1924.

48 Kaplan 2009, S. 269.

49 Kontextualisiert man zudem die oben ausgeführte Inszenierung der Figur, indem man diese mit der visuellen Darstellung der übrigen Hauptfiguren der *Harry Potter*-Reihe in Relation setzt, nimmt die meist in sanften Rosé- und Lilatönen gekleidete Hermine farbkompositorisch einen unauffälligen Gegenpol zu den häufig spannungsvoll arrangierten Kompositionen ein, in denen der Protagonist und sein farblich meist komplementär gekleideter Kumpel Ron Weasley sich (simultan-)kontrastiv entgegenstehen, oder sie dient der farblichen Akzentuierung und Hervorhebung Harrys. Dessen semiotische Codierung sowie seine tragende Rolle im Rahmen der Handlung und innerhalb der sozialen Gruppe weisen auf ein Hierarchiegefälle hin, das Kaplans Eindruck der Figurenrolle zu stützen scheint.

halten, der auf seiner Reise das Wissen im Sinne Campbells erst noch erlangen muss.

Bibliographie

Filmographie

Alice im Wunderland. USA 2010, Tim Burton (DVD: Walt Disney Pictures).
Die Chroniken von Narnia. Der König von Narnia. USA/UK 2005, Andrew Adamson (DVD: Buena Vista).
Die Chroniken von Narnia. Prinz Kaspian von Narnia. USA et. al. 2008, Andrew Adamson (DVD: Walt Disney Pictures).
Die Chroniken von Narnia. Die Reise auf der Morgenröte. USA 2010, Michael Apted (DVD: 20th Century Fox).
Eragon. Das Vermächtnis der Drachenreiter. USA 2006, Stefen Fangmeier (DVD: 20th Century Fox).
Die Geheimnisse der Spiderwicks. USA 2008, Mark Waters (DVD: Paramount).
Der Goldene Kompass. USA/UK 2007, Chris Weitz (DVD: Warner Bros.).
Harry Potter und der Stein der Weisen. USA/UK 2001, Chris Columbus (DVD: Warner Bros.).
Harry Potter und die Kammer des Schreckens. USA/UK 2002, Chris Columbus (DVD: Warner Bros.).
Harry Potter und der Gefangene von Askaban. USA/UK 2004, Alfonso Cuarón (DVD: Warner Bros.).
Harry Potter und der Feuerkelch. USA/UK 2005, Mike Newell (DVD: Warner Bros.).
Harry Potter und der Orden des Phönix. USA/UK 2007, David Yates (DVD: Warner Bros.).
Harry Potter und der Halbblutprinz. USA/UK 2009, David Yates (DVD: Warner Bros.).
Harry Potter und die Heiligtümer des Todes. USA / UK 2010, David Yates (DVD: Warner Bros.).
Percy Jackson. Diebe im Olymp. USA 2010, Chris Columbus (DVD: 20th Century Fox).
Peter Pan. Neue Abenteuer in Nimmerland. USA 2002, Robin Budd (DVD: Walt Disney Pictures).
Der Sternwanderer. UK/USA/Island 2007, Regie: Matthew Vaughn (DVD: Paramount).
Tintenherz. USA 2008, Iain Softley (DVD: Warner Bros.).

Sekundärliteratur

Balázs, Béla: Der sichtbare Mensch oder die Kultur des Films. Frankfurt a.M.: Suhrkamp 2001 (1924).
Bartsch, Anne und Susanne Hübner: Emotionale Kommunikation. Ein integratives Modell, Dissertation: Universität Halle-Wittenberg 2004.
Bosshart, Louis und Ilaria Macconi: Defining „Entertainment“, in: Communication Research Trends, 18 (1998), S. 3–6.
Butler, David: Fantasy Cinema. Impossible Worlds on Screen, London, New York: Wallflower 2009.

Campbell, Joseph: Der Heros in tausend Gestalten. Frankfurt a.M.: Insel 1999.
Eder, Jens: „Noch einmal mit Gefühl!“. Zu Figur und Affekt im Spielfilm. In: Jan Sellmer und Hans J. Wulff (Hg.): Film und Psychologie. Nach der kognitiven Phase? Marburg: Schüren 2002, S. 93–107.
Ekman, Paul, Wallace V. Friesen: Facial Action Coding System. A Technique for the Measurement of Facial Movement. Palo Alto: Consulting Psychologists Press 1987.
Erikson, Erik H.: Identität und Lebenszyklus. Frankfurt a. M.: Suhrkamp 1973 (engl. EA 1959).
Fiske, John: Lesarten des Populären. Wien: Löcker 2003.
Goto, Stanford T.: Nerds, Normal People, and Homeboys. Accomodation and Resistance Among Chinese American Students. In: Anthropology & Education Quarterly, March (1997), S. 70–84.
Hobbitpresse: Aufbruch mit den Hobbits. Das Fantasy-Buch. München: dtv/Klett-Cotta 1984.
Inside Kino: Box Office Deutschland: http://www.insidekino.com/DBO.htm (abgerufen am 30.03.12).
Jackson, Rosemary: Fantasy. The Literature of Subversion. London, New York: North Point 2003.
Kaplan, Deborah: Girls and the Fantastic. In: Robin Anne Reid (Hg.): Women in Science Fiction and Fantasy. Westport: Greenwood 2009, S. 266–277.
Kalbermatten, Manuela: Von nun an werden wir mitspielen. Abenteurerinnen in der Phantastischen Kinder- und Jugendliteratur der Gegenwart. Zürich: Chronos 2010 (Populäre Literaturen und Medien 4).
Kendall, Lori: Nerd Nation. Images of Nerds in US Popular Culture. In: International Journal of Cultural Studies, 2/2 (1999), S. 260–283.
— „White and Nerdy“. Computers, Race, and the Nerd Stereotype. In: Journal of Popular Culture, 44 /3 (2011), S. 505–524.
Lötscher, Christine: Osmose im Zauberbuch. Das Buch als Ort des Übergangs in der phantastischen Kinder- und Jugendliteratur seit 1970. In: Ingrid Tomkowiak (Hg.): Perspektiven der Kinder- und Jugendmedien-Forschung. Zürich: Chronos 2011 (Beiträge zur Kinder- und Jugendmedienforschung 1).
Marschall, Susanne: Aura und Affekt. Frauen-Bildnisse. In: Dies. und Norbert Grob (Hg.): Ladies, Vamps, Companions. Schauspielerinnen im Kino. St. Augustin: Gardez! 2000.
— Farbe im Kino. Marburg: Schu¨ren 2005.
Mead, George H.: Geist, Identität und Gesellschaft aus der Sicht des Sozialbehaviorismus. Frankfurt am Main: Suhrkamp 1968 (engl. EA 1934).
Mikos, Lothar, Susanne Eichner, Elizabeth Prommer u.a.: Die „Herr der Ringe“-Trilogie. Attraktion und Faszination eines populärkulturellen Phänomens. Konstanz: UVK 2007.
National Press Club, http://www.npr.org/programs/npc/1999/991020.jkrowling.html (abgerufen am 30.03.12).
Oxford English Dictionary (OED). The definite record of the English language: http://www.oed.com/view/Entry/126165?redirectedFrom=nerd{#}eid (abgerufen am 30.03.12).

Pesch, Helmut W.: Fantasy. Theorie und Geschichte einer literarischen Gattung, Passau: Erster Deutscher Fantasy Club 1982.

Reinfandt, Christoph: The North and Beyond. Modern Myths of Exploration, Discovery and Transgression in Philip Pullman's *His Dark Materials*-Trilogy. In: Wolfgang Klooss (Hg.): Narratives of Exploration and Discovery. Essays in Honour of Konrad Gross. Trier: WVT, (2005), S. 37–56.

Smith, Murray: Engaging Characters. Fiction, Emotion and the Cinema. Oxford: Clarendon Press 1995.

Stresau, Norbert: Der Fantasy Film. München: Heyne 1984.

Todorov, Tzvetan: Einführung in die fantastische Literatur. München: Hanser 1972.

Tolkien, John R. R.: Über Märchen. London: George Allen & Unwin 1947.

Uhrig, Meike: Darstellung, Rezeption und Wirkung von Emotionen im Kino. Eine interdisziplinäre Untersuchung am Beispiel des populären Fantasy-Films. Wiesbaden: VS 2014.

Weinreich, Frank: Fantasy. Einführung, Essen. Oldib 2007.

Geschlechtliche Entgrenzungen: Gender Bending im phantastischen *shôjo manga*[1]

Kristin Eckstein

Seit Jahren gehören Geschichten mit phantastischen Elementen zu den beliebtesten literarischen Stoffen nicht nur bei Kindern und Jugendlichen, sondern auch bei erwachsenen RezipientInnen. Bei den jüngeren LeserInnen sieht Bernhard Rank die Beweggründe in einem Bedürfnis „nach dem ‚Abtauchen' in eine andere Welt, nach der Identifikation mit bewundernswerten Heldenfiguren und nach einer spannungsgeladenen Handlung", die sich im phantastischen Rahmen „leichter befriedigen" lasse, sowie im „Verlangen nach einer imaginativen Entlastung angesichts der problemgeladenen Unübersichtlichkeit der postmodernen Welt".[2] Dies trifft insbesondere auf SchülerInnen in Japan zu; das japanische Bildungssystem gehört zu den anspruchsvollsten und repressivsten Bildungswegen überhaupt. Phantastische Geschichten gehören daher auch im Manga zu den beliebtesten Stoffen – bieten sie doch eine Form des zeitweisen Eskapismus aus einer hochdisziplinierten Öffentlichkeit und dem damit einhergehenden, omnipräsenten Leistungsdruck.

Für weibliche Teenager stellt das Mangalesen einen wichtigen Ausgleich zur alltäglichen Realität dar; 81 Prozent aller japanischen Mädchen im Teenager-Alter lesen regelmäßig Manga.[3] Durch das hohe Identifikationspotenzial der Protagonistinnen im *shôjo manga*[4] erhalten die Mädchen die Möglichkeit, in ihrer Phantasie all das zu erleben und Freiheiten auszunutzen, welche ihnen in der Realität verwehrt bleiben.[5] Trotz kultureller Unterschiede ist auch infolge des hierzulande stetig wachsenden Leistungsdrucks davon auszugehen, dass „eine zeitweise Zu-

---

[1] Der Text ist in gekürzter Form online erschienen. Vgl. http://femgeeks.de/geschlecht-und-manga-teil-1/.

[2] Rank 2011, S. 168.

[3] Thorn 2004, o.S. Die Zahlen stammen aus dem Jahr 2001.

[4] An dieser Stelle sei erläutert, dass die Manga bei ihrer Erstpublikation zunächst anhand von Alters- und Geschlechtergruppen kategorisiert werden. Die Mehrheit der Adressaten lässt sich in *shônen manga* für männliche und *shôjo manga* für weibliche LeserInnen zwischen 10 und 18 Jahren unterteilen (Berndt 1995, S. 231).

[5] Ingulstrud/Allen 2009, S. 147.

flucht vor den Sorgen des Alltags und eine Projektionsfläche für ihre Wünsche und Sehnsüchte" ein mögliches Motiv für jugendliche Manga-LeserInnen in Deutschland darstellt.[6]

Dieser Eskapismus ist nicht nur auf das Erleben von spannenden Abenteuern in phantastischen, surrealen Welten oder romantischen Liebesgeschichten zu beziehen, sondern konkretisiert sich ebenso in den Konstruktionen von Weiblichkeit und Männlichkeit im *shôjo manga*, die den Geschlechterstereotypen der gesellschaftlichen Realität nicht selten diametral gegenüberstehen oder diese dekonstruieren. Es sind die Motive des Gender Bending und Cross-Dressing, die tief in der Geschichte des *shôjo manga* verwurzelt sind und auch gegenwärtig häufig als Sujets Verwendung finden. Als einer der primären Gründe für den hohen Beliebtheitsgrad dieser Motive werden die Rolle der Frau in der patriarchal geprägten japanischen Gesellschaftsstruktur und die dominierenden Geschlechterstereotypen angenommen, die in Form der Identifikation mit den geschlechterwandelnden Figuren zumindest im eskapistischen Sinne unterminiert werden können.[7]

Der folgende Beitrag veranschaulicht anhand zweier Beispiele aus dem Gros des phantastischen *shôjo manga* – Setona Mizushiros psychoanalytischem Adoleszenz-Szenario *After School Nightmare* (2004–2007) sowie Kaori Yukis prä-apokalyptischer Bildungsreise *Angel Sanctuary* (1994–2004) – auf welche visuellen und inhaltlichen Methoden die Zeichnerinnen zurückgreifen, um Entgrenzungen darzustellen, und welche Rolle den Elementen der Phantastik hierbei zukommt.

Geschlecht und Identität: *After School Nightmare*

After School Nightmare handelt von der intersexuellen Schülerin Mashiro, die während ihrer Pubertät beginnt, sich intensiv mit ihrer geschlechtlichen Ambiguität auseinanderzusetzen und mit ihrer (sexuellen) Identität hadert.[8] Zu Beginn der Geschichte ist Mashiro bestrebt, als Mann zu leben und erscheint in ihrem Selbsthass – bezogen auf ihren als unvollkommen empfundenen Körper – fast schon misogyn: „Jungs sind stärker, Jungs sind robuster, Jungs sind freier. Jungs haben weniger Schwächen. Deshalb wollte ich ein Junge werden." (Band 1, o. S.) Hier manifestiert sich eine erste Kritik an der patriarchalen Gesellschaftsstruktur: Mashiro ist zunächst auf die männliche Identität ausgerichtet, da sie ihr gemäß der Geschlechterstereotype als erstrebenswerter für ein qualitativ hochwertigeres Leben erscheint. Ihre Identitätskrise ist aber auch dergestalt zu interpretieren, dass

---

6 Fischer 2006, S. 4.

7 Vgl. exemplarisch McLelland 2010, Thorn 2004, Brunner 2009.

8 Mashiro wird hier als „sie" bezeichnet, da sie sich letztlich für die weibliche Identität entscheidet.

es – wie etwa in den Queer Studies suggeriert – neben Mann und Frau noch weitere Geschlechter (und Sexualitäten) geben kann und der junge Mensch ohne die Festschreibung auf das binäre, heteronormative Geschlechtersystem und die Vorurteile gegenüber des Devianten problemlos mit der Inter- und Bisexualität leben könnte; so verliebt sich Mashiro zunächst in ein Mädchen, später in einen Jungen.

An Mizushiros Werk bestätigt sich die These Stritzkes, dass gerade die Fiktion „es in besonderem Maß möglich [macht], alternative Geschlechtsidentitäten – jenseits der hegemonial-heterosexuellen Matrix – zu entwerfen, die im Sinne einer ästhetischen Erfahrung den Lesern und Leserinnen einen neuen Erfahrungshorizont und damit ein Experimentierfeld eröffnen".[9] Denn bei *After School Nightmare* handelt es sich um ein phantastisches Setting, das die Probleme der Jugendlichen auf eine psychoanalytische Ebene überträgt. Kurz nach ihrer ersten Periode wird Mashiro von der Krankenschwester der Schule aufgefordert, am sogenannten „Traumunterricht" teilzunehmen. In dieser Traumwelt, die sie nun regelmäßig besucht, kämpft Mashiro gegen ihre MitschülerInnen um einen Schlüssel, mit dessen Hilfe sie die Schule absolvieren kann.[10] In dieser an einen Alptraum grenzenden Welt nehmen die SchülerInnen eine Gestalt an, die ihrem psychischen Innenleben entspricht, ein „Spiegelbild deines Herzens" (Band 1, o. S.), das bei den meisten mit psychischen Traumata verbunden ist. So trägt Mashiro im Traum eine weibliche Schuluniform, eine Mitschülerin ist lediglich als endlos langer Arm zu sehen und ihr späterer Freund Sou nimmt die Identität seiner Schwester an.

Mizushiro orientiert sich hinsichtlich der Narration ihrer Geschichte am Stilmittel des unzuverlässigen Erzählens. Martinez/Scheffel unterteilen in das theoretisch unzuverlässige Erzählen (die Abläufe der Handlungen werden korrekt geschildert, die subjektiven Eindrücke des Erzählers sind jedoch anzuzweifeln), das mimetisch teilweise unzuverlässige Erzählen (sowohl die Schilderungen der Handlung als auch die subjektiven Beschreibungen können falsch dargestellt werden) und das mimetisch unentscheidbare Erzählen (die gesamte fiktive Welt und sämtliche Aussagen des Erzählers sind zu hinterfragen und werden nicht aufgelöst).[11] Durst betrachtet diese „Destabilisierung des Erzählers" als grundlegend für die phantastische Literatur, die eine allwissende Erzählinstanz generell ausschließe[12]; die Unschlüssigkeit ist unweigerlich mit der Erzählfigur verbunden. Im *shôjo*

---

9 Stritzke 2006, S. 97.

10 Neben diesem Schlüssel, der sich bezeichnenderweise stets im Körper einer der TeilnehmerInnen in der Traumwelt versteckt und dort herausgeschnitten werden muss, finden sich zahlreiche weitere, mit hochgradig symbolischen und mythischen Bedeutungen aufgeladene Artefakte: So etwa die zwei Schwerter, mit denen Mashiro in den Kampf zieht, die dreigliedrige Perlenkette, die jede Figur in der Traumwelt trägt oder Kurehas Repräsentation als unbeweglicher verdörrter Baum, nachdem sie ihre Beziehung zu Mashiro beendet.

11 Martinez/Scheffel 2012, S. 105ff.

12 Durst 2010, S. 198.

manga gibt es angesichts der Bildlastigkeit des Mediums und des Mangels an Begleittexten keine klassische Erzählfigur. Die Narration erfolgt im Regelfall primär durch die Monologtexte der Hauptfigur und die piktoralen Bestandteile. Die Rezipientin geht somit davon aus, dass die visuellen Elemente der Erzählung (mit Ausnahme einiger kurzer Sequenzen, in denen unmittelbar die Perspektive der Protagonistin eingenommen wird) die ‚Wahrheit' der fiktiven Welt – ob phantastischer oder realistischer Rahmen – abbilden und dass diese Bilder glaubhaft sind. *After School Nightmare* bezeugt, dass dies nicht konstitutiv ist: Mashiro ist (fast) durchgängig die Fokalisierungsfigur und als eine destabilisierte Erzählinstanz zu verstehen, da ihre Aussagen und Handlungen stets einen Zweifel bei der Leserin hervorrufen: So verliert Mashiro sämtliche Erinnerungen an die Personen, die im Traumunterricht den Schlüssel gefunden und somit ‚ihre' Welt verlassen haben, und sieht – im Gegensatz zu anderen SchülerInnen – zwei Monde am Himmel stehen. Erst als Mashiro im letzten Kapitel den Schlüssel erhalten hat, wird sie von einer weiteren Erzählfigur, der Krankenschwester – die als Einzige die Wahrheit über den fiktiven Raum der Seelen kennt –, aufgeklärt: Die Welt, in der Mashiro und die anderen SchülerInnen zu leben glauben, ist nicht real; es handelt sich um einen nicht näher bestimmten Ort, an welchem die noch nicht geborenen Seelen der Menschen weilen. Erst durch das Überwinden eines bestimmten Traumas – bei Mashiro der Kampf zwischen ihren beiden Geschlechtern – und das Bezeugen ihrer psychischen Kraft, symbolisiert durch das Erlangen des Schlüssels, erhalten sie das Recht, geboren zu werden. Nach ihrer Geburt verlieren die Seelen jegliche Erinnerung an die pränatalen Erlebnisse. Erst jetzt erkennt Mashiro, dass ihre bisherige Existenz lediglich auf ihre Identitätsproblematik fokussiert war: Sie hat keine Vergangenheit vor ihrer ersten Periode, in der Welt existieren keine Jahreszeiten und es gibt für sie keinen Raum außerhalb der Schule. Mizushiro hat in ihrer Geschichte mehrfach Hinweise auf die Unglaubhaftigkeit dieser Welt eingebaut, die bereits Zweifel hervorrufen, doch erst bei der zweiten Lektüre des Manga erschließen sich die vorherigen Ungereimtheiten.[13] Die Welt in *After School Nightmare* ist somit eine instabile, in der sich die Leserin während der Lektüre mit veränderten ‚Regeln' und Realitäten[14] konfrontiert sieht. Nach der Erkenntnis Mashiros über die tatsächlichen Gegebenheiten der pränatalen Welt verdeutlicht sich auch für die Leserin: Nicht nur in dieser fiktiven Traumwelt kämpften die beiden Seiten der Protagonistin miteinander – es handelte sich vielmehr um einen tatsächlichen Kampf zwischen Mashiros männlicher und weiblicher Seite:

[13] „Der Grund, weshalb wir nach der Lektüre der Schlusspointe sofort das neue Textverständnis akzeptieren und damit rückwirkend die gesamte Handlung uminterpretieren, liegt [...] darin, dass wir nur mit der Hilfe dieser Lektüre aus dem Text eine konsistente erzählte Welt konstruieren können." Martinez/Scheffel 2012, S. 106.

[14] Ebd., S. 138.

Ihre Mutter war schwanger mit Zwillingen, doch nur einer der Embryonen konnte überleben. In einem letzten Kampf in der Traumwelt selbst, der zwischen Mashiros weiblichem und männlichem Ich geführt wird, tötet die weibliche Mashiro schließlich ihren Bruder – und dies nicht nur auf der symbolischen Ebene: Ihr männlicher Zwillingsbruder verstirbt im Mutterleib und nur sie selbst kommt lebend zur Welt.

Mashiros Aufenthalte in der Traumwelt und ihre engen Freundschaften zu ihren MitschülerInnen Sou und Kureha, die ebenfalls den Traumunterricht besuchen, intensivieren ihre psychische Auseinandersetzung mit der geschlechtlichen Ambiguität und verändern in einem langsamen Prozess ihre dichotome Weltsicht. So weist Sou sie darauf hin: „Dass du den perfekten Mann spielst und dir verzweifelt wünschst, einer zu sein ... ist das nicht der Beweis dafür, dass du keiner bist?" (Band 1, o. S.) Es ist Sou, der stets die weibliche Seite Mashiros hervorhebt und sie seit ihrem ersten Aufeinandertreffen als Frau wahrnimmt. Ihren Körper sieht er – im Gegensatz zu Mashiro selbst – nicht als Problem an. Es ist gerade die gemäß gesellschaftlicher Stereotypen als „maskulin" zu kategorisierende Physis Mashiros, die ihn anzieht. So entspannt sich folgender Dialog: „Du hast gesagt, dass du mich für eine schöne Frau hältst. Aber ich finde das gar nicht. Ich bin zu groß ... meine Finger und Gelenke sind knochig ... ich bin weder niedlich noch werden mir jemals Frauenkleider stehen ..." – „Ja und? Ich finde alles, was du eben gesagt hast ... unheimlich anziehend." (Band 3, o. S.)

Nicht nur Sou, sondern auch Mashiros Mitschülerin Kureha verliebt sich in die Protagonistin – und auch sie begründet dies primär mit dem Körper der Intersexuellen. Kureha durchlebt in der Traumwelt permanent ein Trauma aus ihrer (fiktiven) Kindheit: Als kleines Mädchen wurde sie auf dem Heimweg entführt und vergewaltigt, und entwickelte in der Folge einen Hass auf und furchtbare Angst vor allen Männern. Mashiro stellt aufgrund ihres weiblichen (Unter-)Körpers in Kombination mit ihrer zunächst männlichen Sozialisation und Identität den „einzige[n] Mann [dar], den sie lieben kann" (Band 1, o. S.), da sie der einzige Mann ist, der keine körperliche Gefahr für sie bedeutet. Für Mashiro wiederum bietet die Beziehung zu Kureha die Möglichkeit, ihre Wunsch-Identität auszuleben: „Bei Kureha kann ich ein Mann sein." (Band 5, o. S.) Dies spiegelt sich auch auf der piktoralen Ebene: In den Sequenzen zwischen Mashiro und Kureha, aber auch in Szenen, in denen Mashiro sich betont stereotyp männlich gebärdet, inszeniert Mizushiro ihr Äußeres als betont maskulin: Ihr Adamsapfel tritt hervor, das Gesicht wirkt kantig, die Mimik verschlossen und emotionslos. Es sind die Momente zwischen Mashiro und Sou, in der die Zeichnerin die feminine Seite betont: Hier wirkt Mashiros Gesicht runder und weicher, ihre Augen sind größer und die Mimik ist offener, sie reagiert emotionaler und wirkt fragiler. Diese visuellen Wechsel können als klassisches Element der Phantastik gedeutet – Mashiro könnte sich körperlich tatsächlich verändern –, aber auch als typische Darstellungskonvention des Manga verstanden werden: In Form halbsubjektiver Bilder[15] sehen die Rezipientinnen in Gestalt der visuellen Manifestation Mashiros psychischen und emotionalen Status: ob sie sich selbst in diesen Momenten als Mann oder als Frau fühlt.

Wenngleich Mizushiro hier ebenfalls stereotype Vorstellungen von Zweigeschlechtlichkeit reproduziert, betont sie durch die Konzeptionalisierung ihrer Charaktere gleichermaßen, dass jeder Mensch beides in sich vereint. So entpuppt sich etwa Kureha, die zunächst auf der optischen Ebene als überaus feminin sowie als passive, schwache und zu beschützende Person gezeichnet wird, als starke, aktive Figur. Dies bezeugt vor allem ihr psychologischer Prozess im Traumunterricht: Ist sie dort zunächst als ängstliches, in einen riesigen Regenmantel eingewickeltes Mädchen zu sehen, das sich vor allem und jedem fürchtet, so trägt sie nach der Überwindung ihres Traumas eine Ritterrüstung und kämpft mit einem Schwert. Sie ist es, die Mashiro und Sou beschützen muss und sich in der Traumwelt opfert, um Mashiro die Absolvierung der Schule zu ermöglichen. Sou wiederum, der zu Beginn der Geschichte als starke, aktive und überaus maskuline Figur eingeführt wurde, stellt sich als das schwächste Glied der Gruppe heraus: Seit seiner Kindheit wird er begleitet von einer Phantasiefigur, seiner Schwester, ohne die er nicht mehr leben kann, mit der er (in seiner fiktiven Gedankenwelt) eine inzestuöse Beziehung führt und von der er sich gar psychisch terrorisieren lässt.

Mashiros zunächst misogyne Weltsicht wandelt sich im Verlauf der Handlung durch den Einfluss ihrer Umgebung. So ist es eine Aussage eines Mitschülers, die sie ihre Auffassung von Weiblichkeit überdenken lässt:

> „Du bist keine Frau. Oder besser gesagt … du wärst gar nicht in der Lage, als Frau zu leben. Frauen kämpfen Tag für Tag, als ob nichts dabei wäre. Sie werden benutzt und müssen sich dreckige Witze anhören, sie sind es gewohnt, so behandelt zu werden. Und obwohl sie mit diesem Schicksal leben müssen … sind sie stark. Das schaffst du niemals." (Band 3, o. S.)

Diese Unterstellung stellt einen Wendepunkt in Mashiros Entwicklung dar: Sie kontempliert, dass ihre Abneigung gegen ihre weibliche Seite darin begründet lag, dass ihr die Welt der Frauen als „zu kompliziert und beschwerlich" erschien (ebd.). Auf diese Weise führt Mizushiro die gesellschaftlich propagierten Machtgefälle zwischen den Geschlechtern in Form der psychischen Entwicklung Mashiros als konstruiert vor und kehrt sie ins Gegenteil um.

Es ist gerade das Phantastische an diesem Werk, das die stereotype Vorstellung von Geschlecht und Sexualität dekonstruiert: Die Traumwelt zeigt eindeutig auf, welche Figuren ihre Rollen nur spielen – und dies sowohl in Bezug auf ihr

[15] Zum Begriff „halbsubjektive Bilder" vgl. Schüwer 2008, S. 392.

Gebaren in der Realität, als auch auf die Geschlechterrolle, die sich als soziale Performance entpuppt. Sie verdeutlicht, dass das Geschlecht wandelbar ist: Nachdem Mashiro ihre Identität als Frau annimmt, trägt sie in der Traumwelt nicht nur die weibliche Schuluniform, sondern hat erstmals weibliche Brüste. Kämpfte sie zu Beginn im Traum noch gegen ihr weibliches Ich, so *wird* sie schließlich zu diesem – im finalen Kampf steht sie ihrem früheren, männlichen Ich, das sie abgestreift hat, gegenüber. Mashiro hat durch ihren schmerzhaften Entwicklungsprozess bewiesen, dass sie mit den komplexen Schwierigkeiten des Lebens umgehen und die vermeintlichen Geschlechtergrenzen überwinden kann. Und so steht auch das letzte pränatale Bild der Geschichte für die Irrelevanz des Körpers: Mashiro wird in ein riesiges schwarzes Loch gezogen, ihr Körper wird in Stücke zerrissen, um schließlich neu zusammengesetzt in der als solche bezeichneten „Realität" geboren zu werden.

Körperwechsel und Patriarchat der Engel: *Angel Sanctuary*

Die Geschichte der epischen Reihe *Angel Sanctuary* von Kaori Yuki in Kürze zusammenzufassen, gestaltet sich als kompliziertes Unterfangen; es seien daher lediglich die wichtigsten Handlungsstränge erläutert: Der 17-jährige Setsuna ist in seine jüngere Schwester Sara verliebt. Er entpuppt sich als Reinkarnation des gefallenen, weiblichen Engels Alexiel, deren AnhängerInnen sie wieder zum Leben erwecken wollen. Ungewollt gerät Setsuna in einen sich entfaltenden Kampf zwischen Himmel und Hölle, zwischen rachesüchtigen Engeln, Dämonen und weiteren Wesen, die sich gegenseitig auslöschen wollen. Als Sara bei einem der Kämpfe ums Leben kommt, lässt Setsuna sich töten, um im Hades nach ihr zu suchen. Da sein menschlicher Körper nach sieben Tagen verfällt, muss der junge Mann im Körper des Engels Alexiel durch die verschiedenen Ebenen von Himmel und Hölle reisen, sich u.a. mit den personifizierten sieben Todsünden, Erzengeln und Luzifer selbst auseinandersetzen, um letztlich gegen Gott anzutreten. Setsunas ‚Heldenreise' erinnert an die klassische *Queste* der literarischen Phantastik, gleicht aber ebenfalls der Tradition des handlungsorientierten Action-Manga mit Elementen der Phantastik. Gleich ist ihnen das Erwachsenwerden und Reifen des Protagonisten, und im Mittelpunkt stehen die zahllose Seiten umfassenden Kämpfe in phantastischen Welten und damit einhergehend die Reise und Weiterentwicklung des Helden, der sich mehrfach für das Wohl von Freunden, Familie oder der gesamten Menschheit – in Setsunas Falle seiner geliebten Schwester – opfert, beim Kampf beinahe (oder tatsächlich) stirbt, jedoch gestärkt (oder wiederbelebt) und mit neuen Fähigkeiten aus jeder Schlacht letztlich doch als Sieger hervorgeht und gereift in seine Heimat(welt) zurückkehrt.

Hurford schreibt in ihrer Analyse des *shôjo manga*: „[T]he tradition of same-sex relationships (especially male same-sex relationships) has a much different history in Japan than in most Western cultures, and plays a much different role in the construction of Japanese society.“[16] Sie erläutert nach Foucault, dass in den westlichen Kulturen die permanent geführten Diskurse in Bezug auf Sexualität – welche sexuellen Präferenzen erlaubt und gesellschaftlich erwünscht und welche stigmatisiert und bestraft werden – „part of the subtle operations of power that define modern sexuality“ sind.[17] Dies bezieht sich nicht allein auf (männliche) Homosexualität, sondern auch auf die inzestuöse Liebe: Wenngleich die Beziehung zwischen Setsuna und Sara zunächst wie eine Bestätigung der heteronormativen Beziehung erscheint, so wird gerade zu Beginn der Geschichte permanent darauf verwiesen, dass die beiden eine Sünde begehen. Bezeichnenderweise wird dies innerhalb der Geschichte lediglich von den Antagonisten betont – die FreundInnen und GefährtInnen der beiden unterstützen ihre Liebe und hinterfragen sie nicht. Vielmehr betont die Dämonin Kurai, dass sie nicht nachvollziehen könne, aus welchen Gründen die Menschen sich mit ihrer eigenen Moral fesseln und darunter leiden (Band 2, o. S.). *Angel Sanctuary* reproduziert permanent „disavowed, delegitimized forms of gender and sexuality“[18] – und dies bezieht sich nicht nur auf Setsunas Liebe zu Sara, sondern auch auf die nicht erwiderte Liebe des Engels Rosiel zu seiner Zwillingsschwester Alexiel. Hurford schreibt, dass die bloße Thematisierung solcher Gefühle und Beziehungen, einer in unserer Gesellschaft stark tabuisierten, zumeist in nicht einvernehmlichen, mit Gewalt verbundenen Diskursen thematisierte Form der Sexualität, bereits als Provokation, als „disruptive act“ verstanden werden kann; „at the very least, it forces us to acknowledge the forms of sexuality that we may have been more comfortable ignoring, and forces us to question our assumptions“.[19] Durch die Verlagerung einer inzestuösen Liebe in die Strukturen des kommerziellen Manga – und *Angel Sanctuary* gehört international zu den populärsten *shôjo manga* – können auch die Leserinnen zum Hinterfragen ihrer Moral angeregt werden. Dies bestätigt sich in einem Autorinnenkommentar von Yuki über die Liebe ihrer Hauptfiguren: „Wer kann schon mit Sicherheit sagen, dass es auf dieser weiten Welt nicht doch zwei gibt, die sich so lieben? Solange man andere damit nicht belastet, will ich mich nicht dagegenstellen.“ (Band 3, o. S)

Neben der Geschwisterliebe werden durch das Agieren der Figuren permanent die propagierte Zweigeschlechtlichkeit und Cisgender hinterfragt; von Beginn konfrontiert Yuki die Leserinnen mit von der geschlechtlichen Norm abwei-

---

[16] Hurford 2009, S. 9f.
[17] Ebd., S. 10; vgl. auch Shamoon 2008, S. 139.
[18] Hurford 2009, S. 55.
[19] Ebd., S. 54.

chenden Figuren und Sexualitäten. So auch die DämonInnen Kurai und Arakune: Während Kurai zunächst auf die meisten Figuren (und die Leserin selbst) durch ihr Äußeres, ihre frechen Verlautbarungen und ihr Verhalten wie ein kleiner Junge wirkt, stellt sich alsbald heraus, dass sie eigentlich ein Mädchen und sogar eine Prinzessin ist, die sich wie ein Junge kleidet. Ihr Cousin Arakune wiederum wirkt optisch wie eine attraktive, junge Frau, ist aber ein biologisch männlicher, homosexueller Dämon und Transvestit. So sagt er über sich: „Ich hab das Herz einer Frau, aber die Kraft eines Mannes!" (Band 1, o. S.) – und betont stets, dass ihm die Vorzüge beider Geschlechter inhärent sind.

Zu den piktoralen Spezifika des *shôjo manga* gehört die visuelle Ausgestaltung der männlichen und weiblichen Figuren, die als sogenannte *bishôjo* und *bishônen* konstruiert werden: Während *bishôjo* das ideale, japanische Mädchen – zart und anmutig – beschreibt, bezeichnet *bishônen* den perfekten jungen Mann als „große, schlanke, durch sanfte Kurven und ebenmäßige Gesichtszüge stilisierte, feminine Gestalt, die den Unbekannten – den nahezu erwachsenen Mann – weniger bedrohlich wirken lässt"[20]. Diese Ausgestaltung androgyner Körper, deren (biologisches) Geschlecht sich weder anhand ihres Aussehens noch ihres Verhaltens entschlüsseln lässt, wird von Yuki auf die Spitze getrieben: Nicht nur die beiden DämonInnen kehren Geschlechterstereotype um; es sind weitere Figuren wie der feminine Rosiel oder der Engel Belial, welche bewusst die „von Gott gezogenen [Geschlechter-]Grenzen" missachten (Band 7, o. S.), die bei den Rezipientinnen eine Unschlüssigkeit hervorrufen. Gleichermaßen können sie eine Reflexion über die vermeintliche Bedeutung einer Kategorisierung in ‚weiblich' und ‚männlich' anregen, da dies für eine Vielzahl der Charaktere innerhalb der Geschichte kaum von Relevanz ist oder sie ganz bewusst – als Provokation gegen den „Schöpfer" und somit auch zu verstehen als latente Religionskritik – mit den strikten Geschlechterbeschränkungen brechen.

Im Mittelpunkt stehen vor allem Setsuna und die Wandlung seines Geschlechts durch die Übertragung seiner Seele in einen anderen Körper: Nachdem er 17 Jahre als Junge gelebt hat, findet er sich nach dem Tod seiner menschlichen Hülle im weiblichen Körper Alexiels wieder und muss sich mit einer veränderten Wahrnehmung auseinandersetzen. Wie es für den modernen *shôjo manga* typisch ist, wird dies auch zu humoristischen Zwecken verwendet: So etwa, wenn Setsuna sich über die großen Brüste von Alexiel beklagt, die ihm Rückenschmerzen bescheren oder wenn Kurai ihn daran hindern will, sich selbst zu waschen, damit er diesen „sexy, affenscharfe[n] Body" (Band 7, o. S.) nicht selbst berühren und „schänden" kann.

[20] Zank 2008, S. 155.

Durch die Verschmelzung mit dem Geist Alexiels sieht Setsuna die Welt nicht mehr einzig aus der Sicht eines jungen Mannes, sondern wird mit den gleichen Dilemmata konfrontiert, mit denen Frauen zu kämpfen haben – denn auch in Himmel und Hölle ist das Machtverhältnis zwischen Mann und Frau unausgewogen, es herrscht das Patriarchat und erfolgreichen, karriere-orientierten weiblichen Engeln wird nachgesagt, dass sie sich – im übertragenen Sinne – ‚hochgeschlafen' hätten. Frauen werden gar als „schmutzige, lüsterne Kreaturen ohne Scham, die sich in Wollust und Sünde ergehen" und als „Gottes größter Fehler" bezeichnet (Band 4, o. S.). Die auf ein phantastisches Setting übertragenen Charaktere und ihre Problemkomplexe sind somit als hochaktuelle und politische Metapher zu verstehen, die auf gegenwärtige Streitfragen (nicht nur) der japanischen Gesellschaft rekurrieren.

Setsuna und Alexiel beginnen schließlich, zwischen ihren Körpern und Identitäten zu oszillieren – und dies auf eine Weise, die lediglich der Phantastik möglich ist, und die durch die inszenatorischen Möglichkeiten des Manga unterstützt werden: Mal befindet sich Setsuna als er selbst in Alexiels Körper, dann wiederum ist Alexiels Geist in Setsunas männlichem Körper verschlossen. Welche Aspekte ihres Verhaltens und ihres Charakters männlich oder weiblich sind, so erkennt die Leserin alsbald, ist völlig irrelevant. Diese Erkenntnis steht im Kontrast zur Lebensrealität der Figuren, seien sie weltlicher Herkunft oder entstammen sie dem Himmel oder der Hölle: „Gender identity colors and affects all of Setsuna's interactions with the other major figures [. . .], and how gender and power are imbricated with each other forms one of the major themes of Angel Sanctuary."[21]

Wenngleich *Angel Sanctuary* noch weitere Figuren für ein gender-sensibles *close reading* anbietet – so etwa die Wissenschaftlerin Lailah, die nach einer Vergewaltigung durch ihre missgünstigen und neidischen Kollegen ihre Geschlechtsidentität wechselt und sich betont männlich-aggressiv verhält –, sei an dieser Stelle nur die Figur der „dual gendered figure"[22] Adam Kadamon erläutert. Adam Kadamon, eine der kabbalistischen Lehre entlehnte Figur, steht in der Hierarchie der göttlichen Wesen unmittelbar hinter dem Schöpfer selbst. Er ist das erste Lebewesen, das Gott erschaffen hat und gilt wegen seiner Vereinigung des Männlichen und des Weiblichen als perfekt. Auf Adam Kadamon basieren die Projekte des Schöpfers, das Weibliche und das Männliche in einem Körper zu vereinen; hierzu experimentiert er an Engeln und bringt dabei mehrere entsetzlich entstellte Wesen hervor – darunter den Dämonen Astaroth, in dem ein Zwillingspaar versiegelt ist. Um die Menschheit, die Engel und die Dämonen von der Herrschaft dieses grausamen Gottes zu befreien, nimmt Alexiel schließlich die (männlichen)

---

[21] Hurford 2009, S. 52.

[22] Ebd., S. 51.

Kräfte ihres Zwillingsbruders Rosiel in sich auf – auch sie ist nun, da sie beide Geschlechter in sich vereint, in der Lage, Gott gegenüberzutreten und ihn zu töten. Dies wird von Hurford als einer der „most subversive moments" des Werkes bezeichnet:

„[W]hen Alexiel finally embraces Rosiel, absorbing him into herself in a gesture that is reminiscent of coitus and pregnancy at the same time, she absorbs his masculine powers as well, and becomes a figure like Adam Kadamon. [. . .] Thus the transformative moment comes when singular identities become multiple; when Alexiel steps beyond being purely female, it becomes possible to wrench destiny into a new path—one that isn't defined by the rules imposed by heaven, but is dictated by choice and love."[23]

Der Manga mündet schließlich in die Rückkehr Setsunas und Saras in ihr Menschenleben; nach ihrem Tod werden sie erneut zu Engeln.

Fazit

Darlington/Cooper heben die dekonstruktive Macht des Comics hervor, der im Vergleich zu anderen Medien besonders dazu geeignet ist, differenzierende Bilder von Geschlechtern zu visualisieren.[24] Es darf allerdings nicht außer Acht gelassen werden, dass eine Vielzahl der Werke, die sich mit „gender fluidity" beschäftigen, diese vordergründig als humoristisches Stilmittel einweben; eine sozialkritische Lesart und das Hinterfragen gesellschaftlicher Normen in Bezug auf Geschlechterrollen und -verhältnisse gerät dadurch in den Hintergrund oder verliert gänzlich an Bedeutung.[25] Der Grund hierfür liegt darin, dass der Manga trotz aller potenzieller dekonstruktiver Macht auch als ein Spiegel der gesellschaftlichen Verhältnisse Japans zu begreifen ist. Während Cross-Dressing im kulturellen Bereich als traditionelles Motiv geduldet wird, überwiegen in Japan noch immer die starren Geschlechterstereotypen. Auch Darlington/Cooper schreiben weiter, dass die *shôjo manga* adoleszenten Mädchen und Frauen zwar die Möglichkeit des Experimentierens mit Geschlechtergrenzen während der Pubertät bieten, doch innerhalb der Manga stets die gesellschaftliche Norm und das Abweichen der Gender-Bending-Figuren betont wird.[26] Und so verweisen auch *After School Nightmare* und *Angel Sanctuary* sowohl direkt als auch indirekt auf die Indifferenz der Figuren hinsichtlich der geschlechtlichen Ambiguität ihrer Partner, doch werden die geschlechtsspezifischen Unterschiede der Figuren zuweilen eher zementiert denn dekonstruiert.

---

23 Ebd., S. 60f.

24 Darlington/Cooper 2010, S. 157.

25 So auch in *Ranma 1/2* (Rumiko Takahashi, 1987–1996), *CutexGuy* (Makoto Tateno, 2004–2006) und *Hana Kimi* (Hisaya Nakajo, 1996 – 2004).

26 Darlington/Cooper 2010, S. 163.

Dennoch bietet sich gerade der phantastische Manga dafür an, die restriktiven, heteronormativen und cisgender-basierten Vorstellungen und Leitbilder der patriarchalen Gesellschaft zu hinterfragen und sie zu dekonstruieren. Beide Werke machen deutlich, dass eine Vielzahl alternativer Lebensmodelle zur Verfügung stehen und dass Sexualitäten und Geschlechter jenseits der gesellschaftlich propagierten, die populärkulturellen Medien dominierenden Repräsentationen existieren. Trotz der phantastischen Settings gehen die Zeichnerinnen bei ihren Inszenierungen realistisch vor: Die Hauptfiguren selbst haben zu Beginn feste Vorstellungen von Geschlecht und Rolle, von Sexualität und von Machtgefällen zwischen Mann und Frau – doch überwinden sie dieses starre Denken und bieten der Leserin durch die für den *shôjo manga* bedeutsame Identifikation das Überdenken der eigenen moralisch respektive gesellschaftlich eingefärbten Ideale und Vorstellungen.

Die visuelle Ebene des phantastischen Comics ist dabei von eminenter Bedeutung: Ist sie doch in der Lage, die fließenden Übergänge bzw. das Auflösen von optischen Geschlechtergrenzen unmittelbar, aber auch auf abstrakter Ebene zu inszenieren. Die Werke vereinen in sich daher auch Sozial- und Gesellschaftskritik in Form von (inhaltlichen und visuellen) Provokationen – und auch dies ist ein Grund für die hohe Popularität des *shôjo manga* per se, der häufig Charaktere konstruiert, die – ob im phantastischen oder realistischen Setting – ihr biologisches Geschlecht verstecken. Die hohe Anzahl dieser Figuren sowie die Thematisierung von Homo-, Inter- und Transsexualität im *shôjo manga* sieht Takemiya als Zeichen für die (weibliche) Toleranz gegenüber alternativen Lebenswelten und vorgeschriebener Geschlechterrollen: „Women's notion of gender may have already crumbled away."[27]

Bibliographie

Primärliteratur

Mizushiro, Setona: After School Nightmare. Band 1 bis 10. Hamburg: Carlsen 2009–2010.

Yuki, Kaori: Angel Sanctuary. Band 1 bis 20. Hamburg: Carlsen 2000–2004.

Sekundärliteratur

Brunner, Miriam: Manga – Die Faszination der Bilder. München: Wilhelm Fink 2009.

Darlington, Tania; Cooper, Sara: The Power of Truth: Gender and Sexuality in Manga. In: Manga. An Anthology of global and cultural perspectives. Hg. v. Toni Johnson-Woods. London: Continuum 2010, S. 157–172.

Durst, Uwe: Theorie der phantastischen Literatur. Aktualisierte, korrigierte und erweiterte Neuauflage. Berlin: LIT Verlag 2010.

[27] Takemiya Keiko, zit. nach Meyer 2010, 232.

Eckstein, Kristin: Geschlecht und Manga. http://femgeeks.de/geschlecht-und-manga-teil-1/ (abgerufen am 30. April 2014).

Fischer, Gabriele: Manga. Zwischen Aversion und jugendlicher Trendkultur. In: Katholische öffentliche Bücherei Ausgabe 3. 2006, S. 5–16.

Hurford, Emily M.: Gender and Sexuality in Shoujo Manga: Undoing the Heteronormative Expectations in Utena, Pet Shop of Horrors, and Angel Sanctuary. Master Thesis. Bowling Green State University 2009.

Ingulsrud, John E. und Kate Allen: Reading Japan Cool. Patterns of Manga Literacy and Discourse. Lanham/Boulder u.a.: Lexington Books 2009.

Martinez, Matias und Michael Scheffel: Einführung in die Erzähltheorie. 9., aktualisierte und überarbeitete Auflage. München: Verlag C. H. Beck 2012.

McLelland, Mark: The „Beautiful Boy" in Japanese Girls, Manga. In: Manga. An Anthology of global and cultural perspectives. Hg. v. Toni Johnson-Woods. London. Continuum 2010, S. 77–92.

— Homophile Heterosexualität oder: Warum lieben heterosexuelle Frauen japanische Mangas mit scheinbar homosexuellen Inhalten? In: Barbara Eder, Elisabeth Klar und Ramón Reichert (Hg.): Theorien des Comics. Ein Reader. Hrsg. Bielefeld: Transcript 2011, S. 419–434.

Meyer, Uli: Hidden in Straight Sight. Trans*gressing Gender and Sexuality via BL. In: Antonia Levi, Mark McHarry und Dru Pagliassotti (Hg.): Boys, Love Manga: Essays on the Sexual Ambiguity and Cross-Cultural Fandom of the Genre. Jefferson: McFarland 2010, S. 232–256.

Rank, Bernhard: Phantastische Kinder- und Jugendliteratur. In: Kinder- und Jugendliteratur der Gegenwart. Grundlagen, Gattungen, Medien, Lesesozialisation und Didaktik. Ein Handbuch. Hg. von Günther Lange. Baltmannsweiler: Schneider Verlag Hohengehren 2011, S. 168–192.

Schüwer, Martin: Wie Comics erzählen. Grundriss einer intermedialen Erzähltheorie der grafischen Literatur. Trier: WVT 2008 (Handbücher und Studien zur Medienkulturwissenschaft, 1).

Shamoon, Debrah: Situating the Shôjo in Shôjo Manga. In: Mark MacWilliams (Hg.): Japanese Visual Culture: Explorations in the World of Manga and Anime. Armonk: M. E. Sharpe 2008, S. 137–154.

Stritzke, Nadyne: (Subversive) Narrative Performanitität. Die Inszenierung von Geschlecht und Geschlechtsidentitäten aus Sicht einer gender-orientierten Narratologie. In: Sigrid Nieberle und Elisabeth Strowick (Hg.): Narration und Geschlecht. Texte, Medien, Episteme. Köln: Böhlau 2006, 93–116.

Thorn, Matt: Girls and Women Getting Out of Hand. In: William W. Kelly (Hg.): Fanning the Flames: Fans and Consumer Culture in Contemporary Japan. Illustrated Edition. Albany, NY: State University of New York Press 2004, S. 169–187.

Zank, Dinah: Girls Only?! Japanische Mädchenkultur im Spiegel von Manga und Anime. In: Deutsches Filmmuseum, Deutsches Filminstitut und Museum für Angewandte Kunst Frankfurt (Hg.): Ga-Netchû! Das Manga-Anime-Syndrom. Berlin, Leipzig: Henschel 2008, S. 144–157.

Die notwendige Begrenzung entgrenzter Frauenkörper in den *X-Men*-Filmen

Laura Muth

‚Mutation' und ‚Gender' als fantastische *images*-Kategorien

Aus Comics stammenden Frauenfiguren wird fast schon traditionell ein hohes Maß an Gewalt entgegengebracht. Dies gilt nicht nur für die *love interests* des jeweiligen Comic-Helden, sondern auch für jene, die mit übernatürlichen Kräften ausgestattet den männlichen Helden in ihrem Kampf zur Seite gestellt sind. Dieser Trend wurde von Gail Simone nach der strangulierten und in eine Gefriertruhe gestopften Leiche von Alexandra DeWitt, der Freundin von Green Lantern aus der gleichnamigen Comicserie, als „Women in Refrigerators"[1] betitelt. Unter diesem Motto fertigte Simone eine Liste der Frauenfiguren an, die vergewaltigt, ohne Einverständnis magisch geschwängert, verstümmelt, entmachtet, zur Antagonistin gemacht, mit einer lebensgefährlichen Krankheit infiziert oder ermordet wurden. Simones Liste zum *Women in Refrigerators*-Trend mag entgegengehalten werden, dass aufgrund der Langlebigkeit des Mediums und der Handlungsstruktur von Comics männliche Figuren ebenfalls physisch und psychisch leiden müssen; aber wie Jennifer K. Stuller zusammenfassend feststellt, ist dabei folgende Unterscheidung zu beachten:

> „The issue isn't with the violence women would necessarily be expected to face as protagonists in an action/adventure story, but in the ways this violence was depicted; the issues arise when women are shown as *only* victims or hostages, when they are raped or murdered for cheap shock value, or for the effect their assault will have on the male character's story. Overwhelmingly, women were generally humiliated and/or canonically tossed aside in ways that male superheroes weren't; male heroes tended to come back to life or be healed more often and more quickly, and the deaths of females were usually perverted or sexualized in some way."[2]

---

1 Vgl. http://lby3.com/wir/women.html (Stand: 19.03.13); vgl. auch Stuller 2010, S. 145.

2 Stuller 2010, S. 145 (Hervorhebung im Original).

Dieser Trend findet sich auch in den aktuellen *X-Men*-Filmen[3] wieder, wo regelrecht eine notwendige Begrenzung der durch Mutation entgrenzten Frauenkörper inszeniert wird. Unter ‚Entgrenzung' fasse ich in diesem Aufsatz die fantastische Verfremdung des menschlichen Körpers durch Mutation, auf die in der *X-Men*-Reihe neben den Schemata typischer Superhelden-Narrationen der Fokus gelegt ist. ‚Begrenzung' bezeichnet die insbesondere bei den Frauenfiguren pointiert dargestellte Einschränkung oder Vernichtung dieser Fähigkeiten. Geschlechtsunabhängig lässt sich in Bezug auf die Mutation in der Serie nicht nur die Inszenierung besonderer Fähigkeiten festhalten, sondern auch damit einhergehende Probleme wie die Furcht vor dem in seiner Fremdartigkeit betonten ‚Anderen', die sowohl von ‚normalen' Menschen als auch den Mutanten empfunden werden kann. Die Wahrnehmung der anderen Gruppe kann dabei – wie auch Paul Goetsch für die Darstellung des ‚Anderen' als Monster konstatiert[4] – bis ins Monströse hinein stigmatisiert sein, wobei das ‚Monströse' sowohl an Äußerlichkeiten wie Hautmutationen als auch an Charaktereigenschaften wie der absoluten Bösartigkeit des menschlichen Antagonisten William Stryker[5] festgemacht werden kann.

Somit kommt es zur „Kontrastierung des einheitlichen Menschenbildes aus Selbstbestimmung und Fremdsetzung"[6], indem jede Gruppe auch durch die ihr entgegengesetzte mitbestimmt wird. Als fantastische Form von *images* lässt sich die hier analysierte Filmreihe daher mit Thomas Bleichers komparatistischem Imagologie-Modell[7] betrachten. Bleichers Modell weist eine antinomische Struktur auf, in der das Eigenbild vom Fremdbild auf einer Kontrastbasis abgegrenzt wird, wobei sich die Versionen von Eigenideal und Fremdkritik oder Kritik am Eigenen und das Ideal im Fremden realisieren lassen. Das von Bleicher entwickelte Modell für literarische *images*, deren Untersuchung idealerweise „einen über die Literatur hinausweisenden Beitrag zur Völkerverständigung"[8] leisten soll, lässt sich auf das Genre der Comicverfilmung und besonders die hier thematisierte *X-Men*-Reihe unter der Prämisse, dass nationale *images* durch fantastische ersetzt werden, übertragen. Wenn sich, wie Paul Goetsch beobachtet, „das Ich, die eigene Gruppe [...] im Gegensatz zum Du, zum Anderen, zur anderen Gruppe

---

3 Unter den aktuellen *X-Men*-Filmen fasse ich hier ausschließlich die 2000 gestartete Spielfilmreihe, beginnend mit der Trilogie *X-Men* (2000), X2 (2003) und *X-Men – The Last Stand* (2006), gefolgt von den als Entstehungsgeschichten gehaltenen Sequels *X-Men Origins: Wolverine* (2009) und *X-Men: First Class* (2011). Mit *The Wolverine* wurde 2013 ein weiteres Sequel hinzugefügt.

4 Vgl. Goetsch 2000, S. 283.

5 Vgl. *X-Men Origins: Wolverine*; vgl. X2; vgl. *X-Men: First Class*.

6 Bleicher 1980, S. 16.

7 Vgl. Bleicher 1980, S. 17.

8 Bleicher 1980, S. 20.

[konstituiert]“[9], dann erfüllt auch das fantastische Andere, hervorgerufen durch Mutation, die von Bleicher konstatierte Funktion von *images*-Typen „zur Differenzierung von Selbstverständnis als indirektem Fremdverständnis sowie von Fremdverständnis als indirektem Selbstverständnis“.[10] Daher erscheint es auch nur konsequent, wenn Simon Ofenloch in den *X-Men*-Comics „ein allgemeines Plädoyer gegen Xenophobie, unreflektierte Vorurteile und jede Form der Diskriminierung“[11] findet, das in der Filmreihe fortgesetzt wird.

Mutation wird als fantastische Ursache von Diskriminierung dargestellt, die es zu überwinden gilt, und wirkt so als festschreibendes Element, das strikt abgegrenzte Gruppierungen innerhalb der Gesellschaft evoziert, wobei die prominentesten Positionen der Filmreihe in der Gemeinschaft der X-Men, der mit ihnen konkurrierenden und meist verfeindeten Mutanten-Gruppe Brotherhood und der Gruppe der Menschen, die Mutation fürchten und teilweise bekämpfen, zu finden sind. Die Superfrauen der *X-Men*-Filme werden allerdings nicht nur über ihre Mutation, sondern auch über ihr Geschlecht festgeschrieben und so in doppelter Weise in das antinomische Geflecht von ‚eigen‘ und ‚fremd‘ integriert, indem die Mutation des weiblichen Körpers als spezifische Form der Fremdheit inszeniert wird. Besonders widersprüchlich erscheint hierbei, dass die Mutation weiblicher Körper auf eine Weise problembehaftet scheint, die bei der Mutation männlicher Körper gänzlich fehlt. Was Judith Butler in ihrer Analyse in *Gender Trouble* dem Geschlecht zuschreibt, scheint auch für den Umgang mit der Mutation weiblicher Körper in den *X-Men*-Filmen zu gelten: „This association of the body with the female works along magical relations of reciprocity whereby the female sex becomes restricted to its body, and the male body, fully disavowed, becomes, paradoxically, the incorporeal instrument of an ostensibly radical freedom.“[12]

Während die Nutzung der Fähigkeiten männlicher X-Men, sei sie auch noch so animalisch konnotiert wie bei Wolverine, nicht in Frage gestellt wird und selbst dem antagonistischen, durch das Heilmittel begrenzten Eric Lehnsherr alias Magneto in der letzten Einstellung von *X-Men – The Last Stand* eine Rückkehr in seinen entgrenzten Zustand zugebilligt wird[13], werden die Fähigkeiten weiblicher Mutanten als zunehmend problematisch dargestellt und so die Notwendigkeit ihrer Begrenzung als zwingend motiviert. Da diese Tendenz nicht nur auf Seite der Protagonistinnen oder Antagonistinnen zu finden ist, soll im Folgenden der Fokus auf sechs Frauenfiguren der aktuellen Filmreihe gelegt werden: Seitens der X-Men werden Ororo Munroe alias Storm, Marie alias Rogue sowie Jean Grey

---

9 Goetsch 2000, S. 279.

10 Bleicher 1980, S. 15.

11 Ofenloch 2007, S. 132.

12 Butler 2010, S. 16.

13 Vgl. *X-Men – The Last Stand*, 01:32:49–01:33:40.

alias Phoenix näher betrachtet, auf Seiten der Antagonistinnen sind Emma Frost und Raven Darkholm alias Mystique hervorzuheben. Kayla Silverfox nimmt eine Sonderstellung ein, da sie weder der einen noch der anderen Mutantengruppe zuzurechnen ist und das oppositionäre Feld der Frauenfiguren so entscheidend erweitert. Wie Jeffrey Brown für Actionheldinnen generell beobachtet, lassen sich auch diese Frauenfiguren trotz ihrer meist strikt ausformulierten Gruppenzugehörigkeit nicht stringent innerhalb einer Gut-Böse-Dichotomie verorten:

„To understand these figures [action heroines, L. M.] as simply *either* good and empowering – *or* as bad and disempowering, is to miss the complex range of issues their current popularity raises. The real importance of the action heroine is that she is not easily written off as ‚either/or'. She does muddy the waters of what we consider masculine and feminine, of desirable beauty and threatening sexuality, of subjectivity and objectivity, of powerful and powerless."[14]

Dementsprechend fällt es schwer, in der Sympathielenkung, die die Kamera vollzieht, eine Trennlinie zwischen Zugehörigkeit zu den X-Men und deren Antagonisten zu ziehen. Für die Behandlung dieser Frauenfiguren müssen daher andere Parameter gelten, die ich in meiner Analyse der Figuren auf deren Entwicklung von einem ‚entgrenzten' zu einem ‚begrenzten' Zustand, damit korrelierend dem für das Filmpublikum geltenden Bereich des ‚Fremden' und des ‚Eigenen' festlegen möchte. Das Spektrum dieser Entwicklung reicht von freiwilliger Selbstbegrenzung bis hin zur erzwungenen Selbstaufopferung und wird in unterschiedlichen Intensitätsgraden in der Figurenkomposition der sechs thematisierten Superfrauen vorgeführt.

Das ausformulierte Spektrum der ‚Begrenzung' weiblicher Mutanten

Gemeinsam bleibt den Frauenfiguren in ihrer Darstellung durchweg deren markante Sexualisierung, was sie vom individuell wahrzunehmenden Subjekt zum stereotyp wirkenden, dem voyeuristischen Blick ausgesetzten Objekt degradiert. Dies vollzieht sich meist über die Darstellung ihres entgrenzten Zustandes durch den Rückgriff auf enganliegende Kostümierung wie die Uniform der X-Men oder Hautmutationen, die das Zeigen entfremdeter Nacktheit wie im Fall von Mystique oder Emma Frost erlauben, und wird häufig mit langen und im Wind wehenden Haaren kombiniert. Eine derartige Kostümierung gestattet nicht nur die Betonung von Körperlichkeit und Sinnlichkeit, sondern auch die assoziative Verknüpfung von Natürlichkeit und Wildheit, die mit dem durch die Mutation hervorgerufenen, entgrenzten Zustand einhergeht. Die Andersartigkeit der mutierten Frauenkörper wird über die (zwangsläufig) auftretende Begrenzung in das Vertraute übersetzt.

[14] Brown 2011, S. 9f. (Hervorhebungen im Original).

Gleichzeitig wird über die Sympathielenkung der Kamera Bleichers Forderung erfüllt, das „Vertraute[n] ins Fremde hinüberzusetzen“[15], indem fortwährend räumliche Nähe zu den mutierten Frauenfiguren gesucht und gehalten wird, was ein Verstehen und Miterleben von deren Situation möglich macht.[16] Je nach Art der Fähigkeit, die die Mutation bei den Figuren auslöst, wird die Nähe der Kamera zur Figur noch intensiviert. So wird Kayla, deren Mutation sie zur Taktil-Hypnose befähigt, in *X-Men Origins: Wolverine* nur selten in einer Totalen, sondern meist in Halbtotaler oder Close-up gefilmt. Durch das fehlende Lösen der Kamera von Kayla wird für das Filmpublikum symbolisch die Auswirkung der Mutation erfahrbar gemacht.[17] Dasselbe gilt für die übrigen Figuren mit taktilen oder psychischen Begabungen. Fähigkeiten hingegen wie Storms Blitze fordern eine weitere Bildeinstellung, was durch Close-ups auf ihre bei der Verwendung ihrer Fähigkeit veränderten Augen kompensiert wird.[18]

Die bereits erwähnten *images*-Kategorien ‚Mutation‘ und ‚Gender‘ werden für Ororo Munroe durch ihre Hautfarbe um eine ethnische *image*-Kategorie ergänzt. Als eine der wenigen und eine der ersten afro-amerikanischen Superheldinnen hat sie im Diskurs der Diskriminierung bzw. deren Überwindung hin zur Gleichberechtigung ein hohes Potenzial. Während dieser Aspekt in den Comics noch intensiv im Vordergrund steht, wirkt ihre Besetzung in den Filmen mit Halle Berry so standardisiert, dass ihre ethnische Sonderstellung unter den X-Men nirgends thematisiert wird, wohingegen die Kategorien ‚Mutation‘ und ‚Gender‘ in der aktuellen Filmreihe im ständigen Fokus ihrer Figurenkonzeption zu finden sind. Obwohl Storm die einzige der Superfrauen in der X-Men-Reihe – im Folgenden kurz ‚X-Women‘ – ist, die sich ihrer Begabung, in diesem Fall die Beeinflussung des Wetters, kontinuierlich nicht schämt, scheint es ihr doch unangenehm zu sein, wenn andere unter dem plötzlichen Wetterumschwung leiden müssen. Daher reagiert sie auch peinlich berührt, wenn Charles Xavier sie darauf hinweist: „The forecast was for sunny skies. [...] You, of all people, know how fast the weather can change.“[19] Bewusst setzt sie daher ihre Fähigkeiten auch nur im Kampf der X-Men ein. Während Storm also einerseits stolz darauf ist, Mutantin zu sein, schränkt sie sich andererseits selbst ein, um gesellschaftsfähig zu bleiben. Dieser paradoxe Umgang mit ihrer Mutation zeigt sich auch in ihrem ambivalenten, antinomischen Verhältnis zu ihrer Umwelt: Sie fürchtet die gewöhnlichen Menschen

---

[15] Bleicher 1980, S. 19.

[16] Die drei Grundfunktionen, die Bernd Weidenmann der Kamera am Beispiel der Comicverfilmungen zuweist – erstens das Geschehen zu fotografieren, zweitens eine angemessene Gewichtung über die Bildausschnitte zu schaffen und drittens Stimmung und Atmosphäre zu erzeugen – lässt sich an der Darstellung der Frauenfiguren nachvollziehen. Vgl. Weidenmann 1991, S. 63.

[17] Vgl. *X-Men Origins: Wolverine*, beispielsweise 00:25:51–00:26:58.

[18] Vgl. *X-Men*, 01:12:42–01:13:42.

[19] *X-Men – The Last Stand*, 00:13:24–00:14:21.

und hat sich jegliches Mitgefühl ihnen gegenüber abgewöhnt, da diese sie wegen ihrer Mutation ausgrenzen.[20] Gleichzeitig kämpft sie als führendes Mitglied der X-Men gegen Mutanten, die versuchen, der Menschheit zu schaden oder diese sogar gänzlich zu vernichten. Ihren eigenen Platz in der Gesellschaft findet sie als Lehrerin an Charles Xaviers Schule für begabte – als Synonym für ‚mutierte' – Jugendliche, denen sie so helfen kann, einen eigenen Platz in der Welt zu finden und als zukünftige X-Men ausgebildet zu werden.[21]

Storm ist die einzige weibliche (Haupt-)Figur in den *X-Men*-Filmen, die bis zuletzt ihre Fähigkeiten uneingeschränkt nutzen könnte, darauf aber zugunsten ihrer Position als Professor Charles Xaviers Nachfolgerin verzichtet.[22] Sie tritt damit aus der stereotypen Sphäre des ‚Natürlich-Unbegrenzten' ein in die Sphäre der gesellschaftlichen Konventionen. Dieser Übertritt von dem aus reaktionären Weltbildern stammenden weiblichen in den männlichen Raum wird in der Trilogie durch die Veränderung ihrer Frisur, die eine zunehmende Kürzung und damit eine zunehmend maskulinere Form erfährt, symbolisch dargestellt. Diese optische Maskulinisierung ihrer ansonsten sehr weiblichen Figur bringt sie in den Bereich der *gender*-Vermischung aus Gladys Knights Definition der Superheldin: „Female action heroes meld femininity with masculinity, thus redefining what heroism looks like. This depiction demonstrates that women can be feminine, glamorous, and tough."[23] Vom prototypischen Ideal bleibt Storm dennoch in ihrer Figurendarstellung entfernt, da das Konzept ‚Liebe' und damit die Abhängigkeit von und Verbundenheit mit einem Partner eine vernachlässigbare Komponente bleibt. Sowohl durch ihre freiwillige Selbstbegrenzung mit zunehmender Maskulinisierung wie auch der Abfuhr, die sie von Wolverine als Antwort auf ihre Annäherungsversuche erhält[24], bleibt Storm dem typisch männlichen Heldenschema des *lone wolf* angenähert, löst sich aber insofern davon, als sie als Leiterin der Schule in der Gemeinschaft der Mutanten verankert ist.[25] Storm vereinigt die unterschiedlichen Konzepte von Weiblichkeit und Männlichkeit sowie den begrenzten und unbegrenzten Zustand in sich, was sie zu einer kompromissorientierten Vermittlerfigur macht, an der sich die Übersetzung von ‚Eigenem' in ‚Fremdes' und umgekehrt vollziehen kann. Auch in ihrer *lone wolf*-Adaption markiert sie einen Sonderfall, denn die Handlungen der übrigen fünf X-Women werden weitestgehend über ihre

---

20 Vgl. *X2*, 00:55:09–00:56:51.

21 Vgl. *X-Men – The Last Stand*, 00:05:04–00:07:37.

22 Vgl. ebd., 00:48:32–00:50:05; 00:55:34–00:56:32.

23 Knight 2010, S. X.

24 Vgl. *X-Men – The Last Stand*, 00:57:45–00:58:26.

25 Hierin spiegelt sich eine von Stuller wie auch Sherrie A. Inness beobachtete Entwicklung in der Konzeption von Superheldinnen, die den Frauenfiguren beide Facetten ermöglicht. Vgl. Stuller 2010, S. 93; vgl. Inness 2004, S. 168.

Liebe zu einer anderen Figur (mit-)bestimmt, die die Begrenzung ihrer Mutation motiviert.

So wird Kayla in *X-Men Origins: Wolverine* auch hauptsächlich als Wolverines *love interest* und weniger als Heldin mit eigenständiger Aufgabe dargestellt. Sobald sie losgelöst von ihrer Liebe zu Wolverine agiert, bestimmt die Liebe zu ihrer Schwester ihr Handeln. Neben dieser Form der Unselbstständigkeit erweist sich auch ihre misanthropische Haltung, die sich insbesondere nach ihrer Begegnung mit Stryker offenbart und die sie zu der Überzeugung führt, Mutanten seien bessere Menschen[26], als restriktiv. Derart eingeschränkt in ihrem entgrenzten Zustand wird dieser für sie zunehmend problematisiert, wenn ihre Fähigkeit der Taktil-Hypnose sie zur Verführerin degradiert und die Echtheit ihrer Gefühle und der Gefühle anderer für sie in Frage gestellt werden. Obwohl durch ihre Körpersprache, insbesondere im Moment der Enthüllung ihrer bis dahin nur angedeuteten Fähigkeiten, deutlich Trauer, Scham und Verletzung suggeriert werden, ist Wolverines Misstrauen unverkennbar, was ihr einen Teil ihrer Handlungsmotivation entzieht. Auch als Wolverine ihr erneut sein Vertrauen anbietet, bleibt der schale Beigeschmack der Manipulation bestehen.[27]

Um diesem Dilemma zu entgehen, sucht Kayla, nachdem sie auf der Flucht mit ihrer Schwester verwundet worden ist, auch nicht nach Rettung für sich, sondern kehrt zurück, um für Wolverine zu sterben[28] und so für das Misstrauen, das ihre Begabung ausgelöst hat, zu sühnen und die Echtheit ihrer Gefühle zu beweisen. Stuller folgend, findet sich in Figurenkonzeptionen wie denen Kaylas und der übrigen vier X-Women eine markante, wenn auch nicht unproblematische Parallele: „Often with women, *love* is stressed again and again. [...] The connection between ‚Love' and superwomen can at first seem troublesome, as it evokes notions of heroines in the traditional sense – of fair maidens and damsels in need of rescue by the hero of the story. But superwomen are *not* heroines in the traditional sense."[29] Durch das Konzept ‚Liebe' – wie auch immer dieses in seiner Vielschichtigkeit im Einzelnen aufzufassen sein mag – auf ihr Geschlecht festgeschrieben, werden Frauen gleichzeitig dadurch auch als Superfrauen markiert, indem sie nicht ausschließlich zur *damsel in distress* objektiviert werden, sondern selbst als Retterinnen agieren: Immerhin ist es Kayla, die zur Rettung eilt und damit eine, wenn auch durch ihre Liebe und ihr Schamgefühl bestimmte Form der Aktivität erlangt. Letztlich erweist Kaylas Begabung sich für sie als so problematisch, dass sie, um diesem entgrenzten Zustand zu entgehen, ihr eigenes Leben in freiwilliger Selbstopferung aufgibt.

---

26 Vgl. *X-Men Origins: Wolverine*, 01:31:50–01:31:56.

27 Vgl. ebd., 01:15:03–01:22:24.

28 Vgl. ebd., 01:24:26–01:32:28.

29 Stuller 2010, S. 87f. (Hervorhebungen im Original).

Nicht minder problematisch erweist sich die Begabung von Marie alias Rogue für ihre zwischenmenschlichen Beziehungen: Ihre Fähigkeit, Energie aus fremden Körpern bis zu deren Tod zu ziehen – bei jeder Berührung, ob intendiert oder nicht –, führt sie in die Furcht vor ihrem eigenen Körper: „You don't know what it's like to be afraid of your powers, afraid to get close to anybody."[30] Um sich selbst zu isolieren, schirmt sie sich mit Kleidung ab, die mit enganliegenden Handschuhen und häufig einem Mantel mit weiter Kapuze zur gänzlichen Verhüllung ihres Körpers führt und ihre Andersartigkeit so auch symbolisch sichtbar macht. Gerade in ihrem pubertierenden Alter erweist sich die ihr aufgezwungene Isolation zum Schutz ihrer Mitmenschen als besonders schwer, möchte sie schließlich den Gefühlen für ihren Freund, Bobby Drake alias Iceman, nachgeben, kann dies jedoch nicht, ohne ihm damit gleichzeitig zu schaden: „What's wrong is: I can't touch my boyfriend without killing him. Other than that I'm wonderful."[31] Die Folge ihrer Begabung ist nicht nur eine körperliche, sondern auch eine geistige Abschottung durch ihre Flucht in Sarkasmus. Diese Unerreichbarkeit in ihrem unbegrenzten Zustand führt Rogue einerseits ähnlich wie Storm nahe an das männlich konnotierte *lone wolf*-Modell heran, macht sie andererseits aber auch verführerisch. Jeff Brown bemerkt Folgendes zu Rogue und Superfrauen, deren fetischistisch angelegte Fähigkeiten zur wenig subtilen Metapher des sexuell aufgeladenen Entzugs phallischer Dominanz führen:

„In comics, people of either gender can fly, hurl automobiles, or bounce bullets off their chests. Likewise, in action movies people of either gender can fight, shoot, and blow things up. But in both genres only women can combine these tough skills with the threat of seduction. The Bad Girls of comics and the tough girls of action films combine threats traditionally engendered as either masculine (toughness) or feminine (seduction)."[32]

Das verführerische Potenzial von Rogues Begabung lässt sich am Verhalten ihres Freundes beobachten, der immer wieder an seine Grenzen geht, um sich ihr nähern zu können.[33] Das beständige Scheitern des körperlichen Kontaktes zu ihm führt sie zur endgültigen Ablehnung ihrer Begabung, die sie mit der Einnahme des ‚Heilmittels' und damit der Begrenzung ihrer Mutation konsequent und im Konzept maskuliner *toughness* gegen den Widerstand anderer Mutanten umsetzt.[34] Die innere Ablehnung ihres entgrenzten Selbst deutet sich bereits in ihrer Namenswahl an: Während sie im ersten Teil der Trilogie den eher negativ konnotierten Decknamen ‚Rogue' (‚Schurke' oder ‚Schelm') annimmt, um sich von ihrem bürgerlichen Leben, das ihr aufgrund ihrer Mutation nicht mehr möglich ist, abzugrenzen,

---

30 *X-Men – The Last Stand*, 00:52:22–00:52:26.

31 Ebd., 00:10:19–00:10:22.

32 Brown 2011, S. 58.

33 Vgl. *X2*, 00:48:52–00:50:22.

34 Vgl. *X-Men – The Last Stand*, 00:15:16–00:17:07; 00:51:04–00:53:19; 01:31:01–01:31:34.

wechselt sie in Aussicht auf die Heilung ihrer Mutation im letzten Teil der Trilogie wieder zu ihrem bürgerlichen und christlich vorgeprägten Namen ‚Marie'. Beide Namen beinhalten eine eigene Version, wie das Leben der Figur verlaufen kann. Erst durch das Erleben beider Versionen ist sie in der Lage, den für sie optimalen Lebensweg zu wählen und so eine „Komplementierung des Eigenbilds"[35] vorzunehmen. Die Begrenzung ihrer Mutation, die auf freiwilliger Selbstaufgabe basiert, ermöglicht Rogue bzw. vielmehr Marie den Übertritt von der Isolation in ihrer Andersartigkeit hin zu dem von ihr ersehnten Leben innerhalb einer Gemeinschaft, wobei sie sich nicht einer menschlichen Gemeinschaft anschließt, sondern zu ihrem Freund und den übrigen X-Men zurückkehrt und dort als Nicht-Mutantin Aufnahme findet. Es gelingt ihr die Synthese zweier vermeintlich gegensätzlicher Lebensversionen, die sie für sich vereinnahmt und so beide Kategorien – ‚fremd' und ‚eigen', ‚entgrenzt' und ‚begrenzt' – ineinander überführt.

Im Gegensatz zu Rogue wendet sich Emma Frost in *X-Men: First Class* gerade aus Liebe von einem Leben innerhalb der Gesellschaft ab. Ihre Zuneigung zu Sebastian Shaw macht sie zu seiner Komplizin und somit zur Gehilfin des Antagonisten, der es auch nicht unterlässt, ihre Gefühle durch wohlgesetzte Schmeicheleien wie „Magnificent, isn't she?"[36] noch weiter zu intensivieren. Emma Frost gilt ihm mit ihren Fähigkeiten der Telepathie und der Verwandlung ihrer Haut in eine diamantene Struktur als wunderschön, nicht weniger, definitiv aber auch nicht mehr.[37] Als lebendes Luxusgut, gewissermaßen ein lebendiger Diamant, lässt sie sich perfekt in die von Silvia Bovenschen beobachtete „Gegensatzkonstruktion von weiblicher Statik, die in aller Regel naturmetaphorisch ausgedeutet wird, und männlicher Dynamik"[38] einfügen. Für Shaw bleibt sie nur solange interessant, wie sie diesen Status als voyeuristisches Objekt und lebender Schutzschild aufrechterhalten kann. Als Magneto ihre diamantene Erscheinung beschädigt und damit ihre gestaltwandlerischen Fähigkeiten bedeutend einschränkt, wird sie von Sebastian Shaw kurzerhand ersetzt.[39] Durch die Zerstörung ihres *status quo* wird sie zu einer Form der Selbstaufgabe gezwungen, die sie trotz ihrer antagonistischen Ambitionen zum typisch femininen Opfer des Action-Genres stigmatisiert. Während bei den positiv angelegten Identifikationsfiguren auf der Seite der X-Men Frauenfiguren mehr Entscheidungsfreiheit für ihren Umgang mit der Mutation gegeben ist, scheint dieser stereotype Umgang mit Superfrauen wie Simone ihn im *Women in*

[35] Bleicher 1980, S. 16.

[36] *X-Men: First Class*, 00:19:42–00:19:44.

[37] In ihrem hiervon unabhängigen Auftritt in *X-Men Origins* besteht ihre Funktion innerhalb des Figurengefüges ebenfalls darin, als Objekt der in diesem Fall schwesterlichen Liebe Kaylas aufzutreten.

[38] Bovenschen 2003, S. 27.

[39] Vgl. *X-Men: First Class*, 00:55:50–01:06:49.

Refrigerators-Trend aufgezeigt hat, in Bezug auf antagonistische Frauenfiguren geradezu erwünscht zu sein.

Ähnlich wie Emma Frost wird auch Mystique bzw. Raven Darkholm auf die antagonistische Seite getrieben und wegen ihrer dortigen Positionierung begrenzt. Durch ihre Hautmutation und ihre Fähigkeit zur Gestaltwandlung erfährt Mystique keinerlei Akzeptanz, weder im Umfeld der Mutanten noch im Umfeld der Menschen, wo insbesondere das von Mystique beschriebene Verhalten ihrer Familie hervorzuheben ist: „My family tried to kill me."[40] Aufgrund dieser Vorgeschichte wird sie zur Misanthropin, die sich stets selbst als das Fremde innerhalb einer Gemeinschaft wahrnimmt, sich aber gleichzeitig als dem ‚gewöhnlichen' *homo sapiens* überlegen versteht.[41] So lernt sie, ihre Fähigkeiten in fast schon diebischem Umgang mit dem Aussehen anderer zu ihrem Vorteil zu nutzen, wie beispielsweise in ihrem Versuch, Wolverine in der Gestalt von Jean Grey zu verführen.[42] Mystiques Fähigkeit erlaubt es ihr, sich jeder beliebigen, in ihrem Kontext meist männlichen Fantasie anzupassen, was als weiterer Beleg für Maurice Horns Beobachtung gelten kann, „that the image of women projected by the comics (and, in a wider perspective, by all popular arts) was one created by men in order to satisfy specific male needs"[43]. Ihre natürliche Gestalt, wie auch ihre Fähigkeit zur Gestaltwandlung wirken auf die sie umgebenden Menschen ebenso wie die meisten Mutanten abstoßend. So erwartet Charles Xavier von ihr in *X-Men: First Class*, dass sie stets in einer ‚menschlichen' und damit für das Umfeld ‚normalen' Gestalt herumläuft – die zufällig eine hübsche Blondine ist – und so einen Teil ihrer Energie permanent für die Aufrechterhaltung der Wandlung zur Verfügung stellen muss. Wenn sie sich weigert, reagiert er mit Abscheu und Widerwillen.[44] Durch seinen Respekt für ihre Fähigkeiten bleibt Magneto der einzige Mutant, dem Mystique vertrauen kann und dem sie daher auch auf die weitestgehend antagonistische Seite der Mutanten folgt.[45]

In Verbindung mit Magneto macht ihre rücksichtslose Aneignung fremder Erscheinungsbilder sie nicht nur verführerisch, sondern als führendes Mitglied der antagonistischen *Brotherhood* zur Bedrohung für die X-Men. Um zu verhindern, dass sie buchstäblich jeden imitiert, scheint es zwangsläufig notwendig, sie ihrer Fähigkeiten zu berauben, da eine Vertrauensbasis in ihrer Nähe nicht gewährleistet werden kann.[46] Dies geschieht durch ihre Ergebenheit zu Magneto, indem sie den

40 *X-Men – The Last Stand*, 00:10:25–00:10:27.
41 Vgl. ebd., 00:10:08-00:10:58.
42 Vgl. *X2*, 01:09:48–01:12:56.
43 Horn 1977, S. 9.
44 Vgl. *X-Men: First Class*, 01:26:44–01:27:37.
45 Vgl. ebd. 01:14:30–01:26:32.
46 Vgl. *X-Men*, 01:09:25–01:14:33.

für ihn bestimmten Pfeil mit dem Heilmittel mit ihrem eigenen Körper abfängt. Kaum ist sie in ihrer menschlichen – und bezeichnenderweise dunkelhaarigen – Form begrenzt, wendet Magneto sich prompt von ihr ab.[47] Nutzlos und ungewollt ‚normal', bleibt Mystique in ihrer erzwungenen Selbstaufopferung nichts als ihre schutzlose und sexuell aufgeladene Nacktheit, die sie ganz klar zum typischen *Women in Refrigerators*-Fall deklariert.

Jean Grey bzw. ihr Alter Ego Phoenix ist zum Abschluss ein besonderer Fall, da sie sowohl das schamlose Ausnutzen ihrer Fähigkeiten zur Befriedigung eigener Bedürfnisse als auch die Furcht vor ihrer Begabung vereint. Wie Charles Xavier erklärt, ist Jean Grey

> „the only class five mutant I've ever encountered, her potential practically limitless. [...] When she was a girl, I created a series of psychic barriers to isolate her power from her conscious mind. As a result, Jean developed a dual personality. [...] The conscious Jean, whose powers were always in control, and the dormant side. A personality that, in our sessions, came to call itself the Phoenix. A purely instinctual creature, all desire and joy and rage."[48]

Von ihrem Mentor unwissentlich begrenzt, kann Jean Grey ihren eigenen Fähigkeiten nicht vertrauen, die sie oft unerwartet im Stich lassen.[49] Erst als ihre Mutation Xaviers Barrieren überwindet, beginnt Phoenix, losgelöst von Jean Grey, ihre Fähigkeiten ungezwungen auszuleben. Die damit einhergehende Schizophrenie sorgt für eine strikte Trennung beider Persönlichkeiten, die keinen Einfluss aufeinander nehmen können. Im Gegensatz zu den übrigen X-Women sind die beiden Identitäten nicht mehr als eine Einheit zu verstehen. Wie Stuller erklärt, gilt: „Finally, a superwoman must use her skills for good, otherwise she has the capacity to become a supervillain."[50] Jean Grey als Mitglied der X-Men, politische Fürsprecherin der Mutanten und in der klassisch femininen Rolle der Ärztin der X-Men hat eine entsprechende Mission, die sie klar auf der Seite der Protagonisten verortet. Doch Phoenix, die nach dem Durchbrechen der Barriere weitestgehend die Kontrolle über den gemeinsamen Körper übernimmt, wird einzig von ihren Trieben gesteuert. Ihr fehlt daher ein solches Ziel, was sie zur zu begrenzenden Bedrohung macht. In den wenigen Momenten, in denen Jean Grey Phoenix' Dominanz durchbrechen kann, bittet sie daher auch darum, getötet zu werden, um so andere vor ihrem Alter Ego zu beschützen. Jean Greys Ermordung entspricht daher einer ersehnten Selbstbegrenzung. Hier findet sich eine Umkehrung des *Women in Refrigerators*-Motivs. Dies zeigt sich auch darin, dass Jeans zwar enganliegende Kostümierung letztlich immer noch intakt ist, während es in diesem Fall der aktiv

---

47 Vgl. *X-Men – The Last Stand*, 00:34:39–00:35:40.
48 Ebd., 00:27:59–00:28:39
49 Vgl. *X2*, 00:07:31–00:08:54.
50 Stuller 2010, S. 7.

tötende, aber dennoch mitleidende Wolverine (Hugh Jackman) ist, der halbnackt sexualisiert wird.[51]

Implikationen der fantastischen *images*-Kategorien

Obwohl die *X-Men*-Filmreihe sich offensichtlich des Topos der gequälten Frauenfigur in möglichst vielfältigen Facetten bedient, zeigt sich doch auch an Storm und Jean Grey als den beiden Polen meiner Analyse, dass das 21. Jahrhundert einen Umdenkungsprozess der standardisierten Schemata möglich, wenn nicht gar notwendig gemacht hat. Über das fantastische Motiv der Mutation können in den *X-Men*-Filmen Gender- und Gruppenzugehörigkeits-Problematiken losgelöst von ihrem eigentlichen Sujet betrachtet und spielerisch Möglichkeiten, aber in diesem Fall auch forciert die Begrenzungen weiblicher Superfiguren ausgetestet werden. Wie Judith Butler feststellt: „,The Body' appears as a passive medium on which cultural meanings are inscribed or as the instrument through which an appropiative and interpretive will determines a cultural meaning for itself. In either case, the body is figured as a mere *instrument* or *medium* for which a set of cultural meanings are only externally related."[52] Der fantastische Körper der Superheldinnen bleibt auch weiterhin ein Testfeld, um kulturelle Problemstellungen zu thematisieren und aufzuzeigen, selbst wenn dies nur unbewusst durch die Adaption typischer Motive wie der *Women in Refrigerators*-Motive passiert. Wie Bleicher beobachtet hat, liegt es besonders im Bereich der unbewussten Adaptionen an der Interpretation, diese aufzudecken und deren kulturelle Implikationen zu entschlüsseln, denn: „Die Images erweisen sich somit letztlich als literarische Formen der Wirklichkeitserkenntnis und der Imagologie fällt deshalb die doppelte Aufgabe zu, sowohl diese literarische Form als auch ihre Beziehung zur Wirklichkeit zu untersuchen."[53]

Besonders die Bandbreite des unterschiedlichen Umgangs mit der Mutation, von deren Akzeptanz und bewusster Selbstbegrenzung oder erzwungener Selbstaufgabe oder deren Ablehnung in selbstgewählter oder ersehnter Selbstbegrenzung, zeigt, dass es ,den' Typ der Superfrau in den *X-Men*-Filmen nicht gibt, sondern diese, ebenso wie der im Zitat von Judith Butler erwähnte *body*, ein Konstrukt ist. Auch lässt sich hier ablesen, dass von einem gleichberechtigten Umgang zwischen männlichen und weiblichen Superhelden noch längst nicht die Rede sein kann, doch die detaillierte Inszenierung der X-Women in ihren unterschiedlichen Facetten und mit ihren ausdifferenzierten Charakteren zeigt, dass sich zumindest ein Bewusstsein dafür eingestellt hat, dass stereotype Rollenschemata wie

---

[51] Vgl. *X-Men – The Last Stand*, 01:28:11–01:30:22.

[52] Butler 2010, S. 12 (Hervorhebungen im Original).

[53] Bleicher 1980, S. 18.

die *damsel in distress* nach der *Grrrl-Power*-Bewegung[54] der 1990er Jahre nicht mehr *mainstream*-fähig sind. Der eher stereotype Umgang mit der *Women in Refrigerators*-Motivik findet sich heute daher eher im Bereich der mit weniger Identifikationspotenzial ausgestatteten antagonistischen Frauenfiguren, obwohl auch diese nicht in den Bereich der flachen Charaktere abgeschoben sein müssen, sondern wie Mystique eine durchaus breit angelegte Charakterentwicklung und damit einen eigenen Motivationshorizont erhalten können.

[54] Vgl. Stuller 2010, S. 7f.

Bibliographie

Filmographie

X2. USA/Kanada 2003, Bryan Singer (DVD: Twentieth Century Fox).
X-Men. USA 2000, Bryan Singer (DVD: Twentieth Century Fox).
X-Men: First Class. USA 2011, Matthew Vaughn (DVD: Twentieth Century Fox).
X-Men: The Last Stand. USA/Kanada/UK 2006, Brett Ratner (DVD: Twentieth Century Fox).
X-Men Origins: Wolverine. USA 2009, Gavin Hood (DVD: Twentieth Century Fox).

Sekundärliteratur

Bleicher, Thomas: Elemente einer komparatistischen Imagologie. In: János Riesz, Thomas Bleicher und Richard Taylor (Hg.): Komparatistische Hefte. Literarische Imagologie – Formen und Funktionen nationaler Stereotype in der Literatur. Bayreuth: Universität Bayreuth 1980. H. 2, S. 12–24.
Bovenschen, Silvia: Die imaginierte Weiblichkeit. Frankfurt am Main: Suhrkamp 2003 (1979).
Brown, Jeffrey A.: Dangeroues Curves. Action Heroines, Gender, Fetishism, and Popular Culture. Jackson: University Press of Mississippi 2011.
Butler, Judith: Gender Trouble. Feminism and the Subversion of Identity. Nachdruck. New York: Routledge 2010 (1990).
Goetsch, Paul: „Der Andere als Monster. Das Ich und der Andere“. In: Wolfgang Eßbach (Hg.): wir/ihr/sie. Identität und Alterität in Theorie und Methode. Würzburg: Ergon Verlag 2000, S. 279–295.
Horn, Maurice: Women in the Comics. New York, London: Chelsea House Publishers 1977.
Inness, Sherrie A.: Tough Girls: Women Warriors and Wonder Women in Popular Culture. New York: Palgrave Macmillan 2004.
Knight, Gladys L.: Female Action Heroes. A Guide to Women in Comics, Video Games, Film, and Television. Santa Barbara, Denver, Oxford: Greenwood 2010.
Ofenloch, Simon: Mit der Kamera gezeichnet. Zur Ästhetik realer Comicverfilmungen. Saarbrücken, Berlin: VDM Verlag Dr. Müller 2007.
Stuller, Jennifer K.: Ink-stained Amazons and Cinematic Warriors. Superwomen in Modern Mythology. London, New York: I. B. Tauris 2010.
Weidenmann, Bernd: Der exaltierte Code der Comics. In: Franzmann, Bodo (Hrsg.): Comics zwischen Lese- und Bildkultur. München: Profil-Verlag 1991, S. 60–65.
Women in Refrigerators: http://lby3.com/wir/women.html (abgerufen am 19.03.13).

„Leere passte gut zum Neubeginn ihres Lebens"[1]

Die Darstellung der weiblichen Adoleszenz in der aktuellen phantastischen Jugendliteratur

Jana Mikota

„Montagnachmittag in der Schul-Cafeteria spürte ich es zum ersten Mal. Für einen Moment hatte ich ein Gefühl im Bauch wie auf der Achterbahn, wenn man von der höchsten Stelle bergab rast. Es dauerte nur zwei Sekunden, aber es reichte, um mir einen Teller Kartoffelpüree mit Soße über die Schuluniform zu kippen."[2]

Mit diesen Sätzen wird die überaus erfolgreiche *Edelstein*-Trilogie der Autorin Kerstin Gier eröffnet und die Ich-Erzählerin Gwendolyn, genannt Gwen, deutet nicht nur ihre körperliche Veränderungen, die sie als Magenziehen beschreibt, an, sondern führt auch in das Thema des folgenden Beitrages ein. Es geht um Fragen nach einer weiblichen Adoleszenz in der aktuellen phantastischen Literatur für Jugendliche. Die Verbindung von Phantastik und Adoleszenz ist kein neues Thema der Jugendliteratur, sondern blickt auf eine lange Tradition zurück – etwa in Romanen wie *Die unendliche Geschichte*, aber auch in den Reihen *Harry Potter* oder *Percy Jackson*. Dennoch ist Adoleszenz in diesem Kontext bislang weitestgehend unberücksichtigt geblieben. Die Forschungen zum Adoleszenzroman beziehen sich überwiegend auf realistische Texte, doch zeigt ein Blick in die phantastische Jugendliteratur, dass gerade hier Fragen, die den Adoleszenzroman klassifizieren, eine wichtige Rolle spielen.

„Phantastische Literatur kann bei der Bewältigung psychischer Krisen oder Probleme eine Funktion übernehmen"[3], schreibt Gerhard Haas in seinem Beitrag *Funktionen der Phantastik* und greift damit indirekt auch die Frage der Adoleszenz auf und hebt so die Bedeutung der phantastischen Kinder- und Jugendliteratur hervor. In den hier untersuchten Texten treten Mädchen auf, die in der Phase der Adoleszenz stecken: Sie sind unsicher, was ihren Körper, aber auch ihre Iden-

[1] Meyer 2009, S. 13.
[2] Gier 2011, S. 13.
[3] Haas 2006, S. 31.

tität betrifft und damit ergeht es ihnen so wie ihren Leserinnen, die oftmals im selben Alter sind.

Im Folgenden steht der Zusammenhang zwischen weiblicher Adoleszenz und Phantastik im Mittelpunkt der Überlegungen; anhand aktueller Roman-Reihen – wie der *Edelstein*-Trilogie von Kerstin Gier, der *Arkadien*-Trilogie von Kai Meyer sowie der *Göttlich*-Trilogie von Josephine Angelini – wird aufgezeigt, wie weibliche Adoleszenz entworfen wird.[4] Ausgewählt wurden drei Reihen aus verschiedenen Ländern (Deutschland, USA), die von den Verlagen groß beworben werden. Untersucht wird so auch die Frage, ob die Autoren und Autorinnen Adoleszenz unterschiedlich darstellen oder ob es länderübergreifende Problemfelder gibt. Oder anders formuliert: Was haben die Texte gemeinsam, was nicht und existieren möglicherweise universelle Themen? Allen Protagonistinnen ist gemeinsam, dass sie magische Kräfte besitzen und im Laufe der Geschichte älter werden. Das Phantastische wird in Verbindung mit körperlichen Veränderungen gebracht; diese erinnern durchaus an jene körperlichen Veränderungen, die mit dem Einsetzen der Pubertät beginnen, was bereits das Zitat im Titel des Beitrages zeigen möchte. Zugleich greifen alle hier vorgestellten Romane die Suche nach der eigenen Identität auf.

Weibliche Adoleszenz: Soziologische und psychosexuelle Ansätze

Die Adoleszenz wird als eine Phase bezeichnet, in der „der Zusammenhang zwischen körperlichen, psychischen und sozialen Prozessen besonders deutlich wird“[5]. Während der Pubertät erfolgt der sexuelle Reifungsprozess, der psychische und soziale Entwicklungen mit sich bringt: „die Ausgestaltung der geschlechtlichen Identität, die Modifizierung des Verhältnisses zu den Eltern und die von ihnen abgegrenzte Gestaltung eigener Liebes- und Arbeitsbeziehungen“[6]. Oder anders gesagt: Die körperlichen Veränderungen haben Einfluss auf die sozialen Entwicklungen der jungen Mädchen. Karin Flaake und Vera King plädieren dafür, die soziologischen und psychosexuellen Fragestellungen gemeinsam zu fassen:

---

4 Die Liste der Jugendromane mit einer solchen Thematik ist breit und ließe sich um die Medien erweitern – vgl. etwa bereits die Serie um die Vampirjägerin Buffy, in der immer wieder adoleszente Themenfelder im Kontext der Jagd nach Monstern eingebettet wurden. Neben den bereits erwähnten drei Romanreihen greift der vorliegende Aufsatz zudem auch noch die französische Reihe um das Mädchen Oksa Pollock auf, allerdings etwas am Rande.

5 Flaake 2003, S. 13.

6 Ebd., S. 13.

„Die Wahrnehmungen der Körperlichkeit und die subjektiven Interpretationen des Körper- und Geschlechterlebens sowie die damit verbundenen psychischen Prozesse sind untrennbar verflochten mit der Wahrnehmung und Interpretation der kulturellen Geschlechtsrollenvorgaben.“[7]

Die hier vorgestellte Jugendliteratur greift beide Fragestellungen auf und behandelt sie als ein einziges Thema der Pubertät. Mit den körperlichen Veränderungen wird auch das Leben der Mädchen anders und sie beginnen z. T. die ihnen auferlegte Rolle sowie die Familie zu hinterfragen. Carsten Gansel beschreibt den Prozess der Adoleszenz auf drei Ebenen:

- Physiologisch umfasst Adoleszenz die Gesamtheit der körperlichen Entwicklung, wobei die sexuelle Reifung von besonderer Bedeutung ist.
- Psychologisch meint Adoleszenz den Komplex individueller Vorgänge. Dies betrifft die Auseinandersetzung junger Leute mit ihrem „Ich“, ihrer Sexualität, den sozialen Beziehungen, den Hoffnungen und Zielen sowie dem Hineinwachsen in die Welt der Erwachsenen.
- Soziologisch betrachtet, handelt es sich bei der Adoleszenz um eine Art Zwischenstadium, in dem Jugendliche zu einer verantwortungsvollen, aktiven Teilnahme an gesellschaftlichen Prozessen motiviert werden, eine institutionelle Absicherung aber noch nicht besteht.[8]

Eine Altersspanne festzulegen, ist nur schwer möglich: Die Forschung geht etwa vom 11./12. bis zum 25. Lebensjahr aus. Hinzu kommt, dass die Phase der Adoleszenz sich verändert und somit kulturgeschichtlich determiniert ist. Im Folgenden stehen einerseits individuelle Vorgänge wie Körperwahrnehmung, Ich-Findung und Sexualität sowie andererseits soziale Beziehungen im Vordergrund.

Adoleszenz-, Entwicklungsroman oder Mädchenliteratur

Die hier vorgestellten phantastischen Romane lassen sich den Gattungsmustern des Adoleszenz-, Entwicklungsromans und der Mädchenliteratur zuordnen. Mädchenliteratur sind sie insbesondere aufgrund der Wahl einer weiblichen Protagonistin, aber auch aufgrund der Themen: Im Mittelpunkt steht u.a. die Selbstfindung der Protagonistin – ihre psychischen und physischen Veränderungen, ihre ersten sexuellen Erfahrungen, der Wunsch nach romantischer Liebe und der Loslösung aus der vertrauen Umgebung. Mädchenliteratur, so Dagmar Grenz, „ist ein wichtiger Träger weiblicher Adoleszenzfantasien“[9]. Bereits Gisela Wilkending hat in ihren Arbeiten zu Backfischromanen des 19. Jahrhunderts die Rolle dieser

---

[7] Ebd.

[8] Gansel 1999, S. 167.

[9] Grenz 2011, S. 360.

Texte für die Leserinnen hervorgehoben und den Backfischroman als Pubertätsliteratur bezeichnet. Sie sieht diese Texte als eine Literatur, „die neben der ‚Lektüre des Textes als Entwicklungs- und Sozialisationsgeschichte' auch die Lektüre von ‚inoffiziellen' Bildern, Wünschen, Phantasien' [...] zulässt"[10]. Auch der hier vorgestellte phantastische (Mädchen-)Roman enthält Bilder von Wünschen und Phantasien und kann somit als „Übergangsobjekt"[11] bezeichnet werden. Anders jedoch als in der Mädchenliteratur vor der Zweiten Frauenbewegung, also etwa vor 1970, erfolgt in den hier vorgestellten Romanen keine Anpassung mehr an tradierte Geschlechterrollen. Vielmehr verkörpern die Mädchen beides: Sie sind stark, aktiv, aber auch emotional, fürsorglich und sensibel. Den Mädchen werden somit traditionell männlich und traditionell weiblich konnotierte Eigenschaften zugesprochen, die männlichen Figuren sind dagegen ausschließlich durch tradierte männliche Rollenmuster geprägt. Den jungen Frauen wird zwar eine gewisse Stärke mittels der phantastischen Kräfte zugebilligt, aber ihnen zur Seite gestellt werden männliche Begleiter, die nicht nur phantastische Kräfte besitzen, sondern auch mit mehr Wissen ausgestattet sind. Damit können sie die Mädchen aufklären, ihnen jedoch auch Wissen vorenthalten. Wissen, und auch das deuten die phantastischen Romane an, bedeutet Macht und die männlichen Protagonisten nutzen diese Macht durchaus, um die Mädchen in der zweiten Reihe stehen zu lassen. Zugleich treten die männlichen Protagonisten als Beschützer der Mädchen auf und zwar auch dann, wenn sich die Mädchen auch selber beschützen könnten. So prägt die aktuelle phantastische Literatur, zumindest die erfolgreiche, ein normatives Bild von Männlichkeit und Weiblichkeit. Ähnlich wie in der Backfischliteratur werden auch in den hier vorgestellten Romanen die Mädchen überdies mit einer romantischen Liebe belohnt.

Die skizzierten Problemfelder deuten die enge Verbindung zum Adoleszenzroman an, wobei die Übergänge zum Entwicklungsroman fließend sind. Christian Bittner greift in seiner Arbeit *Literarizität und Komplexität der Jugendliteratur zur Jahrtausendwende* (2012) Aspekte des Adoleszenzromans auf, die an die Arbeiten von Hans-Heino Ewers und Carsten Gansel angelehnt sind, und hier kurz skizziert werden sollen:

(1) Im Zentrum der Darstellung steht ein jugendlicher Protagonist (selten mehrere jugendliche Protagonisten).[12]

---

[10] Wilkending, zitiert bei Grenz 2011, S. 360.

[11] Grenz 2011, S. 361.

[12] In der klassischen Adoleszenzliteratur (vgl. Gansel 1999) existieren ausschließlich männliche Protagonisten. Im Kontext der Zweiten Frauenbewegung, der Veränderung der Jugendliteratur seit den 1970er-Jahren treten vermehrt weibliche Protagonisten in der modernen und postmodernen Adoleszenzliteratur auf. Der Übergang zum problemorientierten und psychologischen Mädchenroman erscheint fließend.

(2) Die Protagonisten sind keine Typen, sondern werden als individuelle und unverwechselbare Personen dargestellt.
(3) Dadurch wird neben der Erfassung der Außenwelt vor allem der Darstellung der psychischen Innenwelt der Hauptfigur(en) eine besondere Bedeutung zuteil.
[...]
(4) Inhaltlich setzt sich der Adoleszenzroman mit dem Erwachsenwerden bzw. mit der Lebensphase Jugend auseinander, wobei insgesamt fünf Problembereiche bzw. Handlungsmuster dominieren:

a) Ablösung von den Eltern und der Familie,
b) Entwicklung eines eigenen Wertesystems,
c) Sexuelle Erfahrungen (oft in Verbindung mit einer Beziehung),
d) Aufbau eigener Sozialkontakte (vorwiegend mit Gleichaltrigen),
e) Übernahme (oder Ablehnung) einer neuen sozialen Rolle

[...]
(5) Die Jugendphase wird als Identitäts- bzw. Sinnsuche mit einer Reihe von prägenden Initiationserlebnissen und/oder Krisenerfahrungen aufgefasst.
(6) Das Moment der Krise muss allerdings nicht im Vordergrund stehen, sondern die Adoleszenzphase kann ebenso auch als positive, offene und lustvolle Phase der Sinn- und Identitätsgewinnung aufgefasst werden.
(7) Die Identitätsfindung des Protagonisten verläuft nicht positiv, sondern scheitert häufig tragisch oder bleibt zumindest offen und unabgeschlossen.[13]

Gertrud Lehnert bezeichnet Adoleszenz als „diejenige Phase im menschlichen Leben, in der [...] eine endgültige Anpassung des Individuums an gesellschaftliche Normen stattfindet und vor allem die Geschlechtsidentität sich endgültig herausbildet“[14]. In den Romanreihen wird das Phantastische mit Fragen nach einer (Geschlechts-)Identität verbunden. Lehnert kritisiert in ihren Arbeiten, dass weibliche Adoleszenz noch bis in die 1990er-Jahre hinein in der Literatur marginalisiert wurde:

> „Das Thema weibliche Adoleszenz ist in der Literatur allgemein noch immer marginal [...]. Das mag zu tun haben mit der Scham, die ein Phänomen auslöst, das so offensichtlich mit Kontrollverlust zu tun hat: Verlust der Kontrolle über den eigenen Körper, über die eigenen Gefühle, über die sozialen Beziehungen, kurz in jeder Hinsicht. In einer so sehr auf Kontrolle aufgebauten Kultur wie der unseren scheint Kontrollverlust das Schlimmste überhaupt und das mag ein Grund dafür sein, daß – außer in der Jugendliteratur – weibliche Adoleszenz noch immer ein vernachlässigtes Thema ist [...].“[15]

---

[13] Bittner 2012, S. 62f.
[14] Lehnert 1996, S. 7.
[15] Ebd., S. 12f.

Die phantastische Jugendliteratur zeigt den Kontrollverlust der jungen Frauen, der jedoch mit Lerneffekten verbunden ist. Der Kontrollverlust über den eigenen Körper ist mit Abenteuern verbunden, Konflikte müssen gelöst werden und letztendlich dienen diese Aufgaben dazu, dass die Mädchen sich am Ende so akzeptieren, wie sie sind.

Die Heldinnen oder die Qualen der Pubertät

Allen hier vorgestellten Heldinnen ist gemeinsam, dass sie zwar das „normale" Alltagsleben verlassen, aber letztendlich nicht jene konventionellen Lebensmodelle wie Paarbeziehungen. Die heterosexuelle Beziehung dominiert ebenso wie das Konzept einer romantischen Liebe.

Im Mittelpunkt der *Göttlich*-Reihe der US-amerikanischen Autorin Josephine Angelini steht Helen, die gemeinsam mit ihrem Vater auf der Insel Nantucket lebt. Helen ahnt, dass sie anders ist als ihre Klassenkameraden und Freunde, da sie über besondere Gaben wie Schnelligkeit, Größe und Flugkraft verfügt und diese vor ihren Freunden geheim hält. Sie versucht so normal wie möglich zu wirken:

> „Insgeheim hatte Helen immer das Gefühl gehabt, anders zu sein, obwohl sie sich ihr ganzes Leben lang alle Mühe gegeben hatte, es zu verbergen. Aber offenbar hatte sie, ohne es zu merken, Hinweise auf den in ihr versteckten Freak gegeben."[16]

Helen verspürt somit den Wunsch, normal zu sein, und erlebt ihre Gaben keineswegs als etwas Befreiendes. Helen ist jedoch nicht nur groß, sondern auch „stark wie ein Bär"[17] und damit, so heißt es im Text, auch wesentlich stärker als ein Mädchen. Erst Lucas erklärt ihr, wer sie tatsächlich sei. Helen gehört zu den Halbgottheiten aus der antiken Mythologie. Zunächst hält sie sich für ein Monster, doch nach und nach akzeptiert auch Helen ihre halbgöttlichen Fähigkeiten.

Gwen, Hauptfigur der *Edelstein*-Trilogie der deutschen Autorin Kerstin Gier, kennt sich dagegen mit phantastischen Elementen aus: Ihre Familie besitzt ein Zeitreise-Gen, das in einer weiblichen Genealogie vererbt wird. Zunächst geht die Familie, die übrigens bis auf Gwens jüngeren Bruder nur aus weiblichen Mitgliedern besteht, davon aus, dass Gwens Cousine Charlotte das Gen besitzt; die Familie wartet auf die erste Zeitreise und hat Charlotte von Kindesbeinen auf ihre Besonderheit mit besonderen Unterricht vorbereitet. Gwen dagegen ist erleichtert, dass ihr das Gen scheinbar fehlt und macht sich daher auch keine Gedanken, als ihr plötzlich schwindelig wird.

Rosa ist die Hauptfigur in Kai Meyers *Arkadien*-Trilogie, in der sich Menschen in Tiere verwandeln können. Meyer hat Ovids *Metamorphosen* in das 21.

---

[16] Angelini 2011, S. 28.

[17] Ebd., S. 71.

Jahrhundert versetzt, greift neben antiken Mythen Mafia-Legenden auf und zeigt eine mehr als gebrochene Hauptfigur. Rosa musste eine aus einer Vergewaltigung resultierende Schwangerschaft abbrechen und flieht nach ihrer Abtreibung aus Brooklyn nach Sizilien, um Zuflucht bei der Familie ihres Vaters zu suchen. Hier trifft sie nicht nur auf Alessandro, der einen verfeindeten Mafia-Clan führen soll, sondern erfährt ihre wahre Bestimmung: Sie kann sich in eine Schlange verwandeln.

Allen Heldinnen ist eine bürgerliche Existenz gemeinsam, die sie jedoch zugunsten einer phantastischen aufgeben müssen.

Körperliche und sexuelle Veränderungen

Das Phantastische trifft somit die Heldinnen nicht nur in unterschiedlichen Phasen ihres Lebens, sondern auch körperlich. Während Figuren wie Percy Jackson oder Harry Potter das Phantastische auch zu Beginn ihrer Pubertät trifft, werden die Mädchenfiguren nicht als Außenseiterinnen entworfen. Rosa hatte bis zu ihrer Vergewaltigung und ihrem Schwangerschaftsabbruch Freunde in New York, genoss die Musikszene und das Partyleben. Helen und Gwen haben beste Freundinnen, denen sie auch ihr „Fremdsein“ anvertrauen, und Oksa aus der Reihe *Oksa Pollock*, um noch ein weiteres Beispiel zu nennen, hat einen besten Freund und findet zudem schnell in der Schule Anschluss. Die körperlichen Veränderungen spielen in allen Romanreihen eine wichtige Rolle und bedeuten zugleich die Schleuse in die phantastische Welt. Die Protagonistinnen ahnen bereits vor ihrer körperlichen Verwandlung, dass sie anders als ihre Freunde sind, ohne dass sie diese Andersartigkeit begründen können. Auch Gwen spürt die Veränderungen und verweigert sich trotz des Wissens zunächst der Vermutung, dass sie es ist, die das Gen besitzt, und nicht ihre Cousine.

In allen hier vorgestellten Romanen wird Adoleszenz zunächst als körperliche Veränderung entworfen. Pubertät, und das wird vor allem in der *Arkadien*-Reihe deutlich, hat etwas mit Verwandlung zu tun: Aus einem Kind wird ein sexuell reifer Mensch. Rosa erlebt ihre erste Verwandlung zunächst als ein unerwartetes Zischen, das aus ihrem Mund kommt, begleitet von einer „unnatürliche[n] Kälte“, die „von ihrem Körper Besitz ergriff“[18]. Nach und nach erfährt Rosa, dass auch starke Gefühlsschwankungen wie Hass, Wut oder Liebe die Verwandlungen beschleunigen können. Sie muss erst lernen, ihre Kräfte zu kontrollieren. Das Häuten der Schlange, das Verwandeln symbolisiert in der Reihe die Verwandlung von einer Jugendlichen zu einer Erwachsenen und tatsächlich wird Rosa am En-

[18] Meyer 2009, S. 117.

de der Reihe erwachsen, übernimmt Verantwortung und stellt sich ihrer Familie entgegen.

Sowohl Gwen als auch Rosa erleben den Verlust der Kontrolle über den eigenen Körper auf besonders drastische Art und Weise: Gwen wird in andere Jahrhunderte geschickt, muss sich dort mit den Verhaltensregeln auseinandersetzen:

> „Mein Magen fuhr Achterbahn und die Straße verschwamm vor meinen Augen zu einem grauen Fluss. [...] Als ich wieder klar sehen konnte, bog ein Oldtimer um die Ecke und ich kniete auf dem Bürgersteig und zitterte vor Schreck."[19]

Gwen kann ihre Zeitreisen nur teilweise kontrollieren und muss daher ihre Nachmittage in Obhut verbringen; sie wird an einen bestimmten Ort verschickt, um so unliebsamen Zeitreisen zu entkommen. Das Zeitreise-Gen zeigt sich Mädchen in Form von Unterleibsschmerzen, Schwindelgefühlen und Ohnmacht. Die Schmerzen erinnern deutlich an Menstruationsbeschwerden. Auch wenn sich beide Mädchen zunächst gegen die Veränderungen sträuben, akzeptieren sie ihre Besonderheit im Laufe der Geschichte.

Am Ende der *Edelstein-* und *Arkadien*-Trilogie haben die Heldinnen nicht nur sexuelle Kontakte erlebt, sondern setzen sich auch mit den an sie gestellten Rollenerwartungen auseinander. Gwen und Rosa werden als rebellische Mädchenfiguren eingeführt, die im 21. Jahrhundert beheimatet sind und durchaus von der postfeministischen Frauenbewegung geprägt sind: Sie gehorchen nicht immer den Vorgesetzten, finden eigene Wege, um das Böse zu bekämpfen, und kennen sich in der Popkultur aus.

Mit den körperlichen Veränderungen werden auch sexuelle Phantasien frei und die Mädchen setzen sich mit ihrer eigenen Sexualität auseinander. In der *Göttlich*-Reihe wird es Helen nicht gestattet, mit Lucas zusammen zu sein. Ihre Liebe sei gefährlich, der Geschlechtsakt solle, so die Prophezeiung, zu einem weiteren trojanischen Krieg führen und auch in der *Edelstein*-Trilogie verzichtet die Protagonistin Gwen auf den Geschlechtsakt. Gideon und Gwen küssen sich leidenschaftlich, haben aber ihre Leidenschaft unter Kontrolle. Trotz der ‚kontrollierten Liebe' träumen die Mädchen auch von einer romantischen Liebe, aber die männlichen Protagonisten sehen sich mehr als Beschützer denn als Verführer, lassen ihren Freundinnen Zeit. Festzuhalten bleibt aber, dass auch die Mädchen die Körper ihrer Freunde betrachten, diese beschreiben und ihre makellose Schönheit bewundern. Dies deutet das veränderte Männerbild an, denn nicht nur Frauen wollen den Männern gefallen, sondern auch die Männer machen sich um ihre Äußerlichkeiten Gedanken. Doch es ist gerade diese makellose Schönheit von Lucas oder Gideon, die zu Selbstzweifeln führt.

---

[19] Gier 2011, S. 49.

Alessandro und Rosa dagegen haben bereits sexuelle Erfahrungen gesammelt und sie vollziehen auch den Liebesakt. Die sexuellen Intimitäten erfolgen in beiderlei Einvernehmen und sind auch für beide lustvoll. Oder anders gesagt: Auch die jungen Frauen haben ein sexuelles Begehren und nur so kann Rosa das Zusammensein mit Alessandro ohne Schuldgefühle oder Scham genießen. Dadurch bekommt Alessandro keine Macht über sie und sie verliert in der Beziehung nicht ihre Selbstständigkeit.

Alle Mädchen beschreiten eigene Wege und schaffen es sogar, sich, zumindest im Falle von Gwen und Rosa, gegen Männer durchzusetzen und ihren Umgang mit ihnen infrage zu stellen.

Identität

Das Spiel mit Identitäten erfolgt in den hier vorgestellten Romanen nur am Rande: Zwar müssen die Mädchen ihre phantastische Identität verstecken, aber sie haben (menschliche) Vertrauenspersonen, mit denen sie sich über Ängste und Sorgen austauschen können. Zu den körperlichen Veränderungen kommen die Auseinandersetzungen um das Ich hinzu und die Mädchen hinterfragen die ihnen auferlegte Rolle.

Allen Mädchen ist zudem gemeinsam, dass sie sich im Laufe der Handlung verlieben und ihre Unsicherheiten dadurch noch verstärkt werden. Aber die Jungen, die oftmals selbst phantastische Kräfte besitzen, helfen ihnen die Unsicherheiten zu beheben, so dass sich zumindest für die *Edelstein*- und *Arkadien*-Trilogie ein Happy ending zeigen kann: Das Ende der *Arkadien*-Trilogie lautet wie folgt:

> „Dann erwachte sie. Alles war wie zuvor. Er war da und hielt sie. Sie lagen unter der Decke, im warmen, sanften Seewind. Die Motoren brummten tief im Rumpf. Der Himmel war wie leer gefegt. Alles war so gut.“[20]

Es liegt nahe, dass auch für die anderen Bände ein Happy Ending prognostiziert werden kann. Hinzu kommt, dass die Mädchen im Laufe der Bände erwachsen werden und es schaffen, eine eigene Identität aufzubauen. Doch zunächst sind die Mädchen auf der Suche nach sich selbst, fühlen sich unsicher, als Außenseiterinnen und lösen sich im Laufe der Geschichte aus dem familiären Umfeld. Den Mädchen missfällt ihre ungewöhnliche Rolle. Helen beispielsweise sehnt sich nach einer Normalität, die auch anderen Mädchen mit phantastischen Elementen attestiert werden kann.

Es bleibt ihnen verboten, ihr Geheimnis mit menschlichen Wesen zu teilen. Besonders deutlich wird dies an Rosa aus Meyers *Arkadien*-Trilogie. Rosa kommt

[20] Meyer 2011, S. 443.

zerbrochen zu ihrer Schwester nach Italien; bis dahin lebte sie bei ihrer Mutter in Brooklyn. Nach einer Vergewaltigung, der daraus resultierenden Schwangerschaft und dem Schwangerschaftsabbruch ist Rosa depressiv und menschenfeindlich. Dies zeigt sich bereits in ihrem Äußeren: Sie trägt schwarze Kleidung und zum Schutz einen Tacker, den sie auch benutzt. Auch ihr Verhalten zeugt davon, dass sie menschlichen Kontakt meiden möchte. Doch dann bemerkt sie Veränderungen an sich und auch innerhalb ihrer Familie, die ein Mafia-Clan ist. Rosa verliebt sich zudem in Alessandro, der im verfeindeten Mafia-Clan lebt. Mit der Liebe rebellieren beide Jugendlichen gegen ihre Familie und Rosa hinterfragt auch nach und nach die kriminellen Machenschaften ihrer Familie. Ihr größeres Selbstbewusstsein resultiert jedoch aus ihrer körperlichen Veränderung: Sie kann sich in eine Schlange verwandeln, häutet sich damit und das Häuten bedeutet eine Wandlung.

Geschlechterrollen: Männer- und Frauenentwürfe

Alle hier vorgestellten Romane entwerfen heterosexuelle Beziehungen; Homosexualität wird, wenn überhaupt, nur in den Nebenfiguren gestreift – etwa in Meyers *Arkadien*-Reihe. Trotz der aktiven Mädchenfiguren greifen die Romane jedoch tradierte Rollenmuster hinsichtlich der Darstellung von Männlichkeit auf, wie sie nicht nur die Mädchenliteratur kennt.

Dagmar Grenz nennt in ihrer Untersuchung *Männerbilder und weibliche Adoleszenzfantasien* (2011) drei Männerbilder, die charakteristisch für die (Mädchen-)Literatur sind und sich bis heute in den Erzählungen wiederfinden: der Verführer, der Märchenprinz und der verlässliche Mann. Nach Grenz gilt der Verführer als „eine zentrale Figur der bürgerlichen Literatur der zweiten Hälfte des 18. Jahrhunderts“[21]. Er stammt aus dem Adel und möchte das bürgerlich-unschuldige Mädchen verführen. In den hier vorgestellten Romanen stehen Alessandro, Lucas und Gideon im Mittelpunkt: Alle drei Figuren sind begehrenswert und wohlhabend. Alle drei üben nicht nur eine verführerisch-erotische Ausstrahlung auf Mädchen und Frauen aus, sondern erinnern in ihrem Habitus durchaus an den aristokratischen Stand. Doch alle drei Jungen entsprechen mehr den Märchenprinzen, da die Vorstellung romantischer Liebe die Beziehungen dominiert. Alle drei Paare verstehen durchaus die Beziehung als eine „sinnliche und geistig-seelische Verschmelzung“[22] zweier Individuen und doch fällt es schwer, wie noch gezeigt wird, von einer gleichwertigen Liebe zu sprechen. Der verlässliche Mann erfüllt, so die Literatur seit dem 18. Jahrhundert, alle bürgerlichen Tugenden. Im Laufe der (Mädchen-)Literatur wird dann aus dem verlässlichen (Ehe-)Mann der

[21] Grenz 2011, S. 354.
[22] Ebd., S. 356.

beste Freund, wie ihn in den hier vorgestellten Reihen etwa Helen und Oksa haben.

Gwen begegnet Gideon de Villiers zunächst auf einer ihrer ersten Zeitreisen, ohne zu ahnen, wer der Junge ist. Sie beschreibt ihn als „atemberaubend" mit einem perfekten männlichen Profil[23]:

> „Der Junge hatte dunkle, lockige Haare, die ihm fast bis auf die Schultern reichten, und grüne Augen, so leuchtend, dass ich dachte, er müsse Kontaktlinsen tragen. [...] Von vorne [...] sah er noch tausendmal besser aus."[24]

Gideon wird Gwens Lehrmeister, da er wesentlich mehr Wissen über Zeitreisen besitzt als Gwen. Er betrachtet sie zunächst als ein „Kind"[25]:

> „Sie weiß nichts von Geschichte. Sie kann noch nicht einmal angemessen sprechen. Egal, wohin wir springen, sie würde auffallen wie ein bunter Hund. Außerdem hat sie überhaupt keine Ahnung, worum es geht."[26]

Gideon macht zu Beginn der Arbeitsbeziehung deutlich, dass er das Wissen besitzt und mit diesem Wissen auch eine Macht ausüben kann. Damit deutet sich eine hierarchisches Verhältnis an, das sich auch in der *Göttlich-* und der *Arkadien*-Reihe findet. Auch Alessandro wird als ein gut aussehender junger Mann eingeführt, der Rosa unterstützt und sie letztendlich über die Verwandlungen aufklärt. Er leiht ihr unter anderem Äsops Fabeln, um sie mit Hinweisen zu versorgen, und auch Lucas klärt Helen nach und nach auf.

Tatsächlich lässt sich hinsichtlich der Beziehungsstruktur der drei Reihen eine Entwicklung erkennen, die bereits in der *Biss*-Reihe narrativ umgesetzt wurde und sich von der Alltagswelt der jungen Leserinnen entfernt: Die drei jungen Männer entsprechen einer Mischung aus Verführer und Märchenprinz. Eigentlich, und das stellt Grenz zu Recht fest, handelt es sich um zwei konkurrierende Männerentwürfe mit sehr unterschiedlichen Eigenschaften. Aber letztendlich sind alle drei Männer auch phantastische Wesen, die einerseits verführerisch und andererseits romantisch sind. Dennoch zeigen die Beziehungen deutlich, dass es sich nicht um gleichberechtigte Beziehungen handelt, auch wenn die jungen Frauen selbstständig agieren. Die Männer besitzen mehr Wissen und auch mehr Macht.

Die Männerfiguren werden in den phantastischen Romanen nicht genutzt, um den Mädchen die Möglichkeiten zu geben, Liebesbeziehungen auszuprobieren – wie es die realistische Mädchenliteratur sehr wohl macht – und so auch ihre adoleszente Entwicklung zu unterstützen. Vielmehr enden die Beziehungen in einer klassischen Paarbeziehung und damit endet auch die adoleszente Entwicklung von

[23] Gier 2011, S. 102.
[24] Ebd., S. 143.
[25] Ebd., S. 179.
[26] Ebd., S. 180.

Rosa, Gwen und Helen, bevor diese überhaupt eine Chance hatten, Dinge und Identitäten auszuprobieren. Insofern entspricht die narrative Struktur durchaus der einer traditionellen Mädchenliteratur.

Soziale Beziehungen: Peer group

Innerhalb der Adoleszenz verändern sich auch die sozialen Beziehungen. Die Familienverhältnisse der hier vorgestellten Mädchen sind sehr unterschiedlich: Helens Mutter hat die Familie früh verlassen, sie erfährt im Laufe der Handlung nicht nur die Gründe dafür, sondern auch, dass Jerry nicht ihr biologischer Vater ist. Rosas Vater, Oberhaupt eines Mafia-Clans, ist verschwunden, die Mutter an der familiären Situation zerbrochen und Rosas Schwester nach Italien zu ihrer Familie gereist. Nach ihrer Vergewaltigung bricht Rosa alle Kontakte in Brooklyn ab, reist ebenfalls nach Italien und trifft hier auf Alessandro. Während jedoch Helen mit Claire eine beste Freundin bekommt, die sie nach und nach in die Geheimnisse einweiht, muss Rosa ihr Leben selbst meistern.

Gwen dagegen stammt aus Familien, die man als tradierte Großfamilien bezeichnen könnte. Sie leben zusammen, was vor allem auf die magischen Fähigkeiten der Familien zurückzuführen ist. Während jedoch Gwens Familie offen mit dem Zeitreise-Gen umgeht, wird den Mädchen in anderen Romanen oftmals der phantastische Hintergrund der Familien verheimlicht, so auch in der französischen Reihe *Oksa Pollock*. Oksa bemerkt die Veränderungen und doch verweigert ihre Familie ein aufklärendes Gespräch. Sie muss sich erst Gehör verschaffen:

> „Die vier Erwachsenen sahen sich betroffen an. Die Erschütterung darüber, dass sie Oksa mit ihrer Zurückhaltung und ihrem mangelnden Einfühlungsvermögen in diese schlimme Lage gebracht hatten, war ihnen deutlich anzusehen. Endlich erkannten sie die Signale, die Oksa seit Tagen aussandte, indem sie von Lachen zu Weinen wechselte und ihre Stimmung zwischen überschwänglicher Begeisterung und tiefster Verzweiflung schwankte. Doch ob sie auch die Wut begriffen, diese abgrundtiefe und kochende Wut, die Oksa nun schon seit Tagen beherrschte?“[27]

Stimmungsschwankungen und das Unwissen, wo man hingehört und wer man ist, kennzeichnen die ersten Tage nach den Veränderungen die Gefühlswelt von Oksa. Sie klagt ihre Familie an. Oksa wehrt sich und verlangt sofortige Aufklärung. Das Verhältnis zu ihren Eltern verändert sich dadurch: Es kommt zu Streitigkeiten und insbesondere die Mutter leidet darunter, dass ihre Tochter zu einem Wesen aus einer anderen Welt wird.

[27] Plichota 2011, S. 147.

Fazit

Die Mädchen lernen nach und nach ihre phantastischen Gaben zu akzeptieren, werden selbstständiger und auch selbstbewusster. Oder anders gesagt: Erst wenn sie ihre (meist körperlichen) Veränderungen angenommen haben, finden sie auch eine eigene Identität. Allerdings hilft ihnen in der Regel ein männlicher Begleiter, mit dem sie eine Liebesbeziehung beginnen und mit dessen Hilfe sie Eigenständigkeit gewinnen, ohne dass die Beziehungen zu gleichberechtigten Beziehungen werden: Der Mann tritt als der Beschützer auf. Ähnlich wie schon in Grimms Märchen *Dornröschen*, könnte man daher überspitzt formulieren, werden auch diese Mädchen ‚wachgeküsst' und in ihre Rollen eingeführt. Trotz aller Stärke, Aktivität und Selbstständigkeit, die den Mädchen während der Phase der Adoleszenz zugemutet werden, dominiert nach und nach die Liebesgeschichte, und die beendet die Adoleszenz.

Alle hier vorgestellten Mädchenfiguren bilden am Ende der Bände eine heterosexuelle Geschlechtsidentität heraus. Tatsächlich überwiegt in der bislang von mir untersuchten phantastischen Jugendliteratur die heterosexuelle Beziehung, homosexuelle Beziehungen werden nur am Rande thematisiert und finden, wenn überhaupt, zwischen den Nebenfiguren statt.

Mit den phantastischen Kräften müssen die Mädchen ihre Alltagswelten verlassen, aber nicht immer ihre Familien. Anders als viele männliche Helden bekommen die Mädchenfiguren ganz ‚normale' menschliche Freundinnen, die ihnen helfen, die Veränderungen des Körpers auszuhalten. Sie treten zwar aus der Alltagsordnung heraus, betreten neue Erfahrungs-, Lern- und Handlungsräume[28] und verändern sich innerlich und äußerlich. Doch trotz aller angedeuteten Veränderungen und Stärken gilt nach wie vor das, was Gertrud Lehnert bereits 1996 in ihrer Einleitung zum Band Inszenierungen von Weiblichkeit festhielt:

> „Natürlich gibt es inzwischen auch andere Modelle, auch in der Literatur, aber noch immer liegt derjenigen Literatur, die weibliche Adoleszenz thematisiert, weitgehend ein normatives Identitätsideal zugrunde, das die kulturelle Produktion von Weiblichkeit im Interesse herrschender Ideologien und Kräfteverhältnisse zu regulieren und in die Bahnen des gesellschaftlich Nützlichen zu lenken sucht.“[29]

Den Mädchen werden männliche Helden zur Seite gestellt, die sie im Kampf gegen das Böse unterstützen. Trotz dieser Kritik schreiben alle hier vorgestellten Mädchenfiguren eine erfolgreiche Geschichte: Sie argumentieren und handeln emotional und rational, sie sind aktiv und zeigen damit ein Mädchenbild, das tradierten Mustern widerspricht. Gerade wegen oder trotz ihrer Andersartigkeit, ihres Mutes und Aktivität fallen die Mädchen auf und werden schließlich mit einer Be-

[28] Zu Abenteurerinnen in der phantastischen Kinder- und Jugendliteratur vgl. Kalbermatten 2011.
[29] Lehnert 1996, S. 12.

ziehung belohnt. Auch wenn dies an die Backfischliteratur des 19. Jahrhunderts erinnert, gibt es deutliche Unterschiede und auch die genannten Veränderungen nehmen letztlich Einfluss auf ihre Beziehungen.

Zwischen dem US-amerikanischen und den deutschen Romanen konnten kaum Unterschiede festgestellt werden. Lediglich hinsichtlich der Darstellung von Sexualität ist Kai Meyer offener und lässt den Protagonisten auch mehr Raum, sich zu entfalten.

Tatsächlich zeichnen sich die hier vorgestellten phantastischen Romane durch antimoderne, fast schon regressive Züge aus – und werden von ihren Leserinnen verschlungen. Diese Leserinnen, und zwar nicht nur diejenigen, die in einer adoleszenten Phase stecken, identifizieren sich mit den Protagonistinnen und träumen von solchen Männern. Damit bieten solche Texte für die Leserinnen eine psychische Entlastung „von der Individualisierung und Pluralisierung der Geschlechterrollen“[30], aber auch von den Erwartungen. Und so erhält insbesondere die phantastische Kinder- und Jugendliteratur die wichtige Funktion, die jungen Leserinnen, aber auch die Leser, in der Phase der Adoleszenz zu begleiten und ihnen auch, trotz aller Kritik, Entlastung anzubieten.

Bibliographie

Primärliteratur

Angelini, Josephine: Göttlich verdammt. Hamburg: Oetinger 2011.
— Göttlich verloren. Hamburg: Oetinger 2012.
Gier, Kerstin: Rubinrot. Liebe geht durch alle Zeiten. Würzburg: Arena ^{9}2011.
— Saphirblau. Liebe geht durch alle Zeiten. Würzburg: Arena ^{6}2011.
— Smaragdgrün. Liebe geht durch alle Zeiten. Würzburg: Arena ^{4}2011.
Meyer, Kai: Arkadien brennt. Hamburg: Carlsen 2010.
— Arkadien erwacht. Hamburg: Carlsen 2009.
— Arkadien fällt. Hamburg: Carlsen 2011.
Plichota, Anne, Cendrine Wolf: Oksa Pollock. Die Entschwundenen. Hamburg: Oetinger 2011.
— Oksa Pollock. Die Treubrüchige. Hamburg: Oetinger 2012.
— Oksa Pollock. Die Unverhoffte. Hamburg: Oetinger 2011.

Sekundärliteratur

Bittner, Christian: Literarizität und Komplexität der Jugendliteratur zur Jahrtausendwende. Frankfurt am Main: Peter Lang 2012.
Ewers, Hanz-Heino (Hg.): Jugendkultur im Adoleszenzroman. Jugendliteratur der 80er und 90er Jahre zwischen Moderne und Postmoderne. Weinheim: Juventa 1994.
Flaake, Karin, Vera King: Psychosexuelle Entwicklung, Lebenssituation und Lebensentwürfe junger Frauen. Zur weiblichen Adoleszenz in soziologischen und psychoana-

[30] Grenz 2011, S. 382.

lytischen Theorien. In: Flaake, Karin, Vera King (Hg.): Weibliche Adoleszenz. Zur Sozialisation junger Frauen. Weinheim: Beltz 2003, S. 13–39.

Gansel, Carsten: Moderne Kinder- und Jugendliteratur. Ein Praxishandbuch für den Unterricht. Berlin: Cornelsen 1999.

Grenz, Dagmar: Männerbilder und weibliche Adoleszenzfantasien. Sexualität, Liebe und Geschlechterbeziehungen in der deutschen Mädchenliteratur von den 1950er Jahren bis zur Gegenwart. In: Gansel, Carsten, Pawel Zimniak (Hg.): Zwischenzeit, Grenzüberschreitung, Aufstörung. Bilder von Adoleszenz in der deutschsprachigen Literatur. Heidelberg: Winter 2011, S. 353–382.

Haas, Gerhard: Funktionen von Phantastik. In: Knobloch, Jörg, Gudrun Stenzel (Hg.): Zauberland und Tintenwelt. Fantastik in der Kinder- und Jugendliteratur. Weinheim: Juventa 2006, S. 26–38. (Beiträge Jugendliteratur und Medien, 17. Beiheft 2006).

Kalbermatten, Manuela: „Von nun an werden wir mitspielen“. Abenteurerinnen in der Phantastischen Kinder- und Jugendliteratur der Gegenwart. Zürich: Chronos 2011.

Lehnert, Gertrud: Einleitung. In: Lehnert, Gertrud (Hg.): Inszenierungen von Weiblichkeit. Weibliche Kindheit und Adoleszenz in der Literatur des 20. Jahrhunderts. Opladen: Westdeutscher Verlag: 1996, S. 7–14.

„She was rewiring herself once again“[1]

Identität, Geschlecht und Menschenbild in Future Fiction für Jugendliche

Manuela Kalbermatten

Von der „Essenz“ des Menschen im Angesicht der Katastrophe

„I hate this world we live in“[2] schreibt Miranda, und so harsch dieses Statement klingt: Es wird weder das erste noch das letzte Mal gewesen sein, dass eine 16-Jährige ihrem Verdruss auf diese Weise Luft macht. Viele Tagebucheinträge der Ich-Erzählerin lesen sich wie Versatzstücke jugendliterarischer Coming-of-Age-Romane: Konflikte mit der Mutter um Mirandas Freiheiten und Pflichten; ihr Neid auf den angeblich bevorzugten jüngeren Bruder; ihre ambivalenten Empfindungen zur Schwangerschaft der Freundin ihres Vaters; die Erkundung ihrer Sehnsüchte. Und doch birgt die jugendliche Selbstfindung in Susan Beth Pfeffers Tagebuchroman *Life as we Knew it* (2006) besondere Brisanz, ist sie doch verknüpft mit einer Existenz, die in nur einer Nacht prekär geworden ist – jener Nacht, in der ein Asteroid den Mond aus seiner Umlaufbahn katapultiert und eine globale Katastrophe ausgelöst hat.

Also streitet sich Miranda mit ihrer Mutter nicht über Jungs, Outfits und Partys, sondern über das Recht, in einer Zeit marodierender, plündernder Banden überhaupt das Haus verlassen zu dürfen. Sie beneidet den Bruder, weil sie zu seinen Gunsten fasten soll. Und sie grollt der neuen Familie des Vaters, weil die ihn daran hindert, in der Not bei seiner ersten Familie zu sein. Zugleich riskiert sie ihr Leben, um herauszufinden, ob ihr Halbbruder geboren wurde; dieses Kind, das für sie Zeichen ist, dass das Leben weitergeht.[3] Vor allem aber hasst Miranda ihre ‚neue‘ Welt, weil ihr Bedürfnis nach sozialen Kontakten und der Erweiterung ihres Erfahrungsspielraums negiert wird. Auch wenn Miranda in Nordost-Pennsilvanien von Tsunamis und Vulkanausbrüchen verschont bleibt, lässt der

---

1 Westerfeld 2011c, S. 271.

2 Pfeffer 2010, S. 83.

3 Vgl. Pfeffer 2006, S. 327.

Aschebedeckte Himmel die Temperaturen derart sinken, dass der Aktionsradius der vierköpfigen Familie auf den einzigen heizbaren Raum des Hauses schrumpft: „I'd dream of Paris, of London, of Tokyo. [. . .] But my world keeps getting smaller and smaller. No school. No pond. No town. No bedroom. Now I don't even have the view out the windows. I feel myself shriveling along with my world, getting smaller and harder."[4] Auf so beengtem Raum verlagert sich die persönliche Entwicklung notwendig ins Innere. Denn auf der Folie einer katastrophischen Gesellschaft werden nicht nur aktuelle Ängste wie die vor Klimawandel, Naturkatastrophen, schwindenden Ressourcen oder dem Ende der Mobilität thematisiert. In (post-)apokalyptischen Texten wie *Life as we Knew it* (2006) und den Fortsetzungen *The Dead and the Gone* (2008) und *This World we Live in* (2010) wird, wie Eva Horn schreibt, im Rahmen „moderner Vernichtungsszenarien"[5] enthüllt, „was den Menschen jenseits des kulturellen Cocons einer intakten Zivilisation ‚in Wirklichkeit' ausmacht"[6]. Prämisse moderner Untergangsfiktionen sei, dass sich im Desaster „ein Wesen des Menschen und seiner Fähigkeit zur Gemeinschaft"[7] zeige:

> „Es erweist sich, welche Bindungen halten, welche Werte und Güter wirklich zählen, welche Eigenschaften und Verhaltensformen in der schlimmsten denkbaren Situation hervortreten werden. Und vor allem: welche das Überleben sichern und welche nicht. Die Katastrophe schält eine Essenz der Menschen und der Dinge heraus – genau darin liegt ihr apokalyptischer, das heißt *offenbarender* Wert auch jenseits aller Erlösung."[8]

Diese „Essenz" des Menschen, seine Besinnung auf die „wirklich wichtigen Werte" und das Erlernen eines Verhaltens, das sowohl sein Überleben als auch seine Humanität sichert, werden in Pfeffers Roman als Entwicklungsziel einer stark vergeschlechtlichten Identitätsfindung konstruiert. „I really think I'd rather die than stop feeling"[9], schwört sich Miranda, und übt sich in Selbstlosigkeit, Verzicht und Empathie. Am Ende eines entbehrungsreichen Winters kommentiert sie ihre Reifung als geglückte: „I never knew I could love as deeply as I do. I never knew I could be so willing to sacrifice things for other people."[10] Im Kontrast zu Mirandas Entwicklung, die zunehmend in den Haushalt verlagert wird, steht die Entwicklung von Alex Morales, dem Ich-Erzähler des zweiten Bandes *The Dead and the Gone*, der im von Katastrophen gebeutelten New York die ganze Stadt durchstreift, um seine Schwestern zu versorgen, dabei mit väterlicher – schon mal

---

[4] Ebd., S. 236.
[5] Horn 2010, S. 101.
[6] Ebd., S. 105.
[7] Ebd., S. 106.
[8] Ebd., Hervorh. i. O.
[9] Pfeffer 2006, S. 105.
[10] Ebd., S. 287.

handgreiflicher – Strenge über sie gebietet und dies mit seiner Verantwortung als Mann begründet: „But Papi taught me the most important thing a man can do is to protect the women he loves. I have to protect you and Julie, and I've been trying the best I can up until now.“[11] Die Amerikerin Pfeffer steht mit der starken Vergeschlechtlichung ihrer post-apokalyptischen Räume indes nicht alleine: In ihrer Analyse australischer Post-Disaster-Texte spricht Kathryn James gar von einer „gendered nature of the genre's ideologies“[12].

Viele Beiträge zur boomenden dystopischen Jugendliteratur, die hier aufgrund ihrer Themenvielfalt und generischen Hybridität als Future Fiction bezeichnet wird,[13] betonen deren Traditionen. So wird sie als Aktualisierung klassischer Dystopien verstanden, die nach dem Muster aufklärerisch-pädagogischer Warngeschichten an die Zielgruppe angepasst und um Elemente des Adoleszenzromans und Aspekte romantischer Kindheitsutopien erweitert werde.[14] Während Gabriele von Glasenapp der Gattung didaktisch-aufklärerische Intentionen bescheinigt und feststellt, dass sie sich durch das zeitnahe Verhandeln gesellschaftspolitisch präfigurierter Diskurse auszeichne,[15] kritisiert Maik Nüman am Beispiel neuer Dystopien, dass sie nur selten anstrebe, „ihre spannende Handlung mit den lehrreichen Potentialen des Genres zu kombinieren“[16]. Ralf Schweikart bilanziert, dass sich selten ein „deutlicher, gesellschaftspolitisch motivierter Erzählansatz“ zeige,[17] sondern die zeitgeschichtliche Verankerung, welche die klassische Dystopie geprägt habe, zugunsten von „Heldengeschichten“ und „zeitlosen Elementen der Abenteuer- und Liebesgeschichte“[18] vernachlässigt werde. Meist variiere aktuelle dystopische Jugendliteratur den Fantasy-Trend und nehme den für die Fantasy konstitutiven Kampf zwischen Gut und Böse und ihre „Rückbesinnung auf ar-

---

11 Ebd., S. 258f.

12 James 2009, S. 154.

13 In der englischsprachigen Forschung sind „Post-Disaster Novel“ (James 2009) bzw. „Post-Disaster Fiction“ (Braithwaite 2010), „Young Adult Speculative Fiction“ (Ventura 2011) oder schlicht „Dystopia“ anzutreffen; Braithwaite (2010) unterscheidet „Post-Disaster Fiction“ je nach Funktion des Desasters in „Survivor Texts“, „Social Order Texts“ und „Quest/Adventure Texts“. Auf dem deutschen Buchmarkt sowie in der Forschung hat sich der Begriff „Dystopie“ durchgesetzt, der wiederum in „Öko-“ und „Gesellschaftsdystopien“ (Mikota 2013) unterteilt wird. Breiter als diese Begriffe, schliesst der Begriff „Future Fiction“ alle Spielarten ein. Verwendet wird er u.a. von Buchhandel und Fans; in der deutschen Forschung verwendet ihn z.B. von Glasenapp 2012.

14 Vgl. von Glasenapp 2012, Mikota 2013 sowie James 2009, S. 154. Für eine kurze Diskussion der Funktionen dystopischer Jugendliteratur siehe von Glasenapp 2012 sowie James 2009, S. 153–156.

15 Von Glasenapp 2012, v.a. S. 6f.

16 Nüman 2012, S. 63.

17 Schweikart 2012, S. 6.

18 Ebd., S. 4f.

chaische, vormoderne Figuren und Erzählweisen" auf.[19] Immer öfter spiele „die Herrschaftsform eine untergeordnete Rolle. Stattdessen verschiebt sich die Katastrophe ins Private, in das Miteinander der Protagonisten [. . .]."[20]

Insbesondere der Vorwurf fehlender politischer Gehalte, gerade in der Darstellung ‚privater' Konflikte, zielt meines Erachtens zu kurz. So zeigt schon die *Moon*-Serie, dass die Kombination von dystopischem Zukunftsentwurf, apokalyptischer Offenbarungs- und jugendliterarischer Identitätsthematik lesbar ist als Teil eines Diskurses, in dem Konzepte und Ideale von Identität, Geschlecht und Menschenbild auf gesellschaftspolitisch relevante Weise verhandelt werden. Anhand dreier Textgruppen soll im Folgenden skizziert werden, wie Future Fiction (weibliche) Identitäten konstruiert, problematisiert und dekonstruiert.[21]

Weibliche Vorbilder als Care-Taker und Ressource

Die *Moon*-Serie gehört unter den Öko-Dystopien, die Desaster und Überlebenskampf ins Zentrum stellen, zu jenen Ausnahmen, die diese Katastrophe nicht als menschengemacht, sondern als äußere Bedrohung der Zivilisation inszenieren. Als speziell wirkmächtig in solchen Katastrophengeschichten beschreibt Horn das Narrativ vom „Rettungsboot Erde" als biopolitische Fantasie, in der tragische Entscheidungen gefällt werden zwischen schützenswertem Leben und solchem, das im Ernstfall um des Lebens der „Fitteren" oder gar der Spezies willen zu opfern ist.[22] Dieses Narrativ findet sich in *Life as we Knew it*, wenn Miranda auf Bitten der Mutter zugunsten des physisch mit besseren Überlebenschancen ausgestatteten Bruders hungert. Noch extremer wird die Katastrophe zur „politischen Figur", zum „Narrativ, das die „Verbindlichkeit unserer normalen ethischen Werte" suspendiert,[23] wenn sie eine nach einem Unfall gelähmte 13-Jährige im Schlaf

---

19 Vgl. ebd., S. 3, 5 und v.a. 7.

20 Ebd., S. 10. Mikota (2013) bilanziert hingegen in ihrem Überblick, dass mit der Dystopie „erneut eine gesellschaftskritische und problemorientierte Jugendliteratur den Markt erobert".

21 Auf derselben Strukturierung des Materials in drei Textgruppen beruht ein 2012 in der niederländischen Fachzeitschrift *De Leeswelp* veröffentlichter Artikel zu meinem Dissertationsprojekt (vgl. Kalbermatten 2012). Der Fokus auf weibliche Figuren scheint insofern sinnvoll, als sich in der aktuellen Future Fiction im Gegensatz zu den klassischen Dystopien der ersten Hälfte des 20. Jh.s deutlich mehr weibliche als männliche Hauptfiguren finden. Die Gründe dafür dürften nicht zuletzt in lesepädagogischen Diskursen und im Markt selbst liegen, die es Mädchen eher zuzutrauen scheinen, die umfangreichen Werke zu verschlingen. Eine Untersuchung der männlichen Figuren ist trotzdem unerlässlich, würde aber den Rahmen dieses Aufsatzes sprengen.

22 Horn 2010, S. 107f. und 111–117. In Katastrophenfilmen etwa wird das Überleben von Personen, „die als besonders [. . .] nützlich für das Überlebensprojekt eingeschätzt werden", strategisch gesichert (S. 113).

23 Horn 2010, S. 117.

erstickt, weil die in der apokalyptischen Welt nicht nur schlechte Chancen hätte, sondern auch die der Gemeinschaft mindern würde.[24]

Vor allem aber wird die (biologische) Familie als ‚Arche Noah‘ imaginiert, als letztes Refugium einer zerstörten Ordnung, die in einer Art ‚natürlichen‘ Selektion über Leben und Tod entscheidet. Als die Stadt von einer Epidemie heimgesucht wird, hat Miranda ihre Rolle als Care-Takerin der Familie so verinnerlicht, dass diese überlebt, während das restliche Quartier ausstirbt. Die ‚Arche Familie‘ sichert längerfristig das Fortbestehen der Menschheit. Zu ihrer ‚utopischen‘ Vision gehört die Aufwertung traditioneller Geschlechtercharaktere und Beziehungen; zuweilen wird diese Aufwertung auch religiös untermauert: „Our future is in this house right now“, sagt ein Freund von Mirandas Familie. “The children Syl will bear. Miranda and Julie, too. Their babies, born and unborn, are God’s gift to the future, just as the ark was.“[25] Reproduktion und Erziehung fallen dabei der ‚Ressource‘ Frau zu. Auch im Öko-Thriller des Neuseeländers Brian Falkner, *The Tomorrow Code* (2008), übernimmt die an Naturwissenschaften interessierte Rebecca die Rolle der Hüterin des Lebens. Nachdem die Bevölkerung Neuseelands riesigen Antikörpern der fiebernden Mutter Erde zum Opfer gefallen ist, rettet sie sich mit ihrem Freund Tane und einem aus dem Labor geretteten Affenweibchen in ein U-Boot auf dem Meeresgrund und entwickelt die Idee, als neue ‚Eva‘ Begründerin einer besseren Rasse zu werden: „I think we get a new beginning. This time we will do it like your father said, as family with the world around us, not as conquerors of it.“ Und sie konkretisiert: „Building a new race, teaching them to live in peace with the planet...“[26] Neben Figuren wie Rebecca, die als dynamische Akteurinnen auftreten, dabei aber eine konservativ-patriarchalische Ordnung mitrestituieren,[27] entwerfen viele Öko-Dystopien romantische Bilder ursprünglicher, passiver Weiblichkeit, die von der naturfeindlich-patriarchalen Ordnung bedroht wird. Céleste in Timothée de Fombelles *Céleste oder Die Welt der gläsernen Türme* (2010) duftet inmitten einer Stadt aus gläsernen Konsumtempeln „nach warmer Erde“[28]. Zugleich schreiben sich, wie der Ich-Erzähler entdeckt, alle Öko-Katastrophen in ihren Körper ein: „Die Wüstenausbreitung in Afrika, die Überflutung der indischen Küsten, alle ökologischen Katastrophen der Welt erschienen auf dem Körper von Céleste. Jeder Schlag gegen unsere Erde traf Céleste. Céleste litt an nichts anderem als an der Krankheit unseres Planeten.“[29] Erst fern der durch

---

[24] Vgl. Pfeffer 2010, S. 226–233.

[25] Ebd., S. 148.

[26] Falkner 2008, 337.

[27] Auch James (2009, S. 158) weist am Beispiel von Kerry Greenwoods *The Broken Wheel* auf dasselbe Muster hin.

[28] de Fombelle 2010, S. 16.

[29] Ebd., S. 62.

ihr Bild geläuterten Städte, gerettet vom Erzähler und in trauter Zweisamkeit mit ihm kann diese Personifikation der Natur genesen – und die geschändete Erde mit ihr.[30]

Gekoppelt wird der weibliche Geschlechtscharakter mit einem romantischen Kindheitsbild. Das Kind, so Ralf Konersmann, wird mittels einer „kulturkritischen Projektion" als „gegenwelttauglich" imaginiert; es verheißt die Rückkehr zu einem Zustand ursprünglicher Ganzheit und Naturverbundenheit.[31] Mit Voten wie „Mother Nature is sick and the sickness is us"[32] werden Mädchen oder Angehörige so genannter ‚Naturvölker' wie der Maori Tane als Sprachrohre einer Kulturkritik konstituiert, die in der Tradition Rousseaus als „Verlustgeschichte"[33] erzählt wird. In Form des utopischen Kindes ist dieser oft sehr moralischen Warnliteratur der utopische Horizont aber eingeschrieben: Mittels einer Ermächtigungsphantasie, formuliert in markigen Slogans wie „history makes us who we are, but we can make history, also" und „anyone can be a hero, if they just choose to be"[34], werden der Geschichte von Entfremdung und Zerfall starke Subjektpositionen, ganzheitliche Identitäten entgegen gestellt und Vorbildfiguren produziert, die letztlich auf eine Wiederherstellung klassischer Geschlechterrollen und Identitätskonzepte abzielen.

Identität als Projekt und als Kriegsschauplatz

Anders verfahren Texte wie Scott Westerfelds *Uglies*-Serie (2005-2009) und Suzanne Collins' *The Hunger Games*-Trilogie (2008-2010), die sich strukturell enger an klassische Gesellschaftsdystopien anlehnen: Sie entwerfen Figuren, deren Identität nicht in erster Linie vorbildhaft konstruiert, sondern als soziales und/oder persönliches Konstrukt/Projekt thematisiert wird.[35] Auch diese Texte setzen am Anfang das Ende voraus. Aus wenigen Überlebenden hat sich eine Gesellschaft entwickelt, deren utopische Entwürfe in totalitäre Kontrollstaaten aus-

---

[30] Ebd., S. 84–94.

[31] Konersmann 2008, S. 11.

[32] Falkner 2008, S. 259.

[33] Vgl. Bollenbeck 2007, der die Verlustgeschichte als genuines Narrativ der Kulturkritik seit Rousseau ausmacht.

[34] Pfeffer 2006, S. 57.

[35] Dass vorbildhafte Identitäten oft in Öko-Dystopien, die Prozesse, in denen Identitäten konstruiert werden, oft in klassisch-dystopischen Settings entworfen werden, ist indes kein allgemein gültiges Prinzip: Ally Condies *Matched*-Trilogie (2010–2012) etwa verknüpft den Widerstand gegen das totalitäre System mit der Besinnung auf Werte wie Individualismus, Schriftkultur, Natur, klassische Liebes- und Familienverhältnisse und, damit verknüpft, ganzheitliche, „natürliche" Identität. In Julianna Baggotts *Pure*-Serie (seit 2012) dagegen lernen Menschen, die bei einer Nuklearkatastrophe mit Tieren, Pflanzen, Dingen und anderen Menschen verschmolzen sind, Hybridität als ihre Identität anzuerkennen.

geufert sind. In der Konzeption durchorganisierter Stadtstaaten, die von globalen Komitees entworfen wurden und den Individuen jede materielle Sorge nehmen, sie aber durch körperliche Eingriffe und Konditionierung modifizieren und indoktrinieren, um sie im Zaun und von der Zerstörung der Natur abzuhalten, lehnt sich Westerfeld an Aldous Huxleys *Brave New World* (1932) an. In der isolierten Pubertätswelt *New Pretty Town*, einem High-Tech-Paradies, amüsieren sich Teenager nach ihrer mit 16 Jahren durchgeführten Schönheitsoperation getreu dem Unterhaltungsimperativ „Act Stupid, Have Fun, and Make Noise"[36] ungestört ‚zu Tode', um den im Text nachhallenden kulturkritischen Worten Neil Postmans zu folgen.[37] Ähnlich wie in Huxleys „Schöner Neuer Welt" wird auch hier jedes Bedürfnis sofort befriedigt, und die konditionierten Pretties sind den Reizen der Kulturindustrie mit Haut und Haar verfallen – „They spend their whole life in a bubble"[38], diagnostiziert eine Außenseiterin zutreffend. Gegenüber gestellt wird dieser infantilisierenden Stadtwelt das von Jugendlichen geführte Aussteigerdorf *The Smoke* in der Wildnis. Hier hat jede Handlung Gewicht; Körper und Gesichter tragen Spuren und erzählen Geschichten, die Individuen versichern sich durch harte Arbeit und Naturerlebnisse ihrer Vitalität und Körperlichkeit und absolvieren damit das Stadium der Pubertät, so suggeriert der Text, auf deutlich angemessenere Weise.[39]

Basierend auf dieser Polarisierung wird der abenteuerliche Weg der 16-jährigen Tally Youngblood geschildert. Deren Entwicklung vollzieht sich in Form zweier gegenläufiger Dynamiken. Auf der einen Seite steht die Individuation zum handlungsfähigen, ganzheitlichen Subjekt, auf der anderen die wiederholte De- und Neukonstruktion von Tallys Identität durch Autoritäten wie die Antagonistin Dr. Cable, die sich in den immer hybrideren Mensch-Maschinen-Körper, den Geist und die Selbstwahrnehmung der jungen Frau einschreiben. Diese Anlage schafft Raum für eine Diskussion all der Faktoren, die Identität konstituieren. Deren Wandelbarkeit wird von Tally auch durchaus ambivalent erlebt: als Chance, in verschiedenen Räumen, Körpern und Rollen diverse Aspekte ihrer Identität auszuleben und diese ständig zu transformieren; als lust- und machtvolles *rewiring*[40]. Zugleich durchläuft sie beängstigende Prozesse mit deutlicher Geschlechterrelevanz: Anders als die männlichen Figuren sieht sie sich wiederholt zum Objekt degradiert und gewaltsamen Eingriffen unterworfen, denen sie mit dem Bemü-

---

[36] Westerfeld 2011a, S. 12.

[37] Vgl. Postman, Neil: Wir amüsieren uns zu Tode. Urteilsbildung im Zeitalter der Unterhaltungsindustrie Amusing Ourselves to Death, 1985.

[38] Westerfeld 2011a, S. 247.

[39] Vgl. z.B. den Kommentar von Shay (Westerfeld 2011a, S. 86): „We don't have to look like everyone else, Tally, and act like everyone else. We've got a choice. We can grow up any way we want."

[40] Westerfeld 2011c, S. 271.

hen begegnet, ihre Identität im Sinne eines persönlichen ‚Projekts' zu gestalten: In *Uglies* lässt Tally die Zivilisation hinter sich und lernt sich selbst und vor allem ihren Körper jenseits der einengenden Stadt auf die als ‚richtig' beurteilte Art kennen. Eingefangen und dem Schönheitsideal der neuen Welt angepasst, bemüht sich die neue Pretty, ihren Geist gegen die ins Gehirn eingreifende Operation wach zu halten. Als sie zuletzt in eine Special, ein Mitglied der Wächter- und Polizeikaste mit übermenschlichen Körperkräften, Sinnen und Intelligenz, ‚umgebaut' wird, gilt es, Superiorität und Härte gegen Emotionen wie Mitgefühl, Respekt und Liebe einzutauschen. Zentral diskutiert wird dabei eine Idee, die sich in Anlehnung an Judith Butlers Konzept der Performativität und Performanz[41] lesen lässt: dass körperliche Akte, Gesten und artikulierte wie inszenierte Begehren die Illusion bzw. den Effekt eines inneren Wesenskerns, einer kohärenten Identität – in Butlers Theorie eines „wahren Geschlechts" – erzeugen, während es sich tatsächlich um „Fabrikationen/Erfindungen" handelt, die durch „leibliche Zeichen und andere diskursive Mittel" hergestellt und aufrechterhalten werden[42], wobei eine „Verschiebung" stattfindet, „die den politischen und diskursiven Ursprung der Geschlechtsidentität in einen psychologischen ‚Kern' verwandelt".[43] Ähnlich wird der utopische Mensch bei Westerfeld erklärt: Durch ein gezielt gelenktes Begehren, eine die vor-operativen *Uglies* degradierende „Bezeichnungspraxis"[44] und eine Formung des Körpers nach angeblich evolutionspsychologisch fundiertem Ideal werden Identitäten fabriziert, performativ stabilisiert und reguliert.

„Outside of our self-contained cities, humanity is a disease, a cancer on the body of the world"[45], begründet die Chefin der Specials diese Politik. Die in einer Öl-Apokalypse rund 200 Jahre vorher umgekommenen Rusties, deren Kultur in etwa unserer westlichen Gegenwart entspricht, dienen als Schreckbild einer destruktiven Menschheit, die zwingend entschärft werden muss(te). Tally vermittelt zwischen den Extremen, und zu diesem Zweck dreht Westerfeld Butlers Performativitätskonzept kurzerhand um. Denn Tally gelingt es wundersamerweise, den performativ erzeugten Fabrikationen wie ihrer *prettyness* mit gezielten Gegenpraktiken, v.a. extremen Sinnes- und Körpererlebnissen, zu entkommen und – entgegen Butler, die ‚wahre' Identität als „Effekt und Funktion eines entschieden öffentlichen, gesellschaftlichen Diskurses"[46] begreift – zu einem quasi ontologischen, kohärenten Wesenskern vorzudringen. „Deep inside herself were threads of permanence, the things that had remained unchanged whether she was ugly or

41 Vgl. Butler 1991, S. 190–208 (Kapitel „Einschreibungen, performative Subversionen").
42 Ebd., S. 200.
43 Ebd., S. 201.
44 Ebd., S. 192.
45 Westerfeld 2011b, S. 128.
46 Butler 1991, S. 200.

pretty or special – and love was one of them"[47], stellt Tally fest – und artikuliert damit das große Begehren, der ‚Beunruhigung' fragiler Identitäten die ‚Tröstung' einer eben doch stabilen ‚wahren' Identität entgegen zu stellen, die sich in der – heterosexuellen – Liebe erfüllt.

Katniss Everdeen in Suzanne Collins' *The Hunger Games*-Trilogie hingegen erfährt ihren Körper zunehmend als beliebig manipulierbaren Schauplatz konfligierender Diskursstrategien, denen sie zwar durchaus kleine, subversive Akte, aber keine kohärente, ‚wahre' Identität mehr entgegen setzen kann. Aufzeigen will ich dies anhand einer Passage aus *Catching Fire*,[48] die zeigt, wie Katniss' Körper von drei männlichen Figuren im Kampf um die alte, repressive oder um eine neue, von den Rebellen angestrebte Gesellschaftsordnung imaginiert wird als passiver Leib, der ihren Bezeichnungspraktiken unterworfen werden kann. Der rhetorische Kampf zwischen Capitol und Rebellen eskaliert am Vorabend der Jubiläums-Hungerspiele, und zwar auf jener Bühne, auf der der ‚weibliche' Körper der Jägerin Katniss schon am Abend der letztjährigen Hungerspiele mittels performativer Praktiken – wie dem Tragen von Kleidern, Make-Up und feminisierter Gestik – hervorgebracht wurde[49]. An diesem Abend versuchen sowohl Präsident Snow als Kopf des unterdrückerischen Capitols, Katniss' Stylist Cinna, Mitglied der Untergrundorganisation, und ihr Verbündeter Peeta Katniss' Körper als Resonanzraum für ihre rhetorischen Strategien zu nutzen: Snow, indem er sie in das Brautkleid steckt, welches das Publikum für ihre arrangierte Hochzeit mit Peeta gewählt hatte; Cinna, indem er dieses Kleid auf der Bühne in Flammen aufgehen und sich in das Federkleid des Mockingjay verwandeln lässt, der als Metapher der Revolution mit Katniss verknüpft ist, und Peeta, indem er sie als Objekt seines Begehrens, seine Frau und als schwanger mit seinem Kind deklariert.[50] Für Katniss ist es eine Frage des Überlebens, all diese Rollen zu übernehmen; nichtsdestotrotz erzeugen die damit verbundenen Akte jeweils die Illusion einer bestimmten Identität. Katniss ist sich der Motive dieser ‚Aneignungen' zwar durchaus bewusst, wird von ihren Erzähl- und Diskurspraktiken aber dennoch geprägt. „It's so barbaric, the president turning my bridal gown into my shroud, that the blow strikes home, leaving me with a dull ache inside"[51], so die Reaktion auf Snows Versuch, sie als Opferlamm und Spielfigur zu inszenieren; „Cinna has turned me into a mockingjay"[52]; staunt sie über ihre Metamorphose in eine toughe

---

[47] Westerfeld 2011c, S. 88.

[48] Eine knappere Analyse dieser Passage habe ich bereits im erwähnten Artikel skizziert (vgl. Kalbermatten 2012).

[49] Vgl. Collins 2009 a, v.a. S. 145–155. Miller (2012, S. 156-159) wendet Butlers Performativitätskonzept auf die Art und Weise an, wie in Panem Geschlecht produziert wird.

[50] Collins 2009 b, S. 297–310.

[51] Ebd., S. 298.

[52] Ebd., S. 304.

Rebellin; und Peetas Deklaration ihrer Schwangerschaft trifft auf eine prägende Leidensgeschichte: „Because for a moment, even I am working through what Peeta has said. Isn't it the thing I dreaded most about the wedding, about the future – the loss of my children to the Games?"[53] Zugleich aber ist Katniss, und hier lehne ich mich an ein Argument Donna Haraways bezüglich der Konstruktion von Wissensobjekten an, nie nur passives Objekt, formbares Material, nie nur „Leinwand oder Grundlage oder Ressource", die der erkennenden Aneignung durch mächtigere Subjekte, deren Bezeichnungspraktiken und Projekten ausgeliefert ist.[54] Sie ist selbst Akteurin, und sie kann die ihr zugeschriebenen Bedeutungen zwar nicht aufheben, aber mitbestimmen und unterlaufen, um „more than a piece in their games"[55] zu sein. Zwar wird betont, dass sich Katniss' Wirkung aus spontanem Handeln speist, und diese ‚Spontanität' wird in Kontrast zu medienlogisch ‚inszeniertem' Handeln gesetzt.[56] Doch Katniss ist sich ihrer Wirkung durchaus bewusst. Als sie in der Show die Hände der anderen Tribute ergreift, gehen dieser spontane Akt – „I turn spontaneously to Chaff and offer my hand" – und ihr Wissen um seine Wirkung – „*the first public show of unity among the districts*" – nahtlos ineinander über.[57]

The Hunger Games lässt sich, um den Definitionen Andreas Mahlers zu folgen, durchaus als „Diskursdystopie" lesen, in der die oktroyierte Sprache der usurpatorischen, kolonisatorischen Macht den Diskurs und dessen Gegenstand, Regularitäten, Hierarchien, Selektions- und Ausschlussprinzipien bestimmt und die Unterdrückten innerhalb dieses hegemonialen Systems des Denkens und Argumentierens verdammt sind, die ‚fremde Sprache' zu übernehmen oder zu schweigen.[58] Am Ende des Krieges ist Katniss außerdem unendlich traumatisiert. Trotzdem bleibt ein utopischer Impuls erhalten, indem sie mit ihren versehrten Gefährten ein Erzählen in Worten, Bildern, Artefakten und Gedankenexperimenten erfindet, das sie dem nachwirkenden Capitol-Diskurs entgegen setzt. Und indem sie sich am Versuch abarbeitet, ihre widerspruchsvollen, aus Herkunft, sozioökonomischen Umständen, medialen Rollen und Erfahrungen resultierenden Persönlichkeitsaspekte nebeneinander zu halten.

---

[53] Ebd., S. 310.

[54] Vgl. Haraway 1995b, S. 91–97, Zitat S. 97.

[55] Collins 2009b, S. 292.

[56] Etwa wenn Haymitch betont, dass Katniss nur dann berühren kann, wenn ihre Aktionen spontan und „unscripted" seien (Collins 2010, S. 89).

[57] Collins 2009b, S. 311

[58] Vgl. Mahler 2002, v.a. S. 38.

„There is no more I to choose“[59]

Die Möglichkeiten, im Aushandlungsprozess von Identität mitzumischen, thematisieren auch die Amerikanerinnen Robin Wasserman und Mary E. Pearson, die in *Skinned* und *The Adoration of Jenna Fox*, beide 2008, eine verblüffend ähnliche Experimentieranlage wählen: Lia Kahn und Jenna Fox erwachen nach einem schweren Autounfall aus dem Koma und finden ‚sich‘ bzw. Teile ihres alten Selbst in einem künstlichen Körper wieder, in den das gescannte Gehirn ‚kopiert‘ wurde. Hinsichtlich dieser Parallelen soll nun nicht die Frage nach Original und Kopie aufgeworfen werden – mit dieser Zumutung müssen sich Lia und Jenna zur Genüge herumschlagen. Beide versinnbildlichen, was es heißt, wenn starre Vorstellungen einer kohärenten, stabilen Identität, ein sich durch die verbissene Verteidigung klassischer Dichotomien wie Natur und Kultur, Mensch und Maschine, Original und Kopie konstituierendes Menschenbild, die lautstarke Forderung nach Authentizität sowie virulente Ausschluss-, Macht- und Aneignungsprozesse zusammentreffen und Identität(en) schaffen oder verweigern.

Lia und Jenna sind Hybride aus Maschine und Organismus; sie sind im Sinne von Donna Haraways oppositioneller feministischer Erzählfigur der Cyborg, die sie in ihrem *Manifest für Cyborgs* (1984; deutsch 1995) entwirft, Geschöpfe, die „die Differenz von natürlich und künstlich, Körper und Geist, selbstgelenkter und außengesteuerter Entwicklung sowie viele andere Unterscheidungen, die Organismen und Maschinen zu trennen vermochten, höchst zweideutig werden lassen“[60]. Die Erfahrungen, die Lia macht, spiegeln Diskriminierungs- und Ausschlussprozesse, die entlang der Konstrukte von Klasse, Rasse und Geschlecht verlaufen, und weisen darüber hinaus: In einer weitgehend im virtuellen Raum des omnipräsenten Netzwerks verkörperten Gesellschaft bildet Lias endgültig anorganischer Körper jenen Ort, an dem ein letzter Grenzkrieg ausgefochten werden muss. Nur die Hetzkampagne gegen die MechHeads kann, in Abgrenzung gegen diese ‚Anderen‘, weiterhin eine ‚natürliche‘ Identität behaupten – aller alltäglichen Erfahrung der unablässigen Verschmelzung von Mensch und Maschine zum Trotz.

Lia wie Jenna machen intensive Leidensprozesse durch; aufgerieben von den Fragen, ob sie überhaupt Menschen sind und ob wenigstens ein Teil ihrer ‚ursprünglichen‘ Identität im neuen Selbst erhalten ist, übersehen sie lange Zeit die utopischen Möglichkeiten, die ihre neue, partiale und widersprüchliche Cyborg-Identität[61] bietet. Lia Kahn lädt sich am Ende selbst ins Netzwerk hoch. Ihre Auf-

[59] Wasserman 2011, S. 383. Hervorh. i. O.

[60] Haraway 1995a, S. 37.

[61] Haraways Cyborg (1995a) widersteht der Versuchung, (organische) Einheit durch Ursprungsgeschichten, Bezug auf einen „Naturzustand“ oder die „endgültige Unterwerfung der Macht aller

lösung in Daten und Informationen wird nicht als Selbstverlust, sondern als Entgrenzung inszeniert – als Befreiung von einschränkenden Zuschreibungen, die das Unterfangen, Menschen auf fixe Identitäten festzunageln, mit sich bringen: „I remember what it was to be an *I*, a single thing, a point. I remember believing I had to choose. To be this thing, or that. To be an us; to fight a them. But that's the past. I'm no longer human, no longer machine. [...] There is no more *I* to choose."[62] Wohl näher an der Erfahrungswelt Jugendlicher ist Jenna Fox' Akzeptanz ihrer hybriden Identität. Wie Lia ist sie das Produkt einer gutbürgerlichen Familie, die viel zu viele Erwartungen in die Tochter projiziert und sie selbst über ihren Tod hinweg als ihren Besitz und ihr Projekt betrachtet. So sehr sich Jenna zuerst bemüht, sich die Erinnerungen von „old Jenna" anzueignen, deren Identität sie, ginge es nach ihren Eltern, nahtlos weiterführen soll, so klar wird ihr schließlich, dass sie nur einen Wunsch hat: *„I need to own my life."*[63] Dazu gehört es, sich aus den Aneignungs- und Besitzverhältnissen ihrer Familie, vom Idealbild ihrer Eltern und von der ihr aufgezwungenen Ursprungsgeschichte[64] zu lösen. Erst dieser Prozess ermöglicht es ihr, neue Bündnisse einzugehen – etwa mit Großmutter Lily, die als Einzige akzeptiert hat, dass ihre Enkelin gestorben ist und mit der ‚neuen Jenna' ein auf Solidarität und Affinität, nicht auf Verwandtschaft beruhendes Bündnis eingeht. Von ihren Eltern erzwingt sich Jenna die Verfügungsgewalt über ihr Backup. Cyborgs, schreibt Haraway, rebellieren gegen ihre Schöpfer[65] – und vielleicht ist das der utopischste und politischste Gedanke, den *The Adoration of Jenna Fox* den LeserInnen mitteilt. Hybride, partiale und kontingente Identitäten und die Verwischung von Grenzen müssen nicht zwingend beängstigend sein; stattdessen gilt es, diese Brüchigkeit auszuhalten, die „Verwischung dieser Grenzen zu *genießen* und *Verantwortung* bei ihrer Konstruktion zu übernehmen"[66], sich einzumischen in die Prozesse, in denen Identitäten konstruiert und dekonstruiert werden. Jenna zumindest entscheidet sich am Ende gegen die Flucht – weil sie an Bündnisse jenseits biologischer Einheiten und an die Wandelbarkeit sozialer Verhältnisse glaubt: „And staying because maybe Lily *does* love the new Jenna as much as the old one, after all. Because maybe, given time, people do change, maybe laws change. Maybe we all change."[67] Noch 260 Jahre später kämpft sie,

---

Teile unter ein höheres Ganzes" (S. 35) herzustellen; sie sucht sich keine „eindeutige Identität" und produziert so auch „keine antagonistischen Dualismen ohne Ende" (S. 70) wie Natur/Kultur, Mensch/Tier, Organismus/Maschine mehr.

62 Wasserman 2011, S. 383. Hervorh. i. O.

63 Pearson 2010, S. 248.

64 So nötigen ihre Eltern sie, sich alle Videos der ‚alten' Jenna anzusehen, die mit *in utero*-Aufnahmen beginnen.

65 Haraway 1995a, S. 36.

66 Ebd., S. 35. Hervorh. i. O.

67 Pearson 2010, S. 244. Hervorh. i. O.

längst nicht mehr die einzige ihrer ‚Art', für marginalisierte Subjekte. Aber mit sehr viel mehr Zuversicht. Denn: „People change. And the world will change. Of that much, I am certain."[68]

Bibliographie

Primärliteratur

Collins, Suzanne: The Hunger Games. London: Scholastic, 2009 (a) [EA 2008].
— The Hunger Games – Catching Fire. London: Scholastic, 2009 (b).
— The Hunger Games – Mockingjay. London: Scholastic, 2010 (c).
de Fombelle, Timothée / Julie Ricossé (Illu.): Céleste oder Die Welt der gläsernen Türme. Aus dem Französischen von Tobias Scheffel und Sabine Grebing. Hildesheim: Gerstenberg, 2010 [EA Paris 2009].
Falkner, Brian: The Tomorrow Code. New York: Random House 2008 (E-Book).
Pearson, Mary E.: The Adoration of Jenna Fox. London: Walker Books, 2010 [EA 2008].
Pfeffer, Susan Beth: Life as we Knew it. New York: Graphia, 2006.
— The Dead and the Gone. New York: Graphia, 2008.
— This World we Live in. New York: Graphia, 2010.
Wasserman, Robin: Skinned. New York: Simon Pulse, 2009 [EA 2008].
— Crashed. New York: Simon & Schuster, 2010 [EA New York 2009].
— Wired. New York: Simon & Schuster, 2011 [EA New York 2010].
Westerfeld, Scott: Uglies. New York: Simon Pulse, 2011 (a) [EA 2005].
— Pretties. New York: Simon Pulse, 2011 (b) [EA 2005].
— Specials. New York: Simon Pulse, 2011 (c) [EA 2006].

Sekundärliteratur

Bollenbeck, Georg: Eine Geschichte der Kulturkritik. Von Rousseau bis Günther Anders. München: Beck 2007.
Braithwaite, Elizabeth: Post-disaster Fiction for Young Adults: some Trends and Variations. In: Papers 20/1 (2010), 5-19.
Butler, Judith: Das Unbehagen der Geschlechter. Frankfurt am Main: Suhrkamp 1991.
Glasenapp, Gabriele von: Apokalypse now! Future-Fiction-Romane und Dystopien für junge LeserInnen. Vortrag an der Tagung „Albtraum Zukunft. Politisierung von Jugend und Jugendliteratur" vom 1.-3.6.2012 in der Evangelischen Akademie Tutzing. Zugänglich auf: http://www.uni-frankfurt.de/fb/fb10/jubufo/Tutzing-2012/GlasenappBeitrag1.pdf (abgerufen am 31.03.13).
Haraway, Donna: Ein Manifest für Cyborgs. Feminismus im Streit mit den Technowissenschaften. Übersetzt von Fred Wolf. In: Donna Haraway: Die Neuerfindung der Natur. Primaten, Cyborgs, und Frauen. Hg. und eingeleitet von Carmen Hammer und Immanuel Stiess. Frankfurt am Main: Campus 1995 (a), S. 33–72.
– Situiertes Wissen. Die Wissenschaftsfrage im Feminismus und das Privileg einer partialen Perspektive. Übersetzt von Helga Kelle. In: Donna Haraway: Die Neuerfindung

[68] Ebd., S. 256.

der Natur. Primaten, Cyborgs, und Frauen. Hg. und eingeleitet von Carmen Hammer und Immanuel Stiess. Frankfurt am Main: Campus 1995 (b), S. 73–97.

Horn, Eva: Enden des Menschen. Globale Katastrophen als biopolitische Fantasie. In: Reto Sorg und Stefan Bodo Würffel (Hg.): Utopie und Apokalypse in der Moderne. München: Fink 2010, S. 101–118.

James, Kathryn: Death, Gender and Sexuality in Contemporary Adolescent Literature. New York: Routledge 2009.

Kalbermatten, Manuela: Het lont dat het Vuur ontsteekt. Maatschappij, gender en identiteit in toekomstliteratur voor jongeren. In: De Leeswelp 7/2012, S. 272–275.

Konersmann, Ralf: Kulturkritik. Frankfurt am Main: Suhrkamp 2008.

Mahler, Andreas: Diskursdystopien. Ein theoretischer Versuch. In: Ralph Pordzik (Hg.): Utopie und Dystopie in den neuen englischen Literaturen. Heidelberg: Universitätsverlag Winter 2002 (Anglistische Forschungen 304), S. 27–44.

Mikota, Jana: Dystopie. In: KinderundJugendmedien.de. http://kinderundjugendmedien.phil-fak.uni-duesseldorf.de/index.php/begriffe-und-termini/594-dystopie (abgerufen am 31.3.13).

Miller, Jessica: „She Has No Idea. The Effect She Can Have.“: Katniss and the Politics of Gender. In: George A. Dunn und Nicolas Michaud (Hg.): The Hunger Games and Philosophy. A Critique of Pure Treason. Hoboken, New Jersey: John Wiley & Sons 2012 (Blackwell Philosophy and Pop Culture Series), S. 145–161.

Nüman, Maik: Aktuelle dystopische Jugendliteratur. In: kjl&m 64/3 (2012), S. 59–63.

Schweikart, Ralf: Nur noch kurz die Welt retten. Dystopien als jugendliterarisches Trendthema. In: kjl&m 64/3 (2012), S. 3–11.

Ventura, Abbie: Predicting a Better Situation? Three Young Adult Speculative Fiction Texts and the Possibilities for Social Change. In: Children's Literature Association Quarterly 36/1 (2011), S. 89–103.

UTOPIE / DYSTOPIE

Vom Willen zur Macht. Die kosmischen Kolonien des Kinos

Peter Podrez

„If we humans want to survive for hundreds of thousands or millions of years, we must ultimately populate other planets. Now, today the technology is such that this is barely conceivable. We're in the infancy of it. [...] [B]ut there will be more human beings who live off the Earth than on it. We may well have people living on the moon. We may have people living on the moons of Jupiter and other planets [...] I don't know the date. But I know that humans will colonize the solar system and one day go beyond."[1]

Michael Griffin, Leiter der NASA 2005–2009

Mit kolonialen Visionen, die auch aus der Feder von Science-Fiction-Autoren stammen könnten, machte die NASA während der Amtszeit von Michael Griffin auf sich aufmerksam. Unter seiner Leitung intensivierte die amerikanische Weltraumbehörde in einer Zeit, in der das All etwas von seiner Faszination eingebüßt zu haben schien, Forschungsmaßnahmen, welche die Ausweitung des menschlichen Lebensraums in den Kosmos beschleunigen sollten. Griffin selbst sah die Besiedlung des Weltalls nicht nur als Notwendigkeit für die menschliche Spezies an, sondern verstand sie auch als Telos jeglicher Raumfahrt. Seine visionäre Rhetorik, gepaart mit amerikanischem *frontier*-Geist, verhalf ihm in den USA zu solcher Popularität, dass er in einer 2010 von der *Space Foundation* durchgeführten Umfrage zu den größten Weltraumhelden aller Zeiten Platz 7 belegte – nur einen Rang hinter dem gleich bedeutsam eingeschätzten russischen Kosmonauten Jurij Gagarin sowie *Star Trek-Captain* James T. Kirk.[2]

Doch so modern die von ihm proklamierten Visionen klingen, die Vorstellung, das Weltall zu besiedeln, lässt sich innerhalb der abendländischen Kulturgeschichte weit zurückverfolgen. Gerne wird darauf verwiesen, dass bereits in der Antike Schriftsteller menschliche Erkundungsmöglichkeiten des Kosmos imaginierten – ebenso wie die Autoren und Filmemacher der Science Fiction Tausende von Jah-

[1] The Washington Post 2005, o.S.

[2] Vgl. Space Foundation 2010.

ren später.[3] Dass die Kolonialisierungsidee trotz massiver Veränderung von Ikonographien und Narrativen nach dem Eintritt der Menschheit ins Raumfahrtzeitalter eine hohe historische Kontinuität aufweist, überrascht weniger, wenn man die Ursachen für ihre Faszination bedenkt: Sie eröffnet unerschöpfliche Imaginationsmöglichkeiten, weil sich in ihr gleich zwei Leerstellen verbinden. Zum einen aktiviert die Vorstellung von Weltraumsiedlungen mangels gegenwärtiger Möglichkeiten die *temporale* Leerstelle der Zukunft – einer offenen Zukunft, in der alle gewünschten politischen oder technologischen Entwicklungen möglich sind. Zum anderen stellt das Weltall selbst eine *spatiale* Leerstelle dar, einen neuen, unbekannten Raum, der im Sinne einer *tabula rasa* in beliebigen Ausformungen gedacht und gestaltet werden kann. Kurzum, extraterrestrische Kolonien sind sowohl zeitlich als auch räumlich gesehen ultimative Fantasien von Weltgestaltung und damit äußerst attraktiv für die fiktionalen Weltkonstruktionen von Literatur, Film oder Computerspiel.

Ich möchte mich in meinem Beitrag auf die filmischen Siedlungsvisionen konzentrieren und dabei die *urbanen* Kolonien des Kinos in den Blick nehmen. Dies schließt die Betrachtung anderer extraterrestrischer Lebensumwelten wie Straflager[4] oder Raumstationen[5] aus, erscheint aber sinnvoll, da Städte die „Hauptorte und Sitze der Gruppe Mensch"[6] darstellen und Besiedlung im Verlauf der Menschheitsgeschichte stets aufs Engste mit Urbanisierung verbunden war.[7] Nichts anderes als kosmische Städte sehen auch die langfristigen Pläne der NASA vor; doch während die wissenschaftlichen Verwirklichungsansätze von Metropolen auf dem Mars noch in den Kinderschuhen stecken, ist das Kino mit Siebenmeilenstiefeln vorausgeeilt und hat die Träume längst in Bilder übersetzt. Im Folgenden möchte ich unter besonderer Berücksichtigung räumlicher Strukturen aufzeigen, wie der Film im Verlauf seiner Geschichte die Kolonialisierungsbewegung quasi im Zeitraffer durchlaufen hat – vom anfänglichen Willen zur Besiedlung fremder Planeten bis zu anthropozentrischen Selbstermächtigungsfantasien, aber auch kritischen Reflexionen des kosmischen Urbanisierungsprozesses.

Vorsichtige Annäherungen

Obwohl der Beginn dieser Makrobewegung erst in den 1950er Jahren zu verorten ist, lässt sich aus filmhistoriographischer Perspektive eine Vorgeschichte formu-

3 Vgl. etwa Zinsmeister 2008.

4 Etwa in *Alien*³ (D. Fincher, USA 1992).

5 Etwa in *Solaris* (A. Tarkowskij, SU 1972, bzw. S. Soderbergh, USA 2002).

6 Schlögel 2003, S. 304.

7 Vgl. Mumford 1963.

lieren, aus der hervorgeht, dass das Kino schon früher vereinzelte Motive und ästhetische Strategien durchspielt, die später zentrale Bedeutung erlangen sollen.

So lassen sich erste Verweise auf eine filmische Beschäftigung mit Weltraumreisen bereits im *Cinema of Attractions*[8] ausfindig machen. Doch auch wenn in *A Trip to the Moon* (G. Méliès, F 1902) nach der Mondlandung unter anderem ein Tableau präsentiert wird, das durch seine Mise-en-scène an einen Palast erinnert, findet keine explizite Annäherung an den Diskurs um das Urbane statt. Auch *Himmelskibet* (Holger-Madsen, DK 1918) greift – bereits im Zeitalter des Erzählkinos – zwar das Reisemotiv auf und lässt den himmelstürmenden Protagonisten mit dem klangvollen Namen Avanti Planetaros auf dem Mars landen, schwelgt danach aber in Bildern bukolischer Idylle. Die Marsianer erweisen sich als ein Volk, das sein Leben in einem utopischen Naturraum ohne urbane Strukturen verbringt.

Solche bringt erst *Aelita* (Y. Protazanov, SU 1924), der Prototyp sozialistischer Filmvisionen, auf die Leinwand. Obwohl sich die Stadt auf dem Mars schließlich nur als Tagtraum der Hauptfigur entpuppt, zeigt der Film als erster Bilder einer urbanen Welt auf einem anderen Planeten. Dabei greift er auf eine Ästhetik des Futuristischen zurück und entwirft so die Schablone für kommende Filme, welche die Differenz der Alien-Architektur zu irdischen Stadträumen in den Vordergrund rücken. Als Begründer einer – deutlich selteneren – stilistischen Gegenstrategie lassen sich hingegen die amerikanischen *Flash Gordon*-Serials (diverse, USA 1936–1940) verstehen: Sie etablieren eine Retro-Ästhetik, in der urbane Räume auf fremden Planeten mit ihren Tempeln und Thronsälen frappierend an Städte früher irdischer Kulturen erinnern, wodurch eine vereinfachte Lesbarkeit des Extraterrestrischen ermöglicht wird.

All diese Beispiele haben allerdings zunächst singulären Charakter. Städte im Weltall sind im Kino lange Zeit eine Rarität, die schlaglichtartig skizzierten Topoi tauchen nur vereinzelt auf und beginnen sich erst in den 1950er Jahren zu Mustern zu verfestigen.

Phase des Willens – Alien-Agency

Dass die Anzahl filmischer Kolonialisierungsvisionen in dieser Zeit explodiert, ist selbstverständlich vor dem Hintergrund des *space race* zu betrachten. Obwohl diese Metapher üblicherweise für den Wettstreit zwischen der Sowjetunion und den USA um die Vormachtstellung in der Weltraumerforschung verwendet wird, nehme ich im Folgenden, da die übergreifende historische Bewegung für die Filmproduktionen beider Großmächte gültig ist, keine nationale oder ideologische Dif-

[8] Zum Konzept des *Cinema of Attractions* und zur historischen Narrativierung des Films vgl. Gunning 1990.

ferenzierung vor.[9] Stattdessen sei schlichtweg betont, dass sich ab den 1950er Jahren ein intensiviertes menschliches Streben nach der Exploration des Weltalls abzeichnet, das fiktional bereits vor seinem realhistorischen Beginn durchgespielt wird: Sowohl in den USA als auch der Sowjetunion entstehen noch vor den ersten Schritten des Menschen ins All etliche Filme, die sich mit der Erkundung und Besiedlung des Kosmos auseinandersetzen. Auffällig sind die gemeinsamen Muster auf narrativer und visueller Ebene, die es nahelegen, von einer kohärenten Phase kinematographischer Kolonialisierungsvisionen zu sprechen. Diese kann als *Phase des Willens* bezeichnet werden. Was sind nun ihre wesentlichen Merkmale?

Zunächst projizieren Filme jener Phase ihre Wünsche nicht etwa in die Zukunft, sondern verorten sie in der Gegenwart, in der immer wieder die menschliche Sehnsucht geschildert wird, fremde Himmelskörper zu erforschen und für die Kolonisierung vorzubereiten. Beispielhaft dafür mag der Prolog von *Voyage to the Planet of Prehistoric Women* (P. Bogdanovich, USA 1968) stehen, in dem eine Erzählerstimme verkündet: „Already plans are made for the colonies. Sources of food and power must be found, artificial atmospheres created, everything to built an Earth away from the Earth ..." Doch der Wille allein reicht in zeitgenössischen Kolonialisierungsvisionen nicht aus. Dies manifestiert sich im typischen Verlauf der Narration, der sich in vier Teile gliedern lässt und exemplarisch an *Flight to Mars* (L. Selander, USA 1951) aufgezeigt werden kann.

Der *erste Teil* der filmischen Handlung spielt sich auf der Erde ab; in *Flight to Mars* im Pentagon und seinem näheren Umfeld, in dem die Pläne zum Aufbruch ins All diskutiert und technische Umsetzungsmöglichkeiten erläutert werden. Ein Reporter macht die *Reisevorbereitungen* einer größeren Öffentlichkeit zugänglich.

Der *zweite Teil* der Filme widmet sich der *Reise*, die als gefährlicher Akt der Grenzüberschreitung inszeniert wird. So droht in *Flight to Mars* durch technische Probleme die Steuerung des Raumschiffs auszufallen, später entkommt man nur knapp einem Meteoritenschwarm auf Kollisionskurs. Während die Narration den Kosmos als Gefahrenraum herausstellt, markieren ihn die Bilder des Films als Faszinosum. Immer wieder werden neugierige Blicke der Astronauten durch das Fenster des Raumschiffs gezeigt – etwa der berühmte Blick zurück auf die Erde –, die existentialistische Dialoge über die Unendlichkeit des Weltraums und die Nichtigkeit des menschlichen Daseins auslösen.

Wie wichtig Vorbereitungen und Reise sind, zeigt die Tatsache, dass in den Kolonialisierungsvisionen oft bereits die Hälfte der Erzählzeit vergangen ist, wenn der *dritte Teil* beginnt, der sich mit dem Aufenthalt auf dem fremden Himmelskörper beschäftigt. *Flight to Mars* macht im Gegensatz zu vielen Filmen,

---

9 Jenseits der gemeinsamen Entwicklung vom Willen zur Macht weisen amerikanische und sowjetische Weltallvisionen freilich eine Vielzahl von ideologischen Unterschieden auf. Beispielhaft deutlich gemacht werden diese z.B. in Grampp 2011.

die zunächst eine Erkundung des Planeten inszenieren, sofort klar, dass der Mars von einer hochentwickelten außerirdischen Rasse bewohnt wird – direkt nach der Landung erblicken die Astronauten fremdartige Gebäude. Bald begegnen sie auch ihren Bewohnern, welche die Menschen in das Innere eines unterirdischen City-Komplexes führen und sie mit den Errungenschaften der Alien-Kultur vertraut machen. Deren Mitglieder sind nicht nur linguistisch höchst begabt, haben sie sich doch die menschliche Sprache über Radioempfang angeeignet, sondern auch in der Lage, durch die Produktion von Sauerstoff und Licht eine Umwelt zu erzeugen, die höchste Lebensqualität ermöglicht. Der Mensch kann nicht umhin, seine Bewunderung dafür auszudrücken: „A garden of Eden" ist der Raum, den die Marsianer geschaffen haben, „magnificent" ihre fremdartige Stadt. Diese strahlt eine allumfassende Präsenz aus, da selbst in Innenräumen das Filmbild so kadriert wird, dass durch Fenster die Silhouette der außerirdischen Skyline permanent sichtbar bleibt. Die Fremdheit der Alien-City wird durch ihren Kontrast zu den anfangs ausgestellten terrestrischen Räumen betont. Einerseits präsentiert sich die außerirdische Architektur mit ihren minimalistischen geometrischen Formen als Gegenstück zu den Gebäuden auf der Erde, die nach dem Realismusprinzip gestaltet sind,andererseits wirkt der urbane Raum der Aliens im Gegensatz zu den belebten Orten auf der Erde merkwürdig leblos und leer (vgl. Abb. 1). Des Weiteren präsentiert sich die außerirdische Stadt als fremd, weil ihren Strukturen auf den ersten Blick keine Funktion zugeordnet werden kann. Die Spekulation der Astronauten, die Türme auf der Marsoberfläche könnten religiösen Zwecken dienen, führt jedenfalls ins Leere. Die zentrale Funktion in der säkularisierten Stadt ist die Wissenschaft, die sich nicht nur in zentralen Handlungsorten wie einem Laboratorium und einer technischen Werkstatt kristallisiert, sondern überhaupt die Grundlage der außerirdischen Existenz bildet. Nur wissenschaftlicher Fortschritt sichert das Überleben der Aliens, er wiederum kann nur in der Stadt hervorgebracht werden.

Dergestalt reflektiert sich die überlegene Entwicklungsstufe der Aliens vor allem in ihren urbanen Räumen. Die Stadt ist außerirdisches Machtgebiet, selbst die Bewegung durch diesen Raum erfolgt nur unter Geleit seiner Bewohner oder unter Zuhilfenahme außerirdischer Verkehrssysteme. Wenn koloniale Visionen die Begegnung des *self* mit einem *other* üblicherweise aus der Perspektive eines dominanten Ichs verhandeln,[10] zeigt der filmische Diskurs in der Phase des Willens also eine bemerkenswerte Umkehrung dieser Prämisse: Das menschliche *self* wird mit seiner Ohnmacht konfrontiert, alle Besiedlungspläne laufen ins Leere, weil der dafür vorgesehene Raum bereits von einer anderen, überlegenen Spezies bewohnt wird.

---

[10] Vgl. Reid 2009, v.a. S. 257.

Abb. 1: Fremdartige Alien-City in Flight to Mars

Und so verbleibt als *vierter Teil* der Narration nur die *Rückkehr zur Erde* – typischerweise als Flucht vor den übermächtigen Außerirdischen, die in *Flight to Mars* den Kolonialisierungsgedanken längst in sein Gegenteil verkehrt haben: *Sie* wollen mit dem menschlichen Raumschiff ihren Planeten verlassen und die Erde erobern. So weit lässt es der Film allerdings nicht kommen; er endet mit der erfolgreichen Flucht der Crew und einem letzten Bild auf ihr Ziel: die Erde.

Zusammenfassend lässt sich festhalten, dass die filmischen Kolonialisierungsvisionen in der Phase des Willens eine konstante narrative Struktur ausbilden, die sich unter anderem aus den Topoi der Vorgeschichte – etwa der Weltraumreise – speist. Darüber hinaus korreliert die narrative Gliederung mit einer typischen topologischen Struktur der Filme, die sich mit der Raumtheorie Jurij Lotmans aufschlüsseln lässt:[11] Die Erde bildet einen semantisierten topographischen Raum, mit dem das Bekannte, aber Unterlegene verknüpft wird. Planet X ist der fremde, überlegene Gegenraum. Der Kosmos erscheint weniger als Grenze denn als Schwellenraum, der in einem Akt größter Anstrengung überschritten werden muss, um zum Ziel zu gelangen. Zwar gelingt dies dem Menschen, doch die Öffnung des Raums durch die Reisebewegung korrespondiert nicht mit einer Ausweitung der eigenen Machtgrenzen, sondern wird im Gegenteil in eine Rückkehrbewegung überführt, welche die kreisförmige Makrosignatur der Filme offenbart. Obwohl der Siedlungswille geäußert wurde, bleiben die extraterrestrischen Siedlungsräume vollständig unter Kontrolle der Außerirdischen.

[11] Vgl. Lotman 1993.

Phase der Macht – Menschen-Metropolen

Das soll sich in der folgenden *Phase der Macht* radikal verändern. Der Startschuss für diese Phase fällt nicht zufällig Ende der 1960er Jahre – die Mondlandung erweist sich als entscheidendes Momentum für den Paradigmenwechsel des kinematographischen Denkens. Wenn Armstrongs „giant leap for mankind" den Sprung vom Unvorstellbaren in eine reale Möglichkeit bedeutet, dann benutzt der Film fortan genau diese Möglichkeit als Ausgangspunkt, übersteigert sie und entwickelt das große und bis heute gültige Narrativ, dass die Expansion ins All nicht nur machbar ist, sondern auch erfolgreich sein wird. Der bloße Wille zur Kolonialisierung wird so in Fantasien menschlicher Omnipotenz übersetzt, in denen überlegene Aliens keine Rolle mehr spielen und sich die neue Macht des Menschen in *seinen* Städten manifestiert.

Die Verbindung zwischen Mondlandung, dem Ende des *space race* und einer neuen Ära von Siedlungsvisionen zeigt sich prägnant im Zeichentrick-Intro von *Moon Zero Two* (R. W. Baker, GB 1969). Zum Appell des Titelsongs „Go find the world you're seeking, where stars are new in the making" landen ein amerikanischer Astronaut und ein sowjetischer Kosmonaut auf den gegenüberliegenden Seiten des Mondes und hissen dort ihre Flaggen. Nachdem sie von der Existenz des jeweils anderen erfahren, deutet der Film das *space race* in einen Cartoon-Wettlauf um das Herausreißen und Wiederaufrichten von Flaggen um, die schließlich sogar zu Schlaginstrumenten in einem Handgemenge der Zeichentrickfiguren werden. Hier erreicht die Ironisierung ihren Höhepunkt: Während Astronaut und Kosmonaut aufeinander einprügeln, schwenkt die Kamera zur Seite und fokussiert eine Armada von Raumschiffen, die auf den Mond zusteuern. Der Schwenk zurück auf die rangelnden Figuren zeigt zunächst, dass inzwischen Flaggen aller möglichen Nationen den Mond zieren. Amerikaner und Sowjet müssen feststellen, dass sie nicht nur die Vormachtstellung auf dem Mond verloren, sondern sogar dessen Kolonialisierung verpasst haben, die von einem vereinten Europa vollzogen wurde – als die Kamera weiterschwenkt, enthüllt sie eine riesige, bonbonbunte Mondstadt unter dem Banner der UN (vgl. Abb. 2). Nur gegen Bezahlung dürfen die Vertreter der ehemaligen Supermächte eintreten, um sich im Folgenden vor einem Mob in Mülltonnen zu verstecken, von einem britischen Müllauto außerhalb der Stadt entsorgt zu werden und schließlich – in brüderlicher Eintracht – den Mond fluchtartig zu verlassen.

Während *Moon Zero Two* noch explizit auf die Mondlandung rekurriert, müssen folgende Kolonialisierungsvisionen vor einer anderen Folie gelesen werden. In den 1970er Jahren rückt der ökologische Krisendiskurs durch Ereignisse wie die Publikation des *Club of Rome*-Berichts *The Limits to Growth* in den Mittelpunkt des gesellschaftlichen Interesses und gewinnt bis heute zunehmend an

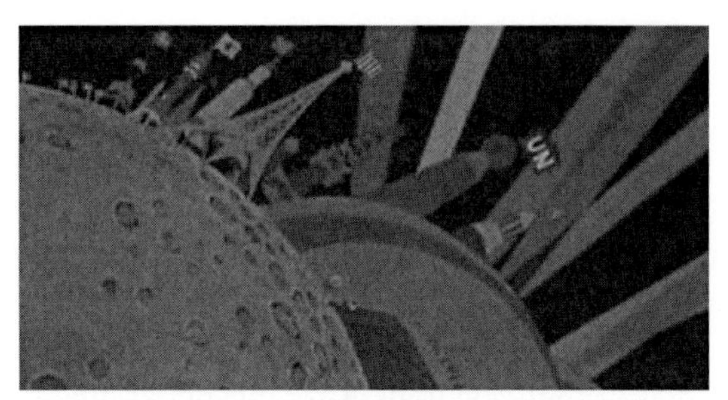

Abb. 2: Europäische Mondstadt in Moon Zero Two

Bedeutung. Seine zentralen Topoi wie die Begrenztheit von Ressourcen oder anthropogen verursachte Schäden im ökologischen System bilden eine neue Schablone für filmische Expansionsfantasien. Die Besiedlung des Alls ist nun keine Möglichkeit mehr, sondern eine Notwendigkeit, die sich aus der Erschöpfung der irdischen Rohstoffe ergibt – ein Thema, das auch diegetisch immer wieder angesprochen wird. In dem Moment aber, in dem die kosmische Expansion zum Muss wird, darf das Kino sie nicht mehr scheitern lassen, will es nicht das Ende der gesamten Menschheit heraufbeschwören. Und so lässt es fortan menschliche Metropolen als Symbol geglückter Kolonialisierung überall im Weltall erblühen.

Dabei etablieren sich schnell zwei Modelle im Umgang mit der beschleunigten Urbanisierung. Auf der einen Seite findet der Film vermehrt Gefallen daran, nur das *Resultat* dieses Prozesses zu zeigen, mithin zeitlos wirkende menschliche Megacities auf Zelluloid zu bannen. Wie sehr diese Zurschaustellung in den letzten Jahrzehnten zugenommen hat, belegt ein Blick auf George Lucas' *Star Wars*-Saga. In der ‚alten' Trilogie von 1977–1983 existieren bereits vom Menschen bevölkerte Städte, etwa die unter Befehl von Lando Calrissian stehende *Cloud City* in *Star Wars: Episode V – The Empire Strikes Back* (I. Kershner, USA 1980). Im Vergleich zu den zahlreichen nicht-urbanen Handlungsräumen wie Naturplaneten mit ihren Sümpfen und (Eis-)Wüsten erscheinen diese dramaturgisch aber nicht besonders dominant. Ganz anders in der ‚neuen' Trilogie zwischen 1999 und 2005: Hier taucht mit Coruscant ein neuer Schauplatz auf, der die Vision menschgemachter Städte im Weltall auf die Spitze treibt, wird doch die gesamte Oberfläche dieses Planeten von einer einzigen Megacity überzogen. Bereits bei der ersten Visite von Coruscant durch Padmé Amidala und den jungen Anakin Skywalker in *Star Wars: Episode I – The Phantom Menace* (G. Lucas, USA 1999) macht der Film das immense Ausmaß der Stadt deutlich. Ein Blick aus dem All auf den Planeten enthüllt, dass hier keine Kontinente oder Gewässer mehr existieren, sondern nur noch urbane Strukturen; während des Landeanflugs zeigen extreme Totalen vertikale Bauten, die so riesig sind, dass sie die Grenzen des Bildraums sprengen.[12] Doch die *Star Wars*-Saga inszeniert nicht nur die gigantische Größe der Menschenstadt, sondern auch ihre herausragende Bedeutung. Indem der Regierungssitz der Galaktischen Republik ebenso hier verortet wird wie der Rat der Jedi, indem hier ab *Episode II* immer mehr handlungsrelevante Ereignisse in immer längeren Sequenzen stattfinden, suggerieren die Filme: Coruscant ist das Zentrum des Universums.[13]

Auf der anderen Seite richtet sich der Blick des Kinos auf die *Prozesshaftigkeit* der Urbanisierung. Solchen Reflexionen, die sich unter anderem mit der Frage auseinandersetzen, *wie* es überhaupt zu den menschlichen Megacities kommen konnte, widmet sich ein ganzes (Sub-) Genre: der Space-Western. Die darin stattfindende Analogisierung von nordamerikanischer *frontier* und kosmischer Siedlungsgrenze bildet die Grundlage für die Transposition klassischer Western-Topoi in ein futuristisches Science-Fiction-Setting. Dies beginnt, mit Rick Altmans *semantic/syntactic genre approach* gelesen,[14] auf syntaktischer Ebene, wenn nun auch auf fremden Planeten die Überwindung der Natur durch die Gründung von Pionierstädten thematisiert wird. Und es setzt sich bis in die semantische Oberfläche der Bildgestaltung fort, wenn Astronauten auf einmal in Space-Saloons einkehren und sich mit gezückten Revolvern gegenüberstehen – selbstverständlich in der westerntypischen amerikanischen Einstellungsgröße gefilmt, die die Duellanten von Kopf bis Hüfte zeigt und so die Colts besonders betont. Bereits *Moon Zero Two* wurde vor seiner Premiere als „first moon western" beworben. Ich möchte mit *Serenity* (J. Whedon, USA 2005) aber ein moderneres Beispiel wählen, um daran nicht nur die Prinzipien des Space Western aufzuzeigen, sondern vor allem die wesentlichen Merkmale filmischer Kolonialvisionen in der Phase der Macht herauszuarbeiten.

Typischerweise werden menschliche Städte nun in einer – nicht allzu fernen – Zukunft verortet, wo sie zu einem alltäglichen Phänomen geworden sind, wovon auch ihre Anzahl kündet. Denn so wie sich die Handlung in *Serenity* unter anderem in dem Handelszentrum Beaumonde, der Pioniersiedlung Haven und der Kolonie auf Miranda abspielt, existiert in zeitgenössischen Visionen oft eine Vielzahl von urbanen Räumen auf verschiedenen Himmelskörpern. Nur die Erde spielt keine Rolle mehr – die menschliche Existenz, das macht das Kino klar, hat sich

---

12 Zur Differenzierung spatialer kinematographischer Ebenen in Architekturraum, Bildraum und Filmraum vgl. Rohmer 1980, v.a. S. 10.

13 Nur am Rande sei erwähnt, dass sich bei den *Star Wars*-Filmen die zunehmende Urbanisierung des Alls nicht nur auf der diegetischen, sondern auch auf der produktionstechnischen Ebene reflektiert. Bekanntlich erfahren die Originalversionen von *Episode IV–VI* in den Special Editions von 1997 diverse Änderungen, wobei Szenenerweiterungen signifikant häufig urbane Räume zum Inhalt haben, etwa in der Endsequenz von *Star Wars: Episode VI – Return of the Jedi* (R. Marquand, USA 1983).

14 Vgl. Altman 2003.

vollkommen in den Kosmos verlagert. Im Zuge seiner planetaren Migration hat der Mensch freilich auch die Machträume neu abgesteckt. Die einst überlegenen Aliens leben im günstigsten Fall noch auf randständigen eigenen Planeten, wobei das dortige Fehlen urbaner Strukturen eine niedrige kulturelle Entwicklungsstufe suggeriert. Alternativ wurden sie nach gängigen kolonialen Mustern entweder assimiliert und in die menschlichen Städte integriert oder gänzlich von der Oberfläche der Planeten getilgt. Oder aber sie existieren schlichtweg überhaupt nicht; auch in *Serenity* erweisen sich die außerirdisch anmutenden Reaver letztlich als mutierte Menschen. Das Kino etabliert so eine radikal anthropozentrische Perspektive, in welcher der Mensch zum Herrscher des gesamten Universums überhöht wird.

Sein Machtgewinn reflektiert sich nicht zuletzt in einer gesteigerten Mobilität. Im Gegensatz zu früheren Visionen sind die Protagonisten nun häufig in der Lage, den kosmischen Raum nach Belieben und ohne Mühe zu durchqueren. In *Serenity* befindet sich die Crew unter dem Kommando von Captain Mal Reynolds permanent in Bewegung, ihre Route führt sie von einer Stadt in die nächste.[15] Dabei wird auch die reflexive Dimension des Films sichtbar, denn die frequentierten Städte repräsentieren verschiedene Stufen im kosmischen Urbanisierungsprozess. Den einen Extrempol bildet Haven, das als Pionierstadt in bester Western-Manier inszeniert wird: Nach der Ankunft zeigt eine Einstellung zu den Klängen von Gitarren die Crew zunächst noch in einem savannenartigen Naturraum, bevor nach einem Schnitt einige Häuser aus Stein und Holz und sogar der obligatorische Wasserturm sichtbar werden (vgl. Abb. 3). Die Protagonisten tragen Colts an ihren Gürteln, in der Nacht versammelt man sich vor dem Lagerfeuer. In selbstreferenziellem Gestus greift das Kino hier auf bekannte narrative, ikonographische und auditive Versatzstücke einer generischen Form zurück, die es selbst ins Leben gerufen hat, um den Zuschauern den kosmischen Besiedlungsprozess verständlich und vertraut zu machen.

Den anderen Extrempol stellt das Handelszentrum Beaumonde dar, ein hochindustrialisierter Moloch, der die Totalität der Urbanisierung demonstriert. Bereits während der Landung der *Serenity* wird klar, dass der Mensch die Natur hier komplett verdrängt hat. Der gesamte Bildraum wird von der Stadt eingenommen und eine panoramaartige Kamerabewegung zeigt, dass die urbanen Strukturen sich nicht nur vor, sondern auch hinter dem Betrachter erstrecken. Doch auch dieser extraterrestrischen Stadt wird jegliche Fremdheit genommen. Einerseits verweisen die dicht gedrängten Wolkenkratzer auf die Megacity des 21. Jahrhunderts,

---

[15] Dabei bildet der Anflug auf Miranda, in dem die *Serenity* sich durch ein Gebiet voller Reaver manövrieren muss, eine Ausnahme von der Regel der mühelosen kosmischen Reise. Zugleich macht diese Sequenz aber auch klar, dass inzwischen nicht mehr das All die Gefahr darstellt, sondern die Präsenz anderer Menschen im All.

Abb. 3: Western im All: Die Pionierstadt Haven in Serenity

andererseits greift der Film wiederum auf Ikonographien zurück, die er selbst in das kulturelle Bildgedächtnis eingespeist hat. Als die Crew die Megacity betritt, wird deutlich, dass Beaumonde eine einzige Reminiszenz an *Blade Runner* (R. Scott, USA 1982) darstellt. Wie in Ridley Scotts Zukunftsvision des irdischen Los Angeles dominieren Hochhäuser, die von Reklamen in grellen Farben beleuchtet werden, den Bildraum, Flugautos schwirren umher und in den Straßen drängen sich Menschen aller Kulturen (vgl. Abb. 4). Und wie in *Blade Runner* präsentiert sich diesc Überfülle von Informationen auf der Tonspur als Wirrwarr von Musik, Geräuschen und Stimmen.

Abb. 4: Blade Runner revisited*: Die Handelsstadt Beaumonde in* Serenity

Während also das Kino in der Phase des Willens die Fremdheit der Alien-Städte betonte, hebt es nun durch generische Zitate, kulturelle Bezugnahmen oder intertextuelle Referenzen die Bekanntheit der menschlichen Metropolen hervor. Das erklärt auch, warum die Erde in den Visionen ausgeblendet wird: Sie wird nicht mehr benötigt, der kolonialisierte Planet ist die Erde 2.0. Die topologische Struktur aus der Phase des Willens löst sich damit komplett auf. Die Eroberung des Alls tritt als Grenzverschiebung in Erscheinung; fremde Planeten wurden annektiert und in einen gemeinsamen semantischen Raum überführt, der mit der Konnotation ‚irdisch' belegt wird. Im Zuge dieser spatialen Neukonfiguration verliert auch das Weltall seinen Status als gefährliche Schwelle, die der Mensch mühevoll überwinden muss, und wird zu einer Art Sammelbecken für verschiedene Planeten und Städte, in und zwischen denen man sich munter hin- und herbewegen kann. Diese Mobilität als neue Makrosignatur der Filme ist dabei so selbstverständlich, dass die Reise zwischen zwei Planeten, einst zentraler Topos, oft elliptisch inszeniert wird. Die Ankunft schließt sich nahtlos an den Aufbruch an, der kosmische Flug ist inzwischen nicht mehr als eine filmische Autofahrt auf der Erde.

Fazit – Neues Nachdenken und das Versprechen des Kinos

„I don't know the date. But I know that humans will colonize the solar system and one day go beyond", prophezeite Michael Griffin 2005. Zu diesem Zeitpunkt hatte das Kino seine Visionen längst überholt. Nachdem es in den 1950er Jahren den Willen des Menschen zur Inbesitznahme fremder Planeten betonte, ihn aber in Begegnungen mit überlegenen Alien-Kulturen an seine Grenzen stoßen ließ, etablierte es ab den 1970er Jahren neue kosmopolitische Machtverhältnisse. Der Mensch besiedelt fortan immer weitere Teile des Alls, die mächtigen Marsianer von gestern sind höchstens noch Untermieter in seinen blühenden Megacities. Dabei werden diese kolonialen Fantasien diegetisch in eine nicht allzu ferne Zukunft gerückt, um sie noch greifbarer zu machen. Bereits in wenigen Jahrhunderten, so sagt uns das Kino, werden wir die Herrscher des Universums sein.

Gleichzeitig stellt der Film in den letzten Jahrzehnten nicht nur die Erfolge der Kolonialisierung aus, sondern beschäftigt sich auch mit dem Urbanisierungsprozess selbst. Exemplarisch dafür mag der Space-Western stehen, der die verschiedenen Entwicklungsstadien, die menschliche Städte durchlaufen, zum Thema macht. Allerdings etablieren sich im filmischen Kolonialisierungsdiskurs gerade in letzter Zeit auch andere Topoi, die zumindest kurz erwähnt werden sollen. So geht das Kino vor allem seit den 1990er Jahren gleichsam einen Schritt zurück und beginnt die *Voraussetzungen* für außerirdische Stadtgründungen zu reflektieren. Filme wie *Total Recall* (P. Verhoeven, USA 1990) gehen nicht mehr von einer Kongruenz terrestrischer und extraterrestrischer Umwelten aus, sondern inszenieren den fremden Planeten als lebensfeindlichen Raum, der zuallererst bewohnbar gemacht werden muss. Das Terraforming – die Umgestaltung des außerirdischen Ökosystems – wird in diesen Visionen zur ultimativen Machtfantasie des Menschen und seiner Technologie. Dieser Prozess zeigt allerdings, dass die menschliche Besiedlung mit der Verdrängung oder Vernichtung außerirdischer Lebensformen verbunden ist, weshalb das Kino seit Neuestem auch über die *ethischen Dimensionen* der kosmischen Urbanisierung nachdenkt. Dies geschieht etwa in Filmen wie *Battle for Terra* (A. Tsirbas, USA 2007), der aus der Perspektive naturverbundener, friedliebender Außerirdischer von der Invasion des Planeten Terra durch Menschen auf der Suche nach neuem Lebensraum erzählt. Da Terra für die Menschen nur bewohnbar wird, wenn sie der Atmosphäre mittels einer Apparatur Sauerstoff zufügen und damit bewusst alle Aliens vergiften, kommt es zu moralischen Konflikten innerhalb der Kolonialistengruppe, die schließlich dazu führen, dass der Protagonist Jim Stanton den Terraforming-Versuch sabotiert und die Außerirdischen rettet. Doch auch für die Menschen gibt es ein Happy End: Sie finden ihre neue Heimat in einer Stadt, die sie mit Hilfe der Aliens unter einer riesigen Kuppel errichten dürfen.

Das Kino bleibt also bei seinem Versprechen kosmischer Expansion – weil es ein kulturell wichtiges Versprechen ist. Versteht man die Zukunftsentwürfe der Science Fiction als Mittel zur Selbstbeschreibung einer Gesellschaft[16] und als Ort für die Reflexion zeitgenössischer Unsicherheiten und Fantasien, dann ist es kein Zufall, dass die kosmischen Machtvisionen zu einem Zeitpunkt auftreten, da der gesellschaftliche Krisendiskurs immer apokalyptischere Züge annimmt. Der Film bietet eine Gegenperspektive, die man als hoffnungsstiftend oder als größenwahnsinnig empfinden kann: Wenn unsere Ressourcen schwinden und die atomare Gefahr wächst, wenn wir unsere Ohnmacht verspüren, dann versichert uns der anthropozentrische Blick des Kinos, dass wir die Situation nicht nur meistern können, sondern auch meistern werden. Fortschritt ist die Ideologie, doch nicht auf unserem Planeten, denn die Zukunft der Erde ist trostlos – auch davon erzählt uns der Film in seinen dystopischen Visionen zukünftiger irdischer Megacities wie in *Blade Runner* oder *Ultraviolet* (K. Wimmer, USA 2006). Unsere Zukunft, das betont das Kino, liegt im All – und wenn die Metropolen der Erde immer weiter wuchern, unternehmen wir eben einen Re-Start auf einem der unendlich vielen Planeten, die uns zur Verfügung stehen und besiedeln irgendwann auch das gesamte Sonnensystem. „I don't know the date", meinte Michael Griffin; „it will be very soon", weiß das Kino.

---

[16] Vgl. z.B. Kimpel/Hallenberger 1984, S. 22.

Bibliographie

Filmographie

Aelita. SU 1924, Yakov Protazanov (DVD: Ruscico/Mezhrabpomfilm).
Alien[3]. USA 1992, David Fincher (DVD: Twentieth Century Fox).
Battle for Terra. USA 2007, Aristomenis Tsirbas (DVD: Sony Pictures Home Entertainment).
Blade Runner. USA 1982, Ridley Scott (DVD: Warner Home Video).
A Trip to the Moon. F 1902, Georges Méliès (DVD: Park Circus).
Flash Gordon. USA 1936, Frederick Stephani (DVD: Elstree Hill).
Flight to Mars. USA 1951, Lesley Selander (DVD: Image Entertainment).
Himmelskibet. DK 1918, Holger-Madsen (DVD: Danske Filminstitut).
Moon Zero Two. GB 1969, Roy Ward Baker (DVD: Warner Archive).
Serenity. USA 2005, Joss Whedon (DVD: Universal Pictures).
Solaris. SU 1972, Andrej Tarkowskij (DVD: Icestorm Entertainment).
Solaris. USA 2002, Steven Soderbergh (DVD: Twentieth Century Fox).
Star Wars: Episode I – The Phantom Menace. USA 1999, George Lucas (DVD: Twentieth Century Fox).
Star Wars: Episode V – The Empire Strikes Back. USA 1980, Irvin Kershner (DVD: Twentieth Century Fox).
Star Wars: Episode VI – Return of the Jedi. USA 1983, Richard Marquand (DVD: Twentieth Century Fox).
Total Recall. USA 1990, Paul Verhoeven (DVD: Studiocanal).
Ultraviolet. USA 2006, Kurt Wimmer (DVD: Sony Pictures Home Entertainment).
Voyage to the Planet of Prehistoric Women. USA 1968, Peter Bogdanovich (DVD: AIP-TV).

Sekundärliteratur

Altman, Rick: A Semantic/Syntactic Approach to Film Genre. In: Barry Keith Grant (Hg.): Film Genre Reader III. 3. Aufl. Austin: Texas Press 2003, S. 27–41.
Grampp, Sven: Picture Space Race. Berlin: Avinus 2011.
Gunning, Tom: The Cinema of Attractions: Early Film, its Spectator and the Avant-Garde. In: Thomas Elsaesser (Hg.): Early Cinema. Space – Frame – Narrative. London: British Film Institute 1990, S. 56–63.
Kimpel, Harald und Gerd Hallenberger (Hg.): Zukunftsräume. Bildwelten und Weltbilder der Science Fiction. Ebersberg: Edition 8 1/2 1984.
Lotman, Jurij: Die Struktur literarischer Texte. 4. Aufl. München: UTB 1993.
Mumford, Lewis: Die Stadt. Geschichte und Ausblick. Köln: DTV 1963.
Reid, Michelle: Postcolonialism. In: Mark Bould, Andrew M. Butler, Adam Roberts und Sherryl Vint (Hg.): The Routledge Companion to Science Fiction. London/New York: Routledge 2009, S. 256–266.
Rohmer, Eric: Murnaus Faustfilm. Analyse und szenisches Protokoll. München, Wien: Hanser 1980.
Schlögel, Karl: Im Raume lesen wir die Zeit. Über Zivilisationsgeschichte und Geopolitik. München/Wien: Hanser 2003.

Space Foundation: Survey of Space Heroes, 2010. http://www.spacefoundation.org/media/press-releases/space -foundation-survey-reveals-broad-range-space-heroes -early-astronauts-still (abgerufen 25.02.13).

The Washington Post: NASA's Griffin: Humans Will Colonize the Solar System. In: The Washington Post 25.09.2005, o.S. http://www.washingtonpost.com/wp-dyn/content/article/2005/09/23/AR2005092301691.html (abgerufen 25.02.2013).

Zinsmeister, Annett: Welt[Stadt]Raum. Mediale Inszenierungen – Einleitung. In: Dies. (Hg.): Welt[Stadt]Raum. Mediale Inszenierungen. Bielefeld: Transcript 2008, S. 7–24.

Abbildungsverzeichnis

Abb. 1: *Flight to Mars* (DVD: Image Entertainment, 2002), TC: 0.35.46.

Abb. 2: *Moon Zero Two* (DVD: Warner Archive, 2011), TC: 0.06.50.

Abb. 3: *Serenity* (DVD: Universal Pictures, 2006), TC: 0.42.46.

Abb. 4: *Serenity* (DVD: Universal Pictures, 2006), TC: 0.28.24.

Retrozukunft oder: Vorwärts in die Vergangenheit

Zu einer Tendenz in der zeitgenössischen dystopischen Literatur in Russland

Daniel Henseler

„Die Wahrheit ist, [...] dass wir ein Dritte-Welt-Land sind: ein Obervolta mit atomaren Flugkörpern“[1]. – So charakterisiert der russische Schriftsteller und Politiker Ėduard Limonov einmal das gegenwärtige Russland. Emmanuel Carrère, der diese Bemerkung in seiner „Romanbiografie“ *Limonow* zitiert, neigt allerdings zur Ansicht, Limonov habe dieses Zitat wohl irgendwo aufgeschnappt. Wie dem auch sei: Limonovs Diagnose, Russland sei gleichermaßen ein Entwicklungsland wie auch eine hochtechnisierte Zivilisation, findet durchaus eine vielfache Bestätigung in der zeitgenössischen russischen Literatur.

Es ist wohl kein Zufall, dass in Epochen des Umbruchs und der Transition vermehrt dystopische Texte geschrieben werden und den Weg zur Leserin und zum Leser finden: In solchen Zeiten wächst das Interesse für eine Analyse – oder auch nur eine Nabelschau – der eigenen Gesellschaft. Dabei werden oft auch alternative Gesellschaftsentwürfe in den Blick genommen. Auf diese Weise kann eine Literatur entstehen oder wieder an Bedeutung gewinnen, die spürbare utopische oder eben dystopische Züge aufweist. Dass darin unter Umständen auch das Fantastische eine wichtige Rolle spielen kann, ist wohl leicht nachzuvollziehen.

Mit dem Zerfall der Sowjetunion und dem Ende des Kommunismus ist Russland in wirtschaftlicher, politischer, kultureller, gesellschaftlicher und ideologischer Hinsicht in eine Übergangsphase eingetreten, von der man annehmen muss, dass sie zum gegenwärtigen Zeitpunkt noch immer andauert. Diese Sachlage schlägt sich auch in der russischen Literatur nieder: Seit über zwanzig Jahren befasst sich ein beachtlicher Teil der literarischen Produktion mit der Reflexion der aktuellen russländischen[2] Gesellschaft, mit dem Zustand von Staat, Wirtschaft

---

[1] Carrère 2012, S. 237.

[2] Ich verwende hier „russländisch“ in Bezug auf das Land sowie die Staatsbürger im Gesamten (dagegen bezieht sich „russisch“ nur auf die russische Ethnie bzw. die Sprache).

und Kultur. Viele Autorinnen und Autoren wählen für eine solche Bestandesaufnahme die Form einer literarischen Dystopie (seltener freilich einer Utopie), um dadurch entweder eine Diagnose der Gegenwart zu stellen oder vor einer befürchteten künftigen negativen Entwicklung zu warnen.

Es sollte an dieser Stelle zumindest erwähnt werden, dass sich diese dystopische Literatur selbstverständlich aus verschiedenen Quellen speist und als solche kein völlig neues Phänomen darstellt. Auch in sowjetischer Zeit wurden literarische Utopien und Dystopien geschrieben, wenn auch mit besonderen Charakterzügen[3]; und natürlich greifen die zeitgenössischen Autoren in Russland auch auf die allgemein bekannten internationalen Vorbilder zurück.[4]

Ich möchte im Folgenden einige russische literarische Dystopien (oder doch literarische Texte mit eindeutigen dystopischen Zügen) zum Gegenstand meiner Überlegungen machen. Ich konzentriere mich dabei auf diejenigen Werke, die sich vorwiegend dadurch auszeichnen, dass in ihnen die Zeitebenen (Vergangenheit, Gegenwart und Zukunft) vermischt werden, und zwar derart, dass in der entworfenen Gesellschaft sowohl archaische wie auch hypermoderne Elemente zusammengebracht werden. Ich stütze meine Betrachtungen auf vier Titel: Es sind dies drei Werke von Vladimir Sorokin, *Der Tag des Opritschniks* (2008; im Original 2006), *Der Zuckerkreml* (2010; 2008) sowie *Der Schneesturm* (2012; 2010); dazu kommt der Roman *Kys* (2003; 2001) von Tat'jana Tolstaja. In meinem Beitrag möchte ich aufzeigen, wie gerade die erwähnte Vermischung der Zeitebenen, das Ineinandergreifen von Zukunft, Gegenwart und Vergangenheit als ein Kommentar auf bestimmte Gegebenheiten des heutigen Russlands verstanden werden kann. In diesem Zusammenhang wird auch die Frage nach dem Status des Fantastischen in den ausgewählten Texten neu zu stellen sein.

Russische Dystopien

Bevor ich zum Kern des Themas komme, möchte ich kurz auf einige allgemeine Eigenschaften der zeitgenössischen dystopischen Literatur in Russland eingehen. Ohne hier eine erschöpfende Charakteristik anstreben zu wollen, möchte ich doch zumindest einige Themen und Elemente benennen, die in dieser literarischen Strömung wiederholt in Erscheinung treten. Dazu zählen Aspekte wie etwa die Beziehungen zwischen Individuum und Staat, der Autoritarismus in Staat und Gesellschaft, die Gewalt im Umgang der Menschen untereinander, die Bedeutung von Kultur und Erinnerung für Gesellschaft und Politik, die Rolle von Technik und Wissenschaft, aber auch Identitätsdiskurse wie beispielsweise die „ewige" russi-

[3] Für eine Einführung ins Thema und einen Überblick siehe Heller, Niqueux 2003.

[4] Dazu mehr bei Zeißler 2008, bes. S. 187–196.

sche Frage nach dem Verhältnis zwischen Russland und dem Westen einerseits und zwischen Russland und Asien, darunter besonders China, andererseits.

Meine erste These lautet: In der russischen dystopischen Literatur seit dem Zerfall der Sowjetunion lässt sich eine Tendenz ausmachen, die verschiedenen Zeitebenen zu vermischen: Die in den entsprechenden Texten entworfene Welt weist in der Regel sowohl Merkmale der (oft als archaisch, mittelalterlich, sowohl technisch wie gesellschaftlich zurückgeblieben geschilderten) Vergangenheit wie auch der (bisweilen als hoch technisiert dargestellten) Gegenwart oder Zukunft auf. – Ich möchte meine These exemplarisch am Beispiel von *Der Schneesturm* von Vladimir Sorokin ausführen. Die Handlung dieser längeren Erzählung[5] ist in einem Russland der relativ nahen Zukunft angesiedelt, das aber viele Merkmale der Gegenwart und noch deutlichere Züge der Vergangenheit, besonders des 19. Jahrhunderts, trägt. *Der Schneesturm* berichtet von einer Schlittenfahrt des Arztes Platon Garin und seines Kutschers Kosma. Der Arzt ist in ein Dorf gerufen worden, wo er die Menschen gegen einen gefährlichen Virus – die „bolivianische Pest" – impfen soll, der jeden Infizierten zum Zombie macht.[6] Die Fahrt wird allerdings durch einen Schneesturm stark behindert und immer wieder unterbrochen. Unterdessen begegnen den beiden Reisenden mehrfach merkwürdige – für uns Leser merkwürdige! – Erscheinungen. Dass die Handlungsgegenwart in dieser Erzählung in der Zukunft liegt, erschließt sich vor allem aus einem Hinweis im Text: Es wird nämlich erwähnt, seit dem Tod Christi seien zwei Jahrtausende vergangen (118) – wir befinden wir uns mithin etwa im Jahr 2030, vielleicht auch etwas früher oder später. Außerdem ist im Text von einer Epoche der „Roten Wirren" die Rede, die zur Zeit der Erzählgegenwart bereits vorbei ist (168) – damit ist die kommunistische Zeit gemeint. Einige Realia im Text verweisen denn auch tatsächlich auf eine künftige Epoche: So gibt es so genannte „lebend gebärende" Materialien, etwa Filz (98), Leinen (204) und Perlen (77), die von alleine wachsen können. Man kennt „lebendige Weihnachtspostkarten" (168) – offenbar eine Art Hologramm; und wenn im Kino auf dem Marktplatz ein Film vorgeführt wird, so kann man die dabei gezeigten Delphine berühren (76). Auch besonders wirksame Wunderdrogen gibt es, die keinen heute bekannten Wirkstoffen zu ähneln scheinen – Garin konsumiert eine solche „transparente Pyramide" (111) und gerät auf einen regelrechten Höllentrip (111–120). Als er aus dem Rausch erwacht, ist er heilfroh, dass das im Wahn Erlebte nicht wahr ist. Zu allen diesen „technolo-

---

5 Sorokin bezeichnet sein Buch als „povest'". Der Begriff povest' steht in der russischen Tradition für eine Gattung, die zwischen Erzählung und Roman angesiedelt ist – eine „längere Erzählung" oder „ein kurzer Roman".

6 Die Krankheit wird im russischen Original auch als „Černucha" (in der Übersetzung: „Die schwarze Pest", S. 53) bezeichnet. „Černucha" steht im Russischen auch für so etwas wie „Schwarzmalerei" in Literatur und Film.

gischen“ Zukunftsvisionen ist allerdings zu sagen, dass sie einer heutigen Leserschaft als nicht allzu unwahrscheinlich, oder anders gesagt, als unter Umständen durchaus denkbar und realisierbar vorkommen. Die in Sorokins *Der Schneesturm* evozierte Welt kennt aber auch viele Realia und Eigenschaften unserer Zeit, etwa Eisenbahnen (138) und Automobile (64) (doch werden beide Verkehrsmittel offenbar nur wenig benutzt – die Gründe hierfür bleiben übrigens im Dunkeln), Gasfeuerzeuge (49), das Telefon (8; das allerdings im Winter nicht funktioniert; 80), das Radio (26; das man allerdings nicht hört, sondern „guckt“, 64) und Ähnliches. Besonders viele Elemente weisen jedoch in das 19. Jahrhundert, in die Zeit vor der Elektrifizierung, zurück: Man verwendet Petroleumlampen (46; obwohl es doch offenbar Strom gibt); man reist in von Pferden gezogenen „Mobilen“ (8; russisch: samokat), obwohl es doch auch Benzin gibt); der Herrscher des Landes trägt den historischen Titel „Gosudar“ (46); die Kleidung des Arztes und der anderen Figuren im Text erinnert ebenfalls stark an das 19. Jahrhundert. Im Übrigen ist auch die Sprache auf die Vergangenheit hin stilisiert – dies gilt nicht allein für die Personenrede, sondern auch für die beschreibenden Passagen der Erzählung. Zusammenfassend kann man festhalten: Vladimir Sorokin konstruiert in seinem Text eine Gleichzeitigkeit des Ungleichzeitigen, worin Elemente aus verschiedenen Epochen scheinbar selbstverständlich miteinander koexistieren – zumindest wundert sich innerhalb der Fiktion selbst niemand über diese Ungleichzeitigkeit. Es handelt sich hierbei, wohlverstanden, nicht etwa um eine Zeitreise oder um ein ständiges Hin und Her zwischen den Epochen; sondern es wird eine Welt – eine fiktive Handlungsgegenwart – erschaffen, in der die verschiedenen Dimensionen der Zeit miteinander integriert werden. Der Schneesturm, der die Grenzen des Raums und der Zeit verwischt oder gar aufhebt, begünstigt eine solche Lesart. Der Schneesturm wird in Sorokins Text aber auch zur Metapher für die allgemeine Orientierungslosigkeit.[7]

Der gleiche Befund lässt sich grundsätzlich auch für die anderen erwähnten drei Bücher aufzeigen, wofür ich an dieser Stelle ein paar wenige Beispiele geben möchte. *Der Tag des Opritschniks*[8] von Vladimir Sorokin ist im Russland des Jahres 2027 angesiedelt. Auch hier sind Technik und Wissenschaft inzwischen weit vorangeschritten: Man arbeitet z.B. am Alterungsgen (11); man fährt eine Art chinesischen Mercedes, der bis 280km/h schnell ist (108); beim Grenzübertritt wird man elektronisch durchleuchtet, so dass sämtliche Daten über eine Person sofort abrufbar sind und diese völlig transparent machen (109). In Restaurants wird man von so genannten „gläsernen Kellnern“, einer Art Roboter (110), bedient. Kommuniziert wird vornehmlich mit Hilfe des „Faustkeils“ (8; russisch „mobilo“),

---

7 Siehe dazu Schmid 2012.

8 Die (historischen) „Opritschniki“ waren seit 1565 eine Art Geheimpolizei und Sondertruppe unter Ivan IV. (dem Schrecklichen).

einer Weiterentwicklung des Mobiltelefons, wobei nun allerdings beim Telefonieren das Gesicht des Gesprächspartners als Hologramm in der Luft erscheint. Auf der anderen Seite trägt die entworfene Welt zahlreiche Züge des 16. Jahrhunderts, der Zeit Ivans des Schrecklichen; auch die Sprache und die gesellschaftlichen Verhältnisse weisen in das 16. Jahrhundert zurück. So tragen etwa die politischen Institutionen wieder die alten Namen jener Zeit. Um hier nur ein Beispiel anzuführen: Die Ministerien werden wie damals „prikaz“ genannt, in der deutschen Übersetzung „Kanzlei“ (60). Der Herrscher lässt sich mit „Gosudar“ anreden (21). Der deutsche Übersetzer Andreas Tretner hat diesen Ausdruck übernommen; wörtlich bedeutet er: Monarch, Autokrat, Selbstherrscher. Das ist eine Anrede, die Zar Ivan der Schreckliche für sich eingeführt hatte. Auch sonst ist die Sprache altertümelnd, sie klingt in Wortschatz und Syntax bisweilen an einen Chronikstil an. Die in den Roman eingeschobenen Beispiele für Lyrik orientieren sich stark an den Bylinen, den alten russischen Heldenliedern. Russland ist zu einer frömmelnden, mit Aberglauben vermischten Orthodoxie zurückgekehrt. Traditionell sind auch Kleidung und Speisekarte – abgesehen von einem wachsenden chinesischen Einfluss. Nebenbei gesagt: Die Anwesenheit eines chinesischen Elements im dystopischen Russland scheint derzeit geradezu ein Muss zu sein – auch in *Der Schneesturm* ist eine chinesische Dimension präsent. Überhaupt könnte man die ganze Ästhetik in diesem Roman als eine „altrussische“ bezeichnen: Die Männer tragen wieder Bärte (11) – ein Hinweis darauf, dass das Russland des Jahres 2027 hinter die Reformen Peters des Großen zurückgefallen ist, der seinerzeit einen Ukas herausgegeben hatte, gemäß dem die Männer – von wenigen Ausnahmen abgesehen – ihre Bärte abrasieren mussten. Die Geheimpolizei in *Der Tag des Opritschniks* verwendet für ihre Aktionen nicht etwa Schusswaffen – obwohl solche durchaus existieren –, sondern Holzknüppel (20). Auch die Häuser sind meist aus Holz gefertigt. Als Ganzes erinnert Sorokins Russland der Zukunft an die „derevjannaja Rus‘“ (das hölzerne Russland), um einen Ausdruck aus einem berühmten Gedicht von Sergej Esenin aus dem Jahr 1920 zu verwenden.[9] Zugleich finden sich im Roman aber auch Elemente der sowjetischen Phase, wenn auch eher auf einer versteckten Ebene. Allerdings ist zu sagen, dass man sich in der „Heiligen Rus‘“ (Svjataja Rus‘) des Jahres 2027, wie das Land im Roman offiziell heißt, gerade von dieser Zeit distanziert, die man in Anlehnung an die historische Zeit der Wirren um 1600 hier als „Rote Wirren“ (Krasnaja smuta) bezeichnet. Gleichwohl ist aber beispielsweise Stalin über das Thema der Säuberungen deutlich präsent. So wird im Roman an einer Stelle des Romans darauf hingewiesen, dass wenige Jahre vor 2027 „Große Säuberungen“ (15–16) stattgefunden haben: ein unverkennbarer Hinweis auf Stalins Massenterror in der zweiten Hälfte der 1930er

[9] Esenin 1970, S. 140–141. Das betreffende Gedicht trägt den Titel *Chuligan* (Der Rowdy).

Jahre. Überhaupt werden die historischen Opritschniki unter Ivan dem Schrecklichen als eine frühe russische Geheimpolizei in Sorokins Roman aber immer auch durch spätere Ausgestaltungen der (zaristischen und sowjetischen) Geheimpolizei überlagert. – Ganz ähnlich sind die Befunde insgesamt auch für die Erzählungen des Bandes *Der Zuckerkreml*, in dem Sorokin die fiktive Welt des Romans *Der Tag des Opritschniks* noch einmal aufnimmt. Die Erzählungen sind durch ein gemeinsames Motiv verbunden – in jeder von ihnen spielt nämlich eine Süßigkeit aus Zucker in der Form eines Kremls eine Rolle. Im Roman *Kys* von Tat'jana Tolstaja wiederum, der von heute an gerechnet etwa 200 Jahre in der Zukunft spielt, ist Russland aufgrund eines „Großen Knalls" (16) – einer Atomexplosion, deren genaue Ursachen und Verlauf im Dunkeln bleiben – ins Mittelalter zurückkatapultiert worden und in mancherlei Hinsicht regrediert. Beinahe erratisch wirken in dieser Gesellschaft die wenigen Relikte späterer Epochen (etwa aus dem 19. und 20. Jahrhundert), die zwar erhalten geblieben sind, mit denen aber die Menschen kaum mehr etwas anzufangen wissen. Im Gegensatz zu Sorokins Texten ist die Kenntnis der Technologie in dieser Gesellschaft gänzlich verschwunden. Dessen ungeachtet stehen aber auch in *Kys* Eigenschaften verschiedener Jahrhunderte einander unvermittelt gegenüber.

Auch in *Der Tag des Opritschniks*, in *Der Zuckerkreml* sowie in *Kys* wird also eine Handlungsgegenwart entworfen, die Merkmale verschiedener Epochen und Zeitebenen in sich vereint. Im Fall von Tat'jana Tolstaja kommt noch dazu, dass in ihrem Roman *Kys* auch Eigenschaften von Hoch- und Populärkultur vermischt werden – die handelnden Figuren sind nicht mehr in der Lage, zwischen beidem zu unterscheiden. Für alle vier untersuchten Texte gilt außerdem: Sie arbeiten sehr gezielt und ausgeprägt mit intertextuellen Bezügen. Im Falle des *Schneesturms* von Vladimir Sorokin sind dies etwa Verweise auf Autoren des 19. Jahrhunderts wie Nikolaj Gogol', Aleksandr Puškin oder der Jahrhundertwende um 1900 wie Anton Čechov und Aleksandr Blok, um nur einige zu nennen. Ohne in diesem Zusammenhang weiter in die Details gehen zu wollen, muss man doch festhalten, dass das Netz an intertextuellen Bezügen – freilich auf einer Metaebene – den bereits diagnostizierten Befund einer Gleichzeitigkeit des Ungleichzeitigen noch spürbar verstärkt: Die dystopische Welt ist in den untersuchten Texten jeweils auch eine Welt des unzusammenhängenden, mitunter gar beliebigen Zitierens aus allen Epochen.

Hybride Fantastik

Welche Rolle spielt nun aber das Fantastische in den hier untersuchten dystopischen Texten? Ich formuliere an dieser Stelle meine zweite Hauptthese: In einer weitgefassten Definition kann die Utopie (und darin wiederum die Antiutopie oder

Dystopie) als eine Sonderform der Fantastik verstanden werden.[10] Das heißt also, die in den untersuchten Texten entworfene Welt kann als *Ganzes* als eine fantastische betrachtet werden.

Die Antiutopie, definiert als literarische Darstellung einer Gesellschaft der Zukunft, die sich zum Negativen entwickelt hat,[11] kann demnach als eine Gegenwelt zur tatsächlichen, realen, zu „unserer" Welt angesehen werden und somit (ähnlich etwa wie die Gattung der *Fantasy*) *insgesamt* als eine Form des Fantastischen aufgefasst werden.

Was die Gattungsfrage an und für sich betrifft, so muss hier allerdings noch angemerkt werden, dass die untersuchten Texte kaum auf eine einzige Bezeichnung zurückgeführt werden können. Sie weisen zwar allesamt dystopische Elemente auf. Ansonsten scheint es aber für diese Literatur geradezu typisch zu sein, dass sie im Hinblick auf die Zugehörigkeit zu einer Gattung eher hybride Züge annimmt, wobei das Hybride die Folge ganz unterschiedlicher Mischungsverhältnisse sein kann. Dystopie, Utopie, Science Fiction, Parabel, Satire, Fantasy, Groteske usw.: Die untersuchten Texte können – freilich eben in je unterschiedlichem Ausmaß – durchaus Eigenschaften dieser verschiedenen (und sicher auch weiterer) Gattungen miteinander kombinieren. Auch in dieser Hinsicht gilt also wiederum: Wenn nicht die Gleichzeitigkeit des Ungleichzeitigen, so doch die Mischung von Verschiedenartigem.[12]

Russland entgrenzt

Wie ich exemplarisch besonders anhand der Erzählung *Der Schneesturm* gezeigt habe, werden in den untersuchten Texten Elemente von Vergangenheit, Gegenwart und Zukunft vermischt und in einer dystopischen Gesellschaft miteinander integriert. Ich komme damit zur meiner dritten Hauptthese: Die in den untersuchten Texten entworfene dystopische Welt lässt in der Regel zwar durchaus verschiedene Interpretationsansätze zu.[13] Eine Möglichkeit liegt aber stets darin, die

---

[10] Nach Wilpert 2001; dort die Einträge „Phantastische Literatur", „Anti-Utopie" sowie „Utopie".

[11] Genauer etwa bei Wilpert 2001, S. 36: Anti-Utopie,: „die aus den Erfahrungen der Vergangenheit und Gegenwart ein höhn. Zerrbild für die Zukunft der Menschheit entwirft, die nicht rosig, sondern als Warnbild schwarz malt: Versklavung der Menschheit durch eine dämon. Technik und einen von ihr abhängigen Wirtschaftsapparat, Vernichtung der Freiheit und des Individuums durch einen totalitären Staat und seine Machtmittel, Bevölkerungsexplosion, Verewigung des Kriegszustandes u.ä."

[12] Gemäß Dagmar Burkart ist *Kys* eine „groteske Satire" und *Der Tag des Opritschniks* eine „satirische Parabel". Burkart 2003, S. 214.

[13] Vgl. hierzu wiederum Burkhart: „Wie alle Werke der Postmoderne mit ihren Spiegelungen und Brechungen sind auch Tolstajas Kys, Sorokins Tag des Opritschniks [...] mehrfach kodiert, so dass der jeweilige Text unterschiedliche Lesarten zulässt. Er kann rezipiert werden als sozio-

dystopische Welt als einen Kommentar auf das gegenwärtige Russland zu verstehen. Dieses wird demnach charakterisiert als ein Land (bzw. als ein Staat, eine Gesellschaft, eine Kultur, ein Wirtschaftssystem …), das zeitlich Unvereinbares (wie beispielsweise Mittelalterliches und Ultramodernes), aber auch ontologisch Unvereinbares (etwa Denkbares und Undenkbares, Reales und Wunderbares) vereinen kann, das also letztlich per se ein „fantastisches" Land ist.[14]

Das Zusammenführen von Unvereinbarem und von Ungleichzeitigem erinnert an ein bekanntes Foto, das man nach der Reaktorkatastrophe in Tschernobyl von 1986 wiederholt auch in der westlichen Presse sehen konnte: Darauf war ein Bauer (oder eine Bäuerin – ich erinnere mich nicht mehr) abgebildet, der oder die mit einer Harke den Boden bestellte, während im Hintergrund ein Atomkraftwerk Strom produzierte. Ich habe dieses Foto leider nicht mehr auffinden können, jedoch ein anderes, vergleichbares Bild als Symbolbild. Jenes erwähnte Foto wurde damals als Sinnbild für ein Land – die Sowjetunion – interpretiert, welches auf der einen Seite technologische Spitzenleistungen erbringen kann, auf der anderen Seite aber immer noch in der Vormoderne verblieben ist – ein „Obervolta mit Atomwaffen" eben, wie Ėduard Limonov es ausgedrückt hat.

Abb. 1: Das zeitlich Unvereinbare (Symbolbild). Atomkraftwerk und Bauer mit Sense (Armenien, Mezamor; Foto Agence France Presse)

Man könnte also auch argumentieren, die von mir untersuchten Texte seien so etwas wie ein Kommentar zu diesem Foto bzw. der darauf zum Ausdruck ge-

historischer Text über die rezente russische Gesellschaft und ihre herrschenden Diskurse; als Metatext der (russischen) Literaturgeschichte und ihrer kanonischen Texte; als kafkaeske Parabel über eine hyperreale Welt samt der Metaphysik eines Kosmos, dessen Mitte sich als leer erweist; oder schließlich als Heideggersche Ontologie über den um ein Dasein im Modus der Eigentlichkeit gebrachten Menschen." Ebd., S. 228–229.

14 In diesem Zusammenhang ist es durchaus bezeichnend, dass die britische Zeitung „The Guardian" im Zusammenhang mit der Verurteilung der Punk Band Pussy Riot von Putins Russland als einer „Macho-Dystopie" gesprochen hat (http://www.guardian.co.uk/commentisfree/2012/aug/19/pussy-riot-power-of-punk?INTCMP=SRCH, 30.3.2013).

langenden Auffassung von der russischen Wirklichkeit. Die in den literarischen Dystopien entworfene Welt stellt in einer solchen Interpretation also keine Gegenwelt anderswo dar, wie es in Dystopien (und selbstverständlich auch in Utopien) in der Regel der Fall ist. Sie meint vielmehr das konkrete Russland von heute, das Russland hier und jetzt, nicht ein künftiges, nicht ein vergangenes. Dieses gegenwärtige Russland wird als ein dissonantes, als ein janusköpfiges Land verstanden. Die Dystopie (oder das Dystopische) wäre in diesen Texten folglich ein Verfahren, mit dessen Hilfe in zugespitzter Form die Gegenwart selbst beschrieben oder analysiert werden kann. Das Unstimmige, das Ungleichzeitige und das Unvereinbare werden dabei als konstitutiv für Russland aufgefasst und dargestellt. Es ist dies ein Russland, das zwar in die Zukunft strebt, was sich vor allem im Bemühen zeigt, die Technologie weiterzuentwickeln. Es ist aber im selben Augenblick auch ein Russland, das zivilisatorisch in mancherlei Hinsicht von der Vergangenheit geprägt ist: Entweder indem es nach wie vor an deren Lasten und Altlasten schwer zu tragen hat, oder indem es ganz bewusst an der Vergangenheit anknüpft, ja, in verschiedener Hinsicht die Vergangenheit zurückkehrt. „Vorwärts in die Vergangenheit" – so scheint dann also die doch bedrückende Diagnose der Autoren zu lauten, wenn man einer solchen Interpretation folgen will. In Vladimir Sorokins Erzählung stünde dann der Schneesturm auch als Metapher für das Russland, dessen Grenzen sich in Raum und Zeit auflösen, so dass sich die Dimensionen der Zeit und die Epochen der Geschichte im Heute begegnen. Den technologischen Fortschritt, der mit einem gesellschaftlichen Rückschritt einhergeht, hat der russische Kritiker Mark Lipoveckij in einer Rezension zu Sorokins *Der Schneesturm* als „Retrozukunft" (retrobuduščee) bezeichnet: Sorokin demonstriere mit seinem Buch den ironischen Effekt der russischen Modernisierung, deren jede neue Etappe zu einer Wiedererrichtung des Archaischen führe.[15]

Zum Status des Fantastischen

Ich habe die in den von mir untersuchten Texten dargestellte Welt insgesamt als eine fantastische bezeichnet, entsprechend einer weit verstandenen Definition des Fantastischen: „Das Fantastische ist die Unschlüssigkeit, die ein Mensch empfindet, der nur die natürlichen Gesetze kennt und sich einem Ereignis gegenübersieht, das den Anschein des Übernatürlichen hat."[16] So wäre im Hinblick auf die untersuchten Dystopien noch einmal zu fragen, inwiefern denn dieses Fantastische in

[15] Lipoveckij 2010. Der Begriff „Retrozukunft" in diesem Verständnis wäre also deutlich abzugrenzen vom „Retrofuturismus", unter dem man jene Vorstellungen versteht, die man zu einer früheren Zeit (von heutiger Warte aus gesehen) über die Zukunft hatte.

[16] Todorov 2013, S. 34.

den Texten zum Ausdruck kommt. Für Beispiele beschränke ich mich hier wiederum auf Sorokins Erzählung *Der Schneesturm*. Hier treten einige Elemente auf, die in unserer Welt unbekannt sind: So gibt es in diesem Russland neben den uns bekannten auch noch besonders kleine Pferde, die nicht größer sind als ein Rebhuhn: Fünfzig von ihnen können gemeinsam einen Schlitten ziehen (17). Auch finden Pferde Erwähnung, die bis zu drei Stockwerke hoch sind (27); oder es gibt Riesen – Menschen, die mehrfache Körpergröße erreichen (168). Die neuartigen Wunderdrogen sowie die verschiedenen selbstwachsenden Materialien habe ich bereits erwähnt. Bemerkenswert ist bei all diesen Elementen zweierlei: Erstens sind sie allenfalls für uns Außenstehende fantastisch; innerhalb der entworfenen fiktiven Welt des Texts sind sie es jedoch offensichtlich nicht. Hier funktionieren sie einfach als „reale“, normale, zu erwartende, als nicht überraschende Bestandteile der dargestellten russländischen Wirklichkeit. Das heißt, für die Figuren der Fiktion – den Arzt Garin und den Kutscher Kosma etwa – haben diese Elemente nichts Wunderbares, nichts Fantastisches an sich. *Der Schneesturm* (als Text) und der Schneesturm (als Wetterphänomen) stehen mithin als Metapher für ein Russland, in dem Unvereinbares zusammenfinden kann. Im Grunde genommen wird diese Konstellation auch auf der Ebene der Figuren noch einmal aufgenommen: Mit Garin und Kosma begegnen sich in dieser Erzählung nämlich auch ein Intellektueller und ein „gewöhnlicher“ Mensch, die für zwei unterschiedliche Seiten Russlands stehen. Zweitens: Viele der im Text vorkommenden „fantastischen“ Elemente sind uns Lesenden zwar unbekannt, aber unter Umständen als solche durchaus denkbar und möglich. Zumindest spräche bei durchschnittlichem wissenschaftlich-technischem Optimismus nichts dagegen anzunehmen, dass die genannten Elemente – wie kleine Pferde oder große Menschen, wie neue Wunderdrogen oder selbst gebärende Materialien – eines baldigen künftigen Tages tatsächlich gezüchtet bzw. entwickelt werden können.

Ich komme damit zu meiner letzten These: Angesichts dieser Überlegungen stellt sich die Frage nach dem Status des Fantastischen in dieser dystopischen Literatur neu. Das Fantastische (Unheimliche, Wunderbare) entstammt hier nicht einer anderen Welt, sondern wird als „realer“ Bestandteil des heutigen Russlands aufgefasst. In den untersuchten Dystopien wird es als konstitutiv für das heutige Russland verstanden.

Verliert das Fantastische, verstanden als jenes „Einbrechen des Wunderbaren, Unheimlichen in die reale Welt“, also damit letztlich seine ursprüngliche Funktion? Wenn Russland in den untersuchten Texten als eine Gesellschaft dargestellt wird, die selber eine *entgrenzte* ist, die untereinander eigentlich unvereinbare Merkmale verschiedener Epochen zusammenbringt und in ein Ganzes integriert, dann muss man diese Frage wohl in der Tat mit Ja beantworten.

Bibliographie

Primärliteratur

Sorokin, Vladimir: Der Tag des Opritschniks. Aus dem Russischen von Andreas Tretner. Köln: Kiepenheuer & Witsch 2008.
— Der Zuckerkreml. Aus dem Russischen von Andreas Tretner. Köln: Kiepenheuer & Witsch 2010.
— Der Schneesturm: Aus dem Russischen von Andreas Tretner. Köln: Kiepenheuer & Witsch 2012.
Tolstaja, Tatjana: Kys. Aus dem Russischen von Christiane Körner. Berlin: Rowohlt 2003.

Sekundärliteratur

Burkhart, Dagmar: Dystopische und virtuelle Weltentwürfe. Die russische Gegenwartsliteratur als Experimentierfeld. In: Susanne Gramatzki, Rüdiger Zymner (Hg.): Figuren der Ordnung. Beiträge zu Theorie und Geschichte literarischer Dispositionsmuster. Festschrift für Ernst Ulrich. Köln/Weimar/Wien: Böhlau 2009, S. 213–230.
Carrère, Emmanuel: Limonow. Berlin: Matthes & Seitz 2012.
Esenin, Sergej: Sobranie sočinenij v trech tomach. Moskva: Biblioteka „Ogonek“, Izdatel'stvo „Pravda“ 1970. Tom 1.
Heller, Leonid; Niqueux, Michel: Geschichte der Utopie in Russland. Bietigheim-Bissingen: edition tertium 2003.
Lipoveckij, Mark: Metel‘ v retrobuduščem. Sorokin o modernizacii. In: OpenSpace Literatura, 13.9.2010 (http://os.colta.ru/literature/projects/13073/details/17810, 19.2.2014).
Schmid, Ulrich: Im Schneesturm. Vladimir Sorokins Ritt durch die russische Literaturgeschichte. In: Neue Zürcher Zeitung, 19.12.2012 (http://www.nzz.ch/aktuell/feuilleton/literatur/vladimir-sorokins-ritt-durch-die-russische-literaturgeschichte-1.17897958, 19.2.2014).
Todorov, Tzvetan: Einführung in die fantastische Literatur. Berlin: Wagenbach 2013.
Zeißler, Elena: Dunkle Welten. Die Dystopie auf dem Weg ins 21. Jahrhundert. Diss. Heidelberg 2007. Marburg: Tectum Verlag 2008.

Abbildungsverzeichnis

Abb. 1: Das zeitlich Unvereinbare (Symbolbild). Atomkraftwerk und Bauer mit Sense. Armenien, Mezamor. Foto: Agence France Presse.

Auf der Suche nach dem utopischen Film

Simon Spiegel

Mag Joachim Fest 1991 auch das „Ende des utopischen Zeitalters“ ausgerufen haben[1] – zumindest in der wissenschaftlichen Forschung ist die Utopie so lebendig wie nie zuvor. Trotz der Fülle an Veröffentlichungen fristet die filmische Utopie in der wissenschaftlichen Diskussion aber nach wie vor ein Nischendasein; und unter den wenigen Forschern, die sich eingehender mit dem Film beschäftigen, ist die Ansicht verbreitet, dass es klassische Utopien im Film eigentlich gar nicht geben kann.

In diesem Aufsatz möchte ich eine Gegenposition vertreten und ein Forschungsprogramm für die Suche nach utopischen Filmen skizzieren. Zu diesem Zweck werde ich zuerst den Begriff der Utopie diskutieren und anschließend einige Überlegungen zum Verhältnis von Utopie und Film anstellen. Zum Abschluss werde ich ein Beispiel einer filmischen Utopie genauer analysieren.

Generisches

Die Utopieforschung hat mit einem großen Problem zu kämpfen: Ihr fehlt eine einheitliche Definition ihres zentralen Begriffs. Denn der von Thomas Morus in seiner 1516 erschienenen *Utopia* geprägte Neologismus kann je nach Kontext höchst unterschiedliche Dinge bedeuten. Neben der umgangssprachlichen Bedeutung als phantastische Idee oder Wolkenkuckucksheim gibt es verschiedene Forschungstraditionen, die sich zwar teilweise überschneiden, andernorts aber in direktem Widerspruch zueinander stehen. Dabei ist bereits umstritten, welcher Art der Gegenstand ist, der mit „Utopie“ bezeichnet werden soll; handelt es sich um eine literarische Gattung, ein politisches Konzept oder eine anthropologische Konstante?[2]

Primär mit Blick auf die angelsächsische Forschung unterscheidet Sargent zwischen „Utopian literature [...]; communitarianism [= utopische Kommunen];

---

1 So der Untertitel von Fest 1991.

2 Zentral für Letzteres: Bloch 1985.

and Utopian social theory“[3], während Schölderle, der sich auf die deutschsprachige Forschung konzentriert, eine Aufteilung in eine literarische, eine totalitarismustheoretische[4] und eine sozialpsychologische Forschungstradition vornimmt.

In beiden Fällen ist die literarische Gattung jeweils nur eine von mehreren möglichen Utopie-Varianten respektive Forschungsfeldern. Diese Variante soll hier nun im Mittelpunkt stehen. Ich verstehe „Utopie“ explizit als literarische Gattung respektive als filmisches Genre. Dabei folge ich Rick Altman[5], der Genres als eine Gruppe von Filmen beschreibt, die über gemeinsame semantische Elemente – typische Figuren, Requisiten, Lokalitäten, aber auch stilistische Parameter – und eine Syntax verfügen; mit Letzterem ist vor allem die Struktur des Plots gemeint. Manche Kombinationen von Semantik und Syntax bilden für eine gewisse Zeit den „harten Kern“ eines Genres, zahlreiche andere Filme sind mit diesem aber nur lose verwandt, weisen also nicht alle Elemente auf. Daneben ist für Altman der pragmatische Aspekt zentral: Die Frage, wer wann welche Filme mit welcher Genrebezeichnung versieht. Denn Genres existieren weder als überzeitliche platonische Gebilde, noch sind sie über längere Zeitspannen und verschiedene Kulturräume hinweg stabil; letztlich lassen sie sich nur in ihrer historischen Entwicklung adäquat beschreiben.

Bei der Bestimmung der Utopie orientiere ich mich an Thomas Schölderle, der in seiner Studie *Utopia und Utopie* ausgehend von Morus' *Utopia* einen Durchgang durch die Geschichte der Utopie und ihrer Erforschung unternimmt, um eine handhabbare Definition der Gattung zu entwickeln.[6] In seinem Ansatz, *Utopia* als Prototyp der Gattung zu behandeln, folgt Schölderle zwar grundsätzlich dem Politologen Richard Saage[7], geht dabei aber deutlich differenzierter vor als dieser. An-

---

[3] Sargent 1994, S. 4.

[4] Grundlegend hierfür: Popper 1975 und Popper 1980.

[5] Altman 2000.

[6] Schölderle 2011, siehe dazu auch meine Rezension, Spiegel 2012a. Schölderle wehrt sich dagegen, die Utopie „lediglich als literarischen Gattungsbegriff“ zu verstehen (S. 448, Anmerkung 67). Dieses „lediglich“ dürfte aber auf einem Missverständnis beruhen. Was Schölderle wohl zum Ausdruck bringen möchte, ist, dass eine Utopie nicht zwangsläufig einen fiktional-narrativen Rahmen voraussetzt. Zwar sei es „gerade die literarische Gattungstradition, die das Muster der Utopie [...] am nachhaltigsten geprägt hat“ (Schölderle 2011, S. 438), doch gebe es sehr wohl auch Beispiele, die dieser Form nicht entsprechen. Wenn man aber statt des Begriffs der literarischen Gattung denjenigen der *Textsorte* heranzieht, wird deutlich, dass diese Zurückhaltung unbegründet ist – denn was definiert Schölderle anderes als eine Sorte von Texten? Seine Definition der Utopie verträgt sich somit problemlos mit aktuellen gattungstheoretischen Konzepten.

[7] Der Saage-Schüler Andreas Heyer plädiert ebenfalls dafür, „*Utopia* von Thomas Morus als Prototyp der Gattung zu akzeptieren“ (Heyer 2008, S. 75). Die Ausgabe 16/3 2005 der Zeitschrift *Erwägen, Wissen, Ethik* widmet sich ausschließlich der Frage, inwieweit die *Utopia* als Idealtyp für die Utopieforschung taugt; zahlreiche Autoren hatten hier Gelegenheit, auf Saages Vorschlag zu reagieren.

ders als Saage nimmt Schölderle die zahlreichen Widersprüche des Morus'schen Textes ernst und setzt die Ausführungen des Reisenden Hythlodaeus, der von der Insel Utopia berichtet, nicht einfach mit den Ansichten des Autors gleich. Dass *Utopia* mitnichten dem Ideal ihres Autors entspricht, zeigt sich nicht zuletzt daran, dass im Text eine Figur namens Thomas Morus als Erzähler fungiert, die Hythlodaeus' Erläuterungen durchaus skeptisch begegnet; und wohl nicht zufällig kann dessen Name sowohl als „Feind des Geschwätzes" wie auch als „Possenerzähler" übersetzt werden.[8]

Widersprüche dieser Art sind für den Text insgesamt charakteristisch. Welche Position der Text respektive dessen Autor gegenüber dem Erzählten einnimmt, lässt sich zwar oft nicht mit letzter Bestimmtheit eruieren, dass *Utopia* in einigen zentralen Punkten nicht Morus' Idealvorstellung darstellt, ist aber eindeutig. Dies zeigt sich etwa bei der heidnischen Religion der Utopier, die kaum dem Ideal des tief gläubigen Katholiken Morus entsprochen haben dürfte, wie auch in den stellenweise geradezu absurden Ausführungen zum Kriegswesen.

Schölderle kann überzeugend darlegen, dass *Utopia* keineswegs als politisches Aktionsprogramm gedacht war. Der Umkehrschluss, Morus habe sich lediglich einen literarischen Jux geleistet, wäre aber ebenso falsch. Dies zeigt sich im ersten Teil des Buches, der die sozialen Missstände im englischen Königreich schonungslos anprangert. *Utopia* ist somit einerseits eine ernst gemeinte Kritik an den zeitgenössischen Verhältnissen, zugleich entwirft der Text aber auch ein Gegenbild, das teilweise Vorbildfunktion hat und überdies satirische Elemente aufweist. „Morus geht es [...] nicht darum, die geschilderte Fiktion in die Wirklichkeit zu überführen, sondern durch die Betrachtung Utopias mit einem geschärften Blick für die Realität in diese zurückzukehren"[9]. Die Utopie „entwirft [...] eine ausgestaltete Alternative und erprobt neue Möglichkeiten des Anders-Seins"[10] und stellt auf diese Weise den Status quo in Frage.[11]

Am Ende seiner Untersuchung präsentiert Schölderle ein Raster, in dem er konstitutive, typische und mögliche Eigenschaften der Utopie auflistet (vgl. Abb. 1).

Für unsere Zwecke stehen neben der kritischen Stoßrichtung und der Tatsache, dass die meisten Utopien nicht zur Umsetzung gedacht sind, die inhaltlichen und formalen Aspekte im Vordergrund: Utopien sind „tendenziell universale Ausge-

---

[8] Der Titel „Utopia" ist ähnlich doppeldeutig: Er kann ebenso als „guter Ort" wie als „Nicht-Ort" verstanden werden.

[9] Schölderle 2011, S. 91.

[10] Ebd., S. 483.

[11] Hierbei handelt es sich um ein ganz ähnliches Verfahren wie das in der SF-Forschung oft bemühte Prinzip der Verfremdung; vgl. Spiegel 2007, S. 197–241.

Differenzierungs-kriterium	formal	inhaltlich	funktional	intentional
konstitutiv	• kontrafaktische Fiktion	• universales, sozio-politisches Gegenbild • Idealität • Rationalität	• kritische Zeitdiagnose • Wirklichkeitsrelati-vierung • Gedankenexpe-riment • Möglichkeits-horizonte	• Sozialkritik • normative Stoßrich-tung (Besserungs-wille)
typisch z.B.	• literarische Fiktion • narrative Einkleidung • integrierte Formenvielfalt	• Isolation • Statik • Kollektivismus • Homogenität	• soziale und techni-sche Innovationen • Belehrungs- bzw. Bildungsfunktion • Früherkennungs- oder Frühwarn-funktion	• fehlender Realisierungswille • Diskursorientierung
kontingent z.B.	• Art der literarischen Formgebung (Satire, Dialog, Reisebericht, Roman, Briefwechsel, Tagebuch) • staatsphilosophische Abhandlung • idealisierter Verfas-sungsentwurf	• Transformations-modell	• Unterhaltung	• direkter Verwirkli-chungswille • Geschichtsphilo-sophie/ Sozialprognostik • praktisch-politischer Handlungsaufruf
Interpretations-methodik		**textimmanent**		**hermeneutisch/ biografisch**

Abb. 1: Schölderles Kriterienmatrix

staltung[en] eines idealtypischen, rationalen und soziopolitischen Gegenbilds".[12] Typische wiederkehrende Motive sind die isolierte Lage, die Statik des Entwurfs – damit einhergehend oft die Abschaffung des politischen Prozesses –, das Gemeineigentum, aber auch die Einheitlichkeit, die sich ebenso im geometrischen Aufbau der jeweiligen Städte zeigt wie in der fehlenden psychologischen Ausgestaltung des Personals. Der Entwurf einer konfliktfreien Gesellschaft bedingt einen utopischen Menschen, dem negative Eigenschaften wie Neid, Hass und Gier, aber auch abweichendes Gedankengut, sprich: Originalität fehlen[13], oder wie es Stephen Greenblatt in Bezug auf *Utopia* formuliert: „Utopian institutions are cunningly designed to reduce the scope of the ego".[14]

Formal präsentieren sich Utopien stets als kontrafaktische Fiktionen, sie sind aber nicht in jedem Fall narrativ. Zwar dominiert die erzählerische Form, sie ist aber, wie Schölderle unter anderem am Beispiel von Gerrard Winstanleys *The Law of Freedom* (1652) zeigt, keine zwingende Voraussetzung.[15] Wie in der Forschung

[12] Schölderle 2011, S. 479.

[13] Seibt 2001, S. 251

[14] Greenblatt 1980, S. 39. Diese Beschreibung gilt primär für *archistische* Utopien (vgl. Voigt 1906, S. 20), während *anarchistische* Utopien vom „Gesellschaftsideal der absoluten Freiheit aus[gehen]" (Saage 2001, S. 18).

[15] Schölderle 2011, S. 210–218.

üblich, unterscheidet Schölderle zwischen (positiven) Eutopien und (negativen) Dystopien.[16] Die Elemente des Begriffspaars Eutopie/Dystopie sollten dabei nicht als scharf getrennte Einheiten, sondern als Pole auf einer Skala verstanden werden, denn wie Schölderle betont, sind *Utopia* und viele ihrer Nachfolger keineswegs nur „positive Wunschbilder".[17] Vielmehr ist der dystopische Aspekt bereits bei Morus in einzelnen Passagen deutlich präsent, und da die satirische Tradition von Anfang an Teil der Utopie war, sind reine Eutopien rar; Campanellas *Sonnenstaat* (1623) oder Morris' *News from Nowhere* (1890) wären hier als mögliche Beispiele zu nennen. Ganz anders dagegen verhält es sich bei der Dystopie, bei der ausschließlich negative Beispiele die Regel darstellen. Wir haben es somit mit einem Modell zu tun, das auf der einen Seite einen nur selten realisierten Idealtypus umfasst, während auf der anderen Seite reine Vertreter den Normalfall darstellen. Deshalb werde ich im Folgenden auch von (klassischen) Utopien und nicht von Eutopien sprechen.

Worin unterscheiden sich nun die modernen Dystopien von den klassischen Utopien, wenn Letztere bereits dystopische Elemente enthalten können? Der Unterschied liegt vor allem im narrativen Aufbau, im Plot. In der Dystopie gibt es in aller Regel einen Rebellen, der gegen die Staatsordnung aufbegehrt und diese so als negative kennzeichnet.[18] Da Schölderle die narrative und dramaturgische Ebene nur am Rande behandelt, berücksichtigt er diesen Aspekt, der gerade für den Film von großer Wichtigkeit ist, nicht.

Als literarische Gattung zeichnet sich die Utopie durch eine erstaunliche Langlebigkeit und Stabilität aus; noch B. F. Skinners 1948 – über 400 Jahre nach *Utopia* – erschienenes *Walden Two* folgt in weiten Teilen dem von Morus entworfenen Typus. Zwar macht die Utopie im 20. Jahrhundert die größten Veränderungen ihrer Geschichte durch, aber sowohl die Dystopien als auch die sogenannten *critical utopias* der 1960er- und 1970er-Jahre[19] knüpfen in ihrer Kritik am utopischen Modell – gezwungenermaßen – wieder an dieses an.

---

[16] Vgl. etwa Sargent 1994; auf dessen Differenzierung zwischen Anti-Utopie und Dystopie geht Schölderle nicht ein, obwohl er die Gleichsetzung der beiden Begriffe ebenfalls kritisiert.

[17] Schölderle 2011, S. 485.

[18] Siehe dazu Weber 1979. Auch hier existieren Ausnahmen: *Der Tag des Opritschniks* von Vladimir Sorokin wäre ein Beispiel für eine Dystopie, die ganz ohne Rebellion auskommt (siehe auch den Beitrag von Daniel Henseler in diesem Band). Der Protagonist ist ein Scherge der menschenverachtenden Diktatur. Diese Figur würde in einer „normalen" Dystopie früher oder später an ihrem Tun zweifeln und in Opposition zum politischen System treten. Sorokins Held dagegen bleibt bis zum Schluss ein treuer Diener seiner Herren. Hierbei handelt es sich um ein bewusstes Spiel mit den Erwartungen des Lesers.

[19] Vgl. Moylan 1986.

Auf der Suche nach dem utopischen Film

Im Bereich des Films gibt es zwar zahlreiche Veröffentlichungen, die das Adjektiv ‚utopisch' im Titel führen, die meisten widmen sich aber ausschließlich der Science Fiction (SF).[20] Obwohl Bezeichnungen wie ‚wissenschaftlich-technische Utopie' oder ‚utopischer Roman' im Deutschen zeitweise synonym für SF gebraucht wurden und obwohl manche Autoren in der SF den direkten Nachfolger der Utopie sehen, sind die Formen allerdings keineswegs identisch. Die Utopie muss nicht notwendigerweise ein Novum aufweisen, also eine (technischwissenschaftliche) Neuerung, welche die SF-Welt entscheidend prägt. Bereits bei Morus gibt es zwar Erfindungen wie eine Brutmaschine, diese wirken aber nicht in dem Masse prägend für die entworfene fiktionale Welt, wie es das SF-Novum tut.[21]

Obwohl SF nicht zwangsläufig in der Zukunft spielt, bietet sich eine Verlagerung dorthin an. Die frühen Utopien sind dagegen allesamt *Raumutopien* und das Bewusstsein für den technischen Fortschritt spielt eine untergeordnete Rolle. Erst Ende des 18. Jahrhunderts setzt eine „Verzeitlichung der Utopie"[22] ein. Mit der Erfahrung der industriellen Revolution werden SF-Nova in den Utopien zwar immer mehr zur Regel, notwendige Voraussetzung sind sie aber nach wie vor nicht. Die Utopie ist somit eine Gattung, die ab dem 19. Jahrhundert immer häufiger im Modus der SF angesiedelt ist, dies aber keineswegs sein muss.[23]

Die wenigen Autoren, die sich explizit mit der filmischen Utopie beschäftigen, kommen fast alle zum Schluss, dass klassische Utopien im Film schlechterdings nicht existieren können. Die Gründe hierfür liegen auf der Hand: Ist ein narrativer Rahmen vorhanden, dient dieser in der klassischen Utopie meist nur als Vorwand für die Präsentation der utopischen Gesellschaft. Ein echter Plot mit Spannungsverlauf und Höhepunkt, wie ihn Spielfilme normalerweise besitzen, fehlt. Bei der Utopie steht nicht die Handlung im Vordergrund, sondern die Beschreibung des jeweiligen Staatswesens „in considerable detail".[24] Wie bereits dargelegt, fehlt der Utopie zudem ein halbwegs konturierter Protagonist. Damit ist die Gattung weit vom typischen Hollywood-Plot entfernt, in dem eine klar umrissene Hauptfigur gegen alle möglichen Widerstände ein Ziel verfolgt. Anders sieht es bei der Dystopie aus, die dank ihres um eine Rebellion angelegten Plots ideal für Spielfilme

---

[20] So trug Georg Seeßlens populäre Einführung in den SF-Film in der Ausgabe von 1980 noch den Titel *Kino des Utopischen* ; die Neuauflage von 2003 heißt dagegen einfach *Science Fiction* (Seeßlen 1980, 2003).

[21] Zur Definition der SF siehe Spiegel 2007, S. 42–56, zur Abgrenzung von der Utopie ebd., S. 64–70. Siehe auch die Kritik von Heyer 2010, S. 100f.

[22] Koselleck 1985.

[23] Zum Modus-Begriff siehe Spiegel 2007, S. 39–41.

[24] Sargent 1994, S. 9. Siehe auch Tietgen 2006, S. 115.

geeignet ist. Das Aufbegehren einer nonkonformistischen Hauptfigur gegen eine totalitäre Gesellschaftsordnung ist denn auch längst zu einem Topos des SF-Films geworden.

In den vergangenen Jahren sind mit Zirnstein (2006), Müller (2010) und Endter (2011) drei deutschsprachige Dissertationen zur filmischen Utopie erschienen,[25] die sich nach der Diskussion des Utopiebegriffs jeweils der Dystopie zuwenden, da filmische Utopien aus den dargelegten Gründen angeblich nicht existieren.[26] Dabei verharren die Autoren gänzlich in den Bahnen des konventionellen Spielfilms. Zirnstein führt zumindest Peter Weirs *Witness* (1985) als rares Beispiel einer filmischen Utopie an,[27] wagt sich aber ebenfalls nicht außerhalb des Mainstream-Kinos. Nicht einmal ihre Feststellung, der Dokumentarfilm sei wahrscheinlich der geeignetere Nährboden für filmische Utopien,[28] veranlasst sie dazu, nach entsprechenden Beispielen Ausschau zu halten.

In meiner Dissertation bin ich ebenfalls zur Erkenntnis gelangt, dass es kaum Filme gibt, die als echte Utopien gelten können.[29] Für das kommerzielle Kino insgesamt scheint mir dieser Befund nach wie vor korrekt. Es gibt zwar Beispiele, die sich mehr oder weniger direkt mit der utopischen Tradition auseinandersetzen,[30] Spielfilme, die dem von Schölderle beschriebenen Typus wirklich nahe kommen, fehlen aber. Dies hängt auch damit zusammen, dass die klassische Utopie Ende des 19. Jahrhunderts, als der Film erfunden wurde, bereits zu einer fragwürdigen Form geworden ist.[31] Es gibt somit zweifellos gute Gründe, warum die Utopie im Film nicht den gleichen Status hat wie etwa der Western oder das Musical. Dies bedeutet aber keineswegs, dass eine filmische Utopie per se ein Ding der Unmöglichkeit wäre.

---

[25] Zu Müller 2010 und Endter 2011 siehe Spiegel 2010 resp. 2012b.

[26] Ähnlich Atkinson 2007; zwar trägt dessen Aufsatz den vielversprechenden Titel „The Visualisation of Utopia in Recent Science Fiction Film“, untersucht werden aber die beiden „critical dystopias“ (18) *Gattaca* (1997) und *Minority Report* (2002).

[27] *Witness* ist ein Thriller, der über weite Teile im Gebiet der Amischen spielt und seinen Reiz primär aus dem Gegensatz zwischen der Welt des ermittelnden Polizisten und der vorindustriellen Gesellschaft der Amischen zieht. Obwohl *Witness* zweifellos utopische Aspekte aufweist, gibt es einen entscheidenden Unterschied: Die Welt der Amischen ist keine imaginäre, sondern eine real existierende. Ähnlich gelagert ist *The Village* (2004), der scheinbar ein isoliertes Dorf des 19. Jahrhunderts zeigt; wie sich im Laufe der Handlung herausstellt, spielt der Film aber in der Gegenwart. Die Dorfältesten halten im Sinne einer platonischen „edlen Lüge“ die Illusion aufrecht, um ihre Kinder vor den Übeln der modernen Welt zu schützen.

[28] Zirnstein 2006, S. 164.

[29] Spiegel 2007, S. 67.

[30] In Spiegel 2008 stelle ich einige Kandidaten für utopische Spielfilme vor. Siehe dazu auch Tietgen 2005 und 2006 sowie Orth 2008. Die Ausgabe 5/2 der elektronischen Zeitschrift *ImageText* widmet sich ganz dem Thema „Anime and Utopia“ (http://www.english.ufl.edu/imagetext/archives/v5_2/).

[31] Siehe auch Tietgen 2006, S. 116.

Der grundlegende Irrtum der bisherigen Beschäftigung mit dem utopischen Film liegt in der Konzentration auf den Spielfilm. Denn so unterschiedlich ihre Erscheinungsformen auch sein mögen, die klassische Utopie zeichnet sich als „kritische Zeitdiagnose“[32] stets durch einen erhöhten Wirklichkeitsbezug aus. Die Erzählung dient typischerweise als Vehikel; nicht Unterhaltung steht im Vordergrund, vielmehr ist „die Intention aller Utopien auf die Verbesserung der dieseitigen [sic] Welt gerichtet“.[33] Die Utopie zeichnet sich durch eine hybride Struktur aus,[34] sie „bezieht ihr originäres Potenzial aus dem Spannungsfeld von Realität und Fiktion“.[35]

Mit dieser Charakterisierung vor Augen dürfte evident sein, warum es zumindest innerhalb des kommerziellen Kinos keine utopischen Spielfilme gibt, zugleich eröffnet sich ein gänzlich neues Forschungsfeld. In den Mittelpunkt rücken nun Formen jenseits des Spielfilms.[36] Als ideale Form, in dem das hybride, zwischen Realität und Fiktion oszillierende Wesen der Utopie besonders gut zur Geltung käme, erscheint mir ein gestellter Dokumentarfilm, ein sogenanntes *Mockumentary*, das mit dokumentarischen Mitteln von einem fiktiven utopischen Ort berichtet.[37]

Geht man von Altmans Modell aus, muss man sich im Klaren darüber sein, dass es schlechterdings unmöglich ist, ein bislang unbekanntes Genre zu entdecken. Genres existieren nicht per se, sondern werden durch ihre jeweiligen „Benutzer“ definiert. An diesem fortlaufenden Prozess der *genrification* können ganz unterschiedliche Gruppen beteiligt sein: Produzenten, Werbung, die Zuschauer, Fangemeinschaften, aber auch Kritiker und Wissenschaftler. Deshalb behaupte ich auch nicht, dass der utopische Film als eigenständiges Genre „in freier Wildbahn“ existiert und bloß entdeckt werden muss, sondern vielmehr, dass es fruchtbar sein könnte, gewisse Filme, die auf semantischer und syntaktischer Ebene

---

32 Schölderle 2011, S. 48.

33 Ebd.

34 Vgl. Roemer 2003, S. 20.

35 Schölderle 2011, S. 464.

36 Die Idee, abseits des Spielfilms nach Utopien Ausschau zu halten, ist keineswegs neu. Bereits 1993 widmete sich eine Ausgabe der *Utopian Studies* dem utopischen Film. In seinem einleitenden Artikel regte Peter Fitting damals an, den Fokus zu erweitern und etwa Dokumentar- und Revolutionsfilme sowie Musicals und sogar Pornos auf ihren utopischen Gehalt hin zu untersuchen (Fitting 1993). Fittings Aufruf scheint allerdings folgenlos verhallt zu sein.

37 *Slow Action* (2010) des englischen Experimentalfilmers Ben Rivers kommt diesem Konzept recht nahe. In dem 45-minütigen Film werden in pseudo-ethnographischer Manier vier Inselreiche vorgestellt. In drei Fällen handelt es sich dabei erkennbar um real existierende Orte, die durch den Voice-Over-Kommentar verfremdet werden. Der Film bezieht sich zudem explizit und in selbst-reflexiver Weise auf die utopische Tradition. Allerdings entwirft Rivers kein fiktives Gegenbild zur Realität, sondern er verfremdet real existierende Orte; zudem steht bei ihm das Spiel mit literarischen und visuellen Topoi im Vordergrund und nicht Gesellschaftskritik.

Gemeinsamkeiten mit der literarischen Utopie aufweisen, als filmische Utopien zu bezeichnen.[38] Als Genre hat die Utopie für mich primär die Funktion einer heuristischen Kategorie.

Zeitgeist

Als Beispiel für einen Film, der dem skizzierten Typus weitgehend entspricht, möchte ich etwas ausführlicher auf den 2008 erschienenen *Zeitgeist: Addendum* (*Z* : *A*) von Peter Joseph[39] eingehen. Bei dieser Low-Budget-Produktion handelt es sich um den zweiten von insgesamt drei *Zeitgeist*-Filmen, die alle frei im Web verfügbar sind.[40] Der erste, *Zeitgeist: The Movie* von 2007, avancierte gemäß einem Artikel in der *Süddeutschen Zeitung* "rasch zum meistgesehenen Clip der Internetgeschichte".[41] Bei dieser Einschätzung dürfte es sich zwar um eine Übertreibung handeln, zweifellos hat die *Zeitgeist*-Trilogie im Netz aber ein großes Echo erzeugt.

Josephs Filme sind „eine obskure Mischung von Religionskritik, Esoterik und Verschwörungstheorien, etwa zum 11. September"[42]; hinter allen Übeln der Welt stehen dunkle Mächte, die mit Unterstützung der Weltbank, des IWF und der US-Regierung auf einen totalitären Weltstaat hinarbeiten. In *Zeitgeist: The Movie* bleibt es bei dieser kruden und tendenziell auch antisemitischen Anklage, *Z* : *A* dagegen, der sich auf wirtschaftliche Fragen konzentriert, offeriert eine Alternative: Das *Venus Project.*

Das *Venus Project*, benannt nach seinem Standort in Venus, Florida, bietet gemäß eigenen Angaben „a comprehensive plan for social reclamation".[43] Hinter dem Vorhaben stehen der 1916 geborene Autor und Erfinder Jacque Fresco und dessen Partnerin Roxanne Meadow, die seit Jahrzehnten eine radikale gesellschaftliche Neu-Organisation propagieren.[44]

---

38 Richard Dyer dagegen versteht Utopie als „affective code" (Dyer 2002, S. 20). Dyer macht in der eskapistischen Dimension von Hollyood-Musicals eine utopische Qualität aus: „Alternatives, hopes, wishes – these are the stuff of utopia" (Dyer 2002, S. 20). Dieses Verständnis von Utopie steht – wie Dyer selbst schreibt (Dyer 2002, S. 29) – in der Tradition von Ernst Bloch.

39 Es handelt sich hierbei um einen Künstlernamen respektive nur den Vor- und den Mittelnamen. Seinen Nachnamen gibt Peter Joseph nicht bekannt (The Zeitgeist Film Series Gateway. General Q & A).

40 Die drei *Zeitgeist*-Filme können auf www.zeitgeistmovie.com heruntergeladen werden (27.02.13).

41 Waibel 2010, S. 12.

42 Dachsel 2011.

43 The Zeitgeist Film Series Gateway. About.

44 1969 erschien das gemeinsam mit Kenneth Keyes verfasste Buch *Looking Forward,* das bereits zahlreiche Konzepte des *Venus Project* enthält (Keyes/Fresco 1969, online frei zugänglich). Zum *Venus Project* siehe auch den Beitrag von Peter Seyferth in diesem Band. Das aus den

Der erste Teil des knapp zweistündigen *Z : A* hat zum Ziel, „mittels verzerrter Statistiken und kontextlosen Fakten garniert mit Zitaten großer Denker von Albert Einstein bis Carl Sagan den Hauptgrund für das Elend des modernen Menschen herauszudestillieren [...]: die moderne Ökonomie“[45], oder genauer gesagt: „Monetary-ism“, unser auf Geld basierendes Wirtschaftssystem.

Geld erscheint als eigentliches Urübel, das Faschismus, Sozialismus und Kapitalismus verbinde und zudem die eigentliche Ursache von Verbrechen, Habgier, Korruption und Vorurteilen darstelle. Wie Peter Joseph im Off-Kommentar erklärt: „Virtually all forms of crimes are a consequence of the monetary system“. Als Alternative propagieren Fresco und Meadow, die im Film ausführlich zu Wort kommen, ihr Konzept einer *Resource Based Economy* (RBE). Wie diese im Detail funktioniert, bleibt zwar unklar, doch zeichnet sie sich durch Geldlosigkeit und „intelligent management of the earth's resources“ aus. Dank RBE müsse niemand mehr Hunger leiden, denn „with all our technology today we can create abundance“. Die Rettung liege in Wissenschaft und Technik, „it's technology that solves problems, not politics“. In diesem System wird der politische Prozess letztlich abgeschafft, da es, wie von der Website zu erfahren ist, in einer RBE keine Entscheide mehr zu fällen gibt: „The process of arriving at decisions in this economy would not be based upon the opinions of politicians, corporate, or national interests but rather all decisions would be arrived at based upon the introduction of newer technologies and Earth's carrying capacity“.[46] Da jeder erhält, was er braucht, wird auch das Justizsystem überflüssig: „All laws will disappear“. Im Endeffekt löst sich die staatliche Ordnung auf: „The state does nothing because there is no state.“

Z : A präsentiert einen ganzen Katalog utopischer Topoi: Auf die beißende Kritik am Status quo folgt ein Gegenentwurf, der sich durch Rationalität, Kollektivismus, Universalität, Geldlosigkeit und eine radikale Reduktion der Gesetze auszeichnet. Besonders apart ist der Umstand, dass hier eine archistische Utopie mit einer zentral gesteuerten Verteilung der Güter am Ende in eine anarchistische Utopie umschlägt, in der es keine staatlichen Strukturen mehr gibt.

Ästhetisch gibt der Film wenig her: Neben Grafiken und Archivmaterial, welche die Aussagen der Voice-over meist nur leidlich illustrieren und eher Platzhalter-Funktion haben, sind Talking-Head-Aufnahmen von Fresco und Meadow zu sehen. Visuell am interessantesten sind einige computeranimierte Szenen

---

Filmen hervorgegangene *Zeitgeist Movement* (http://www.thezeitgeistmovement.com) verstand sich eine Zeit lang als aktivistischer Arm des *Venus Project,* "but in April 2011 the groups split and are no longer associated with each other“ (The Zeitgeist Movement: Wikipedia –The Free Encyclopedia).

45 Waibel 2010, S. 12.

46 The Venus Project. F.A.Q.

sowie Aufnahmen von Frescos Modellen und Skizzen, welche die durch das *Venus Project* mögliche Zukunft zeigen. Dabei greift Fresco mit dem Konzept der *Circular City* (Abb. 2) auf das alte utopische Muster der geometrischen Stadt zurück.

Abb. 2: The Venus Project

Wie der Website des *Venus Project* zu entnehmen ist, verstehen Fresco und Meadow ihr Vorhaben ausdrücklich nicht als Utopie, die sie als statisches Gebilde begreifen.[47] Nichtsdestotrotz muss *Z : A* gemessen an Schölderles Modell als utopischer Film gelten. Fast alle für die klassische Utopie konstitutiven Elemente sind vorhanden, einzig in Sachen Vollständigkeit reicht er nicht an die literarischen Vorbilder heran. Untypisch ist der Film noch in zwei weiteren Punkten: So handelt es sich beim *Venus Project* nicht um ein reines Gedankenexperiment oder gar einen satirischen oder irgendwie ambivalenten Entwurf, sondern um ein Konzept, das gemäß der Vorstellung seiner Schöpfer unbedingt umgesetzt werden muss. Zudem kommt Peter Josephs Film ohne narrative Einkleidung aus, was angesichts meiner bewussten Abkehr vom Spielfilm aber nicht überrascht.[48]

---

47 The Venus Project. F.A.Q.

48 Es entbehrt nicht einer gewissen Ironie, dass das *Venus Project* mittels Crowdfunding einen Spielfilm finanzieren will, „depicting life in a resource based economy. This film would be designed to reach the general public throughout the world to introduce an exciting, sustainable new social direction" (The Venus Project. The Venus Project Motion Picture). Zu einem früheren Zeitpunkt war auf der Website des *Venus Projekt* zu lesen, dass bereits 198'000 Dollar für das Filmprojekt gesammelt werden konnten. Mittlerweile ist dieser Hinweise verschwunden. Doch anscheinend macht das Projekt Fortschritte: „We have completed the first draft of the script for this movie. We will be exploring many different avenues for funding since we now have a producer who is on board with the film as well".

Schlusswort

Obwohl ich *Z:A* aus Platzgründen nur oberflächlich analysieren konnte, sollten zwei Dinge deutlich geworden sein: Schölderles Modell der klassischen Utopie ist ein taugliches Analysewerkzeug – auch für Filme. Und mit *Z : A* gibt es zumindest ein Beispiel, das diesem Modell fast ideal entspricht. Dabei dürfte Peter Josephs Machwerk kaum der einzige Film sein, der Schölderles Kriterien erfüllt. Vielmehr bin ich davon überzeugt, dass es noch zahlreiche Vertreter des utopischen Kinos zu entdecken gibt. Neben der bereits erwähnten Möglichkeit eines utopischen Mockumentarys wären folgende Kandidaten zu nennen:

- Dokumentationen über real existierende utopische Kommunen.
- Politische Propagandafilme und Revolutionsfilme.
- Ethnologische Filme, in denen die dargestellte Gesellschaft als vollkommen harmonisch und im Einklang mit sich und der Natur lebend dargestellt wird.
- Esoterische Werbe- und Informationsfilme, die bevorstehende goldene Zeitalter versprechen.
- Werbefilme im Allgemeinen.

Diese kurze Liste ist zweifellos unvollständig und soll vor allem aufzeigen, dass es große Forschungsfelder gibt, die von der Utopieforschung noch erschlossen werden müssen. Somit ist mein Projekt für die kommenden Jahre skizziert: Ich möchte, ausgehend von Schölderles Ansatz, einen Kanon utopischer Filme erstellen, der nicht ausgetretenen Pfaden folgt, sondern in bester utopischer Manier neue Gebiete erschließt.

Bibliographie

Filmographie

Gattaca. USA 1997, Andrew Niccol.
Minority Report. USA 2002, Steven Spielberg.
Slow Action. GB 2010, Ben Rivers.
The Village (The Village – Das Dorf). USA 2004, M. Night Shyamalan.
Witness (Der einzige Zeuge). USA 1985, Peter Weir.
Zeitgeist: Addendum. USA 2008, Peter Joseph.
Zeitgeist: Moving Forward. USA 2011, Peter Joseph.
Zeitgeist: The Movie. USA 2007, Peter Joseph.

Primärliteratur

Campanella, Tommaso: Sonnenstaat. In: Heinisch, Klaus J. (Hg.): Der utopische Staat. Reinbek bei Hamburg: rororo 2001, S. 111–169 (lat. EA 1623).
Morris, William: News from Nowhere. In: Ders.: News from Nowhere and Other Writings. Hg. v. Clive Wilmer. London: Penguin Classics 1998, S. 41–228 (EA 1890).

Morus, Thomas: Utopia. In: Klaus J. Heinisch (Hg.): Der utopische Staat. Reinbek b.H.: Rowohlt 2001, S. 7–110 (lat. EA 1516) (Philosophie des Humanismus und der Renaissance 3).
Skinner, B. F.: Walden Two. Englewood Cliffs: Prentice-Hall 1976 (EA 1948).
Sorokin, Vladimir: Der Tag des Opritschniks. Aus dem Russischen von Andreas Tretner. München: Heyne 2009 (russ. EA 2006).
Winstanley, Gerrard: The Law of Freedom in a Platform: Or, True Magistracy Restored. In: Ders.: The Complete Works of Gerrard Winstanley. Bd. 2. Hg. v. Thomas N. Corns, Ann Hughes und David Loewenstein. Oxford: Oxford University Press 2009, S. 278–404 (EA 1652).

Sekundärliteratur

Altman, Rick: Film/Genre. London: BFI Publishing 2000 (EA 1999).
Atkinson, Paul: The Visualisation of Utopia in Recent Science Fiction Film. In: Colloquy 14 (2007), S. 5–20.
Bloch, Ernst: Werkausgabe. Bd. 5: Das Prinzip Hoffnung. 3 Bde. Frankfurt: Suhrkamp 1985 (EA 1954–1959) (Suhrkamp Taschenbuch Wissenschaft 554).
Dachsel, Felix: Die dunkle Seite des Bankenprotests. taz.de. 21.10.11. http://www.taz.de/Ocupy-Bewegung/!80372/ (abgerufen am 27.12.11).
Dyer, Richard: Entertainment and Utopia. In: Steven Cohen (Hg.): Hollywood Musicals. The Film Reader. London: Routledge 2002, S. 19–30 (EA 1977).
Endter, Heike: Ökonomische Utopien und ihre visuelle Umsetzung in Science-Fiction-Filmen. Nürnberg: Verlag für moderne Kunst Nürnberg 2011.
Fest, Joachim: Der zerstörte Traum: vom Ende des utopischen Zeitalters. Berlin: Sieber 1991.
Fitting, Peter: What Is Utopian Film: An Introductory Taxonomy. In: Utopian Studies 4/2 (1993), S. 1–17.
Greenblatt, Stephen: Renaissance Self-fashioning: From More to Shakespeare. Chicago: The University of Chicago Press 1980.
Heyer, Andreas: Sozialutopien der Neuzeit. Bibliographisches Handbuch. Bd. 1: Bibliographie der Forschungsliteratur. Berlin: Lit 2008 (Politica et Ars, 18).
— Der Stand der aktuellen deutschen Utopieforschung. Bd. 3: Theoretische und methodische Ansätze der gegenwärtigen Forschung, 1996–2009. Hamburg: Kovač 2010 (Schriftenreihe Utopie und Alternative 4).
Keyes, Kenneth und Jacque Fresco: Looking Forward. South Brunswick: A.S. Barnes 1969. http://www.thevenusproject.com/downloads/ebooks/Looking-Forward-v2.pdf (abgerufen am 22.04.13).
Koselleck, Reinhart: Die Verzeitlichung der Utopie. In: Voßkamp, Wilhelm (Hg.): Utopieforschung. Interdisziplinäre Studien zur neuzeitlichen Utopie. Bd. 3. Frankfurt a.M.: Suhrkamp 1985, S. 1–14.
Moylan, Tom: Demand the Impossible: Science Fiction and the Utopian Imagination. New York: Methuen 1986.
Müller, André: Film und Utopie. Positionen des fiktionalen Films zwischen Gattungstraditionen und gesellschaftlichen Zukunftsdiskursen. Berlin: Lit 2010 (Politica et Ars 24).

Orth, Dominik: Mediale Zukunft — Die Erreichbarkeit des (Anti-)Utopischen. In: Medienobservationen. http://www.medienobservationen.lmu.de/artikel/kino/kino_pdf/_zukunft.pdf (abgerufen am 05.09.2008).
Popper, Karl R.: Die offene Gesellschaft und ihre Feinde. Bd. 1: Der Zauber Platons. 4. Aufl. München: Francke 1975 (engl. EA London 1945).
— Die offene Gesellschaft und ihre Feinde. Bd. 2: Falsche Propheten. 6. Aufl. München: Francke 1980 (engl. EA London 1945).
Saage, Richard: Utopische Profile. Bd. 1: Renaissance und Reformation. Berlin Lit: 2001 (Politica et Ars 4).
Sargent, Lyman Tower: The Three Faces of Utopianism Revisited. In: Utopian Studies 5/1 (1994), S. 1–37.
Schölderle, Thomas: Utopia und Utopie. Thomas Morus, die Geschichte der Utopie und die Kontroverse um ihren Begriff. Baden-Baden: Nomos 2011.
Seeßlen, Georg: Kino des Utopischen. Geschichte und Mythologie des Science-fiction-Films. Reinbek b.H.: Rowohlt 1980 (Grundlagen des populären Films 4).
– und Jung, Fernand: Science Fiction: Geschichte und Mythologie des Science-Fiction-Films. 2 Bde. Marburg: Schüren 2003.
Seibt, Ferdinand: Utopica. Zukunftsvisionen aus der Vergangenheit. München: Orbis 2001.
Spiegel, Simon: Die Konstitution des Wunderbaren. Zu einer Poetik des Science-Fiction-Films. Marburg: Schüren 2007 (Zürcher Filmstudien 16).
— Bilder einer besseren Welt. Über das ambivalente Verhältnis von Utopie und Dystopie. In: Sascha Mamczak, Wolfgang Jeschke (Hg.): Das Science Fiction Jahr 2008. München: Heyne 2008, S. 58–82.
— Rezension von Müller 2010. In: Zeitschrift für Fantastikforschung 1 (2010), S. 124–126.
— Rezension von Schölderle 2011. In: Quarber Merkur. Franz Rottensteiners Literaturzeitschrift für Science Fiction und Phantastik 113 (2012a), S. 285–292.
— Rezension von Endter 2011. In: Quarber Merkur. Franz Rottensteiners Literaturzeitschrift für Science Fiction und Phantastik 113 (2012b), S. 255–258.
The Venus Project. F.A.Q.: http://thevenusproject.com/extras/faq (abgerufen am 22.04.14).
The Venus Project. The Venus Project Motion Picture. http://www.thevenusproject.com/donate/major-motion-picture (abgerufen am 22.04.14).
The Zeitgeist Film Series Gateway. About: http://www.thevenusproject.com/en/the-venus-project/about (abgerufen am 27.02.13).
The Zeitgeist Film Series Gateway. General Q & A: http://www.zeitgeistmovie.com/qa.html, 28.02.13.
Tietgen, Jörn: Die Idee des Ewigen Friedens in den politischen Utopien der Neuzeit: Analysen von Schrift und Film. Marburg: Tectum 2005.
— Political Utopias in Film. In: Spaces of Utopia: An Electronic Journal 3 (2006), S. 114–131.
Voigt, Andreas: Die Sozialen Utopien. Fünf Vorträge. Leipzig: Göschen'sche Verlagshandlung 1906.
Waibel, Désirée: Tag am Meer. In: Süddeutsche Zeitung, 15.09.010, S. 12.

Weber, Hartmut: Die Aussenseiter im anti-utopischen Roman. Frankfurt a.M./Bern: Peter Lang 1979 (Europäische Hochschulschriften. Reihe 14, Angelsächsische Sprache und Literatur 71).

The Zeitgeist Movement: Wikipedia: The Free Encyclopedia. http://en.wikipedia.org/w/index.php?title=The_Zeitgeist_Movement&oldid=539953373 (abgerufen am 27.02.2013).

Zirnstein, Chloé: Zwischen Fakt und Fiktion. Die politische Utopie im Film. München: Utz 2006.

Abbildungsverzeichnis

Abb. 1: Schölderles Kriterienmatrix. Schölderle, Thomas, Utopia und Utopie. Thomas Morus, die Geschichte der Utopie und die Kontroverse um ihren Begriff. Baden-Baden: Nomos 2011, S. 480.

Abb. 2: The Venus Project, The Venus Project Poster 4, http://www.thevenusproject.com/downloads/posters/tvp_poster_04.zip (abgerufen am 27.02.13).

Die Abschaffung der Politik als politische Utopie

Politikwissenschaftliche und fantastische Perspektiven auf das *Venus Project*

Peter Seyferth

Literarische Utopien, die verwirklicht werden sollen, wurden nahezu ausschließlich im 19. Jahrhundert geschrieben und sind somit ein kurioser Sonderfall – darüber sind sich die Utopieforscher, die sich am klassischen Paradigma orientieren, und die, die sich auf die *critical utopias* seit den 1970er Jahren konzentrieren, einig.[1] Ich stelle hier eine dem klassischen Muster entsprechende Zeitutopie vor, die erst 1969 entstanden ist, mit blaupausenartigem Verwirklichungsanspruch auftritt und in den letzten Jahren eine erstaunlich umfangreiche Anhängerschaft gefunden hat, die sich ernsthaft bemüht, die ganze Welt dem idealen Vorbild anzugleichen: das *Venus Project*. Dabei zeige ich einerseits die ideologischen Wurzeln dieser Utopie auf und setze andererseits die fantastische Kritik, die an ihr geübt wurde, zu ihr ins Verhältnis, um so Politikwissenschaft und Fantastikforschung zu einem normativ-kritischen Ansatz zu verbinden.

Eine politische Utopie

In seiner beißenden Kritik der utopischen Frühsozialisten skizzierte Friedrich Engels 1880 die Entwicklung, die der Sozialismus am Ende der Phase der „Diktatur des Proletariats" nehmen werde: „Das Eingreifen einer Staatsgewalt in gesellschaftliche Verhältnisse wird auf einem Gebiete nach dem andern überflüssig und schläft dann von selbst ein. An die Stelle der Regierung über Personen tritt die Verwaltung von Sachen und die Leitung von Produktionsprozessen. Der Staat wird nicht ‚abgeschafft', *er stirbt ab.*"[2] Der eigentlich anarchistische Traum von der

---

[1] Für die klassische Tradition, die politisch kaum über Sozialkritik hinausgeht, hat sich kürzlich Thomas Schölderle stark gemacht (2011, S. 471–479); für die das klassische Paradigma überwindenden *critical utopias* bemerkt etwa Kenneth M. Roemer, dass sie keine Reformbewegungen auszulösen vermochten (2007, S. 148).

[2] Engels 1987, S. 224.

Befreiung von Herrschaft ist für viele politische Lager attraktiv, weil er (fälschlicherweise) nach der Abschaffung der Politik schmeckt. Anders als die Anarchisten, die die Utopie der Herrschaftslosigkeit ohne Umwege revolutionär herstellen wollen (dabei aber Politik als radikale Selbstverwaltung beibehalten möchten), setzten die Marxisten bekanntermaßen auf die Eroberung der Macht im Staat, der sich dann ohne weiteres politisches Zutun von alleine, gewissermaßen magisch, in nichts auflösen sollte. Auch auf konservativer Seite wurde eine ähnliche Vorstellung der Politiklosigkeit gepflegt, allerdings mit einer viel deutlicheren Beibehaltung des Elitegedankens: Fachleute sollen technisch richtige, neutrale Entscheidungen treffen, politische Beteiligung der Bürger stört da nur.[3] Die Kernvorstellung dieser „Technokratie" ist die wissenschaftliche Steuerung der Gesellschaft, häufig legitimiert durch systemtheoretische Überlegungen sowie die angenommene Neutralität und Professionalität von Ingenieuren und ihren Computern. Diese Idee geht häufig Hand in Hand mit einer futuristischen[4] Bewunderung des technischen Fortschritts und wurde auch von Science-Fiction-Autoren des „goldenen Zeitalters" (ca. 1939–1950) gepflegt (etwa in der *Organisation Technocracy Inc.*). Viele Science-Fiction-Texte sind in diesem Geist geschrieben worden; manche haben bis heute eine politisch inspirierende Wirkung und sind daher wirkungsvolle intentionale literarische Utopien. Einer davon ist *Looking Forward*, 1969 von Kenneth S. Keyes, Jr. und Jacque Fresco geschrieben. Der Text ist halb Science und halb Fiction und erscheint als eine Zukunftsprognose mit Verwirklichungsanspruch, womit er in engem Verwandtschaftsverhältnis zu früheren Texten wie Edward Bellamys *Looking Backward* (1888) und B. F. Skinners *Walden Two* (1948) steht. Jacque Fresco (*1916) hat sein Leben seit den 1970er Jahren der Ausarbeitung der im Roman beschriebenen technisch-sozialen Entwürfe gewidmet. Diese umfassen Blaupausen für Fahrzeuge, Maschinen, Häuser, Städte und weltumspannende Kontrolltechnologien; darauf aufbauend erstellte Fresco einerseits

---

3 Als wichtigsten deutschsprachigen Vertreter dieser konservativen Technokratie kann man Helmut Schelsky zitieren. Zunächst konstatiert er, dass die Idee der Demokratie obsolet geworden sei: „an die Stelle eines politischen Volkswillens tritt die Sachgesetzlichkeit" (1961, S. 22); Entscheidungen treffen nun „die koordinierenden und planenden Fachleute der Organisation, die ‚Manager'" (S. 25). Wie der Marxismus spricht auch Schelsky vom „‚Absterben' des Staates im Sinne der Herrschaft von Menschen über Menschen", denn „hier ‚herrscht' gar niemand mehr, sondern hier läuft eine Apparatur, die sachgemäß bedient sein will" (S. 26). In den USA waren vor allem Thorstein Veblen und James Burnham wichtige Vertreter dieser Herrschaft verschleiernden Ideologie.

4 Im europäischen Sprachgebrauch bezeichnet „Futurismus" häufig eine künstlerische Richtung im Italien des frühen 20. Jahrhunderts, die Fortschritt, Geschwindigkeit, Maschinen und Gewalt verherrlichte und stilprägend für den Faschismus war. Hier ist „futuristisch" so zu verstehen, wie das in den USA üblich ist: als unbekümmerte Selbstbezeichnung für Futurologen, die die Zukunft nicht nur voraussagen, sondern beeinflussen wollen; die Nähe zum Faschismus ist hier lange nicht so groß – aber auch nicht ganz abwesend.

Grafiken und dreidimensionale Modelle zur Veranschaulichung seiner utopischen Pläne und andererseits Texte zur Plausibilisierung ihrer Machbarkeit und Wünschbarkeit. Er gründete mit Gleichgesinnten die Gruppe *Sociocyberneering Inc.*, die seinen Vorträgen[5] lauschte und ein Anwesen in Venus (Florida) finanzierte, auf dem er mit seiner Partnerin Roxanne Meadows einige der Architekturmodelle als Musterhäuser verwirklichte und so das *Venus Project* ins Leben rief, einen Erlebnispark und ein Laboratorium für seine utopischen Entwürfe. Über die Jahrzehnte hinweg berichtete die Presse nur sporadisch über dieses Projekt; erst seit 2008 wird es bekannter, weil sich nun tatsächlich Aktivisten gefunden haben, die Frescos Ideen umsetzen wollen. Diese Gruppen beziehen sich (direkt oder indirekt) auf neueres Propagandamaterial von Fresco, insbesondere seine Bücher *The Best That Money Can't Buy* (2002) und *Designing the Future* (2007), seine Filme *Welcome to the Future* (2001), *Future by Design* (2006) und *Paradise or Oblivion* (2012) sowie weitere Videos, Online-Texte und Interviews.[6] All das ist auf der Homepage des *Venus Project* erhältlich, genauso wie *Looking Forward.* Dieser Roman wird von den Anhängern Frescos geflissentlich ignoriert, obwohl er eindeutig die Quelle der anschließend entwickelten Ideologie ist; sogar die Industrie- und Architekturmodelle, die Fresco jahrzehntelang verfeinerte, finden sich schon in *Looking Forward.*[7] Daher werde ich als Erstes diese Quelle vorstellen und erst anschließend die Verwirklichungsversuche.

Looking Forward[8] besteht aus drei Teilen. Die ersten Absätze des ersten Teils (8) und der gesamte dritte Teil (118–121) bitten die Leser um Unterstützung bei der Verbesserung der Welt. Der Rest des ersten Teils (8–50) widmet sich der Plausibilisierung der Zukunftsvision, der zweite Teil (50–117) ist die eigentliche utopische Fiktion, die im späten 21. Jahrhundert spielt. Glaubwürdigkeit versucht der

[5] Diese Vorträge behandeln seine gesamte, die Utopie ideologisch untermauernde Technikphilosophie und sind auf 20 CDs erhältlich (vgl. http://www.thevenusproject.com/store/official{#}!/sim/product/category=1351925&id=5501296, 13.04.14).

[6] Das gesamte Material ist auffällig repetitiv formuliert bis hin zur wortwörtlichen Wiederholung von Slogans und Phrasen. Alle Texte oder Filme sind offensichtliche Umformulierungen von *The Best That Money Can't Buy*; diesem Text wird später nichts grundlegend Neues hinzugefügt. Am deutlichsten wird das in den FAQ der Homepage, die eine Zitatencollage mit nur wenigen direkt auf die Fragen bezogenen Sätzen sind.

[7] Der Romanteil von *Looking Forward* enthält zwölf Illustrationen, die Gebäude, Städte und Fahrzeuge im retrofuturistischen Stil (Stromlinienformen, Glaskuppeln, Blob-Architektur) zeigen (57–59). Die technische Anmutung wird durch allgegenwärtige Fluchtpunktlinien betont – es sollen keine Fantasien, sondern Ingenieurspläne sein. Typisch für die starren Utopien der perfektionistischen Tradition ist auch die geometrische Strenge der Entwürfe (Symmetrieachsen, Kreisform, Wiederholung der Elemente), die auch in den neuen Illustrationen der 2000er Jahre kaum aufgelöst wird (vgl. dazu jede beliebige Veröffentlichung von oder über das *Venus Project* – dieses Design taucht immer auf und ist wohl das wahre Herz der Utopie).

[8] Die Seitenzahlen in Klammern beziehen sich im Folgenden auf Keyes/Fresco 1969.

erste Teil durch quasi-wissenschaftliche Argumentation zu erreichen. Keyes und Fresco stellen eine futurologische Methodologie vor, der zufolge soziale Evolution hauptsächlich durch Werte, Denkweisen und Technologie beeinflusst wird – und daher vorausgesagt werden kann (23). Als Werte, denen die Menschheit in der Zukunft nachjagen wird, machen sie „Life, Liberty, and the Pursuit of Happiness“[9] (28) aus; die zukünftige Denkweise soll wissenschaftlich sein, verstanden als ergebnisoffenes, experimentelles Hypothesentesten (dessen Abwesenheit als Grund für das Unglück im 20. Jahrhundert angenommen wird, 38); „Cybernation“ schließlich soll die Technologie der Zukunft sein, die uns ein Leben ähnlich wie bei den alten Griechen erlaubt – jedem stehen Millionen von künstlichen Sklaven zur Verfügung (45). Cybernation wird als Verbindung von Robotik mit Computertechnik definiert; ihr Anwendungsbereich soll allumfassend sein: „Computers will be designed that will have sensory receptors in all parts of the world which will give them immediate information on anything significant that occurs.“ (46) Mit „all parts of the world“ sind nicht nur Industrie, Landwirtschaft, Verkehr und Kommunikation gemeint, sondern sogar menschliche Gehirne.

Der eigentliche Roman (also der zweite Teil) beginnt mit einer Beschreibung des Aufwachprozesses der Hauptfiguren Scott und Hella, der vollständig von dem vernetzten Computer „Corcen“ gesteuert wird, der weiß, wann die beiden genug geschlafen haben und entsprechend Raumtemperatur und Licht regelt. Allen Menschen wird schon im Embryonalstatus ein fingergroßer Computer in das Gehirn eingepflanzt, der mit Corcen verbunden ist und dem Gehirn die Einstellungen und Fähigkeiten aufprägt, die in der Zukunftsgesellschaft benötigt werden (78–79). Die Gesellschaft wird als angewandte Technologie verstanden und kann daher zentral von Corcen gesteuert werden – eigentlich ist die Gesellschaft identisch mit dem Computer, da er nicht nur Produktion und Distribution völlig automatisch koordiniert, sondern auch signifikant bestimmt, was die Menschen wollen.[10] Diese schöne neue Welt benötigt passende Menschen, die von Corcen hergestellt, also genetisch designt (77), künstlich ausgetragen (80) und nahezu frei von mitmenschlichen Kontakten erzogen werden (82–85); Ziel ist die Herstellung eines vollständig künstlichen Menschen (101, 106), da heutige Menschen nicht in diese Gesellschaft passen (107–110). Die Regierungstätigkeit wird ebenfalls Corcen überlassen, da er verlässlichere Voraussagen treffen kann; es ist typisch für die Technokratie, dass Politik als Problem verstanden wird, das man optimal lö-

9 Das sind erstaunliche alte Werte (in dieser Formulierung seit 1776 aus der Unabhängigkeitserklärung der USA bekannt) für jemanden wie Fresco, der Argumentationen für ungültig hält, die auf ‚alten Werten‘ beruhen.

10 Dies wird mehrfach detailliert beschrieben. Die immer wieder eingestreuten Versicherungen der Autoren, dass die Menschen selbstverständlich frei von Manipulation und Überwachung sein werden, sind somit nicht glaubhaft.

sen könnte, wenn man nur genug Informationen schnell genug korrelieren könnte (deshalb Corcen: „Correlation Center"). Es gibt zwar einen Ausschaltknopf für Corcen, doch „No one will ever touch it" (88), denn alle sind immer mit allem zufrieden, die totale Glückseligkeit ist endlich erreicht. Entsprechend langweilig ist die Erzählung: Nach dem Aufwachen wandeln Scott und Hella durch ihre Welt und lassen sich alle Bestandteile erklären, so als wären sie nicht kompetente Bewohner dieser Welt, sondern utopische Reisende, die überall Führer benötigen; nie ist etwas gefährlich, spannend oder erschütternd. Im Grunde passiert nichts.

Sowohl literarisch als auch inhaltlich muss man *Looking Forward* zu den klassischen Zeitutopien rechnen, die zwar verwirklicht werden wollen und daher von der radikalen Veränderlichkeit der kritisierten Gesellschaft ausgehen, dann aber eine Perfektion für erreichbar halten, die weitere radikale Brüche verhindert. *Looking Forward* kritisiert die Gegenwart (12–20) und entwirft eine Zukunft der allseitigen, unzerstörbaren Glückseligkeit. Die beschriebene Gesellschaft ist nicht starr oder statisch, sondern hat „sufficient flexibility to correct its own errors and to meet any challenge that lies ahead" (50) – damit ist sie perfekt. Zur Perfektion gehört auch, dass Gegner unwichtig und unwirksam bleiben. Stella trifft z.B. einen Mann mit dem Spitznamen Paul Revere[11], der sich Sorgen macht und kritische Fragen stellt wie „Could Corcen decide that man is a threat and a nuisance? Suppose it should surrepetitiously design and build robots to give it dictatorial power? Corcen can design and make a million robots without our knowing it. Can man always turn off the switch if he wants to?" (101) Stella fängt an, sich das vorzustellen, doch ihr Führer tut solche Fragen als verwirrte Nörgelei ab, und sie ist sofort wieder beruhigt. Man lässt Revere gewähren. Auch deshalb ist *Looking Forward* keine Dystopie: Dafür hätte es die Beschreibung einer glaubwürdigen Außenseiterposition gebraucht, die das durch Perfektion erzeugte individuelle Leid nachvollziehbar macht. Aber es gibt keine menschliche Persönlichkeit in *Looking Forward*. Insofern ist es auch kein Science-Fiction-*Roman*; aber das war auch nicht Keyes' und Frescos Absicht. Die beiden beziehen sich häufig auf bekannte Science-Fiction-Autoren, die sie vor allem dann loben, wenn sie zutreffende Voraussagen machten wie Verne (22), Welles (22–23, 118) und Stapledon (118) oder Einfluss auf die gesellschaftliche Entwicklung nahmen wie Orwell und Huxley (25). Die Letzteren werden aber auch kritisiert, weil sie zukünftige Technologien mit alten Werten verbinden (25); es wird ausdrücklich geleugnet, dass Corcen ein „Big Brother" ist (70), und Stella zitiert sogar ausführlich aus Arthur C. Clarkes *Profiles of the Future* (1962), dass nur ‚Schund-SF' intelligente Maschinen als Gefahr für die Menschen darstelle (92). Science Fiction und Utopie werden in

---

[11] Paul Revere war ein Freiheitskämpfer im amerikanischen Unabhängigkeitskrieg.

diesem utopischen Science-Fiction-Projekt abgelehnt, solange sie unbequem sind, also technokratische Kontrollfantasien in Frage stellen.

Diese Haltung behält Fresco in seinen späteren Werken bei. In seinem Hauptwerk *The Best That Money Can't Buy*[12] von 2002 zitiert er B. F. Skinner und Carl Sagan nicht als Utopisten (*Walden Two*, 1948) und Science-Fiction-Autoren (*Contact*, 1985), sondern als Wissenschaftler (18, 20). Einerseits wendet er sich gegen „naïve science fiction stories“ (96), in denen Maschinen von sich aus gegen Menschen handeln, und behauptet, die Technikfeindlichkeit vieler Autoren resultiere aus ihrer Wissenschafts-Ignoranz (98); andererseits plausibilisiert er die Idee, man könne ohne Rücksicht auf Geld Ressourcen für die Erreichung eines großen Ziels mobilisieren, mit dem Verweis auf Roland Emmerichs Film *Independence Day* (USA 1996) (25) und die Idee, dass Computer alles können, was Menschen können – sogar schauspielern –, mit dem Verweis auf Hironobu Sakaguchis Film *Final Fantasy: The Spirits Within* (USA 2001) (54). Der Bezug auf Utopien ist ähnlich instrumentell: Es sei zwar schön, dass etwa Bellamy (6, 155) und Welles (6, 13, 155) neue Zivilisationen erfunden hätten, doch weil sie sich an herkömmlichen Werten orientierten und weder konkrete Umsetzungspläne noch durchsetzungsfähige Teams präsentieren konnten, seien sie gescheitert (155).[13] Schon den Gedanken an „Utopie“ hält Fresco für statisch (156) und er versichert gleich zweimal, sein Venus Project sei „neither Utopian nor Orwellian, nor does it reflect the dreams of impractical idealists“ (48, 161). Diese Argumente wiederholt er in *Designing the Future*,[14] und online im Essay *The Future and Beyond* und in den *FAQ*.[15] Frescos Denken hat sich in 40 Jahren schon weiterentwickelt; dies wird sichtbar, wenn man die Leseliste der *Sociocyberneering Inc.* mit der des *Venus Projects* vergleicht, die nur zu einem Drittel identisch sind. Unverändert bleibt die Dominanz der Schriften B. F. Skinners;[16] Texte zur Medizin und zur Technokratie[17] werden aber ebenso verworfen wie alles, was sein ehemaliger Koautor Keyes schrieb; dafür nimmt die Anzahl der Fresco-Texte (hauptsächlich CDs mit Vorträgen) deutlich zu, außerdem wird das Thema Geld neu aufgenommen. Die

---

[12] Die Seitenzahlen in Klammern beziehen sich im Folgenden auf Fresco 2011.

[13] Dasselbe Urteil fällt Fresco auch über Platon (27, 155) und Karl Marx (155).

[14] Fresco 2007, S. 11, 45, 53, 75.

[15] Dabei bezieht er sich auf dieselben Autoren und formuliert in nahezu denselben Worten. Neu ist allein die Kritik an der Technikfeindlichkeit der Filme 1984, *Brave New World*, *Blade Runner*und *Terminator 2*.

[16] Dessen *Walden Two* ersetzt Fresco aber durch den abstrakteren Text *Beyond Freedom and Dignity*; dies kann als Versuch gedeutet werden, von utopischem Denken zur Wissenschaft fortzuschreiten – und zugleich die mit *Walden Two* verbundenen Verwirklichungsversuche (z.B. Twin Oaks oder Los Horcones) auszublenden, deren Berücksichtigung den Optimismus Skinners wie Frescos dämpfen müssten. Behavioralistische Texte, die nicht von Skinner stammen, entfernte Fresco von der Leseliste.

[17] Howard Scott (*Technocracy Inc.*) musste weichen, doch Thorstein Veblen durfte verbleiben.

Kritik wird antikapitalistischer, der Utopie wird ein ökonomischer Aspekt hinzugefügt: die *Ressource Based Economy* (RBE). Technologisch bleibt Fresco im Grunde den Ideen aus *Looking Forward* treu (auch die RBE wird vom Computer gesteuert), lediglich die Kernenergie wird durch nachhaltigere Energiequellen ersetzt. Einzelne gruselige Details der Utopie wie Eugenik und Hirnimplantate werden nicht mehr erwähnt – sind aber aus den schon in *Looking Forward* genannten Gründen für das Funktionieren der beschriebenen Zukunftsgesellschaft notwendig und werden auch nicht explizit abgelehnt.

Utopische Politik

Fresco wünscht die Verwirklichung seiner Ideen und präsentiert auch einen detaillierten Plan zur Umsetzung. Dieser Plan entspricht geradezu idealtypisch dem utopischen Muster: Der Utopist entwirft alle Aspekte der zu errichtenden Gesellschaft (Stadtpläne, Privathäuser, Transportmittel, Kommunikationssysteme, Überwachungstechnologien, Wirtschaftssystem etc.), macht dann in sachlichen und fiktionalen Texten Werbung dafür, findet Anhänger, welche eine experimentelle Siedlung errichten, die schließlich als weltweites Vorbild dienen soll. Die Pläne und Modelle existieren bereits und können online sowie auf dem Gelände des *Venus Projects* betrachtet werden. Neben den neueren Sachbüchern und Designvideos Frescos soll auch ein „major motion picture depicting the advantages of this new social system for the world's people" (159) zu Propagandazwecken gedreht werden; für die Drehbucherstellung hat Fresco bereits 113 000 US-Dollar Spenden gesammelt.[18] Dieser Film kann nichts anderes werden als utopische Science Fiction – die Fresco dann aber gutheißen dürfte, da sie instrumentell nützlich für sein politisches Vorhaben ist.

Am stärksten konnten Peter Josephs YouTube-Filme *Zeitgeist: Addendum* (2008)[19] und *Zeitgeist: Moving Forward* (2011) sowie das daraus entstandene *The Zeitgeist Movement* (TZM) die Bekanntheit Frescos und seines *Venus Projects* steigern. Selbst bekannt wurde Joseph durch den ersten *Zeitgeist*-Film (2007), der „9/11 Truth"-Verschwörungstheorie mit Kritik an Religion und Geldsystem

---

[18] Stand: 31.03.2013 (Deadline für diesen Text). Inzwischen (09.04.2014) sind alle Aussagen über die Finanzierung dieses Films von der *Venus Project*-Homepage verschwunden. Der ursprüngliche Spendenaufruf wurde aber an anderer Stelle archiviert (http://archive.is/LAq0c). Nach wie vor gilt der Spielfilm als „Phase Two" des Umsetzungsplanes (vgl. http://www.thevenusproject.com/about/aims-and-proposals). Gegner des *Venus Project* behaupten inzwischen, dass sogar über 198.000 $ gesammelt wurden, über deren Verwendung sich Fresco und Meadows aber ausschweigen, weil es sich schlicht um Betrug handele (vgl. http://conspiracies.skepticproject.com/forum/5349/the-venus-projects-100000-big-budget-movie-scam-prediction/).

[19] Siehe Simon Spiegels Beitrag in diesem Band, in dem er argumentiert, dass es sich bei *Zeitgeist: Addendum* um einen utopischen Film handelt.

verband. Die darin transportierte Vorstellung, dass totale Kontrolle möglich ist, derzeit aber irrational und schädlich ausgeübt wird, ist sehr kompatibel mit Frescos Weltsicht und lockte Millionen Klicks an. Das TZM distanziert sich zwar von Verschwörungstheorien und spricht sich offiziell genauso bestimmt gegen Elitismus aus wie Fresco selbst; die TZM-*FAQ* bezeichnen ihre Mehrebenen-Entscheidungsstruktur auch als „‚Bottom Up' approach", allerdings wird diese vermeintliche Basisdemokratie durch den „Rational Consensus" auf den Kopf gestellt, in dem jede Entscheidung auf unterer Ebene von Mitgliedern auf einer höheren Ebene, denen man größeres Wissen unterstellt, ratifiziert werden muss. Ist der Konsens einmal an der höchsten Stelle angelangt, dürfen von dort aus „‚Top Down' directives" erlassen werden. Diese Hierarchie wird von TZM-Anhängern nicht als elitär empfunden (obwohl sie genau das ist), weil technische Expertise als neutral verstanden wird, also nicht Menschen über Menschen herrschen, sondern lediglich das wissenschaftlich Richtige getan wird. Folgerichtig dürfen auch nur solche Informationen in die Entscheidungsfindung einfließen, die quantifizierbar und frei von Gefühlen sind. In Frescos Utopie werden den Computern alle gesellschaftlich relevanten Entscheidungen überlassen – so lange es Corcen noch nicht gibt, müssen „interdisciplinary teams" die schwierige (aber angeblich unpolitische) Administration übernehmen. Selbst die Transformation vom heutigen zum zukünftigen System hält Fresco nicht für politisch, sondern für eine notwendige Folge biosozialer Zusammenbrüche. Es soll *tabula rasa* gemacht werden: Alle heute existierenden Städte werden geschleift und durch Frescos kreisförmige Idealstädte ersetzt. Und obwohl er das bedauert, ist es „likely that the most probable course will be a form of dictatorship, perhaps even an American brand of fascism" (28). Es ist erstaunlich, dass Frescos Ambitionen von mehreren Sektionen der ansonsten sehr herrschaftsfeindlichen Occupy-Bewegung so freundlich aufgenommen wurden und seine RBE von vielen Besetzern als erstrebenswerte Alternative zum Kapitalismus akzeptiert wurde.[20]

Im April 2011 trennte sich Fresco vom TZM in einem Streit um Geld, um Urheberrechte und um die Reinheit der Lehre.[21] Die Propaganda für sein Venus Project läuft aber auf vielen Kanälen weiter. Das TZM wirbt nach wie vor für ein Cybernation-RBE, und auch Fresco hat nun eine eigene Basisbewegung mo-

---

[20] *Occupy Wallstreet* war stark von anarchistischem Geist durchdrungen (vgl. Graeber 2012), aber bei *Occupy Miami* durften Meadows und Fresco ihre Ideologie präsentieren (http://www.youtube.com/watch?v=elHI_odE1Rk, 29.03.13); im deutschsprachigen Raum gelang es TZM-Mitgliedern, die Occupy-Bewegung „zu vereinnahmen" (vgl. Dachsel 2011).

[21] Da beide Parteien ihre diesbezüglichen Äußerungen wieder aus dem Netz genommen haben und einander überhaupt nicht mehr erwähnen, können heute nur noch externe Beobachter zitiert werden (vgl. z.B. http://bit.ly/eHpaIs, 09.04.14).

bilisieren können. Organisationen in Portugal[22] und Griechenland[23] verbreiten die üblichen Videos und Bücher, aber auch in Mainstream-Medien und Mainstream-Politik wurde in den Jahren 2012 und 2013 verstärkt über die futuristische Technokratie mit RBE als Lösungsansatz für die Probleme der neoliberalen Globalisierung diskutiert. Der neueste Film *Paradise or Oblivion* etwa wurde in langen, unkommentierten Ausschnitten in der Sendung *Newton* des österreichischen ORF gezeigt;[24] die Berichterstattung über das *Venus Project* ist vor allem in sympathisierenden Medien unkritisch[25] – die meisten Medien konzentrieren sich eher auf die ästhetischen Aspekte der Entwürfe und hinterfragen die politischen Ambitionen Frescos nicht. Aber die sind durchaus vorhanden. Fresco wird z.B. durch die *Humanitad Foundation* unterstützt.[26] Diese vor allem bei den Vereinten Nationen lobbyierende NGO kann Erfolge bisher zwar nur im Bildungsbereich vorweisen, erzeugt mit Preisverleihungen aber Öffentlichkeit und plant utopierelevante Projekte, darunter die *Earth Sanctuary*-Kommunen, die einerseits die „Millennium Development Goals" der UN verwirklichen und andererseits Werbung für neueste Nachhaltigkeits-Technologien machen sollen; die Stadtplanung für diese Kommunen erinnert an Frescos Idealstädte (Kuppelbau im Zentrum, weiße Blob-Architektur in grünen Gärten etc.). Für ein weiteres Projekt der *Humanitad Foundation*, die „Exemplar Zero"-Initiative, waren Frescos Ideen die direkte Inspiration.[27] Geplant sind nachhaltige technologische Innovationen in Island und in der Mongolei. All das befindet sich derzeit in einer sehr frühen Phase, und die ideologischen Differenzen zwischen Fresco und dem *Humanitad*-Gründer Sacha Stone (der zwar auch „null Toleranz" gegenüber Deliberation bei der Entscheidungsfindung fordert, zugleich aber die Projekte schariakonform und ökonomisch vorteilhaft für einzelne Staaten haben will) könnten zu einem ähnlichen Bruch führen wie zwischen Fresco und TZM-Ikone Peter Joseph.

Es ist aber festzuhalten, dass Frescos Verwirklichungsversuche ernst gemeint sind und daher mit der gleichen Ernsthaftigkeit politikwissenschaftlich analysiert werden können wie andere Policy-Programme auch. Hier wird auch deutlich, dass Fantastikforschung und Politikwissenschaft in solchen Fällen aufeinander angewiesen sind. Ein rein politikwissenschaftlicher Blick auf das *Venus Project* bliebe blind für die Wurzeln der technokratischen Ideologie Frescos, weil *Looking Forward* ignoriert würde. Ein rein literaturwissenschaftlicher Blick auf *Looking For-*

---

22 Vgl. http://futuragora.pt, 28.03.13.

23 Vgl. http://www.thepangea.org, 28.03.13.

24 Am 12.05.2012, 18:25 Uhr. Vgl. http://programm.orf.at/?story=19233; http://www.youtube.com/watch?v=CzKHjBGBMsA, 28.03.13.

25 *Icosa Magazine*, *Civilisation2.0*, *The Futurist*, *FO/futureorientation.*

26 Vgl. http://www.humanitad.org, 28.03.13.

27 Vgl. http://www.exemplarzero.org/downloads/pdf/E-Z_Initiative.pdf, S. 7, 10, 28.03.13.

ward würde schlimmstenfalls die schlechte Qualität des Textes verurteilen und bestenfalls die Intertextualität mit vergleichbaren fiktionalen und ideologischen Texten aufzeigen. Neben der wissenschaftlichen gibt es aber auch fantastische Kritik an der technokratischen Utopie.

Fantastische Utopiekritik

Frescos Ideologie ist keineswegs originell, sondern findet zahlreiche Vorläufer und Parallelen in der Science Fiction. Die positive Einstellung gegenüber Technologie und computergesteuerter Gesellschaft ist ein internationales Phänomen und nicht auf die USA beschränkt. Für den deutschsprachigen Bereich hat Hans Esselborn die Phasen der Technikbegeisterung im Ingenieurs- und Zukunftsroman aufgezeigt. Er verweist auch auf einen Roman aus dem Jahr 1976, der eine Welt beschreibt, die stark *Looking Forward* ähnelt: Herbert W. Frankes *Ypsilon Minus*.[28] Darin regiert ein allumfassendes Rechnersystem (125–126) die Gesellschaft kybernetisch (29) auf der Basis der verfügbaren Ressourcen (12), wobei „eine totale Informationserfassung und -verarbeitung" (137) zur Versorgung der Menschen durch Vollautomatisierung führen soll. Die Erschaffung eines neuen Menschen befindet sich kurz vor der Vollendung (20–21), Austragung und Aufzucht der Kinder erfolgt durch Maschinen (73), die Persönlichkeitsstruktur soll transparent werden (137), die Gehirne werden zur Gefühlskontrolle elektronisch stimuliert (31). All das geschieht nur zum Besten des Menschen, wie die offiziellen Dokumente versichern: „DER HÄNDE ARBEIT, DIE SORGE UM DAS TÄGLICHE BROT GEHÖREN DER VERGANGENHEIT AN. DER MENSCH HAT DEN WEG ZURÜCKGEFUNDEN: INS PARADIES." (154) Bis aufs Detail sind Weg und Ziel in Frankes und Frescos Texten identisch.[29] Der Unterschied besteht darin, dass Franke nicht nur die offizielle Perspektive darstellt, sondern die dystopische Position eines Unzufriedenen einnimmt – dem es dann auch noch gelingt, systemschädigende Routinen zu verbreiten. Fresco könnte sein Standardurteil über technokratiekritische Science-Fiction-Autoren, dass sie nämlich von Technik keine Ahnung hätten, über Franke aber nicht fällen, da dieser als pro-

[28] Vgl. Esselborn 2012, S. 451. Die Seitenzahlen in Klammern beziehen sich im Folgenden auf Franke 1976.

[29] Zwei Abweichungen gibt es: Bei Franke wird geplant, kreative Tätigkeiten (81) und Wissenschaft (154) abzuschaffen, sobald die totale Kontrolle erreicht ist, während Fresco im Gegenteil glaubt, dass diese geistigen Beschäftigungen die einzigen sein werden, die übrig bleiben. Und Franke gibt seiner dystopischen Welt eine nach Fähigkeiten gegliederte Kastenstruktur, während Fresco die Gleichheit aller Menschen betont (meistens jedenfalls). Häufig spricht Fresco auch vom „qualified personnel" (2007, S. 25), aus dem die bestimmenden interdisziplinären Teams bestehen. Diese offensichtliche (aber nicht offizielle) Elite wird auch in der fantastischen Venus-Project-Kritik behandelt, die ich abschließend streife.

movierter Physiker – und als Zukunftsforscher – sehr wohl die Technikfolgenabschätzung vornehmen kann, die zu seiner eher pessimistischen bzw. warnenden Sicht führt. Dennoch ist es wahr, dass Franke nur ein analoges System kritisiert, nicht Frescos System selbst. Diese Aufgabe übernimmt ein anderer Fantastiktext.

Dieser Text ist der „Hörcomic"[30] *Agent Zukunft 1: Die Belohnung* von Emma Braslavski und Alexander Magerl aus dem Jahr 2011. Darin betätigt sich der gescheiterte Wirtschaftsjournalist Rainer Wiedemann als utopischer Reisender, der das weltweit verwirklichte *Venus Project* am Ende des 21. Jahrhunderts besucht. Solche (eigentlich fiktiven) Alternativwelten aus Profitgründen zu erkunden, ist auch seine Aufgabe in den späteren Folgen der Reihe, in denen er sich aber stets nach Daypira, seiner Kontaktperson im ersten Abenteuer, und der aus seiner Sicht schönen Gesellschaftsordnung des materiellen Überflusses zurücksehnt. Sowohl die Riesentintenfische, die er im zweiten Teil zu Konsumenten umerziehen soll, als auch die parolengläubigen Protestierer aus dem dritten Teil, die ohne die Eliten, die sie ablehnen, nicht leben können, empfindet Wiedemann als abstoßend. Obwohl die Bewertung der drei Alternativgesellschaften recht unterschiedlich ausfällt, wird in jedem der bisher veröffentlichten Teile deutlich gemacht, dass es keine gesunde Lebensweise für intelligente Lebewesen gibt, abgesehen von der natürlichen. Man könnte die Riesentintenfische schon zu eitlen Marktteilnehmern verbiegen, doch für sie sei nur das direkte, nicht über den Kommerz vermittelte Verschlingen des Essbaren angemessen – sie sind eben keine Menschen (*Die Ausweitung der Handelszone*, 2011). Man könnte auch die menschlichen Eliten verjagen und versuchen, sich über Bezugsgruppen zu organisieren, doch dann entstünde eine Tyrannei der Strukturlosigkeit, die schlimmer wäre als kapitalistische Ausbeutung und staatliche Unterdrückung zuvor (*Kurzschluss der Welten*, 2012). Die *Agent-Zukunft*-Reihe vermittelt, dass Konkurrenz und Hierarchie natürliche, dem Menschen angemessene soziale Beziehungen sind, auch wenn man sie widerlich finden und sich nach schöneren Ordnungen sehnen kann. Aus dieser Perspektive wird auch das *Venus Project* betrachtet.[31] Wiedemann besucht die Zukunft nicht aus Neugier oder utopischer Sehnsucht, sondern um dafür bezahlt zu werden; und er trifft auf Daypira, die ebenfalls für ihre Leistungen belohnt werden will. Ganz Frescos Entwürfen folgend, hat in dieser Zukunftsgesellschaft jeder geldlosen Zugang zu allem, die Produktion ist automatisiert und das Den-

---

30 Im Grunde ist es ein Hörspiel mit musicalartigen Liedern, eine seltsame Science-Fiction-Operette.

31 Es ist klar, dass es sich dabei um eine ideologische, nämlich liberale Perspektive handelt. Das ist nicht als Vorwurf zu verstehen, da jeder Blickwinkel einen Standpunkt braucht, von wo aus er ‚schaut' – auch die Politikwissenschaft kann keine Ideologiefreiheit herstellen. Aber es ist notwendig, deutlich zu machen, welches der ideologische Standpunkt einer Perspektive ist, damit man sie relativieren kann.

ken wissenschaftlich-logisch (zugleich aber auch durch Angst vor der Wildnis geprägt). Ebenfalls frescokonform sind die Städte und Transportmittel sowie der Einsatz von interdisziplinären Teams aus extrem intelligenten Freiwilligen, die für die ständige Verbesserung der Technologie, also der Gesellschaft sorgen sollen. Es gibt aber auch einige Abweichungen von Frescos Utopie: etwa die Kontingentierung (also Knappheit) von Gütern, die „Fürsorge" (also Umerziehungslager) und vor allem die destabilisierenden menschlichen Gefühle des Neides und des Egoismus.[32] Als Leistungsträgerin will Daypira gefälligst Privilegien Fauleren gegenüber haben. Sie verschwört sich mit anderen und manipuliert das zentrale Datenbanksystem, um wirtschaftliche Ungleichheit einzuführen; für den Protest der so Schlechtergestellten hat sie nur Hohn übrig. Allerdings kann das „kybernationale System" nicht nur durch Hacker-Angriffe, sondern auch durch demokratische Methoden zur Verhaltensänderung gebracht werden, sodass Daypiras Utopie von einer stratifizierten Profitgesellschaft teilweise scheitert. Sie selbst wird in die Fürsorge gesteckt, doch ihren Denunzianten wird Daypiras Objekt der Begierde (ein Haus am Strand) sogar als Eigentum übertragen – gewisse Privilegien sind jetzt also möglich, nur kriegen sie dummerweise andere ...

Die fantastische Kritik am *Venus Project* geht nicht nur formal anders vor als die politikwissenschaftliche (also frei interpretierend und fiktional gegenüber der ideologiekritischen Fokussierung auf Öffentlichkeitsarbeit und Lobbying). Sie legt auch andere Schwerpunkte. Sie tut sich z.B. leicht, bei Fresco nicht vorhandene Elemente einzuführen, die sehr plausibel sind, etwa die „Fürsorge". Dass Braslavski und Magerl das *Venus Project* als Dystopie inszenieren, ist nur angemessen – auch wenn Fresco sich durch deren Darstellung vermutlich missverstanden fühlen würde. Vor allem würde er ihnen wohl vorwerfen, dass sie sich an ‚alten Werten' orientieren, nämlich am heute hegemonialen Menschenbild. Dieses Festhalten am Liberalismus ist tatsächlich eine Schwäche der *Agent-Zukunft*-Reihe und könnte sie schlimmstenfalls zu Propaganda für strukturkonservativen Anti-Utopismus machen.

Schluss

Das *Venus Project* ist kein Einzelfall. Für den deutschsprachigen Bereich könnte man etwa den Equilibrismus als Beispiel nennen, eine ebenfalls auf systemtheoretischen Überlegungen aufbauende Ideologie, die durch Fantastiktexte (*Das Tahiti-Projekt*) propagiert und durch politisches Handeln verwirklicht werden soll.[33]

[32] Im Hörcomic ist außerdem das TZM die maßgebliche revolutionäre Kraft, die Frescos utopischen Entwurf in die Wirklichkeit umsetzt. Inzwischen widerspricht das auch Frescos Wünschen.

[33] Vgl. Freystedt/Bihl 2005; Fleck 2010; www.equilibrismus.org, 29.03.13.

Wichtiger als eine Sammlung von Beispielen ist aber die Erkenntnis, dass einseitige Betrachtungen von politischen Utopien mit über literarische Sozialkritik hinausgehenden Weltveränderungsambitionen zu defizitären Urteilen führen. Fantastik kann zwar gut Kritik und Gegenmodelle popularisieren, dabei Emotionen wie Begeisterung und Abscheu wecken, die Vorstellungskraft erweitern und sogar die Hemmschwelle für politisches Handeln senken, aber aufgrund der narrativen Form kann immer nur eine geringe Anzahl von Geschichten erzählt werden, obwohl es viel mehr politische Alternativen geben könnte. Auch ist es in der Fantastik kaum möglich, abstrakte Konzepte zu behandeln, da sie den Erzählfluss stören.[34] Außerdem bleibt die ideologische Voreingenommenheit des Autors üblicherweise unreflektiert. Sieht man vom letzten Punkt ab, kann eine ideengeschichtliche Perspektive hier Abhilfe schaffen, da sie die fiktional dargestellten Ideologien identifizieren, vergleichen und bewerten und so auf Verzerrungen hinweisen kann. Wenn die Politikwissenschaft ihre Expertise in diesem Feld nicht aufgeben will, darf sie aber nicht vor „unrealistischen" Texten zurückschrecken, sondern muss sich auf eine enge Kooperation mit der Fantastikforschung einlassen.

---

[34] Ein anschauliches Beispiel dafür dürften Emmanuel Goldsteins Buch und der Anhang sein, die sich nur schwer in die Erzählung von *Nineteen Eighty-Four* einfügen (vgl. Orwell 1990, S. 191–226, 312–326).

Bibliographie

Primärquellen

Braslavsky, Emma und Alexander Magerl: Agent Zukunft 1: Die Belohnung. Audio-CD, Dingsbums Productions 2011.
— Agent Zukunft 2: Die Ausweitung der Handelszone. Audio-CD, Dingsbums Productions 2011.
— Agent Zukunft 3: Kurzschluss der Welten. Audio-CD, Dingsbums Productions 2012.
Equilibrismus e. V.: http://www.equilibrismus.org, 29.03.13.
Exemplar Zero Initiative. Consumer. Cities. Transport. Industry. Nations. Planet: http://www.exemplarzero.org/downloads/pdf/E-Z_Initiative.pdf, 28.03.13.
Fleck, Dirk C.: Das Tahiti-Projekt. München und Zürich: Piper 2010 [EA 2007].
Franke, Herbert W.: Ypsilon Minus. Frankfurt a.M.: Suhrkamp 1976.
Fresco, Jacque: Designing The Future. Venus, FL: The Venus Project Inc. 2007.
Fresco, Jacque: The Best That Money Can't Buy. Beyond Politics, Poverty & War. 5. Aufl. Venus, FL: Gobal Cyber-Visions 2011 [EA 2002].
Freystedt, Volker und Eric Bihl: Equilibrismus. Neue Konzepte statt Reformen braucht die Welt. Wien: Signum 2005.
Futuragora: http://futuragora.pt, 28.03.13.
Future by Design. USA 2006, William Gazecki (DVD: Docflix Corporation).
Humanitad Foundation: http://www.humanitad.org, 28.03.13.
Jacque Fresco & Roxanne Meadows – Speech at Occupy Miami (20-11-2011) – YouTube: http://www.youtube.com/watch?v=elHI_odE1Rk, 29.03.13.
Keyes, Kenneth S. und Jacque Fresco: Looking Forward. South Brunswick und New York: Barnes and Company 1969.
Orwell, George: Nineteen Eighty-Four. London: Penguin Books 1990 [EA 1949].
Πανγαία Αστική Μη Κερδοσκοπική Εταιρεία: http://www.thepangea.org, 28.03.13.
Paradise or Oblivion. USA 2012, Roxanne Meadows (DVD: The Venus Project).
The Venus Project. „The Venus Project," „Aims and Proposals," „Major Motion Picture Fund," „Response to Occupy Wall Street," „The Future and Beyond," „FAQ": http://www.thevenusproject.com, 16.01.12.
The Zeitgeist Movement. „Mission Statement," „FAQ," „Townhalls": http://www.thezeitgeistmovement.com, 11.01.12.
Welcome to the Future. USA 2001, Roxanne Meadows (DVD: The Venus Project).
Zeitgeist: Addendum. USA 2008, Peter Joseph (YouTube: http://www.youtube.com/watch?v=EewGMBOB4Gg, 09.04.2014).
Zeitgeist: Moving Forward. USA 2011, Peter Joseph (YouTube: http://www.youtube.com/watch?v=4Z9WVZddH9w, 09.04.2014).
Zeitgeist: The Movie. USA 2007, Peter Joseph (YouTube: http://www.youtube.com/watch?v=OrHeg77LF4Y&feature=plcp, 09.04.2014).

Sekundärliteratur

Engels, Friedrich: Die Entwicklung des Sozialismus von der Utopie zur Wissenschaft. In: Karl Marx und Friedrich Engels: Werke. Bd. 19. 9. Aufl. Berlin: Dietz Verlag 1987 [EA 1880], S. 189–228.

Esselborn, Hans: Der Wandel der deutschen Science Fiction. Vom technischen Zukunftsroman zur Darstellung alternativer Welten. In: Lars Schmeink und Hans-Harald Müller (Hg.): Fremde Welten. Wege und Räume der Fantastik im 21. Jahrhundert. Berlin: de Gruyter 2012, S. 443–456.

Dachsel, Felix: Die dunkle Seite des Bankenprotests. In: taz. die tageszeitung (21.10.2011). http://www.taz.de/Occupy-Bewegung/!80372, 23.03.13.

Graeber, David: Inside Occupy. Frankfurt und New York: Campus 2012.

„Newton“: Gegen die Krise: Wie ein amerikanischer Architekt die Welt retten will: http://programm.orf.at/?story=19233, 28.03.13.

NEWTON – The Venus Project Special (Austrian TV ORF eins) (2012) – YouTube: http://www.youtube.com/watch?v=CzKHjBGBMsA, 28.03.13.

Roemer, Kenneth M.: More Aliens Transforming Utopia: The Futures of Reader Response and Utopian Studies. In: Tom Moylan und Raffaela Baccolini (Hg.): Utopia Method Vision. The Use Value of Social Dreaming. Oxford u.a.: Peter Lang 2007. S. 131–158.

Schelsky, Helmut: Der Mensch in der wissenschaftlichen Zivilisation. Köln/Opladen: Westdeutscher Verlag 1961.

Schölderle, Thomas: Utopia und Utopie. Thomas Morus, die Geschichte der Utopie und die Kontroverse um ihren Begriff. Baden-Baden: Nomos 2011.

Spiegel, Simon: Auf der Suche nach dem utopischen Film. In: Lötscher, Christine, Petra Schrackmann, Ingrid Tomkowiak und Aleta-Amirée von Holzen (Hg.): Übergänge und Entgrenzungen in der Fantastik. Berlin: Lit 2014.

Ein Killerspiel als moralische Orientierungshilfe

Eine Betrachtung von *Grand Theft Auto IV* als Gegenwelt

Fabian Perlini-Pfister

Einführung

Wenn Videospiele als Killerspiele bezeichnet werden, geschieht dies üblicherweise, um sowohl diese Produkte als auch deren Spieler als moralisch fragwürdig herabzusetzen. Dem entgegengestellt wage ich im Folgenden eine Perspektive darzulegen, die in der spielerischen Darstellung amoralischer Handlungen einen förderlichen Einfluss auf das sittliche Empfinden vermutet. Dies dürfte nämlich dann der Fall sein, meine ich, wenn die Spielwelt als dystopische Gegenwelt erlebt wird.

Das Gerüst für diese Betrachtungsweise liefert mir die Mythostheorie von Fritz Stolz. Als Religionswissenschaftler untersuchte er traditionelle Erzählungen und mit ihnen verbundene Praktiken. Er ging davon aus, dass sich der Mensch der Macht der Fantasie bediene, um mit bedrohlichen oder sonst irritierenden Zuständen in seinem Leben besser umgehen zu können.[1] Indem sich der Mensch in Gegenwelten versetzt, in denen extreme Zustände als instabil, irreal oder ungültig dargestellt werden, gelingt es ihm, diese zu verstehen, anzunehmen, oder – wie ich darlegen werde – auch abzulehnen.[2] Anhand der Auseinandersetzung mit *Grand Theft Auto IV* (*Rockstar* 2008) will ich aufzeigen, dass auch ein Videospiel diese mythische Funktion zu erfüllen vermag.

Bei *Grand Theft Auto IV* (nachfolgend *GTA4*) handelt es sich um ein enorm erfolgreich verkauftes Spiel für Computer und Spielkonsolen. Seit dem Verkaufsstart 2008 wurden über 25 Millionen Exemplare umgesetzt.[3] Die *GTA*-Serie wurde damit zur meistverkauften Videospielreihe, die sich an Personen ab 18 Jahren richtet.[4] Die *GTA*-Spiele sind eine Mischung aus Third-Person-Shooter und Adventure. In *GTA4* übernimmt der Spieler die Rolle des Serben Niko Bellic, der

1 Vgl. Stolz 1994, S. 610.
2 Vgl. Ebd., v.a. S. 612–613.
3 Vgl. Williams 2012.
4 Lediglich für das erste Spiel der Reihe von 1997 und für eine Game-Boy-Version von 2004 gab

illegal in die USA einwandert und dort in die Kriminalität abrutscht. Die ins Spiel einblendbare Verbrechensstatistik über Niko enthält etwa drei Dutzend Arten von Vergehen: von Schlägereien über Autodiebstähle bis hin zu Morden. Wie seine Vorgänger wurde auch *GTA4* wegen seines gewalttätigen Inhalts heftig kritisiert. In verschiedenen Medienberichten wurden zudem aktuelle Verbrechen mit dem Spiel in Verbindung gebracht.[5]

Doch auch wenn es Personen geben mag, bei denen gewalthaltige Videospiele zu gravierendem problematischem Verhalten beitragen, halte ich es dennoch für sehr bedenklich, wenn jegliche spielerische Darstellung amoralischer Handlungen verurteilt wird. Gerade für die Verarbeitung negativer Erlebnisse kann die Inszenierung gewalttätiger oder sonst unmoralischer Handlungen auch hilfreich sein.[6] Ausserdem ist es keine neue Erkenntnis, dass dystopische Texte und Filme auf gesellschaftliche Missstände aufmerksam machen und helfen, diese zu hinterfragen.[7] Videospielern scheint dieser Reflexionsgrad jedoch weniger zugemutet zu werden. Ihnen wird nicht zuletzt auch von wissenschaftlicher Seite unterstellt, dass sie sich vom Spiel derart absorbieren lassen, dass sie jegliche kritische Distanz verlieren.[8] Vor dem Fällen eines Urteils sollte jedoch nicht unterlassen werden, die kritisierte Tätigkeit auch in ein günstiges Licht zu stellen. In diesem Sinne geht die hier vorgestellte Betrachtungsweise davon aus, dass sich durch das zeitlich beschränkte Eintauchen in eine unmoralische Phantasiewelt ein moralisches Orientierungspotenzial entfalten kann.

Im Folgenden werde ich zuerst kurz einige aktuelle Perspektiven auf gewalthaltige Videospiele vorstellen und anschliessend daran Stolz' Begriff der Gegenwelt mit Bezug auf Mythen und Rituale erläutern. Aus der daraus abgeleiteten Sichtweise wird danach die Spielwelt von *GTA4* betrachtet.

Perspektiven auf Killerspiele

Bezüglich der angemessenen Betrachtungsweise sogenannter Killerspiele herrscht alles andere als Einigkeit. In weiten Kreisen bekannt sind Sichtweisen der Medienwirkungsforschung. Ihr in Bezug auf Videogames bekanntester Vertreter ist Gewaltforscher Craig Anderson. Seine psychologischen Experimente weisen darauf hin, dass Gewaltdarstellungen beim Betrachter zu problematischen neuro-

es eine Jugendfreigabe durch PEGI. Vgl. www.pegi.info. Für die erfolgreichsten Spielserien siehe http://vgsales.wikia.com/wiki/Best_selling_game_franchises (beide abgerufen am 24.3.13).

5 Vgl. z.B. Ziegler 2008.

6 Ein bekanntes Beispiel für die Verarbeitung schrecklichster Erlebnisse durch spielerische Inszenierung sind die Spiele jüdischer Kinder in Konzentrationslagern. Vgl. Eisen 1993, S. 121–124.

7 Zur Funktion der Dystopie in der Literatur siehe Zeissler 2008, S. 31–32.

8 Gegen die in vielen Studien zum Ausdruck kommende Degradierung der Spieler zu „moralischen Zombies“ (201) wehrt sich Sicart 2009, v.a. S. 199–205.

logischen Änderungen führen könnten: Das Spielen gewalthaltiger Games scheint zu einer Desensibilisierung gegenüber dem Erleben realer Gewalt zu führen und dadurch – zumindest kurzfristig – aggressives Verhalten zu fördern.[9] In einem Experiment von Christopher Engelhardt u.a. soll dieser Zusammenhang unlängst erstmals nachgewiesen worden sein – und zwar unter Einbezug eines Spiels der *GTA*-Serie.[10]

Diese Forschungsrichtung wird aber heftig kritisiert.[11] Auch werden sie von Forschungen in Frage gestellt, die die Annahme einer allgemeinen Wirkung von Medien auf ihre Rezipienten relativieren und stattdessen betonen, dass die subjektive Interpretation des Geschehens von grösster Bedeutung ist.[12]So haben die Persönlichkeit des Spielers sowie der individuelle Spielstil einen wesentlichen Einfluss auf die im Videospiel zur Darstellung gebrachte Gewalt. Dahingehend argumentieren u.a. Kenneth Lachlan und Erin Maloney, die feststellten, dass die bei Probanden gemessene Anzahl Gewalttaten enorm weit auseinanderklaffen, besonders bei *GTA*.[13] Zudem haben sie konstatiert, dass gerade geübte Spieler, die tief ins Spiel eintauchen und geschickt vorgehen, ihre Spielfiguren weniger Gewaltakte ausführen lassen.[14]

Die wissenschaftlichen Perspektiven unterscheiden sich sehr – und das ist gut so. In der Meinung, dass nur eine möglichst umfassende Vielfalt von Blickwinkeln ein profundes Verständnis ermöglicht, möchte ich hier eine weitere Perspektive vorstellen, die der Erkenntnis Rechnung trägt, dass die Darstellung von Gewalt auch zur Thematisierung von Unmoral eingesetzt werden kann.

Aus den bisher vorgestellten Forschungsperspektiven wird die Gewalthaltigkeit von Spielen rundweg als etwas Negatives aufgefasst, vor dem es entweder zu warnen oder das es zu relativieren gilt. Die Darstellung von Gewalt jedoch le-

---

9 Als Überblick siehe Anderson/Gentile/Buckley 2007.

10 Engelhardt u.a. 2011, S. 1034–1035.

11 In einem Rechtsentscheid gegen die Einschränkung des Verkaufs gewalthaltiger Spiele erhob das amerikanische Bundesgericht den Einwand gegen Andersons Forschungen, dass sie nicht nachweisen würden, dass Videospiele zu realen gewaltvollen Handlungen führen würden. Vgl. Supreme Court of the United States 2011, S. 12–13. Z.B. erscheint es fragwürdig, ob eine Aggressivitätsmessung valide ist, wenn diese darauf abstützt, wie laut der Proband für ein imaginäres Gegenüber die Lautstärke eines Rauschgeräusches einstellt – wie es bei solchen Experimenten üblich ist. Für die Messungsmethode vgl. Engelhardt u.a. 2011, S. 1034. Für eine hitzige Anhäufung typischer Pro- und Contra-Argumente aus gegensätzlichen psychologischen und medizinischen Perspektiven siehe die Antworten auf Hall/Day/Hall 2011 in Mayo Clinic 2011.

12 Vgl. Früh 2001, v.a. S. 198–199; Potter/Tomasello 2003, v.a. S. 316–318, 324; mit konkretem Bezug auf GTA DeVane/Squire 2008, v.a. S. 279–281. Zur Entwicklung der Medienwirkungs- zur Mediensozialisationsforschung siehe Kübler 2010, S. 18–23.

13 Vgl. Lachlan/Maloney 2008, 296, S. 298–299.

14 Vgl. Ebd., S. 296–297.

diglich als etwas potentiell schädliches und grundsätzlich Unerwünschtes zu betrachten, dürfte jedoch wenigen Spielen gerecht werden und zudem die zahlreichen Spieler in ein unverdient negatives Licht stellen. Besonders bei der Betrachtung von *GTA4* wird dabei zudem Wesentliches übersehen, denn unmoralische Handlungen werden hier bewusst in ihrer ganzen Verwerflichkeit ins Zentrum der Aufmerksamkeit gestellt. Die folgende Szene soll dies verdeutlichen:

Niko erhält von einem Boss der russischen Mafia den Auftrag, einem Erotikfilm-Produzenten einen Besuch abzustatten, um ihn zu erpressen. Bald darauf befindet er sich im Keller eines schmuddeligen Sexshops, wo er den Befehl erhält, dem Filmproduzenten eine Lektion zu erteilen, indem er auf einen seiner Mitarbeiter schiesst. Die gesamte vorausgehende Konversation läuft als Filmsequenz ab, der Spieler kann also nicht in das Gespräch eingreifen. Einzig den Befehl des Schiessens muss er Niko selber ausführen lassen. Dies ist jedoch keine Herausforderung, denn das Ziel – der Mitarbeiter – bewegt sich nicht, er steht nur da und bittet um Erbarmen. Es gibt keine weitere Möglichkeit, den Handlungsverlauf zu beeinflussen (Abb. 1).

Abb. 1: Screenshot aus der GTA4-*Mission* Do You Have Protection? *Der vom Spieler gesteuerte Niko hat keine andere Möglichkeit, als auf die wehrlose Person zu schiessen. Die Darstellung von Gewalt dient keiner spielerischen Herausforderung, sondern der Thematisierung extremster Unmoral.*

Die Gewalt ist hier weder ein unbequemer Nebenschauplatz der Erzählung noch ein notwendiges Übel des Spielmechanismus und dennoch alles andere als eine Nebensache. Die Szene stellt zwar eine Herausforderung dar, jedoch weder auf einer spieltechnischen noch auf einer psychologischen Ebene. Hier drängt sich eine andere Betrachtung der Unmoral auf. Eine Betrachtungsweise, die die ludisch-narrative Einbettung derselben berücksichtigt und den Spieler als moralisches Subjekt ernst nimmt.

Dafür hat sich insbesondere *Miguel Sicart* stark gemacht.[15] Er erklärt, wie *GTA4* den Spieler in seiner ethischen Verantwortung herausfordert, indem dieser die Spielfigur durch den kriminellen Werdegang steuern muss, wobei dies dem Protagonisten grundsätzlich widerstrebt. Die Story stellt deutlich dar, dass Niko ausgewandert ist, um seine kriegsgeplagte Vergangenheit hinter sich zu lassen und in Amerika ein neues und besseres Leben beginnen zu können. Dem Spieler obliegt es nun, dem Immigranten sein missgünstiges Schicksal widerfahren zu lassen. Das so angelegte Game-Design erzeugt eine Spannung, welche den Spieler mit seinen eigenen moralischen Überzeugungen konfrontiert, wodurch das Spiel zu einem ethisch bedeutsamen Erlebnis wird.[16] Charakterisierend für diese Sichtweise ist die Erkenntnis, dass sich der Spieler immer der Grenze von Spiel und Spielumwelt bewusst bleibt. Die Vorstellung einer absoluten Immersion hat Jörg Schweinitz ohnehin deutlich als Mediengründungsmythos entlarvt.[17] Auch wenn das Spiel zu fesseln vermag, kommen dem Spieler dabei nicht automatisch seine kulturelle Prägung und ebenso wenig seine Werte abhanden – im Gegenteil.[18] *Charlene Burns* argumentiert aus einer theologischen Perspektive dafür, dass Vielspieler darin trainiert seien, sich ihrer verschiedenen Teilselbste bewusst zu sein und klar zu trennen zwischen Spieler sowie gespielter Figur. Dadurch verhelfe gerade das Spielen unmoralischer Rollen dazu, sich ausserhalb des Spiels von verwerflichen Handlungen zu distanzieren.[19] Diesen Annahmen schliesse ich mich an, wenn im Folgenden Stolz' Begriff der Gegenwelt für die Betrachtung von *GTA4* fruchtbar gemacht wird.

Welt und Gegenwelt bei Fritz Stolz

Anhand des Vergleichs von Mythen verschiedener antiker und mesopotamischer Kulturen begegnete Fritz Stolz immer wieder demselben Prinzip: Der Mythos grenzt einen bestimmten Zeitraum aus, in welchem die Ordnung der normalen Welt keine Geltung hat. In ihm haben bestimmte Merkmale Gültigkeit, die der im Alltag erlebten, ‚realen' und ‚gültigen' Welt zuwiderlaufen.[20] Dazu bedient sich der Mythos häufig der Darstellung utopischer oder dystopischer ‚Gegenwelten', die in Kontrast zur ‚Welt' konstruiert werden.[21]

---

15 Vgl. Sicart 2009, S. 202–203.

16 Vgl. Ebd., S. 62–63.

17 Vgl. Schweinitz 2006.

18 Vgl. auch Sicart 2009, S. 63.

19 Vgl. Burns 2011, S. 80–83.

20 Vgl. Stolz 1994, S. 613; 2001a, S. 95.

21 Vgl. Stolz 2001a, S. 94–96; 2004b, S. 43.

Stolz bezieht sich u.a. auf das babylonische *Atramhasis-Epos*: Dieses beschreibt eine Ur-Zeit, in der sich die Menschen übermässig schnell vermehren, wodurch sie immer mehr Lärm verursachen, so dass sich die Götter gestört fühlen. Um die Zahl der Menschen zu reduzieren, schicken sie deshalb eine Seuche, danach eine siebenjährige Dürre und – weil auch diese nicht genug Wirkung zeigt – schliesslich eine riesige Flut, die alle ertränken soll. Dank dem klugen Menschen Atramhasis retten sich jedoch einige auf ein Boot, so dass die Menschheit durch ihn überlebt. In der Zeit nach der Sintflut ist die menschliche Wachstumsrate reguliert: Die Menschen werden von den Göttern in Ruhe gelassen, stattdessen haben diese die Dämonin Lamaschtu dazu bestimmt, gelegentlich kleine Kinder zu fressen.[22] Dieser Mythos gliedert sich in die Beschreibung verschiedener Szenen, die durch ein Ungleichgewicht charakterisiert sind. Die Anzahl der Menschen ist erst zu hoch und dann zu tief, bis am Schluss ein Zustand erreicht ist, der das damalige Leben in Mesopotamien widerspiegelt.[23]

Eine in dieser Beziehung ähnliche Struktur weisen auch viele andere Mythen auf: darunter der sumerische *Dilmun-Mythos*, das babylonische *Gilgamesch-Epos*, der ägyptische *Mythos der Himmelskuh*, der zweite biblische Schöpfungsbericht oder – viel später – auch Ovids *Metamorphosen*.[24] Sie alle gleichen sich darin, dass sie utopisch-paradiesische und/oder völlig unerträgliche Zustände – respektive ‚Gegenwelten' – beschreiben, die sich schliesslich zur ‚Welt' wandeln, in der die Menschen leben und in der sie sowohl wunderschöne als auch katastrophale Erfahrungen machen. Die im Mythos entworfenen Gegenwelten werden der realen und gültigen Welt gegenüberstellt und dadurch als instabil, irreal und ungültig gekennzeichnet. Durch Mythen vermag der Mensch den bedrohlichen Mächten, denen er in seinem Leben begegnet, eine Form zu verleihen, mit der er umgehen kann. Dadurch dass etwa die Kindersterblichkeit thematisiert wird, eröffnet sich die Möglichkeit, dieses Phänomen zu begreifen und besser damit zurechtzukommen. Doch der Mensch sieht sich überall mit bedrohlichen Mächten konfrontiert. Nicht nur dem Tod und den Mächten der Natur ist er ausgeliefert, sondern auch dem kontingenten geschichtlichen Ablauf und entgegengesetzten politischen Ordnungen, aber auch innerpsychischen Erfahrungen. Indem der Mythos solche Irritationen mit Sinn besetzt und der Kommunikation erschliesst, hilft er dem Menschen, sich in seiner oft als widersprüchlich erlebten Welt zu orientieren.[25]

---

22 Stolz analysiert diesen Mythos in Stolz 2004b, S. 39–41.

23 Vgl. Stolz 1994, S. 613.

24 Vgl. Stolz 2001a, S. 96–98; 2004b, S. 33–35 (zum Dilmun-Mythos), S. 37–38 (zum Gilgamesh-Epos), S. 41–43 (zum Schöpfungsbericht), Stolz 2001b, S. 4–9 (zum Mythos der Himmelskuh).

25 Vgl. Stolz 2001a, S. 33. In diesem Orientierung stiftenden Prozess sieht Stolz die grundlegende Funktion von Religion überhaupt. Vgl. Stolz 1994, S. 613; 2004b, S. 44.

Nach Stolz' Theorie besteht ein weiterer wichtiger Aspekt darin, dass Mythen nicht nur durch Texte zum Ausdruck gebracht werden, sondern auch durch nicht-sprachliche Medien. Stolz diskutiert vor allem (rituelle) Handlungen und visuelle Darstellungsformen, betont aber auch die Bedeutung von Musik und von Gerüchen.[26]

Um moderne Spielwelten besser verstehen zu können, ist vor allem der Blick auf Handlungen aufschlussreich, in denen eine Gegenwelt inszeniert und nachgelebt wird: In einigen mesopotamischen Neujahrsritualen wurde die soziale Ordnung vorübergehend aufgehoben, indem es zur rituellen Tötung oder Erniedrigung und Bestrafung des Königs kam, die Sklaven hingegen ihren Herren gleichgestellt oder ihnen sogar übergeordnet wurden.[27] Während des ägyptischen *Hathor-Festes* hatte das Volk die religiöse Pflicht, die ‚Gefährliche Göttin' zu besänftigen, indem es sich mit einer genau festgesetzten Menge Alkohol betrank und sich sexuellen Freizügigkeiten, vermutlich auch rituellen Orgien hingab.[28] Verschiedene Kulturen kennen Feiertage, an denen sexuelle Freizügigkeit (wie Geschlechtsverkehr im Freien oder mit wechselnden Partnern) zur gesellschaftlichen Pflicht erhoben wird.[29] Verschiedene Völker in Afrika und Australien zelebrieren den Übergang zum Erwachsensein mit Ritualen, in denen junge Männer weibliche Eigenschaften übernehmen.[30] Eine rituelle Umkehr der Ordnung kenne ich persönlich aus verschiedenen Fasnachtsbräuchen wie auch aus dem Brauch, am Dreikönigstag auszulosen, wer in der Familie regieren darf.[31] In manchen Gegenden der Schweiz ist zudem der Brauch verbreitet, dass die 18-Jährigen am Tag ihrer ersten Einschreibung zum Militärdienst durch das Dorf ziehen, um verschiedenste Gegenstände zu stehlen, die sie dann auf dem Dorfplatz ausstellen und ihren Besitzern gegen Bezahlung wieder aushändigen.

All diese Handlungen haben die Gemeinsamkeit, dass sie die Teilnehmer in eine Gegenwelt versetzen, in denen ansonsten geltende Prinzipien der gesellschaftlichen Ordnung auf den Kopf gestellt oder zumindest aufgehoben sind. Durch die Inszenierung einer verkehrten Welt wird gleichzeitig deutlich gemacht, dass die dort vorgenommenen, ins Extreme gesteigerten Handlungen nicht in die ‚reale Welt' gehören. Die Einteilung in ‚Welt' und ‚Gegenwelt' ist ein gedankliches Konstrukt, das dem Menschen hilft, seine vielfältigen Erlebnisse zu ordnen. Das normale alltägliche, aber nicht immer einfache Leben lässt sich dadurch ein Stück besser begreifen und leichter bewältigen. Stolz mahnt, dass das Zusammenfassen

26 Vgl. Stolz 2001a, S. 101–113; 2004a, S. 14–15.
27 Vgl. Ebd., S. 94; Gaster 1961, S. 49, 61–62.
28 Vgl. von Lieven 2003, S. 48–53.
29 Vgl. Gaster 1966, S. 41–42.
30 Vgl. Stolz 2001a, S. 95.
31 Zur Fasnacht vgl. Stolz 2001a, S. 94–95; 2004b, S. 43.

verschiedenster Phänomene aus unterschiedlichsten Epochen und Kulturen unter dem Begriff der Gegenwelt nicht dazu verleiten dürfe, ihnen ihre individuellen Charakteristiken abzusprechen. Stattdessen soll der vergleichende Blick der Würdigung des einzelnen Phänomens dienen.[32] Dementsprechend wird *GTA4* nun aus der eben vorgestellten Betrachtungsweise beschrieben.

Die Gegenwelt von *GTA4*

Liberty City, der Schauplatz von *GTA4*, ist eine dystopische Variante von New York. Die Stadtteile Queens, Brooklyn/Manhattan und Bronx werden zu Dukes, Algonquin und Bohan. Auch einige der Wahrzeichen der Stadt – wie der Central Park, das Empire State Building oder der Triumphbogen – wurden übernommen.[33] Selbst die Freiheitsstatue fehlt nicht. Doch heisst sie *hier Statue of Happiness*, trägt ein breites Lächeln zur Schau und streckt anstatt einer Fackel einen Kaffeebecher in die Höhe. Freiheit bedeutet *in Liberty City* kaum mehr als Vergnügungssucht und Dekadenz. Die Strassen dieser Stadt sind der Spielplatz der Reichen und das Jagdrevier der unteren Schichten, denen kaum eine andere Möglichkeit offensteht, als durch kleine oder grosse Verbrechen ein Stück des Kuchens zu ergattern. Zu ihnen gehört Niko Bellic. Gerade auf illegalem Weg in Amerika angekommen, muss er feststellen, dass sein Cousin in den Briefen masslos übertrieben hat. Seine ‚Villa' entpuppt sich als schäbige Wohnung, er hat sich beim Glücksspiel tief verschuldet und seine Freundin betrügt ihn mit einem Mafioso – zur Deckung seiner Schulden. Auch seine ‚heissen Sportwagen' sind bloss alte Klapperkisten.

Das Spiel setzt ein, indem Niko durch die unbekannten Strassen dieser fremden Welt gesteuert wird. Dort herrscht ein rücksichtsloses und aggressives Treiben. Autos fahren einander in die Stossstange, Passanten werden angefahren, es wird geflucht und gehupt. Zu Fuss ist man auch nicht besser dran, denn die Figuren rempeln sich gegenseitig an, wenn sie sich zu nahe kommen. Die Folge sind Verwünschungen; im Wiederholungsfall rennt die betreffende Person fluchend weg oder schubst zurück, was schnell zu einer Schlägerei führen kann. Anständige Konversation erlebt man kaum, ausser man entschliesst sich dazu, jemandem etwas abzukaufen. Hat man genug davon, mit Niko durch die Strassen zu kurven oder der Story des integrierten Adventures zu folgen, stehen einem in *Liberty City* zahlreiche Freizeitaktivitäten zur Wahl. Niko kann mit seinem Cousin in den Ausgang gehen – z.B. zum Billard- oder Bowlingspielen – sich in diversen Geschäften neu einkleiden, seine weiblichen Bekanntschaften in eines der Restaurants zum Essen ausführen oder ganz einfach zu Hause bleiben und

[32] Vgl. Stolz 2004b, S. 32–33, 44.
[33] Vgl. Schiesel 2008.

durch das TV-Programm zappen. Innerhalb des Spiels stehen Niko verschiedene Fernsehgeräte mit mehreren Stunden Unterhaltungssendungen zur Verfügung, durch die sich dem Spieler viele Aspekte der dystopischen Gegenwelt deutlich erschliessen: In der Life Show *The Men's Room* demonstriert der muskelbepackte Moderator Bas, wie man sich mit Gewalt Respekt verschafft (Abb. 2), ein Stand-up-Comedian in *Live from Split Sides* scherzt über den Abwurf der Atombomben im Zweiten Weltkrieg, und Nachrichtensendungen beschränken sich auf den Krieg gegen den Terrorismus, auf Wetter und Sport – womit Pokerturniere gemeint sind. Der Science-Fiction-Zeichentrickfilm *Republican Space Rangers* handelt von einer Raumschiff-Crew, die friedlichen Aliens im Weltraum Demokratie mit Waffengewalt aufzwingt (Abb. 3). Zwischen den zahlreichen Sendungen wird immer wieder Werbung eingeblendet: Da wird etwa versprochen, dass Klingeltöne mit Namen wie „Enthauptung", „Beckenbruch" oder „Lesbensex" die Individualität des Käufers hervorheben. Eine Fastfood-Kette preist einen sechs Pfund schweren Burger namens *Heartstopper* an und eine Agentur wirbt für eine Zusatzversicherung gegen das unbeabsichtigte Überfahren oder Erschiessen von Passanten.

Abb. 2: Screenshot aus der in GTA4 *integrierten Fernsehsendung* The Men's Room. *Der Moderator Bas spricht: „A lot of people [...] should learn from my advice: You are the boss or you are the bitch! That is the name of my next book. I don't belive in an eye for an eye. Oh no! Because boss believes in an eye for two eyes! And better yet an eye for two eyes, and an ear, and a spleen, and even a new shirt because this one is covered in entrails! [Schreit und schlägt in die Luft] Take that!"*

Abb. 3: Im Fernsehen läuft der Zeichentrickfilm Republican Space Rangers. *Die Offstimme dazu: „When primitives light years away* threaten *their way of life, the Republican Space Rangers will be there to make sure democracy wins again!" Und die Mannschaft im Chor: „Republican Space Rangers! Shoot first, ask questions never!"*

Wohl noch wichtiger als das Fernsehen ist das überall präsente Radio. Im Spiel stehen 20 verschiedene Radiosender mit verschiedenen Sendungen zur Verfügung, die man sich z.B. während des Autofahrens anhören kann. Der folgende Ausschnitt zum Verhältnis der Geschlechter stammt vom Sender *WKTT – We Know The Truth*:

„Let me guess who's at work and busting his ass all day? Let me guess who makes the most money? I know. It's the man! You know who was making the most money throughout history? The man. Who's been the great leaders? Men. Who fought the best wars? Men. Who make the most murderers? Men. Who invented the plague? Men. We got it all, bitch! We run this show!" [Die Rede ist mit kontinuierlich lauter werdendem Applaus eines männlichen Publikums und mit peitschender Rockmusik hinterlegt.][34]

Die Frau in Liberty City ist kaum mehr als ein Objekt männlicher Bedürfnisbefriedigung, und Vulgaritäten sind im Spiel omnipräsent (für ein Beispiel siehe Abb. 4). Erotische Frauendarstellungen findet man auf Postern, Plakaten, auf den (spielinternen) Internetseiten wie auch im Fernsehen, wo mehrere Werbesendungen mit weiblichen Stöhngeräuschen akustisch untermalt sind. Ausserhalb der Massenmedien begegnet man Prostituierten am Strassenrand und Tänzerinnen in Nachtklubs. Der Städteführer, der in der Spielpackung mitgeliefert wird, erklärt dazu Folgendes:

[34] Der Ausschnitt kann online abgerufen werden unter: www.rockstargames.com/IV/#?page=wktt&content=interactive0 (23.3.13).

„Den grossartigsten Absturz der Stadt erleben sie im Honkers in Alderney. Fummeln kann man im Gedränge der U-Bahn zwar kostenlos, doch kann man einen harten Tag kaum angenehmer ausklingen lassen als beim Lap Dance. [...] Die Girls gähnen nur, weil sie tagelang nicht geschlafen haben. Und dieser fassungslose Blick, den sie aufsetzen, während Sie die Kernproblematiken beim Erreichen Ihrer Quartalsziele umreissen – das ist Ehrfurcht vor Ihrer Macht und Männlichkeit.“[35]

Trotz der allgegenwärtigen Erotik darf deren Bedeutung für das Spielerlebnis nicht überbewertet werden.[36] Die Erotik dient nicht dazu, den Spieler aufzureizen; relevant ist die Überführung der im Alltag erlebten Obszönität ins Extreme. Damit die Spielwelt als Gegenwelt erkannt werden kann, muss sie Elemente enthalten, die der Spieler als zur realen Welt gehörend erkennen kann. Je übertriebener diese Aspekte dargestellt werden, desto leichter fällt es dem Spieler, sie mit einem negativen Vorzeichen zu versehen. Unter diesem Gesichtspunkt ist die möglichst extrem dargestellte Obszönität und Brutalität ein moralischer Gewinn. Sie dient der Parodie einer rücksichtslosen und vergnügungssüchtigen westlichen Konsumgesellschaft, deren Mängel durch die Überzeichnete Darstellung entlarvt werden sollen.

Abb. 4: Die sexualisierte Werbeindustrie wird in GTA4 *bis zur extremen Obszönität gesteigert: Die Bierwerbung lautet: „Pißwasser – ‚You're in [Wortspiel mit* urine*], for a good time' – www.piswasser.com [sic] the language of love." Auf der angegebenen spielinternen Internetseite erfährt man, dass das Getränk „fresh urine of Bavarian virgins" beinhalte.*

[35] Rockstar 2008b, S. 12.

[36] Die Altersschutz-Angaben von PEGI betonen die Gewalt, den Drogengebrauch und die ordinäre Sprache im Spiel, aber nicht die sexuellen Inhalte, da diese für Software ab 18 Jahren moderat ist. Vgl. www.pegi.info.

Dass der Produzent *Rockstar* die Welt von *GTA4* als Dystopie verstanden haben will, geht auch deutlich aus dem Intro der offiziellen Internetseite des Spiels hervor. Dort ist z.B. die folgende Überschrift zu lesen: „A great social experiment gone terribly wrong.“[37] Oder auf der deutschen Seite: „Besuchen Sie uns! Sie werden ihre Abreise kaum noch erwarten können.“[38] Die gesellschaftskritischen Elemente von *GTA4* ausschliesslich aufgrund ihrer Darstellung auf textlicher, bildlicher oder filmischer Ebene zu betrachten, wird der Interaktivität des Spiels allerdings nicht gerecht. Das Spiel enthält zwar Elemente, die auch durch die Wiedergabe in anderen Medien zur Geltung kommen. Was in diesen jedoch lediglich satirisch gedeutet wird, erhält eine andere Qualität, wenn es im Spiel das eigene Handeln bestimmt. Die Notwendigkeit, die Narration spielend zu vollziehen, forciert den bewussten Einbezug gesellschaftskritischer Elemente in konkrete Handlungssituationen. Gerade bei Spielen in einer ‚offenen Welt' – für die bereits der Vorgänger *GTA3* als zukunftsweisendes Paradebeispiel galt[39]– bleiben die meisten Entscheidungen dem Spieler überlassen, so dass dieser direkt an der Darstellung des amoralischen Geschehens Anteil hat. So sind etwa Verfolgungsjagden zwar von der Erzählung vorgegeben, doch der Spieler muss selber entscheiden, ob Niko dazu seinen eigenen Wagen benutzen oder schnell ein nahe parkiertes Auto stehlen soll, ob er vorzieht, dass sich Niko an die hinderlichen Verkehrsregeln hält oder ob er in Kauf nimmt, dass dieser in der Fussgängerzone ein Blutbad anrichtet. Auch die Darstellung von Prostituierten erscheint in einem anderen Licht, wenn deren Dienstleistungen in Anspruch genommen werden können, denn je nach Budget kriegt Niko von ihnen Unterschiedliches geboten. Die Darstellung von Gewalt erhält ebenfalls eine andere Dimension, wenn ihr die Spielfigur ausgesetzt ist oder wenn diese sie selber verursacht. So kann das Auslösen einer Massenpanik durch das Ziehen einer Schusswaffe an beliebigen öffentlichen Orten im Spieler ein Gefühl von Macht auslösen. Obszöne Werbeplakate – oder die auf Nikos Handy geladenen, absurden Klingeltöne – können sich hingegen als ärgerlich erweisen, wenn sie einen während der Verfolgungsjagd ablenken.

In *GTA4* durchlebt der Spieler verschiedene moralisch problematische Aspekte der heutigen Welt in masslos gesteigerter Form: Gewaltverherrlichung, aggressive Fremdenangst, Frauendiskriminierung, eine sexualisierte Werbeindustrie und problematische Männlichkeits-Vorstellungen, rücksichtslose Konsumgier, ungesunde Ernährung sowie kritikloser Medienkonsum – dies alles sind Elemente unseres alltäglichen Lebens. In der Gegenwelt des Spiels dominieren diese Elemente jedoch auf derart penetrante Weise, dass es darin nicht möglich ist, ein normales

[37] www.rockstargames.com/IV (23.3.13).
[38] www.rockstargames.de/IV (23.3.13).
[39] Vgl. Rosenfelder 2008, S. 35.

Leben zu führen. In der Rolle von *Niko* bleibt dem Spieler keine andere Wahl, als in die Kriminalität abzudriften. Spätestens wenn der Spieler dies realisiert, dürfte er aufhören, sich dagegen zu wehren. Er wird Niko dem Kreislauf von Jagd, Flucht und fragwürdiger Erholung übergeben und ihn vom düsteren Strudel hinabziehen lassen – ein Vorgang, der aufgrund des Gegensatzes zu den Werten des Spielers eine Spannung erzeugt, die sich in groteskem Vergnügen entlädt.

Nachdem der Spieler einige Zeit in der Gegenwelt von *GTA4* verbracht hat und diese wieder verlässt, findet er sich erneut in der als real und gültig betrachteten Welt wieder, in der die problematischen Elemente von *Liberty City* zwar auch vorkommen, aber in verminderter Menge. Mit Hilfe des Spiels können nun einzelne irritierende Erfahrungen seines Lebens in einen grösseren Zusammenhang gestellt werden. Diese werden nun als zu einer Gegen-Ordnung gehörig erkannt und dadurch einer Wertung unterzogen. Durch den Rückblick auf das Spiel entfaltet dieses sein orientierungsstiftendes Potenzial, wodurch moralische Missstände unserer Gesellschaft ihr Vermögen, zu verunsichern, einbüssen. Die Unmoral wird nun als etwas erfahren, das im begrenzten Bereich des Spiels zwar Vergnügen bereiten kann, ausserhalb davon jedoch nur schädlich und inakzeptabel ist.

Schluss

Das Ziel dieses Aufsatzes war es, eine Betrachtungsweise darzulegen, die einen wertschätzenden Blick auf Videospiele mit unmoralischem Inhalt erlaubt. Zum geschilderten positiven Einfluss auf das moralische Empfinden kann das Spiel jedoch nur dann beitragen, wenn es vom Spieler in Abgrenzung zur ‚realen Welt' als unmoralische Gegenwelt erlebt wird. Zum einen ist dazu erforderlich, dass der Spieler die thematisierten gesellschaftlichen Missstände als solche wahrnimmt. Zum anderen ist eine bestimmte ludische Reife vonnöten, die es dem Spieler ermöglicht, die von ihm dargestellten Handlungen moralisch zu bewerten, während er das Spielerlebnis aufrechterhält.[40] Wenn das Spiel von Personen ohne Erfahrung im spielerischen Darstellen von Gewalt oder von moralisch noch nicht gefestigten Jugendlichen unter der Altersfreigabe – und ohne pädagogische Begleitung – gespielt wird, sind andere Perspektiven der hier geschilderten vorzuziehen. Stärker als bei gesamtgesellschaftlich geteilten Gegenwelten bleibt es bei Videospielen alleine der Verantwortung und dem Vermögen der einzelnen Person überlassen, ob sie sich an der Gesellschaftskritik erfreut oder ob sie sich an der deutlichen Darstellung der Unmoral ergötzt. Können Killerspiele jedoch als Gegenwelten erkannt und gerahmt werden, sind sie ein hilfreiches Mittel, die im Alltag erleb-

[40] Vgl. Sicart 2009, S. 112–113, S. 196–198.

ten amoralischen Zustände neu zu betrachten, sie zu hinterfragen und schliesslich bewusst abzulehnen.

Bibliographie

Primärquellen

Grand Theft Auto IV (PC Game). Version 1.0.0.0. Rockstar Games 2008.

Rockstar Games: On Liberty – Unsere beste ‚Best of…' Ausgabe aller Zeiten. Ein Führer zu den Top-Adressen der Stadt. Booklet zur deutschen PC-Ausgabe des Spiels Grand Theft Auto IV, Rockstar Games 2008.

Schiesel, Seth: Grand Theft Auto Takes On New York. In: New York Times, 28.04.08. http://www.nytimes.com/2008/04/28/arts/28auto.html?_r=0 (abgerufen am 04.04.13).

Supreme Court of the United States: Opinion of the Court, Edmund G. Brown, Jr., Governor of California, et al., Petitioners v. Entertainment Merchants Association et al., No. 08-1448, 27.06.11. http://www.supremecourt.gov/opinions/10pdf/08-1448.pdf (abgerufen am 04.04.13).

Williams, Mike: Grand Theft Auto franchise hits 125 million shipped. In: Gamesindustry International, 28.11.12. http://www.gamesindustry.biz/articles/2012-11-28-grand-theft-auto-franchise-hits-125-million-shipped (abgerufen am 04.04.13).

Ziegler, Peter-Michael: Take-Two klagt gegen GTA-Werbe-Stop in Chicago. In: Heise online, 06.05.08. http://www.heise.de/newsticker/meldung/Take-Two-klagt-gegen-GTA-Werbe-Stop-in-Chicago-205598.html (abgerufen am 04.04.13).

Sekundärliteratur

Anderson, Craig A., Douglas A. Gentile und Katherine E. Buckley: Violent Video Game Effects on Children and Adolescents. Theory, Research, and Public Policy. New York: Oxford University Press 2007.

Burns, Charlene P. E.: Could Digital Gaming be ‚Good for the Soul'? Ethics, Theology, & Violent Gaming. In: Karolien Poels und Steven Malliet (Hg.): Vice City Virtue. Moral Issues in Digital Game Play. Leuven/Den Haag: Acco Academic 2011, S. 69–87.

DeVane, Ben und Kurt D. Squire: The Meaning of Race and Violence in Grand Theft Auto: San Andreas. In: Games and Culture 3/3–4 (2008), S. 264–285.

Eisen, George: Spielen im Schatten des Todes. Kinder und Holocaust. München, Zürich: Piper 1993 (EA Amherst: University of Massachusetts Press 1988).

Engelhardt, Christopher R., Bruce D. Bartholow, Geoffrey T. Kerr u.a.: This Is Your Brain on Violent Video Games. Neural Desensitization to Violence Predicts Increased Aggression Following Violent Video Game Exposure. In: Journal of Experimental Social Psychology 47 (2011), S. 1033–1036.

Früh, Werner: Gewaltpotentiale des Fernsehangebots. Programmangebot und zielgruppenspezifische Interpretation. Wiesbaden: Westdeutscher Verlag 2001.

Gaster, Theodor H.: Thespis. Ritual, Myth and Drama in the Ancient Near East. New York: Harper & Row 1966 (EA New York: Henry Schuman 1950).

Hall, Ryan C.W., Terri Day und Richard C.W. Hall: A Plea for Caution. Violent Video Games, the Supreme Court, and the Role of Science. In: Mayo Clinic Proceedings 86/4 (2011), S. 315–321.

Kübler, Hans-Dieter: Medienwirkungen versus Mesiensozialisation. In: Ralf Vollbrecht und Claudia Wegener (Hg.): Handbuch Mediensozialisation. Wiesbaden: Verlag für Sozialwissenschaften 2010.

Lachlan, Kenneth A. und Erin K. Maloney: Game Player Characteristics and Interactive Content. Exploring the Role of Personality and Telepresence in Video Game Violence. In: Communication Quarterly 56/3 (2008), S. 284–302.

Mayo Clinic: Letters to the Editor. In: Mayo Clinic Proceedings 86/8 (2011), S. 818–823.

Potter, W. James und Tami K. Tomasello: Building Upon the Experimental Design in Media Violence Research. The Importance of Including Receiver Interpretations. In: Journal of Communication 53 (2003), S. 315–329.

Rosenfelder, Andreas: Digitale Paradiese. Von der schrecklichen Schönheit der Computerspiele. Köln: Kiepenheuer & Witsch 2008.

Schweinitz, Jörg: Totale Immersion und die Utopien von der virtuellen Realität. Ein Mediengründungsmythos zwischen Kino und Computerspiel. In: Britta Neitzel und Rolf F. Nohr (Hg.): Das Spiel mit dem Medium. Partizipation – Immersion – Interaktion. Marburg: Schüren 2006, S. 136–153.

Sicart, Miguel: The Ethics of Computer Games. Cambridge/Massachusetts: MIT Press 2009.

Stolz, Fritz: Mythos II. Religionsgeschichtlich. In: Theologische Realenzyklopädie Bd. 23. Hg. v. Gerhard Müller. Berlin, New York: Walter de Gruyter 1994, S. 608–625.

— Grundzüge der Religionswissenschaft. 3. Aufl. Göttingen: Vandenhoeck & Ruprecht 2001 (EA 1988).

— Weltbilder der Religionen. Kultur und Natur, Diesseits und Jenseits, Kontrollierbares und Unkontrollierbares. Zürich: Pano 2001 (Theophil Bd. 4).

— Hierarchien der Darstellungsebenen religiöser Botschaft. In: Daria Pezzoli-Olgiati, Katharina Frank-Spörri, Anna-Katharina Höpflinger u.a. (Hg.): Fritz Stolz – Religion und Rekonstruktion. Ausgewählte Aufsätze. Göttingen: Vandenhoeck & Ruprecht 2004, S. 13–27 (EA in Zinser, Hartmut (Hg.): Religionswissenschaft. Eine Einführung. Berlin: Reimer 1988, S. 55–72).

— Paradiese und Gegenwelten. In: Daria Pezzoli-Olgiati, Katharina Frank-Spörri, Anna-Katharina Höpflinger u.a. (Hg.): Fritz Stolz – Religion und Rekonstruktion. Ausgewählte Aufsätze. Göttingen: Vandenhoeck & Ruprecht 2004, S. 28–44 (EA in Zeitschrift für Religionswissenschaft 1 (1993), S. 5–24).

Von Lieven, Alexandra: Wein, Weib und Gesang – Rituale für die Gefährliche Göttin. In: Carola Metzner-Nebelsick (Hg.): Rituale in der Vorgeschichte, Antike und Gegenwart. Studien zur Vorderasiatischen, Prähistorischen und Klassischen Archäologie, Ägyptologie, Alten Geschichte, Theologie und Religionswissenschaft. Rahden/Westf.: Verlag Marie Leidorf 2003 (Internationale Archäologie Bd. 4), S. 47–55.

Zeissler, Elena: Dunkle Welten. Die Dystopie auf dem Weg ins 21. Jahrhundert. Diss. Heidelberg 2007. Marburg: Tectum 2008.

Internetseiten

Offizielle Internetseiten von *GTA4*: http://www.rockstargames.com/IV (englisch); http://www.rockstargames.de/IV (deutsch) (abgerufen am 04.04.13).

Pan European Game Information: http://www.pegi.info (abgerufen am 04.04.13).
Video Games Sales Wiki: http://vgsales.wikia.com (abgerufen am 04.04.13).

Abbildungsverzeichnis

Abb. 1: *GTA4*-Mission *Do You Have Protection?* Grand Theft Auto IV (PC Game). Version 1.0.0.0. Rockstar Games 2008.
Abb. 2: Screenshot aus der in *GTA4* integrierten Fernsehsendung *The Men's Room.* Grand Theft Auto IV (PC Game). Version 1.0.0.0. Rockstar Games 2008.
Abb. 3: Im Fernsehen läuft der Zeichentrickfilm *Republican Space Rangers*. Grand Theft Auto IV (PC Game). Version 1.0.0.0. Rockstar Games 2008.
Abb. 4: *Grand Theft Auto IV* (PC Game). Version 1.0.0.0. Rockstar Games 2008.

INTERTEXTUALITÄT

The League of Extraordinary Gentlemen – eine Lektüre mit Vilém Flussers Kommunikationstheorie

Scott Brand

In der Comic-Serie *The League of Extraordinary Gentlemen*[1] wird eine fantastische Wirklichkeit erschaffen, in der Figuren bekannter literarischer und filmischer Werke nebeneinander existieren. Ebenso werden Einflüsse aus anderen Künsten und theoretische Überlegungen der jeweiligen Epoche von Alan Moore und Kevin O'Neill in ihren Comic mit einbezogen. Es verwundert deshalb wenig, dass es neben diversen Wechseln von Raum und Zeit im Plot auch anderweitig zu zahlreichen Übergängen und Entgrenzungen in *The League of Extraordinary Gentlemen* kommt. Nicht zuletzt vermischen sich aufgrund der breitgefächerten Vorlagen des Comics auch deren Genres.

Diese medialen Vermengungen möchte ich im Folgenden untersuchen. Dabei sollen verschiedene Ansätze des Medienphilosophen Vilém Flusser, der als einer der wichtigsten Denker der Postmoderne gilt, im Zentrum meiner Ausführungen stehen und auf den ersten Band von *The League of Extraordinary Gentlemen* angewendet werden. Dieses gedankliche Experiment ermöglicht einen neuen Blickwinkel bei der Interpretation des Comics von Alan Moore und Kevin O'Neill und erlaubt somit hoffentlich auch neue Erkenntnisse zu diesem Werk.

In Flussers Überlegungen steht die Schrift in einem evolutionären Verhältnis zum Bild. Dabei ist die Alphabetkultur die vorletzte Stufe einer medialen Entwicklungsgeschichte, in der sich der Mensch zunehmend von der Natur entfremdet.[2] Das Schreiben überführt die Plastizität der Welt in ein eindimensionales Re-

---

1 Für diese Arbeit wurden die Gesamtausgaben der ersten beiden Bände des Comics verwendet. Band 1 war zwischen 1999 und 2002 ursprünglich in sechs Teilbänden erschienen, wie auch Band 2 zwischen 2002 und 2003. 2007 erschien das *Black Dossier*, welches nicht als offizieller Band der Reihe gewertet wird, sondern als Quellenband für spätere Geschichten. Der dritte offizielle Band *The League of Extraordinary Gentlemen – Century* erschien in drei Teilbänden zwischen 2009 und 2012. Des Weiteren erschienen 2013 mit *Nemo – Heart of Ice* und 2014 mit *Nemo – The Roses of Berlin* zwei Bände einer Spin-Off-Serie in der Welt von *The League of Extraordinary Gentlemen*.

2 Flusser 1996, S. 10f.

präsentationssystem und verwandelt somit das synchrone Erleben in ein diachrones Erzählen.[3] Mit der Erfindung der Schrift erfolgt also das Aufrollen von Bildern in eine lineare Abfolge, sprich Zeilen.[4] Dabei wird das imaginative, mythisch-kreisförmige Denken der Vorgeschichte durch eine kalkulierende Herangehensweise ersetzt und die Menschheit somit auf lineare Denkformen für Geschichte, Wissenschaft, Religion und Politik programmiert.[5]

Flusser sieht die Schrift aber bereits seit dem neunzehnten Jahrhundert wieder in einer Krise, da die komplexe Welt mit diesem Code unerklärbar geworden ist.[6] Durch den Verlust des Glaubens an die Schrift geht auch derjenige an die durch sie vermittelten Texte, Ideologien und Theorien verloren.[7] Die zentralen Positionen unserer Weltorientierung drohen uns also zu entgleiten. Um dies zu verhindern, versucht der Mensch die Welt wieder vermehrt mit Bildern zu deuten, weshalb ein neuer Code mit der Hilfe technischer Apparate entsteht: die Technobilder.[8] Diese interpretieren die Schrift. Sie geben also Begriffe wieder und nicht Szenen, wie die Bilder der Vorgeschichte.[9]

Viele Technobilder werden erzeugt, indem Buchstaben und Bilder in einen digitalen Code aus Nullen und Einsen übersetzt werden, die dann anschliessend wieder zu neuen virtuellen Bildern zusammengefügt werden.[10] Die Erschaffer des neuen Codes schreiben zunächst an Apparate, von denen aus ihre Botschaften erst zu anderen Menschen gelangen. Der jeweilige Rezipient nimmt diese Informationen schliesslich gemeinsam mit anderen Elementen auf und verknüpft sie.

Wie schon beim Übergang von den Bildern zur Schrift ist bei der Entstehung der Technobilder ein gesellschaftlicher Bewusstseinswechsel zu beobachten. Hierbei ersetzt ein sich an der Oberfläche ausdehnendes, vernetztes Denken das primär Lineare der Alphabetkultur.[11] Der Mensch kann zudem einen grossen Teil seines Gedächtnisses und die Analyse zahlreicher Probleme Computern übertragen. Flusser sieht hierin eine wachsende Freiheit, weil Lesende nun die benötigten Informationen aus einem vielschichtigen Datennetz herauslösen können.[12] Selbst Farben erhalten immer mehr eigene Inhalte und verleihen der eindimensionalen Schrift zusätzliche Bedeutungen.[13] Es können durch die Technobilder aber auch

---

3 Theisohn 2011, S. 12.
4 Flusser 2007, S. 87f.
5 Theisohn 2011, S. 12.
6 Flusser 1989.
7 Ders. 2005, S. 28.
8 Ders. 2007, S. 97.
9 Ders. 1996, S. 14f.
10 Ders. 2005, S. 49–51.
11 Ders. 1996, S. 44.
12 Ders. 2002, S. 150.
13 Ders. 2005, S. 21f.

komplett neue Welten entstehen, in denen sich der Mensch unabhängig von Zeit und Raum bewegen kann. Die Unterscheidung zwischen Fiktivem und Realem verliert an Bedeutung.[14]

Schwierigkeiten entstehen für die Rezipierenden beim Wechsel des dominierenden Kommunikationscodes dann, wenn sie sich ihrer persönlichen Verantwortung nicht bewusst werden und den neuen Code unzureichend verstehen. Ein Beispiel für den problematischen Umgang mit Technobildern ist der unkritische Konsum von Massenmedien. Der Mensch muss sich Kompetenz aneignen und die neuen Codes aktiv lernen, um zu verhindern, dass er letztlich von autoritär gewordenen Sendern neuprogrammiert wird.[15] Er muss sich darauf einstellen, dass man im Zeitalter der Technobilder nicht mehr bloss von links nach rechts liest, sondern in einem dreidimensionalen Informationsnetz, in dem jeder Teilnehmer Informationen empfängt und versendet. Wichtig ist dabei, dass die gewonnenen Kenntnisse in Diskursen weiterverarbeitet werden.

Jedenfalls kann das Aufkommen der ersten Comics im 19. Jahrhundert tatsächlich als Beleg einer Krise der Schrift gesehen werden, so dass diese durch eine neue Kunstform mit einem eigenen Code abgelöst werden musste. Schon der Genfer Comic-Pionier Rodolphe Töpffer[16] umschrieb seine Arbeiten entsprechend: „Les dessins, sans ce texte, n'auraient qu'une signification obscure; le texte sans les dessins ne signifierait rien. Le tout ensemble forme une sorte de roman, d'autant plus original qu'il ne ressemble pas mieux à un roman qu'autre chose."[17]

Dieses andere dürfte er beispielsweise in den populären Karikaturen gesehen haben, die oftmals Wortspiele oder Sprichwörter in Einzelbildern darstellten oder wie bei William Hogarths berühmten sozialkritischen Kupferstichen *Beer Street* und *Gin Lane* aus dem Jahr 1751 eine Gegenüberstellung zweier Szenen präsentierten.[18] Töpffer distanzierte sich aber von ihnen insofern, als er eine dramaturgische Handlung inszenierte. Diese war zwar auf den ersten Blick linear, aber durch die Verwendung von Bild und Text schon mehrschichtig.[19]

Wie sehr sich die stetig wachsende Beliebtheit von Comics mit den Überlegungen Flussers in Verbindung bringen lässt, zeigt zudem einer der ersten Zeitungsstrips überhaupt, nämlich der *Yellow Kid* von Richard Felton Outcault. Der Protagonist dieser Serie trägt ein auffälliges Nachthemd, das mit dem Aufkom-

---

14 Ders. 1996, S. 44.

15 Ders. 2007, S. 110.

16 Das Erstlingswerk von Töpffer, *Histoire de Mr. Jabot*, erschien 1833 in Genf. Vgl. Töpffer 1967.

17 „Die Zeichnungen hätten ohne den Text nur vage Bedeutung; die Texte ohne die Zeichnungen bedeuten nichts. Beides als Ganzes bildet eine Art Roman, der um so origineller ist, da er sowohl einem Roman gleicht als etwas anderem ähnelt." Zitat und Übersetzung übernommen von Hangartner 2009, S. 36 und 56.

18 Töpffer verweist selbst mehrfach auf Hogarth. Vgl. Riha 1975.

19 Mehr Informationen zu Töpffer und seinen Arbeiten finden sich beispielsweise bei Kunzle 2007.

men des Farbdrucks leuchtend gelb ausgestaltet wurde. Dass diese Figur in der Wahrnehmung des späten neunzehnten Jahrhunderts stark mit der farbigen Bilderflut der Massenmedien assoziiert wurde, zeigt sich nicht zuletzt daran, dass der Begriff *yellow press* direkt auf die Figur des *Yellow Kid* und das skrupellose Abwerben seines Zeichners durch die konkurrierenden Zeitungsmagnate zurückgeführt wird.[20]

Auch die Handlung des ersten Bands von *The League of Extraordinary Gentlemen* spielt im ausgehenden 19. Jahrhundert. Dies hängt jedoch weniger mit einem direkten Bezug Alan Moores auf die Theorien Vilém Flussers zusammen als mit seiner Faszination für das viktorianische England. Diese als Blütezeit der englischen Literatur geltende Epoche lieferte ihm die Vorlagen für die Hauptcharaktere seines Comics.[21] Auch die zahlreichen technischen Errungenschaften dieser Zeit dienten dem Autor als Inspiration für sein Werk. Moore baut also auf denselben Voraussetzungen auf wie Flusser bei seinen Überlegungen. Dass viele der im Comic genannten Technologien im realen Großbritannien des späten 19. Jahrhunderts bloß in der Science Fiction Literatur zu finden waren, verdeutlicht die Parallelen zu dessen Gedankengut sogar. Schließlich unterstreicht dieser Umstand die verschwimmenden Grenzen zwischen Realität und Fiktion nochmals.

Im ersten Band von *The League of Extraordinary Gentlemen* ist dies anhand einer Darstellung der Stadt Paris des Jahres 1898[22] zu erkennen. Sie bezieht sich auf Jules Vernes Roman *Paris au XXe siècle,* in welchem der französische Autor bereits 1863 solch unterschiedliche Dinge wie Überbevölkerung, Wolkenkratzer und von Fahrzeugen mit Verbrennungsmotoren verstopfte Straßen vorhersagte. Zeichner Kevin O'Neill gibt aber zu, dass er die Steampunk-Ansicht der Stadt an der Seine bewusst noch stärker überzeichnet hat: „I wanted Paris to be more adventurous in design than London, reflecting the general British reluctance to embrace outré style."[23] Somit macht er mit seiner Darstellung einen weiteren chronologischen Sprung und kritisiert die geistige Haltung vieler seiner britischen Zeitgenossen, welche ihr Land noch immer in der globalen Vorreiterrolle des Empires sehen.

In *The League of Extraordinary Gentlemen* wird Miss Mina Murray vom britischen Geheimdienst mit der Zusammenstellung einer Gruppe von aussergewöhnlichen Individuen beauftragt, die anschliessend diverse heikle Missionen im Namen der Krone ausführen sollen. Auf den genannten Panels, welche die An-

20 Knigge 2009, S. 8; vgl. Barritt 1898.

21 Zudem sah Moore in den literarischen Figuren des 19. Jahrhunderts auch die Vorreiter der modernen Comicsuperhelden. Vgl. Nevins 2003, S. 218f.

22 Moore 2000, S. 22.

23 Nevins 2003, S. 43.

sicht der französischen Hauptstadt zeigen, und den darauf folgenden Seiten[24] ist zu sehen, wie die designierte Anführerin der Liga, die inzwischen von Allan Quatermain begleitet wird, sich um die Rekrutierung eines neuen Mitglieds für ihre Einheit bemüht. Sie entstammt Bram Stokers *Dracula* aus dem Jahr 1897, während Quatermain ursprünglich in den verschiedenen Büchern H. Rider Haggards[25] zu finden ist. Gemäß dessen Romanen ist Quatermain 1817 geboren und 1886 verstorben. Dass Quatermain in der Handlung von *The League of Extraordinary Gentlemen* eine Rolle spielen kann, wird von Moore[26] so erklärt, dass dieser sein Ende fingiert habe, um der Welt den heldenhaften Tod zu geben, welchen sie von ihm erwartet habe. Schließlich könne sich niemand den gealterten Helden bei der Pflege seines Gartens vorstellen. Diesen Ansatz verkehrt Moore in diesem Comic aber wieder, indem er den Helden seinen eigenen großen Zeiten nachtrauern und deshalb in eine Opiumsucht verfallen lässt.

Auch die übrigen Protagonisten in *The League of Extraordinary Gentlemen* sind durch ihre Abenteuer letztlich nicht zu gefeierten Individuen, sondern zu gemiedenen Außenseitern geworden. So fremdartig und mächtig sie alle sind, so unterliegen sie dennoch den physikalischen Gesetzen ihrer Welt und deren gesellschaftlichen Einschränkungen. Diese Begrenzungen dienen auch dazu, die verschiedenen literarischen Figuren zu vereinen, trotz ihrer jeweils unterschiedlichen Hintergründe. Im Sinne von Renate Lachmanns[27] Definition des Fantastischen versöhnen sich so die verschiedenen bekannten und unbekannten Elemente des Comics miteinander.

Anhand der charakterlichen Defizite der Protagonisten kommt ein weiteres zentrales Element von *The League of Extraordinary Gentlemen* zur Geltung. Moore stellt seine eigenen Figuren in Frage und diskutiert somit die Heldenverehrung der populären Medien im Allgemeinen und der Superheldencomics im Besonderen. Indem die Figuren immer wieder Kritik an sich selbst üben, erfolgt diese Selbstreflexion auf einer weiteren Ebene. Dies gilt ebenfalls für die Hinterfragung der gesellschaftlichen Moralvorstellungen und Erwartungen. Moore provoziert in seinem Werk also gleich in mehrerlei Hinsicht den von Flusser geforderten Dialog bei der Auseinandersetzung mit Technobildern.

Dass Comics nicht nur linear gelesen werden, ist auch an ihrem Umgang mit der Zeit zu erkennen. Wie Andreas C. Knigge[28] beobachtet, sind die einzelnen Panels starre Gebilde, die das Verstreichen von Zeit nur unter Anwendung von

---

24 Diese Szenen sind zudem von Bedeutung, weil Alan Moore selbst von ihnen sagt, dass er hier erst das volle Potential seiner Idee erkannt habe. Vgl. Nevins 2003, S. 11.

25 Beispielsweise: *King Solomon's Mines* (1885).

26 Moore 2000, S. 157.

27 Lachmann 2002, S. 41.

28 Knigge 2009, S. 22f.

Tricks simulieren können. So werden in einem Einzelbild Dinge, die nacheinander ablaufen, nebeneinander dargestellt. Dies wird bei der Betrachtung eines Sprechblasendialogs sichtbar, bei dem beide Seiten eines Gesprächs im selben Panel erscheinen. Zusätzlich komplex wird die Rezeption eines chronologischen Ablaufs im Comic dadurch, dass alle Bilder einer Seite zeitgleich für die Lesenden zugänglich gemacht werden. Es muss also wieder auf das lineare Denkmuster des Codes Schrift zurückgegriffen werden, bei dem das jeweils betrachtete Panel die Gegenwart darstellt und das folgende die Zukunft.

Diese Zeitverdichtung erfolgt aber auch durch die gezielte Platzierung von Hiatus – zeiträumlich gedachten, verzögernden Zwischenräumen zwischen den Panels, welche in der Comic-Forschung als *gutter* bezeichnet werden.[29] Obwohl *The League of Extraordinary Gentlemen* zumeist ein traditionelles, vorwiegend linear aufgebautes Panelraster nutzt, wird dies anhand der bereits erwähnten Stadtansicht von Paris[30] deutlich. Dieses ist durchgehend gezeichnet worden. Durch die Unterbrechung des Panels in der unteren Bildhälfte wird jedoch verständlich gemacht, dass der obere Teil des Dialogs verstrichen war, bevor die Protagonisten im Bildabschnitt unterhalb des *gutter* auf den Chevalier Auguste Dupin trafen.

Die Erzählgeschwindigkeit steht in Zusammenhang mit der Platzierung dieser Hiatus. Je nachdem wie groß die Zeitmenge ist, an deren Stelle ein einzelner Zwischenraum steht, wird die Handlung im Comic schneller oder langsamer erzählt. Wenn man auf den russischen Literaturwissenschaftler Michail Bachtin[31] zurückgreifen möchte, könnte man in ihnen also die zentralen Chronotopoi dieses Mediums sehen. Schließlich geben sie die räumlichen und zeitlichen Rahmenbedingungen der Comics vor respektive stellen sie bei der Rezeption her.

Die Zwischenräume dienen darüber hinaus auch dazu, den Lesenden anzuzeigen, dass hier etwas mit der Fantasie ausgefüllt werden muss.[32] Eigene Erfahrungen und Informationen aus den umliegenden Einzelbildern müssen zusammengefügt werden, um die Bewegungen der Charaktere abzuschließen. Während Auguste Dupin seine Gäste durch Paris führt[33], werden beispielsweise verschiedene Ecken der Stadt gezeigt, in welchen sich die Protagonisten aufhalten. Nur die Erfahrung des Lesers vermittelt ihm dabei, dass die Figuren dazwischen einige Meter zu Fuß gegangen sein müssen. So kann er den Hiatus ausfüllen und den Comic zum Leben erwecken. Diesen Prozess nennt Scott McCloud[34] *closure* und betrachtet ihn als eines der zentralsten Elemente des Mediums Comic. Der

29 McCloud 1993, S. 66.
30 Moore 2000, S. 22.
31 Bachtin 2008, S. 7.
32 Knigge 2009, S. 23.
33 Moore 2000, S. 23.
34 McCloud 1993, S. 67.

Dialog erschwert dem Leser das Ausfüllen aber etwas, indem er ohne Unterbruch weiterläuft. Dies ist mit der erwähnten Verdichtung der Zeit im Comic zu erklären.

Die Rezipierenden müssen also auf ihre Erfahrungen und ihre Fantasie zurückgreifen, um den Raum zwischen den Panels auszufüllen. Diese beiden Werte widersprechen sich in den Überlegungen des Entwicklungspsychologen Donald Woods Winnicott[35] etwas. Für ihn entstammen Kreativität und Fantasie einem Übergangsraum zwischen der inneren, psychischen und der äußeren Realität. In diesem intermediären Raum entwickelt der Mensch ab der frühen Kindheit Symbole, die eine Distanz zu den Problemen des Lebens ermöglichen, ohne die Verbindung zur Realität aufzugeben. Mit einem wachsenden Erfahrungsschatz erfolgt jedoch eine zunehmende Anpassung an die Ansprüche der Außenwelt. Diese schränkt den intermediären Raum immer weiter ein, wobei dieser nicht vollständig verkümmert, sondern bei allen Menschen unterschiedlich stark ausgeprägt bleibt.[36]

Dennoch müssen Comics sowohl auf die Erfahrungen, wie auch auf die Fantasie der Lesenden zählen, um ihren Inhalt präsentieren zu können. Gerade in den Bildern gibt es zahlreiche Symbole, welche es zu dekodieren gilt, um die Handlung zu verstehen.[37] Schließlich kann man bei der Lektüre nur auf wenige seiner Sinne zählen. Entsprechend werden manchmal Töne durch Soundwörter dargestellt. Ein weiteres Beispiel wären Sternchen oder Herzen, die um den Kopf einer Figur kreisen, um Benommenheit oder Verliebtsein darzustellen. Auf solch plumpe Substitute wird in *The League of Extraordinary Gentlemen* größtenteils verzichtet. Einzelne *speedlines* werden eingesetzt, um besonders drastische Bewegungen zu zeigen, ansonsten finden sich eher subtilere Symbole, beispielsweise aufsteigende Dämpfe, um den Gestank von fauligem Wasser darzustellen.

Aber nicht nur die Bilder dieses Comics setzen ein vernetztes Denken voraus, sondern auch die Texte. In diesen verstecken sich diverse Hinweise auf Themenbereiche, die bis dato nicht in *The League of Extraordinary Gentlemen* behandelt worden waren. Neben den Namen der Protagonisten, die auf ihre früheren Abenteuer respektive die Bücher, welche sie berühmt gemacht haben, verweisen, deuten auch andere Schriftzüge auf äußere Informationsquellen hin. Der Aufenthalt von Mina Murray und Allan Quatermain in Paris[38] bietet uns hierzu ein etwas kompliziertes Beispiel: Auguste Dupin ist aus drei verschiedenen Werken von Edgar Allan Poe bekannt. Erst das Straßenschild der Rue Morgue im letzten Panel der zweiten Seite dieses Handlungsabschnitts nimmt aber deutlich Bezug auf

35 Winnicott 2012.

36 Sigmund Freud, auf dessen Theorien Winnicotts Überlegungen basieren, schreibt beispielsweise: „Man sagt, dass alle grossen Männer etwas Infantiles bewahren müssen." Freud 1970, S. 149.

37 Knigge 2009, S. 24.

38 Moore 2000, S. 22–30.

die Geschehnisse in einem dieser Werke. Indem der Chevalier zudem über die Morde aus dem 1841 publizierten Krimi spricht, wird der Leser an die *Murders in the Rue Morgue* erinnert. Ein Rezipient mit den nötigen Vorkenntnissen weiß, dass die Morde im Original von einem Orang-Utan verübt worden waren. Mina Murray sucht in Verbindung mit diesem Fall nach einem englischen Doktor. Da kein solcher in Edgar Allan Poe's Dupin-Erzählungen erscheint, könnten gewitzte Leser den affenartigen Gewalttäter in der englischsprachigen Literatur des neunzehnten Jahrhunderts suchen und dabei auf eine 1886 veröffentlichte Novelle von Robert Louis Stevenson stoßen, in der ein Teil des viktorianischen Publikums irrtümlicherweise eine Bezugnahme auf Charles Darwins *On the Origin of Species* sah. Der zu rekrutierende Mann ist nämlich Dr. Henry Jekyll – respektive dessen Alter-Ego Edward Hyde.

Durch die vielen inter- und hypertextuellen Bezüge wird *The League of Extraordinary Gentlemen* zu einem Musterbeispiel der postmodernistischen Literatur. Zudem muss dieser Comic im Sinne Umberto Ecos[39] als offenes Werk verstanden werden, das von allen Rezipierenden anders aufgenommen wird. Die Fülle der verwendeten Vorlagen bewirkt, dass es keinem Leser möglich ist, alle enthaltenen Anspielungen zu verstehen. Darüber hinaus bewegt dieser Umstand die Rezipierenden dazu, Dinge in den Comic hineinzulesen, die den Autoren selbst nie in den Sinn gekommen wären. Die von Flusser geforderte bewusste Lektüre des Textes wird von den Autoren also erneut provoziert.

Die Zugehörigkeit von *The League of Extraordinary Gentlemen* zur Postmoderne wird auch durch die äußere Gestaltung ersichtlich. Das Werk wird bewusst in der Form einer Zeitschrift des 19. Jahrhunderts präsentiert, was nicht zuletzt in den Vorschauen am Ende der Kapitel zur Geltung kommt. Auf der Seite, auf der Hyde erstmals erscheint, kann man beispielsweise sehen, wie Alan Moore mit der altertümlichen Sprache wie auch den viktorianischen Moralvorstellungen den Eindruck eines *penny dreadful* erzeugt: „In the next number of our picture periodical there are further scenes to divert and astonish, including episodes of a bawdy nature that our lady readers, being of a more delicate sensibility, may wish to avoid.“[40]

Diesen sexistischen Äußerungen steht als krasse Antithese Mina Murray gegenüber. Als geschiedene Frau, die einst von einem Ausländer „geschändet“ wurde, entspricht sie gar nicht den weiblichen Idealen jener Zeit. Entsprechend oft wird Minas Stellung außerhalb der akzeptierten Gesellschaft im Comic betont. Weil sie aber als Anführerin der Gruppe stark und selbstsicher auftritt, entlarvt sie die Absichten des Autors und die parodistische Natur der Überleitung. Es wird

---

[39] Eco 1977.

[40] Moore 2000, S. 30.

also Kritik am Klischee des schwachen Geschlechts geübt, indem Mina die eigentliche Hauptfigur dieser Gruppe von Geächteten ist – gerade auch dadurch, dass sie neben dem Wrack auftritt, das einst der große, weiße Jäger Quatermain war.

Die einleitenden Seiten und der Anhang der einzelnen Bände[41], auf denen neben verschiedenen Spielen und Werbungen mit Bezug zum Inhalt des Comics auch Prosatexte enthalten sind, bilden ein weiteres Beispiel für den Versuch ein viktorianisches Jungenmagazin zu imitieren. Dabei überschneiden sich nicht nur die Multiversen des Lesers und der fiktiven Figuren erneut, sondern die Romanhelden finden in den ausformulierten Texten auch einen Weg zurück in ihr ursprüngliches Prosa-Medium, womit sich diese Welten ebenfalls erneut überlappen. Durch die so geschaffene Durchmischung der verschiedenen Erzählformen zeigt sich, wie stark Inhalt und Form dieses fantastischen Comics einander entsprechen.

Indem das fiktive Multiversum von *The League of Extraordinary Gentlemen* auf sein Medium und somit auch dessen reale Umwelt ausgreift, verschafft es sich scheinbar noch mehr Realitätsnähe. Dem heutigen Leser wird so ein direkterer Bezug zu den geschilderten Ereignissen und Figuren ermöglicht und die Erkenntnis erleichtert, dass die im Comic geübte Kritik an der viktorianischen Zeit und ihren Moralvorstellungen auch auf unsere heutige Gesellschaft ausstrahlt, in der diese Ideale teilweise noch anzutreffen sind.

Abschließend bleibt festzuhalten, dass die kommunikationstheoretischen Überlegungen Vilém Flussers durchaus auf Comics angewendet werden können. *The League of Extraordinary Gentlemen* ist hierfür besonders geeignet, weil in diesem Werk einige typische Merkmale der Postmoderne zur Geltung kommen. So ist eine Durchmischung verschiedener Medienformen im Inhalt und der Form dieses Comics erkennbar. Ebenfalls werden auf diese Weise die Grenzen zwischen Fiktion und realer Geschichte immer wieder vermischt. Zudem verlangen die Autoren des Werks von ihren Lesern wiederholt, dass sie – ganz im Sinne von Flusser – als Knotenpunkt im Informationsnetz in verschiedene Richtungen denken und inhaltliche wie auch chronologische Barrieren überwinden, um verschiedene Multiversen durch eine bewusste Lektüre miteinander zu verbinden.

---

[41] Ebd., S. 1–6 und S. 151–192.

Bibliographie

Primärliteratur

Barritt, Leon: Drawing of Joseph Pulitzer and William Randolf Hearst. In: Vim Magazine 29.6.1898.

Moore, Allan, Kevin O'Neill et al.: The League of Extraordinary Gentlemen: Volume I. La Jolla: America's Best Comics 2000.

— The League of Extraordinary Gentlemen: Volume II. La Jolla: America's Best Comics 2003.

— The League of Extraordinary Gentlemen: Black Dossier. La Jolla: America's Best Comics 2008.

— The League of Extraordinary Gentlemen: Century. London/ Marietta: Top Shelf 2009/ 2011/ 2012.

— The League of Extraordinary Gentlemen: Nemo – Heart of Ice. London/ Marietta: Top Shelf 2013.

— The League of Extraordinary Gentlemen: Nemo – The Roses of Berlin. London/ Marietta: Top Shelf 2014.

Töpffer, Rodolphe: Histoire de Mr. Jabot. In: Ders.: Komische Bilderromane. Erster Band. Leipzig: Insel 1967. Unpag.

Sekundärliteratur

Bachtin, Michail M.: Chronotopos. Berlin: Suhrkamp 2008.

Eco, Umberto: Das offene Kunstwerk. Frankfurt a. M.: Suhrkamp 1977 [dt. EA: Frankfurt a. M. 1973].

Flusser, Vilém: Das Bild (1989): http://www.servus.at/ILIAS/flusser.htm (abgerufen am 06.09.12).

— Ins Universum der technischen Bilder. 5. Aufl. Göttingen: European Photography 1996.

— Die Schrift. Hat Schreiben Zukunft? 5. Aufl. Göttingen: European Photography 2002.

— Medienkultur. 5. Aufl. Frankfurt a. M.: Fischer 2005.

— Kommunikologie. 4. Aufl. Frankfurt a. M.: Fischer 2007.

Freud, Sigmund: Eine Kindheitserinnerung des Leonardo da Vinci. Nendeln: Kraus 1970 [Wien / Leipzig 1910].

Hangartner, Urs: Von Bildern und Büchern. Comics und Literatur – Comic-Literatur. In: Arnold, Heinz Ludwig (Hg.), Andreas C. Knigge (Hg.): Comics, Mangas, Graphic Novels. München: Edition text + kritik 2009. S. 35–56.

Knigge, Andreas C.: Zeichen-Welten. Der Kosmos der Comics. In: Arnold, Heinz Ludwig und Andreas C. Knigge (Hg.): Comics, Mangas, Graphic Novels. München: Edition text + kritik 2009. S. 5–34.

Kunzle, David: Rodolphe Töpffer. Father of the Comic Strip. Jackson: University Press of Mississippi 2007.

Lachmann, Renate: Erzählte Phantastik. Zu Phantasiegeschichte und Semantik phantastischer Texte. Berlin: Suhrkamp 2002.

McCloud, Scott: Understanding Comics. New York: Kitchen Sink Press 1993.

Nevins, Jess: Heroes & Monsters. The Unofficial Companion to The League of Extraordinary Gentlemen. 2. Aufl. Austin: Monkeybrain 2003.
Riha, Karl: Nachwort. In: Töpffer, Rodolphe: Komische Bilderromane. Zweiter Band. Frankfurt a. M.: Insel 1975. Unpag.
Theisohn, Philipp: Schrift und Bild im jüdischen Denken der Postmoderne. Vortrag gehalten am 19.12.2011 im Schweizerischen Landesmuseum im Rahmen der öffentlichen Ringvorlesung „Bild und Text als Wissensformen im Judentum" der ETH und Universität Zürich.
Winnicott, Donald Woods: Vom Spiel zur Kreativität. 13. Aufl. Stuttgart: Klett-Cotta 2012.

Zeichnungen nach eigener Fantasie

Motive Ernst Kreidolfs in Kinderzeichnungen zwischen 1923 und 1956

Anna Lehninger

Unter dem Schlagwort „Phantastik“ lagern in einem unterirdischen Depot in Zürich über 1400 prämierte Zeichnungen aus dem Schweizer Pestalozzi-Kalender-Wettbewerb aus der Zeit zwischen 1923 und 1984. Seit 1923 wurde im *Pestalozzi-Schülerkalender* jährlich der Wettbewerb „Zeichnen nach eigener Phantasie“ ausgeschrieben. In dieser Wettbewerbskategorie finden sich neben Themen wie Märchen, Zukunftsutopien, Träumen und Erinnerungen auch einige Zeichnungen und Scherenschnitte, die Naturdarstellungen mit fantastischen Wesen wie Blumenelfen und Wiesenzwergen verbinden (Abb. 1). Die Durchdringung verschiedener Realitäts- und Fantasieebenen als Merkmal der Fantastik hat offenbar in Kinder- und insbesondere Jugendzeichnungen der Vergangenheit eine besondere Ausformulierung gefunden. Im Rekurs auf die Bildsprache von Kinderbuchillustrationen in der ersten Hälfte des 20. Jahrhunderts fand hier eine Entwicklung statt, die in der Fantastikforschung des 21. Jahrhunderts folgendermaßen beschrieben wurde:

> „Die Phantastik rekurriert [...] auf Realitäten unterschiedlicher Valenz: auf wirkliche Erfahrungen, Erlebnisse, Eindrücke ebenso wie auf imaginierte Erfahrungen oder Visionen. Sie rekurriert aber auch auf Text- oder Bildrealitäten, d.h. potentiell auf das gesamte kulturelle Wissens- und Formeninventar einschließlich der es bestimmenden Ordnungen. Phantastik produziert und reproduziert Bilder; diese Bilder sind oft nicht genuine Erzeugnisse, sondern Rekurse auf Images unterschiedlichster Art und Funktion.“[1]

Den Bildordnungen im Bereich der fantastischen Kinderbuchillustration und deren Nachwirkung in Kinder- und Jugendzeichnungen soll im Folgenden nachgegangen werden. Viele der Bilder, die bis in die 1950er Jahre beim Pestalozzi-Kalender-Wettbewerb als „Zeichnungen nach Phantasie“ eingereicht und prämiert worden sind, wirken insbesondere den Illustrationen des Schweizer Malers und Kinderbuchautors Ernst Kreidolf (1863–1956) verwandt. Anfang des 20. Jahr-

[1] Ivanovic/Lehmann/May 2003, S. 11–12.

Abb. 1: Der Ringelreih'n der Frühlingsblumen

hunderts gehörten Kreidolfs Bücher für Kinder und Jugendliche im deutschen Sprachraum zum festen Bilderrepertoire, aus welchem sie auch für ihre eigenen Bildfindungen schöpfen konnten. In ihren Zeichnungen und Aquarellen kam es neben sehr direkten An- und Entlehnungen auch zu eigenständigen Weiterentwicklungen des Kreidolf'schen Figureninventars, das von ihnen angeeignet und in neue Bilderzählungen umgewandelt wurde.

Kreidolfs Bild- und Themenwelt hatte auch über seine Bilderbücher hinaus durch Veranstaltungen wie das Kreidolf-Kinderfest in Davos 1927 oder seine Illustrationen für Schulbücher in den 1920er bis 1940er Jahren ihren festen Platz in der Kinderkultur dieser Zeit. Vertreter der Reformpädagogik schätzten seine fantastischen Texte und Bilder als kindgerecht und setzten sie im Unterricht zur Anregung der Fantasie der Schüler ein.

Im Folgenden möchte ich der Frage nachgehen, auf welche Weisen Kinder sich damals in diese wundersame und doch naheliegende Tier- und Pflanzenwelt hineindenken und sie sogar als Teil des Kreidolf'schen Ensembles von Zwergen und anthropomorphen Blumen- und Insektenwesen begreifen konnten. Es wird anhand ausgewählter Wettbewerbsarbeiten untersucht, wie Kreidolfs Sprach- und Bildkosmos den kindlichen Begriff des Fantastischen lenkte und in den Kinderzeichnungen prägend nachwirkte beziehungsweise eine Basis für die Entfaltung der vielbeschworenen „eigenen" Fantasie zeichnender Kinder bot. Die Eckpunkte des Betrachtungszeitraums sind markiert durch die Einführung des Zeichenwettbewerbs „nach Phantasie" 1923 und den Tod des Kinderbuchautors Ernst Kreidolf 1956.

„... aus wirklicher oder erdachter Welt ...“: Zeichnen nach der eigenen Vorstellung

Im 1907 erstmals erschienenen sogenannten Pestalozzi-Schülerkalender waren seit 1912 jährlich Zeichen-Wettbewerbe ausgeschrieben worden. Bis 1984 wurden Tausende Zeichnungen und einige Jahrzehnte lang auch Scherenschnitte von Kindern und Jugendlichen zwischen 7 und 20 Jahren an den Kalender eingeschickt. Die Teilnahme an den verschiedenen Wettbewerben war somit jahrzehntelang tief im Alltag von Schweizer Schülerinnen und Schülern verankert, der Gewinn eines Preises – einer Taschenuhr, einer Füllfeder etc. – sehr begehrt.

Unter den Aufgabenstellungen für den seit 1912 veranstalteten „Zeichenwettbewerb nach Natur“ finden sich Themen zur Wahl wie „ein charakteristisches Gebäude“, „Landschaft“, „Blumen“, „Tiere“ etc. Im *Schatzkästlein*, dem Begleitbuch des Schülerkalenders, wurde 1923 dem „Zeichenwettbewerb nach Natur“ jedoch ein neuer Wettbewerb beigestellt. Dieser Neuerung war die Ausstellung „Schweizerjugend und Zeichenkunst“ vorausgegangen, in der seit 1922 in mehreren Schweizer Städten über tausend Zeichnungen aus dem Wettbewerb zu sehen gewesen waren. Die präsentierten Zeichnungen nach Natur konnten zwar technisch überzeugen, doch wurde bemängelt, dass „die Phantasie und die Gedankenwelt der Zeichner [...] zu wenig zum Ausdruck komme“[2], denn beim reinen Zeichnen nach der Natur gehe leicht ein Teil der persönlichen Eigenart verloren. Das Anfertigen der Zeichnung sei zwar eine handwerkliche Leistung, aber künstlerisch unbefriedigend.[3] Daraus folgernd schrieb man nun einen zweiten Wettbewerb, „Zeichnen nach eigener Phantasie“, aus, der jahrzehntelang unter diesem Namen geführt werden sollte. Während die Aufgaben zum „Zeichnen nach Natur“ weiterhin ausführlich beschrieben wurden, verzichtete man in der Ausschreibung dieses Wettbewerbs auf detaillierte Angaben, um die Kreativität der Teilnehmer nicht von vornherein einzuschränken. Ziel war „ein Bild aus eigenem Sinnen und Trachten, ganz nach innerer Eingebung.“[4] Als Anregung formulierte der Herausgeber des Kalenders, Bruno Kaiser, nur Andeutungen:

> „Zeichnet ähnlich den kleinen Kindern, die sich nicht auf das genaue Abzeichnen irgendeines Gegenstandes oder einer Landschaft verlegen, sondern mit dem Stift auf das Papier zaubern, was sie träumen und sinnen, ein Stück Gedankenwelt, in der sie leben. Doch da ihr keine kleinen Kinder mehr seid, werdet ihr anders zeichnen als sie, eurer Gedankenwelt und eurem Können entsprechend.“[5]

---

[2] Schatzkästlein 1923, S. 20.
[3] Ebd., S. 22.
[4] Ebd.
[5] Ebd., S. 24.

Und weiter:

„Zeichnet Lustiges oder Ernstes aus wirklicher oder erdachter Welt, einen Wunsch, eine Erinnerung, einen tiefen Eindruck oder einen Traum; gerade das zeichnet, was euch einfällt, wozu ihr eben Lust oder Freude habt; wenn ihr wollt, schreibt auf einem zweiten Blatt begleitenden Text dazu.“[6]

Bei der Durchsicht der erhaltenen Zeichnungen und Scherenschnitte nach Fantasie fallen wiederkehrende Motive wie anthropomorphe Insekten- und Blumenwesen sowie Bildtitel wie „Blumenreigen“ oder „Käferhochzeit“ auf, wie sie auch in Ernst Kreidolfs Blumen- und Zwergenmärchen erscheinen. Kreidolfs Wirkung auf Schweizer Kinderzeichnungen der 1920er bis 1950er Jahre war nicht nur zuhause, sondern auch durch den Schulunterricht präsent; so spielten seine Illustrationen auch eine tragende Rolle in der Bildwelt der Schweizer Reformpädagogik in der ersten Hälfte des 20. Jahrhunderts. Durch den Unterricht und von daheim waren seine Illustrationen den Kindern und auch Jugendlichen dieser Zeit somit bestens vertraut und eine reiche Inspirationsquelle für ihre eigene zeichnerische Fantasie.

Geordnete Fantasie: Ernst Kreidolfs Bilderbücher und „Neues Zeichnen“

Ernst Kreidolf hat in der ersten Hälfte des 20. Jahrhunderts über 20 Bilderbücher verfasst und illustriert sowie als Illustrator von Schulbüchern und Kinderbüchern anderer Autoren gewirkt. Kreidolf war gebürtiger Berner, jedoch in Deutschland ausgebildet und tätig. Seit 1899 verfasste er besagte Bilderbücher mit anthropomorphen Pflanzen- und Insektenwesen, Zwergen und Elfen, die ihn im deutschen Sprachraum berühmt machten. Aus gesundheitlichen Gründen war er 1916 in der Schweiz auf Kuraufenthalt und zog daraus die Inspiration für die Bücher *Alpenblumenmärchen* (1922)[7] und *Ein Wintermärchen* (1924)[8], die zu den Klassikern der Schweizer Kinderliteratur zählen. Ihre Wirkmacht in der Schweiz haben sie offenbar vollends ab den 1920er-Jahren entfaltet, nachdem der Autor 1918 kriegsbedingt nach Bern gezogen war, wo er bis zu seinem Tod 1956 wohnte und arbeitete.[9] Von nun an veröffentliche er in Schweizer Verlagen und fand weite Resonanz beim Publikum. Diese wirkt aufgrund des für sein Werk charakteristischen Zusammenwirkens von Natur und Fantastischem bis heute in der Rezeption seiner Bilder nach. So habe Kreidolf bereits in seinem ersten Bilderbuch *Blumen-*

---

6 Ebd., S. 24–25.
7 Kreidolf 2010/1922.
8 Ders. 2010/1924.
9 Verein Kreidolf 1996, S. 17–19.

Märchen (1898)[10] eine „dekorative Bildsprache in der Verbindung von Natur und Fantasie“ geschaffen, die „unmittelbar, aber auch nachhaltig, bis in die Gegenwart zu zahlreichen Anleihen animierte“.[11]

Kreidolf selbst hat in seinen Lebenserinnerungen die Bildlichkeit seiner Arbeit in den Vordergrund gerückt: „Bei allen meinen Bilderbüchern ist immer das Bild das Primäre, das zuerst Entstandene, der Text ist immer das Sekundäre, die Begleitung dazu.“[12] Die Verse und Erzählungen, vor allem aber die Bilder dieses „Dichter-Malers“[13] waren schließlich um 1930 in der Schweiz auf dem Höhepunkt ihrer Bekanntheit, wie sich durch eine Reihe von Ausstellungen – vornehmlich seiner Bilderbuchillustrationen, zum geringeren Teil auch seiner Gemälde – in Bern und Zürich belegen lässt. Im Zürcher Kunsthaus wurde 1933 in einer Jubiläumsausstellung zu seinem 70. Geburtstag mit den Illustrationen vor allem jener Teil von Kreidolfs Lebenswerk präsentiert, der ihn „äußerlich augenfälliger als die Gemälde vor seinen Zeitgenossen auszeichnet und seine Figur innerhalb der neueren schweizerischen und deutschen Malerei entscheidend bestimmt“[14]. Neben Lithografien und Aquarellen wurden im Kunsthaus auch Blätter des Berner Schulbuches *Roti Rösli im Garte* von 1925 präsentiert, welches in kleinen, zwischen die Texte gesetzten, farbigen Vignetten Kreidolfs bekannte Kinderfiguren, Zwerge und Pflanzenmischwesen versammelte.[15] Der Illustrator war auch markant an der Ausstattung einiger weiterer Lesefibeln, Gesangsbücher und Gedichtbände beteiligt.[16] Seine Bildsprache war also auch jenen Kindern präsent, die sich seine eher teuren Bilderbücher nicht leisten konnten. So waren seine Illustrationen beliebte Bildquellen im Unterricht von Vertretern der Reformpädagogik, welche die „Wirkung des Unschuldigen und Fantastischen durch die betont zarten Anthropomorphisierungen von Pflanzen- und Tierwelt“[17] schätzten. Reformpädagogen räumten im von der schwedischen Reformpädagogin Ellen Key 1900 ausgerufenen „Jahrhundert des Kindes“ der freien Entfaltung kindlicher Fantasie, namentlich im Zeichnen, vordersten Platz ein. Allerdings war die – vordergründige – gestalterische Freiheit auch hier an Vorlieben und Vorgaben der Lehrpersonen gebunden, deren Vorstellungen vom „Kindertümlichen“ beziehungsweise „Kindge-

---

10 Kreidolf 2010/1898.

11 Oetken 2008, S. 41, http://docserver.bis.uni-oldenburg.de/publikationen/dissertation/2008/oetbil08/oetbil08.html, abgerufen am 28.03.13.

12 Kreidolf 1996, S. 110.

13 Ders. 1933, S. 2.

14 Ebd., S. 1.

15 *Rote Rösli im Garte* von 1925 wurde 1936 zum zweiten Mal und 1948 zum dritten Mal mit Kreidolfs Illustrationen aufgelegt.

16 Weitere Schul- und Lesebücher, die von Ernst Kreidolf illustriert wurden: Kugler 1921, Huggenberger 1924, Fröhlich/Hälg 1940.

17 Oetken 2008, S. 41.

rechten“ in den Zeichnungen ihren Niederschlag fanden. In Kreidolfs vermeintlich unstilisierter, naiver Bild- und Textsprache zum unschuldigen kindlichen Bilderbuchbetrachter und -leser fanden die Reformer ihre Ideale perfekt umgesetzt. Einen „Dichter mit Form und Farbe“ nannte ihn Leopold Weber in der der deutschen Kunsterziehungsbewegung nahestehenden Zeitschrift *Der Kunstwart* 1920 und erklärte als Besonderheit Kreidolfs, dass er seinen Lesern die Schattenseiten des Lebens nicht vorenthalte:

„Denn wenn Kreidolf sich an das Kind wendet, ist es nicht die Spielpuppe, zu der die Erwachsenen in seelenloser und blinder Überheblichkeit es gemeinhin erniedrigen. Die Welt, die Kreidolf ihm zeigt, ist nicht von den Wänden der Kinderstube begrenzt, und der Geist, aus dem diese Welt hervorgeht, ist durchaus nicht aufs Idyll allein gestimmt, wie etwa der friedevoll bürgerliche [Geist] Richters.“[18]

Der Lehrer Ulrich Wilhelm Züricher hob wiederum 1921 in der Zeitschrift *Schulreform* die wechselseitige Verweistechnik Kreidolfs zwischen Menschen- und Pflanzenwelt hervor, die mittels der Fantasie zum Austausch gelangten, im Sinne einer Bildung zum fantasiereichen und guten Menschen:

„[...] nicht nur wird mit Hilfe der bekannten Menschenwelt die Welt der Blumen und Schmetterlinge dem Kinderverständnis nahegerückt, lieb gemacht, sondern auch umgekehrt wird das Kind durch die immerhin etwas ferner liegenden, in einen Phantasieschimmer getauchten Blumenmenschlein das Leben der wirklichen Menschen auf diskrete Art selber gedeutet.“[19]

Bei aller Anregung zum Schaffen aus innerer Eingebung sollte also in den Darstellungen aus Sicht der Pädagogen auch immer ein lehrreicher, auf die konkrete Gegenwart und Umgebung des Kindes bezogener Aspekt verfolgt werden, wie man ihn bei Kreidolf vorfand und schätzte. Eine anonyme Schulzeichnung aus dem Archiv der Kinder- und Jugendzeichnung ist, wie viele Schülerzeichnungen der Zeit um 1930, von den bekannten Blumen- und Frühlingselfen bevölkert (Abb. 2).

Martin Heller hat mit Bezug auf diese Zeichnung schon 1982 auf die Rezeption Kreidolfs durch den Sammlungsleiter Jakob Weidmann hingewiesen.[20] Die Aneignung seiner Illustrationen bildet gleichsam eine Verbindungslinie zwischen der Schulzeichnung und der Wettbewerbszeichnung in der ersten Hälfte des 20. Jahrhunderts. Der Primarlehrer Jakob Weidmann (1897–1975), Leiter des seit 1932 tätigen *Internationalen Instituts für das Studium der Jugendzeichnung* am Pestalozzianum in Zürich, verfasste seit den 1930er Jahren einige Lehrmittel für den Zeichenunterricht. Bei seinen Anleitungen griff er auch auf Kreidolfs Themenrepertoire zurück, wie eine Passage aus seinem Buch *Neues Zeichnen* von 1933

18 Weber 1919, S. 112.
19 Züricher, 1921/22, S. 69.
20 Cattaneo/Heller 1982, S. 29–30.

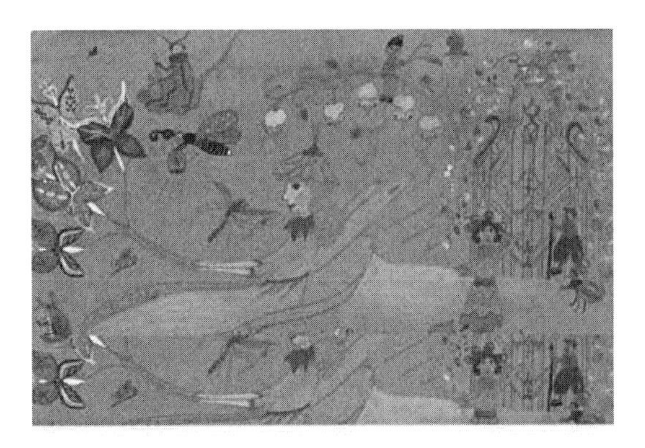

Abb. 2: Blütenfee

verdeutlicht, welche wie aus einer alltäglichen Szene heraus eine Anregung zum Zeichnen liefert:

„Eines Abends belagern dich die Kinder und betteln um ein Geschichtlein. Du fängst aufs Geratewohl von den Wiesenzwerglein Wisperchen und Pisperchen zu erzählen an, die auf den Heuschreckenpferden zum grossen Waldsommerfest reiten. Ringsum läuten die Elfen die Blumenglocken, schon hat der Tanz auf dem Dach ‚zum Pilz' begonnen. Und nun malst du das Zwergenfest mit solch lebhaften Farben aus, dass die Kinder darauf brennen, selbst sich ein solches Augenfest auf dem Papier zu bereiten."[21]

Mittels der fantastischen mündlichen Erzählung sollten die Kinder zur eigenen Vorstellung angeregt werden, welche sie dann in eigene Bildfindungen übertragen sollten. Weidmann empfahl des Weiteren auch in einem 1957 erschienenen Lehrmittel zur Gestaltung von Albumblättern Themen wie „Blumenfee und Wiesenzwerge" oder „Schwebende Elfen, die aus goldenen Kännlein Tau über Blumen gießen".[22] Entgegen seinen ausführlichen Beschreibungen aus früheren Büchern wurde hier aber nur mehr marginal auf solcherlei fantastische Bildmotive, lediglich in der Funktion von Dekorationselementen, verwiesen.

Mit Kreidolfs Pflanzen- und Elfenmotiven und denjenigen anderer Autoren wie Sibylle Olfers oder Elsa Beskow wollte man im Zeichenunterricht also die kindliche Fantasie stimulieren, oder bereits vorhandene fantastische Gedanken fördern. Die innige Beziehung, die viele von Kreidolfs Lesern zu seinen Büchern und ihm selbst pflegten, war dabei in dieser Zeit in der Schweiz sicher einzigartig. Im Nachlass Ernst Kreidolfs in der Burgerbibliothek in Bern sind Hunderte Briefe und Zeichnungen von Schülern aus der ganzen deutschsprachigen Schweiz erhalten geblieben, die sie zwischen 1925 und 1956 an Ernst Kreidolf schickten und welche er sorgsam aufbewahrte. Darunter finden sich Dankesbriefe für Neu-

[21] Weidmann 1933, S. 71–72.

[22] Ders. 1957, S. 24.

erscheinungen sowie Gratulationskarten zu Geburtstagen Kreidolfs, Einladungen, Klassenbriefe oder Sammlungen von illustrierten Schreiben der einzelnen Schüler, von ungelenken ersten Schreibversuchen bis zu kunstvoll gestalteten Mappen, die Kreidolfs Formenrepertoire aufnehmen.[23]

Sogenannte „Bildbetrachtungen“ des „Gänseblümchentees“ aus Kreidolfs *Blumen-Märchen*, die 1934 an ihn geschickt wurden, machen deutlich, dass Schüler durch die Bild-Vorlage gezielt motiviert werden sollten, „eigene“ Geschichten dazu zu erfinden und niederzuschreiben.[24] Über ein Dutzend verschiedene Gedichte und beigefügte Illustrationen in Heftform von 13-jährigen Realschülerinnen deuten hier Kreidolfs Darstellung des „Gänsblümchentees“ in eigenen Texten um, dazu wurden passende Illustrationen aus den Figuren des Autors entwickelt. Andere huldigten dem Autor auch in beigelegten Zeichnungen und hielten 1933 oftmals ihre Eindrücke von Ausstellungen zum 70. Geburtstag Kreidolfs fest.[25] Es zeigt sich, dass zwischen Autor und Leserschaft ein reger Austausch herrschte, der auf unterschiedliche Weise gefördert wurde.

Ernst Kreidolf und die Kinderkultur um 1930

Wie sehr sich Schweizer Kinder in den 1920er Jahren mit der Bildwelt Ernst Kreidolfs identifizierten, wird auch darin deutlich, dass 1926 mit dem Text *Die verzauberte Blume* auch eine Vertonung eines Kreidolf-Textes erschien, die 1927 beim Kreidolf-Kinderfest in Davos aufgeführt wurde; ihr folgten weitere Vertonungen seiner Gedichte. Durch das regelmäßige Erscheinen der Bücher wurden die Kinder auch mit immer neuen Motiven und Bildformen konfrontiert, zudem fand von Buch zu Buch eine ständige Weiterentwicklung von Kreidolfs Bildsprache statt. Vor allem das Aussehen und das Verhalten der kleinen Mischwesen wurde stetig ausdifferenziert, wie im Ausstellungskatalog zu Kreidolfs 70. Geburtstag nachzulesen ist:

„Mit den späteren Möglichkeiten verglichen, wirkt die erstmalige Ueberführung der Pflanzen in menschliche Form [im „Schlüsselblumengarten“, *Blumen-Märchen*, 1898, Anm. AL] mehr oder weniger willkürlich: die Gesichter, Körper und Glieder sind den Pflanzen eingefügt, oder mit Blumen und Blättern nur bekleidet. Ihr Leben äussert sich in den gewohnten Geschäften und begrenzten Taten einer bürgerlichen Welt, deren vielfach widersprüchliches Verhalten zum Dasein der Natur die Verwandtschaft der Idee zu zeitgenössischen oder früheren Karikaturen spüren lässt.“[26]

---

23 Schülerbriefe und -zeichnungen, Nachlass Ernst Kreidolf, N Ernst Kreidolf 35–37, 1925–1954.

24 Ebd. 35, 1925–1944.

25 Ebd. 36, 1933.

26 Kreidolf 1933, S. 4.

Die Blumenblätter des *Gartentraums* (1911) boten laut derselben Publikation „eine Bereicherung der Anschauungswelt aus [...] eindringlichen und gewissenhaften Studien, und vermehren zugleich die Darstellungsformen durch neue künstlerische Mittel". Die Metamorphosen seien „nicht mehr von aussen her, aus einem verschiedenartigen Daseinsbezirk an die pflanzlichen und tierischen Wesen herangetragen, sondern aus ihren Eigenarten, Kennmalen und Lebensformen gewonnen"[27]. Schließlich erschien in seinen Bilderbüchern nach dem Ersten Weltkrieg „die Personifizierung von Pflanze und Tier aus der Beobachtung ihrer Lebensweise und der Beschaffenheit ihrer Organe und deren Funktionen erfunden"[28]. Inwieweit sich diese Entwicklung auch in den Kinderzeichnungen nachverfolgen lässt oder die schriftlichen und bildlichen Reaktionen von Kindern auf Kreidolfs Schaffen diesen Wandel in der organischen Darstellungsweise beeinflusst haben, bleibt vorerst jedoch offen.

Eine Fotografie einer Aufführung des Märchenspiels *Die verzauberte Blume* in Davos zeigt Kreidolf umringt von Kindern, die als Blumen, Insekten und stacheliger Kaktus verkleidet sind.[29] Das Davoser Fest war ein mehrtägiger Anlass mit Ausstellung und Kinderprogramm, bei welchem sich „Motive und Gestalten aus dem Kreidolf'schen Märchenland in die Wirklichkeit begeben hatten"[30]. Die Kinder „machten die ganze Märchenwelt lebendig. Sechshundert Kinder formierten sich zum Festzug, zum lebendigen Kreidolf-Bilderbuch"[31]. Es ist davon auszugehen, dass Kostümfeste und -umzüge wie in Davos auch in kleinerem Rahmen stattgefunden haben.[32] So hatte die Lehrerin Luise Züricher bereits 1921 eine lebendige Beschreibung eines Spielnachmittags auf einer Wiese verfasst, wo sie mit ihren Schülern das Bilderbuch *Die Wiesenzwerge*[33] nachgespielt hatte. Am Schluss ihres Berichtes resümierte Züricher:

„Seine wundervollen Bilderbücher sind nicht nur für die Kinderstuben der Reichen da. Wir sollten Bücher wie ‚Die Wiesenzwerge', ‚Die Blumenmärchen', ‚Sommervögel', ‚Der Gartentraum' usw. auch öfters in die Schulstuben bringen. Sie würden manchem phantasiearmen und -reichen Menschlein gut tun."[34]

Zürichers Beschreibung eines Spielnachmittags nach einer literarischen Vorlage erscheint wie eine darstellende Vorwegnahme von Jakob Weidmanns erzähleri-

---

27 Ebd., S. 5.
28 Ebd., S. 6.
29 Verein Kreidolf 1996, S. 18, Abb. 15.
30 Davoser Revue 1927, S. 16.
31 Ebd., S. 19.
32 Diverse Zeitungsausschnitte vom Kreidolf-Kinderfest in Davos 1927, Nachlass Ernst Kreidolf, N Ernst Kreidolf 27 (3).
33 Kreidolf 2010.
34 Züricher 1921/22, S. 64–65.

schen Zeichenvorschlägen der 1930er Jahre und jenen Zeichnungen, die im eingangs beschriebenen Wettbewerb nach Fantasie an den *Pestalozzi-Kalender* geschickt wurden.

Eisfeenreigen und Pilzfeste in Kinderzeichnungen von 1923 bis 1956

Die Verflechtung der kindlichen Alltagskultur mit der Bildwelt Ernst Kreidolfs wird in den Zeichnungen und Scherenschnitten des Pestalozzi-Kalender-Wettbewerbs anschaulich. Nicht nur im Zeichenunterricht haben sich Kinder mit Blütenfeen und Gnomen befasst, auch in den Wettbewerbsarbeiten hat sich das Kreidolf'sche Figurenrepertoire eindrücklich niedergeschlagen. Die Verwischung der Grenzen zwischen kindlichem Alltag und Fiktion wird in den Zeichnungen und Scherenschnitten oftmals deutlich, vor allem aber auch an begleitenden Texten auf den Rückseiten, welche aus den Bildern selbst nicht unmittelbar ersichtliche Erkenntnisse liefern. Auf der Rückseite eines prämierten Blattes mit dem Titel „Bergfrühling" (27. Juni 1925) findet sich beispielsweise ein Kommentar des Zeichenlehrers über den Zeichner: Dieser „lebt immer mit den Zwergen: selber klein und zierlich, erscheint das fast selbstverständlich. Wie und wo er es angeht, tauchen in seinen Kompositionen Heinzelmännchen und Zwerglein auf. Dass er Kreidolf kennt und liebt, ist kein Übel." Die Einbildungskraft des Jungen sowie die Nähe zu den Bilderbuchvorlagen wurden sowohl vom Lehrer als durchwegs positiv bewertet, als auch von der Jury, die „Kopien nach Vorlagen"[35] bekanntlich nicht zuließ, Zeichnungen, die aber als eigenständige Erfindungen überzeugten, auszeichnete. Wo aber genau von den Juroren die Trennlinie zwischen Kopie und jenem „Stück Gedankenwelt", von dem Bruno Kaiser 1923 gesprochen hatte, gezogen wurde, ist aus heutiger Sicht nicht immer klar nachvollziehbar.

Andere Zeichnungen waren Illustrationen eigener Texte, so die nächtliche Szene eines 15-jährigen Knaben von 1930 (siehe Abb. 3), die mit folgendem Gedicht eingereicht wurde:

„Beim silbernen Mondenschein war heut' / Tanz bei den kleinen Leut /
Aufgespielt hat Haustöffelein / Nun fall'n ihm zu fast die Äuglein /
Zwerglein gibt ihm das Geleit nach Haus /
Glühwürmchen im Laternchen leuchtet voraus."

Das Glühwürmchen in der Laterne gleicht genau der Glühwürmchen-Laterne in der Illustration des Gedichts „Nachtwächter" in Kreidolfs *Bei den Gnomen uns Elfen*[36], das 1929 erschienen ist. Es scheint, als wäre der schlafende Nachtwächter

---

[35] Schatzkästlein 1942, S. 117. In der Ausgabe wurde unter dem Titel „Erfreuliches und Unerfreuliches" nachdrücklich darauf hingewiesen, dass unselbständige Arbeiten nicht toleriert wurden.

[36] Kreidolf 1929/2010.

Abb. 3: Beim silbernen Mondschein ...

Kreidolfs in dem Bild des Knaben erwacht und böte dem müden Grashüpfer das Heimgeleit. Außer dem illustrativen Darstellungsmodus und der atmosphärisch-dunklen Malweise hat der Junge auch Kreidolfs Reimschema übernommen. Die literarische und bildliche Vorlage diente somit den einen unter den jungen Zeichnerinnen und Zeichnern als Inspiration zu einer eigenen Illustration und Dichtung, während sie für andere lediglich den thematischen Hintergrund für ihr zeichnerisches Können bildeten. Die Arbeit einer 18-jährigen Kunstgewerbeschülerin von 1945 nahm die Darstellung einer „Käferhochzeit" zum Anlass für ein ausführliches Naturstudium beziehungsweise die Darstellung einer prächtigen Blumenwiese, welche das fantastische Geschehen dicht umrahmt.

Andere Bilder haben wieder Ähnlichkeit zu den bewundernden Schülerbriefen im Nachlass Kreidolfs. Die Zeichnung eines 9-jährigen Mädchens von 1934 (Abb. 4), welches die Verleihung der Doktorwürde an den Autor mittels seiner eigenen Figuren zu Papier brachte, stellt ein berührendes Zeugnis der Verbundenheit vieler Kinder zu Autor und Werk dar. Die tatsächliche Verleihung der Ehrendoktorwürde an Ernst Kreidolf durch die Universität Bern 1934 wird respektvoll und humorvoll zugleich ins Bild gerückt, wohingegen Kreidolf selbst diese in seiner Autobiografie unerwähnt ließ.[37] Die Übernahme der Kreidolf'schen Insektenparade mit bannertragendem Grashüpfer und Schneckenreitern wurde durch eine darüber fliegende Marienkäferschar ergänzt und mit einer abschließenden Blumengirlande verziert, welche den Urkundencharakter des Blattes – im Übrigen eines der wenigen Hochformate – unterstreicht.

Während das Werk Ernst Kreidolfs hinlänglich als Illustration einer „kindlich vertraute(n) Phantasiewelt"[38] angesehen wird, welche das Gefühl von Heimeligkeit und Unschuld evoziert, kam es auch zur Aneignung seiner dunkleren Aspekte – kriegerische Auseinandersetzungen und Tod. Sportliche Wettkämpfe, Schlachtenbilder von kämpfenden Insekten, und Skurriles wie eine „Böse Opera-

[37] Ders. 1996, S. 194.
[38] Ders. 1933, S. 5.

Ernst Kreidolf bekommt
den Doktorhut.

Abb. 4: Ernst Kreidolf bekommt den Doktorhut.

tion" an einem Grashüpfer belegen auch die Auseinandersetzung mit dem weniger Lieblichen und die Weiterführung der Bilderbuch-Vorlage in eigene Bildideen.

Fantastik in geordneten Bahnen

Nach dem Tod Ernst Kreidolfs 1956 scheint auch die Zahl der Elfen- und Zwergendarstellungen in Kinderzeichnungen langsam abgenommen zu haben, zumindest finden sie sich in den prämierten Arbeiten nicht mehr in jener Dichte wie in den 1920er- und 1930er-Jahren. Spätere Darstellungen von Blumenreigen und Zwergenfesten sind seltener und wirken nicht mehr so unmittelbar auf Kreidolfs Bilderbücher bezogen wie die früheren Arbeiten. Es scheint, als wären diese Bildmotive bereits in einen allgemeinen Bildkanon der Fantastik eingegangen und somit auch nicht mehr ein zwingendes Sinnbild kindlicher Fantasie. Vielmehr haben sie einen Platz neben anderen Themen wie Märchen und neueren Kinderbüchern eingenommen, welche ebenfalls Eingang in die Kinder- und Jugendzeichnung fanden.

Die angeführten Beispiele zeigen aber, dass für Schweizer Kinder und Jugendliche bis zur Mitte des 20. Jahrhunderts Kreidolfs Bücher zum fixen Geschichten- und Bilderrepertoire gehörten, aus welchem sie – neben anderen Quellen – für ihre eigenen Darstellungen schöpfen konnten. Vertreter der Reformpädagogik, in der Schweiz namentlich die Bewegung „Neues Zeichnen", propagierten seine fantastischen Texte und Bilder als dem Kind gemäß. Neben der szenischen Darstellung seiner Illustrationen haben sich Kinder sein Figureninventar in ihren Zeichnungen, Aquarellen und Scherenschnitten angeeignet, sei es in direkten An- und Entlehnungen, sei es in neuen Bilderzählungen. Die fantastische Welt der Elfen und Zwerge, und der realen, wissenschaftlich klassifizierten Welt der Blumen und Insekten, quasi die „Verbindung von Natur und Fantasie“[39], wurde von den Zeichnern in ihre „eigene“ fantastische Bildsprache übertragen und der Zeichnung zum Ausdruck gebracht. Die zahlreichen Wettbewerbszeichnungen, deren Fokus auf der naturalistischen Wiedergabe von Pflanzen und Insekten lag, illustrieren, dass Kreidolfs Themen offenbar die ideale Gelegenheit für die Präsentation künstlerischen Talents boten, wobei sowohl die Fantasie als auch das zeichnerische Können in den Blickpunkt der Jury gestellt wurden. Mit dem Transfer der damals präsenten Illustrationen Kreidolfs in die Kinderzeichnung traten Kinder und Jugendliche schließlich als Autorinnen und Autoren eigener Werke auf, die sie mit viel Mühe und Aufwand in einen Wettbewerb mit anderen stellten und die von der Jury als Bildmanifeste fantastischer Ideen interpretiert wurden.

In einzelnen Zeichnungen und rückseitigen Bemerkungen hat sich zudem gezeigt, dass viele Kinder sich damals in diese einerseits wundersame, andererseits aber auch naheliegende Tier- und Pflanzenwelt hineindenken und sich selbst sogar als Teil des Kreidolf'schen Figurenensembles von Zwergen und anthropomorphen Blumen- und Insektenwesen begreifen konnten. An den Zeichnungen zum Wettbewerb „nach Phantasie“ wird sichtbar, wie fantastische Kindermedien in Kinderzeichnungen der Vergangenheit nachwirkten beziehungsweise eine Basis für die Entfaltung der „eigenen“ Fantasie zeichnender Kinder boten.

Bibliographie

Quellen

Schülerbriefe und -zeichnungen, Nachlass Ernst Kreidolfs, Burgerbibliothek Bern, N Ernst Kreidolf 35–37, 1925–1954.

Primärliteratur

Autor, Anna (Hg.): Kaisers Schatzkästlein. Pestalozzi Kalender II. Teil, Bern: Pestalozzi-Verlag Kaiser & Co. 1942.

Frey, Adolf und Ernst Kreidolf (Illu.): Blumen. Ritornelle. Zürich-Leipzig: Rotapfel-Verlag 1920.

Fröhlich, Otto, Otto Hälg, Ernst Kreidolf u. a. (Illu.): Sunneland. Lesebuch für das 3. Schuljahr. Frauenfeld: Thurgauischer Lehrmittelverlag 1940.

Huggenberger, Alfred, Ernst Kreidolf u.a. (Illu.): Chom mer wänd i d'Haselnuss. Aarau: H.R. Sauerländer & Co. 1924.

Kaiser, Bruno (Hg.): Kaisers Schatzkästlein. Pestalozzi Kalender II. Teil, Bern: Pestalozzi-Verlag Kaiser & Co. 1923.

[39] Oetken 2008, S. 41.

Kilchenmann, Fritz und Ernst Kreidolf(Illu.): Roti Rösli im Garte. Ein Lesebuch für Kinder des III. Schuljahres, Lehrmittelverlag des Kantons Bern 1925.
Kreidolf, Ernst: Blumen-Märchen. Bern: Ernst Kreidolf Verlag 2010 [EA 1898].
— Die Wiesenzwerge. Bern: Ernst Kreidolf Verlag 2010 [EA 1902].
— Der Gartentraum. Neue Blumenmärchen. Bern: Ernst Kreidolf Verlag 2010 [EA 1911].
— Alpenblumenmärchen. Bern: Kreidolf Verlag 2010 [EA 1922].
— Ein Wintermärchen. Bern: Kreidolf Verlag 2010 [EA 1924].
— Bei den Gnomen und Elfen. Bern: Ernst Kreidolf Verlag 2010 [EA 1929].
— Kinderzeit. Zürich-Leipzig: Rotapfelverlag 1930.
Kugler, Gustav und Ernst Kreidolf u.a. (Illu.): Liederbuch für Schule und Haus. Obligatorisches Lehrmittel für die Kantone Schaffhausen und Thurgau. 7. erw. Aufl. Frauenfeld: Huber 1935 [EA 1921].
Volkart, Otto (Hg.) und Ernst Kreidolf (Illu.): Kinderland. Ein Kinderbuch. Zürich: Verlag und Buchhandlung Freie Jugend 1917.

Sekundärliteratur

Cattaneo, Claudia und Martin Heller (Hg.): Mit anderen Augen. Zeichnungen von Kindern und Jugendlichen. Arbeiten aus einer Sammlung des Pestalozzianums. Wegleitung 343. Zürich: Kunstgewerbemuseum der Stadt Zürich/Museum für Gestaltung 1982.
E. P.: Zur Kreidolf-Ausstellung. In: Davoser Revue. Zeitschrift für Literatur, Wissenschaft, Kunst und Sport. II. Jahrgang/Nr. 12 (15.09.1927), S. 16–17.
J. F.: Kreidolf-Kinderfest in Davos. In: Davoser Revue. Zeitschrift für Literatur, Wissenschaft, Kunst und Sport. II. Jahrgang/Nr. 12 (15.09.1927), S. 17–20.
Ivanovic, Christine, Jürgen Lehmann und Markus May (Hg.): Phantastik. Kult oder Kultur? Aspekte eines Phänomens in Kunst, Literatur und Film. Stuttgart, Weimar: Metzler 2003.
Ernst Kreidolf. Bilderbücher. Zum siebzigsten Geburtstag des Künstlers. Zürich: Vereinigung für zeichnende Kunst in Zürich 1933.
Kreidolf, Ernst: Lebenserinnerungen. Schicksalsträume. Frauenfeld: Verlag im Waldgut 1996.
Oetken, Mareile: Bilderbücher der 1990er Jahre. Kontinuität und Diskontinuität in Produktion und Rezeption. Diss. Oldenburg: Carl von Ossietzky Universität 2008, http://docserver.bis.uni-oldenburg.de/publikationen/dissertation/2008/oetbil08/oetbil08.html (abgerufen am 28.03.13).
Verein und Stiftung Ernst Kreidolf (Hg.): „Das Leben ein Traum“. Ernst Kreidolf 1863–1956. Bern: Kunstmuseum Bern 1996.
Weber, Leopold: Ernst Kreidolf. In: Der Kunstwart und Kulturwart. Halbmonatsschau für Ausdruckskultur auf allen Lebensgebieten, Herausgeber Ferdinand Avenarius, 32. Jahrgang/drittes Viertel April bis Juni (1919), S. 111–113.
Weidmann, Jakob: Neues Zeichnen. Zürich 1933.
— Zeichnen und Malen. Eine Hilfe für Erzieher und Kinder. Sammlung Lebendiges Wissen. Heft Nr. 11a. Bern: Bubenbergverlag 1957.
Züricher, Luise: Wie wir Wiesenzwerge spielten. In: Die Schulreform (früher Berner Se-

minarblätter). Organ der Schweizerischen Pädagogischen Gesellschaft, XV. Jahr/Heft 3, (1921/22), S. 62–65.

Züricher, Ulrich Wilhelm: Kreidolf und die Kinder. In: Die Schulreform (früher Berner Seminarblätter). Organ der Schweizerischen Pädagogischen Gesellschaft. XV. Jahr/Heft 3, (1921/22), S. 68–70.

Abbildungsverzeichnis

Abb. 1: Der Ringelreih'n der Frühlingsblumen, Mädchen, 14, 1926, 40,8 x 28,6 cm, Bleistift und Gouache, Archiv der Kinder- und Jugendzeichnung, Stiftung Pestalozzianum.

Abb. 2: Blütenfee, anonym, 12, Schulzeichnung, 1930er Jahre, 21 x 29,5 cm, Bleistift und Aquarell, Archiv der Kinder- und Jugendzeichnung, Stiftung Pestalozzianum.

Abb. 3: Beim silbernen Mondschein ..., Knabe, 15, 1930, 34 x 25,4 cm, Bleistift und Aquarell, Archiv der Kinder- und Jugendzeichnung, Stiftung Pestalozzianum.

Abb. 4: Kreidolf 5: Ernst Kreidolf bekommt den Doktorhut, Mädchen, 9, 1934, 21,1 x 29,8 cm, Bleistift und Farbstift, Archiv der Kinder- und Jugendzeichnung, Stiftung Pestalozzianum.

Das Eigene in der Fremde (er)finden: Ein fantastisches Wieder- und Weitererzählen im mittelhochdeutschen *Herzog Ernst* und in Lutz Dammbecks Animationsfilm

Susanne Schul

„Nu vernemet alle besunder: ich sage iu michel wunder von einem guoten knehte. daz sult ir merken rehte." (HE, V. 1–4)	(„Nun höre jeder genau zu! Ich will euch viele wunderliche Dinge von einem edlen Ritter erzählen. Das sollt Ihr aufmerksam vernehmen.")

„Nu vernemet alle besunder" (HE, V. 1) – dazu fordert der Erzähler des mittelhochdeutschen Versepos aus dem späten 12. Jahrhundert seine Zuhörer begeistert auf.[1] Er lenkt ihre Aufmerksamkeit auf jene „michel wunder" (HE, V. 2), die das Wunderbare, Faszinierende oder auch Seltsame und Befremdliche hervorheben, das diese Geschichte bestimmen wird. Als Ausgangspunkt der „wunder" markiert er den „guoten kneht" (HE, V. 3) und sein Blick richtet sich damit auf den Protagonisten Herzog Ernst. Dieser wird als idealer, adeliger Mann und zukünftiger

[1] Im Folgenden wird das mittelhochdeutsche Versepos *Herzog Ernst* (HE) nach der Fassung B und nach der Ausgabe von Karl Bartsch zitiert, die die bruchstückhaft überlieferten Fragmente der Fassung A aus der zweiten Hälfte des 12. Jahrhunderts mit abdruckt. Sie wurde von Bernhard Sowinski übersetzt und mit Anmerkungen sowie einem Nachwort versehen. Zwei vollständige Handschriften der Fassung B stammen aus dem 15. Jahrhundert, die hierin überlieferten Versionen werden aber im späten 12. bzw. beginnenden 13. Jahrhundert verortet. Es handelt sich um die älteste, komplett erhaltene Herzog-Ernst-Dichtung in der Volkssprache. Überliefert ist zudem eine stilistisch und inhaltlich stark überarbeitete und heilsgeschichtlich ausgerichtete Fassung D aus der zweiten Hälfte des 13. Jahrhunderts. Außerdem liegen lateinische Übersetzungen aus dem 13. Jahrhundert vor, wobei die Prosafassung C als Vorlage für die sogenannte Volksbuch-Tradition gilt, die vom 15. bis ins 19. Jahrhundert überliefert ist. Auch strophische Liedfassungen sind erhalten. An dieser reichen und vielfältigen Überlieferungsbasis lassen sich bereits unterschiedliche Bearbeitungs- und Umformungstendenzen eines ‚Wieder- und Weitererzählens' des Herzog-Ernst-Stoffs erkennen, die sich in der neuzeitlichen, produktiven Rezeption fortsetzen. 1817 griff Ludwig Uhland in seiner Tragödie *Herzog Ernst von Schwaben* den Stoff auf und in dem Stück *Das Volksbuch von Herzog Ernst oder Der Held und sein Gefolge* von 1956 deutete Peter Hacks ihn erneut um. Vgl. Sowinski 2000, S. 404f.

Herrscher eingeführt, von dessen „degenheite“ (HE, V. 7) es nun zu berichten gilt. Auf diese Art kreiert der Erzähler ein aktualisierendes Wiedererzählen, mit dem er die Hofgemeinschaft als ein vor allem akustisch rezipierendes Publikum direkt anspricht.[2] Denn das Erzählen von Tapferkeit nütze dabei nicht nur dem Ruhm der handelnden Figur, sondern verspreche darüber hinaus auch dem geeigneten Zuhörer „manigen hôhen muot“ (HE, V. 6).

Der Prolog bindet das Publikum damit in die nun folgenden Ereignisse ein und fordert es auf, den Wahrheitsgehalt derselben nicht nur anzunehmen, sondern ihn stattdessen durch die eigenen Erfahrungen auch zu beglaubigen, da sie „des [...] selbe versuochet hân“ (HE, V. 30). Das Publikum wird zum Gradmesser für die Authentizität des Erzählten, denn es kann stellvertretend für dessen Wahrheitsgehalt einstehen, wenn es selbst eine solche Reise unternommen habe, wie es sich für „guote knehte“ (HE, V. 21) bekanntlich gehöre. Die Rezipienten werden zu Weggefährten der reisenden Figuren ernannt und der Erzähler integriert sie in ein Wieder- und Weitererzählen des Gesehenen und Erlebten.[3]

Die poetischen Zeugnisse des Mittelalters diskutieren demzufolge durchaus die Frage nach ihrer eigenen Glaubwürdigkeit und thematisieren ein Spannungsverhältnis, das sich immer wieder zwischen historischer Faktizität, Erfahrungswissen und einem literarisch-fiktiven Erzählen ergibt. Hierin lassen sich bereits ‚Übergänge‘ zu Konzepten des fantastischen Erzählens erkennen, die zentrale Frage nach der Beziehung von ‚Möglichkeit‘ und ‚Unmöglichkeit‘ des Erzählten steht allerdings in einem engen Verhältnis zu historisch bedingten Wahrnehmungs- und Deutungsmodellen.[4] Die literarisch entworfenen Welten können der textexternen Erfahrungswelt hierbei nahezu entsprechen, aber auch völlig anders geartet und den gewohnten Gesetzmäßigkeiten enthoben sein. Den Kontakt zwischen bzw. die Konfrontation von verschiedenen Weltmodellen stellen bereits Marianne Wünsch, Uwe Durst und Annette Simonis als ein zentrales Kennzeichen fantastischer Texte heraus, allerdings jeweils mit unterschiedlichen Ausrichtungen.[5] An ein fantastisches Erzählen knüpft sich dabei beständig die Vorstellung eines nichtmimetischen Verhältnisses zur ‚Wirklichkeit‘: Konkret, die Erzählung stelle etwas dar, das es ‚nicht gibt‘. Diese Zuschreibung erscheint zwar zunächst in ihrer Kürze recht anschaulich, greift im historischen Diskurs allerdings zu kurz.[6] Ob nämlich die angekündigten „michel wunder“ wirklich gleichbedeutend mit einem fantastischen Erzählen zu verstehen sind, wird im Folgenden noch zu hinterfragen sein. Die vergleichende Analyse der mittelhoch-

[2] Vgl. Wenzel 1995, S. 52f.; Stein 1997, S. 22.
[3] Vgl. Stein 1997, S. 47; Morsch 2011, S. 17f.
[4] Vgl. Ivanovic//, S. 11; Wünsch 1998, S. 11; Horstkotte 2004, S. 41; Bross 1996, S. 38.
[5] Vgl. Wünsch 1998, S. 18; Durst 2007, S. 70f.; Simonis 2005, S. 45f.
[6] Vgl. Haas 2005, S. 119; Wyss 2003, S. 43.

deutschen Verserzählung *Herzog Ernst* und deren gleichnamigen Umdeutung in Lutz Dammbecks Animationsfilm[7] fokussiert in diesem Zusammenhang die Zuordnung und Transformation der Findung und Erfindung des Eigenen in der Fremde.[8]

„Dô sie daz wunder gar gesâhen"

Der Kontakt mit der Fremde, mit wundersamen Fabel- und Hybridwesen ist im mittelalterlichen Diskurs an die Rand- und Grenzzonen der bewohnbaren und nach heilssymbolischen Strukturen geordneten Welt verschoben, wie es uns beispielsweise die *Ebstorfer Weltkarte* vorführt.[9] Die *mappa mundi* präsentiert die mittelalterliche Welt nicht, wie sie war, sondern wie man sie sich vorstellte, und veranschaulicht im eigentlichen Wortsinn ein ‚Welt-Bild'.[10] Auch wenn heutige Rezipienten über die dargestellten Wundervölker wie Kranichschnäbler, Zyklopen, Platthufe, Langohren, Riesen und Pygmäen, wie sie die *Schedel'sche Weltchronik* auch noch 1493 präsentiert, eher schmunzeln, galten sie für die mittelalterlichen Rezipienten zumindest potenziell als real existent, denn sie waren schriftlich bezeugt.[11] Durch ihre Darstellung und Beglaubigung in literarischen, theologischen und enzyklopädischen Werken gehörten sie einer kollektiven Vorstellungswelt an, die in die mittelalterliche Lebenswirklichkeit eingelassen war.[12] In diesem Diskurs sind sie also nicht zuerst als fantastische Darstellungen zu verstehen, sondern als ein Wieder- und Weitererzählen einer seit der Antike geprägten Inszenierungs- und Deutungspraxis.[13] Dabei wird allerdings auch deutlich, dass die Grenzen von einer bekannten zu einer fremdartigen Welt hier Übergänge des Möglichen und (für uns) Unmöglichen erlauben, deren Grenzen lustvoll überschritten oder auch als prekär markiert werden können.[14]

---

7 *Herzog Ernst*. Deutschland 1984–1993, Regie, Drehbuch und Gestaltung: Lutz Dammbeck.

8 Lutz Dammbeck, dem ich an dieser Stelle ausdrücklich für die großzügige Übertragung der Bildrechte der Screenshots danken möchte, die eine solche medienkomparative Untersuchung erst möglich gemacht hat, bietet in seinem Animationsfilm die einzige filmische Adaption des mittelalterlichen Herzog-Ernst-Stoffs. Dieser ist im Gegensatz zum Nibelungenlied oder zur Artusdichtung, deren Motive immer wieder in literarischen, theatralen und filmischen Adaptionen aufgegriffen wurden, kaum über die Grenzen des deutschen Sprachraums hinaus bekannt.

9 Vgl. Waldenfels 1997, S. 26; Gebhardt 2008, S. 347. Eine Bestimmung von Nähe bzw. Distanz und eine Konfrontation vom Eigenen mit dem Fremden spielt auch in fantastischen Texten eine entscheidende Rolle: vgl. hierzu z.B. Bastian 2005.

10 Vgl. Kugler .

11 Vgl. Reske 2000.

12 Vgl. Stein 1997, S. 32f.; Giloy-Hirtz 1991, S. 196f.; Eming 1999, S. 75f.

13 Vgl. Brall 1991, S. 128; Wyss 2003, S. 42; Antonsen 2007, S. 40.

14 Eine analytische Trennung zwischen Primär- und einer Sekundärwelt ist durch die Überlagerung und Entgrenzung der Sphären hier nicht mehr eindeutig möglich. Vgl. Horstkotte 2004, S. 43;

Herzog Ernst begibt sich nun aufgrund einer konflikthaften Verleumdung auf eine Pilgerfahrt nach Jerusalem, wird jedoch von einem Seesturm in den Orient verschlagen und dieser eröffnet für ihn und seine Begleiter einen fremden Bewährungsraum. Die Ritter treffen nach der entbehrungsreichen Irrfahrt auf eine unvergleichlich schöne Stadt im Land Grippia, die von einer starken, farbenfroh leuchtenden und kostbaren Mauer umgeben ist.[15] Die ausführliche Beschreibung der architektonischen Prachtentfaltung wird allerdings vorausschauend bereits wieder in sich gebrochen, wenn der Erzähler andeutet, dass hier „wunderlîche liute" (HE 2248) leben. Es entsteht eine Atmosphäre, die zwischen Staunen, Ungewissheit und potenzieller Bedrohung changiert. Aber die noch menschenleere Stadt weckt bei Herzog Ernst die Neugier, so dass er nach dem ersten Besuch und der sicheren Rückkehr seiner Kameraden auf das Schiff allein mit seinem Begleiter Graf Wetzel noch einmal zurückkehrt, um seine Augenlust und sein Bedürfnis nach sinnlicher Erfahrung zu stillen:[16]

„‚mich lustet vil sêre
daz ich hin wider kêre
und die burc baz besehe,
swaz halt mir dar inne geschehe:
sie ist sô rehte wol getân.'"
(HE, V. 2485–2489)

(„‚Ich habe große Lust,
noch einmal zurückzukehren
und die Stadt genauer anzusehen,
was mir auch dort geschehen möge:
Sie ist so schön angelegt.'")

Das Kuriose, das hier das Interesse des Helden weckt, ist die Betrachtung des Schönen. Es locken somit zunächst die visuellen Reize der Stadt, die ausgekostet werden wollen. Dieses lustvolle Ansehen der Fremde erweist sich als performativ, weil es das ‚wundersame' Weitererzählen erst motiviert. Aber es bleibt nicht bei der bloßen Beobachtung der außergewöhnlichen Palastanlage durch die Augen der Protagonisten, sondern Herzog Ernst und Graf Wetzel tauchen wortwörtlich in die Fremde ein, indem sie sowohl das technische Wunder einer luxuriösen Badeanlage ausprobieren als auch das Brautbett des fremden Herrschers für ihre anschließende Ruhephase annektieren.[17] Die Fremde wird zum doppelt markierten Bereich der Grenzgänge, denn sie ist zum einen durch ihre übermäßige Schönheit und technische Eigentümlichkeit als exklusiver Erfahrungsraum markiert, sie ist jedoch zum anderen aufgrund ihres labilen Ruhezustands kein Raum, in dem man länger verweilen sollte. Herzog Ernst und Graf Wetzel werden zu Eindringlingen, die sich einen Handlungsraum aufgrund ihrer eigenwilligen Sinneslust aneignen, der nicht für sie eingerichtet wurde und in den sie eigentlich nicht gehören. Diese

Bross 1996, S. 38.

[15] Vgl. HE, V. 2214–2245. Vgl. Eming 2010, S. 115; Stock 2002, S. 190f.

[16] Vgl. Baisch, S. 216; Seel 2008, S. 828; Brenner 1989, S. 16.

[17] Vgl. Baisch/Koch 2010, S. 8; Eming 2010, S. 120; Stock 2002, S. 202f.

selbstbezogene Sehnsucht nach Erfahrung ist es, die nicht nur für die Schaulustigen, sondern für die ganze Reisegruppe fatale Folgen hat, wie der Erzähler am Ende der Episode noch einmal rückblickend betont: „diu kurzewîle und daz baden / was in worden swaere“ (HE, V. 3692f.).[18] Denn die Abwesenheit der Bewohner der Stadt bleibt temporär begrenzt und ihre Rückkehr führt zur Konfrontation des Eigenen mit dem Fremden. Der wundersame Erfahrungsraum wird für die beiden Besucher zur Falle. Doch vor der ersten Begegnungssituation werden die Bewohner von Grippia zunächst allein über ein akustisches Signal eingeführt, das sie aber bereits als deutlich fremdartig markiert.

„Dô sie daz wunder gar gesâhen,
dô hôrten sie in allen gâhen
ein wunderlîche stimme,
starc unde grimme.“
(HE, V. 2817–2820)

(„Als sie die Seltsamkeiten genau betrachtet hatten,
hörten sie ganz plötzlich
eine seltsame Stimme,
gewaltig und schrecklich.“)

Die Überblendung vom Sehen zum Hören wirkt als retardierendes Moment, das die Spannung auf die ausstehende Visualisierung noch steigert. Aufgrund des ungewöhnlichen Lärms begeben sich die Ritter in Deckung, so dass sie das Geschehen zwar überblicken können, jedoch ohne selbst gesehen zu werden. Dafür geraten nun die Bewohner und Bewohnerinnen in den Blick und ihre Beschreibung verfährt zunächst ähnlich wie die Schilderung ihrer herrlichen Stadt:

„und in allen enden
schoene liute und hêrlîch,
wan hals und houbet was gelîch
als den kranichen getân.“

(„Und in jeder Weise waren es
schöne und stattliche Menschen,
nur ihr Hals und ihr Haupt
glichen völlig den Kranichen.“)

(HE, V. 2856–2859)

Denn zuerst werden sie als überaus schön, das heißt der heimatlichen, höfischen Kultur als ähnlich und somit verständlich beschrieben, um dann das Andersartige an ihnen umso deutlicher hervorzuheben, denn „hals und houbet was gelîch / als den kranichen getân“ (HE, V. 2858f.). Der Erzähler betont diese Diskrepanz von Nähe und Distanz, wenn sich mit der Beurteilung der Bewohner ein Cluster von bekannten Deutungsmustern verbindet. Somit sind die Fragen nach Kommunikationsfähigkeit, religiöser Zugehörigkeit, Gewaltfähigkeit, feudalen Hierarchien und höfischer Repräsentation auch für die Einordnung dieser Gesellschaft zen-

[18] („Der Ausflug und das Baden waren sie teuer zu stehen gekommen.“) Vgl. hierzu auch die Vorausdeutung des Erzählers, nachdem sich Herzog Ernst und Graf Wetzel im Bett des fremden Herrschers ausgeruht haben: „des wart vil maniger sît unfrô“ (HE, V. 2758) („Das brachte vielen später Unglück“).

tral.[19] Die Fremde wird übersetzt in vertraute Kategorien, wird ‚entfremdet' und damit zum Teil heimisch gemacht.[20] Aber der Kontrast von Bekanntem und Unbekanntem, der als Bruch direkt durch den Körperentwurf verläuft, macht die Kranichschnäbler für die Ritter nicht eindeutig les- und verstehbar.[21] Stattdessen regt die Konfrontation mit dem Fremden zur Reflexion über das Eigene an. Über rund sechzig Verse geben sich die Ritter nun ihrem Spott über die Unverständlichkeit der Sprache, die andersartige Körperlichkeit und die mangelnde Kampffähigkeit der Bewohner hin und demonstrieren damit ihren eigenen Überlegenheitsgestus.[22] Sie entwerfen im Versteck gewaltvolle Imaginationen, den Kranichschnäblern die langen Hälse und damit das sie fremd markierende Körperzeichen abzutrennen. Sie reproduzieren sich selbst im Erzählen somit als normierende Instanzen.

Der Ausschluss der Fremde verläuft dabei über die übermäßige Bestätigung der eigenen gewaltbetonten Erfahrung. Die Entführung und Gefährdung einer schönen Frau wird schließlich zum typisierten Auslöser gewalttätiger Handlungsbereitschaft der Helden. Die Prinzessin leidet unter den Annäherungsversuchen des Königs der Kranichschnäbler, der sie mit seinem Schnabel vergeblich zu küssen versucht und auf diese Weise eine Unvereinbarkeit mit der Fremde anhand körperbezogener Gegensätzlichkeit markiert: „als dicke er sie kuste, / den snabel stiez er ir in den munt. / solh minne was ir ê unkunt" (HE, V. 3244–3246).[23] Doch als der heroische Plan, die Prinzessin aus der Bedrohungssituation zu befreien, nicht nur fehlschlägt, sondern die schöne Frau stattdessen das Leben kostet, kommt es zur Eskalation der Gewalt. Damit endet der Ausflug in die herrliche Stadt in Akten der Destruktion, denn im epischen Text erstreitet der Held im Gegensatz zu bekannten Artusromanen weder Frau noch Land. Er verliert stattdessen beides, bevor er sie sich wirklich angeeignet hat.[24] Was nun aber die Fremde in Auseinandersetzung mit dem Eigenen als andersartig definiert, wird im Verlauf der Reise als ein dynamischer Prozess der Zuordnung immer wieder neu verhandelt. Am Ende kehrt Herzog Ernst mit einer Schar von Begleitern unterschiedlicher Wundervölker gleichsam als Schausteller seines eigenen Bewährungsweges

---

19 Vgl. HE, V. 2265–2284; vgl. auch HE, V. 2344–2352.

20 Vgl. Giloy-Hirtz 1991,. 201; Waldenfels 1997, S. 38; Stock 2002, S. 206.

21 „an ir lîbe nieman vant / zer werlt deheiner slahte kranc / wan daz in die helse wâren lanc, / ritterlîch übr al den lîp." (HE, V. 2872–2875) („An ihren Körpern konnte niemand irgendein Gebrechen entdecken, nur dass ihnen die Hälse lang waren, / der ganze Körper sah dagegen stattlich aus.")

22 Vgl. HE, V. 2930–2994.

23 „Sehr oft küsste sie der König / und stieß ihr seinen Schnabel in den Mund. / Eine solche Form der Liebe war ihr unbekannt."

24 Vgl. Eming, S. 122; Stock 2002, S. 208f.

zurück in die Heimat, und im wiederholten Erzählen über die Fremde macht er sich die Andersartigkeit schließlich zu eigen.[25]

„Ein Gesicht von fremder Schönheit hielt ihn magisch fest"

Im Gegensatz zu dieser Darstellung nutzt Lutz Dammbeck den mittelalterlichen Text selbst als Folie bzw. als Projektionsfläche für seine Animationen. Er greift selektierend einzelne Elemente heraus und erschafft aus dem entstehenden Ensemble einen fantastischen Möglichkeitsraum.[26] Der Maler, Grafiker und Filmemacher zählt zu den wichtigsten Vertretern des Experimentalfilmes der ehemaligen DDR und setzt sich in seinen Werken wiederholt kritisch mit der ‚deutschen' Vergangenheit und Gegenwart auseinander. Er entwirft in seinen Arbeiten eine Kombination von filmischen und bildkünstlerischen Ausdrucksmitteln, wie sich auch in seiner pastellfarbenen Interpretation des Herzog-Ernst-Stoffs zeigt.[27] Diese produktive Rezeption ist dabei nicht subsidiarisch anstelle ihrer Vorlage zu betrachten, sondern sie ist als eigenständige Bearbeitung imstande, andere Lesarten zu produzieren. Das Bild vom Mittelalter, das in dieser Ausdeutung entsteht, sagt demzufolge ebenso viel – wenn nicht sogar mehr – über den rezipierenden Prozess als über den rezipierten Stoff aus. Dammbeck verlegt die Handlung in ein zeit- und trostloses Mittelalter und richtet sein Interesse auf eine psychologische Motivierung der Charaktere, die der epische Text noch nicht kennt.[28] Er benutzt das Mittelalter als Kulisse der Verarbeitung moderner Fragestellungen von Identitätsfindung und Emotionalisierung. Doch ist die Szenerie bei ihm keine idealisierte höfische Welt von edlen Rittern und schönen Damen, sondern stattdessen erscheint das Mittelalter hier für den modernen Rezipienten selbst bereits als fremd und keineswegs erstrebenswert. So schleppen sich im deutlichen Kontrast zur edlen Hofgesellschaft der Verserzählung ebenso wie zu bunten und rasan-

[25] Vgl. Morsch 2011, S. 74; vgl. zu Reisebeschreibungen und Fremdheitswahrnehmung im Mittelalter und Früher Neuzeit außerdem Portela 2008; Ohler 2004; Erfen 1997; von Erzdorff-Kupffer 1992.

[26] Michael Gebhardt weist darauf hin, dass Lutz Dammbeck weitere Herzog-Ernst-Texte für seine Bearbeitung herangezogen habe, da die Differenzen zwischen epischem Text und seiner Adapation so groß seien. Er sieht als mögliche Referenzpunkte vor allem die Volksbuchtradition und neuzeitliche Adaptionen. Vgl. Gebhardt 2008, S. 380 f.

[27] Der künstlerisch-technische Aufwand des Animationsfilms war immens hoch, wie sich auch in der langen Entstehungszeit von sieben Jahren widerspiegelt. Lutz Dammbeck arbeitete mit einem kleinen Team an der Realisierung des Projekts; und es entwarf hundert große Aquarelle für die Filmszenerie und 19 000 Einzelzeichnungen für die Figuren. Regie, Drehbuch und Gestaltung: Lutz Dammbeck, nach Motiven einer mittelalterlichen Sage. Kamera: Ernst Hammes. Musik: Manfred Schoof, Jörg Udo Lensing. Premiere: 1.4.1994 (ARD). Vgl. Gebhardt 2008, S. 365.

[28] Vgl. Gebhardt 2008, S. 353.

ten Animationsfilmen der Gegenwart seine Ritter schwerfällig durch die weiten, aquarellierten Landschaften einer mittelalterlichen Einöde. Ein Erzähler aus dem Off benennt Herzog Ernst zwar auch hier als Protagonisten der folgenden Geschichte, doch gleichzeitig bleibt er, wie alle Ritter bei Hof, zunächst bloß eine dunkle, gesichtslose Metallhülle.[29]

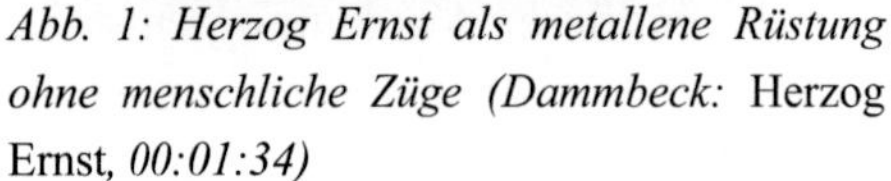

Abb. 1: Herzog Ernst als metallene Rüstung ohne menschliche Züge (Dammbeck: Herzog Ernst, *00:01:34)*

Abb. 2: Herzog Ernst trifft auf die Agrippiner. (Dammbeck: Herzog Ernst, *00:19:49).*

Die Ritter als blecherne Gestalten in verrosteten Rüstungen ohne erkennbaren menschlichen Inhalt erinnern nun selbst in ihren Formen an die fremdartigen Vogelwesen, die der epische Text noch im Orient verortete. Die Sphären zwischen bekannter Heimat und unbekannter Fremde, zwischen Möglichem und Unmöglichem überlagern sich hier. Das Fantastische wirkt weniger als eine Beunruhigung, die auf klare Distinktion drängt, denn als reizvolle Mischung der bekannten und unbekannten Welten. Nur ein Ereignis belebt die müden Ritter, versetzt sie aus dem Ruhezustand in einen Aktionsmodus, nämlich die Hoffnung auf den sagenhaften Karfunkelstein. Das Magisch-Wunderbare ist als heilversprechender Orientierungswert in die hoffnungsarme Hofgemeinschaft eingelassen, so dass eine implizit fantastische Darstellung zum Auslöser der Grenzgänge wird. Herzog Ernst gerät durch eine List des Kaisers in die Zwangslage, sich auf die Suche nach diesem Karfunkelstein und damit auf Bewährungsfahrt begeben zu müssen. Auch hier lässt sich im Folgenden eindeutig eine Grenzüberschreitung in den fremden Orient feststellen, obwohl bereits die märchenhaft-düstere Hofwelt selbst fantastisch entworfen ist. Der Übergang erweist sich allerdings als gleitend, denn die

[29] Im Folgenden werden ausgewählte Screenshots als Bildzitate verwendet, um das mediale Wechselverhältnis von Bild und Text in der Argumentation zu verdeutlichen. Während hierdurch das für die Interpretation zentrale Zusammenspiel der audiovisuellen Ebenen hervorgehoben wird, kann die ebenfalls wichtige Ebene der Filmmusik in dieser Analyse keine Berücksichtigung finden.

Ritter eignen sich die Fremde nach anfänglichen Schwierigkeiten schnell an und nutzen beispielsweise duldsame Schnorchelwesen als Reittiere. Die Begegnung mit den Agrippinern, wie die Kranichschnäbler nach dem Vorbild des Volksbuchs hier heißen, verläuft zunächst völlig aggressionsfrei. Ohne Scheu durchstreifen die Ritter die fremde Stadt und nehmen sie sehend und suchend in Besitz. Die Hybridwesen des epischen Textes sind nun gänzlich zu Vogelwesen mutierte, storchenähnliche Kreaturen, begeistert von Musik und Tanz, Ausdrucksformen einer höfischen Kultur.[30]

Sie lösen bei Ernsts Begleitern jedoch ein Verlachen der Andersartigkeit aus und dieses steigert sich bis zu einem gewaltsamen Angriff, bei dem ein Agrippiner ums Leben kommt. Während im epischen Text die Rettung der schönen Dame zum Auslöser der tatsächlichen Gewaltbereitschaft wird, sind es nun die Ritter selbst, die von Beginn an aggressiv agieren. In der ausbrechenden Schlacht stellen sie ähnlich wie im epischen Text Gewalttätigkeit als Ausdruck der eigenen Überlegenheit heraus. Doch mitten im Kampfgetümmel erliegt Herzog Ernst auch hier einer ästhetischen Faszination, allerdings ist es nicht mehr die architektonische Pracht, die seine Neugier weckt, sondern es ist die Schönheit der Prinzessin der Agrippiner:[31] „Doch plötzlich hielt Ernst inne. Er stand wie vom Blitz getroffen, unfähig sich zu bewegen. Ein Gesicht von fremder Schönheit hielt ihn magisch fest. So etwas Schönes glaubte er noch nie gesehen zu haben."[32] Herzog Ernst verschont die Prinzessin aufgrund ihrer Schönheit im Kampf und wird dann selbst von den Agrippinern überrannt. Nicht mehr eine entführte, hilflose Dame gilt es demzufolge, wie im epischen Text, vor dem fremdartigen Aggressor zu beschützen, vielmehr wird stattdessen die schöne Vogelfrau Atessa, deren Äußeres einer Sirene gleicht und die selbst Teil der Fremde ist, zu seiner Retterin auserkoren. Denn sie will ihm zum Dank für sein Erbarmen den Weg zum Karfunkelstein zeigen, doch seine Begleiter reagieren auf ihre Anwesenheit erneut mit unbegründeter Aggression.

Die gemeinsame Flucht vor den Rittern und die Suche nach dem Karfunkelstein erweist sich für Herzog Ernst nun als eine Reise der Identitäts- und Liebesfindung gleichermaßen. Als er auf ihrem Rücken vor der Gewaltausübung flieht, werden erstmals menschliche Züge unter der Rüstung erkennbar, die auch Atessa wahrnimmt: „‚Er sieht ganz nett aus, der Ritter Ernst', dachte die Prinzessin still bei sich."[33] Lutz Dammbeck führt Herzog Ernst als einen ‚unfertigen' Helden vor, der sich auf seiner Bewährungsfahrt zu einem Anderen entwickelt – eine Findung und Erfindung des Eigenen in der Fremde. Lutz Dammbecks Film deutet

30 Vgl. Wegner 1999.
31 Vgl. Gebhardt 2008, S. 360.
32 Dammbeck: *Herzog Ernst* (00:20:45–00:21:21).
33 Ebd. (00:23:46–00:23:52).

den Orient nämlich zu einem fantastischen Lehrraum um und die Befreiung des Helden von äußeren Zwängen wird im Verlauf der Reise durch den Verlust der Rüstung symbolisiert. Zunächst verliert Herzog Ernst nur kleinere Metallstücke, dann Bein- und Armschienen, so dass ein körperlicher Kontakt zur Außenwelt endlich möglich wird: „Ernst berührte nun zum ersten Mal etwas mit seinen bloßen Händen. ‚Wie schön weich und warm sich Atessa anfühlt', dachte er erstaunt. ‚Wie es wohl sein mochte, ganz ohne Rüstung zu sein?'"[34] Diese Erfahrungswelt gilt es zu erobern und so reist er sich zum Schluss die letzten Reste der Rüstung selbst vom Körper und entpuppt sich als schöner, junger Mann.

Abb. 3: Atessa und Herzog Ernst fliehen gemeinsam vor den gewaltbereiten Rittern (Dammbeck: Herzog Ernst, *00:24:02).*

Abb. 4: Herzog Ernst verliert seine Rüstung (Dammbeck: Herzog Ernst, *00:37:55).*

Erst jetzt ist er imstande zu erkennen, dass das Lächeln der Prinzessin tausendmal heller strahlt als alle Karfunkelsteine zusammen, und der gemeinsame Weg durch die Fremde hat ihn gelehrt, mit dem Herzen zu sehen und Liebe zu erfahren. Bei der Rückkehr in die Heimat agiert er nun als selbstbewusster und verantwortungsvoller Ritter, der die gesellschaftlichen Grenzen nicht länger unhinterfragt akzeptiert und blinden Gehorsam verweigert. Er zerstört schließlich den schwer errungenen Karfunkelstein, der als magischer Glücksbringer kein wahres Glück begründen könne. Stattdessen wachsen aus seinen Splittern orientalische Pflanzen und transformieren die Heimat Stück für Stück in eine neue fantastische Mischwelt aus Fremdem und Vertrautem. Die Erkenntnis, dass das Glück etwas ist, das erst aus der Gemeinschaft heraus entsteht, bildet den Schlusspunkt der filmischen Erzählung, die mit einer märchenhaften Formel ein offenes Ende entwirft. Herzog Ernst verzichtet nämlich auf seine Herrschaft und zieht stattdessen „mit der Prinzessin und seinen Freunden von dannen. Niemand weiß, wohin sie gezogen sind"[35].

[34] Ebd. (00:30:40–00:30:56).

[35] Ebd. (00:43:03–00:43:14).

Ein fantastisches Wieder- und Weitererzählen

Die vergleichende Betrachtung der beiden Herzog-Ernst-Bearbeitungen hat gezeigt, dass sich aus dem Prozess der Aktualisierung des Mittelalters eine eigenständige Dynamik des fantastischen Wieder- und Weitererzählens entwickelt. Für die volkssprachige Literatur des Mittelalters scheint es dabei jedoch schwierig, den zeitgenössischen Fantastikbegriff ohne Modifikation für sich in Anspruch zu nehmen. Auch wenn in ihr ebensolche Übergänge und Entgrenzungen verhandelt werden, die aus einer Gegenwartsperspektive sehr wohl als Kennzeichen eines fantastischen Erzählens gewertet werden könnten. Doch handelt es sich im mittelalterlichen Diskurs weniger um eine Konfrontation des textintern Realen mit dem Fantastischen, sondern eher um eine spannungsvolle Relationierung von Gegensätzlich- und Eigentümlichkeiten. Literatur erscheint zwar auch hier als Experimentierraum, der Grenzüberschreitungen möglich macht, doch gewinnen die narrativen Stoffe ihre Dignität vor allem daraus, dass sie auf ihren Wahrheitsgehalt bestehen.[36] Denn statt das Fantastische der Erzählung als Unmöglichkeit im Vergleich zur ‚realen' Erfahrungswelt zu betonen, werden im Versepos sowohl die Ereignisse bei Hof als auch die abenteuerliche Seefahrt des Helden durch ihre schriftliche Fixierung als ‚wirkliche' Begebenheiten entworfen. Während der Prolog vor allem die aktualisierende Vortragssituation fokussiert, beschreibt das Ende des Textes die hoch komplexe Entstehungsgeschichte der eigenen medialen Gebundenheit an die Schriftform. Diese resultiere, so der Erzähler, erstens aus dem ausführlichen Augenzeugenbericht Herzog Ernsts über die erlebten „michel wunder", zweitens erfolge die schriftliche Aufzeichnung desselben in lateinischer Sprache und drittens sei diese als Übersetzung in die Volkssprache zurückgeführt worden.[37] Modellhaft führt der Erzähler vor, wie unter den Bedingungen von Mündlichkeit aus dem, was man sich erzählt, eine schriftlich verbindliche Geschichte entsteht, die somit eine mehrfache Beglaubigung erhalte. Denn die niedergeschriebene Erzählung erfahre ihre Authentizität durch die vorausgehende Augenzeugenschaft und könne sich darüber hinaus auf materielle Zeugen berufen. So werden die seltsamen Wundervölker als Memorialzeichen des Erlebten in die Heimat transportiert. Die Rekonstruktion der Ordnung durch die Findung – nicht so sehr die Erfindung – des Eigenen in der Fremde und die mehrfache narrative Aneignung derselben stellt der Erzähler somit als besondere Leistung dieses Textes heraus.

---

36 Vgl. Morsch 2011, S. 51.

37 Vgl. Stein 1997, S. 47; Morsch 2011, S. 17f.; Wenzel 1995, S. 58.

Bibliographie

Primärmedien

Herzog Ernst. Ein mittelalterliches Abenteuerbuch. In der mittelhochdeutschen Fassung B nach der Ausgabe von Karl Bartsch mit den Bruchstücken der Fassung A herausgegeben, übersetzt, mit Anmerkungen und einem Nachwort versehen von Bernhard Sowinski. Durchges. und verb. Ausgabe, Stuttgart: Reclam 2000 (1979).

Herzog Ernst. Deutschland 1984–1993, Lutz Dammbeck. In: Lutz Dammbeck: Filme und Mediencollagen 1975–1986. Filmmuseum Potsdam in Zusammenarbeit mit dem Goethe-Institut (DVD: Edition Filmmuseum 38 2008).

Sekundärliteratur

Antonsen, Jan Eric: Poetik des Unmöglichen. Narratologische Untersuchungen zu Phantastik, Märchen und mythischer Erzählung. Paderborn: Mentis 2007.

Baisch, Martin: Vorausdeutungen. Neugier und Spannung im höfischen Roman. In: Harald Haferland und Matthias Meyer (Hg.): Historische Narratologie. Mediävistische Perspektiven. Berlin, New York: De Gruyter 2010 (Trends in Medieval Philology, 19), S. 205–230.

— und Elke Koch: Neugier und Tabu. Regeln und Mythen des Wissens. In: Martin Baisch (Hg.): Neugier und Tabu. Regeln und Mythen des Wissens. Freiburg, Br., Berlin, Wien: Rombach 2010, S. 7–26.

Bastian, Noemi Myriam: Dimensionen des Fremden in der fantastischen Literatur. E. T. A. Hoffmann, Edgar Allan Poe und Guy de Maupassant. Marburg: Tectum 2005.

Brall, Helmut: Imaginationen des Fremden. Zu Formen und Dynamik kultureller Identitätsfindung in der höfischen Dichtung. In: Gert Kaiser (Hg.): An den Grenzen höfischer Kultur. Anfechtungen der Lebensordnung in der deutschen Erzähldichtung des hohen Mittelalters. München 1991, S. 115–165.

Brenner, Peter J.: Zur Erfahrung der Fremde. Zur Entwicklung einer Wahrnehmungsform in der Geschichte des Reiseberichts. In: Ders. (Hg.): Der Reisebericht. Die Entwicklung einer Gattung in der deutschen Literatur. Frankfurt a.M.: Suhrkamp 1989, S. 14–49.

Bross, Thomas: Literarische Phantastik und Postmoderne. Zur Funktion, Bedeutung und Entwicklung von phantastischer Unschlüssigkeit im 20. Jahrhundert. Essen: Univ. Diss. 1996.

Eming, Jutta: Funktionswandel des Wunderbaren. Studien zum „Bel inconnu“, zum „Wigalois“ und zum „Wigoleis vom Rade“. Trier: WVT 1999.

— Neugier als Emotion: Beobachtungen an literarischen Texten des Mittelalters. In: Martin Baisch (Hg.): Neugier und Tabu. Regeln und Mythen des Wissens. Freiburg i. Br.: Rombach 2010, S. 107–130.

Erfen, Irene (Hg.): Fremdheit und Reisen im Mittelalter. Stuttgart: Steiner 1997.

Gebhardt, Michael: Herzog Ernst – fern von Hollywood. Anmerkungen zu Lutz Dammbecks Animationsfilm. In: Stephan Neuhaus (Hg.): Literatur im Film. Würzburg: Königshausen & Neumann 2008 (Film – Medium – Diskurs; 22), S. 345–370.

Giloy-Hirtz, Petra: Begegnung mit dem Ungeheuer. In: Gert Kaiser (Hg.): An den Grenzen höfischer Kultur. München: Fink 1991 (Forschungen zur Geschichte der älteren deutschen Literatur, 12), S. 167–209.

Haas, Gerhard: Literarische Phantastik. Strukturelle, geistesgeschichtliche und thematische Aspekte. In: Gerhard Härle und Gina Weinkauff (Hg.): Am Anfang war das Staunen. Wirklichkeitsentwürfe in der Kinder- und Jugendliteratur. Baltmannsweiler: Schneider 2005, S. 117–134.

Horstkotte, Martin: The Postmodern Fantastic in Contemporary British Fiction. Trier: WVT 2004.

Ivanović, Christine, Jürgen Lehmann und Markus May: Vorwort. In: Dies. (Hg): Phantastik – Kult oder Kultur? Aspekte eines Phänomens in Kunst, Literatur und Film. Stuttgart: Metzler 2003, S. 7–24.

Kugler, Hartmut (Hg.): Die Ebstorfer Weltkarte. Kommentierte Neuausgabe in zwei Bänden. Bd. 1: Atlas. Bd. 2: Untersuchungen und Kommentar. Berlin: Akademie 2007.

Morsch, Carsten: Blickwendungen. Virtuelle Räume und Wahrnehmungserfahrungen in höfischen Erzählungen um 1200. Berlin: Schmidt 2011 (Philologische Studien und Quellen, 230).

Novoa Portela, Feliciano (Hg.): Legendäre Reisen im Mittelalter. Darmstadt: Wiss. Buchges. 2008.

Ohler, Norbert (Hg.): Reisen im Mittelalter. Darmstadt 2004.

Reske, Christoph: Die Produktion der Schedelschen Weltchronik in Nürnberg. Wiesbaden: Harrassowitz 2000.

Stein, Alexandra: Die Wundervölker des Herzog Ernst. Zum Problem körpergebundener Authentizität im Medium Schrift. In: Wolfgang Harms u.a. (Hg.): Fremdes wahrnehmen – fremdes Wahrnehmen: Studien zur Geschichte der Wahrnehmung und zur Begegnung von Kulturen in Mittelalter und früher Neuzeit. Stuttgart: Hirzel 1997, S. 21–48.

Seel, Martin: Neugier als Laster und als Tugend. In: Merkur 62 (2008), S. 824–832.

Simonis, Annette: Grenzüberschreitungen in der phantastischen Literatur. Einführung in die Theorie und Geschichte eines narrativen Genres. Heidelberg: Winter 2005.

Stock, Markus: Kombinationssinn: Narrative Strukturexperimente im „Straßburger Alexander", im „Herzog Ernst B" und im „König Rother". Diss. Univ. Göttingen. Tübingen: Niemeyer, 2002 (Münchener Texte und Untersuchungen zur deutschen Literatur des Mittelalters, 123).

Waldenfels, Bernhard: Topographie des Fremden. Studien zur Phänomenologie des Fremden I. Frankfurt a.M. 1997.

Wegner, Wolfgang: … Ein Mensch sein, ganz ohne Rüstung … Zu Komposition und Intention einer filmischen Rezeption des ‚Herzog Ernst'-Stoffes. Online-Publikation (1999): http://www.rz.uni-karlsruhe.de/~rf16/Uber_mich/_Herzog_Ernst_/_herzog_ernst_.html (abgerufen: 31.03.13).

Wenzel, Horst: Hören und Sehen, Schrift und Bild. Kultur und Gedächtnis im Mittelalter. München: Beck 1995.

Wünsch, Marianne: Die Fantastische Literatur der Frühen Moderne (1890–1930). Definition. Denkgeschichtlicher Kontext. Strukturen. 2., unveränderte Aufl. München: Fink 1998 (1991).

von Ertzdorff-Kupffer, Xenja (Hg.): Reisen und Reiseliteratur im Mittelalter und in der frühen Neuzeit. Amsterdam: Rodopi 1992.
Wyss, Ulrich: Jenseits der Schwelle. Die Phantastik der anderen Welt. In: Christine Ivanović u.a. (Hg.): Phantastik – Kult oder Kultur? Aspekte eines Phänomens in Kunst, Literatur und Film. Stuttgart: Metzler 2003, S. 41–53.

Abbildungsverzeichnis

Abb. 1: Dammbeck: *Herzog Ernst*: 00:01:34.
Abb. 2: Dammbeck: *Herzog Ernst*: 00:19:49.
Abb. 3: Dammbeck: *Herzog Ernst*: 00:24:02.
Abb. 4: Dammbeck: *Herzog Ernst*: 00:37:55.

„What if the island wasn't just an island?"

Die fantastische Entgrenzung der Defoe'schen ‚Robinsonade' in der TV-Serie *Lost*

Ada Bieber

„You come up with a big sort of crazy construct".[1] Das Serienformat *Lost*

Die TV-Serie *Lost* (2004–2010) wurde 2003[2] von der American Broadcasting Company (ABC) als eine moderne Robinsonade in Auftrag gegeben, die sich unter anderem an Goldings dystopischer Gruppenrobinsonade *Lord of the Flies* (1954) und dem Film *Cast Away* (2000)[3] orientieren sollte. Die Serie *Lost* gehört zum sogenannten Phänomen des „Quality-TV"[4], das sich in Merkmalen wie Genrehybridität, „erhöhte[r] Serialität"[5] und multiperspektivischem Erzählen manifestiert.[6] Konstitutiv für das gesamte Seriengeschehen ist die Insel als Setting.[7] Der Produzent und Autor J. J. Abrams entwickelt die Idee, dass die Insel mehr als eine leblose Landschaft sein soll – „what if the island wasn't just an island?"[8] – und damit nicht nur einen eigenen Charakter bekommt, sondern auch zum mysteriös-fantastischen Ort des ‚Unmöglichen' wird.[9] Die Serie lebt von intendierten Mystery-, Horror-, Abenteuer- und gelegentlich auch Science-Fiction-Elementen, die in der Funktion des Geheimnisvollen und Fantastischen stehen.

---

1 Lindeloff 2011.

2 Vgl. Bernstein 2007.

3 Vgl. Marschall 2009, S. 255, Bernstein 2007 sowie *The Genesis of LOST*, 2005 [00:00:24].

4 Vgl. Marschall 2009, S. 256, vgl. auch Grawe 2010, S. 1–8.

5 Grawe 2010, S. 6.

6 Entscheidend für das Erzählen im Quality-TV ist das „Prinzip des [episodenübergreifenden, A. B.] Handlungsbogens bzw. der staffelübergreifenden Mythologie", das ein intensives und kontinuierliches Sehen der TV-Serien notwendig macht (Seiler 2008a, S. 6).

7 Vgl. Grawe 2010, S. 69.

8 Abrams über seine ersten Ideen zur Serie in: *The Genesis of LOST*, 2005 [00:02:02].

9 Vgl. *The Genesis of LOST*, 2005, [00:01:56-00:02:31].

Trotz diverser möglicher Gattungs- und Genrezuordnungen[10], die der Serie etikettierend aufgelegt werden könnten, scheint es sinnvoll, von einer Genrehybridität auszugehen, die sich um das Zentralmotiv der Insel lagert. Man kann *Lost* als moderne Robinsonade verstehen, die freilich „mit der Zeit"[11] geht und durch weitere Genres binnendifferenziert und transformiert wird.[12] *Lost* verbindet die Defoe'sche Robinsonade mit fantastischen Merkmalen und diversen intertextuellen Verweisen auf die fantastische Literatur. Sie ist damit nicht nur selbst eine fantastische, durch den Umfang der Serie romanhafte Erzählung, sondern gleichzeitig eine Erzählung über Fantastik, die nicht zuletzt durch ein ständiges Wechselspiel zwischen Konstruktion und Dekonstruktion von ‚codes' und intertextuellen Verweisen nach Funktion und Wirkung der Fantastik fragt.

Der zunächst realistische Grundplot der Robinsonade wird im Seriengeschehen exponentiell ansteigend ins Fantastische umgedeutet, dem Rezipienten wird allerdings bis zum Finale suggeriert, die Merkmale des Unmöglichen könnten sich doch noch durch eine kausal-logische Erklärung als realistisch erweisen – ähnlich wie beispielsweise in Schillers *Geisterseher* wird die Unerklärbarkeit der nicht-realistischen Merkmale in der Serie zur Ursache des Grauens und gewaltsamer Entwicklungen. Möglichst lange versucht die Serie die Möglichkeit einer logischen Erklärung aller fantastischen Merkmale auszubalancieren – sicherlich einer der Gründe, warum die Erwartungen des Publikums an die letzte Staffel derart hoch waren. Wie sich am Serienende herausstellt, steht das Übernatürlich-Fantastische sogar im Zentrum des innerfiktionalen Erklärungsmodells. Hier ist eine Ähnlichkeit zwischen der Serie und C. S. Lewis *The Chronicles of Narnia*-Reihe nicht zu übersehen, die nachweislich hohen Einfluss auf die Konstruktion der Serie genommen hat:[13] So werden gerade die Erfahrungen in der fantastisch-religiösen Welt ausschlaggebend für die Protagonisten, die vor der Inselerfahrung ein Leben in einer vermeintlich absolut realistischen Welt geführt haben.

Das Fantastische oszilliert in der Serie zwischen dem Möglichen und Unmöglichen mit einer Erzählhaltung, die auch Kategorien wie ‚Traum', ‚Psyche' und ‚Alterität' als mögliche Erklärungsmuster für das Fantastische ins Spiel bringt.[14]

---

[10] Zur Schwierigkeit der Genre- und Gattungszuweisungen bei Fernsehserien der Gegenwart vgl. Grawe 2010, S. 66–72.

[11] Marschall 2009, S. 253.

[12] Zu Transformationsentwicklungen der Robinsonade im 20. und 21. Jahrhundert vgl. Bieber, Greif, Helmes 2009.

[13] „Damon Lindelof and Carlton Cuse, the primary creative force behind the mythology of the series, have noted that Narnia may bear the most influence on their work on Lost." Patterson 2010, S. 253.

[14] Würde sich scheinbar Unmögliches beispielsweise als eine Sinnestäuschung, als Traum oder als eine Halluzination erweisen, würde eine kausallogische Erklärung greifen und das Ereignis würde lediglich als unheimlich wahrgenommen werden.

Lost verspricht so in den ersten Staffeln etwa eine kausallogische Erklärbarkeit der fantastischen Merkmale durch Kameraführung, innerfiktionale Versprechungen der baldigen Aufklärung und realistische Rückblenden in die Leben der Protagonisten. Nicht nur diese Suggestionen veranlassen den Rezipienten, von kausallogischen Erklärungen auszugehen, sondern auch das hochgradig als realistisch tradierte Genre der Defoe'schen Robinsonade scheint letztendlich der Garant für eine realistisch erzählte Welt zu sein.

Man kann darüber hinaus feststellen, dass gerade die genuin realistischen Merkmale der Robinsonade in einem fantastischen Sinne genutzt werden. Parallel entsteht ein produktives Spiel mit Zitaten und Verweisen; so wird u.a. immer wieder auf Carrolls *Alice's Adventures in Wonderland* eingegangen und mit dem Genre der Robinsonade verquickt, beispielsweise kann man den Flugzeugabsturz als ‚rabbit hole' verstehen. Denn ähnlich wie Alice fallen die Robinsone durch eine Art ‚rabbit hole' in die insulare Parallelwelt.

Robinson Crusoe und *Alice* sind zu Klassikern geworden, haben aber qua Genre kaum etwas gemeinsam. Kann man Defoes Roman als eine Auseinandersetzung mit bürgerlichen Zielen auf einer einsamen Insel deuten, an deren Ende eine tugendhafte Läuterung, aber auch eine koloniale, eurozentrische Erhabenheit steht, so wird Lewis Carrolls Roman gern als eine „Reise in die Unerklärbarkeit der modernen Welt"[15] und ein Paradebeispiel des fantastischen Zwei-Welten-Modells gelesen. *Lost* verbindet beide Ansätze und wird damit zu einer Erzählung über die postmoderne Welt, in der gesellschaftliche Fragen ebenso diskutiert werden wie auch die subjektiven und psychischen Verfasstheiten des Individuums – beides Fragen, die sowohl in *Robinson Crusoe* als auch in *Alice* gestellt werden.

Das „Fremdsein in der Welt"[16] kann in der Serie aber weder auf der Insel aufgelöst noch als fantastischer Traum positiv gewendet werden. „Die binäre Logik der Frühaufklärung mit ihren kategorischen Unterscheidungen vor allem zwischen Glück und Unglück, Gut und Böse oder Kultur und Wildheit überzeugt"[17] im Serienformat des 21. Jahrhunderts nicht mehr. Auch das zunächst eindeutige Zwei-Welten-Modell mit einer realistischen Außenwelt – auf die in typischer Weise der Robinsonade das Streben der Gestrandeten lange Zeit gerichtet bleibt – und einer fantastischen Parallelwelt in Form der abgegrenzten Insel wird im Laufe des Seriengeschehens sukzessive entgrenzt. Denn spätestens ab der 4. Staffel wird klar, dass das Übernatürliche durchaus in die realistische Welt eingreift, die Insel diverse Schwellen und Umsteigepunkte in die Außenwelt bietet und diese Schwellen maßgeblich gestaltet. Die Robinsone, die in die Außenwelt vorübergehend zurückkehren, sind nun auch dort vielmehr Gestrandete als Heimgekehrte;

---

15 Schenkel 2012.

16 Bieber, Greif, Helmes 2009, S. 7.

17 Ebd., S. 8.

so wird Jack beispielsweise auch optisch wie Robinson inszeniert und sein ganzes Streben richtet sich nun auf die Rückkehr in die inzwischen zur primären Welt gewordenen Insel. Die Geretteten kehren wie Alice in die fantastische Welt zurück und eine vermeintlich realistische Welt existiert lediglich noch in den Erinnerungsrückblenden der Figuren, die damit zum Ausdruck einer Innenwelt wird. Das gängige Verhältnis von realistischer Außenwelt und fantastischer Innenwelt wird also umgekehrt. Durch einhergehende Diskurse der Literatur, Philosophie, Religion und Ethik werden Fragen der postmodernen Welt in literarische und kulturelle Traditionen eingebettet, wodurch gleichsam die Grenze zwischen Unterhaltungsformat und Hochkultur in der Serie verschwimmt.

„Neverland had again woke into life". Die fantastische Serien-Robinsonade

Eine heterogene Gruppe stürzt im Jahr 2004 über einer von der Außenwelt isolierten, zunächst scheinbar unbewohnten Insel ab und sieht sich einer *tabula rasa*-Situation[18] gegenüber.[19] Doch zeigt sich recht schnell, dass diese Robinson-Situation durch gruppendynamische und machtorientierte Entwicklungen abgelöst wird, sind die Gestrandeten doch mitnichten isolierte Robinsone auf einer unbewohnten Insel. Die moderne Robinsonade behauptet keineswegs, dass die vermessene und digital erfasste Welt des 21. Jahrhunderts noch weiße Flecken auf der Landkarte bereithielte. Die Insel wird von weiteren Gestrandeten und einer feindlichen Gruppe, die programmatisch *The Others* genannt werden, bewohnt.[20] Über die insgesamt 6 Staffeln (121 Episoden) zeigt die Serie unterschiedliche Erzählebenen. Die primäre Erzählebene ist das Inselgeschehen, das von der ersten bis zur sechsten Staffel meist linear fortlaufend erzählt wird.[21] In den ersten

[18] Vgl. *Lost*, 1. Staffel, 3. Episode: *Tabula Rasa/Tabula Rasa*, 2004.

[19] „Im dritten Jahr nach 9/11 geriet im amerikanischen Fernsehen die Maschine des Oceanic-Fluges 815 in unerklärliche Turbulenzen und zerbrach über einer mysteriösen Insel in zwei Teile. In der Serie *Lost* überleben 48 Menschen das Unglück und sind künftig für die Ortungssysteme der Außenwelt unauffindbar." Marschall 2009, S. 253.

[20] Darüber hinaus zerfällt die Gruppe der Gestrandeten in unterschiedliche Lager und Teilgruppen, die sich von Folge zu Folge und von Staffel zu Staffel erheblich verändern und damit niemals eine feste Gruppe bilden. Instabilität bestimmt daher in erheblichem Maße die soziale Inselerfahrung.

[21] Die Linearität wird nur selten aufgehoben. Eine Ausnahme bildet beispielsweise die siebte Episode der zweiten Staffel mit dem Titel *The Other 48 Days/Die anderen 48 Tage*. In dieser Episode wird eine Parallelhandlung nach dem Absturz ‚nacherzählt', um eine weitere Gruppe von Gestrandeten in die Inselhandlung einzuführen. Eine weitere narrative Abweichung bildet auch die fünfte Staffel: In dieser Staffel reisen die Gestrandeten zwar auf der Insel durch unterschiedliche Zeiten und leben sogar mehrere Jahre in den 1970er Jahren, die Wahrnehmung der Inselerlebnisse dieser Protagonisten bleibt jedoch in chronologischer Reihenfolge. Kurz: Das

Staffeln treten Rückblenden (Flashbacks) auf, die in die Primärwelt zurückführen. Damit wird die Vergangenheit der Figuren konstitutiv für das Figurenverhalten, denn auch schon in ihrem vorinsularen Leben waren die meisten von ihnen ‚lost'.[22] Allen Figuren haftet eine Ähnlichkeit mit den ‚verlorenen Jungen' aus James M. Barries *Peter and Wendy* an, hat ihr Verlorensein doch meistens mit der mangelnden Fürsorge der Eltern zu tun. Ab dem Finale der dritten Staffel treten Vorausschauen (Flashforwards) auf, in der letzten Staffel außerdem Parallelhandlungen (Flash-Sideways), die eine Alternativhandlung darstellen. Hier werden feststehende Charakterisierungen positiv umgedeutet. Dadurch bekommt die Erzählebene einen utopischen Charakter und die Parallelhandlung überträgt im weitesten Sinne Inselerlebnisse und einhergehende Einsichten auf ein außerinsulares Leben. Die erzählte Welt lässt sich dadurch nicht mehr in einer „einfachen Verzweigungsstruktur abbilden, sondern erscheint vielmehr als ein netzartiger Irrgarten"[23].

Gängigerweise strukturieren feststehende Motive in der Defoe'schen Robinsonade die Handlung. Dadurch, dass in den ersten beiden Staffeln von *Lost* vielfach diese gängigen Motive wie Nahrungsbeschaffung, Begraben der Leichen, Zählen der Überlebenden, Sicherung der Lebensumgebung, typische Rettungsversuche wie SOS-Botschaften am Strand und das Bauen eines Floßes ebenso wie kriegerische Abgrenzungen zu einer Gruppe *Anderer* sichtbar werden, scheint das Genre der Robinsonade bestätigt. Andernorts werden die Robinsonaden-Merkmale jedoch verweigert. So stellen die Gestrandeten niemals ausdrücklich fest, dass sie sich auf einer Insel befinden. Denn obwohl sie den vermeintlich höchsten Punkt der Insel besteigen, wird das Motiv der räumlichen Orientierung vollständig ausgelassen. Logischerweise hätten die Figuren schon zu diesem Zeitpunkt diverse architektonische Spuren vergangener Kulturen, Siedlungen der *Anderen* und auch die Nachbarinsel sehen müssen. Durch diese Verweigerung der räumlichen Orientierung werden später unterschiedlich konnotierte Inselterritorien und Metamorphosen des Raums sowie visuelle Spiele mit nicht aussagekräftigen Karten der Insel möglich.

Inselerleben bleibt linear, die dargestellte historische Zeit wird jedoch alinear gezeigt. Nur in der letzten Staffel wird in der Episode *Across the Sea/Übers Meer* die Inselgeschichte bis in die römisch-antike Zeit zurückverfolgt, ohne dass die primären Protagonisten an dieser Handlung beteiligt wären. Diese Episode dient der Aufklärung und als Hintergrundinformation für das gesamte Seriengeschehen. Auch wenn das Inselgeschehen auf den ersten Blick realistisch erscheint, so mischen sich doch stark Horror-, Mystery- und Fantastik-Elemente in die Handlung, da viele Figuren, Motive, Handlungen und Inselentwürfe übernatürlich erscheinen.

22 „[...] the flashbacks into the characters' earlier lives tell us that they were lost before they even arrived on the island." Biderman, Devlin 2010, S. 193.

23 Schmöller 2011, S. 199.

Neben den fixen Merkmalen der Robinsonade und deren Verweigerungen werden zudem Merkmale der fantastischen Literatur aufgerufen.[24] Ähnlich wie die *Alice*-Texte nahelegen, dass die fantastischen Abenteuer lediglich Träume sind, so suggeriert die erste Einstellung in der Pilotfolge von *Lost*, dass Jack all die nachfolgenden Ereignisse nur träumt, denn die Kamera ist auf das Auge Jacks gerichtet. Die Serie schließt außerdem zyklisch mit derselben Kameraeinstellung, in welcher Jack seine Augen wieder schließt. Eine eindeutige Aussage, ob deshalb aber das gesamte Geschehen als Traum zu verstehen ist, wird verweigert. Das realistische Merkmal des Flugzeugabsturzes ist zugleich eine fantastische Eröffnungssequenz. Die Serie entbehrt in dieser Eröffnung der typischen Rahmung durch die primäre, realistische Welt, holt diese jedoch mittels der als Binnenhandlungen eingelegten Rückblenden nach. Darüber hinaus wird die insulare Situation genutzt, um auf ein fantastisches Zwei-Welten-Modell zu referieren. Doch auch am Entwurf der Insel selbst lassen sich strukturelle Verbindungen zur Fantastik finden. So ähneln nicht nur die Figuren durch das Motiv der fehlenden Elternliebe den Figuren aus Barries Roman *Peter and Wendy*, sondern auch die Insel entspricht dem dort skizzierten *Neverland*: „Feeling that Peter was on his way back, the Neverland had again woke into life. We ought to use the pluperfect and say wakened, but woke is better and was always used by Peter."[25] Dieses Spüren von Neuankömmlingen und ein damit einhergehender Selbstentwurf der Insel – ausgerichtet an den Bedürfnissen und Voraussetzungen der neuen Inselbewohner – ist nicht nur in Neverland charakteristisch für die standortlose Insel, sondern wird auch in *Lost* für ein Wechselspiel zwischen individuellen Gegebenheiten der Figuren und der Insel als Spiegel dieser Biographien genutzt. Damit wird der robinsonadentypische Umstand, sich an eine neue Umgebung anpassen zu müssen, durch eine Gegenbewegung erweitert: Die Insel muss sich nun auch an die Robinsone anpassen und forciert somit die unausweichliche Auseinandersetzung mit der eigenen Vergangenheit. Jacob, Herrscher der Insel, fasst diese Ambivalenz in der letzten Staffel pointiert in folgenden Worten zusammen:

> „I didn't pluck any of you out of a happy existence. You were all flawed. [...] You were all alone. You were all looking for something that you couldn't find out there. I chose you, because you needed this place as much as it needed you."[26]

Dass aber die insularen Gefahren durchaus bedrohlich sind, wird nicht nur in der Serie klar, sondern deutet sich auch schon im Vergleich mit *Peter and Wendy* an, denn die Bedrohung lauert überall auf der Insel: „This shows how real the island

---

[24] Zur Intertextualität in *Lost* vgl. u.a. Kühn 2011, S. 150–175.

[25] Barrie 2010, S. 102.

[26] *Lost: What They Died For/Wofür sie gestorben sind*, 2010 [00:32:10].

was.“[27] Auch wenn Hook dort durchaus als komisch-alternder „grand seigneur“[28] entworfen wird, der zwischen Liebesbedürftigkeit und Schrecknis changiert, stets auf der Flucht vor der tickenden Zeit, so stellt sich dort wie auch in *Lost* doch unausweichlich eine der elementarsten Fragen im Kampf zwischen Gut und Böse: „Which will win?“[29] In der Serie verkompliziert sich diese Frage, indem die Eindeutigkeit von Gut und Böse mit fortlaufendem Geschehen immer undurchsichtiger wird. Ist in *Peter and Wendy* eine Eindeutigkeit schon nicht immer einfach – immerhin ist Peters Vergesslichkeit oftmals durchaus unsozial und rücksichtslos und Hooks Charakter nicht vollständig ‚böse‘ –, so muss der Zuschauer von *Lost* sehr bald feststellen, dass er es sowohl bei den Robinsonen als auch bei den *Anderen* mit Verbrechern, Mördern und Betrügern zu tun hat, die zwar alle vermeintlich das Gute wollen, jedoch zumeist nur das Böse schaffen. Das mephistophelische Prinzip der zwei Seelen wird im Seriengeschehen nicht nur aufrechterhalten, sondern fordert den Rezipienten dauerhaft auf, sein Bild von Figuren, Handlung und Bedeutung zu überdenken: „Dies ist typisch für die Serie, die keine endgültigen Bewertungen oder Bedeutungszuschreibungen zulässt.“[30]

„This place is different.“ Realistisch-fantastische Inselentwürfe in *Lost*

Locke verweist in der Episode *The White Rabbit* explizit auf *Alice*, indem er die zombiehafte Erscheinung von Jacks Vater Christian Shepard mit dem weißen Kaninchen aus *Alice's Adventures in Wonderland* vergleicht, denn Jacks toter Vater veranlasst Jack, diesem in den Dschungel zu folgen, so wie Alice im Roman dem weißen Kaninchen folgt. Locke entwirft in seinem Gespräch mit Jack, ausgehend von dem weißen Kaninchen und der Möglichkeit einer übernatürlichen Welt – genau wie Alice in *Through the Looking Glas* gebraucht John die Formulierung „Nehmen wir mal an“[31] –, ein positives Inselbild, das die Insel als einen wundersamen Schicksalsort beschreibt, der seine eigene übergeordnete Logik hat. Dieser Inselentwurf liegt wie eine Utopie über den oft negativen Inselbildern und wird zukünftig viele moralisch zweifelhafte Handlungen legitimieren. John Locke scheint schon insofern ein Garant für Vertrauenswürdigkeit, als er wie sein Namensvetter Vertreter des Empirismus ist und anhand eigener Erfahrungen den übernatürlich

---

27 Barrie 2010, S. 112.
28 Ebd., S. 108.
29 Ebd., S. 110.
30 Aka 2011, S. 147.
31 Carroll 2002, S. 161f.

positiven Einfluss der Insel bezeugen kann.[32] Die empirische Erfahrung wird nun allerdings in einer fantastischen Welt gemacht und belegt damit zweifelsfrei die Existenz fantastischer und wie im Falle der Serie non-kausaler Zusammenhänge:

„I'm an ordinary man, Jack. Meat and potatoes. I live in a real world. I'm not a big believer in ... magic. But this place is different. It's special. The others don't want to talk about it because it scares them. But we all know it, and we feel it. Is your White Rabbit a hallucination? Probably. But what if everything that happend here happened for a reason? What if this person that you're chasing is really here?"[33]

In dieser Schlüsselszene wird ein grundlegender Verstehenshorizont für die gesamte Serie gelegt: Einerseits wird die Robinsonade explizit mit der Fantastik verknüpft, andererseits wird eine sich später zu erkennen gebende Logik in Aussicht gestellt, die gleichsam die Fantastik nur als vorläufig markiert, denn der Zuschauer hat stets den Eindruck, für alle magischen Phänomene könnte das Seriengeschehen doch noch eine plausible Lösung anbieten.

Die Insel in *Lost* wird als ein ungreifbares, unübersichtliches Gebilde inszeniert, das sich von Staffel zu Staffel verändert. Im Laufe der Handlung wird klar, dass sich die Insel ohne festen Platz auf einer See- oder Landkarte zwischen den Welten und durch die Zeit bewegt. Damit wird die Insel in ihrer geographischen Anlage zu einem nicht fassbaren Gebilde. Zudem offenbart die Insel Umsteigepunkte, die beispielsweise nach L.A. oder in die tunesische Wüste führen. Sie ist also eine künstliche und fantastische Insel zwischen Isolation und globaler Vernetzung. Die Auseinandersetzung mit einem Ort, der scheinbar jenseits der globalisierten Welt liegt, aber doch auf mysteriöse Weise mit ihr verbunden ist, zeigt die ‚Eigenzeitlichkeit' und die ‚Eigenräumlichkeit' dieses Ortes. Die namenlose Insel in *Lost* steht anfangs dem okzidentalen Inselentwurf einer realistischen Insel nahe, vollzieht aber im Laufe der Staffeln eine deutliche Wende hin zu antiken und fantastischen Inselentwürfen. Diese Entwicklung geschieht parallel zu der immer dominanter werdenden Hinwendung zur Fantastik und einer Undurchsichtigkeit der Narration. Der Inseldiskurs zeigt dadurch, dass eine (literarisch-filmische) Insel „in einem emphatischen Sinne als *Ort* begriffen"[34] wird, der eine Parallelwelt darstellt und in seiner „diskontinuierlichen Anlage"[35] mit den intertextuellen

---

[32] „Given Lock's use of philosophy to understand the events on the island, it's no wonder that Locke is named after a philosopher – John Locke (1632–1704). Locke's relation to this philosopher may suggest that his philosophy towards explaining and understanding his presence on the island, how to survive, how to be found, is rooted in Lockean philosophy." Biderman; Devlin 2010, S. 194.

[33] *Lost: White Rabbit/Das weiße Kaninchen*, 2004 [00:28:50-00:32:20].

[34] Moser 2005, S. 408.

[35] Ette 2011, S. 27.

Verweisen eine „Landschaft der Theorie“[36] bildet, „die in ihren ebenso ästhetischen und poetologischen wie kulturtheoretischen oder politischen Dimensionen abgerufen und entfaltet werden kann.“[37] Eine Denkfigur[38] Ottmar Ettes verweist darauf, dass auch bei vermeintlich geschichtslosen, einsamen und unbewohnten Inseln nicht übersehen werden darf,

> „[...] dass wir gleichsam ‚unter‘ den topographisch identifizierbaren Inseln immer schon andere Inseln vorfinden, deren Bilder und Vorstellungswelten zum Teil über lange Jahrhunderte [...] im Raum zirkulierten und an der Findung und Erfindung neuer Inselwelten nicht selten entscheidenden Anteil hatten. [...] Unter der einen Insel finden sich stets die Traditionen und Mythen anderer Inseln.“[39]

In der letzten Staffel wird in der Episode *Across the Sea* eine frühe Besiedelung der Insel in der römisch-antiken Zeit gezeigt, die ebenfalls aus einem Schiffbruch resultiert. Diese Robinsonade zeigt dabei eine Grundstruktur der Serie[40], denn das vermeintliche Paradies ist bereits von einer namenlosen Frau bewohnt, mit deren Hilfe die schiffbrüchige Claudia zwei Jungen gebiert. Die namenlose Robinsonin erschlägt kurz darauf Claudia und zieht selbst die ungleichen Brüder auf. Anhand der Kinder, die nach der Strandung zur Welt kommen, wird die Untrennbarkeit des guten und des bösen Prinzips in der Welt fassbar: Diese beiden Jungen symbolisieren die Trennung und die gleichzeitige Zusammengehörigkeit von Gut und Böse. Der blonde, helle Junge erhält den Namen Jacob, der dunklere Junge bleibt namenlos. Auch wenn der ‚helle Junge‘ Jacob, späterer ‚Gottvater der Insel‘, scheinbar dem ‚dunklen Jungen‘ moralisch überlegen ist, so ist doch nicht zu übersehen, dass diese Jungen keineswegs moralisch so eindeutig handeln, wie es den Anschein hat. Neben dem Glauben an das Gute steht Jacob beispielsweise ebenso für Brudermord, Rückwärtsgewandtheit, übersteigerte Religiosität und göttliche Herrschaft über die Insel. Und der dunkle Junge – später der ‚schwarze Mann‘ und das amorphe Rauchmonster – steht nicht nur für das Böse, sondern auch für den Drang, ein Leben in Gemeinschaft zu leben, für Fortschritt und das Verlangen, mehr zu kennen als die Begrenztheit der Insel.

So wie das Motiv des Schiffbruchs auch bei dieser ‚Vorgeschichte‘ der späteren Inselentwicklung herangezogen wird, so wird die Robinsonade noch mehrfach

---

[36] Ebd.

[37] Ebd.

[38] „Eine Insel ist mehr als eine Insel. Um eine Insel zu verstehen, muss man sie – zumindest potentiell – als Inselinsel begreifen und analysieren, als ein Eiland, das in sich mehrere Inseln birgt und auf mobile Art wie auf den unterschiedlichsten (und keineswegs nur verkehrstechnischen) Ebenen mit vielen anderen Inseln verbunden ist. Eine Insel öffnet sich in diesem Sinne immer auf ihre beweglichen Zwischenräume und ZwischenWelten.“ Ebd., S. 21.

[39] Ebd., S. 22f.

[40] Vgl. *Lost: Across the Sea/Übers Meer*, 2010.

in *Lost* aufgerufen und mit fantastischen Merkmalen belegt, z.B. anhand der Erzählung des Sklavenschiffes *Black Rock* oder der Figuren Bernard und Rose, die Überlebende des Flugzeugabsturzes 815 sind und sich bewusst entscheiden, abseits der anderen Gestrandeten in Frieden und Einklang zu leben. Diese Entscheidung für die naturverbundene Isolation entlässt die beiden nicht nur aus territorialen Machtansprüchen oder Missionierungsansprüchen, sondern trägt auf übernatürliche Weise zur Heilung der todkranken Rose bei.

Auch Danielle Rousseau, die mit einem Forscherteam 1988 hochschwanger auf die Insel kommt und später ihres Kindes beraubt wird, ist ebenso wie Claire, die schwangere junge Frau der Überlebenden des Fluges 815, als Robinsonin inszeniert.

Bei *Lost* finden sich darüber hinaus implizite und explizite Verweise auf antike Inselvorstellungen. So erinnert die Figur Desmond Hume weniger an Robinson als vielmehr an Odysseus. Er nimmt mit seinem Segelschiff an einer ‚Ein-Hand-Regatta' um die Welt teil, um den Industriellen Charles Widmore zu beeindrucken, denn Desmond liebt dessen Tochter Penelope. Wie Odysseus kann Desmond die Insel, die ihn lange festhält und mit bösen Vorahnungen plagt, später verlassen und zu seiner Frau zurückkehren, mit der er einen Sohn haben wird. Indem die Insel als Monsterinsel und als bewegliche Insel gezeigt wird, können außerdem Bezüge zu den Abenteuern von Sindbad, dem Seefahrer, hergestellt werden. Sind Inseln dort zunächst paradiesische Zufluchtsorte, zeigen diese „bald die verhängnisvolle Seite des Insel-Charakters"[41] und offenbaren ihre Bedrohungen. So ist die Insel in *Lost* auch stets Monster- und Gefahreninsel, zeigt abgründige Territorien und befördert das *beast within* wie in *Lord of the Flies* zutage. Eine weitere Reminiszenz an Sindbads Abenteuer ist das Erscheinen eines Pferdes nahe der unterirdischen Dharma-Station, denn in Sindbads erster Reise macht ihn ein Pferd auf eine unterirdische Stadt auf einer vermeintlich unbewohnten Insel aufmerksam, auf der, wie sich herausstellt, ein ganzes Königreich existiert. Die Entdeckung der unterirdischen Station *The Swan* in *Lost* zieht ebenfalls sukzessive die Entdeckung des Staatswesens der *Anderen* nach sich.[42]

„Eine Zwischenstellung zwischen Diesseits und Jenseits". Abschließende Gedanken zu einem ambivalenten Inselentwurf

Abschließend soll auf die antiken Inseln der Seligen, jene dem Diesseits entrückten Inseln, als Inselkonstrukt verwiesen werden, da diese einerseits mit der Insel in

---

41 Lanczkowski 1986, S. 48.

42 Vgl. *Lost: What Kate Did/Was Kate getan hat*, 2008.

Lost korrespondieren, andererseits noch einmal die Verbindung von fantastischem und realistischem Inselentwurf in den Fokus nehmen:[43]

> „[Die Inseln der Seligen] sind, wenn auch oft nur unter größten Schwierigkeiten, mühevollen Anstrengungen und nach Überwindung gefahrvoller Hindernisse, doch im irdischen Raum erreichbar [. . .]. Diese Beobachtungen lassen die Inseln der Seligen als einen Bereich erkennen, der eine Zwischenstellung einnimmt zwischen Diesseits und Jenseits [. . .]. Als Stätten der Begegnung des Natürlichen mit dem Übernatürlichen eignet ihnen eine Mittlerfunktion, die sie zum vorgegebenen Ort einer Offenbarung werden läßt, deren Inhalte sehr unterschiedlich sind und eine Theophanie, die Übermittlung geheimer Kenntnisse, die Entdeckung des Lebenskrautes oder schlechthin die Erfahrung der Existenz dieses wundersamen, geheimnisvollen Zwischenbereiches betreffen können. Die erstaunlichste dieser Offenbarungen äußert sich in der Erkenntnis von der Relativität der Zeit [. . .]."[44]

In *Lost* kippt aber das paradiesische Bild der Inseln der Seligen[45] in einen negativen Entwurf. Werden auf die Inseln der Seligen zu Ruhm gekommene Helden entrückt, so kommen auf die *Lost*-Insel hingegen gescheiterte Menschen, Mörder und Betrüger, die sich dort ein weiteres Mal bewähren müssen. Wie auf den Inseln der Seligen besteht jedoch eine enge Beziehung zum irdischen Leben.[46] Die namenlose Insel in *Lost* generiert, Bezug nehmend auf sämtliche Inselentwürfe und wie die Inseln der Seligen in einer Ambivalenz verhaftet, einen kritischen Blick auf die zivilisatorische Außenwelt und eine intensive Auseinandersetzung mit den inneren Bedingungen der Protagonisten. Gesellschaftskritische Betrachtungen gehören von jeher zum Genre der Robinsonade dazu – wie auch die Rückkehr auf die Gefängnisinsel und die utopischen bzw. dystopischen Merkmale. Mit der Fokussierung der individuellen Biographien und der Umdeutung der robinsonadischen in fantastische Merkmale kommt das verlorene Individuum der postmodernen Zeit in den Fokus der Betrachtung. Hier treffen sich dann auch das Genre ‚Robinsonade' und die Fantastik, denn das gemeinsame subversive und gesellschaftskritische Potenzial beider Genres generiert eine aufklärungskritische Haltung. Zudem wird ein fantastisches Inselbild wie in vordefoeschen Robinsonaden entworfen, das reflexiv und auf höchsten Bildungsniveaus davon erzählt, wie wenig fassbar sich die postmoderne Welt darstellt und selbst im Mikrokosmos nicht in eine paradiesische, geschichtslose Welt rückzuverwandeln ist. Sie erzählt von den historisch-kulturellen Schichtungen auf der Insel selbst, aber auch davon, dass die Welt immer schon ein Ort des Schreckens war, dem man am Ende nur durch einen täglichen Kampf im Innern und im Äußeren entgegentreten kann. Am

---

[43] Lanczkowski 1986, S. 8.
[44] Ebd., S. 8f.
[45] Ebd., S. 8.
[46] Ebd.

Ende der Serie bietet nur die christliche Erlöservorstellung einen Ausweg aus den Schrecknissen der (Serien-)Welt.

Bibliographie

Primärmedien

Barrie, James Matthew: Peter and Wendy/Peter Pan. Köln: Anaconda 2010 (engl. EA 1911).

Carroll, Lewis: Die Alice-Romane. Stuttgart: Reclam 2002 (engl. EA Alice in Wonderland 1865; Through the Looking Glass and What Alice Found There 1871).

Cast Away. USA 2000, Robert Zemeckis. (DVD: Paramount Home Entertainment).

Defoe, Daniel: Robinson Crusoe. Seine ersten Seefahrten, sein Schiffbruch und sein siebenunszwanzigjähriger Aufenthalt auf einer unbewohnten Insel. Mit einem Nachwort von Ulrich Greiner. Zürich: Diogenes 1985 (engl. EA 1719).

Golding, William: Herr der Fliegen. 43. Auflage. Frankfurt a.M.: Fischer Taschenbuch Verlag 1999 (engl. EA 1954).

Lewis, C. S.: Die Chroniken von Narnia. Wien: Ueberreuter 2010 (engl. EA 1950–56).

Lieber, Jeffrey: Nowhere. [Ursprüngliches Drehbuch für den Pilotfilm.] http://www.chicagomag.com/Chicago-Magazine/August-2007/Cast-Away/1-5.pdf/; http://www.chicagomag.com/Chicago-Magazine/August-2007/Cast-Away/20-22.pdf (abgerufen am 15.11.10)

Lost. USA 2004–2010, 6 Staffeln/121 Episoden. J. J. Abrams. (DVD: Touchstone Television, Buena Vista Home Entertainment).

Schiller, Friedrich: Der Geisterseher. Aus den Memoires des Grafen von O**. Hg. v. Mathias Mayer. Stuttgart: Reclam 2007 (EA 1787–89).

Sindbad der Seefahrer. Eine Geschichte aus Tausendundeiner Nacht. Übersetzt v. Max Henning. Stuttgart: Reclam 1995 (EA dieser Ausgabe 1895–97).

Sekundärliteratur

Aka, Birgit: Tabula Rasa. Das (v)erwünschte Inseldasein in LOST. In: Schmöller, Verena und Marion Kühn (Hg.): Durch das Labyrinth von Lost. Die US-Fernsehserie aus kultur- und medienwissenschaftlicher Perspektive. Marburg: Schüren 2011, S. 130–149.

Bernstein, David: Cast Away. In: Chicago Magazin (2007). http://www.chicagomag.com/Chicago-Magazine/August-2007/Cast-Away/index.php?cp=2&article=1&si=1 (abgerufen am 15.11.10).

Biderman, Shai und William J. Devlin: The Tao of John Locke. In: Kaye, Sharon (Hg.): Lost and Philosophy: The Island Has Its Reasons. 4. Aufl. Malden: Blackwell 2010 (The Blackwell Philosophy and PopCulture Series), S. 193–203.

Böhme, Hartmut (Hg.): Topographien der Literatur. Deutsche Literatur im transnationalen Kontext. Stuttgart, Weimar: Metzler 2005. (Germanistische Symposien. Berichtsbände. Hg. v. Wilfried Barner, XXVII)

Ette, Ottmar: Insulare ZwischenWelten der Literatur. Inseln, Archipele und Atolle aus transarealer Perspektive. In: Wilkens, Anne E., Patrick Ramponi, und Helge Wendt

(Hg.): Inseln und Archipele. Kulturelle Figuren des Insularen zwischen Isolation und Entgrenzung. Bielefeld: transcript 2011 (Kultur- und Medientheorie), S. 13–56.

The Genesis of LOST. In: Lost, 1. Staffel. USA 2004. (DVD: Touchstone Television, Buena Vista Home Entertainment 2005).

Grawe, Tina: Neue Erzählstrategien in US-amerikanischen Fernsehserien. Von der Prime-Time-Soap zum Quality TV. München: Meidenbauer 2010.

Grimwood, Tom: Lost in Codes: Interpretation and Deconstruction in *Lost's* Narrative. In: Kaye, Sharon (Hg.): Lost and Philosophy: The Island Has Its Reasons. 4. Aufl. Malden: Blackwell 2010 (The Blackwell Philosophy and PopCulture Series), S. 111–121.

Kühn, Marion: White Rabbit. Zur Funktionalisierung fiktionaler Literatur in LOST. In: Schmöller, Verena; Kühn, Marion (Hg.): Durch das Labyrinth von Lost. Die US-Fernsehserie aus kultur- und medienwissenschaftlicher Perspektive. Marburg: Schüren 2011, S. 150–175.

Koebner, Thomas und Gerhard Pickerodt (Hg.): Die andere Welt. Studien zum Exotismus. Frankfurt a. M.: Athenäum 2000.

Lanczkowski, Günter: Die Inseln der Seligen und verwandte Vorstellungen. Frankfurt a. M. u.a.: Peter Lang 1986. (Reihe XXIII, Theologie; 261).

Lindeloff, Damon: Interview, 31.07.2011, in: http://de-lostpedia.blogspot.de/2011/07/videos-damon-lindelof-im-interview.html?utm_source=feedburner&utm_medium=feed&utm_campaign=Feed:+blogspot/JrgV+(Lostpedia-Blog) (abgerufen am: 20.03.2013).

Marschall, Susanne: Lost in *Lost* – die Robinsonade im amerikanischen Quality-TV. In: Bieber, Ada, Stefan Greif und Günter Helmes (Hg.): Angeschwemmt – Fortgeschrieben. Robinsonaden im 20. und beginnenden 21. Jahrhundert. Würzburg: Königshausen & Neumann 2009. S. 253–266.

Morsch, Thomas: US-Serien und die Ökonomie des Fernsehens. In: Kolik: Film, Sonderheft, Nr. 10 (2008), S. 27–34.

Moser, Christian: Archipele der Erinnerung: Die Insel als Topos der Kulturisation. In: Böhme, Hartmut (Hg.): Topographien der Literatur. Deutsche Literatur im transnationalen Kontext. Stuttgart, Weimar: Metzler 2005 (Germanistische Symposien. Berichtsbände. Herausgegeben von Wilfried Barner, XXVII), S. 408–432.

Patterson, Brett Chandler: The New Narnia. Myth and Redemption on the Island of Second Chances. In: Kaye, Sharon (Hg.): The Ultimate *Lost* and Philosophy. Think Together, Die Alone. Malden: Blackwell 2010 (Blackwell Philosophy and Pop Culture Series), S. 253–279.

Reinecke, Markus: TV-Serien als Megamovies. Die US-Serie Lost als Beispiel einer neuen Seriengeneration. Hamburg: Diplomica 2007.

Schenkel, Elmar: Alice. In: www.faz.de/aktuell/feuilleton/buecher/unsere-romanhelden/unsere-romanhelden-alice-11709731.html (abgerufen am: 04.09.2012)

Schmöller, Verena: Through the Looking Glass. Parallele Welten in LOST. In: Schmöller, Verena; Marion Kühn (Hg.): Durch das Labyrinth von Lost. Die US-Fernsehserie aus kultur- und medienwissenschaftlicher Perspektive. Marburg: Schüren 2011, S. 176–200.

Seiler, Sascha: Abschied vom Monster der Woche. Ein Vorwort von Sascha Seiler. In:

Ders. (Hg.): Was bisher geschah. Serielles Erzählen im zeitgenössischen amerikanischen Fernsehen. Köln: Schnitt – Der Filmverlag 2008a, S. 6–9.

— „Previously on Lost“. Die Erfindung des Paratextes in der Fernsehserie *Lost*. In: Ders. (Hg.): Was bisher geschah. Serielles Erzählen im zeitgenössischen amerikanischen Fernsehen. Köln: Schnitt – Der Filmverlag 2008b, S. 40–53.

Reale Zitate und fiktive Welten

Über die Einbindung ‚realer' Literatur in Fantasy- Erzählungen

Christina Renczes

Fantasy-Welten bestechen gerade durch ihre Fremd- und Andersartigkeit. In der Fantasy werden neue Länder kreiert, exotische Pflanzen und ungewöhnliche Wesen entworfen. In vielen Büchern werden Landkarten abgedruckt, um uns das Fremde näherzubringen.[1] Auch eine eigene fiktionsinterne Literatur und Folklore zählen hinzu, die diese Welten weiter ausgestalten und von der alltäglichen Welt abheben. Doch gleichzeitig zeichnet sich Fantasy durch eine Nähe zur Realwelt aus: Wenn auch vieles dort fremd erscheinen mag, so fallen doch auch viele Gemeinsamkeiten ins Auge. Und mit diesen beiden Polen ‚Fremdartigkeit' und ‚Gemeinsamkeit' wird natürlich durchweg gespielt. Immer wieder finden Grenzauflösungen, „Wechselwirkungen, Verschränkungen und Überschneidungen"[2] zwischen Realwelt und eigentlich so distinkter Parallelwelt statt. Das wird auch bei der Einbindung von außerfiktional bestehender Literatur in und um Fantasy-Texte deutlich. Es blitzen häufig Zitate oder Textausschnitte in diesen fremden Dimensionen auf, die jedoch nicht störend wirken, sondern einen passenden Subtext bilden und der eigentlichen Erzählung eine weitere Tiefendimension hinzufügen. Dieses Phänomen lässt sich gut anhand der beiden Trilogien *Tintenwelt* (2003, 2005, 2007) von Cornelia Funke und *His Dark Materials* (englische Erstausgabe 1995, 1997, 2000) von Philip Pullman zeigen, da in beiden Buchreihen Haupttext und einleitende literarische Zitate oder Zitate über einzelnen Kapiteln – eine Form von Paratexten – in Beziehung gesetzt werden und den Lesern auf diese Weise ein vielschichtiges Leseerlebnis bieten. An erster Stelle erfolgt eine Arbeitsdefinition für Fantasy-Literatur, die hier in einem weiten Sinn verstanden wird. Es handelt sich um Literatur, die mit dem Fremden und Fantastischen spielt, ohne den Leser zu ängstigen oder zu verunsichern, wie dies beispielsweise in der fantastischen Literatur geschieht.[3] Das Element der Fremdartigkeit manifestiert sich vielfach in

---

1 Vgl. Mohr 2012, S. 52.

2 Klimek 2010, S. 17.

3 Vgl. Caillois 1974, S. 46.

der Erschaffung neuer und anderer Welten. So kann die Handlung der Fantasy-Literatur komplett in parallelen Welten stattfinden (z.B. J. R. R. Tolkiens *Der Herr der Ringe*), es kann neben einer realfiktiven Welt eine fantastische Welt koexistieren (z.B. Cornelia Funkes *Tintenwelt*), oder aber das Fantastische kann in eine Alltagswelt einbrechen (z.B. Josephine Angelinis *Göttlich*-Trilogie) und diese nachhaltig beeinflussen.[4] Doch bei allen Modellen weicht die inszenierte Welt zumindest punktuell von der Wirklichkeit der alltäglichen Welt ab. Diese Abweichungen zeigen sich unter anderem in der faktischen Wirkung von Magie, im Auftreten übermenschlicher Wesen und besonders bei fantastischen Parallelwelten in einer andersartigen Kultur, in der die beschriebenen Figuren leben.[5] Selbst die Literatur weicht in diesen fremden Welten von jener in unserer Realwelt ab. Manchmal wird ein eigener Kanon beschrieben, der zum bekannten Allgemeingut der dortigen Bewohner gehört. In diesen Welten werden andere Bücher gelesen, andere Gedichte vorgetragen und eigene Lieder gesungen. Tolkiens *Der Herr der Ringe* (englische Erstausgaben 1954-1955) ist dafür mittlerweile legendär; er hat einen eigenen Mythenkanon zur Charakterisierung von Mittelerde geschaffen. Eines der bekanntesten Gedichte aus der Trilogie erscheint gleich im ersten Kapitel des ersten Bandes *Die Gefährten* und gibt Einblick in den Reichtum der Poesie Mittelerdes:

„Die Straße gleitet fort und fort,
Weg von der Tür, wo sie begann,
Weit überland, von Ort zu Ort,
Ich folge ihr, so gut ich kann,
Ihr lauf' ich raschen Fußes nach,
Bis sie sich groß und breit verflicht
Mit Weg und Wagnis tausendfach.
Und wohin dann? Ich weiß es nicht.“[6]

Auch wenn sich Tolkien für diese poetischen Einschübe von real-existierender Dichtkunst wie irischer Mythologie, altisländischen Sagas oder dem altenglischen *Beowulf* inspirieren ließ, schaffte er damit doch neue und fremdartige Poesie. Und mit mehr als 80 Liedern oder Versen macht die Lyrik einen wichtigen Anteil aus.[7] Mittelerde ist somit ein durch und durch fantastisches Konstrukt mit eigenen Mythen, welches sich von der Realwelt bewusst abhebt und alles Bekannte zu verfremden scheint.

4 Nickel-Bacon 2006, S. 41–43.
5 Vgl. Weinreich 2007, S. 10.
6 Tolkien 1980, S. 53.
7 Vgl. Phelpstead 2008, S. 23–38.

Doch gleichzeitig treten in Fantasy-Texten immer wieder Zitate oder Anspielungen aus dem realexistierenden Literaturkanon auf und führen so zu einer weiteren Verflechtung von realer und fantastischer Welt. Dieses Phänomen kann entweder auf der Textebene selbst stattfinden oder auf der Paratextebene, auf die hier im Besonderen eingegangen wird.

Der Begriff ‚Paratext' geht auf Gérard Genette zurück und beschreibt die begleitenden Elemente außerhalb des Haupttextes eines Werkes.[8] Genette definierte Paratexte folgendermaßen: „Der Paratext ist also jenes Beiwerk, durch das ein Text zum Buch wird und als solches vor die Leser und, allgemeiner, vor die Öffentlichkeit tritt."[9] Diese Paratexte, auch wenn sie nicht zum Haupttext gehören, beeinflussen damit die Wahrnehmung der Leser mit und sind wesentlich für das Gesamtlese-Erlebnis. Es handelt sich also hierbei um alle Begleittexte wie „Titel und Zwischentitel, Vorworte und Nachworte, Widmungen und Motti"[10]. Mithilfe von Paratexten kommt es in der Fantasy-Literatur häufig zu einer Rückbindung an die Realwelt und eine real-existierende literarische Tradition. Durch die Verwendung von Paratexten wird quasi eine Zwischeninstanz eingeschaltet, die zwischen Realwelt bzw. existierender literarischer Welt und fantastischer Welt vermittelt. Schon Genette selbst betonte diese wichtige Funktion von Paratexten. So sprach er davon, dass Paratexte eine Schwellenfunktion hätten oder einem „Vestibül"[11] ähnelten, das jedem die Möglichkeit zum Eintreten oder Umkehren biete, und eine „unbestimmte Zone zwischen innen und außen"[12] aufweist. Da in der Fantasy-Literatur der Übergang von Realwelt in fantastische Parallelwelt im Haupttext teilweise unvermittelt geschieht, können Paratexte dort in der Funktion eines solchen Vestibüls noch einmal besonderes Gewicht erhalten. Im Folgenden soll besonders auf Motti und Titel eingegangen werden, die aus dem literarischen Bereich stammen.

Solche literarischen Motti und Titel können Fantasy-Literatur enger mit der sogenannten Hochliteratur verknüpfen und sie auf diese Weise aufwerten. Indem Fantasy selbstbewusst bekannte Auszüge aus kanonisierten literarischen Werken an den Textanfang oder über einzelne Kapitel stellt und gegebenenfalls im Haupttext wieder darauf rekurriert, wird sie mit dem Literatur-Kanon in Verbindung gebracht. Gewisse Fantasywerke präsentieren sich so als Aktualisierung großer Werke aus der Realliteratur[13]. Auf diesem Wege erfährt die manchmal – zumin-

---

[8] Genette 1992, S. 9.

[9] Ebd., S. 10.

[10] Weinrich 1992, S. 7.

[11] Genette 1992, S. 10.

[12] Ebd., S. 10.

[13] Der Begriff Realliteratur bezieht sich im Folgenden auf die Literatur der realen Welt, die in fantastischen Texten zitiert und/oder inhaltlich aufgegriffen wird.

dest bis zum Erfolg von J. K. Rowlings *Harry Potter* – negativ als ‚Trivialliteratur' konnotierte Fantasy in den Augen der Leser möglicherweise eine positivere Wahrnehmung.[14] Wenn z.B. Philip Pullmans *His Dark Materials*-Trilogie ein Zitat aus John Miltons Klassiker *Paradise Lost* als Hauptmotto voransteht, dann wird an dieser Stelle der Anspruch in den Raum gestellt, dass dieses Zitat mit dem Pullman'schen Haupttext in Beziehung steht, auch wenn es den Lesern überlassen bleibt, wie diese beiden Texte konkret zusammenpassen.[15] Durch die Aufnahme ‚hochliterarischer' Zitate in die Fantasy kommt es also bereits zu einer ersten Aufweichung zwischen sogenannter Trivialliteratur und Hochliteratur.

Paratexte in Form von Zitaten haben speziell bei dieser Gattung eine weitere wichtige Funktion: Sie bieten den Lesern eine leicht zu passierende Eintrittsmöglichkeit in eine andere Welt. Paratexte sind ein Schlüssel, der den Lesern in die Hand gegeben wird, um diese Welt zu betreten und deren Kontext besser zu verstehen. Sie fungieren daher als Öffnung bzw. als eine Zwischenzone vor der fantastischen Welt für die in der Realwelt verhafteten Leser.

Gleichzeitig wird durch diese Funktion der Paratexte die Fantasy-Welt fest an die Realwelt gebunden und mit ihr verknüpft. Paratexte können, auch wenn sie häufig sehr frei interpretierbar sind, während des Leseprozesses etwas über den Haupttext aussagen und dazu beitragen, ihn verständlicher zu machen und ihn zu kommentieren. Doch um diese Anspielungen zu verstehen, müssen die Leser die fantastische Welt ein Stück weit wieder verlassen und sich anderen literarischen Werken öffnen, aus denen die Paratexte stammen. Auch bei diesem Prozess kommt es zu einer Entgrenzung von fremder Fantasy-Welt und real-existierendem Literaturkanon in der alltäglichen Welt.

Cornelia Funkes *Tintenwelt*-Trilogie

So sind beispielsweise die Motti bei Cornelia Funkes *Tintenwelt*-Trilogie für den Haupttext von Bedeutung, auch wenn Leser sie natürlich bewusst überlesen und somit aussparen können. Um im Folgenden die Verknüpfung von Motti und Haupttexten sinnvoll aufzeigen zu können, soll der Inhalt des ersten Buches skizziert werden.

Der erste Band mit dem Titel *Tintenherz* spielt in einer realfiktiven Welt, die unserer gleicht. Das beschaulich wirkende Leben der Protagonistin Meggie und ihres Vaters Mo ändert sich komplett, als ein Mann namens Staubfinger zu Mo und Meggie nach Hause kommt. Es stellt sich heraus, dass Staubfinger kein normaler Mensch, sondern eine lebendig gewordene Romanfigur aus einem Buch

---

14 Vgl. Weinreich 2007, 9; Bonacker 2006, S. 64.

15 Pullman 2007a, S. 5.

ist. Darüber wird offenbar, dass Mo eine außergewöhnliche Gabe besitzt: Gegenstände und Lebewesen fallen aus Büchern heraus, wenn er laut vorliest.[16] Doch dieser Vorgang geschieht nicht ohne Einbußen. Im Gegenzug zu den herbeigelesenen Figuren müssen Lebewesen aus der realfiktiven Welt in eine fantastische Bücherwelt als Platzhalter verschwinden. Als Meggie drei Jahre alt war, las Mo aus dem gleichnamigen Buch „Tintenherz", ein fiktives Buch im Buch, die Figur Staubfinger heraus, während im Gegenzug Meggies Mutter mit zwei Katzen verschwand. Staubfinger hat nun großes Verlangen, in seine literarische Welt zurückzukommen. Mit der Hilfe von Meggies Tante Elinor machen sich Meggie, Mo und Staubfinger auf den Weg, um sich dieses Problems anzunehmen und später den Autoren Fenoglio, der das fiktive „Tintenherz" geschrieben und daher Staubfinger ‚erfunden' hat, zu treffen und mehr über seine Bücherwelt zu erfahren.[17]

Als einführendes Motto und erstes Textstück vor dem Haupttext von *Tintenherz* findet sich ein Ausschnitt aus dem Gedicht „Engführung" von Paul Celan (1920–1970), das folgendermaßen lautet:

„Kam, kam.
Kam ein Wort, kam,
kam durch die Nacht,
wollte leuchten, wollte leuchten.
Asche
Asche, Asche
Nacht."[18]

Dieser Auszug wirkt auf den ersten Blick sperrig in diesem Fantasy-Roman. Ein mit Celan unvertrauter Leser stößt in „Engführung" auf Worte, die sich mehrfach wiederholen und kontextlos dastehen. Besondere Betonung liegt auf dem Wort selbst. Es kommt und möchte leuchten. Es hat also ein Eigenleben. Doch es scheint nur begrenzte Leuchtkraft zu besitzen; am Ende gibt es nur noch Asche und Dunkelheit. Trotz allem bleibt die Kraft des Wortes bei den Lesern hängen. Die große Bedeutung von Worten wird ebenfalls das Leitmotiv in *Tintenherz* sein. Auch der Fantasy-Text verweist auf das Eigenleben von Worten, die darin Form annehmen und sich verselbständigen. Die Worte des ‚Buches im Buch' in *Tintenherz* werden dort im wahrsten Sinne des Wortes zu ausgeformten Welten und lebendigen Figuren.

Inhaltlich weisen Funkes Fantasy-Text und Celans Gedichtausschnitt somit mehrere Überschneidungspunkte auf. Denn dieses Gedicht hat – wenn auch mit

[16] Vgl. Mohr 2012, S. 203–204.
[17] Vgl. Funke 2003.
[18] Paul Celan, zitiert nach Funke 2003, S. 7.

einem ganz anderen thematischen Schwerpunkt – eine ähnliche Wirkkraft. So geht der Literaturwissenschaftler Peter Szondi in seiner Interpretation des Gedichtes „Engführung" davon aus, dass der Leser bei Celans Gedicht von Anfang an in einen „Kontext geführt wird, den er nicht kennt, und in dem er dennoch wie jemand behandelt wird, der ihn kennt [...]. Der Leser ist von Anfang an verbracht – in eine fremde und fremdartige Gegend."[19] Hier wird ein Leseprozess beschrieben, der in vielen Fantasy-Texten vonstatten geht, da sich auch dort die Leser schnell in einer fremden oder verfremdeten Welt zurechtfinden müssen, ohne anfangs deren genauere Hintergründe zu kennen. Die Grundsituation ist in „Engführung" und Fantasy-Texten daher überraschend ähnlich. Darüber hinaus spricht Szondi dem Gedicht eine weitere Besonderheit zu, die ebenfalls in der Fantasy anzutreffen ist. Er schreibt explizit: „Die Dichtung ist nicht Mimesis, keine Repräsentation mehr: sie wird Realität. Poetische Realität freilich, Text, der keiner Wirklichkeit mehr folgt, sondern sich selbst als Realität entwirft und begründet. [...] Der Dichter verlangt von sich und vom Leser, im Gelände, das sein Text ist, voranzugehen."[20]

Somit dient Celans Gedicht nicht der Beschreibung einer vorhandenen Realität, sondern wird zu einer eigenständigen Wirklichkeit, in der die Leser voranschreiten können und den Worten als Entität gewahr werden. Hier werden also Worte lebendig und erzeugen durch ihre drastische Wirkung Bezug nehmend auf die Themen Tod und Vernichtungslager eine eigene „Text-Realität[21], der sich die Leser bei genauem Lesen schwerlich entziehen können, sondern in die sie ‚buchstäblich' hineingezogen werden.[22]

Zwar behandelt *Tintenherz* etwas leichtere Themen, dennoch werden die von Szondi in „Engführung" beschriebenen Lesevorgänge auch dort anvisiert. Leser sollen bzw. dürfen ein Teil dieser fantastischen Tintenwelt werden, von ihr hineingezogen werden, in ihr voranschreiten und sich von den Wundern dieser fantastischen Welt gefangen nehmen lassen. Innerhalb dieser Text-Wirklichkeit stellen sich die Buchfiguren des fiktiven Buches „Tintenherz" als real heraus, verselbständigen sich, führen ein Eigenleben und können die Geschichte der realfiktiven Menschen wie Meggie und Mo in der den Lesern vertrauten Alltagswelt aktiv beeinflussen. Celans Gedicht und Funkes Haupttext machen auf ihre Weise beide deutlich: Der Buchstabe hat Macht; das Wort kann verändern, selbst wenn – wie der Auszug von Celans „Engführung" suggeriert – das Wort wieder kalt und zu Asche wird. Davor aber hat es die Fähigkeit, zu leuchten und eine eigene literarische Wirklichkeit zu projizieren. An diesem Beispiel zeigt sich, dass sich die Worte von Paratext und Haupttext gegenseitig beleuchten und der Fantasy-Welt

[19] Szondi 1973, S. 48.
[20] Ebd., S. 52.
[21] Ebd., S. 53.
[22] Ebd., S. 51; 111.

Funkes mithilfe von Celans Gedicht eine weitere Tiefendimension hinzugefügt wird.

Wenn aber die beschriebenen Figuren oder Gegenstände eines Buches im Buch *Tintenherz* lebendig werden können und sich auf der Textebene in Menschen verwandeln, wiegt das gedruckte Wort in der Konsequenz ein Vielfaches mehr in dieser fantastischen Welt. Dann ist Literatur wertvoll, denn sie kann Buchstaben zum Leben erwecken und (fiktive) Welten aktiv erschaffen. Diese Sichtweise wird noch einmal in dem Kapitel „Das falsche Ende" in *Tintenherz* deutlich, welches mit folgendem Zitat von Erich Kästner aus *Emil und die Detektive* (1929) überschrieben ist: „Eine Geschichte, ein Roman, ein Märchen – diese Dinge gleichen den Lebewesen und vielleicht sind es sogar welche. Sie haben ihren Kopf, ihre Beine, ihren Blutkreislauf und ihren Anzug wie richtige Menschen."[23] Kästners Zitat stellt mit dieser sehr bildhaften Beschreibung in den Raum, dass Texte quasi atmende Lebewesen sind, mit denen die literarische Welt aufgrund ihrer menschenähnlichen Konstitution pfleglich umgehen sollte.

Doch dieser Anspruch gilt nicht nur den Lesern, die deshalb eine Geschichte wertschätzen sollten, sondern in dem erwähnten Kapitel von *Tintenherz* wird sie interessanterweise auf den Autor bezogen, dem auch eine Verantwortung für Figuren, die er geschaffen hat, zufallen kann. Denn darin wird der Autor Fenoglio, der Autor des Buches im Buch, mit der Tatsache konfrontiert, dass seine eigens kreierten Buchfiguren mittlerweile in ihrer eigenen Welt existieren. Schöpfer und Geschöpf sind somit auf einmal auf einer Ebene und können sich von Angesicht zu Angesicht erleben.[24] In diesem Kontext stellt sich für Fenoglio plötzlich die Frage, wie er mit seinen Figuren in der fiktiven Geschichte „Tintenherz" umgegangen ist. Staubfinger, die Buchfigur, ist in der Welt des Autors unglücklich und möchte unbedingt wieder in das Buch im Buch „Tintenherz" zurück. Doch dort erwartet ihn der Tod, er stirbt am Ende der Geschichte. Fenoglio weiß also, dass er seine eigene Figur dem Tod aussetzen wird, wenn er ihn in die von ihm vorgesehene Geschichte zurückgehen lässt.

Hier wird nun Kästners Zitat wieder relevant. Denn auf einmal ist fraglich, ob Fenoglio eigentlich das Recht hat, ein solches Ende für Staubfinger geschrieben zu haben, da er vitaler Teil einer – im Sinne Kästners – lebendigen Erzählung ist. Zwar rechtfertigt Fenoglio den Tod Staubfingers damit, dass dieser Tod notwendig gewesen wäre, um die Spannung im Buch zu erhöhen. So sagt Fenoglio explizit zu Meggie: „Ich wollte es spannender machen. Magst du keine spannenden Geschichten?"[25] Dennoch wird das Argument des Spannungsaufbaus mit einem Male angezweifelt: Hat eine so lebendig wirkende Figur, die sogar aus ihrem eigenem

[23] Erich Kästner, zitiert nach: Funke 2003, S. 282.
[24] Vgl. Schwab 2008, S. 481–485.
[25] Funke 2003, S. 284.

Buch entschwinden und real auf der Textebene der Alltagswelt erscheinen kann, den Tod verdient? Somit wird auch hier wieder die Aussage Kästners ernst genommen und auf der Textebene von *Tintenherz* an dem von Fenoglio beschriebenen Tod Staubfingers durchbuchstabiert und im Ringen mit dessen Sterben hinterfragt.

Auch in dem zweiten Band der Tintenwelt-Reihe, *Tintenblut,* ist das dem Werk vorangestellte Motto eng mit dem Inhalt des Haupttextes verbunden. Während im ersten Band Buchfiguren wie Staubfinger aus dem fiktiven gleichnamigen Buch „Tintenherz“ in einer real-fiktiven Erzählwelt lebendig werden, herrscht im zweiten Band eine andere Dynamik vor. Die Figuren der real-fiktiven Erzählwelt folgen nun den Buchfiguren in deren fantastische Bücherwelt. Es wird also in *Tintenblut* die literarische Parallelwelt des fiktiven Buches „Tintenherz“ in Form einer „Binnenwelt“[26] entfaltet und für die real-fiktiven Protagonisten wie Meggie und Mo begehbar.

Passenderweise steht die Aussage des irischen Dichters Michael Longley als Motto am Anfang von *Tintenblut* und gibt den in dem Buch vorherrschenden Ton vor: „Wüsste ich, woher die Gedichte kommen, ich würde dorthin gehen.“[27] Diese poetische Aussage von Michael Longley wird in *Tintenblut* de facto im Verlauf der Handlung wahrgemacht. Die Protagonisten verwirklichen dort nämlich genau das Verlangen, das in Longleys Gedicht verbalisiert wird. Voller Neugier reisen Mo und Meggie in die Welt eines Buches, das Buch im Buch, in die fantastische Tintenwelt, lernen die Hintergründe der Geschichte kennen und können sie mit allen Sinnen erspüren.

Letztlich ist Longleys Satz sogar der Schlüssel für die Geschichte. Neben der Tatsache, dass es sich um die kürzeste Synopse des Buches handelt, gibt diese Aussage die Atmosphäre des Haupttextes vor: Das Verlangen, die Welt der Bücher lebendig werden zu lassen, sie zu sehen, sie zu schmecken und darin zu verweilen, zeigt sich hier. Somit wird Michael Longleys Wunsch aus dem Bereich der Poesie erneut in dieser Fantasy-Erzählung wahr gemacht und durchgespielt. Zwar können die Leser nicht selbst in diese Welt gehen, aber real-fiktive Figuren, die den Lesern ähnlich zu sein scheinen, können als Stellvertreter diese fantastische Bücherwelt in *Tintenblut* und *Tintentod* erleben. Es zeigt sich an dieser Stelle, dass Funkes Buchreihe immer wieder literarische Zitate aus der Realwelt aufgreift, programmatisch umsetzt und auf diese Weise mit der fantastischen Haupterzählung verschmelzen lässt.

Darüber hinaus können Zitate eines realen literarischen Werkes einen Subtext in der *Tintenwelt*-Trilogie bilden, vor allem wenn sie häufiger in Form von Motti zitiert werden. Beispielsweise handelt es sich bei Tolkiens *Der Herr der Ringe*

---

[26] Klimek 2010, S. 23.

[27] Michael Longley, zitiert nach Funke 2005, S. 7.

um einen wiederkehrenden Textverweis in der *Tintenwelt*-Trilogie. In dem Kapitel „Und weiter nach Süden" in *Tintenherz* kommt das anfangs bereits erwähnte Hobbit-Lied „Die Straße gleitet fort und fort" als vorangestelltes Motto vor.[28] Hier zeigen sich exemplarisch die unterschiedlichen Verwendungsmöglichkeiten eines lyrischen Textes in einem Roman. In beiden Texten gibt es einen lyrischen Einschub, der bereits durch das Layout und durch seine abweichende sprachliche Form heraussticht. Dennoch ist das Hobbit-Lied bei *Der Herr der Ringe* Teil des Haupttextes, während es sich bei *Tintenherz* um einen Paratext handelt, der als einleitende Textreferenz für den Haupttext eingesetzt wird. Das Motto von Tolkien über diesem Kapitel schafft auch hier atmosphärisch den Rahmen für den im Kapitel beschriebenen Moment des Weggehens und des Aufbrechens, der ebenfalls in der passenden Kapitelüberschrift „Und weiter nach Süden" ausgedrückt wird.[29]

Eine weitere Entgrenzung findet bei *Tintenherz* dadurch statt, dass *Der Herr der Ringe* auch auf der Textebene – hier wird kurz die Paratextebene verlassen – dieses Kapitels vorkommt. Allerdings wird Tolkiens Werk in Funkes Haupttext interessanterweise gar nicht mehr explizit genannt, sondern es werden nur Anspielungen gemacht. Meggie liest *Der Herr der Ringe* in diesem Kapitel und redet ausführlich mit ihrer Tante Elinor darüber. Als sie sich daraufhin mit mehreren anderen auf die Reise in den Süden macht, nimmt sie zwei ihrer Bücher mit, die folgendermaßen eingeführt werden:

> „‚Eine interessante Wahl!' hatte Elinor festgestellt, als sie Meggie für die beiden eine Tasche lieh, ein altmodisches Ding aus dunklem Leder, das man sich über die Schulter hängen konnte. ‚Du nimmst dir also König Arturs Tafelrunde mit und Frodo samt seinen acht Gefährten. Keine schlechten Begleiter. Beides sehr lange Geschichten, gerade das Richtige für eine Reise. Hast du sie schon gelesen?!'
> Meggie hatte genickt. ‚Viele Male', hatte sie gemurmelt. [...]
> ‚Nun guck nicht so düster drein!', hatte Elinor gesagt und sie besorgt gemustert. ‚Du wirst sehen, unsere Reise wird nicht halb so schlimm wie die der armen Pelzfüße und sehr viel kürzer.'"[30]

Hier wird eindeutig von *Der Herr der Ringe* und den Hobbits gesprochen, doch der Buchtitel wird bewusst nicht genannt. Jedoch wird an dieser Stelle der große Bogen zu der Paratextebene gespannt, denn dort steht der passende Titel zu dem im Haupttext angesprochenen Werk. Hier findet somit wieder ein Spiel mit den unterschiedlichen Textebenen durch eine Zusammenführung von Paratext und Haupttext statt, die intertextuell miteinander verflochten werden. Tolkiens *Der*

---

[28] Vgl. Funke 2003, S. 114.
[29] Ebd., S. 114.
[30] Ebd., S. 120.

Herr der Ringe erscheint ein weiteres Mal bei *Tintenherz* auf der Paratext-Ebene eines Kapitels in *Tintenherz* mit folgendem Ausschnitt:

„,Immerhin wüsste ich gern, ob wir jemals in Liedern und Geschichten vorkommen werden. Wir sind natürlich in einer; aber ich meine: in Worte gefaßt, weißt du, am Kamin erzählt oder aus einem großen, dicken Buch mit roten und schwarzen Buchstaben vorgelesen, Jahre und Jahre später. Und die Leute werden sagen: ‚Lass uns von Frodo und dem Ring hören¡ Und sie werden sagen: ‚Das ist eine meiner Lieblingsgeschichten.'"[31]

Dieses Zitat kann und sollte inhaltlich in Beziehung zu diesem *Tintenherz*-Kapitel gesetzt werden, doch es entfaltet schon ein Eigenleben, weil hier der Wunsch beziehungsweise die Vorstellung des Sprechers bereits in die Tat umgesetzt wird: Sam und Frodo kommen in einer Geschichte vor und werden so in Erinnerung gerufen. Dadurch, dass das Zitat als Motto für dieses Kapitel gewählt wurde, wird es von einer neuen Leserschaft rezipiert. Zwar wird es in *Tintenherz* nicht als eigenständige Geschichte am Lagerfeuer erzählt, sondern lediglich als Motto am Anfang eines Kapitels präsentiert. Dennoch kann bereits dieses kurze Zitat die Welt Mittelerdes vor dem inneren Auge der erfahrenen Leser aufsteigen lassen, so dass diese Erzählung in ihrer Ganzheit auflebt. Anderenfalls können unerfahrene Leser aufgrund der Textbezüge in *Tintenherz* die Trilogie *Der Herr der Ringe* kennenlernen und Gefallen daran finden. So wird einmal durch die wiederkehrenden Referenzen in *Tintenherz* die bleibende Bedeutung des Werkes Tolkiens hervorgehoben und gleichzeitig Funkes Haupttext aufgewertet, da er in diesem Moment von dem geistigen Erbe von *Der Herr der Ringe* lebt und an Tiefe durch diesen Textverweis gewinnt.

Schließlich kann eine weitere Entgrenzung zwischen Paratexten und Haupttext stattfinden, wenn – wie beispielsweise in *Tintentod* – in der Reihe von realen Zitaten am Anfang eines jeden Kapitels plötzlich ein Zitat aus der fiktiven Tintenwelt verwendet wird. Eigentlich herrscht in den ersten zwei Bänden dieser Buchreihe das ungeschriebene Gesetz vor, dass die Zitate am Anfang des Kapitels aus fremder Feder stammen. Das wird auch im dritten und letzten Band konsequent durchgehalten, bis auf eine unmarkierte Ausnahme. Das Kapitel „Ein neues Lied" ist folgendermaßen überschrieben:

„Aus dunklem Wald kommt Hoffnung hell,

die Fürsten tut's verbittern.

Sein Haar ist schwarz wie Maulwurfsfell,

er lässt die Mächt'gen zittern."[32]

---

31 J. R. R. Tolkien, zitiert nach Funke 2003, S. 473.

32 Funke 2007, S. 271.

Hier liegt ein Zitat vor, welches sprachlich an das christliche Magnifikat erinnert, und nicht aus der Gruppe der restlichen Motti hervorzustechen scheint. Doch es stammt im Gegensatz zu den anderen von einer Textfigur aus der Tintenwelt. Genauer gesagt wird es dem Autor Fenoglio zugeschrieben, der mittlerweile in sein eigenes Buch gewandert ist. Fenoglio wird sogar namentlich am Ende dieses Mottos als Autor angeführt. Am Ende steht dort: „Fenoglio, Die Eichelhäher-Lieder".[33] Ohne genauere Kennzeichnung erscheint ein Zitat einer fiktiven Figur des Buches auf der Paratextebene.

Auch im Quellenverzeichnis von *Tintentod* ist bei diesem Zitat auf den ersten Blick kein Unterschied zu den anderen Zitaten zu erkennen: wie alle anderen Quellen wird es in alphabetischer Reihenfolge aufgelistet und als Begleittext dargestellt.[34] Als Erscheinungsort für dieses Lied von Fenoglio wird „Ombra" angegeben und als dessen Illuminator wird „Balbulus" genannt.[35] Bei der Stadt Ombra handelt es sich allerdings um einen der fiktiven Handlungsplätze in der Tintenwelt und bei Balbulus um eine fiktive Buchfigur, die sich als der Hauptilluminator der Stadt Ombra erweist. Schließlich wird als Erscheinungsdatum für Fenoglios Lieder das Jahr 2007 genannt. Dieses Jahr korreliert mit dem Erscheinungsdatum von *Tintentod*; Fenoglios Lieder und das Hauptbuch sollen also zeitgleich erschienen sein. Für den erfahrenen Leser lässt sich natürlich rückschließen, dass hier in beiden Fällen Texte von Cornelia Funke vorliegen, die jedoch in diesem Band dem fiktiven Fenoglio als Co-Autor eine eigene Stimme verliehen hat, die sogar eigenständig im Quellenverzeichnis aufgelistet wird.[36] An dieser Stelle verschwimmen vollends die vorher implizit gesetzten literarischen Grenzen und werfen die Frage auf, was real und was fiktiv ist in dieser Buchreihe.

Philip Pullmans Trilogie *His Dark Materials*

Im Weiteren verwendet die Fantasy-Literatur teilweise scheinbar vertraute Texte aus der Realwelt als Motti, um deren Inhalte zu aktualisieren, in einen anderen Kontext zu stellen oder deren oftmals den Lesern rudimentär vertrauten Inhalte zu hinterfragen. So stehen in dem dritten Band namens *Das Bernstein-Teleskop* von Philip Pullmans *His Dark Materials*-Trilogie mehrfach Bibelzitate als Motti über den einzelnen Kapiteln.[37] Das bedeutet jedoch nicht, dass es sich bei dieser Buchreihe um jüdisch-christliche Literatur mit katechetischem Impetus han-

[33] Ebd., S. 271.
[34] Ebd., S. 753.
[35] Ebd., S. 741; 745.
[36] Vgl. Heber 2010, S. 119.
[37] S. u.a. Pullman 2007b, S. 248, 344, 363.

delt.[38] Vielmehr stellen diese Bibelstellen auf der Textebene des darauffolgenden Kapitels eine offene Frage oder Einladung an die Leser dar, diese Zitate noch einmal bewusst wahrzunehmen und möglicherweise zu hinterfragen. Indem diese Bibelstellen dann mit einem humanistischem Modell in der Fantastischen Erzählwelt kontrastiert werden, können selbst in dieser Kürze unterschiedliche religiöse Denkansätze veranschaulicht und zur Disposition gestellt werden. In diesem Fall kommen biblische Paratexte und Haupttext in Berührung, ohne jedoch inhaltlich übereinstimmen oder harmonieren zu müssen. Im Gegenteil, es werden bewusst kontroverse Ansichten innerhalb eines Kapitels dargeboten, die gar nicht unbedingt zusammenpassen sollen. Doch auch diese Kontrastierung kann eine Entgrenzung zwischen den Literaturen bedingen, da hier die als trivial abgestempelte Fantasy-Literatur ganz deutlich macht, dass sie erzählerisch manche existenziellen Fragen aufgreift, die bereits in der Bibel oder in vielen Werken der Hochliteratur gestellt wurden, und diese in einem aktuellen Rahmen präsentiert und für eine breite und vielfach junge Leserschaft öffnet.[39]

Insgesamt zeigt sich an diesen Textbeispielen, dass sich die Grenzen zwischen den literarischen Ebenen in der Fantasy tatsächlich verwischen können.[40] Einige Fantasy-Texte wie die *Tintenwelt*-Trilogie greifen bewusst Inhalte aus dem literarischen Bereich auf und verquicken sie mit ihrer Erzählwelt. Dieses intertextuelle Phänomen taucht in jeder Form von Literatur auf; das Besondere bei der Fantasy ist jedoch, dass Ideen aus der Literatur konkret in fantastische Welten umgesetzt und auf diese Weise versinnbildlicht werden können. Wenn z.B. in Longleys poetischer Aussage der Wunsch ausgedrückt wird, dass er dorthin gehen würde, woher die Gedichte kommen, dann kann die *Tintenwelt*-Trilogie den Weg dorthin ebnen und eine solche Welt darstellen und greifbar werden lassen. Fantasy-Literatur ermöglicht an dieser Stelle die konsequente Umsetzung ebenjenes Zitates und bietet die Welt, die Longley sich herbeisehnt, aber in der Realwelt nie wird bereisen können.

Diese Kombination von Paratexten und Haupttexten in der Fantasy führt zu einer gegenseitigen Bereicherung und Entgrenzung von Literatur aus der Realwelt und fantastischen Weltentwürfen. Auf der einen Seite kommt es zu einer Aktualisierung und Neuauflage der Literatur aus der Realwelt, die plötzlich in Auszügen einer weiten und möglicherweise neuen Leserschaft im Umfeld eines Fantasy-Textes vorgestellt wird. Auf der anderen Seite können Motti oder Zitate am Textanfang oder über einzelnen Kapiteln aus der real-existierenden Literatur wie in *Tintenherz* oder *His Dark Materials* einen atmosphärischen Grundton vorgeben und die Leser inhaltlich auf den Haupttext einstimmen. Sie ebnen den Weg von

[38] Vgl. Langenhorst 2007, S. 33–35.
[39] Vgl. Kölzer 2008, S. 4–6.
[40] Vgl. Ranke 2011, S. 172.

der Realwelt in die fantastische Welt, sind Genettes Vestibül oder ein Schlüssel zum Verständnis. Diese Durchdringung kann so weit fortschreiten, dass – wie bei *Tintentod* – auch die implizit gesetzten Grenzen zwischen Paratext und Haupttext durchbrochen werden und so eine ultimative Entgrenzung von literarischen Texten aus der Realwelt und fantastischem Haupttext stattfindet.

Bibliographie

Primärliteratur

Celan, Paul: Sprachgitter. Frankfurt a. M.: S. Fischer 1959.
Funke, Cornelia: Tintenherz. Hamburg: Dressler 2003.
— Tintenblut. Hamburg: Dressler 2005.
— Tintentod. Hamburg: Dressler 2007.
Pullman, Philip: Der Goldene Kompass. Carlsen: Hamburg 2007a [engl. EA 1995].
— Das Bernstein-Teleskop. Carlsen: Hamburg 2007b [engl. EA London 2000].
Tolkien, J. R. R.: Der Herr der Ringe. Erster Teil. Die Gefährten. Stuttgart: Ernst Klett ^{2}1980 [engl. EA London 1966].

Sekundärliteratur

Bonacker, Maren: Eskapismus, Schmutz und Schund?! Fantasy als besonders umstrittene fantastische Literatur. In: Jörg Knobloch und Gudrun Stenzel (Hg.): Zauberland und Tintenwelt. Fantastik in der Kinder- und Jugendliteratur. Weinheim: Juventa 2006 (Beiträge Jugendliteratur und Medien, 17. Beiheft), S. 64–70.
Caillois, Roger: Das Bild des Fantastischen. Vom Märchen bis zur Science Fiction. In: Rein A. Zondergeld (Hg.): Phaicon. Almanach der Fantastischen Literatur. Bd. 1. Frankfurt a. M.: Insel 1974, S. 44–83.
Genette, Gérard: Paratexte. Das Buch vom Beiwerk des Buches. Frankfurt a. M.: Campus 1992.
Heber, Saskia: Das Buch im Buch. Selbstreferenz, Intertextualität und Mythenadaption in Cornelia Funkes Tinten-Trilogie. Kiel: Ludwig 2010.
Klimek, Sonja: Paradoxes Erzählen. Die Metalepse in der Fantastischen Literatur. Paderborn: Mentis 2010 (Explicatio. Analytische Studien zur Literatur und Literaturwissenschaft).
Kölzer, Christian: „Fairy tales are more than true“. Das mythische und neomythische
Weltdeutungspotential der Fantasy am Beispiel von J.R.R. Tolkiens The Lord of the Rings und Philip Pullmans *His Dark Materials*. Trier: Wissenschaftlicher Verlag 2008.
Langenhorst, Georg: Christliche Literatur für unsere Zeit. Fünfzig Leseempfehlungen. München: Sankt Michaelsbund 2007.
Mohr, Judith. Zwischen Mittelerde und Tintenwelt. Zur Struktur fantastischer Welten in der Fantasy. Diss. Göttingen 2010. Frankfurt a. M.: Lang 2012 (Kinder- und Jugendkultur, -literatur und -medien, 72).
Nickel-Bacon, Irmgard: Alltagstranszendenz. Literaturhistorische Dimensionen kinderliterarischer Fantastik. In: Jörg Knobloch und Gudrun Stenzel (Hg.): Zauberland und

Tintenwelt. Fantastik in der Kinder- und Jugendliteratur. Weinheim: Juventa 2006 (Beiträge Jugendliteratur und Medien, 17. Beiheft), S. 39–51.

Phelpstead, Carl: With Chunks of Poetry in Between. In: *The Lord of the Rings* and Saga Poetics, Tolkien Studies 5 (2008), S. 23–38.

Rank, Bernhard: Fantastische Kinder- und Jugendliteratur. In: Günter Lange (Hg.): Kinder- und Jugendliteratur der Gegenwart. Grundlagen – Gattungen –Medien – Lesesozialisation und Didaktik. Baltmannsweiler: Schneider Verlag Hohengehren 2011, S. 168–192.

Schwab, Hans-Rüdiger: „Wer schreibt denn, was hier passiert?" Religiöse Implikationen in Cornelia Funkes Tintenwelt-Trilogie. In: Internationale Katholische Zeitschrift Communio 37 (2008), S. 475–492.

Szondi, Peter: Celan Studien. Frankfurt a. M.: Suhrkamp 1973.

Weinreich, Frank: Fantasy. Einführung. Essen: Oldbib 2007.

Weinrich, Harald: Vorwort. In: Gérard Genette: Paratexte. Das Buch vom Beiwerk des Buches. Frankfurt a. M.: Campus 1992, S. 7–8.

Übersetzt aus dem Zamonischen

Die Entgrenzung des „Autors“ Walter Moers / Hildegunst von Mythenmetz

Pascal Klenke

Die Erschaffung fiktiver Welten und derer Bewohner gehört zu den grundlegenden Elementen fantastischen Schreibens. So auch bei Walter Moers, der mit Zamonien einen fantastischen Kontinent kreierte, in dessen Absonderlichkeiten er eine Vielzahl von Texten beheimaten konnte. Seit er mit *Ensel und Krete* (2000) begann, neben seinen eigenen Texten auch die des zamonischen Dichters Hildegunst von Mythenmetz zu „übersetzen“, entwickelte sich ein Geflecht aus Autor, Herausgeber, Protagonist und vielem mehr, das im Folgenden zu entwirren und eingehender zu betrachten ist. Die sich so entwickelnde Hybridfigur aus Walter Moers und Hildegunst von Mythenmetz wirft die Frage auf, welche Funktionen deren einzelne Aspekte haben und ob diese sich unter einem gemeinsamen Begriff summieren lassen. Die hierfür entwickelten Begrifflichkeiten sind in Anlehnung an Konzepte der Narratologie entstanden.

Der Autor Moers

Den logischen Beginn bildet hierbei der Autor Walter Moers, der es trotz seiner Erfolge geschafft hat, in der Öffentlichkeit so gut wie nie in Erscheinung zu treten. Auf Lesungen lässt er sich meist durch die Sprecher der Hörbücher vertreten und auch auf den großen deutschsprachigen Buchmessen in Frankfurt und Leipzig ist er nie persönlich zugegen.[1] Er selbst sagte dazu in einem Interview, das er der *Frankfurter Allgemeinen Zeitung* per Email gab: „Ich habe ziemlich früh bemerkt, dass es mir nicht behagt, von wildfremden Menschen auf der Straße erkannt zu werden. Von da an habe ich mich konsequent geweigert, mich für

[1] Es existieren auch nur wenige Fotografien, auf denen Moers abgebildet ist. Eine dieser Aufnahmen findet sich in einem Online-Artikel der Welt: http://www.welt.de/kultur/article2693143/Was-Walter-Moers-ueber-Barack-Obama-denkt.html, 13.02.14.

Veröffentlichungszwecke fotografieren zu lassen. Das ist alles. Und jetzt bin ich Dr. Mabuse."[2]

Aufgrund dieser medialen Abwesenheit ist er dem Publikum nur durch seine Werke bekannt. Dabei lässt er sich nicht auf ein Medium oder Genre festlegen, sondern weist in seinen Werken ein ausgeprägtes Spektrum von Ausdrucksformen und Inhalten auf. Als Comic-Zeichner erfand er Figuren wie das Kleine Arschloch oder den Alten Sack. Auch Kapitän Blaubär hat seine Ursprünge in Comic-Büchern, wurde einem breiteren Publikum dann jedoch durch seine Episoden in der Sendung mit der Maus bekannt. In starkem Kontrast dazu stehen seine Werke über Adolf die Nazisau, satirische Comics über Adolf Hitler, deren Verfilmung für das Jahr 2014 angestrebt wird.[3] Doch nicht nur in Comics finden sich Zeichnungen von Moers, auch seine belletristischen Texte illustriert er selbst. Gemeinsam ist all diesen Texten und Textsorten, dass Moers die Werke für sich sprechen lässt, da er selbst nicht in Erscheinung tritt. Seine Funktion möchte ich als *real-extratextuell* kennzeichnen. Dabei orientiere ich mich nicht an den seit Gérard Genette etablierten Termini zur Diegese, da diese innerhalb der Differenzierung ihrer Unterkategorien andere Schwerpunkte setzen, die für diese Betrachtung unbrauchbar erscheinen. Die Begrifflichkeiten der Narratologie setzten direkt auf der Ebene des Textes an: „Jedes Ereignis, von dem in einer Erzählung erzählt wird, liegt auf der nächst höheren diegetischen Ebene zu der, auf der der hervorbringende narrative Akt dieser Erzählung angesiedelt ist."[4] Die physikalische Instanz des Autors außerhalb ließe sich also nicht darstellen. Extratextuell bedeutet in diesem Kontext daher, anders als extradiegetisch, dass wir uns außerhalb des Textes, der literarischen Diegese, befinden.

Der Autor Mythenmetz

Da Moers also, wie beschrieben, nicht gerne in der Öffentlichkeit auftritt, wurde diese Lücke mit dem Erscheinen seines Romans *Der Schrecksenmeister* (2007) durch die fiktive Autorfigur Hildegunst von Mythenmetz geschlossen, der nach „eigener" Aussage Dank eines „Dimensionslochs" in unsere Zeit reisen konnte.[5] Zu Beginn gab er Interviews in Presse und Fernsehen, inzwischen ist er auch auf der Buchmesse, wie beispielsweise im Jahre 2011 in Frankfurt zur Vorstellung des neusten Mythenmetz/Moers-Romans, als „lebender" Autor vor Ort. Dabei werden Charakterzüge, welche Moers bei seiner Figur in den Texten angelegt hat, konse-

[2] Vgl. Weidermann 2003.

[3] Die verantwortlichen Film-Firmen betreiben hierfür zurzeit ein Crowd-Sourcing, um die notwendigen Gelder aufzubringen: http://www.adolf-online.com.

[4] Genette 2010, S. 148.

[5] Vgl. Zeilmann 2007.

quent weitergeführt. Etwa, wenn Mythenmetz zwar auf der Messe präsent ist, das Signieren der Bücher jedoch von einem Verlagsmitarbeiter per Stempel erledigen lässt.[6]

Schließlich haben inzwischen sowohl Moers als auch Mythenmetz ihre eigenen Auftritte bei Facebook, die nicht nur für die Kommunikation mit den Lesern, sondern auch für die Kultivierung des „Disputs“ zwischen den Autoren genutzt wird, beispielsweise wegen des Umfangs des eigenen Wikipedia-Eintrags. Einerseits wird meist Mythenmetz Geltungsdrang hervorgehoben: „Meine Person und mein Werk wird in diesem Machwerk ‚Wikipedia‘ unter ‚Zamonien‘ subsumiert! Kein eigener Eintrag, keine Liste aller Werke, nicht einmal die lächerlich geringe Zahl derer, die Walter Moers sich vorgenommen hat. Schwarmintelligenz und Wikipedia, das ist doch eher wie mit den Fliegen… “[7] und von der Gegenseite kommentiert: „Der alte Lindwurm regt sich drüben wieder mal auf. Was will er denn, soll soch [sic!] doch freuen, dass bei mir alles in Ordnung ist auf Wikipedia … Also, zumindest habe ich einen eigenen Eintrag und eine angemessene Liste an Werken, ganz im Gegensatz zu Hildegunst von Mythenmetz.“[8] In beiden Fällen ist es jedoch nicht der Autor selbst, der diese Kommentare veröffentlicht, da die Seiten vom Knaus-Verlag, bei dem Moers aktuell unter Vertrag steht, betrieben und administriert werden. Es gilt also für die Facebook-Kommentare beider Instanzen, wie für die Auftritte des Herrn Mythenmetz, dass sie *fiktiv-extratextuelle* Instanzen der Autorschaft repräsentieren. Über sie wird die Öffentlichkeitsarbeit betrieben und der Kontakt zur Leserschaft gepflegt.

Der Übersetzer Moers

Bei den Instanzen, die sich innerhalb des Textes befinden, stellt der Übersetzer Moers die oberste Ebene dar. Trotz der Tatsache, dass Moers in allen vier Zamonien-Romanen sich selbst nur als Übersetzer führt, wird sein Name auf den Buchcovern als Autor angegeben. Erst innerhalb der Texte schreibt er sich in die Tradition der Herausgeberfiktionen ein, um uns so die Werke von Mythenmetz zugänglich zu machen. Dies ist sicherlich der zu Beginn geschilderten Popularität Moers’ geschuldet, da sein Name repräsentativ für seine Texte steht. Der Name auf dem Deckblatt bildet somit die Grenze zwischen den extra- und intratextuellen Instanzen der Autorschaft. Aus diesem Grund ist der Übersetzer Moers auch

[6] Selbstverständlich gibt es noch weitere Gründe für dieses Vorgehen, die der Tatsache geschuldet sind, dass es sich um einen Menschen in einem Kostüm handelt. Jedoch ist diese Darstellung eine konsequente Fortführung der textinternen Logik.

[7] Eintrag vom 24.05.12. http://www.facebook.com/pages/Hildegunst-von-Mythenmetz/158142424258674, 13.02.14.

[8] Eintrag vom 24.05.12. http://www.facebook.com/WalterMoers, 13.02.14.

als fiktional zu behandeln, da es sich eher um eine fiktive Übersetzerfigur handelt, die sich im und um den Text herum äußert.

Auf den ersten Seiten des Textes werden dann auch die genauen – fiktiven – Produktionsverhältnisse deutlich gemacht. Im Falle des *Schrecksenmeisters* stammt das Original von Gofid Letterkerl[9], die Neufassung von Hildegunst von Mythenmetz und die Übersetzung von Walter Moers. Im Sinne einer fiktiven Herausgeberschaft wie Uwe Wirth sie beschreibt, bildet diese Seite gleichzeitig eine Art Vorwort, da der Text ohne weitere Erläuterungen zum Editions- und Übersetzungsprozess beginnt.[10] Erst im Anschluss an die Texte äußert sich Moers ausführlicher zu den Umständen seiner Übersetzung, beispielsweise den Kürzungen oder Veränderungen, die er vorgenommen hat. Durch das Nachwort des Übersetzers etabliert er so einerseits das Konzept der fiktiven Autorschaft und bringt sich selbst andererseits erst am Schluss des Textes ein.[11] Das Hauptaugenmerk seines Werks liegt auf dem Text, nicht auf der Person, die ihn verfasst oder übersetzt hat.

Dies spiegelt sich auch in den Illustrationen wider, mit denen Moers die Texte versieht. Er erhöht das Buch zu einem Gesamtkunstwerk, in dem verschiedene Schrifttypen mit Illustrationen kombiniert werden und so den Text um einen Mehrwert bereichern. Gleichzeitig reduziert Moers den Fokus, der normalerweise auf ihm als Autor liegen würde und transferiert die Verantwortung für die Inhalte des Werks auf Mythenmetz, eine Figur, die sich innerhalb des Textes befindet. So schafft er sich die Möglichkeit, den Text kommentierend zu begleiten, den Leser an seiner eigenen Auseinandersetzung mit Mythenmetz' Fassung teilhaben zu lassen oder seine Meinung darüber zu äußern.

Diese Kommentator-Funktion ist zwar von der Übersetzer-Funktion zu unterscheiden, da eine innerhalb der Handlung und die andere außerhalb stattfindet, funktional betrachtet liegen sie jedoch auf derselben Ebene. So äußert sich Moers beispielsweise in einer Fußnote zu einem literarischen Kunststück, auf das Mythenmetz hinweist, sowohl über die Übersetzung als auch über Mythenmetz selbst:

„Das gilt natürlich nur für den zamonischen Urtext, nicht für die vorliegende Übersetzung. So peinlich auch Mythenmetz‘ prahlerischer Verweis auf seine artistischen Vorzüge sein mag (und sein geradezu taktloser, an solcher Stelle völlig unpassender und fast schon selbstzerstörerischer Eingriff in seinen eigenen Text), das erzählerische Kunststück im Original ist wirklich verblüffend (und, das muß zu seiner Verteidigung gesagt werden, ohne diesen Hinweis gar nicht zu bemerken). Ich habe mehrere Wochen damit verbracht,

9 Zamonischer Schriftsteller (Gottfried Keller). Vgl. Dollinger, Moers 2012, S. 120.
10 Vgl. Wirth 2008, S. 86–87.
11 Vgl. Moers 2007, S. 382–383.

diesen erzählerischen Zaubertrick mit den Mitteln unserer Sprache nachzuahmen. Es ist unmöglich. (Der Übersetzer)“[12]

Er kommentiert also einerseits die Problematiken, die für ihn bei der Übertragung aus dem Zamonischen entstanden sind und äußert zugleich seine Meinung über Mythenmetz, dessen Schreibkünste und sein Verhalten gegenüber dem eigenen Text. Er begibt sich somit, wie Voßkamp es beschreibt, in die Nähe eines Erzählers,[13] weshalb seine Funktion in diesem Falle als *fiktional-metatextuell* und nicht real-metatextuell zu sehen ist: „Der Verfasser schafft sich mit diesen vielfältig kommentierenden Formen einerseits ein Spektrum von Beglaubigungsmöglichkeiten und andererseits das Feld für ein mehrfach gebrochenes Fiktionsspiel, das zugleich die Bedingungen für die Vermittlung zwischen Autor und Lesepublikum herstellt.“[14] Gleichzeitig bildet diese Auseinandersetzung mit Mythenmetz innerhalb der Texte die Grundlage für die bereits beschriebenen extratextuellen Konflikte in Zeitungen und anderen Medien, die erst später auf diesen intratextuellen Diskurs folgten.

Moers etabliert über diese Textebene eine weitere Sichtweise auf die Figur Mythenmetz aus einer externen Perspektive, da diese sonst nicht vorhanden ist, wenn Mythenmetz über sich selbst spricht oder seine eigenen Texte kommentiert. Diese multiperspektivische Ausdifferenzierung ist notwendig um dem Leser die subjektiv geprägten Äußerungen zu verdeutlichen und ihm die Möglichkeit zu geben, diese selbst zu hinterfragen. Insbesondere im Zusammenspiel aller Texte entwickelt sich so das Gesamtbild von Mythenmetz auch wenn dieser nicht als handelnde Figur auftritt, sondern sich nur zum Text äußert.

Der Editor/Kommentator Mythenmetz

Neben dem bereits angesprochenen *Schrecksenmeister* ist auch *Ensel und Krete* im Original nicht von Mythenmetz, sondern, wie der Untertitel verrät, ein zamonisches Märchen. Die Neufassungen dienen dabei vor allem dem Autor selbst. Er sieht sich als einzige Instanz, die in der Lage ist, klassische zamonische Literatur neu zu veröffentlichen und dabei dem Autor des Originals zu huldigen, ihn nicht einfach zu kopieren. Diese Fähigkeit spricht er Moers wiederum ab: „Es gibt ein sehr dünnes Seil, das zwischen Hommage und Diebstahl gespannt ist. Darauf muss man tanzen können. Sagen wir es einfach so: Ich kann es, aber ich fürchte, Moers kann es nicht.“[15]

---

[12] Moers 2002, S. 169.
[13] Vgl. Voßkamp 1971, S. 93.
[14] Ebd., S. 91.
[15] Platthaus, 18.08.07.

Später revidiert er diese Aussage zwar zum Teil, jedoch bleibt für ihn die qualitative Differenz zwischen deutscher und zamonischer Literatur unüberwindbar. Mythenmetz betreibt also auch in diesen Texten eine Selbstdarstellung par excellence, wobei diese hier in Kommentaren zu und über den Text stattfindet. Es scheint fast, als sei es ihm unmöglich, einen Text zu verfassen, in dem er selbst nicht in Erscheinung tritt.

Eine Sonderform dieser Kommentare stellen dabei die sogenannten „Mythenmetzschen Abschweifungen" dar, eine von ihm erfundene literarische Technik, die es ihm erlaubt, an beliebiger Stelle in den Text einzugreifen und dort über alles zu sprechen, wonach ihm gerade der Sinn steht: Eine der Abschweifung besteht beispielsweise aus der mehr als zweiseitigen Wiederholung des Wortes „Brummli".[16] Mit dieser willkürlichen Unterbrechung des Textes möchte er so die Machtlosigkeit des Lesers gegenüber dem Autor demonstrieren, der dazu genötigt ist, den Eskapaden des Autors zu folgen, wenn er wissen möchte, wie die Erzählung fortfährt. Es wäre dem Leser zwar möglich, die Passage zu überblättern, da sie durch ihre Schrifttype vom restlichen Text abgegrenzt ist, er würde aber Gefahr laufen, etwas Wesentliches zu überspringen. Jedoch ist diese durchaus selbstreflexive Unterbrechung des Haupttextes keinesfalls die Regel, sondern eher eine Ausnahme. Vielmehr sind es andere, meist profanere, Aspekte, die er in seinen Abschweifungen thematisiert, oder wie er selbst sagt: „Es geht nicht darum, was Ihnen gefällt. Es geht darum, was mir gefällt."[17] So handeln diese Zwischentexte von der Ausgestaltung des Mythenmetzschen Arbeitszimmers,[18] seiner Geringschätzung von Bauminger Liedgut,[19] Zahlsystemen[20] oder Kochrezepten.[21] Betrachtet man die quantitative Dimension der „Mythenmetzschen Abschweifungen", wird ihr Ausmaß noch deutlicher: 21 Mal unterbricht er *Ensel und Krete* auf 210 Seiten Text für insgesamt 50 Seiten Abschweifungen. Fast ein Viertel des Textes nimmt Mythenmetz also für sich selbst ein, obwohl oder gerade weil er nicht Teil der Handlung ist. Die Abschweifungen sind im *Schrecksenmeister* so massiv vertreten, dass Moers sich nach eigener Aussage genötigt sah, diese 700 Seiten umfassenden Ausführungen bei der Übersetzung vollständig zu entfernen.[22]

Die *fiktiv-metatextuellen* Ausprägungen der Autorschaft als Editor und Kommentator dienen also ebenfalls der Charakterisierung des Lindwurm-Schriftstellers. Sein schier endloses Ego scheint es nahezu unmöglich zu machen,

16 Vgl. Moers 2002, S. 59–62.
17 Ebd., S. 40.
18 Ebd., S. 41–51.
19 Ebd., S. 72–73.
20 Ebd., S. 85–86.
21 Ebd., S. 193.
22 Moers 2007, S. 382–383.

dass er einen Text, in dem er selbst nicht die Hauptrolle spielt, unkommentiert lässt. Neben dieser portraitierenden Funktion kommt den Abschweifungen jedoch noch eine weitere hinzu, zu der Franziska Thiem bemerkt, es sei deutlich, „dass der Einbruch in den Text immer wieder einen Irrweg des Lesers darstellt, der zu jedem Zeitpunkt möglich ist. Auf diese Weise entsteht wieder eine Parallelisierung von Handlung und Lektürevorgang.“[23]

Dementsprechend ist es nur logisch, wenn im *Schrecksenmeister* keine Mythenmetzschen Abschweifungen enthalten sind. Die Geschichte thematisiert zwar ebenfalls eine Flucht, im Gegensatz zu *Ensel und Krete* ist diese aber nicht auf die verlorene Orientierung der Protagonisten – und somit Identifikationsfiguren –, sondern auf den Pakt zwischen Kratze und Meister zurückzuführen. Die Verwirrung des Lesers fände hier kein Äquivalent innerhalb des Textes. Durch die Erwähnung der durchgeführten Kürzungen wird Mythenmetz' Selbstdarstellung dem Leser trotzdem eindrücklich vor Augen geführt, wenn dieser den Umfang des Textes (unter 400 Seiten) in Verhältnis zu den Kürzungen (700 Seiten) setzen kann.

Der Erzähler Mythenmetz

Neben den editierten Texten sind insbesondere jene von Interesse, in denen Mythenmetz selbst nicht nur die Hauptrolle spielt, sondern als Erzähler auch selbst berichtet. In beiden bisher erschienenen Episoden seiner Abenteuer in Buchhaim (*Die Stadt der Träumenden Bücher* von 2004 sowie *Das Labyrinth der Träumenden Bücher* von 2011) berichtet Mythenmetz aus einer retrospektiven Position über seine Erlebnisse, da sie einen Teil seiner über 10 000 Seiten umfassenden Autobiographie *Reiseerinnerungen eines sentimentalen Dinosauriers* ausmachen.[24] Er besitzt also zu jeder Zeit einen Wissensvorsprung dem Leser gegenüber und reflektiert innerhalb des Textes sein eigenes Handeln: „Ein kluger Lindwurm hätte das Gespräch bereits an diesem Punkt abgebrochen, aber ich konnte ja mein Maul nicht halten.“[25]

So kommt es auch, dass er die Zeiten seines Ruhmes, die er einst für den Gipfel seiner Laufbahn hielt, im Nachhinein als deren Tiefpunkt beschreibt. Er habe mehr Zeit mit signieren, selbstverliebtem Singsang auf die eigenen Werke oder Berauschen am Applaus verbracht als mit schriftstellerischer Arbeit. Moers verdeutlicht durch Mythenmetz' kontrastierendes Verhalten seine eigene Einstellung zum Umgang mit Ruhm, Ehre und Erfolg. Problematisch an der Einheit von Autor und Erzähler Mythenmetz ist sein Hang zur Selbstdarstellung und die damit ver-

23 Thiem 2011, S. 229.
24 Moers 2004, S. 459.
25 Moers 2011, S. 55.

bundene Unzuverlässigkeit, die mit seinem Erzählen einhergeht. Einerseits gibt er zu, dass Teile in der *Stadt der Träumenden Bücher* nicht zweifelsfrei so stattgefunden haben, da es sich hierbei auch um Einbildungen aufgrund von Rauschzuständen handeln könne, sie jedoch keinesfalls erfunden seien – egal ob Rausch oder Realität, sie entsprächen seiner Wahrnehmung.[26] Andererseits sei es für die Freiheit der Literatur wichtig, dramaturgisch mit der Wahrheit umzugehen und diese so spannender zu machen. Ob und wann er sich solcher Freiheiten bedient, bleibt für den Leser natürlich verborgen. Auf die Unzuverlässigkeit des Erzählers wird hingewiesen, eine alternative Sichtweise auf die Ereignisse ist jedoch nicht gegeben.

Gleichzeitig ist die Erzählinstanz Mythenmetz diejenige, die innerhalb des Textes in einen Dialog mit dem Leser tritt, um im Vorfeld beider Texte all jene zu entmutigen, die für die Abenteuer, von denen er berichtet, nicht stark genug sind. Er tritt also, im Gegensatz zu Moers, bereits zu Beginn des Textes auf, um eine Erwartungshaltung zu generieren, „denn dort, wo wir hingehen, können wir keinen Ballast gebrauchen. Keine zartbesaiteten Lektürememmen, die ein Buch schon bei der bloßen Erwähnung von Gefahr zitternd beiseitelegen."[27] Auch während der Erzählung wendet er sich von Zeit zu Zeit an den Leser, wobei er damit jedoch niemals die Größenordnung der Mythenmetzschen Abschweifungen erreicht und meist, wie beschrieben, Gedanken über sein Handeln formuliert. Aufgrund sciner Ansprachen an den Leser und der Reflexion über sein vergangenes Verhalten ist seine Rolle als Erzähler *kommunikativ-intratextuell* zu werten.

Der Protagonist Mythenmetz

Die letzte Ebene bildet abschließend also Hildegunst von Mythenmetz, der Protagonist seiner eigenen Autobiographie. Wir erleben ihn in zwei Lebensabschnitten, zwischen denen mehr als 200 Jahre liegen, in denen die Karriere des Lindwurm-Literaten, wie bereits angesprochen, weit fortschritt. Erlebten wir im ersten Roman einen Jugendlichen, der auf der Suche nach sich selbst und seiner Zukunft ist, so hat er sich im zweiten Teil durch seine Selbstgefälligkeit und Gefallsucht quasi wieder zurück in diese Position befördert. Und doch bilden seine Erfahrungen in Buchhaim eine Grundlage, die die Voraussetzungen seiner Rückkehr gänzlich von denen seiner ersten Reise unterscheiden.

Der Brief, der ihn zum ersten Mal veranlasste, die Lindwurmfeste zu verlassen, war das beste Stück Literatur, das er je gelesen hatte, der zweite führte ihm seine literarische Misere vor Augen. Beide Male muss er sich in Buchhaim in einer ihm unbekannten Welt zurechtfinden, da die Stadt am Ende des ersten Bandes

---

[26] Ebd., S. 284.
[27] Ebd., S. 11.

niederbrannte und unter diesen Vorzeichen neu errichtet wurde. Die Parallelen der Handlungen demonstrieren die divergierenden Elemente so noch deutlicher.

Diese Neuausrichtung der Fokussierung spiegelt sich auch in Mythenmetz selbst wider. Seiner Entwicklung im ersten Band steht nun eine Rückbesinnung gegenüber, die notwendig ist, um zum einst erlangten Orm zurück zu finden. So ist es auch nicht verwunderlich, dass der abgeschlossenen Handlung des ersten Teils eine unvollständige im zweiten folgt. Die Auseinandersetzung mit seiner eigenen Vergangenheit und seinem Ich erfordert weitaus mehr Zeit als die ursprüngliche Exkursion durch die Untiefen der Katakomben.

Der Protagonist Hildegunst von Mythenmetz stellt also die *figurativ-intratextuelle* Instanz der Autorschaft dar. Seine Aufgabe besteht in der Darstellung der Entwicklung, welche zur selbst attribuierten Perfektion der präsenten Instanzen geführt hat. Seine Unzulänglichkeiten stellen nur Durchgangsstationen auf dem Lebensweg dar, wenn es nach Mythenmetz selbst geht, und doch zeigen sie dem Leser eine weitere Facette, die ansonsten verborgen bleibt. Dem jugendlichen Saurier auf seinem Weg durch die Katakomben von Buchhaim Empathie entgegenzubringen ist leicht und auch der um Läuterung bemühte Lindwurm ist ein Sympathieträger. Bei den restlichen Instanzen ist dies nicht unbedingt der Fall.

Abschließend lässt sich also sagen, dass das von Moers vorgelegte Konzept des Autors viele Facetten auf verschiedensten Ebenen besitzt, die er in seinen Werken verarbeitet.

Dabei scheint er sich selbst als Autor niemals in den Vordergrund stellen zu wollen. Die Frage, ob sich diese Beobachtung unter einem Aspekt zusammenfassten lässt, möchte ich wie folgt beantworten: Moers unterwirft das Gesamtkonzept der Autorschaft einer *funktional-reflektierten Dekonstruktion*, in der die einzelnen Aspekte der realen und fiktiven Autorschaft miteinander verschmelzen. Der Autor tritt hinter den Text zurück, für den er eine Funktion zu erfüllen hat und bringt sich gleichzeitig selbstreflexiv wieder in ihn ein. Er überschreitet dabei die Grenzen dessen, was mit gängigen narratologischen Konzepten greifbar gemacht werden kann.

Und somit verbleibt als sinnbildliches Konglomerat aller Facetten nur Mythenmetz' Buchling[28], dessen Lebensaufgabe es ist, alle Werke seines großen Vorbildes auswendig rezitieren zu können (selbstverständlich inklusive sämtlicher Abschweifungen).

---

[28] Kleine zyklopenartige Wesen in Zamonien, deren Lebensaufgabe darin besteht, das Werk des Autors ihres Namens auswendig zu lernen und zu repräsentieren. Vgl. Dollinger/Moers 2012, S. 41–46.

Bibliographie

Primärliteratur

Moers, Walter: Ensel und Krete. Ein Märchen aus Zamonien. München: Wilhelm Goldmann Verlag 2002.
— Die Stadt der Träumenden Bücher. München: Piper 2004.
— Der Schrecksenmeister. München: Piper 2007.
— Das Labyrinth der Träumenden Bücher. München: Knaus 2011.

Sekundärliteratur

Dollinger, Anja und Walter Moers: Zamonien. Entdeckungsreise durch einen phantastischen Kontinent. München: Knaus 2012.
Genette, Gérard: Die Erzählung. 3., durchgesehene und korrigierte Auflage. Fink: München 2010 (1998).
Facebook-Seite von Walter Moers, http://www.facebook.com/WalterMoers,? 13.02.14.
Facebook-Seite von Hildegunst von Mythenmetz: http://www.facebook.com/pages/Hildegunst-von-Mythenmetz/158142424258674, 13.02.14.
Martinez, Matias und Michael Scheffel: Einführung in die Erzähltheorie. München: C.H. Beck 2003.
Moers, Walter: Stellen Sie sich, Herr von Mythenmetz! Eine Erwiderung auf die haltlosen Vorwürfe des größten zamonischen Dichters. In: Die Zeit, 23.08.2007, Nr. 35.
Platthaus, Andreas: Der allergrößte Schriftsteller über seinen Schundheftzeichner. In: Frankfurter Allgemeine Zeitung, 18.08.2007, Nr. 191, S. Z3.
— Natürlich bleibt Ihr Buch ein Schmarrn – Gipfeltreffen der deutsch-zamonischen Literatur: Walter Moers streitet mit Hildegunst von Mythenmetz. In: Frankfurter Allgemeine Zeitung, 04.10.2007, Nr. 230, S. 37.
Thiem, Ninon Franziska: Von (para-)textuellen Abschweifungen in Walter Moers' ‚Ensel und Krete'. In: Gerrit Lembke (Hg.): Walter Moers' Zamonien-Romane. Vermessung eines fiktionalen Kontinents. Göttingen: V&R unipress 2011.
Voßkamp, Wilhelm: Dialogische Vergegenwärtigung beim Schreiben und Lesen. Zur Poetik des Briefromans im 18. Jahrhundert. In: Deutsche Vierteljahrsschrift für Literaturwissenschaft und Geistesgeschichte, 45 (1971), S. 80–116.
Weidermann, Volker: Im Jenseits werde ich streng bestraft. Autor und Zeichner Walter Moers über Bin-Ladin-Comics, Hitler-Musicals und seinen neuen Roman „Rumo". In: Frankfurter Allgemeine Sonntagszeitung, 20.04.2003, Nr. 16, S. 22.
Wirth, Uwe: Die Geburt des Autors aus dem Geist der Herausgeberfiktion. Editoriale Rahmung im Roman um 1800. München: Wilhelm Fink Verlag 2008.
Zeilmann, Achim: Drachengespräche. Deutschland 2007 (aspekte, ZDF 05.09.07).

Zur Autobiographie eines Seebären

Medialität und Mediengrenzen in und um Zamonien

Anna Stemmann

„Hier fängt die Geschichte an"[1]

„Ich müsste lügen (und es ist ja hinlänglich bekannt, daß das nicht meiner Natur entspricht), wenn ich behaupten würde, meine ersten dreizehneinhalb Leben wären ereignislos verlaufen."[2]

Die 13½ *Leben des Käpt'n Blaubär* (1999) von Walter Moers bilden den Auftakt einer mittlerweile sechsbändigen Reihe um den fiktiven Kontinent Zamonien. Durch die episodenhafte Erzählung seiner ersten 13½ Leben führt ein Ich-Erzähler: der Blaubär. Geschaffen wurde der Käpt'n bereits Anfang der 1990er Jahre von Walter Moers und lief zunächst über zehn Jahre im Kinderfernsehprogramm. Für den Roman überträgt Walter Moers die Figur in das Medium Buch, womit spezifische Änderungen in deren Anlage einhergehen. Im Kern bleibt der Blaubär dennoch als lügenhafte Figur konnotiert: ein Seebär, der munter sein Seemannsgarn spinnt. Moers spielt, wie einleitend zitiert, konsequent mit dieser Zuschreibung und konstruiert so ein Netz aus fabulierenden Lügen und fantastischen Geschichten um die Lebensgeschichte des Blaubären. 1999 erschienen, markiert der erste Band einen wahren Auftakt im Hinblick auf die später gefeierten hybriden Erzählformen: In seinen Zamonien-Romanen kombiniert Moers intermediale Erzählweisen sowie intertextuelle Referenzen und erschafft in diesem Spannungsfeld ein vielschichtiges Geflecht, das im Folgenden ins Zentrum des Beitrags rückt.[3]

---

[1] Für die Durchsicht des Beitrags, wertvolle Hinweise und Hilfestellungen in allen Belangen bedanke ich mich sehr herzlich bei Ute Dettmar.

[2] Moers 1999, S. 6.

[3] Die dargestellten Überlegungen bilden die Grundlage für meine Masterarbeit: „*Erklärungsbedürftige Wunder, Daseinsformen und Phänomene.* Walter Moers' Zamonien-Romane im Spannungsfeld von Intermedialität und Intertextualität", vorgelegt an der Carl von Ossietzky Universität Oldenburg im Februar 2013. Betreuende Gutachterin: Prof. Dr. Ute Dettmar.

Die medialen Grenzgänge werden zunächst in narratologischer Perspektive beleuchtet; und in Anlehnung an Irina Rajewsky (2002) rücke ich die Kategorien Medienwechsel, Medienkombinationen und intermediale Bezüge in den Blickpunkt.[4] Der zweite Teil betrachtet den unzuverlässigen Erzähler Blaubär und arbeitet in gattungstheoretischer Hinsicht Bezüge zum Schelmenroman und zur Münchhausiade heraus. Die Frage, wie im Blaubär-Roman Wahrheit und Lüge konstruiert und auf unterschiedlichen Ebenen transportiert werden, steht im Zentrum dieses Abschnitts. Die Glaubwürdigkeit des Erzählers wird beständig vom Blaubär selbst, mehr oder weniger explizit, und ebenso durch bestimmte intertextuelle Bezüge ironisierend in Frage gestellt. Ausgewählte Text-Text-Beziehungen belegen die Verbindungen zu anderen Genres, Romanhandlungen und Figuren, um so Einblicke in das virtuose Spiel mit fließenden Text- und Mediengrenzen zu gewähren. Moers verschränkt intermediale und intertextuelle Beziehungen zu einem hypertextuellen Roman, der sowohl auf die außerdiegetische Medienwelt, als auch die innerdiegetische Handlungswelt rekurriert. Der letztgenannte Aspekt wird vor allem bei der Betrachtung des gesamten Zamonien-Zyklus deutlich: Moers platziert in jedem seiner Romane Vor- und Rückverweise auf bereits bekannte Personen, Orte oder Naturphänomene. So treten mit Rumo und Smeik in einer Episode bereits die Protagonisten des dritten Bandes auf, und auch Hildegunst von Mythenmetz, der eine zentrale Funktion für die gesamte Serie einnimmt, wird erwähnt. Während die Protagonisten mit jedem Band wechseln, bleibt der Handlungsort Zamonien die Konstante in allen Romanen und wird ausgestaltet durch die (intra-)textuellen Referenzen.[5] Ähnlich einem großen Netz sind die Romane über diverse Knoten miteinander verknüpft, berühren sich, liefern Metainformationen und gestalten den Kosmos Zamonien aus.

„BA-RUMMS“ – Zamonien in intermedialer Perspektive

Das Spiel mit Text, Medialität und den Überschreitungen zwischen diesen Grenzen ist konstitutives Merkmal der gesamten Zamonien-Reihe und steckt den Rah-

---

4 Vgl. Rajewsky 2002, S. 15–18.

5 Einzige Ausnahme des Prinzips bildet der 2011 erschienene Band *Das Labyrinth der Träumenden Bücher*, der nach *Die Stadt der Träumenden Bücher* (2004) ein zweites Mal die Erlebnisse des Lindwurms Hildegunst von Mythenmetz in den Fokus rückt und voraussichtlich im Herbst 2014 mit *Das Schloss der Träumenden Bücher* fortgesetzt wird. 2012 ist zusätzlich das entsprechende Lexikon und Referenzwerk erschienen: *Zamonien. Entdeckungsreise durch einen phantastischen Kontinent. Von A wie Anagrom Ataf bis Z wie Zamonien* (Dollinger, Moers 2012). Augenzwinkernd wird damit auch die literaturwissenschaftliche Praxis von kommentierten Werkausgaben, Künstlerbiographien und Lexika persifliert. Dass die beschriebenen Beziehungen und Hinweise des ersten Bandes dabei nicht immer mit dem weiteren Serienverlauf kongruent sind, ist signifikant und unterstützt das Bild des Blaubären als unsicheren Erzählers.

men dieses Beitrags ab.[6] Um den fantastischen Kontinent spannt sich ein komplexes referentielles System, das sich sowohl innerhalb der Erzählung als auch in der Art und Weise des Erzählens manifestiert. Der Roman bildet in diesem Verständnis von Intermedialität das „kontaktnehmende Objektmedium“[7], innerhalb dessen Rahmen Referenzmedien aufgegriffen und in verschiedene Art und Weise ausgestaltet werden. Die von Nicole Mahne angedeutete enge Verbindung von Erzählinhalt und Darstellungsstruktur des Mediums – „Der Erzählinhalt wird [...] von der Darstellungsstruktur des Mediums geprägt“[8] – bildet sich in den 13½ *Leben des Käpt'n Blaubär* in dem engen Austausch von Handlungs- und Darstellungsebene ab: Sowohl in der *äußeren* Gestaltung des Textes – mittels paratextueller Karten, typographischer Variationen und Illustrationen – als auch in der Erzählstruktur werden intermediale Elemente realisiert. Die Mediengrenzen zwischen Buch, Film und Comic werden beständig überschritten und evozieren wechselseitige Bezüge.

Den Auftakt zur Zamonien-Serie bilden nun die Lebenserinnerungen des Blaubären. Dieser schildert in 13 Kapiteln seine Abenteuer und das Heranwachsen auf dem fantastischen Kontinent. Mit dem Medienwechsel von der Fernsehserie zum Roman distanziert sich Moers von der ursprünglichen Kinderfernsehfigur und legt eine Erzählung vor, die sich durch eine Doppeladressierung auszeichnet. Neben den fantastischen Elementen eröffnen sich zusätzliche Bedeutungsdimensionen. Die Figur des Rettungssauriers, Deus X. Machina, ist Träger einer solchen doppelten Codierung. Als kurzsichtiger Rettungsflugsaurier gerät er durch seine eingeschränkte Sicht beständig in Situationen, die Komik und Spannung erzeugen. Gleichzeitig eröffnet sein Name die Bezugsebene zur klassischen Dramentheorie. In dieser Rolle agiert Deus X. Machina dann auch: In allerletzter Sekunde tritt der Saurier auf, um den Blaubär von oben herab greifend aus seiner lebensbedrohlichen Lage auf der „Gourmetica Insularis“ und später der „Moloch“ zu retten.[9]

Einzig die Figur des Blaubären durchläuft den Medienwechsel, alle anderen Handlungsstränge, Personen und sonstigen Ereignisse fließen nicht direkt in den Roman ein – so treten weder die aus der TV-Serie bekannten Neffen noch der Kompagnon Hein Blöd auf. Moers greift die äußere Gestalt des Blaubären auf, beschreibt seine Herkunft und Erlebnisse in den ersten 13½ Lebensjahren– als

---

6 Das Entschlüsseln der verschiedenen intertextuellen Elemente bietet dabei einen zusätzlichen Lesegenuss. Die Handlung und Geschichte bleibt auch ohne die Decodierung verständlich und spannend – verliert aber die spezifischen komischen Dimensionen, die mit der Parodie einhergehen.

7 Rajewsky 2002, S. 200.

8 Mahne 2007, S. 127.

9 Vgl. Moers 1999, S. 92 und 679.

Prequel zur Fernsehserie – und reichert ihn mit neuen Geschichten an. Eine implizite Verbindung zu dem Protagonisten aus dem Fernsehen lässt sich dennoch herstellen, wenn der Blaubär betont: „Ein Blaubär hat siebenundzwanzig Leben. Dreizehneinhalb davon werde ich in diesem Buch preisgeben, über die anderen werde ich schweigen. [...] Nicht umsonst steht mein Haus auf einer hohen Klippe, und nicht umsonst ist es immer noch ein seetüchtiges Schiff."[10] Das seetüchtige Schiff auf der Klippe verweist auf den *alten* Blaubären aus der Fernsehserie, der dort wohnt und seinen Neffen abenteuerliche Geschichten erzählt. Die zweite Lebenshälfte überlässt der Erzähler der Phantasie des Lesers, der die Fernsehkarriere jedoch vorausahnen kann.[11]

Neben dem konkreten Medienwechsel nutzt Moers auch die Eigenschaften anderer Medien für die Erzählung, insbesondere intermediale Verweise übernehmen dabei narrative Funktionen. Intermediale Bezüge, als Referenzen zu anderen medialen Darstellungen, die „Elemente und/oder Strukturen eines anderen, konventionell als distinkt wahrgenommenen Mediums mit den eigenen, medienspezifischen Mitteln *thematisier[en]*, *simulier[en]* oder soweit möglich, *reproduzier[en]*"[12], werden etwa in Blaubärs Job als Traumkomponist realisiert. Dieser markiert in jeder Hinsicht einen expliziten Knotenpunkt: „Die Traumorgel war natürlich kein richtiges Instrument, es war nur ein Name für einen großen bunten Knoten von tausenden von Nervenenden in einem Hohlraum hinter dem Bolloggauge. Je nachdem, an welchem Nervenende man zog oder wie fest man es drückte, wurde ein anderes Traumbild im Gehirn des Bolloggs erzeugt."[13] Der Blaubär lernt schnell die Nervenenden in der richtigen Reihenfolge und Intensität zu bespielen und wird zur Koryphäe an der Traumorgel. Der Höhepunkt seines Schaffens gipfelt in einer monumentalen Beschreibung von Musik und laufenden Bildern: „Der Traum des Zyklopen". Moers überträgt die Fähigkeit der Musik, eine Geschichte evozieren zu können[14] als Mittel zur Narration in den Roman[15]:

---

[10] Moers 1999, S. 6.

[11] Bereits im Fernsehformat zeichnet sich eine hybride Umsetzung ab: Die Episoden, von denen der Blaubär erzählt, sind als kurze Zeichentrickfilme angelegt, während die Kontextualisierung der Erzählsituation mit den Neffen mittels Puppen dargestellt wird.

[12] Rajewsky 2002, S. 17; Hervorhebung A.S.

[13] Moers 1999, S. 423f.

[14] Vgl. Hillenbach 2011, S. 77.

[15] Im viertem Band aus Zamonien, *Die Stadt der Träumenden Bücher* (2004, 116–130), findet sich eine ähnliche Beschreibung, in der die Zuhörer eines Trompaunenkonzerts in regelrechte musikalische Ekstase versetzt werden. In *Das Labyrinth der Träumenden Bücher* (2011) ergänzt Moers die synästhetische Wahrnehmung schließlich noch um eine weitere Dimension: Aromen und Gerüche werden zur narrativen Stilmitteln. Angedeutet wurde dieses Prinzip bereits in *Ensel und Krete*, wenn Hildegunst von Mythenmetz in einer Abschweifung ausführlich referiert, welche Düfte ihn beim Schreiben stimulieren: „Ich habe nicht die geringste Vorstellung davon, woher meine Ideen kommen, aber ich weiß, womit ich sie am besten hervorrufen kann: mit

„Jetzt konnte ich die Träume mit passenden Melodien und Rhythmen unterlegen. Je nachdem, wie ich diese Bilder, Gefühle und Melodien kombinierte, entfalteten sich die Träume [...]. Zuerst komponierte ich nur kleine, aber wohlkalkulierte Bildkompositionen und Handlungsabläufe, die ich mit passender Musik unterlegte und zu einem Höhepunkt führte.“[16]

Kombiniert wird der Darstellungsmodus darüber hinaus mit filmtechnischen Mitteln, wie den beschriebenen Einstellungen, Begriffe wie „Schnitt“ und „Schluss“ fallen im Text und werden zum Drehbuch mit Regieanweisungen:

„Das Urmeer, unter Wasser. Klassische Zyklopenmusik. Feuerquallen steigen auf wie brennende Fesselballone. Ein Tyrannowalfisch kommt ins Bild, wir verfolgen seinen Weg. [...] Der Wal schwimmt in den Sonnenuntergang. Pathetische Musik.
Schnitt.
Das urzeitliche Zamonien. Der Himmel leuchtet in allen denkbaren Farben, Kometen schießen am Firmament vorbei. Horch! Ferner Donner. [...]
Schnitt. [...]
Romantische Musik. Schnitt. Der Urzeithimmel. Brennende Meteore zerplatzen am Himmel wie ein gigantisches Feuerwerk.
Schluß.“[17]

Medienkombinationen weisen die Verbindung der Eigenschaften oder Merkmale mindestens zweier Medien auf und erhalten diese in ihrer ursprünglichen materiellen Form, um daraus ein neues Produkt zu erschaffen.[18] Dieser Prozess manifestiert sich in den Illustrationen, die nicht bloß schmückendes Beiwerk des Textes sind, sondern eine Symbiose mit diesem eingehen. Denn Bild und Text sind keine voneinander getrennten Bestandteile, sondern konstruieren ihre Besonderheit

Aromen. [...] Zu diesem Zweck habe ich unter meinem Schreibtisch einen alten Apothekerschrank installiert, in dessen Schubladen sich die verschiedensten Geruchserzeuger befinden. [...] Die Kunst dabei ist, die richtige Mischung zu erzeugen [...]. Ständig hantiere ich beim Schreiben an den Schubladen wie ein verrückter Organist, der seine Register zieht, denn es kann sein, daß eine neue Geruchskombination mich auf einen sensationellen erzählerischen Einfall bringt“ (Moers 2000 42f.). Das Spiel um die Idee einer Duftorgel, im aktuellen Band, erweitert den Rahmen des Erzählens und schafft neuartige Kompositionsmöglichkeiten, die auch in der Handlungsebene reflektiert werden: „Das ist eine olfaktorische Aroma-Orgel zur Erschaffung eines riechbaren Bühnenbildes [...]. Das gibt es nur in Buchhaim. Nur in diesem Theater! Sie fügt der Inszenierung neben der Musik noch die Dimension des Geruchs hinzu. Sehen – Hören – Riechen!“ (Moers 2011, 234). Daraus entwickelt sich gar eine eigenständige zamonische Kunstform: der Buchhaimer Puppetismus. Als weitere Erzählform werden fortan im Roman Puppen eingesetzt, die Geschichten innerhalb der Geschichte darstellen und eine weitere Form des intermedialen Erzählens etablieren, etwa wenn Mythenmetz' Roman *Die Stadt der Träumenden Bücher* einen innerdiegetischen Medienwechsel durchläuft und von Puppetisten umgesetzt wird (vgl. Moers 2011, S. 228f.).

16 Moers 1999, S. 424–426.

17 Ebd., S. 432f.

18 Vgl. Rajewsky 2002, S. 15.

in dem wechselseitigen Durchdringen und Zusammenspiel beider Darstellungskanäle.[19] Bis hin zu den kleinen Vignetten zwischen den Absätzen, die immer auf die Erzählung rekurrieren, übernehmen die Illustrationen narrative Funktionen. Selbstreferentiell verweist der Blaubär in seiner Erzählung auf die Wirkungsweise der Bilder: „Was dann geschah, ist mit den unzulänglichen Möglichkeiten unserer Sprache kaum zu beschreiben."[20] Die Zeichnungen ermöglichen es, den Rahmen der begrenzten sprachlichen Möglichkeiten zu erweitern und stellen auch Bezüge zum Comic her. Dieser bedient sich sowohl der Schrift, als auch des Bilds als Sprache und erschafft dabei ein Zusammenspiel des verbalen und visuellen Zeichensystems.[21] Explizite Verweise auf das Comicgenre finden sich in den Onomatopoetika, mit denen etwa das Nahen des Bolloggs: „BA-RUMMS!"[22] oder der Waldspinnenhexe: „BROMM!"[23] angekündigt und in Schriftgröße und -stärke betont werden. Moers transformiert die *sound words* darüber hinaus zum eigenständigen Narrationsmittel: Es erscheinen ganze Seiten mit steten, größer werdenden Wiederholungen des Wortes, die den irrwitzigen Wettlauf von Blaubär und Spinne spiegeln und letztlich in einem massiven, vertikal angeordneten „BROMM!" eine ganze Seite einnimmt und die Ankunft der Spinne beim Blaubären auch auf textlicher Ebene markiert.[24]

Abb. 1: Moers, Die 13½ Leben des Käpt'n Blaubär, *S. 236–238*

Die Stilmittel des Comics werden so in den Roman integriert und variiert. Nicht nur der Comic greift auf narrative Strukturen und Elemente aus anderen Medien zurück, sondern auch in umgekehrter Form sind diese Entwicklungen nachweisbar und unterstreichen die Flüchtigkeit und Variabilität der Mediengrenzen. Ergänzt wird dieser spielerische Zugriff auf Text und Textgestaltung um die

[19] Weiter dazu: Thiele 2005.
[20] Moers 1999, S. 671.
[21] Vgl. Dolle-Weinkauff 2005, S. 495.
[22] Moers 1999, S. 112.
[23] Ebd., S. 235.
[24] Ebd., S 238.

Ebene der Schrift und Typographie, die das Schriftbild konsequent mit dem Inhalt verknüpft: Die Gesetze der Gimpel sind in einer Frakturschrift verfasst und verweisen ironisch gebrochen auf die Historizität und die scheinbare Wichtigkeit der Gebote.[25] Als eine Mischform des intermedialen Erzählens werden durch die Typographie auch akustische Phänomene abgebildet: Die Stimme des Kartenmachers „schien aus seinem Inneren zu kommen, sie war hoch, fast singend, und knisterte elektrisch, wenn es zu S- oder Z-Lauten kam [. . .].“[26] Aufgegriffen wird dieser Aspekt in einem kleinen Blitzsymbol, dass im Text an die Stelle eben jener Laute tritt.

Zur Autobiographie eines Seebären

Das Spiel aus Montieren, Collagieren und Zitieren speist sich neben intermedialen Anleihen auch aus intramedialen Referenzen zu und Adaptionen von literarischen Texten. Gattungen und Erzählweisen werden von Moers parodistisch durchgespielt, umgedeutet und in zamonische Varianten transformiert. Moers legt die Serie frei nach Hildegunst von Mythenmetz an: „Und auch moralischen Gesetzen darf sich der Dichter nicht unterwerfen, damit er gewissenlos das Werk seiner Vorgänger plündern kann – Leichenfledderer sind wir alle.“[27] Mit Gérard Genettes Verständnis von Transtextualität[28] lassen sich sowohl architextuelle Bezüge zu einzelne Genres und deren strukturellen Eigenschaften erfassen als auch hypertextuelle Verweise zu konkreten Prätexten, wie den Geschichten des Baron Münchhausen. Im Hinblick auf systemreferenzielle Verweise bilden die episodische Struktur und die Distanz zwischen erzählter Zeit und Erzählzeit des Schelmenromans das Gerüst der Blaubär-Erzählung. Daran lagern sich weitere Elemente aus anderen Erzähltraditionen, wie der Autobiographie(fiktion) und des Bildungsromans an und ergänzen die hybride Konstruktion, die zu einer virtuosen Genre-Mixtur wird.

Für den Schelmenroman ist die Form des Ich-Erzählers, der seine Erlebnisse als unzuverlässiger Erzähler rückwirkend, in episodischer Reihung schildert, konstitutiv.[29] Der individuelle Erfahrungshorizont aus der Ich-Perspektive wird durch die Distanz zwischen erzählter Zeit und Erzählzeit rekonstruiert: Der Held blickt zurück auf seine Erlebnisse als junger Mann und kann diese entsprechend seines jetzigen Wissens über den Ausgang wiedergeben. Der Ich-Erzähler stammt dabei üblicherweise aus armen Verhältnissen und schildert seinen Lebenslauf als Ver-

---

25 Ebd., S. 284.
26 Ebd., S. 419f.
27 Moers 2000, S. 37.
28 Vgl. Genette 1993.
29 Vgl. dazu Rötzer 2009. Die Tradition beginnt mit dem spanischen Pícaro-Roman um 1605.

such des sozialen Aufstiegs.[30] Ähnliches gilt für den Blaubär: Elternlos und ausgesetzt treibt er in einer Nussschale auf dem Ozean. In 13½ Episoden schildert er rückblickend sein Aufwachsen und den Aufstieg bis zum gefeierten Lügengladiator von Atlantis.[31] Jedem der 13½ Leben ist ein Kapitel gewidmet und verknüpft sind diese Episoden über den chronologischen Reisefortgang: Von der Geburt des Blaubären auf dem Meer, über diverse Stationen auf dem Kontinent, bis zum finalen Kampf. Dort schließt sich die Erzählung und der Blaubär befindet sich wieder auf dem Meer; nun allerdings zum Helden geworden, der die Buntbären befreit.

Innerhalb der Romanhandlung nehmen die Abenteuer auf See einen vergleichsweise geringen Raum ein. Wie der Käpt'n zu seinem Titel kommt, wird nicht aufgeklärt, und er spricht von sich während der gesamten Erzählung nur als Blaubär. Dass die See dennoch eine zentrale Rolle in seinem Leben spielt, zeigt die Rahmung der Binnenhandlung: Anfangs- und Endpunkt der Erzählung finden in unmittelbarer Nähe des Malmstroms statt und rücken den Blaubär in das Licht eines waschechten Seebären. Sein erstes Leben beginnt schwimmend auf dem Ozean und das zwölfte endet auf der Moloch. In beiden Abschnitten übernimmt der Malmstrom eine bedeutende Funktion. Entsprechend fungieren die Abbildungen zu Beginn und Ende des Buchs auch als eine grafische Einfassung, welche die Erlebnisse subsumiert. Doch die Illustrationen gestalten hier nicht nur die Rahmung für die Struktur des Textes aus, sondern agieren als eigenständiges Narrativ: Dem Malmstrom ist jeweils eine ganze Doppelseite gewidmet – während die farbliche Gestaltung zu Beginn überwiegend schwarz ist, kehrt sich dies am Ende ins positiv weiß um.[32] Der Blaubär blickt nun nicht mehr in eine ungewisse und bedrohliche, sondern zuversichtliche Zukunft.

---

30 Ebd., S. 12.

31 Lohnenswert wäre eine genauere Betrachtung der topographischen Besonderheiten Zamoniens, denn jeder Band spielt an einem anderen Schauplatz. In diesem Kontext ergeben sich einträgliche Anknüpfungspunkte: Der Kontinent als Ort der Heldenreise für den Blaubär, der sich wiederum in verschiedene Schauplätze gliedert, und so auf räumlicher Ebene eng verschränkt ist mit der Weiterentwicklung des Blaubären. Ebenso der Große Wald als Motiv, Symbol und Raum in *Ensel und Krete*. Die Spannung von Ober- und Unterwelt bei *Rumo & Die Wunder im Dunkeln*. Das unterirdische Labyrinth sowie das urbane Motiv in *Die Stadt der Träumenden Bücher* und *Das Labyrinth der Träumenden Bücher* und das Schloss als Handlungsort und Motiv in *Der Schrecksenmeister* bieten aussichtsreiche Anknüpfungspunkte zum Weiterdenken. Verbunden sind die verschiedenen Räume darüber hinaus im intratextuellen Serienverbund immer wieder über gewisse wiederkehrende, beinahe mythische Orte. Wie etwa die Hauptstadt Atlantis oder der Große Wald, die beständig aufgegriffen und weitererzählt werden – und mit ihrer eigenen intertextuellen Markierung auch auf bestimmte tradierte Motive und Mythen außerhalb der Fiktion verweisen.

32 Vgl. Moers 1999, S. 12f. und S. 676f.

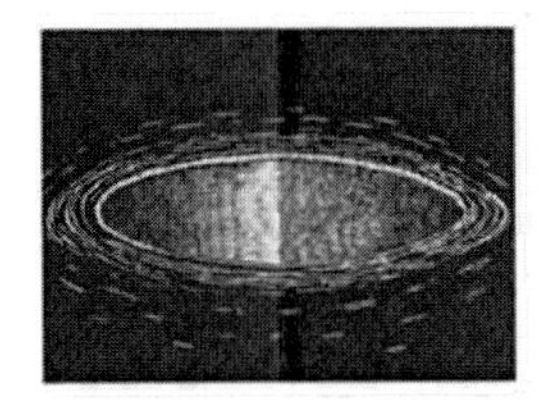 

Abb. 2: Moers, Die 131/2 Leben des Käpt'n Blaubär, *S. 12f. und S. 676f.*

In die Tradition des Schelmenromans reihen sich auch die Lügengeschichten des Freiherrn von Münchhausen ein, aus denen Moers einzelne Handlungselemente und Motive direkt übernimmt: der Besuch der Feinschmeckerinsel[33] rekurriert auf Münchhausens Aufenthalt auf der Käseinsel. Die Selbstbefreiung des Blaubären mittels eines gezielten Tränenstrahls aus dem Netz der Waldspinnenhexe[34] markiert eine weitere typische Münchhausiade[35], ebenso die steten Übertreibungen und ausführlichen Schilderungen der exorbitanten Fähigkeiten des Blaubären:

> „Ich wurde selbst ein Meister des gesprochenen Worts. Nach fünf Wochen war ich soweit, dass mir die Wellen nichts mehr beibringen konnten, ja, ich war ihnen fast ein bisschen über. Ich konnte jedes Wort sprechen, das es gab, in jeder gewünschten Lautstärke, vorwärts und rückwärts."[36]

Der Beginn der Geschichte verweist auf eine weitere literarische Tradition: die der reflektierenden Autobiographien. An dieser Stelle sei auf Sternes *Tristam Shandy* (1759–1766) oder Goethes *Dichtung und Wahrheit* (1811–1833) verwiesen. Ebenso schildert der Blaubär seine ersten Erinnerungen: „Ein Leben beginnt gewöhnlich mit der Geburt – meines nicht. Zumindest weiß ich nicht, wie ich ins Leben gekommen bin."[37] Er mystifiziert die Umstände der Geburt weiter, in dem er behauptet, er sei gar so klein gewesen, dass er in einer Walnussschale auf dem Meer trieb, womit erneut das Wassermotiv aufgegriffen und ausgesponnen wird.

Der Status der Erzählung als Autobiographie wird im Untertitel – *die halben Lebenserinnerungen eines Seebären* – betont. Die Unterschrift des Blaubären im Vorwort bürgt für den Wahrheitsanspruch einer Autobiographie und unterläuft diesen doch gleichzeitig, da der Blaubär als lügenhafte Figur konnotiert ist.[38] Das ambivalente Spiel von erzähltem Seemannsgarn und Authentizitätsfik-

---

33 Moers 1999, S. 75–96.

34 Ebd., S. 239.

35 Vgl. Friedrich 2010, S. 150f.

36 Moers 1999, S. 60.

37 Ebd., S. 11.

38 Wie einleitend bereits zitiert: „Ich müsste lügen (und es ist ja hinlänglich bekannt, daß das nicht meiner Natur entspricht), wenn ich behaupten würde, meine ersten dreizehneinhalb Leben

tion ist ein wichtiges Merkmal des Textes. Die Karte im Paratext eröffnet den Ausblick auf dieses vielschichtige Referenzspiel. Geprägt vom medial bekannten Hintergrund des Blaubären, als notorisch lügender Seebär, scheint es nämlich nötig, die Glaubwürdigkeit der Karte durch eine seriöse Quelle zu verifizieren: „Diese Karte wurde hergestellt unter Zuhilfenahme vom *Lexikon der erklärungsbedürftigen Wunder, Daseinsformen und Phänomene Zamoniens und Umgebung* von Prof. Dr. Abdul Nachtigaller". Als Autor der Karte wird jedoch auch explizit „K. Blaubär" geführt und stellt die Glaubwürdigkeit damit wieder deutlich in Frage.[39]

Dem Lexikon wird als zweiter, separater Buchform an prominenter Stelle im Untertitel zusätzlich eine wichtige Bedeutung zugeschrieben, und der Blaubär berichtet aus seinem Leben immer unter Benutzung eben jener Quelle. Die Einschübe sind dabei jedoch keine rein paratextuellen Erscheinungen – trotz der abgesetzten Typographie und Überschrift –, sondern sie sind Teil der Diegese. Das Lexikon befindet sich, wie der Leser erst schrittweise erfährt, in Blaubärs Kopf und dieser gibt nur seine Erinnerungen daran wieder: „Die nächsten Monate verbrachte ich fast ausschließlich damit, das Lexikon aus meinem Kopf abzuschreiben [...]."[40] Das erzeugte Spannungsverhältnis zwischen der empirischen Wissensquelle und der autobiographischen Schilderung ist dabei signifikant. Durch weitere paratextuelle Elemente aus wissenschaftlichen Diskursen, wie etwa durch die Marginalglossen und die Fußnoten, wird eine Authentizität hergestellt, die fortlaufend durch den ironischen Erzählduktus dekonstruiert und parodiert wird. Die eigentlich wissenschaftliche Quelle einer Enzyklopädie – als die sie zunächst bewusst inszeniert und hervorgehoben wird – verliert zunehmend ihre Glaubwürdigkeit und der Verlässlichkeitsstatus des Lexikons wird im Laufe der Handlung explizit aufgehoben. Erscheinen die Einträge vom Erzähler noch unkommentiert und liefern Metainformationen zu den auftretenden Lebewesen und Naturphänomenen, zeigt sich im Verlauf ein deutlicher Wandel in der Ausdrucksweise des Lexikons. Teilweise werden Informationen vorenthalten, verspätet nachgeliefert oder ironisierend dargestellt: „[R]ein theoretisch, wohlgemerkt, denn niemand wäre so umnachtet, einen Wirbelsturm freiwillig zu betreten."[41] Die Integrität der Enzyklopädie wird so im Verlauf des Romans unterlaufen und erfährt schließlich gar einen kompletten Funktionswandel, als es zum Kommunikationsmittel zwi-

wären ereignislos verlaufen" (Ebd., S. 7).

[39] Vgl. ebd., Vorsatz. Unterstützt wird die Ambivalenz der Karte durch die Aufnahme nichtpersistenter Faktoren: Zwergpiraten, Malmstrom, der kopflose Bollog, die wandernden Teufelsfelsen und Tratschwellen sind lebendige und bewegliche Daseinsformen, die für gewöhnlich nicht Aufnahme in einer Karte finden und die kartographischen Konventionen persiflieren.

[40] Ebd., S. 699.

[41] Ebd., S. 344.

schen Blaubär und Professor Nachtigaller degradiert wird. Die Konstruktion von Wahrheit und Lüge ist somit auf verschiedenen Ebenen, von der Erzählweise bis zum Spiel mit intermedialen und intertextuellen Elementen realisiert.

Der Aspekt des Lügens wird, neben der Anspielung im Vorwort, auch stetig in der Binnenerzählung thematisiert und schließlich in Blaubärs Karriere als Lügengladiator exponiert. Selbstreferentielle Verweise auf Unzuverlässigkeit finden sich besonders in Blaubärs zwölften Leben, in Atlantis. Im Bewerbungsgespräch zum Lügengladiator wird der Blaubär von der Haifischmade Smeik über seine Herkunft befragt und berichtet von Klabautergeistern, Zwergpiraten und anderen Abenteuern. Smeik ist begeistert ob des genialen Talents des Blaubären zum Lügen und stellt ihn sofort ein. Der Blaubär, der nicht bewusst gelogen hat, sondern seine vermeintlich wahre Lebensgeschichte vorgetragen hat, vermerkt: „Plötzlich wurde mir bewusst, dass die Schilderung meines Lebens in Kurzform den Eindruck von Geisteskrankheit vermitteln musste.“[42] Die Fähigkeiten, die er auf seiner Reise erlernt hat: das Verknoten von Seemannsgarn bei den Zwergpiraten, Rhetorik bei den Tratschwellen und Schauspielkunst bei den Klabautergeistern, kommen ihm nun zu Gute, wenn er seine Lügengeschichten als Gladiator bis zur Perfektion spinnt. So stellt der Blaubär bereits als Zuschauer nach dem ersten Lügenduell fest: „[I]ch war tatsächlich der Auffassung, dass ich das, was ich an diesem Abend gesehen hatte, genauso gut konnte. Wenn nicht sogar besser.“[43] Dass man als Lügengladiator dennoch trainieren muss betont der Blaubär, nicht ohne dabei nochmals auf die Unglaubwürdigkeit von Literatur zu verweisen: „Eine weitere wichtige Trainingsmethode ist das Lesen großer, mittlerer und kleiner Literatur. Schriftsteller sind, abgesehen von Politikern, die besten Lügner, von ihnen kann man am meisten lernen.“[44]

„Denn hier hört die Geschichte auf“ – Ausblick

Walter Moers verdeutlicht mit den Zamonien-Romanen sein Schaffen als polymedialer Künstler, dem es gelingt, nicht nur verschiedene textuelle Bezüge zu literarischen Genres herzustellen, sondern mediale Erzählweisen miteinander zu kombinieren und zu variieren. Die Spielräume des Erzählens werden konsequent ausgelotet, erweitert, tradierte Formen aufgebrochen und dabei transmediale Narrationsformen etabliert. Moers dehnt den Fiktionsraum über den Rahmen des reinen Schrifttextes hinaus und lässt den Zamonien-Kosmos zum intermedialen Konstrukt werden, das sich von der Begrenzung des Mediums Buch ablöst. Die intermediale Qualität der Serie speist sich dabei sowohl aus erzähltechnischen Mitteln,

---

42 Ebd., S. 532.
43 Ebd., S. 517.
44 Ebd., S. 534.

wenn Illustrationen und Text in wechselseitiger Beziehung stehen, Bezüge zu anderen Medien realisiert, parodiert und reflektiert werden, als auch aus der Autorfiktion um Moers und Mythenmetz[45]. Denn ab dem zweiten Band wird Moers lediglich als Übersetzer geführt, der die Werke Mythenmetz' aus dem Zamonischen überträgt. Die Figur Mythenmetz tritt fortan selber bei der Frankfurter Buchmesse auf, gibt Interviews in der *FAZ* und löst sich aus der Fiktion über die Grenzen des Romans hinaus.[46] Die Aspekte von Autor- und Übersetzerinszenierung, Künstlermythos und Metafiktion konstruieren, neben den zahlreichen inter- und intratextuellen Bezügen, eine verschachtelte, vielschichtige und hybride Komposition. Neben den eigentlichen Abenteuern der Protagonisten wird der Kontinent selber zum wichtigen Thema, beständig ausgestaltet, mit eigenen Mythen, Märchen und Legenden aufgeladen und entwirft eine eigene umfangreiche Historiographie. Zamonien bildet so eine komplexe Welt, die ähnlich eines großen Netzes über diverse Knotenpunkte verknüpft ist. Das popkulturelle Mythen-Patchwork, angesiedelt im fantastischen Setting des Kontinents, wird ausgestaltet zur bunten Genre-Mixtur, die sich bei diversen Erzähltradition bedient, diese aber nicht bloß zitiert, sondern weiterentwickelt, umdeutet und in zamonische Adaptionen einpasst. Diese produktive Synthese verschiedener Narrative bildet sich in der Kombination unterschiedlicher Genres, die auf dem Spielfeld Zamoniens realisiert werden, ab. Wenn Moers die Wirkungsweisen wissenschaftlicher Praxis persifliert, dann deutet sich darin auch das Prinzip der Zamonien-Romane an:

„‚Wissen Sie, eine Doktorarbeit besteht zum großen Teil aus anderen Doktorarbeiten', erläuterte Kolibril. ‚Eine Doktorarbeit ist immer auch eine Art Orgie von alten Doktorarbeiten, die sich untereinander, äh, befruchten, damit etwas Neues, etwas noch nie Dagewesenes aus ihnen hervorgeht.'"[47]

Diese bieten umfangreiche Verweise zu anderen Texten und Medien, fügen sich zu einem neuen Ganzen zusammen, das dabei beständig mit den Rahmen und den Grenzen der Fiktionalität und Medialität des Romans spielt und neue Formen des Erzählens kreiert, wie Ute Dettmar folgert: „Moers spinnt so ein Mythennetz, ein grenzüberschreitendes Anspielungs- und Verweissystem."[48] Im Sinne einer Poetik der Zamonien-Romane wird das intermediale Erzählen zum wesentlichen Strukturmerkmal und verknüpft sich mit den vielfältigen parodistischen Dimensionen,

---

45 Vgl. auch den Beitrag von Pascal Klenke in diesem Band.

46 Weiter dazu das Streitgespräch unter Leitung von Platthaus (2007). ‚Walter Moers' und ‚Hildegunst von Mythenmetz' pflegen bis heute regelmäßig ihre gegenseitige Abneigung via *facebook* – wo beide mit Profilen vertreten sind (die vom Verlag betreut werden). Interessanterweise erfreute sich der Account der fiktiven Figur Mythenmetz lange Zeit höherer Beliebtheit als der des eigentlichen Autors Moers, wie sich an der Anzahl der Anhänger ablesen lässt.

47 Moers 2003, S. 143.

48 Dettmar 2011, S. 27.

so dass sich die zamonischen erklärungsbedürftigen Wunder, Daseinsformen und Phänomene konsequent im Spannungsfeld von Intermedialität und Intertextualität verorten.

Bibliographie

Primärliteratur

Dollinger, Anja, Walter Moers: Zamonien. Entdeckungsreise durch einen phantastischen Kontinent. Von A wie Anagrom Ataf bis Z wie Zamonien. Illustriert von Walter Moers. Gestaltet von Oliver Schmitt. München: Knaus 2012.

Moers, Walter: Die 13½ Leben des Käpt'n Blaubär. Die halben Lebenserinnerungen eines Seebären; mit zahlreichen Illustrationen und unter Benutzung des „Lexikons der erklärungsbedüftigen Wunder, Daseinsformen und Phänomene Zamoniens und Umgebung." von Prof. Dr. Abdul Nachtigaller. Frankfurt: Eichborn Verlag 1999.

— Ensel und Krete. Ein Märchen aus Zamonien von Hildegunst von Mythenmetz. Aus dem Zamonischen übertragen, illustriert und mit einer halben Biographie des Dichters versehen von Walter Moers. Mit Erläuterungen aus dem Lexikon der erklärungsbedürftigen Wunder, Daseinsformen und Phänomene Zamoniens und Umgebung von Professor Dr. Abdul Nachtigaller. Frankfurt am Main: Eichborn 2000.

— Rumo & die Wunder im Dunkeln. Ein Roman in zwei Büchern. Illustriert vom Autor. München: Piper 2003.

— Die Stadt der Träumenden Bücher. Ein Roman aus Zamonien von Hildegunst von Mythenmetz. Aus dem Zamonischen übertragen und illustriert von Walter Moers. München: Piper 2004.

— Das Labyrinth der Träumenden Bücher. Ein Roman aus Zamonien von Hildegunst von Mythenmetz. Aus dem Zamonischen übertragen und illustriert von Walter Moers. München: Knaus 2011.

Sekundärliteratur

Dettmar, Ute: *Maskieren, Kopieren, Basteln.* Was hinter dem Plagiat steckt. In: Kjl&m, Heft 1/2011: Alles Lüge! Unwahrheiten in der Kinder- und Jugendliteratur. Hg. v. Caroline Roeder (2011), 25–33.

Dolle-Weinkauff, Bernd: Comics für Kinder und Jugendliche. In: Günter Lange (Hg.): Taschenbuch der Kinder- und Jugendliteratur, Band 1. Hohengehren: Schneiderverlag 2005, 495–524.

Friedrich, Hans-Edwin: Erzählen als Lügen: Die 13½ Leben des Käpt'n Blaubär von Walter Moers. In: Mitteilungen des Deutschen Germanistenverbandes 57. Jahrgang/Heft 2 (2010), 148–161.

Genette, Gérard: Palimpseste. Die Literatur auf zweiter Stufe. Frankfurt am Main: Suhrkamp 1993.

Hillenbach, Anne: Intermedialität in Walter Moers' Zamonien-Romanen. In: Gerrit Lembke (Hg.): Walter Moers' Zamonien-Romane. Vermessung eines fiktionalen Kontinents. Göttingen: V&R unipress 2011, 73–86.

Kormann, Eva: Walter Moers' Variante des Schelmenromans. In: Gerrit Lembke (Hg.): Walter Moers' Zamonien-Romane. Vermessung eines fiktionalen Kontinents. Göttingen: V&R unipress 2011, 157–171.

Mahne, Nicole: Transmediale Erzähltheorie. Eine Einführung. Göttingen: Vandenhoeck & Ruprecht 2007.

Platthaus, Andreas:Moers trifft Mythenmetz: Natürlich bleibt Ihr Buch ein Schmarrn. In: Frankfurter Allgemeine Zeitung Nr. 230, 04.10.2007, 37. Online verfügbar: http://www.faz.net/aktuell/feuilleton/buecher/moers-trifft-mythenmetz-natuerlich-bleibt-ihr-buch-ein-schmarrn-1488651.html, 13.02.14.

Rajewsky, Irina O.: Intermedialität. Tübingen: Francke UTB 2002.

Rötzer, Hans Gerd: Der europäische Schelmenroman. Stuttgart: Philipp Reclam 2009.

Thiele, Jens: Im Bild sein ... zwischen den Zeilen lesen. Zur Interdependenz von Bild und Text in der Kinderliteratur. In: Mareile Oetken (Hg.): Texte lesen Bilder sehen. Beiträge zur Rezeption von Bilderbüchern. Oldenburg: Bibliotheks- und Informationssystem der Universität Oldenburg 2005, 11–15.

Abbildungsverzeichnis

Abb. 1: Walter Moers: Die 13½ Leben des Käpt'n Blaubär. Frankfurt: Eichborn Verlag 1999, 236–238.

Abb. 2: Walter Moers: Die 13½ Leben des Käpt'n Blaubär. Frankfurt: Eichborn Verlag 1999, 12f. und 676f.

Autorinnen und Autoren

ADA BIEBER, Dr., ist Mitarbeiterin am Institut für deutsche Literatur an der Humboldt-Universität mit einem Schwerpunkt auf Kinder- und Jugendliteratur und -medien. Sie ist gelernte Verlagskauffrau und hat ihr 1. Staatsexamen in Deutsch, Kunst und Friesisch an der Universität Flensburg (2001–2006) und in Schleswig-Holstein das 2. Staatsexamen für das Lehramt an Realschulen/Gemeinschaftsschulen (2011–2012) abgelegt. Sie hat als wissenschaftliche Mitarbeiterin an der Universität Kassel in der Germanistik gearbeitet (2008–2011) und 2011 promoviert. Die Dissertation *Zyklisches Erzählen in James Krüss' Die Geschichten der 101 Tage* untersucht das zyklische Gesamtwerk des Autors. www.literatur.hu-berlin.de/institutsmitarbeiter/1686790

SCOTT BRAND schloss 2011 sein Studium der Allgemeinen Geschichte, Europäischen Volksliteratur und Älteren Nordischen Literatur an der Universität Zürich ab. Gegenwärtig ist er im Bereich Populäre Kulturen Doktorand am Institut für Sozialanthropologie und Empirische Kulturwissenschaft (ISEK) der Universität Zürich. Seine fachlichen Schwerpunkte umfassen nebst Comics im Allgemeinen und den Werken Alan Moores im Speziellen die Geschichte des Mittelalters (insbesondere Adels- und Konfliktkultur), den Mythos Robin Hood sowie die Darstellung historischer Themen in populären Medien. www.scottbrand.jimdo.com.

HANS RICHARD BRITTNACHER, Prof. Dr., lehrt am Institut für Deutsche Philologie der Freien Universität Berlin. Forschungsschwerpunkte: Intermedialität des Phantastischen; die Imago des Zigeuners in der Literatur und den Künsten; Literatur- und Kulturgeschichte des Goethezeitalters und des Fin de siècle. Zuletzt erschienen: *Leben auf der Grenze. Klischee und Faszination des Zigeunerbildes in Literatur und Kunst*. Göttingen: Wallstein 2012; *Phantastik. Ein interdisziplinäres Handbuch*, hg. von H.R. Brittnacher u. M. May. Stuttgart: Metzler 2013. www.geisteswissenschaften.fu-berlin.de/we04/institut/mitarbeiter/brittnacher/index.html

KRISTIN ECKSTEIN promoviert an der Eberhard Karls Universität Tübingen zum Thema Text-Bild-Verhältnisse, Erzählstrategien und Geschlechterkonstruktionen im japanischen und deutschen *shôjo manga*. Zuvor studierte sie von 2004 bis 2009 an der Universität Siegen Germanistik. Die Publikation ihrer Dissertation ist für 2015 geplant. Ihre Forschungsschwerpunkte, zu denen sie bereits mehrere Aufsätze publiziert hat, umfassen Manga und Comics, Intermedialität sowie Kinder- und Jugendliteratur. Seit 2013 arbeitet sie beim Verlag TOKYOPOP in Hamburg.

MERET FEHLMANN, Dr., hat Volkskunde, Europäische Volksliteratur und Germanistik an der Universität Zürich studiert. 2010 folgte die Promotion über *Die Rede vom Matriarchat. Zur Gebrauchsgeschichte eines Arguments* (Publikation 2011). Sie forscht und lehrt am Institut für Sozialanthropologie und Empirische Kulturwissenschaft (ISEK) der Universität Zürich. Ihre Schwerpunkte sind u.a. Prehistoric Fiction, Artussage, historische Romane und Fantasy. www.ipk.uzh.ch/aboutus/people/fehlmann.html

LAURA FLÖTER studierte an der Universität Duisburg-Essen Kunstpädagogik, Deutsch und Philosophie. Seit 2010 arbeitet sie am Institut für Kunst und Kunstwissenschaft an ihrer Dissertation über die Ästhetik des phantastischen Rollenspiels und lehrt z.B. in der Interkulturellen Pädagogik und Praxis der ästhetischen Gestaltung. Sie hat 2013 ihr Zweites Staatsexamen abgelegt und ist derzeit zudem als Kunstlehrerin an einem Gymnasium beschäftigt. Sie ist zudem als Autorin (literarische Fantasy: *Der Engelseher*, *Nirgendland*; erschienen im Fabylon-Verlag) und freischaffende Künstlerin tätig. www.laurafloeter.de

MATTHIAS CLEMENS HÄNSELMANN, geb. 1985, studierte an der Universität Passau Germanistik, Kunstgeschichte, Geschichte und Kulturwirtschaft. Promotion zu den filmsemiotischen Grundlagen der traditionellen Bildanimation (Zeichentrickfilm) mit besonderem Schwerpunkt auf dem klassischen amerikanischen Cartoon und dem japanischen Anime. Lehrbeauftragter zur Filmsemiotik an der Westfälischen Wilhelms-Universität in Münster. Publikationen und Editionen vor allem im Bereich der Literatur der Frühen Neuzeit und zum Zeichentrickfilm.

DANIEL HENSELER, PD Dr., geboren 1970; Studium der Slavistik, Russistik und der neueren deutschen Literatur in Fribourg/CH, Bern und Moskau; Promotion über Anna Achmatovas Spätwerk, Habilitation zum Bäuerlichen in der neusten polnischen Literatur. Unterrichtet russische Sprache am Sprachenzentrum der Universität und der ETH Zürich sowie russische und polnische

Literatur und Kultur an verschiedenen Hochschulen. Interessenschwerpunkte: russische Literatur des 19. und 20. Jahrhunderts; polnische Literatur des 20. Jahrhunderts; Lyrik; Interkulturelle Kommunikation Russland. Literaturkritiker. Lyrikveröffentlichungen.

JULIA HOFFMANN promoviert im Fach Komparatistik zum Thema „Federkrieg. Kinder- und Jugendliteratur gegen den Nationalsozialismus" am DFG-Graduiertenkolleg „Generationengeschichte" in Göttingen. Vormals Koordinatorin der Arbeitsstelle Kinder- und Jugendliteraturforschung sowie der historischen Kinder- und Jugendbuchsammlung Seifert. Lehrbeauftragte am Seminar für Deutsche Philologie. Studierte Komparatistik, Englische Philologie und Kulturanthropologie / Europäische Ethnologie. Diverse Publikationen im Bereich Kinder- und Jugendmedien vom 19. Jahrhundert bis heute. Schwerpunkt engagierte Kinder- und Jugendliteratur.

MANUELA KALBERMATTEN, geb. 1980, ist Assistentin und Lehrbeauftragte am Institut für Sozialanthropologie und Empirische Kulturwissenschaft (ISEK) der Universität Zürich. Nach einer Ausbildung zur Primarlehrerin hat sie Germanistik, Europäische Volksliteratur und Publizistikwissenschaft in Zürich studiert. Von 2009 bis 2014 war sie Redakteurin der Fachzeitschrift *Buch&Maus* des Schweizerischen Instituts für Kinder- und Jugendmedien SIKJM. Nach ihrem Buch *„Von nun an werden wir mitspielen" – Abenteurerinnen in der phantastischen Kinder- und Jugendliteratur der Gegenwart* (2011) schreibt sie nun eine Dissertation über Identität, Geschlecht und Menschenbild in Future Fiction für Jugendliche. http://www.ipk.uzh.ch/aboutus/people/kalbermatten.html

PASCAL KLENKE hat Germanistik und Informatik für das Lehramt an Gymnasien an der Justus-Liebig-Universität Gießen studiert und promoviert dort zurzeit über die Intertextualität in Texten von Christoph Marzi. Er ist Sprecher der Sektion 10 – „Phantastische Welten" am Gießener Graduiertenzentrum Kulturwissenschaften. Seine Arbeitsschwerpunkte sind u.a. Mythen, Intertextualität, Phantastik im Film sowie Kinder- und Jugendliteratur.

EKKEHARD KNOPKE studierte von 2007 bis 2010 an der Hochschule für Musik FRANZ LISZT Weimar Musikwissenschaft (Kernfach) und an der Friedrich-Schiller-Universität Jena Soziologie (Ergänzungsfach). Seit 2010 ist er an der Bauhaus-Universität Weimar immatrikuliert, an der er zunächst einen weiteren Bachelorstudiengang (Medienkultur) belegte und seit April 2013 im Masterstudiengang Kulturwissenschaftliche Medienforschung eingeschrieben ist.

Seine Forschungsschwerpunkte sind die Musik- und Mediensoziologie sowie Metal Studies.

THOMAS KÖHLER, Dr. habil., geb. 1968 in Hannover, studierte englische Literatur- und Kulturwissenschaft und Sozialpsychologie. 1998 Promotion, 2009 Habilitation an der Leibniz-Universität Hannover. Gegenwärtig tätig als freier Lehrer, Autor und Übersetzer. Lehr- und Forschungsschwerpunkte in Literatur und Kultur der klassischen Moderne, Intermedialität, Filmanalyse und -theorie. Jüngste Buchveröffentlichung: *Von Spiegeln und Schleiern. Eine Studie zu Henry Rider Haggards* She (Hannover: Wehrhahn, 2011).

STEFANIE KREUZER, Dr. habil., ist seit 2013 Juniorprofessorin für Neuere Deutsche Literaturwissenschaft/Medienwissenschaft an der Universität des Saarlandes (UdS). 2012 Habilitation an der Leibniz Universität Hannover (LUH) mit der *Arbeit Traum und Erzählen – in Literatur, Film und Kunst* (Fink 2014). 2005 Promotion an der Johann Wolfgang Goethe-Universität in Frankfurt am Main mit der Arbeit *Literarische Phantastik in der Postmoderne. Klaus Hoffers Methoden der Verwirrung* (Winter 2007). www.stefaniekreuzer.de

TOBIAS KURWINKEL, Dr. phil., leitet als Universitätslektor für Germanistische Literaturwissenschaft den Bereich Kinder- und Jugendliteratur / -Medien der Universität Bremen. Er ist zudem Lehrbeauftragter der Arbeitsstelle für Leseforschung und Kinder- und Jugendmedien (ALEKI) der Universität zu Köln, Chefredakteur des Internetportals *www.kinderundjugendmedien.de* und Mitherausgeber der Buchreihe *Kinder- und Jugendliteratur Intermedial* (Königshausen & Neumann). Forschungsschwerpunkte: Inter- und transmediale Aspekte der Kinder- und Jugendmedien, Kinder- und Jugendliteratur, Literatur- und Filmtheorie. Aktuelle Publikationen: *Kinder- und Jugendfilmanalyse* (UTB, mit P. Schmerheim), Beiträge zu Michael Ende, zum Family Entertainment Film und zum Medienverbund im *Lexikon des Kinder- und Jugendfilms*. www.Kurwinkel.de

ANNA LEHNINGER, Dr., hat Kunstgeschichte in Wien studiert. 2009 Promotion in Bern über *Gestickte Autobiografien von Frauen in Psychiatrien im 19. und 20. Jahrhundert.* 2004-2011 Ausstellungen und Publikationen über Künstlerinnen in Psychiatrien. 2010 Projekt „Unser Kindergarten. Die Sammlung Pauline Fischer" im Archiv der Kinder- und Jugendzeichnung, Zürich. Seit 2012 Koordinatorin dieses Archivs und von 2012–2014 Post-doc am Institut für Sozialanthropologie und Empirische Kulturwissenschaft (ISEK) der Universität Zürich (Projekt über Zeichenwettbewerbe für Schweizer Kinder zwischen 1935 und 1985). www.isek.uzh.ch

CHRISTINE LÖTSCHER studierte Germanistik und Geschichte in Zürich und München. Im Rahmen des SNF-Projekts *Poetik des Materiellen* am Institut für Sozialanthropologie und Empirische Kulturwissenschaft (ISEK) der Universität Zürich forscht sie zu Nonsense und Materialität. In ihrer im Rahmen des SNF-Projekts „Übergänge und Entgrenzungen. Welt, Wissen und Identität in fantastischer (Kinder- und Jugend-)Literatur und ihren Verfilmungen" am ISEK entstandenen Dissertation *Das Zauberbuch als Denkfigur* (Herbst 2014) untersucht sie Bücher, Medien und Wissen in der Fantasy-Literatur für Jugendliche. Ausserdem arbeitet sie als Literatur- und Filmkritikerin. www.pdm.uzh.ch/index.html

EVA MARKVARTOVÁ, geb. 1980, Studium der Bohemistik und Germanistik an der Universität in Budweis, Promotion in Prag. 2001–2003 und 2008–2009 DAAD-Stipendiatin in Augsburg und Konstanz. 2005–2006 Lehrtätigkeit an der Hochschule für europäische und regionale Studien, 2006–2010 wissenschaftliche Mitarbeit am Projekt „Ein literarischer Atlas Europas" an der ETH Zürich. Seit 2009 Lehrtätigkeit an der Pädagogischen Fakultät der Karlsuniversität Prag.

JANA MIKOTA, Dr., ist seit dem Sommersemester 2012 Studienrätin im Hochschuldienst an der Universität Siegen. Forschungsschwerpunkte: (Kinder- und Jugend-)Literatur, Schriftstellerinnen des 19. Jahrhunderts, historische/aktuelle Lese- und Kanonforschung. Zurzeit Projekte im Bereich der Mehrsprachigkeit, Kulturökologie und Puppenliteratur. Veröffentlichungen im Bereich der Kinder- und Jugendliteratur sowie zu Schriftstellerinnen des 19. und des frühen 20. Jahrhunderts. Lehre im Bereich der Literaturdidaktik und Literaturwissenschaft. www.uni-siegen.de/phil/germanistik/mitarbeiter/mikota_jana/?lang=de

LAURA MUTH hat an der Justus-Liebig-Universität Gießen Allgemeine und vergleichende Literatur- und Kulturwissenschaft auf Magister studiert. 2011 begann sie mit ihrer Promotion zum Thema „Fiktive Werkgenesen – Autorenbiographien im Spielfilm". Zurzeit arbeitet sie als wissenschaftliche Mitarbeiterin am Institut Germanistik der Justus-Liebig-Universität Gießen. Schwerpunkte in Forschung und Lehre sind phantastische Elemente in Aufklärung und Klassik, Phantastik und Fantasy in Literatur und Film der Gegenwart, Formen des intermedialen Zusammenspiels sowie Mythenrezeptionen. https://www.uni-giessen.de/cms/fbz/fb05/germanistik/iprof/avl/uber-uns/mitarbeiter/muth

FABIAN PERLINI-PFISTER, Jg. 1977, absolvierte eine Treuhandlehre und arbeitete im kaufmännischen Bereich als Buchhaltungsangestellter. Berufsbegleitend holte er 2003 die Matura nach und studierte anschließend in Zürich Religionswissenschaft. Von 2009 bis 2010 assistierte er am Seminar für Religionswissenschaft sowie am Zentrum für Religion, Wirtschaft und Politik der Universität Zürich. Seit 2009 unterrichtet er Religionskunde an der Kantonsschule Zug.

RONALD PERLWITZ, Dr., unterrichtet seit 1998 Germanistik. Seit 2004 ist er als Maître de Conférences an der Université Paris Sorbonne (Paris IV) tätig. Wirtschaftsstudium an der EAP-ESCP (Europe Business School) in Paris, Oxford und Berlin sowie Studium der Neueren deutschen Literaturwissenschaft und Philosophie an der FernUniversität in Hagen. Promotion 2003 über *L'invention du Moyen Âge dans l'oeuvre d'E.T.A. Hoffmann*. 2006-2011 Leitung der Fremdsprachen-Fakultät der Universität Paris-Sorbonne Abu Dhabi (VAE). Seit 2012 Habilitationsprojekt an der Universität Bayreuth mit einer Arbeit über die Entdeckung Indiens in der deutschen Romantik. Forschungsgebiete: deutsche Romantik, interkulturelle Germanistik, zeitgenössische deutsche Lyrik und Operngeschichte. Er ist Mitherausgeber der Zeitschrift Iablis (www.iablis.de).

DANIELA PFENNIG, geb. 1985 in Kufstein, ist Marketerin und Journalistin. Sie studierte Deutschen Philologie, Europäische Ethnologie sowie Medienpädagogik an der Leopold-Franzens-Universität Innsbruck und der Göteborg Universität und absolvierte 2010 den einjährigen MUSIS-Lehrgang „Kulturvermittlung“ in der Steiermark. 2012 promovierte sie im Fach Deutsche Philologie im Bereich Neuere Deutsche Literaturwissenschaft über Raumkonzepte in der fantastischen Kinderliteratur der Gegenwart. Aktuell arbeitet sie an ihrem zweiten Dissertationsprojekt über das Tiroler Notgeld. Zu ihren Forschungsschwerpunkten zählen neben deutschsprachiger Kinderliteratur und Regionalwährungen auch Kulturvermittlung, Museologie, Mediennutzung sowie das Lehren und Lernen mit digitalen Medien.

PETER PODREZ, M.A., 2003–2009 Studium der Theater- und Medienwissenschaft sowie der Pädagogik an der Friedrich-Alexander-Universität Erlangen-Nürnberg (FAU). Seit 2009 Lehrkraft für besondere Aufgaben, seit 2010 wissenschaftlicher Mitarbeiter am Institut für Theater- und Medienwissenschaft der FAU. Dissertationsprojekt zu kinematographischen Zukunftsvisionen des urbanen Raums. Sonstige Forschungsschwerpunkte: Filmgeschichte und -theorie; Film und Raum; Horrorfilm; mediale Erscheinungen der Apokalypse; Metal Studies; Game Studies. Weitere Informationen unter: www.theater-medien.de/staff-members/peter-podrez.

CHRISTINA RENCZES studierte Englisch und Katholische Religion für das gymnasiale Lehramt an den Universitäten Münster, Green Bay, Rom und Freiburg im Breisgau. Als Promotionsstipendiatin der Konrad-Adenauer-Stiftung arbeitet sie zurzeit an ihrer religionspädagogischen Dissertation zum Thema „Fantasy-Literatur und Religion". Gegenwärtig ist sie als wissenschaftliche Hilfskraft am Lehrstuhl für Didaktik des Katholischen Religionsunterrichts und Religionspädagogik an der Universität Augsburg tätig.

SANDRA RUDMAN ist seit Januar 2014 Doktorandin am Romanischen Seminar der Universität Heidelberg. Sie arbeitet an einer Doktorarbeit über die Imagination als kulturelle Praxis im Oeuvre von Alejandro Jodorowsky. Sie hat an der Universität Mannheim den Studiengang „Kultur im Prozess der Moderne: Literatur und Medien" mit der Abschlussarbeit *Phantastik als subversives Weltbild. Zum Verhältnis von Phantastik und Realität im Frankreich des 19. Jahrhunderts* abgeschlossen. Direkt im Anschluss hat sie für ein Semester an der Universität Bielefeld eine Assistentenstelle vertreten. Mehr Informationen zu ihrer Forschung: https://uni-heidelberg.academia.edu/SandraRudman.

PHILIPP SCHMERHEIM, Dr., ist Universitätslektor für Germanistische Literaturwissenschaft mit Schwerpunkt Kinder- und Jugendmedien an der Universität Bremen und Lehrbeauftragter am Institut für Philosophie der Universität Amsterdam. Er ist stellvertretender Chefredakteur des wissenschaftlichen Internetportals KinderundJugendmedien.de und Mitherausgeber der Buchreihe *Kinder- und Jugendliteratur Intermedial* (Königshausen & Neumann). Forschungsschwerpunkte: Intermedialität der Kinder- und Jugendliteratur, Kinder- und Jugendfilmanalyse, Filmphilosophie. www.schmerheim.de.

PETRA SCHRACKMANN, lic.phil., studierte Deutsche Sprach- und Literaturwissenschaft, Europäische Volksliteratur und Englische Literaturwissenschaft an der Universität Zürich. 2008–2013 arbeitete sie als Assistentin am Institut für Populäre Kulturen (nun Institut für Sozialanthropologie und Empirische Kulturwissenschaft – Populäre Kulturen, www.isek.uzh.ch) der Universität Zürich, wo sie derzeit als Lehrbeauftragte tätig ist. Buchveröffentlichung: *„An Awfully Big Adventure!" J. M. Barries „Peter Pan" im medialen Transfer* (2009); Dissertationsprojekt zum Fantastischen in neueren Kinder- und Jugendliteraturverfilmungen (Teil des SNF-Projekts „Übergänge und Entgrenzungen. Welt, Wissen und Identität in fantastischer (Kinder- und Jugend-)Literatur und ihren Verfilmungen"). Forschungsinteressen: Fantastik, Adaptionen, Götter, Vampire, Werwölfe, Zombies, Fanfiction und Fandom, Comics.

SUSANNE SCHUL, Dr., studierte Germanistik und Geschichte an der Universität Kassel, war DFG-Stipendiatin und ist seit 2008 Wissenschaftliche Mitarbeiterin in der Germanistischen Mediävistik an der Universität Kassel. In ihrer Dissertation *HeldenGeschlechtNarrationen* wendet sie sich in einer diachronen und medienkomparativen Gender-Analyse der Rezeption des mittelhochdeutschen Nibelungenliedes in Drama, Film und Fernsehtheater im 19., 20., und 21. Jahrhundert zu. Seit 2014 bearbeitet sie das Postdoc-Projekt „Humanimale Ästhetik" im LOEWE-Schwerpunkt „Tier – Mensch – Gesellschaft. Ansätze einer interdisziplinären Tierforschung" der Universität Kassel (http://www.uni-kassel.de/fb9/mediaevistik/schul.htm).

KLAUDIA SEIBEL, Dipl.-Angl., Studium der Anglistik, Hispanistik und Wirtschaftswissenschaften an den Universitäten Gießen und St. Andrews (Schottland), 1998 bis 2003 Wissenschaftliche Mitarbeiterin am Institut für Anglistik der Justus-Liebig-Universität Gießen (Lehrstuhl Prof. Nünning), zur Zeit Promotion über „Hybride Genres". Publikationen u. a. zu Gattungstheorie, Erzähltheorie und Phantastik. Sprecherin der Sektion „Phantastische Welten" des Gießener Graduiertenzentrum Kulturwissenschaften, freie Mitarbeiterin der Phantastischen Bibliothek Wetzlar. http://cultdoc.uni-giessen.de/wps/pgn/ep/cultdoc/klaudiaseibel/ggk

PETER SEYFERTH, Dr. phil., geb. 1973, freier politischer Philosoph, unterrichtet an der LMU, der Hochschule für Politik, und der VHS in München. Seit 2010 Vorstandsmitglied der GFF. Promotion in Politikwissenschaft mit *Utopie, Anarchismus und Science Fiction. Ursula K. Le Guins Werke von 1962 bis 2002* (Münster: Lit 2008). Demnächst erscheinen „San Francisco nach der Ökonomie: *After the Deluge* (2004). Die anarchokommunistische Öko-Utopie Chris Carlssons" (*Ökonomische Utopien*, Hg. S. Ebert/J. Glaeser) und „William Morris' *News from Nowhere*" (*Idealstaat oder Gedankenexperiment? Utopische Staatsverständnisse*, Hg. Th. Schölderle). https://independent.academia.edu/PeterSeyferth.

ANIKA SKOTAK, M.A., geboren 1984 in Lauingen/Donau, studierte von 2004–2009 Germanistik und Philosophie an der Universität Mannheim. Dort arbeitete sie 2005–2010 am Lehrstuhl für Philosophie I bei Prof. Dr. L. Kreimendahl als wissenschaftliche Hilfskraft und als wissenschaftliche Angestellte. Seit 2011 promoviert sie bei Prof. Dr. C. Karpenstein-Eßbach zum Thema der kulturellen Bedeutung des Essens in Werken der Gegenwartsliteratur und -kunst und war Promotionsstipendiatin der Landesgraduiertenförderung Baden-Württemberg. Sie ist freiberuflich in der Kunstvermittlung und als Trainerin für Deutsch als Fremdsprache tätig.

RADKA SLOUKOVÁ, Mgr., geb. 1985 in Tábor (Tschechien), hat Deutsch und Dänisch an der Karlsuniversität in Prag studiert und setzte dort mit dem Doktorstudium im Bereich skandinavischer Literatur ihre Ausbildung fort. Im akademischen Jahr 2013/2014 ist sie als wissenschaftliche Mitarbeiterin am Institut für Skandinavistik an der Johann Wolfgang Goethe-Universität in Frankfurt am Main beschäftigt, wo sie neuere skandinavische Literatur unterrichtet und ihre Doktorarbeit zur Ekphrasis in Karen Blixens Werk schreibt. www.skandinavistik.uni-frankfurt.de/information/mitarbeiter/sloukova/index.html

SIMON SPIEGEL, Dr., ist wissenschaftlicher Mitarbeiter am Seminar für Filmwissenschaft der Universität Zürich und forscht im Rahmen des vom Schweizerischen Nationalfonds finanzierten Projekts „Alternative Weltentwürfe: Der politisch-aktivistische Dokumentarfilm" zur Utopie im nicht-fiktionalen Film. Wichtige Publikationen: *Das große Genre-Mysterium: Das Mystery-Genre.* In: Zeitschrift für Fantastikforschung 7 (2014); *Theoretisch phantastisch: Eine Einführung in Tzvetan Todorovs Theorie der phantastischen Literatur.* Murnau: p.machinery 2010; *Die Konstitution des Wunderbaren: Zu einer Poetik des Science-Fiction-Films.* Marburg: Schüren 2007. www.utopia2016.ch

ANNA STEMMANN hat an der Carl von Ossietzky Universität Oldenburg Germanistik, Kunst und Medien studiert und mit einem Doppelmaster (Master of Arts Germanistik, Master of Education Lehramt Gymnasium Deutsch und Kunst) abgeschlossen. Seit September 2013 ist sie wissenschaftliche Mitarbeiterin in der Forschungsstelle für Kulturökologie und Literaturdidaktik an der Universität Siegen. Dort arbeitet sie an ihrem Promotionsprojekt zu jugendliterarischen Topographien, das die Konstruktion und Funktion von erzählten Räumen in aktueller Jugendliteratur untersucht. Weitere Forschungsinteressen liegen neben der Kinder- und Jugendliteratur insbesondere im Bereich von Comics und intermedialem Erzählen.

INGRID TOMKOWIAK, Prof. Dr. habil., lehrt und forscht am Institut für Sozialanthropologie und Empirische Kulturwissenschaft (ISEK) der Universität Zürich und ist Forschungsleiterin des Schweizerischen Instituts für Kinder- und Jugendmedien SIKJM, Assoziiertes Institut der Universität Zürich. Ihr Schwerpunkt liegt in der kulturwissenschaftlichen Analyse populärer Literaturen und Medien für alle Alter. Leitung SNF-Projekt „Übergänge und Entgrenzungen. Welt, Wissen und Identität in fantastischer (Kinder- und Jugend-)Literatur und ihren Verfilmungen" (2011–13). Neuste Buchpublikationen (als Mitherausgeberin): *Kinder und Jugendliteratur in Medienkontexten* (2014) und *Kinderliterarische Mythen-Translation. Zur Konstruktion phantastischer Welten bei*

Tove Jansson, C.S. Lewis und J.R.R. Tolkien (2013). www.isek.uzh.ch sowie www.sikjm.ch/forschung

BOGDAN TROCHA, Prof. Dr., Studium und Dissertation in Philosophie, Habilitation in Literaturwissenschaft. Seit 1990 tätig an der Universität Zielona Gora, seit 2006 Leiter der Forschungsstelle für Mythopoetik und Philosophie der Literatur am Institut für Polnische Philologie. Mitglied der *Mythopoeic Society.* Wissenschaftlicher Leiter der zyklischen *Internationalen Interdisziplinären Wissenschaftlichen Tagung aus der Reihe „Das Phantastische und das Wunderbare“.* Wissenschaftlicher Betreuer von *Bachanalia Fantastyczne* – dem jährlichen Konvent der Fantastikforscher und -liebhaber. Wissenschaftliche Interessen/Publikationen: anthropologische und phänomenologische Lektüre des literarischen Werkes, mythische Inhalte in der Literatur (Degradation des Mythos, Remythologisierung), Unterhaltungsliteratur (vor allem SF und Fantasy) und Mythen (Mythopoeia), philosophische Aspekte im literarischen Werk (metaphysisch und anthropologisch), Literaturtheorie.

MEIKE UHRIG, Dr., ist Akademische Mitarbeiterin am Institut für Medienwissenschaft und Koordinatorin des Zentrums für Animationsforschung der Universität Tübingen. Sie studierte Publizistik und Filmwissenschaft an den Universitäten Marburg, Mainz und Edinburgh. 2010 verbrachte sie ein Forschungsjahr am Psychologischen Institut der Stanford University, USA. In ihrer Promotion, die sie 2013 abschloss, untersuchte sie in einem disziplinübergreifenden Ansatz am Beispiel des populären Fantasy-Films die Darstellung, Rezeption und Wirkung von Emotionen im Kino (erscheint 2014 beim Verlag Springer VS). www.meikeuhrig.de

ALETA-AMIRÉE VON HOLZEN studierte Deutsche Sprach- und Literaturwissenschaft, Europäische Volksliteratur und Ältere Nordische Philologie. 2008–2013 war sie Assistentin am Institut für Populäre Kulturen (nun Institut für Sozialanthropologie und Empirische Kulturwissenschaft – Populäre Kulturen, www.isek.uzh.ch) der Universität Zürich, wo sie derzeit als Lehrbeauftragte tätig ist. Buchveröffentlichung: *„A Pirate's Life for Me!“ [...] Abenteuerkonzepte im Piratenfilm* (2007). In ihrem Dissertationsprojekt geht es um die Doppelidentitäten maskierter Heldenfiguren, dieses ist Teil des SNF-Projekts „Übergänge und Entgrenzungen. Welt, Wissen und Identität in fantastischer (Kinder- und Jugend-)Literatur und ihren Verfilmungen“.

GENNADY VASILYEV, Dr. phil., geb. 1968, Studium an der Pädagogischen Universität Moskau, Fakultät für russische Sprache und Literatur. 1993/1994 Studium an der Universität Wien, Institut für Germanistik. 1999 Dissertation

„Tradition und das Neuertum in Romanen von Jakob Wassermann 1897–1914. 2000–2002 Franz Werfel Stipendium. Seit 2005 Univ.-Dozent, Lehrstuhl für Fremdsprachen, Staatliche Universität – „Wirtschaftshochschule", Nishnij Novgorod. Wissenschaftliche Schwerpunkte: Germanistik (österreichische Literatur der Jahrhundertwende, deutsche Romantik), Slawistik, deutschsprachige Landeskunde. www.hse.ru/org/persons/201534

PAWEŁ WAŁOWSKI, Dr., Dissertation in deutscher Literaturwissenschaft. Seit 2008 Dozent für Neuere Deutsche Literatur am Institut für Germanistik der Universität Zielona Góra. Mitveranstalter der Internationalen Interdisziplinären Wissenschaftlichen Tagung aus der Reihe „Das Phantastische und das Wunderbare". Wissenschaftliche Interessen/Publikationen: Pop-Literatur, Gedächtnisdiskurs und Narratologie, Raumdiskurs, DDR in der Nachwendeliteratur, alternative Geschichte als Gattung, Fantastik, Neuer Mythos. Mitherausgeber und Autor des Bandes *Homo mythicus. Mythische Identitätsmuster* (Berlin 2013).

TAMARA WERNER, M.A., studierte Populäre Kulturen, Gender Studies, Sonderpädagogik und Computerlinguistik an der Universität Zürich, wo sie 2013 mit der Masterarbeit *Spurensuche in Tim Burtons „Mars Attacks!" Eine Entdeckungsreise durch die Weiten der populärkulturellen Atmosphäre* abschloss. Sie lehrt, forscht am Institut für Sozialanthropologie und Empirische Kulturwissenschaft (ISEK) der Universität Zürich. Ihre Forschungsinteressen pendeln zwischen düsterem Horror und fröhlichem Kitsch in verschiedenen medialen Ausprägungen; ihr Dissertationsprojekt widmet sich dem Gruseligen in Kinder- und Jugendmedien. www.ipk.uzh.ch/aboutus/people/werner.html

INGOLD ZEISBERGER, Dr., Jahrgang 1981, Magisterstudium (Germanistik, Didaktik, Geschichte) an der Uni Passau, dort auch Promotion zur nichtmateriellen Semantik von Gold in der deutschen Literatur seit der Goethezeit. Seit 2008 Lehrbeauftragte an der Universität Passau im Bereich Literatur sowie Medien und Kommunikation, 2009–2011 FSK-Prüferin im Auftrag des Bundesjugendrings, 2012 wissenschaftliche Mitarbeiterin in Passau, seit Anfang 2013 wissenschaftliche Mitarbeiterin für Neuere deutsche Literatur und Didaktik an der TU Dortmund. Forschungsschwerpunkte: Literatur ab der Goethezeit, Phantastik und narrative Medien. Internet: www.studiger.tu-dortmund.de/index.php?title=Ingold_Zeisberger

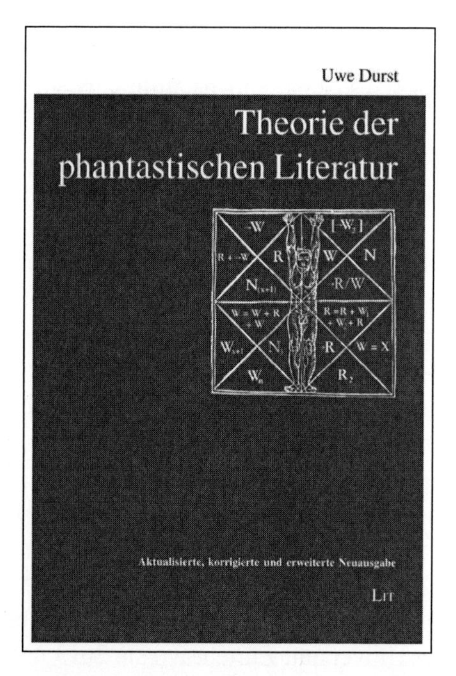
Uwe Durst
Theorie der phantastischen Literatur
Aktualisierte, korrigierte und erweiterte Neuausgabe
LIT

Christine Lötscher, Petra Schrackmann,
Ingrid Tomkowiak, Aleta-Amirée von Holzen (Eds.)
Transitions and Dissolving
Boundaries in the Fantastic
LIT